Das M&T Computerlexikon

Per la mia
Clarissa

Marcus Linke
Peter Winkler

Das M&T COMPUTER-LEXIKON

*Mit Abkürzungs-
verzeichnis und
Wörterbuch
englisch - deutsch*

JETZT MIT 6500 BEGRIFFEN

Markt&Technik
Buch- und Software-Verlag GmbH

Die Deutsche Bibliothek – CIP-Einheitsaufnahme

Linke, Marcus:
Das M&T Computerlexikon : mit Abkürzungsverzeichnis und
Wörterbuch englisch-deutsch / Marcus Linke/Peter Winkler. – 2. Aufl. –
Haar bei München : Markt und Technik, Buch- und Software-Verl., 1998
ISBN 3-8272-5451-5

Die Informationen in diesem Produkt werden ohne Rücksicht
auf einen eventuellen Patentschutz veröffentlicht.
Warennamen werden ohne Gewährleistung der freien
Verwendbarkeit benutzt.
Bei der Zusammenstellung von Texten und Abbildungen
wurde mit größter Sorgfalt vorgegangen.
Trotzdem können Fehler nicht vollständig ausgeschlossen werden.
Verlag, Herausgeber und Autoren können für fehlerhafte Angaben
und deren Folgen weder eine juristische Verantwortung noch
irgendeine Haftung übernehmen.
Für Verbesserungsvorschläge und Hinweise auf Fehler sind Verlag
und Herausgeber dankbar.
Alle Rechte vorbehalten, auch die der fotomechanischen
Wiedergabe und der Speicherung in elektronischen Medien.
Die gewerbliche Nutzung der in diesem Produkt gezeigten
Modelle und Arbeiten ist nicht zulässig.
Fast alle Hardware- und Software-Bezeichnungen, die in diesem Buch
erwähnt werden, sind gleichzeitig auch eingetragene Warenzeichen
oder sollten als solche betrachtet werden.

10 9 8 7 6 5 4 3 2 1

02 01 00 99 98

ISBN 3-8272-5451-5

© 1998 by Markt&Technik Buch- und Software-Verlag GmbH,
Hans-Pinsel-Straße 9b, D-85540 Haar bei München/Germany
Alle Rechte vorbehalten
Einbandgestaltung: Grafikdesign Heinz H. Rauner, München
Lektorat: Angelika Ritthaler, aritthaler@mut.de
Herstellung: Irene Kersche
Satz: Reemers EDV-Satz, Krefeld
Druck: Ebner, Ulm
Dieses Produkt wurde mit Desktop-Publishing-Programmen erstellt
und auf chlorfrei gebleichtem Papier gedruckt
Printed in Germany

Inhalt

Lexikon der Fachbegriffe A bis Z   ab Seite 7

Wörterbuch Englisch – Deutsch   ab Seite 763

Abkürzungsverzeichnis   ab Seite 805

Danksagungen

Für die Unterstützung bei der Arbeit an diesem Lexikon möchten wir uns bedanken bei:

Isabella de la Rosée

Bedanken möchten wir uns auch bei den folgenden Firmen bzw. deren Presseagenturen, die uns mit Informations- und Bildmaterial versorgt haben:

Adaptec, Apple, Hewlett Packard, Intel, Logitech, Lotus, Microsoft und Motorola.

Symbol

.bak-Datei

Dateien mit dieser Dateierweiterung sind Backups (Sicherheitskopien) einer Datei. Diverse Programme legen derartige Sicherheitskopien an, wenn Sie an der jeweiligen Datei etwas verändert haben.

➟ *Siehe Sicherheitskopie, Sicherungsdatei*

.bin

Dateinamenerweiterung für eine MacBinary-codierte Datei.

➟ *Siehe Macintosh*

.bmp

Dateinamenerweiterung für Bitmap.

➟ *Siehe Bitmap, Erweiterung*

.com

Abkürzung für commercial. Domänenbezeichnung für Firmen, z.B. http://www.xxx.com.

➟ *Siehe Domain, Internet*

.de

Domänenbezeichnung für Deutschland, z.B. http://www.xxx.de.

➟ *Siehe Domain, Internet*

.edu

Domänenbezeichnung für Bildungseinrichtungen, z.B. http://www.xxx.edu.

➟ *Siehe Domain, Internet*

.eps

Dateinamenerweiterung für Encapsulated-PostScript-Dateien.

➟ *Siehe PostScript*

.exe

.exe ist die Erweiterung für ausführbare Programmdateien. Exe-Programme besitzen unter DOS keine feste Startadresse und können an eine beliebige Adresse geladen werden. Im Gegensatz dazu besitzen ausführbare Programme mit der Erweiterung .com eine feste Adresse und sind in ihrer Größe auf 64 Kbyte begrenzt.

➟ *Siehe Adresse, MS-DOS, Startadresse*

.gov

Domänenbezeichnung für die US-Regierung, z.B. http://www.xxx.gov

➟ *Siehe Domain, Internet*

.mil

Domänenbezeichnung für das US-Militär, z.B. http://www.xxx.mil.

➟ *Siehe Domain, Internet*

.org

Domänenbezeichnung für nicht-kommerzielle Organisationen, z.B. http://www.xxx.org.

➟ *Siehe Domain, Internet*

.uk

Domänenbezeichnung für Großbritannien, z.B. http://www.xxx.uk.

➟ *Siehe Domain, Internet*

@

@ wird im Deutschen als Klammeraffe, im Englischen als At-Zeichen bezeichnet. @ wird unter anderem als Platzhalter, Steuerzeichen und im Internet bei E-Mail-Adressen als Trennzeichen zwischen dem Anwender-Namen und der Zieldomäne verwendet (z.B. hklein@witzig.com).

➟ *Siehe Domain, E-Mail, Platzhalterzeichen, Steuerzeichen*

16:9-Format

Filme und Sendungen, die im Kino-Format ausgestrahlt werden, erzeugen auf Standard-Fernsehgeräten zwei schwarze Balken (oben und unten). Neuere Fernsehgeräte, die das 16:9-Format (Verhältnis Breite zu Höhe) unterstützen, können solche Sendungen korrekt wiedergeben. Die PALplus-Norm beinhaltet das 16:9-Format. Fernsehgeräte, die diese Norm unterstützen, sind mit entsprechenden Bildröhren ausgestattet. In PALplus ausgestrahlte Sendungen sind immer im 16:9-Format, wohingegen 16:9-Sendungen nicht unbedingt in der PALplus-Norm ausgestrahlt werden. Herkömmliche Sendungen werden auf einem 16:9-Gerät stark verzerrt wiedergegeben.

➟ *Siehe Bildröhre, PAL*

1TR6

Bezeichnung für die veraltete, nationale ISDN-Variante der Telekom. Dieser Typ wird ab dem Jahr 2000 nicht mehr unterstützt. 1TR6 wird seit 1982 als D-Kanal-Protokoll von der deutschen Telekom eingesetzt, wurde aber bei der Einführung von Euro-ISDN durch das E-DS11-Protokoll ersetzt.

➟ *Siehe D-Kanal, D-Kanal-Protokoll, E-DSS1, Nationales ISDN*

3D-API

Eine Programmierschnittstelle zur Programmierung von 3D-Applikationen bzw. 3D-Grafik. Beispiele wären HOOPS, HEIDI und OpenGL.

➡ *Siehe 3D-Grafik, OpenGL*

3D-Beschleunigung

Allgemein die Beschleunigung der 3D-Grafikdarstellung z.B. durch einen speziellen 3D-Grafikprozessor.

➡ *Siehe 3D-Grafikkarte, 3D-Grafikprozessor*

3D-Funktionen

3D-Grafikkarten und die entsprechenden 3D-Grafikprozessoren verfügen über eine Reihe spezieller Funktionen, die die Darstellung realistischer, dreidimensionaler Grafik ermöglichen:

- Alpha-Blending: Jeder Pixel kann als transparent definiert werden. Dadurch ist die Darstellung von Fenstern oder Flüssigkeiten möglich.

- Filtering: Je nach Chipsatz werden unterschiedliche Verfahren verwendet, um Texturen auf Objekten weichzuzeichnen (beim MGA von Matrox z.B. durch trilineares MIP-Mapping, bei PowerVR durch einfach-lineares Texture-Mapping). Dadurch wird eine grobe Pixelung bei Objekten, die sich nahe am Betrachter befinden, verhindert.

- Fogging: Objekte einer bestimmten Farbe können ausgeblendet werden. Dadurch läßt sich Nebel sehr realistisch simulieren.

- Gouraud-Shading: Flächen werden mit einem Helligkeitsverlauf versehen. Dadurch entsteht der Eindruck einer weichen Oberfläche. Außerdem kann Lichteinfall simuliert werden.

- Schattenwurf: Muß normalerweise von der CPU vorberechnet werden, was viel Zeit kostet (z.B. beim Virge-Chipsatz). Der PowerVR von Videologic/NEC kann den Schattenwurf selbst berechnen, da dieser Chip allgemein ein anderes Verfahren zur Berechnung und Ausgabe von 3D-Grafik einsetzt als andere 3D-Prozessoren.

- Texture-Mapping: Bitmaps (Grafiken) können als sog. Texturen bzw. Maps auf die Oberfläche dreidimensionaler Körper projiziert werden. Die Daten müssen dazu aber in den Speicher der Grafikkarte geladen werden, wodurch dieser für andere Funktionen der Grafikkarte (z.B. eine größere Farbtiefe) verlorengeht.

3D-Grafik

Daher sind 3D-Grafikkarten minimal mit 4 Mbyte Speicher ausgestattet.

- Z-Buffer: Um Objekte korrekt im dreidimensionalen Raum darstellen zu können, ist neben den Informationen über die X- und Y-Koordinate des Objekts auch die Information über dessen Position auf der Z-Achse vonnöten. Diese Information wird im Grafikkartenspeicher abgelegt.

Microsoft hat für 3D-Funktionen einen eigenen Standard geschaffen: Direct3D. Grafikkarten, die die Direct3D-Schnittstelle verwenden, können unter Windows 95 und Windows NT ihre 3D-Funktionen nutzen.

➠ *Siehe 3D-Grafik, 3D-Grafikkarte, 3D-Grafikprozessor, Bilineares Textur-Filtern, Fogging, MIP-Mapping, Texture-Mapping, Z-Buffer*

3D-Grafik

Allgemein die Darstellung dreidimensionaler Geometrien auf dem Computer. 3D-Grafikkarte, spezielle 3D-Grafikprozessoren und 3D-Standards unterstützen den Computer bei Berechnung und Darstellung.

➠ *Siehe 3D-Grafik, 3D-Grafikprozessor, 3D-Standards*

3D-Grafikkarte

Eine 3D-Grafikkarte benutzt einen speziellen 3D-Grafikprozessor, der die Darstellung der 3D-Grafik übernimmt. Aufgrund spezieller 3D-Funktionen beschleunigt der Grafikprozessor die Darstellung von 3D-Grafik.

➠ *Siehe 3D-Funktionen, 3D-Grafik*

3D-Grafikprozessor

Speziell entwickelte Grafikprozessoren, die gegenüber den herkömmlichen 2D-Accelerator-Chips die Darstellung dreidimensionaler Grafik beschleunigen. Derartige Prozessoren finden sich zum Teil zusätzlich zum 2D-Accelerator-Chip auf der Grafikkarte, bzw. als eigenständiger Prozessor, der sowohl 2D- als auch 3D-Grafik beschleunigt. Frühe 3D-Prozessoren basierten hauptsächlich auf dem Glint-Chipsatz der Firma 3Dlabs, waren sehr teuer und eigentlich nur für Firmen bzw. wissenschaftliche oder CAD-Anwendungen interessant. Heutige Prozessoren zielen hauptsächlich auf die rasante Entwicklung auf dem 3D-Spiele-Markt ab. (z.B. der Voodoo2-Chipsatz von 3dfx oder der PowerVR von NEC). Derzeit finden sich auf dem Markt hauptsächlich 2D-/3D-Kombinationskarten mit dem Virge-Chipsatz von S3 oder dem MGA-Chipsatz der kanadischen Firma Matrox. Der Trend geht aber in Richtung eigenständiger 3D-Beschleuniger, wobei die 3D-Beschleunigerkarte die Grafikdarstellung übernimmt, sobald ein Programm gestartet wird, welches die Karte direkt anspricht. Generell gilt für solche 3D-Grafikkarten, daß Anwendungen zum Teil speziell für die Verwendung mit dem jeweiligen Chip geschrieben werden müssen (ein Spiel, welches von einer Voodoo-Karte unterstützt wird, wird nicht vom PowerVR unterstützt). 3D-Grafikprozessoren bieten besondere 3D-Funktionen und arbeiten mit verschiedenen 3D-Standards zusammen (Direct3D, OpenGL usw.). Zur Nutzung der 3D-Funktionalität ist normalerweise ein spezieller Treiber notwendig. Beschleunigte 3D-Grafik ist derzeit nur bei einer Auflösung von maximal 800 x 600 und 65000 Farben möglich (High-Color).

➡ *Siehe 3D-Beschleunigung, 3D-Grafik, 3D-Grafikkarte, PowerVR-Chip*

3D-Kernel

Grafikbibliotheken, die zur Programmierung von 3D-Applikationen bzw. 3D-Grafik benötigt werden. Neben Vereinbarungen zur Geometriedatenstruktur und Methoden zum Verändern der dargestellten Objekte (z.B. Translation, Rotation) beinhalten sie auch Algorithmen zur Visualisierung, wie z.B. zur Berechnung von Schattierung (Shading) und Beleuchtung von Objekten bzw. Objektgruppen.

➡ *Siehe 3D-API, 3D-Grafik*

3D-Matrix

Jedes Element einer solchen Matrix wird durch drei unterschiedliche Indizes eindeutig gekennzeichnet, z.B. x, y, z.

3D-Metadatei

Geräteunabhängige 3D-Grafik-Datei.

3D-Modell

Computermodell eines Körpers mit den Attributen Länge, Breite und Tiefe. (x, y und z-Achse).

3D-Scanner

Herkömmliche Scanner tasten lediglich zwei Dimensionen der Vorlage ab. 3D-Scanner bieten die Möglichkeit, auch die räumliche Tiefe der Vorlage zu erfassen. Je nach System wird dazu ein Abtaststift über das Objekt geführt, oder ein Laser bzw. eine Fotozelle liefert die Tiefeninformation. Mit der großen Variante der 3D-Scanner, dem sog. Ganzkörperscanner, ist es sogar möglich, Menschen einzuscannen, um sie z.B. als Synthespians (virtuelle Schauspieler) zu verwenden.

➡ *Siehe Ganzkörper-Scanner, Synthespian*

3D-Sound

Dreidimensionales Soundsystem. Durch den Stereoklang glaubt man die genaue Position einer Quelle

3D-Standards

(oben, unten, rechts, links, vorn oder hinten) in einem Raum zu lokalisieren.

3D-Standards

In der Regel stützen sich Applikationen für die Darstellung dreidimensionaler Geometrien auf vorhandene 3D-Grafikbibliotheken, sog. 3D-Kernels. Applikationsprogrammierer, denen über ein 3D-Kernel eine klar definierte API zur Verfügung steht, sparen viel Zeit, da Sie sich nicht um die Anpassung der Applikation an die jeweilige Grafik-Hardware zu kümmern brauchen. Das erste Kernel wurde 1985/86 mit dem GKS (Grafisches Kernsystem) entwickelt und in die ISO- und DIN-Normierung aufgenommen. Ursprünglich nur für 2D-Grafik konzipiert, entstand schnell das GKS-3D, welches die Darstellung dreimensionaler Grafik ermöglichte. Auf diesem Kernel aufbauend wurde daraufhin die ebenfalls genormte Bibliothek PHIGS (Programmers Hierarchical Interactive Graphics System) entwickelt, die in ihrer heutigen Form zusätzlich GUI-Funktionen zur grafischen Interaktion beinhaltet. Die nächste Entwicklungsstufe, das sog. PHIGS-PLUS (plus Lumiere and Surfaces) bietet ein optimiertes Shading-Verfahren und eine um B-Splines erweiterte Geometriedatenbank.

Neben PHIGS und PHIGS-PLUS wurde von Silicon Graphics ein weiteres Kernel namens GL (Graphics Library) entwickelt. Dieser Standard hat sich aber auch auf anderen Plattformen unter der Bezeichnung OpenGL durchgesetzt. Hauptsächlich wird OpenGL im High-End-Bereich für Grafik- (z.B Ray-Tracing) und Simulationsapplikationen oder im Bereich der virtuellen Realität eingesetzt. VRML (Virtual Reality Modeling Language) basiert z.B. auf dem OpenInventor-Dateiformat, einem Entwicklungs-Toolkit für OpenGL. Neben OpenGL finden sich noch weitere Kernels, wie z.B das von Autodesk entwickelte HOOPS (Hierarchical Object Oriented Picture System) und dessen Weiterentwicklung HEIDI, welches als Grafik-Kernel in 3D Studio MAX zum Einsatz kommt. SPEA und Intel verfügen mit SP3D bzw. 3DR ebenfalls über ein eigenes 3D-Kernel.

➡ *Siehe 3D-Kernel, OpenGL, Raytracing*

3DNow!-Technologie

➡ *Siehe K6 3DNow!*

64-Bit-Computer

Ein Computer wird als 64-Bit-Computer bezeichnet, weil entweder seine CPU intern mit Wortbreiten von 64 Bit arbeitet oder sein Datenbus 64 Bit gleichzeitig transportieren kann. Datengruppen von 64 Bit können dabei gleichzeitig verarbeitet werden. Beispiele für eine 64-Bit-Architektur sind die Ultra Workstation der Firma Sun Microsystems, der PowerPC 620 und der Alpha AXP der Firma Digital Equipment Corporation.

8+3-Konvention

Der Name einer Datei darf unter MS-DOS lediglich aus acht Zeichen plus den drei Erweiterungszeichen bestehen, z.B. autoexec.bat. Alles, was darüber liegt, wird abgeschnitten bzw. durch eine Tilde repräsentiert. Die neuen 32-Bit-Betriebssysteme (Windows 95, Windows NT, OS/2) erlauben dagegen bis zu 256 Zeichen lange Dateinamen.

A-Life

Abkürzung für Artificial Life (künstliches Leben). Oft in Zusammenhang mit künstlicher Intelligenz zu finden.

a/b-Wandler

Auch ISDN-Terminaladapter genannt. Digitale Informationen des ISDN-Anschlusses werden in analoge Signale eines herkömmlichen, analogen Endgeräts (z.B. Telefon) übersetzt und umgekehrt. Die beiden Adern des analogen Anschlusses werden mit a und b bezeichnet. Deswegen a/b-Wandler. Der Vorteil des a/b-Wandlers liegt darin, daß Sie an einem ISDN-Anschluß alte, Nicht-ISDN-Geräte weiterverwenden können. Der Nachteil ist, daß Sie die ISDN-Dienste (Konferenzschaltung usw.) mit diesen Geräten nicht nutzen können. Analoge Endgeräte können auch mit einer ISDN-Telefonanlage weitergenutzt werden. Im Gegensatz zum a/b-Wandler stehen Ihnen hier allerdings alle ISDN-Dienste zur Verfügung.

➡ *Siehe Dienstekennung, ISDN, ISDN-Anschlußarten*

A/D-Wandler

Abkürzung für Analog-Digital-Wandler.

➡ *Siehe Analog, Analog/Digital-Wandler*

A:

Das erste Diskettenlaufwerk im PC wird mit dem Laufwerksbuchstaben A: bezeichnet.

➡ *Siehe Diskettenlaufwerk, Laufwerk, PC*

A20-Gate

Ein Prozessor der Intel-80x86-Familie kann unter DOS eigentlich nur einen Hauptspeicher von 1 Mbyte ansprechen, da im unter DOS verwendeten Real-Mode nur 20 Adreßleitungen (A0 bis A19) des Adreßbusses aktiv sind. Ab dem 80286 stehen aber mehr als 20 Leitungen zur Verfügung. (80286 24 Leitungen, 80386 bis Pentium Pro 32 Leitungen). Im Protected Mode wäre so theoretisch eine Adressierung von 16 Mbyte bzw. 4 Gbyte möglich. Die erste der zusätzlichen Adreßleitungen – die A20-Leitung oder A20-Gate – ermöglicht den Zugriff auf 64 Kbyte (65.520 Byte) über der bereits erwähnten Grenze von 1 Mbyte. Diesen Speicherbereich nennt man High-Memory-Bereich (hoher Speicherbereich, HMA). Um Zugriff auf diesen Speicherbereich zu haben, muß die A20-Leitung freigeschaltet werden, was in der Regel durch einen Speicher-Manager (Himem.sys) geschieht. Daß der High-Memory-Bereich überhaupt angesprochen werden kann, ist auf die spezielle Art der internen Adressenarithmetik zurückzuführen, die es ermöglicht, den Bereich zwischen 1.048.576 bis 1.114.096 Byte zu adressieren.

➠ *Siehe Adreßbus, Hauptspeicher, Pentium Pro, Protected Mode, Prozessor, Real Mode, Speicher-Manager*

abend

Abkürzung für abnormal End. Bezeichnet das vorzeitige Beenden eines Programms aufgrund eines Programm- oder Systemfehlers.

Abfrage

Eine Abfrage ermöglicht die Extraktion bestimmter Daten bzw. Datensätze aus einer Datenbank. Meist unterstützt den Anwender dabei eine logische Suchfunktion. Spezielle Datenfilter führen Operationen wie Löschen, Berechnungen oder Sortierungen automatisch aus. Datenbanken verfügen oft über eine gemeinsame Abfragesprache: SQL.

Die CPU ermittelt in regelmäßigen Abständen, ob von einem Peripheriegerät oder einer internen Komponente eine Anfrage zur Datenübertragung vorliegt (Polling). Manche Komponenten bzw. Geräte werden auch von selbst aktiv und schicken der CPU über einen Interrupt ein Unterbrechungssignal, einen sog. Interrupt Request.

➠ *Siehe Daten, Datenbank, Datensatz, Filter, Sortierung, Sortierverfahren, SQL*

abgesicherter Modus

Engl. safe mode. Man spricht vom abgesicherten Modus, wenn beim Starten des Betriebssystems Treiber deaktiviert werden, um Soft- und Hardwarekonflikte lösen zu können. Windows 95/98 schlägt den abgesicherten Modus automatisch vor, wenn der Computer bei der letzten Sitzung nicht ordnungsgemäß gestartet oder heruntergefahren werden konnte.

abgesichertes Hochfahren

Engl. clean boot. Booten oder Starten eines Computers mit einem Minimum an Treibern und Systemdateien des Betriebssystems, um Probleme eingrenzen zu können, die Systemabstürze, Speicherkonflikte oder Leistungseinbußen verursachen.

Abhängige Tabelle

Hängen Daten einer Tabelle in einer Tabellenkalkulation von einer anderen Tabelle ab, so spricht man von einer abhängigen Tabelle.

➠ *Siehe Tabelle, Tabellenkalkulation*

ABIOS

Abkürzung für Advanced BIOS. Eine Weiterentwicklung des ROM-BIOS der IBM-PS/2-Serie. Hauptsächlich sind Erweiterungen für das Betriebssystem OS/2 von IBM enthalten.

➠ *Siehe IBM, IBM-PS/2, OS/2*

Ablaufdiagramm

Auch Flußdiagramm. Funktionen und Operationen eines Programms werden bei dieser Art von Diagramm durch Symbole repräsentiert, die den Programmablauf verdeutlichen. Durch die klare Strukturierung wird die Programmierung und Optimierung des Programms erleichtert.

➠ *Siehe Diagramme, Funktion, Operation, Programm*

Ablenkspule

Ablenkspulen lenken in modernen Elektronenstrahlröhren (Bildröhren in Fernsehern und Monitoren) den Elektronenstrahl ab. Hochfrequente Ströme erzeugen in zwei senkrecht zueinander und senkrecht zum Elektronenstrahl angeordneten Spulen elektromagnetische Felder, welche die Elektronen in zwei Richtungen ablenken. Zusammen mit Intensitätsänderungen des Elektronenstrahls entsteht auf diese Weise auf dem phosphoreszierenden Bildschirmhintergrund das gewünschte Bild.

➠ *Siehe Bildröhre, Bildschirm, Monitor*

abmelden

Auch log off bzw. »ausloggen«. Dieser Vorgang bezeichnet allgemein das Trennen einer Netzwerkverbindung (bzw. einer DFÜ-Verbindung) oder das Abmelden des Users von einem lokalen oder globalen Netzwerk. Im Gegensatz dazu steht das sog. Anmelden oder auch logon, login oder umgangssprachlich »einloggen«.

➠ *Siehe Anmelden, Datenfernübertragung, Netzwerk*

abnormal end

Abkürzung: abend. Bezeichnet das vorzeitige Beenden eines Programms aufgrund eines Programm- oder Systemfehlers.

Absatz

Sobald in einem Textverarbeitungsprogramm die ⏎-Taste gedrückt wird, wird der Text an dieser Stelle umgebrochen. Es entsteht ein Absatz, der hinsichtlich bestimmter Formatierungen (Absatzformatierung) als zusammenhängende Einheit betrachtet wird. Wird die ⏎-Taste nicht gedrückt, reiht die Textverarbeitung alle getippten Zeichen sequentiell aneinander und bricht den Text automatisch am Zeilenende um (Fließtext).

➠ *Siehe Absatzformatierung, Fließtext*

Absatzeinzug

Bestandteil der Absatzformatierung. Der Absatzeinzug bezeichnet den Abstand des Zeilenbeginns vom linken Satzspiegel (dem linken Seitenrand) einer Seite. Wird oft bei Aufzählungen verwendet. Ist der Absatzeinzug der ersten Zeile eines Absatzes geringer als der der restlichen Zeilen, so spricht man von einem hängenden Einzug.

➠ *Siehe Absatzformatierung*

Absatzformatierung

Allgemein die Formatierung eines Absatzes. Man unterscheidet dabei Blocksatz, Flattersatz (linksbündig, rechtsbündig oder zentriert), Absatzeinzug und Initiale. Weitergehende Formatierungen beziehen sich auf Zeilenabstand und Abstand zum nächsten Absatz. In Textverarbeitungsprogrammen wird die Absatzformatierung durch die Absatzmarke (¶) repräsentiert. Die Absatzmarke wird nicht mitgedruckt. Löscht man die Absatzmarke vor einem Absatz, so verliert der Absatz seine bisherige Formatierung und übernimmt die Formatierung des vorangegangenen Absatzes.

➠ *Siehe Absatz, Absatzeinzug, Blocksatz, Flattersatz, Formatierung, Initiale*

Absolute Adresse

Die zahlenmäßig korrekte Adresse einer Sprungmarke oder eines Speicherbereichs.

➠ *Siehe Adresse*

Abstract Syntax Notation One

Abkürzung: ANS.1. Genormte Notation der ISO, die unabhängige Spezifikationen von Datentypen und Strukturen für die Syntaxkonvertierung definiert.

abstrakter Datentyp

In der Programmierung verwendeter Datentyp, der durch die Informationen, die er aufnehmen kann, und die Operationen, die mit ihm durchgeführt werden können, definiert wird. Abstrakte Datentypen stellen einen Zwischenschritt zwischen konventioneller und objektorientierter Programmierung dar. Ein abstrakter Datentyp ist allgemeiner als ein Datentyp, der durch die Eigenschaften der Objekte festgelegt ist, die er enthalten kann. Beispielsweise ist der Datentyp »Tier« allgemeiner als die Datentypen »Tier Katze«, »Tier Säugetier« und »Tier Reptil«. Das Standardbeispiel für die Veranschaulichung eines abstrakten Datentyps ist der Stapel, ein kleiner Speicherbereich, der für die temporäre Aufnahme von Informationen benutzt wird. Der Stapel stellt, bezogen auf einen abstrakten Datentyp, eine Struktur dar, in der Werte hinzugefügt und aus der Werte entfernt werden können, da der Typ des Wertes, z.B. Integer, für die Definition des Datentyps belanglos ist. Die Kapselung ermöglicht es dem Programmierer, die Definition des Datentyps oder dessen Operationen zu ändern, ohne daß Fehler in dem bestehenden Code entstehen, der den abstrakten Datentyp verwendet.

➠ *Siehe Datentyp*

abstrakter Syntaxbaum

In vielen strukturorientierten Editoren und integrierten Programmierumgebungen verwendete baumähnliche Darstellung von Programmen.

Absturz

Unter Absturz oder »abstürzen« versteht man den plötzlichen, unerwarteten Abbruch eines Programms oder gar des Betriebssystems (Schutzverletzung, blauer Bildschirm, Post-mortem-Abbild unter Windows NT). Ein Absturz kann unangenehme Folgen haben, wenn das Programm oder das Betriebssystem nicht in der Lage war, relevante Daten vor dem Absturz aus den Pufferspeichern auf die Festplatte zurückzuspeichern, bzw. wenn Schreiboperationen nicht beendet wurden. Oft führt ein Absturz zu Datenverlusten und Defekten in der Dateistruktur (verlorene Cluster, zusammenhängende Ketten unter MS-DOS). Diverse Software-Pakete unterstützen den Anwender bei der Rettung verlorengegangener Daten.

➠ *Siehe Betriebssystem, Cluster, Daten, Festplatte*

Abtastrate

Gibt die Häufigkeit an, mit der eine Messung in einem bestimmten Zeitraum oder einer räumlichen Dimension durchgeführt wird (Sampling). Üblicherweise wird die Abtastrate bei der Sound-Digitalisierung und beim Scannen (2D, 3D) angegeben.

➠ *Siehe Sampling, Scanner*

Abtasttiefe

Gibt die maximale Datenmenge an, die bei der Digitalisierung eines analogen Signals gespeichert werden kann. Die Abtasttiefe mißt die Intensität der Signale (Lautstärke, Helligkeit usw.). Die höchstmöglich erreichbare Abtasttiefe ist durch die Kombination der vorhandenen Geräte vorgegeben (Meßbereich des Sensors,

Geschwindigkeit des Systems, verfügbarer Speicherplatz). Die Angabe 24 Bit bei einem Scanner bedeutet z.B., daß die drei Grundfarben Rot, Grün und Blau (RGB) jeweils mit 8 Bit (256 Abstufungen) aufgenommen werden. In diesem Fall spricht man auch von der Farbtiefe.

➡ *Siehe Digitalisierung, Farbtiefe, Scanner, Sensor*

Abwärtskompatibel

Eine Systemkomponente – Hardware oder Software – wird als abwärtskompatibel bezeichnet, wenn sie mit ihren Vorgängerversionen bzw. Vorgängermodellen kompatibel ist (z.B. wenn es möglich ist, Dateien der älteren Software-Version mit der neuen Version zu lesen).

➡ *Siehe Kompatibel, Kompatibilität*

AC-3-Surround-Verfahren

Audio Coding Nr. 3. Digitales und komprimiertes Surround-Sound-Verfahren, welches bei Laserdiscs und DVD-Videos zum Einsatz kommt.

➡ *Siehe DVD, Laserdisc, Surround-Sound-Verfahren*

Accelerated Graphics Port

➡ *Siehe AGP*

Accelerator-Chip

Bezeichnung für einen Beschleuniger-Chipsatz auf Grafikkarten, der die Darstellung von 2D- oder 3D-Grafik beschleunigt. Der Grafikprozessor auf der Grafikkarte übernimmt meist die Beschleunigerfunktion.

➡ *Siehe 3D-Beschleunigung, 3D-Grafik, Grafikkarte*

Accelerator-Karte

Bezeichnung für eine Grafikkarte, auf der ein Accelerator-Chip integriert ist, der die 2D- oder 3D-Grafik-Darstellung beschleunigt.

➡ *Siehe 3D-Grafik, Accelerator-Chip, Grafik, Grafikkarte*

Access

Von Microsoft entwickelte relationale Datenbankapplikation. 1993 als Bestandteil der OfficeSuite ausgeliefert, liegt das Programm in der aktuellen Version 7.0 als vollwertige 32 Bit-Applikation vor.

Wichtige Features von Access:

- Die Datenbasis wird in Form von Tabellen behandelt und dargestellt (relationale Datenbank).

- Folgende Objekte werden von Access bereitgestellt: Abfrage, Formular, Bericht, Makro und Modul.

Über die Datenbankschnittstelle ODBC ist die Kommunikation mit anderen Datenbanksystemen möglich.

- DDE und OLE ermöglichen den Datenaustausch mit anderen Windows-Applikationen.
- Assistenten unterstützen den Anwender bei der Erstellung von Berichten und Formularen.
- Access ist über eine Makrosprache bzw. über VisualBasic programmierbar.
- Abfragesprache SQL.

➞ *Siehe Datenbank, DDE, Formular, Makro, Modul, Objekt, ODBC, Office, OLE, Relationale Datenbank, SQL, Tabelle*

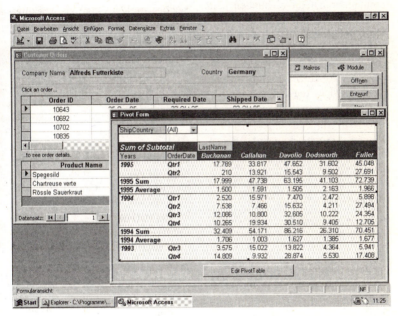

Bild 1: Access bietet viele Bearbeitungs- und Darstellungsmöglichkeiten für Daten

ACCESS.bus

Ein bidirektionaler Bus, der zum Anschluß von bis zu 125 Peripheriegeräten an den PC dient. Das Gerät wird automatisch identifiziert und so konfiguriert, daß eine optimale Leistungsfähigkeit erreicht wird. Peripheriegeräte können während des laufenden Betriebs an den Computer angeschlossen werden und dem neuen Gerät wird automatisch eine eindeutige Adresse zugewiesen. Es eignet sich aber nur für Geräte der niedrigen Geschwindigkeitsklasse wie Drucker, Modems, Mäuse und Tastaturen. Dabei werden die Geräte hintereinander in Reihe verbunden, hängen also an einer Kette und kommunizieren dennoch direkt mit dem Computer bzw. umgekehrt. Entwickelt wurde der ACCESS.bus von DEC und steht in Konkurrenz zu dem von INTEL entwickelten USB.

Account

Eine meist durch Name und Paßwort abgsicherte Zugangsberechtigung zu einem Computer, Netzwerk oder Online-Dienst. Auch Benutzerkonto oder Konto genannt.

➭ *Siehe Netzwerk, Online-Dienst, Paßwort*

ACCU

Abkürzung für Association of C and C++ Users.

ACIS

Abkürzung für Andy, Charles, Ian's System. ACIS wurde von der Firma Spatial Technology, Inc. entwickelt und stellt als De-facto-Standard für die Herstellung von Volumenmodellen ein offenes System für die Erzeugung von Draht-, Oberflächen- und Volumenmodellen mit Hilfe einer allgemeinen, einheitlichen Datenstruktur dar.

➭ *Siehe 3D-Grafik, 3D-Modell*

ACK

Abkürzung für engl. Acknowledge (Bestätigung). Ein spezielles Steuerzeichen, welches man im Quittungsbetrieb (siehe Quittung) einer Schnittstelle verwenden kann.

➭ *Siehe NAK, Quittung, Schnittstelle, Steuerzeichen*

Acknowledge

➭ *Siehe ACK*

ACL

Abkürzung für access control list. Bezeichnet eine mit einer Datei verknüpfte Liste, die Informationen darüber enthält, welche Benutzer bzw. Benutzergruppen die Rechte besitzen, auf diese Datei zuzugreifen, bzw. Änderungen vorzunehmen.

➭ *Siehe LAN*

ACM

Association for Computing Machinery. Eine nordamerikanische Vereinigung von Informatikern, welche jedes Jahr herausragende Leistungen auf dem Gebiet der Informatik prämiert.

Acotec

Acotec ist ein ISDN-Software-Hersteller mit Sitz in Berlin. Die Firma war maßgeblich an der Entwicklung des CAPI-Subsystems für Windows 95 beteiligt. Sie bietet auch eigene Software-Lösungen zur professionellen ISDN-Nutzung an (z.B. ISDN for Windows 95 oder ISDN for Windows 95 Professional).

➭ *Siehe CAPI, CAPI-Port-Treiber, ISDN, ISDN-Karte, Windows 95*

ACPI

Abkürzung für Advanced Configuration and Power Interface. Dieses Interface dient der automatischen Konfiguration und dem Power Management bei PCs. Spezifiziert wurde ACPI von Microsoft, Intel und Toshiba.

➭ *Siehe Intel, Microsoft, Power-Management, Toshiba*

Active Matrix Display
➭ *Siehe TFT-Display*

Active Movie

Der Multimedia-Standard für digitales Video unter Windows. Neben den herkömmlichen Videokomprimierungs-Codecs sind in Active Movie auch die Apple-QuickTime-Dekompression und eine MPEG-Unterstützung enthalten, die sowohl mit DCI als auch mit dessen Nachfolger DirectDraw zusammenarbeitet.

➭ *Siehe DirectX, MPEG, Multimedia*

ActiveX

ActiveX unterstützt auch die Internet-Programmiersprache Java. Interaktionen zwischen einzelnen ActiveX-Controls (z.B. das Öffnen einer Tabelle, sobald ein Button angeklickt wird) werden über eine Skriptsprache gesteuert (z.B. Java Script oder VisualBasic Script). Microsoft stellt mit den im Internet erhältlichen ActiveX-Control-Pads eine Fülle bereits fertiger ActiveX-Controls zur Verfügung. Insgesamt sind im World Wide Web schon über 2000 unterschiedlichster ActiveX-Controls verfügbar, so daß der Web-Designer nur noch relativ selten eigene Controls entwickeln muß. ActiveX-Controls werden meist in C++, Java oder Visual Basic 5.0 geschrieben und über HTML-Tags in die eigene Webseite eingebunden.

➭ *Siehe 1TR6, HTML, Internet, Java, Visual Basic Script, Webseite, WWW*

ACTOR

Eine von der Firma The Whitewater Group, Ltd., entwickelte objektorientierte Programmiersprache zur Vereinfachung der Programmierung unter Windows 95.

➭ *Siehe Objektorientierte Programmierung, Programmiersprache*

ADA

Veraltete Programmiersprache. ADA erhielt ihren Namen zu Ehren der Gräfin von Lavolace, Ada Byron, einer Mitarbeiterin von Babbage, die als erste Programmiererin gilt.

➠ *Siehe Babbage, Charles, Programmiersprache*

ADABAS

Datenbankverwaltungssystem der Firma Software AG aus Darmstadt. Wurde in den 70er Jahren für Großrechner unter den Betriebssystemen OS/2 und UNIX entwickelt, in den 80er Jahren dann auf speziellen Datenbankrechnern angeboten. Inzwischen liegen aktuelle Versionen für die Betriebssysteme Windows 95 und Windows NT vor.

➠ *Siehe Betriebssystem, Datenbank-Verwaltungssystem, Großrechner, OS/2, Unix*

Adapter

Ein Adapter ermöglicht den Anschluß eines Geräts an den Computer oder einen Rechner mit einem übergeordneten Kommunikationssystem. Grafikkarten bezeichnet man auch als Bildschirmadapter, Soundkarten demgemäß als Audioadapter, Netzwerkkarten als Netzwerkadapter und Modems als DFÜ-Adapter.

➠ *Siehe Computer, Grafikkarte, Modem, Netzwerkkarte, Soundkarte*

Adapter-ROM

Synonym für Adapter-Segment.

➠ *Siehe Adapter-Segment*

Adapter-Segment

Auch oberer Speicher oder Adapter-ROM. Bezeichnung für den oberen, 384 Kbyte großen Speicherbereich des konventionellen Speichers (1024 Kbyte). Der konventionelle Speicher setzt sich aus dem 640 Kbyte großen, für Anwendungsprogramme reservierten Base Memory und dem 384 Kbyte großen Adapter-Segment zusammen. Über die Adressen des Adapter-Segments werden die ROM-Bausteine des PCs (z.B. BIOS), der Grafikkarte (Video-ROM) und anderer Erweiterungskarten (z.B. SCSI-Kontroller) angesprochen. Der Speicherbereich des Adapter-Segments wird nicht immer bzw. nicht immer vollständig beansprucht. Freie Speicherbereiche werden als sog. Upper Memory Blocks (UMB) bezeichnet. UMBs können von Speichermanagern mit Gerätetreibern oder residenten Programmen belegt werden, so daß mehr Platz im unteren Speicherbereich für Anwenderprogramme verfügbar wird.

Eine zusätzliche Funktion, die das Adapter-Segment bei Rechnern unter DOS übernimmt, ist das sog. Shadow-RAM. Bei im BIOS aktivierter Shadow-RAM-Funktion wird der Inhalt des langsamen BIOS-ROM in den RAM-Speicher (Hauptspeicher) des Computers geladen. Wenn das Betriebssystem nun Funktionen des BIOS ansprechen will, wird der Inhalt aus den schnellen RAMs anstatt aus dem langsamen ROM gelesen. Der Geschwindigkeitsvorteil, der sich daraus ergibt, ist bei den heutigen Systemen nicht mehr relevant.

➡ *Siehe Adresse, Base memory, BIOS, Hauptspeicher, Konventioneller Speicher, RAM, ROM, Shadow-RAM, UMB*

adaptive Delta-Puls-Code-Modulation

Abkürzung: ADPCM. Speichert digital abgetastete Signale als Folge von Wertänderungen, wobei der Änderungsbereich mit jedem Sample bei Bedarf angepaßt wird und sich demzufolge die effektive Bitauflösung der Daten erhöhen kann. ADPCM stellt eine Klasse von Codierungs- und Decodierungs-Algorithmen für komprimierte Signale dar, die in der Audiokompression und bei anderen Anwendungen in der Datenkompression eingesetzt werden.

➡ *Siehe Kompression, Modulation*

adaptive differentielle Puls-Code-Modulation

Abkürzung: ADDPCM. Ein digitaler Audio-Kompressionsalgorithmus, der die abgetasteten Signale als Differenz zwischen der linearen Kombination vorangehender Samples und dem aktuellen Sample speichert. Ziel ist es, Daten effizienter zu speichern.

➡ *Siehe Kompression, Modulation*

ADB-Anschluß

Der Apple Desktop Bus ist eine genormte Schnittstelle an einem Macintosh oder einem PowerMac, an die Eingabegeräte wie Tastatur, Maus, und auch Grafiktabletts angeschlossen werden können.

➡ *Siehe Apple, Digitalisiertablett, Macintosh, Maus, PowerMac, Tastatur*

Add-In

Add-Ins (Zugaben) sind Makros, die Applikationen wie z.B. Word, Excel oder Access um nützliche Funktionen wie z.B. den Datenimport oder Datenexport von Fremdformaten erweitern. Add-Ins werden vom Hersteller selbst oder von Drittherstellern angeboten.

➡ *Siehe Applikation, Datenexport, Datenimport, Makro*

Add-On

Ein Add-On ist im Gegensatz zu einem Add-In kein Makro, sondern vielmehr ein eigenständiges Programm, welches aus Standardapplikationen heraus aufgerufen werden kann und diesem seine Funktionen zur Verfügung stellt. Ein Beispiel für ein Add-On sind sog. Viewer oder Betrachterprogramme, die es ermöglichen, in Dokumenten enthaltene Bild- oder Videodateien darzustellen.

➭ *Siehe Add-In, Applikation, Dokument, Makro*

Addierwerk

Wichtiger Teil der CPU. Jede der vier Grundrechenarten kann auf die Addition zurückgeführt werden. Das Addierwerk addiert zwei oder mehr Summanden.

➭ *Siehe CPU*

AdLib

Veralteter Soundstandard der Firma AdLib. Fand vor allen Dingen bei Spielen Verwendung, wurde aber schnell durch den Soundblaster-Standard der Firma Creative Labs abgelöst, der im Gegensatz zu AdLib auch Multimedia-Anwendungen unterstützt.

➭ *Siehe Creative Labs, Multimedia, Soundblaster*

Administrator

Der Administrator ist der Verwalter eines Netzwerks. Er hat die höchste Sicherheitsstufe, und damit alle Rechte im Netzwerk. Der Administrator vergibt z.B. Betriebsmittel, teilt Adressen zu (in einem TCP/IP-Netzwerk oder Intranet) und vergibt Sicherheitsstufen an Nutzer.

➭ *Siehe Adresse, Betriebsmittel, Intranet, Netzwerk, TCP/IP*

Adobe

http://www.adobe.com

Adobe ist ein amerikanisches Software-Unternehmen, das in den Bereichen Computergrafik, DTP, Schriftgestaltung und Videobearbeitung tätig ist. Zu den bekanntesten Produkten zählen die Bildbearbeitungssoftware Adobe Photoshop (inzwischen Version 5.0 mit MMX-Unterstützung), die Schriftenverwaltung Adobe Type Manager (ATM), die DTP-Programme Adobe PageMaker und FrameMaker und das Videobearbeitungsprogramm Adobe Premiere. Von Adobe stammt außerdem der PostScript-Standard.

➭ *Siehe Adobe Type Manager, Bildbearbeitung, Bildbearbeitungsprogramm, DTP, MMX, PostScript*

Adobe Type Manager

Der Adobe Type Manager ist ein Schriftverwaltungsprogramm (Font-Manager), welches neben True-Type-Schriften auch Schriftarten (Fonts) im eigenen Type1-Format (PostScript-Schriften) unterstützt.

➭ *Siehe Adobe, Font, PostScript, Schriftverwaltung, TrueType*

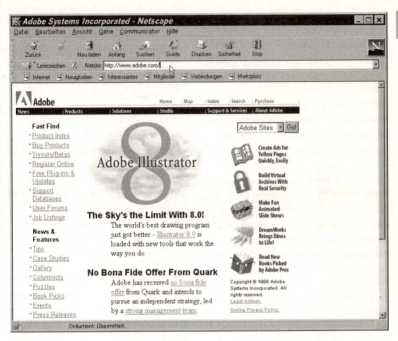

Bild 2: Die Homepage von Adobe

ADPCM

Abkürzung für adaptive Delta-Puls-Code-Modulation.

Adress Range

Bezeichnet den IP-Adreßbereich, den ein DHCP-Server aus seinem Adreßpool zu dynamischen Zuweisung an Clients zur Verfügung stellt.

➡ *Siehe Client, DHCP-Server, IP-Adresse*

Adreßbus

Ein Adreßbus dient dem Adressenaustausch zwischen einzelnen Hardware-Komponenten (z.B. CPU und Hauptspeicher). Die erste Prozessorgeneration der Intel-Familie 80x86 verfügt über einen Adreßbus mit 20 Adreßleitungen (20 Bit Adreßbreite) und konnte damit 1 Mbyte Speicher adressieren. Der 80286 verfügte über 24 Adreßleitungen und konnte 16 Mbyte ansprechen. Alle nachfolgenden Prozessorgenerationen bis zum

Adresse

Pentium Pro verfügen über 32 Leitungen und können 4096 Mbyte, also 4 Gbyte, adressieren.

→ *Siehe A20-Gate, Adresse, CPU, Hauptspeicher, Pentium Pro*

Adresse

Physikalisch gleiche Speicherbereiche werden in einem PC durch Adressen eindeutig identifiziert. Die Adresse ist eine Zahl, welche von der CPU über einen Adreßbus an den Hauptspeicher übergeben werden muß, bevor sie Daten von diesem oder in diesen laden kann. Adressen, an denen sich Programmbefehle befinden, die auf diese Weise direkt abrufbar sind, werden auch als Sprungadresse bezeichnet. Die Ansteuerung eines Geräts oder einer anderen Hardware-Komponente erfolgt ebenso über eine Adresse, die sog. Geräteadresse. Eine logische Adresse wird im Gegensatz zu einer physischen Adresse nicht für eine reale, physikalische Speichereinheit verwendet, sondern für die Programmierung von Programmelementen, die unverändert an beliebige Speicherplätze geladen und ausgeführt werden müssen. Logische Adressen werden von einer Speicherverwaltung bereitgestellt. Symbolische Adressen werden vom Betriebssystem und anderen Programmen verwendet, um dem Anwender die Arbeit zu erleichtern. Statt einer Zahl wird ein eindeutiger Name als Adresse benutzt.

→ *Siehe Adreßbus, Betriebssystem, CPU, Geräteadresse, Hauptspeicher, Logische Adresse, Sprungadresse, Symbolische Adresse*

Adressentransformation

Übersetzung einer logischen Adresse in eine physische Adresse zur Speicherverwaltung. Es gibt mehrere Möglichkeiten, den Speicher in getrennt verwaltete Speicherbänke zu transformieren: Segmentierung, Paging und virtueller Speicher.

→ *Siehe Logische Adresse, Paging, Physische Adresse, Segmentierung, Speicherbank, Speicherverwaltung, Virtuelle Adresse, Virtueller Speicher*

Adressierung

Das Verfahren, mit dem auf einen Bereich des Hauptspeichers oder auf ein Gerät mittels einer Adresse zugegriffen wird. Man unterscheidet folgende Adressierungsarten:

- Bei der speicherdirekten oder absoluten Adressierung befindet sich der Wert im Arbeitsspeicher an der angegebenen Adresse.

- Bei der speicherindirekten Adressierung befindet sich an der angegebenen Adresse erst eine neue Adresse, an der der gewünschte Wert gefunden werden kann.

- Bei der registerdirekten Adressierung findet sich unter der angegebenen Adresse die Adresse eines Registers, in welchem sich der gewünschte Wert befindet.
- Bei der registerindirekten Adressierung befindet sich an angegebener Adresse die Adresse eines Registers, in dem sich wiederum die Adresse des Werts befindet.
- Bei der relativen Adressierung ist die Adresse zum aktuellen Registerinhalt hinzuzuaddieren, um die Speicheradresse des Werts zu erhalten.
- Bei der indizierten Adressierung ist die Adresse eines Indexregisters angegeben, dessen Inhalt zur Adresse des Werts hinzuaddiert werden muß.

➠ *Siehe Adresse, Hauptspeicher, Register*

Adreßraum

Der Adreßraum bezeichnet die maximale Größe des Hauptspeichers bzw. die maximale Adreßanzahl die von der CPU adressiert werden kann. Man unterscheidet logischen, physischen und virtuellen Adreßraum.

➠ *Siehe Adresse, CPU, Hauptspeicher, Logische Adresse, Physische Adresse, Virtuelle Adresse*

ADSL

Asynchronous Digital Subscriber Line. Von Motorola entwickelte Modem-Technik zur Datenübertragung über herkömmliche Kupferkabel. Mit Hilfe eines speziell entwickelten Chips (Copper Gold) ist es Motorola gelungen, die Datenübertragungsrate über Kupfer-Telefonleitungen stark zu erhöhen. Im asynchronen Modus (unidirektional) kann der Chip 8 Mbit/s übertragen; im bidirektionalen, synchronen Modus immerhin noch 1 Mbit/s. Diese Bandbreite ist hoch genug, um Telefon, Fernsehen und Radio gemeinsam zu übertragen (z.B. über das Internet). Zum Vergleich: Modems mit dem heutzutage meist gebräuchlichen V.34plus-Standard schaffen 33,6 Kbit/s, ISDN 64 Kbit/s. Auch die neuen Standards (V.56 und X2 von Rockwell) sind viel langsamer als ADSL.

➠ *Siehe Datenübertragungsrate, Internet, ISDN, Modem, Motorola, V.34plus, V.56-Standard*

Advanced Basic Input Output System
➠ *Siehe ABIOS*

Advanced Interactive Executive
➠ *Siehe AIX*

Advanced Micro Devices
➠ *Siehe AMD*

Advanced Power Management

Advanced Power Management
→ *Siehe APM*

Advanced Research Projects Agency NETwork
→ *Siehe ARPAnet*

Advanced Technology
→ *Siehe AT*

Advances Managebility Alliance
Allianz zwischen IBM und Intel zur Schaffung neuer Managementmöglichkeiten und Durchsetzung von Wired for Management.

→ *Siehe WMI*

After Dark
Einer der bekanntesten Bildschirmschoner. Besonders populär sind die fliegenden Toaster und die Katze Boris.

→ *Siehe Bildschirmschoner*

AGP
Accelerated Graphics Port. Von Intel neu entwickelter Hochgeschwindigkeitsbus für Grafikkarten. AGP wurde vor allem im Hinblick auf die neue MMX-Prozessor-Technologie entwickelt. Die Grafikkarte soll im Verbund mit einem MMX-Prozessor Daten parallel zu diesem abarbeiten können und so eine höhere Performance als herkömmliche Grafikkarten erreichen.

→ *Siehe Bus, Grafikkarte, Intel, MMX, PCI, Pentium II, Sockel*

AI
Abkürzung für Artificial Intelligence

→ *Siehe Artificial Intelligence, Künstliche Intelligenz*

AIX
Advanced Interactive Executive. Ein auf UNIX basierendes Betriebssystem, welches von IBM erstmals im Jahre 1986 mit ihrem ersten RISC-Rechner PC/RT vorgestellt wurde. AIX wird meist auf heterogenen Netzwerken verwendet und ist auch für Server von Apple verfügbar.

→ *Siehe Apple, Betriebssystem, Heterogenes Netzwerk, IBM, RISC-Prozessor, Server, Unix*

Akku
Ein Akku oder Akkumulator ist eine wiederaufladbare Batterie. Die Speicherung der elektrischen Energie erfolgt auf elektrochemischem Wege. Man unterscheidet zwischen verschiedenen Typen, je nachdem welches Material für die beiden Elekroden des Akkus verwendet werden:

- Nickel-Cadmium-Akku (NiCd). Positive Elektrode aus Nickel, negative Elektrode aus Cadmium. NiCD-Akkus zeichnen sich durch durchschnittliche Ladedichte und relativ kurze Ladezeiten aus. Nachteilig bei diesem Typ von

Akku ist der sog. Memory-Effekt, der bei unvollständiger Entladung zu dauerhaftem Leistungsabfall des Akkus führt.

- Nickel-Metallhydrid-Akku (NiMH). Positive Elektrode aus Nickel, negative Elektrode aus einer wasserstoffspeichernden Metallegierung. NiMH-Akkus haben die doppelte Ladekapazität von NiCd-Akkus und leiden nicht unter einem Memory-Effekt.

- Lithium-Ionen-Akku (Li-Ion). Diese Akkus haben die höchste Ladekapazität und längste Lebensdauer. Sie weisen keinen Memory-Effekt auf, sind umweltfreundlich, aber teuer in der Herstellung.

➔ *Siehe Memory-Effekt*

Bild 3: Ein typischer Notebook-Akku

Akkumulator

Ein Register der CPU, in dem hauptsächlich Ergebnisse logischer und arithmetischer Operationen zwischengespeichert werden.

Akku. Wiederaufladbare Batterien, die elektrische Energie elektrochemisch speichern.

➔ *Siehe Akku, CPU*

Aktiv-Lautsprecher

Auch als Aktiv-Boxen bezeichnet. Aktiv-Lautsprecher haben einen eigenen Verstärker eingebaut. Sie finden meist bei Computern und Laptops Verwendung.

➔ *Siehe Laptop, Lautsprecher*

Bild 4: Kleine Aktiv-Lautsprecher mit Reglern für Lautstärke und Klang

Aktivboxen

➔ *Siehe Lautsprecher*

Aktive ISDN-Karte

Im Gegensatz zu den passiven ISDN-Karten verfügen aktive ISDN-Karten über einen Prozessor, der für die Datenübertragung zuständig ist. Dadurch wird die CPU des PC-Systems entlastet. Aktive ISDN-Karten benötigen eine spezielle Software, die ihren Prozessor ansteuern kann, ansonsten erreicht sie nur die Leistung passiver Karten.

➠ *Siehe CPU, Datenübertragung, ISDN, ISDN-Karte, Passive ISDN-Karte*

Aktive Partition

Auf der aktiven Partition befindet sich das Betriebssystem, welches beim Booten gestartet werden soll. Beim Booten wird der Boot-Sektor geladen und der Urlader ausgeführt. Mit Hilfe sog. Boot-Manager ist es möglich, zwischen mehreren Betriebssystemen eines auszuwählen, das dann gestartet wird (z.B Windows NT und Windows 95 oder OS/2). Dabei müssen sich die Betriebssysteme nicht unbedingt alle auf der aktiven Partition befinden.

➠ *Siehe Betriebssystem, Boot-Manager, Boot-Sektor, Booten, Urlader*

Akustikkoppler

Veraltetes System zur Datenfernübertragung. Der Akustikkoppler bestand aus Modem, Mikrofon und Lautsprecher und ähnelte in seiner Form einem Telefon. Der Telefonhörer wurde auf den Akustikkoppler gelegt, und zwar die Sprechmuschel auf den Lautsprecher und die Hörmuschel auf das Mikrofon. Kunststoffmanschetten schirmten die beiden Muscheln vor störenden Geräuschen ab.

➠ *Siehe Datenfernübertragung, Lautsprecher, Modem*

Aldus

http://www.adobe.com

Amerikanische Software-Firma. Bekannt wurde Aldus durch Programme für den Grafikbereich (Aldus PhotoStyler) und DTP (PageMaker). Aldus wurde schon vor längerer Zeit von Adobe übernommen.

➠ *Siehe Adobe*

Alert on LAN

Erweiterung von Wired for Management, um Warnungen und Statusmeldungen auch bei ausgeschaltetem Computer an eine Managementkonsole zu senden.

➠ *Siehe WMI*

ALGOL

Algorithmic Language (algorithmische Sprache). Wurde 1958 auf Anregung der Universität Zürich entwickelt und dient der Formulierung hauptsächlich wissenschaftlicher und mathematischer Zusammenhänge (Algorithmen). 1960 endgültig als ALGOL 60 eingeführt, war ALGOL eine der ersten Sprachen, die die für strukturiertes Programmieren erforderlichen Elemente wie Prozeduren,

Schleifen, Rekursionen und Bedingungen enthielt. Bevor die Weiterentwicklung von ALGOL in den 70er Jahren endgültig eingestellt wurde, erschien mit ALGOL 68 noch eine stark erweiterte Version. Einzelne Bestandteile von ALGOL wurden in viele Programmiersprachen übernommen. So wurden z.B. ADA und PASCAL aus ALGOL entwickelt. Zur Syntax-Beschreibung von ALGOL wurde die Backus-Naur-Form entwickelt.

➡ *Siehe ADA, Backus-Naur-Form, Bedingung, Programmiersprache, Prozedur, Rekursion, Schleife, Syntax*

Algorithmic Language
➡ *Siehe ALGOL*

Algorithmische Sprache
➡ *Siehe ALGOL*

Algorithmus

Unter einem Algorithmus versteht man allgemein die schrittweise Lösung eines Problems mit Hilfe elementarer Regeln. In der EDV erfolgt nach der Problemanalyse die Entwicklung eines Algorithmus, der dabei in natürlicher Sprache, mit Hilfe eines Struktogramms, in einer virtuellen Programmiersprache oder auch gleich in der gewünschten Programmiersprache formuliert wird. Für jede Aufgabenstellung in dem Programm gibt es einen Algorithmus. Komplexe Algorithmen führen dabei oft zu einer höheren Verarbeitungsgeschwindigkeit als die leicht nachvollziehbaren.

➡ *Siehe Programmiersprache, Struktogramm*

Alias

Eine Anweisung, nach der eine externe Funktion in einem Programm mit einem neuen Namen betitelt wird. Bestandteil vieler Programmiersprachen.

Bei Apple-Computern ab dem Betriebssystem System 7 bezeichnet ein Alias eine virtuelle Datei, die auf eine andere Datei, ein Gerät, einen Programmordner oder ähnliches verweist. Durch einen Doppelklick auf das Symbol des Verweises wird die jeweilige Funktion ausgeführt (z.B. ein Programm gestartet oder auch die Verbindung zu einem Rechner im Netzwerk aufgebaut). Die Äquivalente bei OS/2 und Windows 9x / NT 4.0 heißen Referenz bzw. Verknüpfung.

➡ *Siehe Programm, Programmiersprache*

Aliasing

Verfremdung bzw. Verfälschung von analogen Bildinformationen bei der digitalen Verarbeitung. Ist bei einem Scanner z.B. die Abtastrate für ein Bild zu niedrig gewählt, kann es zum Aliasing – zu einer Bildverfremdung – kommen. Generell gilt, daß die Abtastrate des Scanners mindestens doppelt so hoch sein soll wie die Rasterung der Vorlage (z.B. 600 dpi Abtastrate bei 300 dpi Bildrasterung).

Mit Aliasing wird auch der »Treppeneffekt« bezeichnet, der bei der Darstellung von diagonalen Linien und Kanten auf Bildschirmen und Druckern entsteht. Um die gezackten Abstufungen auf den Linien zu verhindern, dient das Anti-Aliasing-Verfahren.

➠ Siehe Abtastrate, Digital, DPI, Scanner

Alpha-Blending

Vierte Farbinformation neben den RGB-Werten zur Speicherung der Transparenz eines Objekts (RGBA). Erlaubt die Darstellung durchsichtiger Objekte wie Glas, Flüssigkeiten und Rauch. Für die Erzeugung dieses Effekts bildet der Grafikchip aus den bereits gezeichneten Bildteilen und der Farbe der durchscheinenden Textur Mittelwerte. Alpha-Blending ist ein sehr aufwendiges Verfahren, da zusätzlich zu den normalen Zugriffen auf den Z-Buffer und den Texturspeicher (Texture-Cache) noch Zugriffe auf den Bildspeicher erfolgen müssen (multipass texture mapping). Manche Grafikchips vermeiden den zusätzlichen Zugriff auf den Bildspeicher, indem sie den Hintergrund einfach mit den Transparenzinformationen überschreiben (stippled alpha blending). In diesem Fall entstehen die Farbmittelwerte im Prinzip durch einen optischen Trick. Beim Betrachten des Bildes verschwimmt das Punktraster nämlich ineinander, was aber dennoch zu weit schlechteren Ergebnissen führt als multipass texture mapping.

➠ Siehe 3D-Funktionen, 3D-Grafik, RGB, Textur, Textur-Cache, Z-Buffer

Alpha-Chip

Ein von der Firma DEC 1993 entwickelter RISC-Prozessor. Der Alpha arbeitet mit 64 bittigen Registern, superskalar (d.h er kann über zwei Pipelines mehrere Befehle gleichzeitig ausführen) und nach dem Prinzip des superpipelining, wobei jede Pipeline (Befehlsausführungseinheit) aus mehreren Stufen besteht. So ist es möglich, daß sich mehrere Befehle in verschiedenen Ausführungsstufen befinden. Der derzeit schnellste Alpha-Prozessor, der 21164PC, ist mit 533 MHz getaktet und damit nach reiner Rechenleistung ca. dreimal so schnell wie ein Pentium Pro mit 200 MHz. In Bezug auf Fließkomma- und Integerleistung zeigt der Alpha sogar eine noch höhere Performance. Mit Unterstützung der künftigen Version 5.0 von Windows NT und der neuen OfficeSuite-Version von Microsoft wird der Alpha bald an Bedeutung gewinnen.

➡ *Siehe DEC, Fließkommadarstellung, Integer, Pipeline, Register, RISC-Prozessor*

Alphadaten

Alphadaten sind Datenfelder, in denen nur alphanumerische Zeichen enthalten sein dürfen.

➡ *Siehe Alphanumerisch, Datenfeld*

Alphanumerisch

Neben Buchstaben sind in einem alphanumerischen Datenfeld auch Ziffern, Satz- und Sonderzeichen erlaubt. Beim numerischen Datentyp sind nur Ziffern, Vorzeichen (+/-), der Dezimalpunkt und das Exponentialzeichen E erlaubt.

➡ *Siehe Datenfeld, Numerische Daten, Sonderzeichen*

Alphanumerische Tastatur

Tastatur, auf der nur alphanumerische Tasten zu finden sind.

➡ *Siehe Alphanumerisch, Tastatur*

Alphaversion

Ist ein Programm nach der Entwicklungsphase weitgehend lauffähig, es fehlen aber noch ein paar weniger wichtige Programmteile, so spricht man von einer Alphaversion. Das nächste Stadium ist die Betaversion, die von Betatestern auf Bugs untersucht wird, bevor das Programm auf den Markt gebracht wird.

➡ *Siehe Betatest, Betatester, Betaversion, Bug*

Alt Gr-Taste

Die AltGr-Taste (Alternate German) aktiviert einige Sonderzeichen der deutschen Tastatur. Eckige, geschweifte Klammern, das Slash-Zeichen (\) und das Sonderzeichen @ seien als Beispiele genannt.

➡ *Siehe Sonderzeichen, Tastatur*

Alt-Taste

Die Alt-Taste aktiviert eine alternative Tastaturbelegung auf der Tastatur eines PCs. Bestimmte Funktionen diverser Applikationen lassen sich durch die Alt-Taste in Kombination mit einer zweiten oder dritten Taste erreichen.

➡ *Siehe Tastatur*

Bild 5: Die Alt-Taste auf einer Windows-95-Tastatur

ALU

Abkürzung für Arithmetic Logic Unit (arithmetische Logikeinheit). Die ALU ist ein wesentlicher Bestandteil der CPU. Sie führt grundlegende Rechen- und Verknüpfungsoperationen durch, wie z.B. Addition, Subtraktion, Negation und die logische AND-Verknüpfung und OR-Verknüpfung.

➦ *Siehe AND-Verknüpfung, Boolesche Operatoren, CPU, OR-Verknüpfung*

AMD

http://www.amd.com

Die Firma Advanced Micro Devices (1969 gegründet) ist schärfster Konkurrent des ehemaligen Kooperationspartners Intel. Neben x86-Prozessoren entwickelt AMD Flash-Memories und RISC-Prozessoren, wie sie hauptsächlich in Laserdruckern zum Einsatz kommen. AMD brach mit 286er und 386er Prozessoren erstmals das Monopol des Chip-Giganten Intel und hatte 1993 großen Erfolg mit einem eigenen 486er Prozessor, nachdem Intel nach langem Rechtsstreit den Microcode (Mikro-Befehle) ihrer Prozessoren freigeben mußte. 1996 wurde der K5 vorgestellt, ein Prozessor der Pentium-Leistungsklasse, der aber kein Erfolg für die Firma wurde. Der neueste Streich von AMD ist der K6 3DNow!, der ähnlich leistungsfähig (teilweise sogar leistungsfähiger) ist wie ein Pentium II, aber weit weniger kostet. Ob AMD mit dem K6 oder dem Nachfolgemodell, einem Prozessor der siebten Generation (K7), Erfolg haben wird, ist noch ungewiß. Neben AMD versuchen auch andere Chiphersteller Fuß auf dem Pentium-Prozessormarkt zu fassen; so z.B. Cyrix mit ihrer Eigenentwicklung, dem M2.

➦ *Siehe Cyrix, Flashmemory, Intel, K6, K6 3DNow!, Laserdrucker, M2, Mikrobefehl, MMX, RISC-Prozessor*

America Online
➦ *Siehe AOL*

American National Standards Institute
➦ *Siehe ANSI*

American Standard Code for Information Interchange
➦ *Siehe ASCII*

American Telephone and Telegraph Company
➦ *Siehe AT&T*

Amiga

Der Amiga wurde 1982 von der Firma Amiga, die bis dahin hauptsächlich für ihre Joysticks bekannt war, auf der Basis eines Motorola 68000-Prozessors entwickelt. Nach einem Rechtsstreit mit ihrem ärgsten Konkurrenten Atari geriet die Amiga Corp. nicht zuletzt wegen der verzö-

Amiga

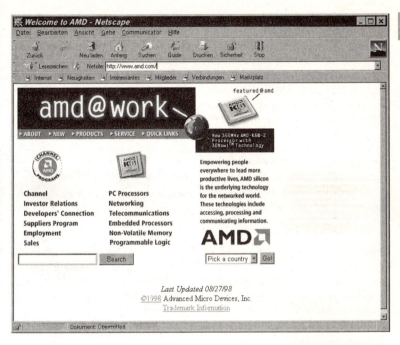

Bild 6: Die Homepage von AMD

gerten Fertigstellung ihres neuen Heimcomputers in arge finanzielle Schwierigkeiten und wurde 1984 von Commodore übernommen. Das erste Modell – der Amiga 1000 – glänzte durch seine für die damalige Zeit hervorragenden Grafikfähigkeiten (er konnte 4096 Farben gleichzeitig darstellen) und Soundfähigkeiten (4-Kanal-Stereosound), was ihn bald zum bevorzugten Computer in der Videobearbeitung und in Musikstudios machte (wo er mit dem Atari ST aber einen starken Konkurrenten hatte). Zudem verfügte der Amiga über eine grafische Benutzeroberfläche (Workbench) und spezialisierte Chips (Agnus, Denise und Paula), die für Sound- und Grafikfähigkeiten verantwortlich waren (Sprites und BOBs). Der Amiga kann insofern als der erste Multimedia-Computer gelten. Weitere Modelle folgten: der Amiga 500, der für den Heimbereich und als Spielecomputer gedacht war, der Amiga 2000, der Amiga 2500, der Amiga 3000 und schließlich der Amiga 4000, der 600 und der 1200. Commodore wollte mit dem Amiga an den C64-Erfolg anknüpfen, wurde jedoch durch die zunehmende Verbreitung der IBM-kompatiblen PC's und aufgrund geringer Innovationskraft nach und nach vom Markt gedrängt. 1995 wurde die Marke Commodore von der damals noch erfolgreichen deutschen PC-Handelskette Escom für 10 Millionen Dollar übernommen. 1996 mußte Escom selbst Konkurs anmelden, so daß die weitere Zukunft des Amiga ungewiß war. Ende 1996 kaufte die Firma Viscorp, ein Hersteller von Set-top-Boxen, die Patent- und Markenrechte an Amiga für 40 Millionen Dollar. Viscorp will weiter Amiga-Computer produzieren. 1994 wurde von der Firma Macrosystem ein Amiga-Klon vorgestellt, der DraCo.

➡ *Siehe Atari, Escom (2001), Joystick, Motorola, Set-Top-Box*

Ami Pro

Eine von der Samna Corp. entwickelte Textverarbeitung, die sich großer Beliebtheit besonders bei Anfängern in diesem Bereich erfreut. 1992 von der jetzigen IBM-Tochter Lotus übernommen, wurde AmiPro 1995 in Word Pro umgenannt und als Konkurrenz von Word für Windows (WinWord) etabliert. Word Pro liegt in der derzeitigen Version – Word Pro 97 – der Lotus SmartSuite 97 bei.

➡ *Siehe IBM, Lotus, Lotus SmartSuite, Textverarbeitung*

Analog

Gegenteil von Digital. Als analog bezeichnet man ein Signal, wenn es innerhalb vorgegebener Grenzwerte jeden beliebigen Wert, also unendlich viele Werte, annehmen kann.

➡ *Siehe Digital*

Analog/Digital-Wandler

Das Gerät (meist ein Chip), das analoge Signale in digitale umwandelt, nennt man Analog/Digital-Wandler oder auch Analog/Digital-Konverter. Das analoge Signal wird schrittweise abgetastet und in digitale Impulse umgesetzt. Es gibt auch einen Digital/Analog-Wandler bzw. Digital/Analog-Konverter (DAC).

➡ *Siehe Analog, Digital, Digital-Analog-Wandler, RAMDAC*

Analoganschluß

Analoge Signale können von einem PC über den Analoganschluß gesendet oder auch empfangen werden. Über einen Analoganschluß verfügt z.B. die Grafikkarte, die Soundkarte und der telefonseitige Ausgang eines Modems.

➡ *Siehe Analog, Grafikkarte, Modem, PC, Soundkarte*

Analoges Signal

➡ *Siehe Analog, Analoganschluß*

AND-Verknüpfung

Die AND-Verknüpfung ist eine logische Operation der booleschen Algebra. AND führt zum Wert WAHR (1), wenn alle Bedingungen erfüllt (d.h. ebenfalls WAHR) sind. Weitere logische Operatoren sind XOR, OR, NOT, NOR.

→ *Siehe Boolesche Operatoren, NOR-Verknüpfung, NOT-Verknüpfung, Operation, OR-Verknüpfung, XOR-Verknüpfung*

Animation

Eine Animation ist eine Sequenz von Einzelbildern (Frames), die beim Betrachter die Illusion flüssiger Bewegung erzeugt. Animationen (Computeranimation) werden im Design-, Multimedia- und Film- und Fernsehbereich verwendet, aber auch zur Gestaltung von WebSites und grafischen Benutzeroberflächen.

→ *Siehe Animation, Frame, Grafische Benutzeroberfläche, Multimedia, WebSite*

Animierte Gifs

Da das Gif-Format hauptsächlich im Internet benutzt wird, bestehen auch Animationen auf WebSites häufig aus einer Abfolge von Gifs. Es ist auch möglich, Avis in animierte Gifs umzuwandeln.

→ *Siehe Animation, Internet, WebSite*

Anisotrope Texturfilterung

Bezeichnung für ein neuartiges Verfahren zur Verbesserung der Darstellungsqualität von 3D-Grafik bei Betrachtung unter flachen Winkeln. Bewegt man sich in niedriger Höhe über eine texturierte Oberfläche, bildet ein Punkt auf dem Monitor meist mehrere Punkte der Textur ab. Der überdeckte Bereich erscheint außerdem nicht kreisförmig, sondern eher langgestreckt, was auf den flachen Betrachtungswinkel zurückzuführen ist. Die anisotrope Filterung berücksichtigt für die optimale Einfärbung des Bildpunkts deswegen alle Texturpunkte, die in diesem, langgestreckten Bereich liegen. Die Direct3D-Schnittstelle von Microsoft unterstützt dieses Verfahren in der derzeitigen Version leider noch nicht.

→ *Siehe 3D-Funktionen, 3D-Grafik, Textur, Texture-Mapping*

anklicken

Mit Anklicken wird die Aktivierung eines Symbols oder eines anderen Elements der grafischen Benutzeroberfläche mittels einer der Maustasten bezeichnet. Mit einem Doppelklick mit der linken Maustaste auf ein Symbol auf dem Desktop von z.B. Windows 95 wird das entsprechende Programm aufgerufen.

→ *Siehe Desktop, Grafische Benutzeroberfläche, Windows 95*

anklopfen

Ein ISDN-Leistungsmerkmal und auch im analogen Telefonnetz möglich. Auf einen zweiten Anrufer wird durch ein Tonsignal aufmerksam gemacht. Der Benutzer kann den ersten Anrufer in der Leitung halten und zum zweiten Anrufer umschalten (Makeln). Auch eine Konferenzschaltung ist möglich, sollte dies zum Leistungsumfang des eigenen ISDN-Anschlusses gehören.

➡ *Siehe Analog, ISDN, ISDN-Leistungsmerkmale, Makeln*

anmelden

Auch logon, login oder umgangssprachlich »einloggen«. Dieser Vorgang bezeichnet den Aufbau einer Verbindung zu einem lokalen oder globalen Netzwerk, damit einem Anwender Zugriff auf Daten in einem Netzwerk, einem einzelnen Computer oder einem Online-Dienst gewährt wird. Dabei werden meistens eine Benutzerkenung und ein Benutzerkennwort abgefragt.

➡ *Siehe Abmelden, Benutzerkennung, Netzwerk, Online-Dienst*

Anonymous FTP

In manche FTP-Server kann man sich auch anonym, also ohne die Angabe eines Benutzernamens und/oder eines Kennworts einloggen. Es gehört allerdings zum guten Ton (Netiquette) seine E-Mail-Adresse zu hinterlassen. Als Kennwort genügt meist »guest«. Auch wenn Sie keine E-Mail-Adresse angeben würden, bleiben Sie nicht ganz anonym, da Ihre IP-Adresse aufgezeichnet wird.

➡ *Siehe Benutzername, E-Mail, FTP, IP-Adresse, Netiquette*

Anrufweiterschaltung

Ein weiteres ISDN-Leistungsmerkmal. Anrufe können an einen anderen stationären Telefonanschluß oder ein Mobiltelefon weitergeleitet werden. Die Telefonnummer bleibt gleich, der Anruf wird lediglich weitergeleitet.

➡ *Siehe ISDN, ISDN-Leistungsmerkmale*

Anschlagdrucker

Engl. impact printer. Bei diesem sehr lautstarken Druckertyp wird die Druckertinte mechanisch (durch Nadeln oder ein Typenrad) auf das Papier gebracht. Zu den Anschlagdruckern gehören Nadeldrucker und Typenraddrucker.

➡ *Siehe Nadeldrucker, Typenraddrucker*

Anschlagfreier Drucker

Engl. non-impact printer. Bei diesem Druckertyp wird die Tinte ohne Kontakt mit dem Papier übertragen. Typische Vertreter sind Tintenstrahldrucker und Laserdrucker.

→ *Siehe Laserdrucker, Tintenstrahldrucker*

ANSI

American National Standards Institute. 1918 gegründet, ist die ANSI dem dt. DIN-Institut vergleichbar. Eine noch heute gebräuchliche ANSI-Norm sind die ANSI- oder Escape-Kontrollsequenzen (da sie durch das Steuerzeichen ESC aufgerufen werden), die früher zur Steuerung von Terminal- und Großrechnerfunktionen dienten. In heutigen PC's (unter MS-DOS in Form des Treibers Ansi.sys) steuern ANSI-Kontrollsequenzen die Position des Cursors und Zeichenattribute wie Blinken oder auch die Farbdarstellung. Mit Hilfe der Kontrollsequenzen ist es auch möglich, den gesamten oder Teile des Bildschirms zu löschen.

→ *Siehe DIN, Großrechner, Steuerzeichen, Terminal*

ANSI-Code

Von der ANSI genormter Standardcode, der es ermöglicht, Texte, Bilder, Animationen und auch Töne aus dem PC-Lautsprecher aus Folgen von ANSI-Kontrollsequenzen zu erzeugen. Besonders in Mailboxen (BBS) beliebte Methode zur kreativen Gestaltung der Benutzeroberfläche. Oft wird auch der ASCII-Code (ebenfalls von der ANSI definiert) als ANSI-Code bezeichnet. Nachfolgend eine Tabelle mit den ANSI-Codes von Windows.

Die Zeichen werden durch Drücken der `AltGr`-Taste verbunden mit der Eingabe des jeweiligen Zahlencodes in einem Dokument erzeugt.

→ *Siehe ANSI, ASCII, Mailbox*

ANSI-Virus

Eigentlich sind ANSI-Viren keine richtigen Viren. Wie trojanische Pferde werden Sie in Textform in Mailboxen angeboten. Werden sie bei geladenem ANSI-Treiber mit einem Befehl wie TYPE angezeigt, spielen allerhöchstens der Monitor, die Tastatur und der Lautsprecher verrückt. Die in ihnen enthaltenen Steuersequenzen führen allerlei unsinnige Befehle aus und erzeugen damit ein Tohuwabohu.

→ *Siehe ANSI, Mailbox, Steuerzeichen, Trojanisches Pferd*

Anti-Aliasing

Auf schrägen Linien und Kanten von Grafiken entsteht ein sog. »Treppeneffekt« (Aliasing-Effckt), eine deutlich sichtbare Abstufung zwischen den einzelnen Pixeln. Mit Hilfe des Anti-Aliasing-Verfahrens wird dieser Effekt retuschiert, indem die benachbarten Pixel in einer dunkleren Farbe als die betroffene Linie bzw. Kante eingefärbt werden. Aktuelle Grafik-

Chips sind in der Lage, automatisch Linien und Kanten mit Anti-Aliasing zu zeichnen.

➙ *Siehe Aliasing*

Antivirenprogramm

Ein Antivirenprogramm dient der Abwehr von Computerviren. Ein sog. Virenscanner durchsucht alle Dateien des Systems nach dem Code bereits bekannter Viren, der in einer mitgelieferten und ständig aktualisierten Datenbank gespeichert ist. Weiterhin untersucht der Scanner die Dateien auf ihre korrekte Prüfsumme. Findet der Virenscanner eine seiner Meinung nach verseuchte Datei, versucht er diese zu reparieren. Programme mit defekter Prüfsumme werden nicht gestartet. Die bekanntesten Antivirenprogramme sind Dr. Solomon's und McAfee Scan. Die Datenbanken beider Programme können über das Internet aktualisiert werden.

➙ *Siehe Computervirus, Datenbank, Internet, McAfee, Prüfsumme, Virenscanner*

Antwortmodus

Engl. auto answer. Betriebsart eines Modems, bei dem das Gerät automatisch abhebt, sobald ein Anruf eingeht.

➙ *Siehe Modem*

Anwendungspaket

Einige Software-Hersteller bündeln ihre wichtigsten Applikationen in Paketen, die meist günstiger sind als die Einzelprogramme. So bietet Microsoft z.B das Office-Paket an, in dem je nach Edition Excel, WinWord, Access, Outlook und PowerPoint enthalten sind. Von Lotus, StarDivison und Corel gibt es ähnliche Pakete (Lotus SmartSuite 97, StarOffice und Corel Office).

➙ *Siehe Access, Corel, Excel, Lotus, Lotus SmartSuite, Office-Paket, PowerPoint, StarDivision, StarOffice, WinWord*

Anwendungsprogramm

➙ *Siehe Applikation*

Anwendungsprogrammierschnittstelle

➙ *Siehe API*

Anwendungsschicht

➙ *Siehe Applikationsschicht, OSI-Schichtenmodell*

Anwendungsspezifischer Integrierter Schaltkreis

➙ *Siehe ASIC*

AOL

http://www.aol.de

Weltweit der größte Online-Dienst mit mehr als 15 Millionen Kunden, davon in Deutschland ca. 300.000. Seit

Ende 1995 kooperiert AOL mit dem größten deutschen Verlagshaus Bertelsmann. Im September 1997 übernahm AOL den Kundenstamm von CompuServe. Das Angebot von AOL reicht von zahlreichen Kommunikations- und Informationsforen über die Online-Version diverser Zeitschriften und Zeitungen bis hin zu Internet-Telefonie und eigener Homepage. AOL verfügt in Deutschland über 73 Einwahlknoten. Diese bieten analoge Verbindungen mit V34plus (33.600 Bit/s) und ISDN-Verbindung mit V.120 (38.400 Bit/s) oder X.75 bei 64.000 Bit/s. Österreich und die deutschsprachige Schweiz verfügen bislang leider erst über einen bzw. fünf Einwahlpunkte. Der ISDN-Zugang wird über einen speziellen Treiber (cFos, Fossil) realisiert. Die Einwahl in den Online-Dienst ist nur über die mitgelieferte Zugangs-Software (aktuell Version 3.0) möglich, da AOL ein eigenes Zugangsprotokoll anstatt SLIP oder PPP benutzt. Die Einwahlmöglichkeit über das DFÜ-Netzwerk von Windows 95/98, wie von anderen Online-Diensten gewohnt, ist somit nicht möglich.

➡ *Siehe DFÜ-Netzwerk, Fossil, Internet, Online-Dienst, PPP, SLIP, V.120-Standard, V.34plus, X.75*

API

Abkürzung für Application Programming Interface (dt. Anwendungsprogrammierschnittstelle).
Eine genormte Programmierschnittstelle, über die der Programmierer einfachen Zugriff auf Funktionen des Betriebssystems bzw. der Benutzeroberfläche hat. Dadurch wird die Programmierung von Applikationen stark vereinfacht. Ein neueres Beispiel wäre DirectX für Windows 95. Die API-Gruppe DirectX ist die Schnittstelle zu allen Multimedia-Anwendungen unter Windows 95.

➡ *Siehe 3D-API, Betriebssystem, DirectX, Schnittstelle*

APM

Advanced Power Management. Dieser Standard dient der Senkung des Stromverbrauchs von PCs und Notebooks. Um APM nutzen zu können, muß der PC über ein APM-fähiges BIOS und Betriebssystem verfügen. Nach einer definierbaren Zeitspanne werden inaktive Hardware-Komponenten (Festplatte, Prozessor, Monitor) in einen Stromsparmodus (Stand-by-Betrieb) geschaltet. Befindet sich das System oder Teile des Systems im Stromsparmodus, werden Eingabegeräte wie Tastatur und Maus und Schnittstellen auf eingehende Signale überwacht. Befindet sich z.B. der Monitor im Stromsparbetrieb, und der Anwender bewegt die Maus, so wird der Monitor wieder angeschaltet. Besonders Notebooks machen extensiven Gebrauch vom Power Managment, um ihre Akkus zu schonen.

➠ *Siehe DPMS, Notebook, Power-Management, Schnittstelle*

Apogee

http://www.apogee1.com

Apogee ist Hersteller von Spiele-Software.

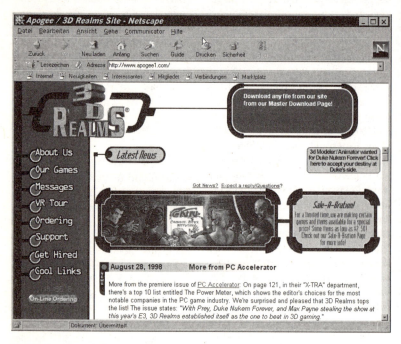

Bild 7: Apogees Auftritt im Internet

Apple

http://www.apple.de

Apple wurde 1976 von Steven Wozniak und Steve Jobs in einer Garage gegründet. Mit dem Apple I stellte die Firma damals einen der ersten Mikrocomputer vor. 1977 wurde dann der Apple II auf den Markt gebracht, der aufgrund seiner offenen Architektur und dem Tabellenkalkulationsprogramm VisiCalc eine voller Erfolg wurde. Neben dem Apple II entwickelte Apple einen weiteren Computer – Lisa genannt – der mit einer grafischen Benutzeroberfläche und Maussteuerung ausgestattet war, wegen seines hohen Preises (10.000 $) jedoch kein kommerzieller Erfolg wurde. Erst mit der Einführung des Macintosh konnte Apple wieder an den Erfolg des Apple II anknüpfen. Nach einem Streit mit dem ehemaligen PepsiCola-Manager John Scully, der seit 1983 in der Geschäftsleitung für Apple arbeitete, verließen Steve Jobs und Steven Wozniak die Firma. Jobs gründete daraufhin das mäßig erfolgreiche Unternehmen Next, das alsbald einen eigenen Computer – den Next – mit der grafischen Benutzeroberfläche NextStep vorstellte. Im Kampf um Marktanteile geriet Apple 1992 in finanzielle Schwierigkeiten, was zu mehreren Wechseln in der Geschäftsleitung und zu Massenentlassungen führte. Seit 1994 verwendet Apple in seinen Computern nicht mehr die Prozessoren der Firma Motorola (680x0), sondern den PowerPC-Chip, eine Joint-Venture-Entwicklung von Apple, IBM und Motorola. Demzufolge heißen die neuen Computer von Apple PowerMacs. 1996 gab Gil Amelio, der neue CEO von Apple überraschenderweise die Übernahme von Next bekannt. Steve Jobs fungierte seither als Berater für Apple. Im Juni 1997 verließ Amelio das Unternehmen, welches sich nun, langfristig gesehen, möglicherweise wieder in einem Aufwärtstrend befindet. Im August 97 übernahm Jobs – trotz vorheriger Dementis – einen Posten im neuen Board of Directors. Die Liste der anderen neuen Direktoren liest sich wie das Who's Who der Computerbranche: Larry Ellison, Gründer und CEO von Oracle, Bill Campbell, CEO von Intuit, und Jerry York, ehemaliger CFO (Finanzen) von IBM und Chrysler. Besonders überraschend kam die Willenserklärung von Microsoft, über drei Jahre hinweg Apple-Aktien im Wert von 150 Millionen Dollar kaufen zu wollen. Der Aktienkurs von Apple stieg daraufhin an einem Tag um satte 33%. Im Juli 1997 wurde das neue Betriebssystem System 8 vorgestellt. Auf System 8 sollte »Raphsody« folgen, laut Apple das »Betriebssystem des 21. Jahrhunderts«, das Windows und MacOS verschmelzen sollte. Rhapsody wird aber nur noch in der PC-Version erscheinen. Vielmehr folgt auf das aktuelle System 8.5 eine von Grund auf überarbeitete MacOS-Version namens MacOS X. Im Frühjahr 1998 wurde im Zuge der Rationalisierung der Apple Newton aus dem Programm gestrichen. Wichtige Programmteile sollen in MacOS X einfließen. Im Sommer 1998 stellte Apple den iMac vor, eine Reminiszenz an den Apple II. Der iMac ist Apples neues Einsteigermodell und soll – so hofft Apple – wie sein Vorgänger Kultstatus erreichen.

→ *Siehe Apple Newton, Grafische Benutzeroberfläche, Jobs, Steve, Macintosh, Mikrocomputer, Motorola, NEXT-Computer, Offene Architektur, PDA, PowerMac, PowerPC-Chip, System 8*

Bild 8: Die freundliche Homepage der Apfel-Firma

Apple Desktop Bus

→ *Siehe ADB-Anschluß*

Apple Finder

Bestandteil des Apple-Betriebssystems (System 8, System 7.5). Der Finder ist für die Verwaltung des Desktop, von Dateien und Programmen verantwortlich.

→ *Siehe Apple, System 8*

Apple Newton

Der Apple Newton ist ein PDA (Personal Digital Assistant) der Firma Apple. Die Eingabe erfolgt über einen Stift, mit dem man direkt auf das monochrome Display zeichnen kann. Der Newton zeichnet sich durch eine integrierte Handschrifterkennung aus, ist aber in der ersten Version noch recht langsam. Die Verarbeitungsgeschwindigkeit wurde bei seinem Nachfolger, dem Apple Newton Message Pad 2000 verbessert. Im Frühjahr 1998 gab Apple bekannt, die Weiterentwicklung und Produktion des Newton einzustellen.

➡ *Siehe Apple, Apple Newton MessagePad 2000, PDA*

Apple Newton MessagePad 2000

Der Apple Newton MessagePad 2000 ist der Nachfolger des Apple Newton. Beides sind PDAs (Personal Digital Assistant), kleine, tragbare Computer, die neben Organizer-Funktionen auch beschränkt Textverarbeitung usw. erlauben. Für nähere Informationen dazu siehe Apple Newton. An den MessagePad 2000 kann eine Tastatur angeschlossen werden, die Handschrifterkennung wurde stark verbessert, und er verfügt über einen besseren Bildschirm und eine IrDA-Schnittstelle (Infrarot). Außerdem ist über ein Handy der Zugang zum Internet möglich. Im Frühjahr 1998 gab Apple bekannt, die Weiterentwicklung und Produktion des Newton aufgrund des mäßigen Erfolges einzustellen.

➡ *Siehe Apple, Apple Newton, IrDA, Organizer, PDA*

Apple Unix

Apple's Version des UNIX-Betriebssystems.

➡ *Siehe Apple, Unix*

AppleShare

AppleShare ermöglicht es dem Anwender, einen (oder mehrere) Apple-Computer im Netzwerk als File-Server einzurichten. Die Computer, für die ein entsprechendes Benutzerkonto (account) eingerichtet wurde, haben Zugriff auf Daten (file sharing) und Programme des File-Servers.

➡ *Siehe Apple, Benutzerkonto, File Sharing, File-Server, Netzwerk*

Applet

Kleines, in Java geschriebenes Programm, das über das Internet übertragen wird und in einem javafähigen Browser ausgeführt wird. Applets werden über spezielle HTML-Tags in eine Webseite integriert.

➡ *Siehe HTML, Internet, Java, Web-Browser*

AppleTalk

Von Apple entwickeltes Netzwerkprotokoll. Neben LocalTalk (ebenfalls von Apple) unterstützt AppleTalk auch den Ethernet- und Token-Ring-Standard. AppleTalk funktioniert nach dem OSI-Schichtenmodell. Es beinhaltet die oberen fünf Schichten dieses Modells. Hervorzuheben ist die schon sehr früh realisierte Plug&Play-Fähigkeit von AppleTalk. Neue Netzknoten werden automatisch erkannt und in das bestehende Netz eingebunden. Auch Peripheriegeräte, wie z.B. ein Drucker, können als Netzwerkknoten fungieren. Der Nachteil von AppleTalk ist seine geringe Übertragungsgeschwindigkeit.

➭ *Siehe Apple, LocalTalk, Netzwerkknoten, Netzwerkprotokoll, OSI-Schichtenmodell, Plug&Play, Token-Ring*

Application Layer

Applikationsschicht. 7. Schicht des OSI-Schichtenmodells.

➭ *Siehe Applikationsschicht, OSI-Schichtenmodell*

Application Programming Interface

➭ *Siehe API*

Application Specific Integrated Circuit

➭ *Siehe ASIC*

Applikation

Eine Applikation ist ein Anwenderprogramm. Applikationen kann man in Anwendungsgebiete einteilen; so z.B. Office-Lösungen (WinWord, Excel, Access usw.), Grafikapplikationen (Adobe Photoshop, Corel Draw, 3D Studio MAX) usw.

➭ *Siehe Access, Corel Draw, Office, WinWord*

Applikations-Server

Der Applikations-Server stellt den Computern im Netzwerk seine Ressourcen und die auf ihm gespeicherten Applikationen zur Verfügung. Als Beispiele sind der Microsoft-SQL-Server 6.0 unter Windows NT und der IBM-Database-Server unter IBM-WARP-Server unter OS/2 zu nennen.

➭ *Siehe Applikation, Netzwerk, Ressourcen, SQL-Server*

Applikationsschicht

Engl. application layer. Die oberste, siebte Schicht des OSI-Schichtenmodells. Hier befinden sich die Applikationen und Dienste, die der Anwender über das Netzwerk anwenden kann.

➭ *Siehe Netzwerk, OSI-Schichtenmodell*

Approach

Relationale Datenbank der Firma Lotus. Bestandteil von Lotus SmartSuite 97.

→ *Siehe Lotus SmartSuite, Relationale Datenbank*

Approximation

Näherung eines Wertes. Eine Approximation (Näherungsverfahren) bietet in der Programmierung oft eine hinreichende (vor allen Dingen schnellere) Lösung bei der Entwicklung eines Algorithmus, wenn ein exaktes Ergebnis nicht unbedingt notwendig ist.

→ *Siehe Algorithmus*

Arbeitsblatt

→ *Siehe Dokument*

Arbeitsgruppe

Engl. workgroup. Eine Gruppe von Computern in einem Netzwerk, die über dieselbe Sicherheitsstufe verfügen und denselben Bedarf an Betriebsmitteln haben. Meist auch nach Aufgabengebiet von anderen Arbeitsgruppen getrennt. Die Benutzerkonten (Account) können dabei von jedem Computer oder auch nur von einem festgelegten Administrator verwaltet werden. Arbeitsgruppen mit hoher Sicherheitsstufe nennt man geschlossene Benutzergruppen.

→ *Siehe Administrator, Benutzerkonto, Betriebsmittel, geschlossene Benutzergruppe, Netzwerk*

Arbeitsmappe

Besonders in Tabellenkalkulationsprogrammen (z.B. Excel) gebräuchliches Verfahren zur Strukturierung von Inhalten. Inhaltlich zusammengehörige Tabellen oder Datenbanken und entsprechende Daten werden in einer Arbeitsmappe verwaltet.

→ *Siehe Datenbank, Excel, Tabelle, Tabellenkalkulation*

Arbeitsspeicher

→ *Siehe Hauptspeicher*

Arbeitsspeicherbank

→ *Siehe Speicherbank*

Arbeitsstation

→ *Siehe Workstation*

Archie

Ein Archie-Client ist eine Software, die extern oder in einen Browser integriert auf Archie-Server im Internet zugreift. Auf einem Archie-Server sind in einer Datenbank alle aktuellen Dateien und Informationen vieler FTP-Server gespeichert. Insofern hilft ein Archie-Server beim Suchen nach Daten. Ist man fündig geworden, kann man die Daten mit seinem Archie-Client oder dem Browser übertragen.

→ *Siehe Browser, Client, Datenbank, FTP, Server*

Architektur

Mit Architektur bezeichnet man allgemein die einem System, einer Software, Hardware oder einem Computer zugrunde liegende Struktur, den Aufbau.

➡ *Siehe Hardware, Software*

Archiv

Bezeichnet eine auf einem Datenträger gemachte Sicherheitskopie von mehr oder weniger wichtigen Daten, oft auch in komprimierter Form.

Dateiattribut

Im Internet oder in Online-Diensten finden sich oft Archive. Hier kann es sich um Software-Archive, also FTP-Sites handeln, von wo aus man sich Programme oder Treiber, Patches, etc. herunterladen kann. Aber auch Archive für Multimediadateien (Bilder, Videos, Sounds) sind reichlich vorhanden. Eine weitere Form bilden Archive in Form von Datenbanken im Internet, die zur Recherche verwendet werden können.

➡ *Siehe Datenträger, Kompression, Sicherheitskopie*

ARCnet

Abkürzung für Attached Resource Computer Network. Ein Standard für lokale Netzwerke (LAN, Local Area Network). Das ARCnet ist eine sehr ausgereifte Netzwerktechnologie, die sich aber nicht gegen seine Konkurrenten Ethernet und Token Ring durchsetzen konnte. Ein ARCnet-Netzwerk kann sowohl in Bus- als auch in Sterntopologie aufgebaut sein. Die einzelnen Arbeitsstationen (Workstation) sind durch aktive oder passive Verteilerknoten (Hub) miteinander verbunden. Das ARCnet arbeitet mit einem sog. Token, welches in einem logischen Ring von einem Netzwerkknoten zum nächsten weitergereicht wird (Token Passing), um Kollisionen zu vermeiden.

➡ *Siehe Bus-Topologie, Ethernet, Hub, LAN, Netzwerk, Netzwerktopologie, Sterntopologie, Token-Ring, Workstation*

Arial

Eine zu Helvetica ähnliche Schriftart (Font). Gehört zum Lieferumfang von Windows dazu und liegt im True-Type-Format vor.

➡ *Siehe Font, Schriften, TrueType*

Arithmetic Logic Unit

➡ *Siehe ALU*

Arithmetische Logikeinheit

➡ *Siehe ALU*

Arithmetischer Coprozessor

Ein Mikroprozessor, der die CPU bei der Berechnung sog. Fließkomma- (auch Gleitkomma-) operationen unterstützt. Der arithmetische Coprozessor wird auch als numerischer oder mathematischer Coprozessor bezeichnet. Häufig auch unter seiner englischen Bezeichnung: floating point unit (FPU). Der Prozessor ist in neueren Chips (bei Intel ab dem 486er) in die CPU integriert. Die Fließkomma-Einheit muß von entsprechenden Anwendungsprogrammen speziell angesprochen werden. Meist sind es Applikationen aus dem Bereich der CAD oder Computeranimation.

➡ *Siehe Animation, CAD, CPU, Fließkommadarstellung, Intel, Mikroprozessor*

ARJ

Der Name eines Programms zur Datenkomprimierung von Robert Jung. Komprimierte Dateien sind an der Dateiendung .arj erkennbar.

➡ *Siehe Kompression, Komprimierungsprogramm*

ARPAnet

Abkürzung für Advanced Research Projects Agency NETwork. 1968 von der DARPA (Defense Advanced Research Projects Agency), einer Behörde des amerikanischen Verteidigungsministeriums, eingerichtetes Forschungsprojekt zur Entwicklung eines dezentralen Netzwerks, welches auch einen atomaren Krieg relativ unbeschädigt überstehen sollte. Insofern war dies der Anstoß zur Entwicklung des heutigen Internet. 1969 wurde das erste Netzwerk aufgebaut, das sich eines neuen Übertragungsverfahrens bediente – der sog. Paketvermittlung.

Das ARPAnet war darauf ausgelegt auch bei Zerstörung eines oder mehrerer Netzwerkknoten zuverlässig weiter Daten zu übermitteln. Dies wurde durch das Dynamic Rerouting (dynam. Umleiten) erreicht. Dabei übernimmt jeder Computer im Netzwerk die Datenübermittlung. Fallen eine oder mehrere Leitungen aus, so wird automatisch auf eine andere Leitung umgeschaltet. Der Computer benötigt lediglich ein IP-Paket (Internet Protocol), in welches die Daten »verpackt« werden, und die Adresse des nächsten, funktionierenden Netzwerkknotens. Durch den Wegfall einer Hierarchie unter den Knoten wird auf diese Weise die Funktionstüchtigkeit des Netzwerks garantiert. Anfang der 80er Jahre wurde erstmals der Begriff Internet verwendet. Zur selben Zeit hatte sich das TCP/IP-Protokoll als offizielles Übertragungsprotokoll durchgesetzt. 1983 wurde das ARPAnet in das militärisch verwendete Milnet (Military Network) und in ein ziviles Netzwerk geteilt, welches weiterhin als ARPAnet bezeichnet wurde. 1990 schließlich wurde das ARPAnet eingestellt, nachdem der Datenverkehr sich zu einem großen Teil auf das Internet und das NSFNET verlegt hatte.

→ *Siehe DARPA, Internet, IP-Adresse, Netzwerk, Netzwerkknoten, NSF-NET, Paket, TCP/IP, Übertragungsprotokoll*

ARQ

Ein Fehlerkorrekturverfahren in der Datenfernübertragung. Abkürzung für Automatic Repeat of Request. Erhält der Zielcomputer ein fehlerhaftes Datenpaket, schickt dieser automatisch eine Anfrage (Request) an den übermittelnden Computer. Dieser schickt das Paket noch einmal an die Zielstelle.

→ *Siehe Datenfernübertragung, Datenpaket, Fehlerkorrektur*

Array

1. Auch Vektor, Variablenfeld, Feldvariable oder nur Feld. Ein Array ist eine Gruppe von Elementen, die unter einem gemeinsamen Namen gespeichert sind. Anstatt jedem Element einen eigenen Namen zu geben, wird ein Element durch einen numerischen Wert (einen Index) eindeutig identifizierbar. So könnte z.B. das vierte Element in einem Array mit A(4) gekennzeichnet sein. Arrays können auch mehrdimensional angelegt sein, z.B. A(4,7,9,5) für einen vierdimensionales Array. Die Anzahl der maximal verfügbaren Elemente läßt sich aus dem Produkt der einzelnen Elemente der Dimensionen errechnen. Besteht eine Dimension aus 10 Elementen, und es gibt drei Dimensionen, so beträgt die max. Anzahl der Elemente 1000 (10x10x10). Vom Prinzip her ähnelt ein Array einer Tabelle oder Matrix. Man unterscheidet zwischen dynamischen und statischen Arrays. Bei dyn. Arrays wird den einzelnen Elementen erst während des Programmablaufs Speicherplatz zugewiesen. Die Speicherzuteilung verläuft dadurch viel flexibler als bei stat. Arrays. Bei dieser Variante wird allen Elementen Speicherplatz zugeteilt, der dann während des Programmablaufs ständig belegt bleibt.

2. Im Hardware-Bereich bezeichnet ein (Disk-)Array auch die Anordnung von mehreren, in einer bestimmten Weise miteinander zusammenarbeitenden Festplatten.

→ *Siehe Festplatte*

Array-Prozessor

Ein Array-Prozessor besteht aus mehreren Elementarzellen, die entweder aus Hardware-Elementen oder einzelnen Prozessoren bestehen. Durch spezielle Anordnung und Arbeitsweise der Zellen unter- und miteinander ist es möglich, mehrere Daten-Arrays simultan abzuarbeiten. Ein einziger Daten-Array kann so mit nur einem Befehl komplett abgearbeitet werden.

→ *Siehe Befehl, Prozessor*

Art-Pad

Name einer Digitalisiertablett-Serie der Firma Wacom.

→ *Siehe Digitalisiertablett*

Artificial Intelligence

Englisch für künstliche Intelligenz.

→ *Siehe Künstliche Intelligenz*

ASCII

Abkürzung für American Standard Code for Information Interchange. Standardisierter Zeichencode zur Beschreibung von Klein- und Großbuchstaben, Zahlen und einigen Sonderzeichen. Dabei wird jedem Zeichen eine Zahl zugewiesen. Ursprünglich ein 7-Bit-Code (Zeichen mit den Nummern 0 bis 127), im erweiterten ASCII aber dann auf 8-Bit (256 Zeichen, 0 bis 255) erweitert. Die ersten 32 Zeichen stimmen mit ANSI überein, sind also den Steuerzeichen für z.B. Zeilenvorschub usw. vorbehalten. In der folgen Tabelle ist der ASCII-Code zusammengestellt.

→ *Siehe ANSI, Bit, Sonderzeichen, Steuerzeichen*

ASCII-Datei

Nur-Text-Datei. Damit ist eine Textdatei gemeint, welche nur Zeichen, jedoch keine Steuerzeichen, wie sie z.B. für die Ansteuerung des Druckers gebraucht werden, beinhaltet.

→ *Siehe ASCII, Steuerzeichen*

ASIC

Abkürzung für Application Specific Integrated Circuit. Allgemein die Bezeichnung für einen Chip, der für eine ganz bestimmte Anwendung konzipiert ist.

→ *Siehe Chip*

ASN.1

Abkürzung für Abstract Syntax Notation One. Genormte Notation der ISO, die unabhängige Spezifikationen von Datentypen und Strukturen für die Syntaxkonvertierung definiert.

ASR

Abkürzung für Automatic Send and Receive (engl. für automatisches Senden und Empfangen). Bezeichnung für den Betriebsmodus eines Modems, bei dem Daten automatisch zwischen dem Modem und der Zielstelle ausgetauscht werden.

→ *Siehe Modem*

Assembler

Ein Programm, welches Assemblercode in Maschinensprache übersetzt.

Im Gegensatz zu den höheren Programmiersprachen wie BASIC, C, oder PASCAL lehnt sich Assembler sehr stark an die Maschinensprache an. Die einzelnen Maschinenkommandos werden über Buchstabenkürzel, sog. Mnemoniks, eingegeben (mnemonischer Code). Bei der Programmierung in Assembler kann weitgehend auf die Verwendung von physikalischen Adressen verzichtet werden; statt dessen verwendet man symbolische Adressen. Befehle beziehen sich meist auf ein oder mehrere Operanden, auf Adressen oder auf Register. Im Gegensatz zur Maschinensprache lassen sich in Assembler aber auch Konstanten, Datenstrukturen, Variablen und Makros einsetzen.

➡ *Siehe Assemblercode, Maschinensprache*

Assemblercode

Quelltext, der in Assembler geschrieben ist.

➡ *Siehe Assembler, Quelltext*

Assemblieren

Das Übersetzen eines in Assembler programmierten Quellcodes (Quelltext, Source Code) in Maschinensprache durch einen Assembler. Das Gegenteil ist Disassemblieren.

➡ *Siehe Assembler, Quelltext*

Assistent

In WinWord, Excel, Access und vielen anderen Applikationen gibt es die sog. Assistenten; kleine Hilfsprogramme, die den Anwender bei der Erstellung von Briefen, Publikationen, Tabellen usw. unterstützen. Dabei führt der Assistent den Anwender Schritt für Schritt durch mehrere Menüs, in denen verschiedene Angaben in Bezug auf Zweck, Erscheinung usw. gemacht werden können. Am Ende erzeugt der Assistent basierend auf den Angaben des Anwenders das entsprechende Dokument.

➡ *Siehe Access, Applikation, Dokument, Excel, Tabelle, WinWord*

Association for Computing Machinery

➡ *Siehe ACM*

Asterisk

Bezeichnung für das Sonderzeichen ⁎, das als Platzhalter bei Befehlen und bei der Suche nach Dateien dient. Wenn Sie z.B. alle Dateien mit der Dateiendung ».ini« suchen, geben Sie in der Suchabfrage einfach »*.ini« ein. Das Platzhalter-Zeichen heißt im engl. auch wildcard.

➡ *Siehe Platzhalterzeichen, Sonderzeichen*

asynchrone Datenübertragung

Bei der Asynchronen Datenübertragung muß das Signal zwischen Quelle und Ziel nicht synchronisiert (gleichgetaktet) werden. Um eine fehlerfreie Übertragung zu garantieren, müssen jeweils am Anfang und am Ende der einzelnen Bytes Start- und Stop-Bits eingefügt werden. Gegenteil: synchrone Datenübertragung.

Siehe Bit, Byte, Synchrone Übertragung

asynchroner Cache

Standardausführung des Second-Level-Cache (L2-Cache). Heutzutage wird allerdings die schnellere Variante, der Pipelined-Burst-Cache oder auch synchrone Cache, verwendet.

Siehe Cache, Pipelined-Burst-Cache, Second-Level-Cache

asynchroner Übertragungsmodus
Siehe ATM

Asynchronous Digital Subscriber Line
Siehe ADSL

Asynchronous Transfer Mode
Siehe ATM

AT

Abkürzung für Advanced Technology; fortschrittliche Technologie. Die Bezeichnung AT steht für eine ganze Generation von PCs, die mindestens mit einem 286er und dem ISA-Bus (der deswegen oft auch als AT-Bus bezeichnet wird) ausgestattet waren. Namensgebend war – wie schon beim Vorgängermodell, dem XT (Extended Technology) – eine Computerreihe von IBM, der IBM-PC/AT bzw. IBM-PC/XT. Auch die Bezeichnung PC beruht auf diesen Computerreihen.

AT steht auch für die AT-Befehle (AT steht für engl. attention; Achtung), die erstmals von der Firma Hayes für die Steuerung ihrer Modems verwendet wurden. Einzelne Befehle werden stets durch at eingeleitet. Die AT-Befehle wurden mit der Zeit von allen Modemherstellern übernommen und als Standard akzeptiert.

Siehe IBM, ISA, PC, XT

AT&T

American Telephone and Telegraph Company. Die größte amerik. Telefongesellschaft. Zeitweise auch im PC-Geschäftsbereich tätig. Zu AT&T gehören die Bell Laboratories, aus deren Labors einige sehr wichtige Entwicklungen und Standards rund um den Computer hervorgingen.

Siehe Bell Laboratories

AT-Befehle

AT-Befehle dienen der Steuerung eines Modems. Sie wurden von der Firma Hayes entwickelt und von allen anderen Modem-Herstellern als Quasi-Standard übernommen. AT geht auf den engl. Begriff attention (Achtung) zurück. Nach dem Befehl AT folgt ein Steuerzeichen, welches für eine bestimmte Funktion steht. So bewirkt z.B. die Eingabe AT d 8939, daß das Modem die Nummer 8939 anwählt. Um Programme, die intern mit den AT-Befehlen arbeiten, mit ISDN weiternutzen zu können, gibt es zum einen externe ISDN-Adapter, die den Befehlssatz emulieren, zum anderen Software-Emulatoren, wie z.B. den FOSSIL-Treiber, der als Shareware angeboten wird.

➠ *Siehe Fossil, Hayes, ISDN, ISDN-Adapter, Modem, Shareware, Steuerzeichen*

AT-Bus Attachment Packet Interface

➠ *Siehe ATAPI*

AT-Bus-Festplatten

Auch IDE-Festplatten. Im Gegensatz zu ihren Vorläufern, den RLL- und MFM- Festplatten, benötigt diese Generation keinen externen Festplatten-Controller mehr zu ihrer Steuerung. Vielmehr werden sie über einen einfachen Adapter an den ISA-Bus (AT-Bus) angeschlossen. AT-Bus-Festplatten verfügen über einen eigenen Controller auf ihrer Platine.

➠ *Siehe Festplatten-Controller, IDE, ISA, MFM, RLL*

AT-Tastatur

Bezeichnung für eine Tastatur mit 84 Tasten. Heute nicht mehr gebräuchlich.

➠ *Siehe Tastatur*

ATAPI

AT-Bus Attachment Packet Interface. ATAPI ist das Grundprinzip einer AT-Bus-Festplatte. Normalerweise meint man damit aber einen Anschluß für CD-ROM-Laufwerke an einen IDE-Controller (z.B. auf einer Soundkarte).

➠ *Siehe AT-Bus-Festplatten, CD-ROM-Laufwerk, Controller, IDE*

Atari

1972 wurde Atari in Sunnyvale, Kalifornien gegründet. Der Name rührt von einem Spielzug beim jap. Brettspiel Go, bei dem einer oder mehrere der gegnerischen Steine bedroht werden, her. Atari wurde vor allem durch Telespielkonsolen (z.B. der VCS 2600) und die entsprechenden Telespiele (PacMan, Space Invaders) bekannt. 1982 brachte Atari mit dem 800 XL einen Konkurrenten für den C64 auf den Markt, der aber weder durch Leistung noch durch Absatzzahlen überzeugen konnte. Nach einem finanziellen Rückschlag wurde Atari 1984 von Jack Tramiel (Gründer von Ataris Konkurrenten Commodore) übernommen. 1985 erschien der Atari ST, ein Heimcomputer, der ähnlich dem Amiga mit einem 680x00-Prozessor von Motorola ausgestattet war. Der ST und sein Nachfolger – der TT – waren aufgrund ihrer Soundfähigkeiten und einer integrierten Midi-Schnittstelle besonders bei Musikern sehr beliebt (und sind es teilweise auch heute noch). Es folgten weitere Modelle wie der Atari Falcon030, die Spielekonsole Jaguar und der Atari

Lynx, der sich aber gegen den Nintendo GameBoy nicht durchsetzen konnte.

→ *Siehe Amiga, C64, Konsole, MIDI, Motorola, Pac Man*

ATM

Asynchronous Transfer Mode, asynchroner Übertragungsmodus. Ein sich noch im Entwicklungsstadium befindlicher Übertragungsstandard, der als Grundlage für ein modernisiertes ISDN-Netz und Backbone-Netze dienen soll. Dabei werden die Daten in kleinste Datenpakete zerlegt und über sog. Switches im Netz auf dem direkten Weg zum Empfänger gesendet. Da auf diese Weise keine anderen Leitungen als die wirklich benötigten belastet werden und die Netzwerkknoten nicht mehr um den Datendurchsatz konkurrieren müssen, läßt sich die Übertragungsrate auf theoretische 155 Mbit/s steigern. Diese Übertragungsrate steht dann auch zwischen jedem Knoten zur Verfügung. Zum Vergleich: Bei Fast Ethernet müssen sich alle Knoten eine Übertragungsrate von 100 Mbit/s teilen.

Abkürzung für den Adobe Type Manager.

→ *Siehe Adobe Type Manager, Backbone, Datenpaket, ISDN, Netzwerkknoten, Switch*

Attached Resource Computer Network

→ *Siehe ARCnet*

Attachment Unit Interface

→ *Siehe AUI*

Attribut

Ein Attribut (auch Dateiattribut) wird von einer Applikation oder einem Betriebssystem an eine Datei vergeben. Die Datei oder das Verzeichnis erhält dadurch einen bestimmten Status, der den weiteren Umgang mit ihr regelt. Attribute können mit best. Befehlen bzw. Programmen geändert werden, z.B dem Befehl attrib unter MS-DOS oder dem Explorer von Windows 95. Sie können sich die Dateiattribute im Explorer anzeigen lassen, indem Sie die gewünschte Datei mit der rechten Maustaste anklicken und dann die Option Eigenschaften aus dem geöffneten Menü anklicken. Nachfolgend sind die einzelnen Dateiattribute und ihre Funktionen beschrieben:

- Archiv: wird durch ein a angezeigt. Dieses Attribut wird von Archivierungsprogrammen (Backup-Programme) gesetzt. Bei der Archivierung einer Datei wird das Attribut gelöscht. Erst nach erneuter Bearbeitung der Datei wird das Attribut durch eine Applikation neu gesetzt. Das Backup-Programm kann auf diese Weise erkennen, ob die Datei verändert wurde und deshalb wieder gesichert werden muß.

- Hidden (Versteckt): Wird durch ein h repräsentiert. Wichtige Systemdateien sind oft versteckt, um sie so vor unbeabsichtigtem Löschen zu schützen. Versteckte Dateien werden weder im Explorer noch unter MS-DOS (Befehl dir) angezeigt. Ein Beispiel wäre die Datei msdos.sys.

- Read-Only (Schreibgeschützt): Wie der Name schon sagt, können Dateien mit diesem Attribut nur gelesen, aber nicht geschrieben werden. Das Attribut wird durch ein r angezeigt. Beim Löschen einer solchen Datei werden Sie mit einer Sicherheitsabfrage aufgefordert, den Löschvorgang zu bestätigen. Wollen Sie eine Datei vor ungewolltem Überschreiben schützen, sollten Sie dieses Attribut setzen. Auf Speichermedien wie z.B. einer CD-ROM ist das Attribut read-only automatisch gesetzt.

- System: Durch ein s angezeigt. Wichtige Systemdateien (command.com, msdos.sys oder io.sys) und Systemverzeichnisse (unter Windows 95) werden mit diesem Attribut gekennzeichnet, um sie vor unbeabsichtigtem Löschen oder Verschieben zu schützen.

Unter MS-DOS werden Attribute z.B. folgendermaßen gesetzt: x.sys +r +s +h. Ein Minus- statt des Pluszeichens vor den Attributzeichen entfernt das jeweilige Attribut wieder.

Attribute werden in Datenbanken an ein Datenfeld vergeben. Beispiele für ein Attribut wären Auftragsnummer, Vorname, Adresse usw.

➡ *Siehe Applikation, Archiv, Betriebssystem, Explorer, MS-DOS, Windows 95*

ATX

Layoutformat für PC-Hauptplatinen. Wurde 1996 von Intel spezifiziert und liegt derzeit in der aktuellen Version 2.1 vor. Im Gegensatz zum Vorgänger, dem Baby-AT-Format liegt die Hauptplatine um 90° gedreht im Gehäuse. Die ISA- und PCI -Slots für Erweiterungskarten liegen nun an der Längsseite des Gehäuses, die SIMM- und DIMM -Steckplätze sind leichter erreichbar, und die Anschlüsse für Festplatten und Laufwerke erlauben nun verkürzte Kabelwege, die neueren EIDE-Standards, wie z.B. PIO-Mode 4, gerecht werden.

Weiterhin wurde bei der Spezifikation darauf geachtet, daß die CPU ausreichend gekühlt wird, was man durch einen zusätzlichen, externen Lüfter am Netzteil und eine Positionsveränderung der CPU auf dem Board erreicht hat. ATX-Netzteile versorgen den Computer auch nach dem Abschalten des Stroms weiterhin mit der 5-V-Grundspannung, so daß der Computer z.B bei Empfang eines Faxes automatisch hochfahren kann. Zusätzlich liefert das Netzteil auch eine 3,3-Volt-Spannung, wie sie von Prozessoren neuerer Bauart verwendet wird.

➡ *Siehe CPU, DIMM, EIDE, Hauptplatine, Intel, ISA, Netzteil, PCI, PIO, SIMM*

Audio Video Interleaved

➡ *Siehe Avi*

Audiocast

Die Übertragung eines Audiosignals mit Hilfe von IP-Paketen.

➡ *Siehe Internet, IP*

Audiokarte

➡ *Siehe Soundblaster, Soundkarte*

Aufruf

Z.B. ein Programmaufruf, also das Starten eines Programms durch den Benutzer.

➡ *Siehe Applikation, Programm*

Aufrufbetrieb

In Netzwerken, die von einem zentralen Server (in diesem Fall meist einem Großrechner) aus verwaltet werden, stellt der Aufrufbetrieb eine mögliche Betriebsart dar. Kommunikation zwischen den einzelnen Arbeitsstationen ist nur möglich, wenn der zentrale Server einen Aufruf dazu gibt. Schränkt die Teilnehmerzahl und die Geschwindigkeit stark ein.

➡ *Siehe Arbeitsstation, Großrechner, Netzwerk, Server*

Auftrags-/ Sitzungsverwaltung

Die Auftrags- und Sitzungsverwaltung ist ein wichtiges Aufgabengebiet eines Betriebssystems. Dabei werden Zugriffe durch Nutzer auf das System und enthaltene Programme protokolliert und statistisch erfaßt. Spielt außerdem eine wichtige Rolle für die Systemsicherheit.

➡ *Siehe Betriebssystem*

Aufwärtskompatibel

Ist eine Hardware(-Komponente) oder Software zu ihren Nachfolgeversionen verträglich, so bezeichnet man sie als aufwärtskompatibel.

➡ *Siehe Hardware, Kompatibel, Kompatibilität, Software*

Aufzeichnungsdichte

Bezeichnet die Anzahl an Informationen, welche pro Längeneinheit auf die Spuren (Tracks) eines Datenträgers gespeichert werden können. Wird meist in bits per inch (Bits pro Zoll) angegeben.

➡ *Siehe Bits pro Zoll, Datenträger, Spur*

Aufzeichnungsverfahren

Allgemein das Verfahren, welches zur Aufzeichnung von Daten auf einem Datenträger verwendet wird. Die Daten werden dabei kodiert und in der Magnetschicht einer Diskette, Festplatte usw. gespeichert. Folgende Verfahren kann man unterscheiden: FM (Frequenz-Modulation), MFM (Modifizierte Frequenz-Modulation) und RLL (Run Length Limited). Die Verfahren unterscheiden sich hauptsächlich in ihrer Aufzeichnungsdichte.

➡ *Siehe Daten, Datenträger, Diskette, Festplatte, MFM, RLL*

AUI

Abkürzung für attachment unit interface. Ein Anschlußkabel für Ethernet.

➡ *Siehe Ethernet*

ausführbares Programm

Ein ausführbares Programm enthält gespeicherte Folgen von Prozessorbefehlen mit den entsprechenden Datenbereichen. Das Programm kann durch das Betriebssystem in den Hauptspeicher des Systems geladen und durch Übergabe der Startadresse an den Befehlszähler der CPU ausgeführt werden. Unter MS-DOS haben ausführbare Programme die Erweiterung .exe oder .com. Auch das Betriebssystem und das BIOS bestehen aus ausführbaren Programmen.

➡ *Siehe Betriebssystem, CPU, Hauptspeicher, Startadresse*

Ausgabegeschwindigkeit

Mit Ausgabegeschwindigkeit ist meist die Geschwindigkeit gemeint, mit der ein Peripheriegerät, wie z.B. ein Drucker oder ein Plotter, Daten ausgeben kann. Je nach Typ wird die Augabegeschwindigkeit in Seiten pro Minute (Tintenstrahl- und Laserdrukker) bzw. in Zeichen pro Sekunde (characters per second, cps) (Typenrad- und Nadeldrucker) angegeben.

➡ *Siehe cps, Drucker, Laserdrucker, Nadeldrucker, Peripherie, Plotter, Tintenstrahldrucker, Typenraddrucker*

Ausgangsdatum

Das Ausgangsdatum ist das Datum, ab dem der Computer nachfolgende Daten berechnet. Beim Apple (02.01.1904) und bei den IBM-kompatiblen PCs (01.01.1900) werden verschiedene Ausgangsdaten verwendet. Tabellenkalkulationsprogramme rechnen Zahlenwerte in ein Datum um, weswegen das Ausgangsdatum von großer Bedeutung ist.

➡ *Siehe Apple, PC*

Auslagerungsdatei

Auch Swap File genannt. Der zur Verfügung stehende Arbeitsspeicher (Hauptspeicher) wird scheinbar vergrößert, indem das Betriebssystem eine Auslagerungsdatei auf einer Festplatte anlegt. Bei Programmen mit hohem Speicherbedarf (meist im Grafikbereich) sollte immer genügend physikalischer Hauptspeicher zur Verfügung stehen, da der Zugriff auf die Auslagerungsdatei auf der Festplatte ungleich länger dauert als der direkte Zugriff auf den Hauptspeicher. Man unterscheidet zwischen temporärer und permanenter Auslagerungsdatei, wobei letztere Variante leicht schneller arbeitet als erstere.

➠ *Siehe Betriebssystem, Festplatte, Hauptspeicher, Permanente Auslagerungsdatei, Temporäre Auslagerungsdatei*

Ausloggen

Auch log off.

➠ *Siehe Abmelden*

Ausnahmebehandlung

Bezeichnet die Reaktion auf Fehlersituationen, die während eines Programmablaufes auftreten bzw. den Prozeß, in dem ein Programmfehler während der Ausführung ermittelt wird. Außerdem der Vorgang, bei dem trotz eines Fehlerzustandes weiterhin ausführbare Funktionen, Programme oder Prozeduren entstehen.

Ausrichtung

Bestandteil der Absatzformatierung. Damit ist die Ausrichtung der Zeilen untereinander gemeint (z.B. linksbündig, rechtsbündig, Blocksatz, zentriert).

➠ *Siehe Absatzformatierung*

Ausschluß

Auch spacing oder Spationierung. Bezeichnung für den Abstand zwischen einzelnen Textzeichen. Beim Blocksatz wird der Leerraum (spacing) zwischen den einzelnen Zeichen variiert, so daß eine Zeile genauso lang wie alle anderen Zeilen in einem Absatz ist.

➠ *Siehe Absatzformatierung*

Ausschneiden

Mit Ausschneiden (Cut) wird das Verschieben einer Datei, z.B. in ein anderes Verzeichnis bezeichnet. Die Datei wird (z.B. im Windows-95-Explorer) mit dem Befehl »Ausschneiden« ausgeschnitten und mit dem Befehl »Einfügen« (Paste) wieder an anderer Stelle eingefügt.

➠ *Siehe Ausschneiden und Einfügen, Datei, Explorer, Verzeichnis*

Ausschneiden und Einfügen

Ausschneiden und Einfügen sind typische »Handgriffe« in heutigen Betriebssystemen. Damit ist das Auschneiden einer Datei, eines Verzeichnisses, Textes, Tabelleninhalts, einer Grafik usw. gemeint, welche dann an einer anderen Stelle (Partition, Laufwerk, Dokument, Tabelle usw.) wieder eingefügt wird. Unter Windows und allen auf dieser Plattform lauffähigen Applikationen wird für Ausschneiden die Tastenkombination [Strg]+[X] und für Einfügen [Strg]+[V] verwendet. Die ausgeschnittenen Daten werden in der Zwischenablage abgelegt und dann an eine andere Stelle kopiert (eingefügt). Engl. Cut & Paste.

➥ *Siehe Applikation, Betriebssystem, Dokument, Laufwerk, Partition, Plattform, Tabelle*

Ausstattungsmerkmal

➥ *Siehe Feature*

Austastlücke

Das Bild z.B. auf einem Monitor wird zeilenweise von einem Elektronenstrahl erzeugt, der von einer Kathodenstrahlröhre ausgestrahlt wird. Das Bild wird zeilenweise aufgebaut. Der Zeitraum, den der Elektronenstrahl braucht, um von einer Zeile am einen Ende zum Anfang der nächsten Zeile zu springen, wird Austastlücke genannt. Während dieses Zeitraums können andere Daten, wie z.B. Videotext oder auch über einen speziellen Decoder Daten aus dem Internet empfangen werden.

➥ *Siehe Elektronenstrahlröhre, Internet, Monitor*

Austastung

Auch engl. blanking. Bei der Eingabe von z.B. einem Paßwort werden zur Sicherheit die Textzeichen durch Leer- oder Sternzeichen ersetzt.

➥ *Siehe Paßwort*

Auto Answer

Betriebsmodus eines Modems, bei dem das Modem automatisch bei einem eingehenden Anruf abhebt.

➥ *Siehe Modem*

Auto dial

Modemfunktion. Unter Auto dial versteht man das automatische Anwählen einer Telefonnummer durch das Modem.

➥ *Siehe Modem*

AutoCAD

http://www.autodesk.com

Marktführendes, professionelles CAD-Programm der Firma Autodesk. Wurde 1983 vorgestellt, und liegt derzeit in der Version 14 vor. Dient als Basis für viele branchenspezifische CAD-Lösungen, die von unabhängigen Software-Firmen entwickelt werden.

➥ *Siehe CAD*

AutoDesk

http://www.autodesk.com

Amerikanisches Softwareunternehmen, das Anwendungsprogramme im Bereich des CAD und der 3D-Grafik herstellt. Besonders bekannt ist Autodesk für AutoCAD und 3DStudio.

➡ *Siehe 3D-Grafik, AutoCAD, CAD*

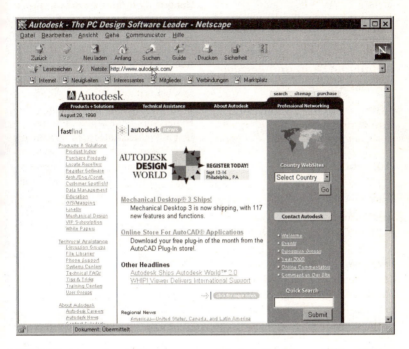

Bild 9: Die internationale Homepage von Autodesk. Von hier aus führen Wege zu den Länder-Homepages.

Autoexec.bat

Die Autoexec.bat ist eine Stapelverarbeitungsdatei, die bei jedem Start des Betriebssystems MS-DOS und auch Windows 95 zusammen mit der Config.sys ausgeführt wird. In der Autoexec.bat werden unter anderem Umgebungsvariablen definiert oder auch TSR-Programme gestartet.

➡ *Siehe Stapeldatei*

Autokonfigurierend

➡ *Siehe Plug&Play*

Automapping

Bei Action- und Rollenspielen automatische Kartierung des Spielgebiets.

Automatic Repeat of Request

➡ *Siehe ARQ*

Automatic Send and Receive

➡ *Siehe ASR*

Automatisches Senden und Empfangen

➡ *Siehe ASR*

Autopark

Automatisches Parken der Leseköpfe einer Festplatte im äußeren Magnetplattenbereich. Dadurch wird die Platte vor einem möglichen Headcrash geschützt.

➡ *Siehe Headcrash, Induktiver Schreib-Lese-Kopf, MR-Lese-Kopf, Schreib-Lese-Kopf*

AutoPlay

Nachdem eine CD-ROM in das CD-ROM-Laufwerk eingelegt wurde, sucht das Betriebssystem nach der Datei AUTORUN.INF auf der CD-ROM und führt die darin enthaltenen Befehle aus bzw. bei Audio-CDs wird die CD-Wiedergabe gestartet.

➡ *Siehe CD-ROM-Laufwerk, Windows 95, Windows 98, Windows NT*

Autorensystem

Autorensysteme sind Programme, mit denen sich Multimedia-Anwendungen (z.B Multimedia-CDs) programmieren lassen. Die heute gebräuchlichen Programme arbeiten objektorientiert, während man früher wirklich noch programmieren mußte. Beispiele wären der Macromedia Director, Multimedia Toolbook von Asymetrix, Authorware und Hyperbook beim Apple. Bei der Arbeit mit einem Autorenprogramm unterscheidet man zwischen Autoren- und Leserebene. Auf der Autorenebene ist es möglich, Erscheinungsbild und Ablauf des Programms zu gestalten, während auf der Leserebene lediglich die Interaktion mit dem Programm möglich ist. Die Basis jedes Autorensystems ist eine umfangreiche Datenbank, aus der Texte, Grafiken, Animationen, Sounds usw. zusammengestellt und verwaltet werden. Der Programmierer bindet diese Elemente auf der Autorenebene ein und erstellt Beziehungen und Abhängigkeiten zwischen ihnen.

➡ *Siehe Macromedia, Multimedia, Multimedia-CDs, Toolbook*

AUX

Im PC- und HiFi-Bereich Bezeichnung für einen zusätzlichen Anschluß an Verstärkern oder Erweiterungskarten (Soundkarte).

➡ *Siehe Soundkarte*

AV-Festplatten

Audio-Video-(AV-)Festplatten kommen ohne thermische Kalibrierung aus. Deshalb ist zwischen Festplatte und System eine konstante Übertragungsrate (Datentransferrate) garantiert. Derartige Platten werden meist im Audio- und Video-Bereich eingesetzt, da hier ununterbrochener und konstant schneller Datenfluß benötigt wird. Man bezeichnet solche Platten als AV-fähig.

→ *Siehe Datentransferrate, Festplatte*

Avatar

Eigentlich stammt der Begriff aus den indischen Heldenepen, wird aber heutzutage als Beschreibung für eine künstliche Person oder eine Verkörperung des Selbst im transzendenten Sinne verwendet. Im Computer-Bereich ist ein Avatar die für andere und für sich selbst sichtbare Verkörperung des Anwenders im virtuellen Raum (Virtual reality).

→ *Siehe Cyberspace, Virtuelle Realität*

AVI

Abkürzung für Audio Video Interleaved. Ein Animationsformat von Microsoft für Video for Windows (Medienwiedergabe unter Windows 95). Audio- und Videodaten können kombiniert werden. Das Format ist komprimierbar. Folgende Codecs stehen zur Verfügung: Cinepak, Microsoft Video 1, Intel Indeo 3.2, Intel Indeo Interactive.

→ *Siehe Cinepak Codec, Indeo, Video for Windows*

AVM

http://www.avm.de

Hersteller von passiven und aktiven ISDN-Karten (Fritz-Card, AVM B1) und ISDN-Software (Fritz32) mit Sitz in Berlin.

→ *Siehe Aktive ISDN-Karte, ISDN, ISDN-Karte, Passive ISDN-Karte*

B-ISDN

Breitband-ISDN. Weiterentwicklung von ISDN.

➤ *Siehe ISDN*

B-Kanal

Ein ISDN-Anschluß verfügt über zwei Nutzkanäle (die B-Kanäle, B steht für engl. bearer = Träger). Die digitale Sprachübertragung erfolgt im B-Kanal mit 64 Kbit/s (56 Kbit/s in den USA) auf Basis der Pulse Code Modulation. Als Übertragungsprotokolle dienen die Protokolle der Verbindungsschicht, ITV-T, X.75, HDLC, V.110 oder auch V.120. HDLC und X.75 (beide basieren auf SDLC und arbeiten synchron und paketorientiert) nutzen die volle Bandbreite des Kanals mit 64Kbit/s, während das asynchrone V.110 und V.120 höchstens 9600 – 38400 Kbit/s übertragen können. Obwohl es theoretisch möglich wäre, mehrere V.110 Leitungen auf einem Kanal zu eröffnen wird dies in der Realität kaum genutzt. Weiterhin ist es möglich die beiden B-Kanäle zu bündeln (Kanalbündelung oder 2-Kanal-Transfer), wodurch 128Kbit/s übertragen werden können. Neben den beiden B-Kanälen gibt es noch einen dritten Kanal, den D-Kanal, der mit 16 Kbit/s arbeitet und als Steuerkanal dient.

➤ *Siehe Digitale Sprachübertragung, HDLC, ISDN, Paket, V.110, X.75*

B-Netz

1972 löste das B-Netz das A-Netz als Mobilfunknetz in Deutschland ab. Da das Netz noch nicht aus Zellen aufgebaut war, mußte der Anrufer den Standort der Ziel-Mobilstation nennen. Die Verbindung konnte er jedoch schon selbst aufbauen. Als technische Weiterentwicklungen folgten das B1-und B2-Netz, die aber dann bald vom C-, D-, und E-Netz abgelöst wurden.

➤ *Siehe C-Netz, D-Netz, E-Netz*

B:

Bezeichnung für das zweite Diskettenlaufwerk in einem PC.

➤ *Siehe Diskettenlaufwerk, PC*

Babbage, Charles

Englischer Mathematiker (1792 bis 1871). Mitbegründer der Royal Astronomical Association und Professor in Cambridge. Beeinflußt von dem ersten Lochkarten-gesteuerten Webstuhl, den Joseph-Marie Jacquard 1805 konstruiert hatte, begann Babbage 1833 mit seinen Arbeiten zu programmierbaren Rechenmaschinen. Aufgrund fehlender technischer Möglichkeiten war ihm jedoch kein Erfolg gegönnt.

➡ *Siehe Jacquard, Joseph-Marie*

Back Buffer

Nicht sichtbarer Teil des Bildspeichers (Grafikspeichers) einer Grafikkarte.

➡ *Siehe Double Buffer, Front Buffer, Grafikkarte, Grafikspeicher*

Back-End

In einer Client-Server-Anwendung der Teil eines Programms, der auf dem Server läuft.

In der Programmierung der Teil eines Compilers, der für die Umwandlung des Quellcodes (also die für den Menschen verständlichen Befehle) in den Objektcode (also den maschinenlesbaren Code) zuständig ist.

➡ *Siehe Client-Server-Prinzip, Compiler*

Back-end-Prozessor

Ein Slave-Prozessor, der den Hauptprozessor entlastet, indem er Spezialaufgaben übernimmt.

Seine Aufgabenbereiche werden als »Back-End« (deutsch etwa »rückwärtige Dienste«) bezeichnet, da sie der Hauptfunktion des Computers untergeordnet sind.

Backbone

Ein Backbone-Netz (Rückgrat) verbindet mehrere Netzwerke untereinander zu einem großen Netz. Backbones werden sowohl zur Verbindung von LANs als auch von WANs eingesetzt.

➡ *Siehe LAN, Netzwerk, WAN*

Backbone Cabal

Ehemalige Gruppe von Netzwerkadministratoren im Internet, die für die Namensvergabe der Hierarchien von Usenet-Newsgroups und die Verfahren beim Anlegen neuer Newsgroups zuständig waren.

Backbone-Ring

Mailboxstruktur im Fido-Net, die der Verteilung von Mails innerhalb der BBS dient. Abkürzung ist BBR.

➡ *Siehe BBR, BBS, FidoNet, Mail, Mailbox*

Backplane

Eine Leiterplatte oder ein Basisgerät, das den eingebauten Komponenten eine Stromversorgung und Datensignale zur Verfügung stellt. Sie ermöglicht den Einbau von Erweiterungskarten, Geräten und die Verbindung von Geräten untereinander.

Backslash

Dieses Sonderzeichen (<\>) wird recht häufig im anglo-amerikanischen Sprachraum verwendet. Unter MS-DOS, Windows und OS/2 dient der Backslash als Trennzeichen zwischen Verzeichnissen. Unter UNIX wird dagegen der einfache Schrägstrich ⎣/⎦ verwendet. Den Backslash erzeugen Sie über die Tastenkombination ⎣AltGr⎦+⎣ß⎦.

→ *Siehe MS-DOS, OS/2, Sonderzeichen, Trennzeichen, Unix, Windows*

Backspace

Die ⎣←⎦-Taste (durch einen nach links weisenden Pfeil repräsentiert) rechts oben über der ⎣↵⎦-Taste dient zum Löschen des zuletzt eingegebenen Zeichens.

→ *Siehe Tastatur*

Backtracking

Methode zur Fehlersuche beispielsweise in Programmen. Eine mögliche Lösung wird so lange verfolgt, bis man an eine Sackgasse gelangt. Sodann kehrt man zur letzten Abzweigung zurück und verfolgt den nächsten möglichen Lösungsweg.

→ *Siehe Trial & Error*

Backup

Ein Backup ist eine Sicherheitskopie eines Programms oder allgemein von Daten. Backups werden oft auf speziellen Medien (Streamer, MO-Laufwerke) und nach einer bestimmten Backup-Strategie gemacht. Normalerweise verwendet man dazu auch Backup-Programme, entweder die des Betriebssystems oder solche, die eigens für oben genannte Hardware geschrieben wurden.

→ *Siehe Backup-Programme, Backup-Strategie, MO-Laufwerk, Sicherheitskopie, Streamer*

Backup-Programme

Mit Backup-Programmen erstellt man Sicherheitskopien (Backups) wichtiger Daten. Solche Programme zeichnen sich gegenüber dem Standardkopieren durch einige Besonderheiten aus. So kann ein Backup-Programm Daten komprimieren und auf mehrere Datenträger verteilt speichern. Weiterhin werden die meisten Medien (Streamer, MO-Laufwerke) automatisch unterstützt.

Professionelle Backup-Programme ermöglichen sogar die zeitlich definierbare, automatische Sicherung bestimmter Dateien und Verzeichnisse. Beim Kauf eines Programms für eines der neuen 32-Bit-Betriebssysteme sollte man darauf achten, daß auch das Programm mit 32 Bit arbeitet, da ansonsten lange Dateinamen (also alle, die über der 8+3-Konvention liegen) auf diese Konvention gekürzt werden.

➥ *Siehe 8+3-Konvention, Backup, Backup-Strategie, Datenkompression, Datenträger, Sicherheitskopie*

Backup-Strategie

Generell unterscheidet man zwischen vollständigem Backup, bei dem alle Daten neu gesichert werden, und dem differentiellen Backup, bei dem lediglich die gegenüber der letzten Sicherheitskopie geänderten Daten gesichert werden. Die Anfertigung von Backups findet meist nach dem Prinzip der Generationsfolge statt, bei dem an einem bestimmten Wochentag jeweils eine neue Kopie angelegt wird und bis zu drei Generationen (Großvater, Vater, Sohn) aufbewahrt werden.

➥ *Siehe Backup, Backup-Programme, Sicherheitskopie*

Backus-Naur-Form

Abkürzung BNF. Eine Beschreibungsform für die Syntax einer Programmiersprache. Wird bei allen Programmiersprachen verwendet und wurde von John Backus (*1921) und Peter Naur (*1928) entwickelt (eigentlich für die Syntaxbeschreibung von ALGOL). Ein Beispiel für eine Definition mit der EBNF (Extended Backus-Naur-Form):

Namen ::= Buchstabe {Buchstabe}

Buchstabe ::= (A|B|C|...|Y|Z) | (a|b|c|...|y|z)

Mit diesem Beispiel sind Buchstabenfolgen in beliebiger Schreibweise möglich; z.B. tEchNiK.

➥ *Siehe ALGOL, Programmiersprache*

Bad Track Table

Eine Liste (table) defekter Spuren (bad tracks) auf den Magnetplatten einer Festplatte. Solche Spuren werden nicht mehr für die Speicherung von Daten verwendet. Die Bad Track Table (BTT) wird intern von der Festplatte verwaltet.

➥ *Siehe Festplatte*

Bajonett-Gewinde-Verschluß
➥ *Siehe BNC*

Ballpoint

Ein Ballpoint ähnelt einem Kugelschreiber. Er übernimmt bei diversen Notebooks die Funktionen einer Maus. Die Maustasten befinden sich im Schaft des Stifts.

→ *Siehe Maus, Notebook*

Band

→ *Siehe Tape*

Bandbreite

1. Die Breite eines Frequenzbands in Hz. Die Videobandbreite reicht von ungefähr 0 Hz bis zur maximal vom Videosignal darstellbaren Frequenz. Bei einer heute üblichen Bildwiederholrate von 75 Hz bei einer Auflösung von 1024 x 768 Bildpunkten, müssen der RAMDAC der Grafikkarte und die Verstärker im Monitor für eine Videobandbreite von 75 MHz ausgelegt sein, damit das Monitorbild hinreichend scharf wiedergegeben wird.

2. Die sog. Speicherbandbreite bzw. maximale Datenübertragungsrate in Mbyte/s steht für die Leistungsfähigkeit von Speicherschnittstellen und Bussen. Eine Grafikkarte verfügt z.B. über einen sog. Bildspeicher (Grafikspeicher). Die Bandbreite dieses Bildspeichers wird zum Teil für die Erzeugung des Video-Signals, zum Teil für Schreibaktionen der CPU benötigt. Bei einer Auflösung von 1024 x 768 Bildpunkten, einer Bildwiederholfrequenz von 75 Hz und einer Farbtiefe von 16 Bit ist eine Bandbreite von 120 Mbyte/s notwendig. Die Größe der Bandbreite ist von der Busbreite und der Art der verwendeten Speicherbausteine abhängig. Bei 64 Bit Busbreite lassen sich so mit EDO-DRAMs bis 400 Mbyte/s, mit SDRAMs oder MDRAMs 600 Mbyte/s und mit VRAMs 700 Mbyte/s erreichen.

→ *Siehe Bildwiederholfrequenz, Bildwiederholrate, Busbreite, EDO-DRAM, Farbtiefe, Grafikkarte, Grafikspeicher, MDRAM, Monitor, RAMDAC, SDRAM, Videobandbreite, VRAM*

Bandlaufwerk

→ *Siehe Streamer*

Bank

→ *Siehe Speicherbank*

Bank Switching

Oder bank switching memory interleave. Einfache Form der Speicherverwaltung. Früher waren Speicherbänke bereits in 64 Kbyte großen Schritten aufrüstbar. Bei den heutigen Speichergrößen von mehreren Mbyte wird der Arbeitsspeicher (Hauptspeicher) in mehrere 64 Kbyte große Partitionen eingeteilt, die getrennt verwaltet werden. Die physische Adresse der Speicherzellen wird geteilt, wobei der eine Teil die Partition, der andere Teil die Speicherzelle in der Partition adressiert.

→ *Siehe Hauptspeicher, Kbyte, Mbyte, Physische Adresse, Speicherbank, Speicherverwaltung*

Bank Switching Memory Interleave

→ *Siehe Bank Switching*

Banner

Werbung im Internet. Meist ein streifenförmiger Bereich der außer der Werbung auch einen Link enthält.

Banyan Vines

Ein Netzwerkbetriebssystem, welches diverse Plattformen und Kommunikationsverfahren in LAN oder WAN unterstützt.

→ *Siehe LAN, Netzwerk, Netzwerkbetriebssystem, Plattform, WAN*

BAPCo32

Benchmark-Programm, das die Verarbeitungsgeschwindigkeit verbreiteter 32-Bit-Applikationen unter Windows 95/NT testet. Folgende Applikationen werden getestet (in Klammern die Gewichtung):

- Desktop Publishing (2%): Pagemaker 6.0 und Freelance 6.

- Desktop Grafik (5%): Corel Draw 6.0.

- Textverarbeitung (29%): WordPro96 und WinWord 7.0.

- Tabellenkalkulation (27%): Excel 7.0.

- Desktop-Präsentation (23%): PowerPoint 7.0.

- Datenbanken (14%): Paradox 7.0.

Die Ergebnisse werden in bezug zu einem Referenzsystem – einem Pentium 100 – (=100 Punkte) ausgegeben. Der Benchmark ist recht präzise, aber stark von der Systemkonfiguration abhängig, weswegen Vergleiche nur bei Verwendung des selben Systems mit jeweils anderer CPU aussagekräftig sind. Für die Ausführung des Benchmark ist ein englische Betriebssystem notwendig.

→ *Siehe Applikation, Benchmark, Betriebssystem, CPU, Pentium*

Barcode

→ *Siehe Strichcode*

Barcode-Scanner

→ *Siehe Strichcode-Scanner*

Base memory

→ *Siehe Unterer Speicher*

Base resolution

Die Basisauflösung eines Bildes auf einer PhotoCD. Alle anderen Auflösungen im PhotoCD-Format sind Vielfache der Basisauflösung.

→ *Siehe Photo-CD*

Basic

Abkürzung für Beginners All Purpose Symbolic Instruction Code. Eine leicht zu erlernende Programmiersprache die auf vielen Plattformen Unterstützung fand. Nachfolger im PC-Bereich ist Visual Basic.

➡ *Siehe Plattform, Programmiersprache, Visual Basic*

Basic Combined Programming Language
➡ *Siehe BCPL*

Basic Input Output System
➡ *Siehe BIOS*

Basisanschluß

Eine ISDN-Anschlußart.

➡ *Siehe ISDN, ISDN-Anschlußarten*

Basisauflösung
➡ *Siehe Base resolution*

Basisbandübertragung

Darunter versteht man die Übertragung eines (digitalen) Signals auf einem einzigen Kanal, wodurch die volle Bandbreite genutzt und die maximale Übertragungsgeschwindigkeit erreicht wird. Gegenteil ist Breitbandübertragung.

➡ *Siehe Bandbreite, Breitbandübertragung, Digital*

Batch-Datei

Auch Stapeldatei. In einer Batch-Datei werden Befehle, Programmaufrufe und Umgebungsvariablen eingetragen, die beim Aufruf der Datei schrittweise abgearbeitet werden. Unter MS-DOS hat eine Batch-Datei die Erweiterung .bat.

➡ *Siehe Befehl, Datei, Erweiterung, MS-DOS, Stapeldatei*

Batch-Job

Meint das Abarbeiten einer Stapelverarbeitung ohne Mitwirkung des Benutzers.

Batterie

Zusammenschaltung mehrere galvanischer Elemente, die chemische Energie in elektrische Energie umwandeln.

➡ *Siehe Akku*

Batteriepufferung

Wird der PC abgeschaltet, übernimmt eine Batterie auf dem Motherboard die Stromversorgung der Systemuhr und die Aufrechterhaltung der im CMOS-RAM gespeicherten Parameter.

➡ *Siehe CMOS-RAM, Motherboard, PC*

Baud

Nach dem franz. Fernmeldeingenieur Jean Maurice Baudeot (1845 – 1903) benannte Maßeinheit zur Messung der Schrittgeschwindigkeit. Gibt die übertragene Datenmenge pro Impuls über eine Leitung pro Zeiteinheit an, und wird mit Bd abgekürzt. Die Einheit Baud wird für die Angabe der Datentransferrate bei einem Modem verwendet, was jedoch nur für ältere Modems gilt, da diese nur einen Kanal zur Übertragung verwenden. Nur dann gilt 1 Bd = 1 Bit/s = 1 bps. Modems neuerer Bauart verwenden zur Übertragung mehrere Kanäle, woraus folgt: Datentransferrate = Anzahl Kanäle x Schrittgeschwindigkeit.

➭ *Siehe Schrittgeschwindigkeit*

Baud-Rate

Die Schrittgeschwindigkeit, die in Baud gemessen wird.

➭ *Siehe Baud, Schrittgeschwindigkeit*

Baum-Topologie

Eine besondere Form der Netzwerktopologie. Dabei sind mehrere Sterntopologien in Baumstruktur an einer gemeinsamen Netzleitung angeschlossen. Weiterentwicklung der Bus-Topologie.

➭ *Siehe Bus-Topologie, Netzwerk, Netzwerktopologie, Sterntopologie*

Baumstruktur

Hierarchisch gegliederte Struktur, die im Aufbau an einen verästelten Baum erinnert. Wird zur Beschreibung von Zusammenhängen, Programmabläufen oder anderen logischen Strukturen verwendet. Den Ausgangspunkt des Baums nennt man Wurzel, das andere Ende nennt man Blätter, dazwischen befinden sich die Knoten. Verzeichnisse und Dateien auf einem Datenträger sind z.B. in einer Baumstruktur gegliedert (Verzeichnisbaum).

➭ *Siehe Datenträger, Verzeichnisbaum, Verzeichnisstruktur*

Bayonet Nut Coupling

➭ *Siehe BNC*

BBR

Abkürzung für Backbone-Ring. Mailboxstruktur im Fido-Net, die der Verteilung von Mails innerhalb der BBS dient.

➭ *Siehe BBS, FidoNet, Mail, Mailbox*

BBS

Abkürzung für Bulletin Board System. Auch Mailbox genannt. Eine BBS ist in der Regel ein Rechner, der über ein Modem erreichbar ist. Je nach Ausrichtung der Mailbox werden private oder kommerzielle Inhalte angeboten. Der engl. Begriff bulletin board (schwarzes Brett) weist dabei schon auf eine wichtige Funktion einer BBS hin. Mitglieder tauschen Nachrichten (Mails) und Dateien aus, chatten (Chat) oder bieten diverse Dinge zum Verkauf an. Auf kommerziellen BBS von Software- und Hardware-Herstellern finden sich oft Treiber-Patches und Updates. Auch können meist Fragen an das technische Personal oder direkt an den Sysop gestellt werden. Eine BBS verlangt normalerweise Namen, Adresse und oft weitergehende Angaben zur Person, bevor man alle Angebote uneingeschränkt nutzen darf. Dabei muß sie aber nicht unbedingt kostenpflichtig sein. In der Regel kann man aber auch ein bißchen in die Mailbox hineinschnuppern, wenn man als Name und Kennwort guest oder Gast eingibt. Manche Mailboxen beschränken auch die tägliche Nutzungsdauer für die einzelnen Mitglieder.

➡ *Siehe Chatten, Mail, Mailbox, Patch, Sysop, Update*

BCC

Abkürzung für Blind Carbon Copy. Die Kopie einer E-Mail, von der der eigentliche Empfänger nicht sieht, an wen sie gegangen ist.

➡ *Siehe Carbon Copy, E-Mail*

BCD

Abkürzung für Binary Code Decimals. Der BCD kodiert Dezimalziffern (0-9) in einem 4-Bit-Code, den man Nibble oder Tetrade nennt. Beispiel: 0000 = 0, 0001 = 1, 0010 = 2, 0011 = 3, 0100 = 4, usw.

➡ *Siehe Bit, Dezimalsystem*

BCPL

Abkürzung für Basic Combined Programming Language. Wurde Anfang der 60er Jahre an der Universität Cambridge entwickelt. Vorläufer von C.

➡ *Siehe C, Programmiersprache*

Bd

Abkürzung für Baud. Maßeinheit für die Schrittgeschwindigkeit pro Zeiteinheit.

➡ *Siehe Baud*

Be-OS

Das Be-OS ist ein von der amerikanischen Firma Be entwickeltes Betriebssystem für die Apple Macintosh der PowerMac-Serie. Als Alternative zu System 8 bietet es einige zusätzliche Funktionen. So unterstützt es Techniken wie Speicherschutz, preemptives Multitasking und Multiprocessing. Das BeOs verfügt über ein eigenes Dateisystem, das BFS, welches Datei- und Partitionsgrößen bis 1 Terrabyte (1 Tbyte = 1024 Gbyte) erlaubt. Außerdem ist das BFS ein sog »Journaling Filesystem«, was Datenverluste bei Ausfällen verhindern soll.

➡ *Siehe Apple, Dateisystem, Multiprocessing, Multitasking, PowerMac, Preemptives Multitasking*

Beamer

Englisch für Strahler. Ein Projektor, der statt einem Monitor an den Ausgang der Grafikkarte angeschlossen wird und das Bild auf z.B. eine Leinwand wirft. Ideal für Multimedia-Präsentationen, aber leider noch recht teuer.

→ *Siehe Multimedia*

BeBox

Hochleistungs-Mehrprozessor-Computer (RISC-basierte PowerPC-Prozessoren) der Firma Be.

→ *Siehe Be-OS*

Because it's time network

→ *Siehe Bitnet*

Bedieneroberfläche

→ *Siehe Benutzeroberfläche*

Bedienungsfehler

Ein durch falsche Benutzung durch den Anwender aufgetretener Fehler in Hardware oder Software.

→ *Siehe Hardware, Software*

Bedingung

Eine Bedingung bezeichnet einen logischen Ausdruck, der als Anweisung in einem Programm vorkommt. Ein Beispiel wäre die IF-THEN-(Wenn-Dann-)Beziehung: IF a > b THEN... springe zu nächster Schleife usw.

→ *Siehe Programm, Schleife*

Beenden

→ *Siehe Quit*

Beep Code

Der Beep Code ist eine akustische Fehlermeldung des BIOS im Rahmen eines Power-On-Self-Tests (Selbsttest nach dem Einschalten). Da bei vielen Hardware-Fehlern bzw. -Konflikten (fatal error, fataler Fehler) oft auch die Bildschirmdarstellung ausfällt, gibt der Computer über den PC-Lautsprecher einen akustischen Fehlercode aus.

→ *Siehe BIOS, Fatal Error, POST*

Befehl

Eine Anweisung an den Computer, eine bestimmte Operation auszuführen. Dazu gehört das Laden, Verschieben und Löschen von Daten, oder die logische und arithmetische Verknüpfung verschiedener Abschnitte in einem Programm.

→ *Siehe Logische Verknüpfung*

Befehls-Interpreter

Ein Befehls-Interpreter ist wichtiger Bestandteil eines Betriebssystems. Er interpretiert einer vorgegebenen Syntax folgend die Befehlseingaben des Anwenders (z.B. an der Eingabeaufforderung von MS-DOS). Ein Beispiel wäre das Programm command.com, der Befehls-Interpreter von MS-DOS, welches beim Booten automatisch in den Hauptspeicher geladen wird und dort resident verbleibt (siehe TSR-Programm). Wird auch als Kommandoprozessor, Befehlsprozessor oder Shell bezeichnet.

➟ *Siehe Betriebssystem, Hauptspeicher, Resident, TSR-Programm*

Befehlsaufbau

Auch Syntax. Der Befehlsaufbau beschreibt die innere Struktur eines Programms oder einer Befehlskette in einer Programmiersprache oder in einem Betriebssystem.

➟ *Siehe Betriebssystem, Programmiersprache*

Befehlscode

Der Teil eines Maschinensprache- oder eines Assembler-Befehls, der den Befehlstyp und die Struktur der Daten festlegt.

➟ *Siehe Assembler*

Befehlsfeld

auch Button oder Schaltfläche genannt. Ein Befehlsfeld ist Bestandteil einer grafischen Benutzeroberfläche. Beim Anklicken löst es eine bestimmte Aktion aus. Befehlsfelder sind oft eine Art Schalter oder Knopf, ein Bedienelement einer Applikation oder eines Betriebssystems.

➟ *Siehe Anklicken, Applikation, Grafische Benutzeroberfläche*

Befehlsfenster

In einem Befehlsfenster geben Sie Befehle an ein Programm entweder manuell oder durch Auswahl mit der Maus ein.

➟ *Siehe Befehl, Maus, Programm*

Befehlsmix

Mix der in einem Programm vorkommenden Befehle, z.B. Zuweisungen, Steueranweisungen, Indexanweisungen, mathematische (Gleitkomma- oder Integer-) Anweisungen usw. Die Kenntnis des Befehlsmix kann u.a. Entwicklern Hinweise auf Verbesserungsmöglichkeiten des Codes durch Befehlsverkürzung geben.

Befehlsmodus

Betriebsstatus, in dem ein Programm oder Gerät auf die Eingabe eines Befehls wartet.

befehlsorientierte Benutzerschnittstelle

Gegenteil einer grafischen Benutzeroberfläche. Meist kryptische Befehle werden über eine Kommandozeile eingegeben. Beispiele für eine befehlsorientierte Benutzerschnittstellen sind UNIX und MS-DOS.

➟ *Siehe MS-DOS, Unix*

Befehlsprozessor

➟ *Siehe Befehls-Interpreter*

Befehlspuffer

Ein Speicherbereich, in dem die von den Benutzern eingegebenen Befehle zwischengespeichert werden und mit dessen Hilfe bereits gesendete Befehle erneut abgeschickt werden können, ohne sie ein weiteres Mal eingeben zu müssen. Außerdem können bereits gesendete Befehle editiert werden, um bei diesen Parameter zu ändern oder Eingabefehler zu korrigieren. Des weiteren kann eine Liste der zuletzt eingegebenen Befehle angefordert werden, und es können Befehle zurückgenommen werden (Undo-Funktion).

Befehlssatz

Der Befehlssatz ist die Gesamtheit aller Befehle eines Prozessors (siehe CISC, RISC) oder einer Programmiersprache (siehe PASCAL, BASIC).

➠ *Siehe Basic, CISC, Pascal, Programmiersprache, Prozessor, RISC-Prozessor*

befehlszeilenorientiert

Eigenschaft eines Systems, das Befehle in Form von Codewörtern oder -buchstaben erwartet.

Beginners All Purpose Symbolic Instruction Code

➠ *Siehe Basic*

Beleuchtungsstärke

Das Maß für die auf eine Oberfläche einfallende oder von ihr ausgehende Lichtenergie. Sie wird z.B. in der Einheit Watt pro Quadratmeter angegeben.

Belichter

Ein Belichter dient der Erstellung von Print-Medien, wie z.B. Zeitschriften, Katalogen, Büchern usw. Dabei wird der Text und eventuelle Grafiken oder Bilder direkt auf Film für die Ausgabe auf der Druckmaschine belichtet. Die Auflösung von Belichtern liegt entsprechend hoch. Für Text wird eine Auflösung von 1270 dpi, für Bilder 2540 dpi erreicht. Zum Vergleich: Ein guter (Farb-) Tintenstrahldrucker erreicht 1440 dpi, ein gängiger Laserdrucker 600 dpi.

➠ *Siehe DPI, Laserdrucker, Tintenstrahldrucker*

Bell Laboratories

Forschungsinstitut des amerikanischen Konzerns AT&T. Einige wichtige Entwicklungen im Computerbereich sind aus den Bell Laboratories hervorgegangen, so z.B. der erste Transistor, UNIX oder die heute am häufigsten gebräuchliche Programmiersprache C.

➠ *Siehe AT&T, Unix*

Bemaßung

Hilfsfunktion in vielen Vektorgrafik- oder CAD-Programmen. Die Bemaßung gibt über Pfeile und einen Zahlenwert die Maße einer Vektorgrafik oder einer CAD-Konstruktion aus.

➡ *Siehe CAD, Vektorgrafik*

Benchmark

Mit einem Benchmark-Programm testet man Hardware-Komponenten (meist auf Geschwindigkeit), wie z.B. die CPU, das Motherboard, die Festplatte (Schreib-Lese-Geschwindigkeit), die Grafikkarte (Frames/s) usw. Verschiedene Benchmark-Programme liefern oft unterschiedliche Ergebnisse, so daß ein direkter Vergleich zwischen den erreichten Werten kaum aussagekräftig ist. Computerzeitschriften verwenden zum Vergleich der getesteten Hardware entweder genormte Benchmark-Tests (z.B. SPECint95 und SPECfp95 für Integer-/Floating Point-Leistung einer CPU oder BAPco32 für 32-Bit-Applikationsgeschwindigkeit oder selbstentwickelte Programme.

➡ *Siehe BAPCo32, CPU, Festplatte, Fließkommadarstellung, Frame, Grafikkarte, Integer*

Benchmark

Ein standardisierter Maßstab bzw. ein Programm zur Messung der Leistungsfähigkeit von Hardware oder Software.

benutzerdefinierter Datentyp

Ein Datentyp, der in einem Programm festgelegt wird und normalerweise eine Kombination der in der jeweiligen Programmiersprache definierten Datentypen ist. Er wird häufig für die Erstellung von Datenstrukturen verwendet.

Benutzerfreundlichkeit

➡ *Siehe Usability*

Benutzergruppe

Gruppe von Benutzern, die sich aufgrund der selben Interessen an Hard- und Software zusammengeschlossen haben. Häufig in Form eines Online-Forums.

Benutzerkennung

Die Benutzerkennung identifiziert einen Teilnehmer an einem Netzwerk oder einem Online-Dienst eindeutig. Die Kennung wird meist vom Systemadministrator bzw. Sysop zusammen mit einem Paßwort vergeben. Jedesmal wenn der Benutzer das Netzwerk oder den Online-Dienst nutzen will, muß er Kennung und Paßwort angeben. Die Kennung muß oder wird sehr wahrscheinlich nicht mit dem wirklichen Namen des Benutzers übereinstimmen. Auch User-ID, selten als Benutzername bezeichnet.

➡ *Siehe Netzwerk, Online-Dienst, Paßwort, Sysop*

Benutzerkonto

Das Benutzerkonto wird vom Systemadministrator für den Nutzer eines Netzwerks oder eines Online-Dienstes eingerichtet. Es beinhaltet Benutzerkennung, Paßwort und Nutzungsrechte innerhalb des Netzwerks. Mit Nutzungsrechten sind dabei Schreib-Lese-Zugriff auf Computer/Festplatten im Netz, Zugriff auf bestimmte Daten (Sicherheitsstufe) und allgemeine Rechte in Bezug auf Priorität beim Datenaustausch gemeint.

➟ *Siehe Benutzerkennung, Netzwerk, Online-Dienst, Paßwort, Systemadministrator*

Benutzername

➟ *Siehe Benutzerkennung*

Benutzeroberfläche

Die Benutzeroberfläche (auch Benutzerschnittstelle) soll dem Anwender den Umgang mit dem Computer erleichtern. Bereits Befehls-Interpreter wie die Command.com von MS-DOS oder die Cmd.exe von OS/2 bieten dem Anwender die Möglichkeit, mit einer – damals noch textorientierten Oberfläche – zu arbeiten. Heutzutage werden hauptsächlich grafische (objektorientierte) Benutzeroberflächen wie z.B. Windows, die Workplace Shell von OS/2, oder das MacOS verwendet.

➟ *Siehe Befehls-Interpreter, Command.com, Grafische Benutzeroberfläche, MacOS, OS/2, Textorientierte Oberfläche*

Benutzerschnittstelle

➟ *Siehe Benutzeroberfläche*

Bereich

Speicherbereiche des Arbeitsspeichers, die sich hinsichtlich ihrer Verwendungsmöglichkeiten voneinander unterscheiden (z.B. oberer und unterer Speicherbereich). Siehe auch EMS, XMS, HMA, UMB. Auch auf Datenträgern gibt es unterschiedliche Bereiche, z.B. die FAT.

➟ *Siehe EMS, FAT, Hauptspeicher, UMB, XMS*

Bereichskennzahl

Abgekürzt BKZ. Die Bereichskennzahl kennzeichnet verschiedene Regionalbereiche innerhalb des Btx-Dienstes der Telekom. Möchte ein Anwender Btx-Seiten aus einem anderen Bereich abrufen, muß er dafür ein gesondertes Entgelt bezahlen.

➟ *Siehe Btx*

Bericht

Bei vielen Tabellenkalkulationsprogrammen (z.B. Access) ist es möglich, sich einen Bericht des bestehenden Datenbestands bzw. von Teilen des Datenbestands zusammenstellen und ausgeben (drucken) zu lassen.

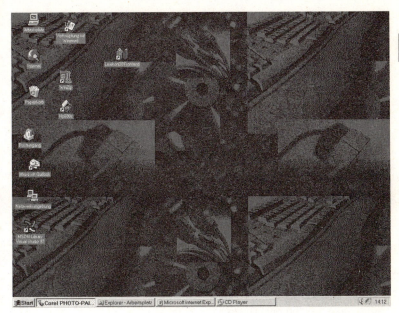

Bild 1: Windows 95 ist eine der bekanntesten grafischen Benutzeroberflächen

Mit Hilfe sog. Filter kann der Anwender per Abfrage angeben, welche der in Tabellen organisierten Daten ermittelt werden sollen. Weiterhin besteht die Möglichkeit, den Bericht zu gestalten bzw. weiter zu überarbeiten.

➟ *Siehe Access, Filter, Tabellenkalkulation*

Bernes-Lee, Tim

Forscher am Genfer CERN-Zentrum. Bernes-Lee gilt als Vater des World Wide Web (WWW). Er schlug vor, Dokumente im Internet über sog. Hyperlinks miteinander zu verbinden. 1989 realisierte er diesen Vorschlag mit seinem selbstentwickelten Programm Enquire.

➟ *Siehe HTML, Hyperlink, Hypertext, Internet, URL, WWW*

Bernoulli-Box

Bezeichnung für ein heute kaum mehr gebräuchliches Massenspeichergerät der Firma Iomega. Als Datenträger dient eine gekapselte Wechselplatte, in der ein flexibles

Medium (Magnetfolie) auf einer Platte angebracht ist. Das Medium rotiert mit ca. 3000 U/s (Umdrehungen pro Sekunde) und schwebt aufgrund des entstehenden Luftpolsters in einer relativ stabilen Lage. (Bernoulli-Effekt, benannt nach J.B.Bernoulli, 1738) Der Schreib-Lese-Kopf fliegt in einem Abstand von ca. 0,001 mm über die Folie. Die Zugriffszeit liegt bei ca. 10ms, die Datenkapazität bei ungefähr 200 Mbyte.

➡ *Siehe Datenträger, Massenspeicher, Mbyte, Schreib-Lese-Kopf, Wechselplatte*

Bernoulli-Prozeß

Mathematisches Verfahren, das in der statistischen Analyse eingesetzt wird und auf dem Bernoulli-Versuch basiert – eine Wiederholung eines Experiments, bei dem es nur zwei mögliche Ergebnisse, z.B. »Erfolg« und »Mißerfolg«, gibt.

Bernoulli-Sampling-Prozeß

In der Statistik eine Folge von n unabhängigen und identischen Versuchen eines Zufallsexperiments, bei dem jeder Versuch eines von zwei möglichen Ergebnissen hat.

Beschleuniger-Chip

➡ *Siehe Accelerator-Chip*

Beschleuniger-Karte

➡ *Siehe Accelerator-Karte*

Betatest

Die Phase in der Programmentwicklung, bei der das fast fertige Programm in der sog. Betaversion von Betatestern getestet wird, nennt man Betatest.

➡ *Siehe Betatester, Betaversion, Bug, Programm*

Betatester

Ein Betatester ist eine Person, die ein Programm, welches sich in der Betaversion befindet, auf Bugs (Fehler) testet.

➡ *Siehe Betatest, Betaversion, Bug, Programm*

Betaversion

Bezeichnung für ein lauffähiges, aber noch nicht vollständiges oder noch mit Bugs (Fehlern) behaftetes Programm, welches noch nicht im Handel erhältlich ist. Wird von sog. Betatestern auf Fehler untersucht.

➡ *Siehe Betatest, Betatester, Bug, Programm*

Betriebsmittel

Auch als Ressourcen bezeichnet. Mit Betriebsmitteln bezeichnet man allgemein diejenigen Hardware- und Software-Komponenten, die während des Betriebs vom Computer verwendet werden. Je nach Aufgabe und Umfang des gerade durchgeführten Prozesses werden unterschiedliche

Betriebsmittel beansprucht. Dabei kann man zwischen solchen Betriebsmitteln unterscheiden, die ständig wiederverwendbar sind (CPU, Hauptspeicher, Programme), und solchen, die sich verbrauchen (Signale und Nachrichten). Betriebsmittel werden vom System an einzelne Prozesse verteilt. Das System überwacht die vorhandenen Betriebsmittel und die gerade ablaufenden Prozesse (Programme, Berechnungen usw.) und vergibt diese je nach Priorität des einzelnen Prozesses. Je nach Betriebssystem gibt es unterschiedliche Methoden der Betriebsmittelvergabe.

➡ *Siehe Betriebsmittelvergabe, CPU, Hauptspeicher, Priorität, Programm, Prozeß, Ressourcen*

Betriebsmittelvergabe

Grundsätzlich gibt es zwei gebräuchliche Methoden der Betriebsmittelvergabe: kooperatives Multitasking und preemptives Multitasking. Welche Methode nun eingesetzt wird, hängt vom jeweiligen Betriebssystem ab. Heutige 32-Bit-Betriebssysteme benutzen ausnahmslos preemptives Multitasking.

➡ *Siehe Betriebsmittel, Kooperatives Multitasking, Multitasking, Multithreading, Preemptives Multitasking, Thread*

Betriebssystem

Das Betriebssystem ist die Software, die überhaupt erst das Arbeiten mit dem Computer ermöglicht. Das BS definiert und verwaltet alle Geräte, Laufwerke, Partitionen, Befehls- und Verzeichnisstrukturen und Programme. Es steuert die Betriebsmittelvergabe (Ressourcenverwaltung), die Prozeßverwaltung, die internen Geräte und die Peripheriegeräte und ist für die Kommunikation (Ein-/Ausgabesteuerung) mit diesen verantwortlich, und es stellt ein Dateisystem und eine (grafische) Benutzeroberfläche zur Verfügung. Gleichzeitig sollte es über ein Sicherheitssystem und eine Auftrags- und Sitzungsverwaltung einschließlich deren Protokollierung verfügen. Je nach Leistungsmerkmalen unterscheidet man zwischen Single-, Multiuser-, und Multitask-Betriebssystemen.

➡ *Siehe Auftrags-/Sitzungsverwaltung, Benutzeroberfläche, Betriebsmittelvergabe, Dateisystem, Grafische Benutzeroberfläche, Multiuser-System, Partition, Prozeßverwaltung, Sicherheitssystem, Software*

Bezüge

In Tabellenkalkulationsprogrammen (z.B. Excel) unterscheidet man zwischen absoluten und relativen Bezügen zwischen den Zellen. Bei einem absoluten Bezug wird die Zelle über eine feste Zelladresse verwaltet. Kopieren oder verschieben Sie in diesem Fall den Inhalt einer Zelle (z.B. eine Formel, die auf andere Zellen verweist), so bleibt der Bezug (z.B. auf die Zelle A1) erhalten. Bei einer Zelle mit relativem Bezug dagegen wird nur die relative Position der Zellen untereinander verwaltet. Kopieren Sie z.B. den Inhalt der Zelle A2, der auf A1 verweist, nach B2, so wird der relative Bezug A2-A1 in B2-B1 umgewandelt.

➟ *Siehe Excel, Tabellenkalkulation*

BFS

Dateisystem des Betriebssystems Be-OS.

➟ *Siehe Be-OS, Betriebssystem, Dateisystem*

BI-Index

➟ *Siehe Breitbardt-Index, Spam-Mail*

Bibliothek

Engl. library. Eine Sammlung von Befehlen, Befehlsklassen, Makros und fertigen Programmteilen in einer Entwicklungsumgebung, die die Programmierung von immer wiederkehrenden und routinemäßigen Programmsequenzen erleichtert.

➟ *Siehe Befehl, Entwicklungssystem, Makro, Makrobibliothek*

Bibliotheksdatei

Eine Bibliotheksdatei enthält standardisierte Routinen, Funktionen und Prozeduren, auf die verschiedene Programme zurückgreifen können.

➟ *Siehe DLL, Funktion, Prozedur, Routine*

bidirektional

Man nennt einen Kanal oder eine Leitung bidirektional, wenn die Übertragung von Daten in beide Richtungen möglich ist.

➟ *Siehe Duplex-Betrieb*

bidirektionaler Druck

Die Fähigkeit eines Druckers, von links nach rechts und von rechts nach links drucken zu können (bei Nadel- und Tintenstrahldruckern). Dadurch wird die Druckgeschwindigkeit wesentlich erhöht, da die Leerlaufbewegung des Druckkopfes zurück an den Zeilenanfang wegfällt. Bidirektionaler Druck kann aber Einbußen in der Druckqualität zur Folge haben.

➟ *Siehe Nadeldrucker, Tintenstrahldrucker*

Big Blue

The Big Blue ist eine umgangssprachliche Bezeichnung für die Firma IBM. Der Name ist auf eine firmeninterne Vorliebe für die Farbe Blau zurückzuführen (z.B. im Firmenlogo).

➟ *Siehe IBM*

Big Red Switch

Abkürzung: BRS. Diese Bezeichnung geht auf die in rot gehaltenen Netzschalter der ersten IBM-Rechner zurück.

BIGFON

Abkürzung für Breitbandiges Integriertes Glasfaser-Fernmelde-Ortsnetz. In Hinsicht auf den stark wachsenden Telekommunikationsmarkt experimentiert die Deutsche Telekom bereits seit geraumer Zeit mit dem Einsatz von Glasfaserkabeln als Ersatz für die heute noch üblichen Kupferkabel. Die Telekom verspricht sich durch diese Technologie eine weitaus höhere Übertragungsgeschwindigkeit und niedrigere Störanfälligkeit.

☛ *Siehe Glasfaserkabel*

Bildbearbeitung

Mit Bildbeabeitung ist die Manipulation und Veränderung von Grafiken und Bilddateien verschiedenster Formate mit Hilfe eines Bildbearbeitungsprogramms wie Adobe Photoshop, Soap, Paint Shop Pro oder Corel Photopaint gemeint. Je nach Leistungsumfang erlauben derartige Programme Farbanpassung, Tonwert- und Helligkeitskorrekturen, Bildmontagen, verschiedenste Effekte, und stellen oft sogar komplexe Algorithmen in Form von sog. Filtern zur Verfügung, die Bilder (z.B auch eingescannte Fotos) automatisch aufbereiten bzw. verändern.

☛ *Siehe Bildbearbeitungsprogramm, Kais Photo Soap, Scanner*

Bildbearbeitungsprogramm

Auch Bildverarbeitungsprogramm. Generell ein Programm, mit dessen Hilfe die Bearbeitung, Manipulation und Veränderung von (eingescannten) Bildern möglich ist. Beispiele wären Adobe Photoshop, Soap von MetaCreations, Corel Photopaint oder auch Paint Shop Pro.

☛ *Siehe Bildbearbeitung, Kai's Photo Soap, MetaCreations, Scanner*

Bilder pro Sekunde

☛ *Siehe fps*

Bildkompression

Bestimmte Grafikformate wie z.B. Tiff und JPEG, aber auch MPEG und MJPEG (beide für Filmsequenzen) benutzen spezielle Algorithmen, um die Dateigröße zu minimieren. Die Komprimierung von Grafiken und Videosequenzen mit Hilfe eines dieser Formate bzw. spezieller Software oder Erweiterungskarten nennt man Bildkompression.

☛ *Siehe Algorithmus, Harddisk-Recording, JPEG, Kompression, MJPEG, MPEG, TIFF*

Bildlaufleisten

Sofern der Inhalt eines Fensters einer grafischen Benutzeroberfläche nicht vollständig angezeigt wird, kann man mit Hilfe der Bildlaufleisten am unteren und am rechten Rand des Fensters den Inhalt verschieben und den vorher nicht sichtbaren Teil sichtbar machen.

→ *Siehe Grafische Benutzeroberfläche*

Bildplatte

Auch Laserdisc genannt. Vorläufer der heutigen CD-ROM. Analoge und digitale Signale werden in Form von winzigen Löchern spiralförmig auf die 30 cm große Platte gebracht und mit Hilfe eines Laserstrahls ausgelesen. Bildplatten werden hauptsächlich für die Speicherung von Video- und Audiodaten eingesetzt.

→ *Siehe Analog, CD-ROM, Digital*

Bildröhre

Eine Elektronenstrahlröhre, die Elektronen in Richtung Bildschirminnenseite aussendet. Die Elektronen werden durch zwei Ablenkspulen elektromagnetisch abgelenkt und erzeugen so ein Bild auf dem Bildschirm.

→ *Siehe Bildschirm, Elektronenstrahlröhre*

Bildschirm

Der Bildschirm oder Monitor (engl. Screen, Display) ist das Bildausgabegerät des Computers. Die nötigen Signale zur Bilddarstellung kommen dabei von der Grafikkarte (Videokarte) des Computers. Man unterscheidet herkömmliche Monitore, die mit einer Elektronenstrahlröhre arbeiten, Flüssigkristall-Displays (LCD) und Plasma-Bildschirme. Wichtige Qualitätsmerkmale sind Röhrengröße und die Feinheit und Art der verwendeten Maske (auch als dot-pitch-Abstand bezeichnet). Bei der Größe unterscheidet man zwischen 14-23 Zoll Bildschirmdiagonale (35,5 cm bis 58,4 cm), bei der Art der Maske zwischen Lochmaske, Streifenmaske (Trinitron, Diamondtron) und Schlitzmaske (CromaClear von NEC, elliptische Schlitze). Der pitch-Abstand variiert je nach Hersteller und Bauform zwischen 0,31 und 0,25 dot-pitch. Weitere wichtige Kriterien sind Horizontalfrequenz und Videobandbreite, die über die maximale Bildwiederholfrequenz bestimmen und auch über die Schärfe der Darstellung auf dem Schirm entscheiden. Neben diesen wichtigen Eckdaten gilt es auch die vom Monitor eingehaltene Strahlungsnorm (TCO, MPR, NUTEK usw.) und eventuelles Power-Management (DPMS) zu beachten.

→ *Siehe Bildwiederholfrequenz, DPMS, Elektronenstrahlröhre, Flüssigkristallanzeige, Grafikkarte, Horizontalfrequenz, LCD, Lochmaske, MPR-Norm, Power-Management, Streifenmaske, TCO-Norm, Videobandbreite*

Bildschirmschoner

Bild 2: Ein Standard-Bildschirm

Bildschirmschoner

Ein Bildschirmschoner soll – wie der Name schon sagt – den Computerbildschirm schonen. Bei den früheren Monochrommonitoren konnte es vorkommen, daß sich das Monitorbild in die Beschichtung des Monitors einbrannte, wenn es sich lange Zeit nicht veränderte. Bildschirmschoner verhindern diesen unliebsamen Effekt, indem Sie sich bei längerer Inaktivität (sie überwachen die Tastatur- und Mausaktivität) des Computers einschalten und z.B. den Bildschirm abdunkeln oder kleine Animationen ablaufen lassen. Der wohl bekannteste Bildschirmschoner heißt AfterDark.

➠ *Siehe After Dark, Monitor*

Bildschirmtelefon

Gerät aus einer Kombination von Telefon, LCD-Bildschirm, digitalem Fax-Modem und Tastatur. Außerdem mit Anschlüssen für Maus, Drucker und weitere Peripheriegeräte versehen. Bildschirmtelefone können als Terminals für den Zugang zum Internet und

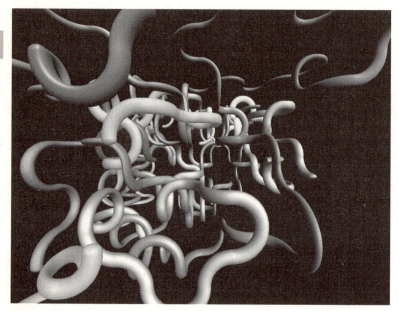

Bild 3: Der Bildschirmschoner 3D-Rohre von Windows 95

anderen Online-Diensten, aber auch, wie übliche Telefone, zur Sprachübertragung verwendet werden.

Bildschirmtext
➠ *Siehe Btx, Btx plus*

Bildschirmtreiber
➠ *Siehe Grafiktreiber*

Bildspeicher
➠ *Siehe Grafikspeicher*

Bildtelefonie

Mit Bildtelefonie ist die gleichzeitige Übertragung von Bild- und Tondaten während eines Telefongesprächs gemeint. Aufgrund der nötigen hohen Übertragungsrate und der bisher noch recht geringen Bandbreite (außer ISDN) des Telefonnetzes konnte sich die Bildtelefonie noch nicht durchsetzen. Bisher wurde das Bild lediglich alle paar Sekunden aktualisiert; mit Hilfe von ISDN und neueren Übertragungstechniken ist es nun sogar möglich, richtige Videokonferenzen abzuhalten, wobei mehrere Teilnehmer an einem Gespräch teilnehmen und sich dabei live beobachten können. Um mit dem heimischen PC Bildtelefonie zu betreiben, benötigen Sie eine ISDN-Karte oder einen a/b-Wandler, eine Kamera zur Bildaufzeichnung (am besten digital, z.B. Apple QuickCam) und eine Software, die Bild-und Tonausgabe und den Datenaustausch mit der Gegenstelle während des Telefongesprächs koordiniert.

➡ *Siehe a/b-Wandler, Bandbreite, ISDN, Videokonferenz*

Bildtrommel

Auch Drucktrommel. Wird bei Laser- und LED-Druckern für die Übertragung des Bilds auf das Druckmedium verwendet. Dabei wird auf der Trommel durch einen photoelektrischen Effekt ein Ladungsbild erzeugt, welches dann die Farbstoffteilchen vom Toner aufnimmt und auf das Druckmedium aufträgt. Die Farbe wird durch Erwärmung auf dem Medium fixiert.

➡ *Siehe Laserdrucker, LED-Drucker*

Bildwiederholfrequenz

Auch Vertikalfrequenz. Die Bildwiederholfrequenz besagt, wie oft das gesamte Bild pro Sekunde auf dem Bildschirm neu aufgebaut wird. Die meisten Menschen nehmen ab 75 Hz kein Flimmern mehr wahr. Um diese Bildwiederholfrequenz zu erreichen, muß der Elektronenstrahl bei 768 Zeilen (1024x768 Auflösung) 768 x 75 = 57600mal pro Sekunde die Bildzeile wechseln. Daraus resultiert also eine benötigte Horizontalfrequenz (Zeilenfrequenz) von 58 kHz. In Wirklichkeit braucht der Eletonenstrahl aber eine gewiße Zeit, um das jeweilige Bildende zu erkennen, was durch 36 sog. Synchronisationszeilen ausgeglichen wird. Die benötigte Horizontalfequenz beträgt also 60 kHz.

➡ *Siehe Horizontalfrequenz*

Monitor Horizontalfrequenz	Maximale Bildwiederholfrequenz bei gegebener Auflösung
35 kHz	70 Hz bei 640x480
38 kHz	75 Hz bei 640x480
48 kHz	96 Hz bei 640x480
64 kHz	72 Hz bei 800x600
64 kHz	96 Hz bei 800x600

Tabelle 1: Horizontalfrequenzen für bestimmte Bildwiederholfrequenzen und Auflösungen

Bildwiederholrate

Monitor Horizontalfrequenz	Maximale Bildwiederholfrequenz bei gegebener Auflösung
64 kHz	80 Hz bei 1024x768
82 kHz	98 Hz bei 1024x768
85 kHz	80 Hz bei 1280x1024
112 kHz	100 Hz bei 1280x1024
112 kHz	80 Hz bei 1600x1200

Tabelle 1: Horizontalfrequenzen für bestimmte Bildwiederholfrequenzen und Auflösungen

Bildwiederholrate

Auch als Bildwiederholfrequenz oder einfach Bildfrequenz bezeichnet (engl.: refreshrate). Die Angabe erfolgt in Hz. Ein Monitorbild sollte mindestens mit 75 Hz, d.h. 75mal pro Sekunde, neu aufgebaut werden, um unter ergonomischen Gesichtspunkten als verträglich zu gelten. Ansonsten nimmt der Anwender ein störendes (gesundheitsschädliches) Flimmern war.

➡ *Siehe Bildwiederholfrequenz*

bilineare Filterung

➡ *Siehe Bilineares Textur-Filtern*

bilineares Textur-Filtern

Wird eine Textur auf weit entfernte Objekte projiziert, so überdeckt ein Pixel meist mehrere Textur-Bildpunkte (texture elements oder Texel). Um ein Flimmern durch Aliasing-Effekte zu verhindern, wird der Mittelwert aus vier oder mehr benachbarten Texeln gebildet. Auch die Bildung schachbrettartiger Muster bei starker Annäherung an die Textur wird mittels bilinearer Filterung verhindert. Dabei interpoliert der Chip für die Einfärbung eines einzelnen Bildpunkts meist zwischen vier benachbarten Texturelementen. Die Darstellungsqualität der Textur wird dadurch stark erhöht.

➡ *Siehe 3D-Funktionen, Texel, Textur, Texture-Mapping*

Binär

In einem binären System sind genau zwei Zustände möglich, 0 und 1, unwahr und wahr. Der Binärcode dient als fundamentale Computersprache. So kann z.B. eine Speicherzelle nur durch zwei Zustände ausgedrückt werden: 0 und 1. Alle anderen Zeichen, Sonderzeichen und alle Dezimalzahlen müssen auf das Binärsystem reduziert werden.

➡ *Siehe ASCII, Bit, Byte, Dualsystem, Dualzahl, Sonderzeichen*

binäre Anwendungsschnittstelle

Ein Satz von Richtlinien, die festlegen, auf welche Art und Weise Informationen gespeichert werden und wie eine ausführbare Datei mit der Hardware kommuniziert.

binäre Dateiübertragung

Übertragung einer Datei, die aus beliebigen Bytes besteht. In bestimmten älteren Betriebssystemen werden für Binärdateien und Textdateien verschiedene Dateitypen eingesetzt, die von einem Programm entsprechend unterschiedlich verarbeitet werden müssen. Bei modernen Betriebssystemen ist auch eine Textdatei im Prinzip eine Binärdatei, die eben lediglich druckbare Zeichen enthält.

binäre Suche

Ein Suchalgorithmus, der auf einer sortierten Liste basiert, die das gesuchte Element enthält, und zunächst das gesuchte Element mit dem Element in der Mitte der Liste vergleicht. Daraufhin wird die Liste in der Mitte in zwei Teile unterteilt, wobei in dem Teil weitergesucht wird, der das Element enthalten muß (abhängig davon, ob das gesuchte Element kleiner oder größer als das mittlere Element ist). Dieser Vorgang wird so lange fortgesetzt, bis das gesuchte Element gefunden ist.

binäre Übertragung

Engl. binary transfer. Modus zum Austausch beliebiger Daten.

binärer Baum

Eine spezielle Baumstruktur, bei der jeder Knoten höchstens zwei Unterbäume – einen linken und einen rechten – besitzt. Diese Struktur wird häufig zur Sortierung von Daten eingesetzt, da jeder Knoten in einem binären Suchbaum einen Schlüssel enthält, dessen Wert zwischen dem Wert der beiden dem Unterbaum hinzugefügten Knoten liegt.

binäres Abschneiden

Engl. binary chop. Ein Suchalgorithmus, der auf einer sortierten Liste basiert, die das gesuchte Element enthält.

binäres Gerät

Jedes Gerät, das Kombinationen der elektrischen Zustände ein/aus oder high/low zur Verarbeitung von Informationen verwendet.

binäres synchrones Protokoll

Ein von IBM entwickelter Kommunikationsstandard.

Binary Chop

➟ *Siehe binäres Abschneiden*

Binary Code Decimals

➟ *Siehe BCD*

Binary Digit
→ *Siehe Bit*

Binary digit
Die kleinste Informationseinheit, die von einem Computer verarbeitet werden kann und die aus zwei Zuständen besteht. Diese werden i.d.R. mit Ausdrücken wie 0 oder 1, Ja oder Nein, An oder Aus, wahr oder falsch beschrieben.

Binary Synchronous Communication
→ *Siehe BISYNC*

Binary term
Eine i.d.R aus 8 Bit bestehende Informationseinheit, die für ein Zeichen (Ziffer / Buchstabe / Satzzeichen) steht.

Binary transfer
→ *Siehe binäre Übertragung*

Binärzahl
Synonym für Dualzahl.

→ *Siehe Dualsystem, Dualzahl*

Binärziffer
→ *Siehe Dualsystem, Dualzahl*

Bindungszeit
Der Zeitpunkt im Programmablauf, an dem das Binden von Informationen erfolgt, gewöhnlich in Bezug auf Programmelemente, die an ihre Speicherorte und Werte zu binden sind.

→ *Siehe Dynamisches Binden, Statische Bindung*

Bionik
Simulation oder die Nachbildung der Aktivitäten eines biologischen Systems durch die Untersuchung der Funktionsweisen und Eigenschaften lebender Organismen.

BIOS
Abkürzung für Basic Input Output System. Das BIOS ist in einem auf dem Motherboard befindlichen ROM-Speicher gespeichert. Es wird unmittelbar nach dem Starten des Computers geladen und ist dabei dem Betriebssystem – egal welches BS verwendet wird – vorgelagert. Im Wesentlichen hat das BIOS zwei Aufgabenbereiche:

- Zum einen testet es alle installierten Hardware-Komponenten und initialisiert sie gegebenenfalls. Treten dabei Fehler auf, gibt es eine Fehlermeldung aus (siehe auch Power On Self Test, POST). Das BIOS wertet Speicherbereiche des CMOS-RAM aus, erstellt im Hauptspeicher eine Liste der Hardware und übergibt die weitere Kontrolle abschließend an den Urlader. Bei einer Diskette als Boot-Medium befindet sich der Urlader im ersten Sektor des Mediums, dem sog. Boot-Sektor. Bei einer Festplatte befindet sich im ersten Sektor (Master Boot Sektor) der sog. Master Boot Record zusammen mit einer Partitionstabelle und einem Programm, welches diese auswerten kann. Wurde die Tabelle ausgewertet, sucht das Programm die aktive Partition und übergibt dann die Kontrolle an den dort befindlichen Urlader.

Zum anderen finden sich im BIOS alle erforderlichen Parameter zur Konfiguration des Mainboards, der CPU und des Hauptspeichers. Weiterhin lassen sich grundlegende Einstellungen zu Plug&Play, Power-Management und der Kommunikation mit den Ein-/Ausgabegeräten vornehmen.

➠ *Siehe Beep Code, Betriebssystem, Boot-Sektor, CMOS-RAM, Hauptspeicher, Motherboard, Partition, Plug&Play, POST, Power-Management, ROM, Urlader*

bistabil

Eigenschaft eines Systems oder Bauelements, das zwei mögliche Zustände – an und aus – einnehmen kann.

bistabiler Multivibrator

Auch Flip-Flop-Schaltung genannt. Eine elektronische Schaltung, die zwischen zwei möglichen Zuständen umschaltet, wenn ein Impuls am Eingang eintrifft.

➠ *Siehe bistabil*

bistabiler Schaltkreis

Engl. bistable circuit. Ein Schaltkreis, der nur zwei stabile Zustände annehmen kann und genau eine Informationseinheit, also 1 Bit, speichern kann.

➠ *Siehe bistabil*

BISYNC

Abkürzung für Binary Synchronous Communication. Ein Übertragungsprotokoll, welches der synchronen Datenübertragung (hier: Binärkommunikation) dient.

➠ *Siehe Synchrone Übertragung*

Bit

Abkürzung für Binary Digit, Binärziffer. Ein Bit ist die kleinste Informationseinheit in einem Computersystem. Ein Bit kann zwei Werte (Zustände) annehmen: 0 und 1. Durch Kombination und Aneinanderreihung dieser Zahlen kann jedwede Information dargestellt werden.

➠ *Siehe Binär*

Bit

Abkürzung für binary digit.

bit flipping

Steht für bitweise Invertierung.

Bit-Block

Eine Gruppe von Pixeln, die in der Computergrafik die Anzeige-Eigenschaften wie Farbe und Intensität beschreiben und als Einheit behandelt werden.

Bit-Blocktransfer

Programmiertechnik zur Manipulation von zu Blöcken zusammengefaßten Pixeln. Wird in der Animation und grafischen Darstellung eingesetzt, da dadurch nicht mehr jedes einzelne Pixel, sondern ganze Bit-Blocks verändert werden können. Die Vorteile dieses Verfahrens liegen in der Reduzierung des benötigten Speicherbedarfs und der schnelleren Darstellung, z.B. von Animationen.

→ *Siehe Bit-Block*

Bit-Ebene

Dieser Ausdruck dient zur Darstellung der Farbtiefe. Je mehr Bit-Ebenen, desto mehr Farben können dargestellt werden. Eine Bit-Ebene erlaubt dabei die Darstellung von 2 Farben, 2 Bit-Ebenen 2^2 = 4 Farben, 3 Bit-Ebenen 2^3 = 8 Farben usw.

Bit-Manipulation

Bei der Bit-Manipulation werden einzelne Bits verändert. Im Gegensatz dazu werden gewöhnlich, wegen der einfacheren Durchführbarkeit, ganze Bytes manipuliert.

Bit-Slice-Prozessor

Ein für Spezialzwecke entwickelter Logikchip für Mikroprozessoren. Einzelne Bit-Slice-Prozessoren werden oft für die Verarbeitung größerer Datenwörter zu Prozessoreinheiten zusammengeschlossen.

Bit-Tiefe

Gibt die Anzahl der darstellbaren Farben an. 16-Bit Farbtiefe steht z.B. für 65536 darstellbare Farben.

Bit-Übertragungsrate

Gibt die Geschwindigkeit an, mit der einzelne Bits von einer Quelle zu einem Ziel übertragen werden.

Bit-Verdreher

Bezeichnung für einen leidenschaftlichen Assembler-Programmierer, bzw. jemanden, der sich den Computern verschrieben hat.

Bit/s

Maßeinheit für die Datentransferrate in Bit pro Sekunde.

→ *Siehe Bit*

Bitbild

Eine sequentielle Sammlung von Bits, die im Speicher ein Bild für die Anzeige auf dem Bildschirm repräsentieren.

BitBlt

Abkürzung für Bit-Blocktransfer.

→ *Siehe Bit-Blocktransfer*

Bitdichte

Gibt die Dichte an, mit der Bits dargestellt bzw. verarbeitet werden. Die Dichte wird bei der Kommunikation z.B. in Zeiteinheiten angegeben.

Bitmap

1. Ein Grafikformat (.bmp). Das Bitmap-Format speichert Bilddaten unkomprimiert (d.h. volle Information) ab. Bitmaps können schwarzweiß, in Graustufen und mit 1-, 4-, 8-, oder 24-Bit-Farbinformation gespeichert werden.
2. Bitmap ist allgemein auch die Bezeichnung für eine Grafik, z.B. ein Bild oder Photo als Textur.

➡ *Siehe Textur*

Bitmap-Grafik

Oft einfach auch als Bitmap, Raster- oder Pixelgrafik bezeichnet. Eine Bitmap-Grafik ist aus einzelnen Pixeln aufgebaut, die alle über Helligkeits- und Farbinformationen verfügen. Da die Bildinformation nur aus den tatsächlich vorhandenen Bildpunkten besteht, kann eine Bitmap-Grafik im Gegensatz zu einer Vektorgrafik nicht beliebig skaliert werden, ohne starke Qualitätsverluste zu erleiden. Jedes eingescannte Bild und jede Grafik, die mit einem anderen Malprogramm als einem Vektorgrafikprogramm gezeichnet wurde, ist eine Bitmap-Grafik.

➡ *Siehe Pixel, Pixelgrafik, Scanner, Vektorgrafik*

Bitnet

Abkürzung für Because it's time network. Das Bitnet war ein aus IBM-Großrechnern bestehendes, universitäres Netzwerk, welches vor einiger Zeit zusammen mit CSNET (Computer and Science Network) im CREN (The Corporation for Research and Educational Network) aufgegangen ist.

➡ *Siehe IBM, Netzwerk*

bitorientiertes Protokoll

Ein Kommunikationsprotokoll, das die Übertragung von Daten in Form eines kontinuierlichen Bitstroms definiert und nicht als Folge von Einzelzeichen.

Bitrate

Übertragungsgeschwindigkeit, mit der binäre Informationen übertragen werden.

Bits per Inch

➡ *Siehe bpi*

Bits per Second

➡ *Siehe bps*

Bits pro Sekunde

➡ *Siehe bps*

Bits pro Zoll

➡ *Siehe bpi*

Bitstrom

Eine Folge von über ein Medium übertragenen binären Zeichen, die den Fluß von Informationen repräsentieren.

bitweise Invertierung

Das Vertauschen von Bit-Zuständen, d.h. aus einer 0 wird eine 1 und umgekehrt.

bitweise parallel

Datenübertragung, bei der mehrere Bits, typischerweise ein Byte, parallel übertragen wird. Dabei bekommt normalerweise jedes Bit z.B. eine eigene Leitung in einem Kabelstrang zugewiesen.

bitweise seriell

Form der Datenübertragung, bei der die Bits nacheinander über eine Leitung übertragen werden.

BKZ

➠ *Siehe Bereichskennzahl*

Blackbox

Eine Einheit mit unbekannten inneren Abläufen. Man kennt den Input und den erwarteten Output, aber der Ablauf innerhalb dieser Blackbox (Hard- oder Software) ist unbekannt.

Blackout

Bezeichnung für einen totalen Stromausfall. Bei Computern kann dies in manchen Fällen zu Zerstörung von Hardware oder dem Verlust von Daten führen.

Blanking

➠ *Siehe Austastung*

Blasenspeicher

Vorgänger der heute üblichen Flash-Speicher zur Datenerhaltung bei Stromausfall. Dabei wurden die Daten durch magnetische Blasen, die in einem Filmsubstrat gebildet wurden, gesichert.

Blind Carbon Copy

➠ *Siehe BCC*

Blindfarbe

Eine Blindfarbe ist allgemein die Farbe, die von einem Lichtsensor nicht wahrgenommen werden kann. Besonders beim Scannen kommt der Blindfarbe eine Bedeutung zu. Schwarzweiß-Scanner arbeiten in der Regel mit Sensoren, die im grünen Spektralbereich ihre größte Empfindlichkeit haben. Deswegen haben derartige Scanner starke Schwierigkeiten, Vorlagendetails mit purpurner Farbe korrekt einzuscannen. Die Farbe Purpur wäre in diesem Fall die Blindfarbe des Scanners. Hochwertige Geräte bieten die Möglichkeit, den Spektralbereich der Sensoren in eine bestimmte Richtung – meist nach Rot – zu verschieben (Blindfarbe: Blau/Grün), wodurch sich auch solche Textteile oder Grafiken einscannen lassen, die bei billigeren Geräten normalerweise kaum zu erkennen wären.

→ *Siehe Scanner, Sensor*

Blip

Eine optisch erkennbare, kleine Markierung auf einem Aufzeichnungsmedium.

Block

Auch Datenblock. Ein Datenblock stellt eine zusammenhängende Dateneinheit dar, welche von einem Programm zur Bearbeitung oder für die Datenfernübertragung zusammengestellt wird. Zu einem Block gehören neben den eigentliche Daten auch zusätzliche Informationen wie Steuer- und Kontrollzeichen (Start- und Stop-Bit) usw.

→ *Siehe Datenblock, Steuerzeichen*

Blocksatz

Bestandteil der Absatzformatierung. Beim Blocksatz werden die einzelnen Zeilen so ausgerichtet, das sie bündig zum rechten und linken Rand sind. Dabei wird der Abstand zwischen den Worten in einer Zeile als auch zwischen den einzelnen Buchstaben (Spationierung) variiert.

→ *Siehe Absatzformatierung, Ausschluß*

Blue book

Blaues Buch. Ein von Sony und Philips 1995 definierter CD-ROM-Standard für die sog. CD Extra. Eine CD-ROM im CD-Extra-Format vermag neben der Speicherung eines Daten-Track auch die Speicherung mehrerer Audiospuren (Audio-Tracks). Ein ähnlicher Standard bestand schon mit der CD-Plus. Auch hier wurde neben mehreren Audiospuren eine Datenspur gespeichert. Der Unterschied zwischen den beiden Standards liegt darin, daß bei der CD Extra der Daten-Track hinter den Audiospuren in einer eigenen Session aufgenommen wird, wodurch die CD in einem normalen CD-Player wie eine Audio-CD gelesen werden kann. Der Daten-Track wird nicht angezeigt. Beim CD-Plus-Format kam es (sowohl für den Menschen als auch für die Boxen) zu sehr unangenehmen Geräuschen, wollte man die CD in einem CD-Player auslesen. Mit einem multisessionfähigen CD-ROM-Laufwerk können sowohl Daten als auch Audio-Tracks gelesen werden.

→ *Siehe CD-ROM, CD-ROM-Laufwerk, Multisession, Session*

Blue Ribbon Campaign

Am 8. Februar 1996 verabschiedete der amerikanische Senat den sog. Communications Decency Act (CDA-Gesetz), der die Verbreitung von »unzüchtigen« Inhalten im Internet verbietet. Wie man »unzüchtig« nun definiert, hängt ganz vom Gesetzgeber ab. Generell gilt die Verbreitung von pornographischen, rassistischen und diskriminierenden Inhalten als Verstoß gegen dieses Gesetz. Der Gesetzesvorschlag schießt aber weit über diese Zielsetzung hinaus. Gleichzeitig wird die freie Meinungsäußerung im Internet stark eingeschränkt (so gilt z.B eine Diskussion über Abtreibung oder Sterbehilfe ebenfalls als Verstoß), was zu einer Protestkampagne der Internet-Gemeinde führte, die Blue Ribbon Campaign. Das Symbol des Protestes ist eine blaue Schleife, die an die rote Schleife der AIDS-Bewegung angelehnt ist. Die blaue Schleife findet sich auf fast jeder Web-Seite. Inzwischen wurde der Communications Decency Act als verfassungswidrig vom US-Senat abgelehnt.

➡ *Siehe Internet, WebSite*

Blueboxing

Bezeichnung für ein Verfahren zur illegalen, kostenlosen Nutzung des amerikanischen Telefonnetzes. Der Name geht auf ein Gerät in einem blauen Gehäuse zurück (wicked blue box), welches in den 60ern von John Draper – unter Hackern auch als Captain Crunch bekannt – gebaut wurde und die Gebührenzähler der amerikanischen Telefongesellschaften durch Simulation des Geräusches fallender Münzen überlistete.

➡ *Siehe Captain Crunch, Hacker*

BNC

Abkürzung für Bayonet Nut Coupling, Bajonett-Gewinde-Verschluß. Der BNC-Stecker ist ein besonderer Anschlußtyp, der bei hochwertigen Monitoren zum Einsatz kommt. Aufgrund der Verschlußtechnik ist er im besonderen Maße für die Übertragung störempfindlicher Signale geeignet. Der BNC-Stecker hat einen konzentrischen Innenleiter, der bis in die Bajonettverriegelung hinein von einer Außenabschirmung ummantelt ist.

➡ *Siehe Monitor*

BNF

➡ *Siehe Backus-Naur-Form*

Board

Englisch für Brett bzw. Platine. Mit dem Ausdruck Board werden im Computerbereich generell alle Platinen und Erweiterungskarten bezeichnet.

➡ *Siehe Motherboard*

Bodyscanning

Engl. Bezeichnung für das Scannen eines menschlichen Körpers bzw. eines Körperteils.

Bild 4: Von links nach rechts: BNC-Stecker, BNC-T-Stück, BNC-Abschlußwiderstand und unten eine BNC-Kupplung

→ *Siehe 3D-Scanner, Motion-Capture, Scanner, Virtual Humans*

bold

Englische Bezeichnung für das Schriftbildformat Fett.

→ *Siehe Schriften*

Bookmark

Englisch für Lesezeichen. Bookmarks dienen vor allem in Web-Browsern zur Archivierung von URL's (Internet-Adressen). Anstatt die URL jedesmal umständlich einzutippen, klickt man einfach das entsprechende Bookmark an, um zum gewünschten WebSite oder einer Web-Seite zu gelangen.

→ *Siehe URL, Web-Browser, Webseite, WebSite*

Bookware

Bookware ist ein Kunstwort aus Book (Buch) und Software. Gemeint ist die Kombination eines Buchs mit Disketten oder einer CD-ROM, auf der sich ein Programm und Beispieldateien oder Übungen befinden. Im Gegensatz zu den normalen Büchern, die mit einer Diskette ausgeliefert werden, ist das Hauptaugenmerk bei der Bookware auf die Software gerichtet.

→ *Siehe CD-ROM*

Boole, George

Britischer Mathematiker (1815-1864). Erfinder der zweiwertigen booleschen Algebra.

➡ *Siehe boolesche Operatoren*

boolesche Operatoren

Als boolesche Operatoren werden die Operatoren der booleschen Algebra bezeichnet. Diese Operatoren werden ausschließlich auf binäre Werte angewendet. Mit diesen Operatoren werden normalerweise zwei Werte miteinander zu einem neuen Wert verknüpft. Einzig der NICHT-Operator wird nur auf einen einzigen Operanden angewendet.

➡ *Siehe AND-Verknüpfung, NOR-Verknüpfung, NOT-Verknüpfung, XOR-Verknüpfung*

Boot-Diskette

Mit Boot-Diskette bezeichnet man die Diskette, von der das Betriebssystem geladen werden kann. Der erste Sektor der Diskette – der Boot-Sektor – enthält den Urlader, der nach dem Start vom BIOS aufgerufen wird. Der Urlader wiederum sucht nach weiteren essentiellen Programmen des Betriebssystems. Im Falle von MS-DOS wären dies die Dateien MSDOS.SYS, IO.SYS und der Befehls-Interpreter COMMAND.COM. Weiterhin sollten sich auf einer Boot-Diskette die Dateien CONFIG.SYS und AUTOEXEC.BAT befinden, die für das Laden von Treibern und für das Setzen von Umgebungsvariablen zuständig sind.

➡ *Siehe Autoexec.bat, Befehls-Interpreter, Betriebssystem, BIOS, Boot-Sektor, Booten, Config.sys, Treiber, Urlader*

Boot-Manager

Mit Hilfe eines Boot-Managers ist es möglich, beim Hochfahren des Systems über ein Menü zu entscheiden, welches der installierten Betriebssysteme geladen werden soll. Eine leicht abgespeckte Version eines Boot-Managers ist die Dual-Boot-Option von Windows 95. Windows NT, OS/2 und Linux installieren automatisch einen Boot-Manager in eine eigene Boot-Partition am Anfang der Festplatte oder schreiben entsprechende Informationen in den Boot-Sektor.

➡ *Siehe Betriebssystem, Boot-Sektor, Booten*

Boot-Sektor

Der Boot-Sektor ist ein Bereich auf einer Festplatte, der beim Formatieren in den ersten Sektor jeder Diskette oder Festplatte geschrieben wird. Er enthält unter anderem den Urlader, der für das Laden systemwichtiger Dateien zuständig ist.

➡ *Siehe Diskette, Festplatte, Formatierung, Sektor, Urlader*

Boot-Sektor-Virus

Boot-Sektor-Viren sind eine sehr heimtückische Virenart. Sie befallen die Ladeprogramme im Master-Boot- bzw. Boot-Sektor der Festplatte bzw. Diskette. Da diese Programme auf jeden Fall geladen werden müssen, ist ihre Verbreitung (das Hauptziel der meisten Viren) garantiert. Neben den normalen Dateiviren, die sich in die ausführbaren Standardprogramme einschleusen, unterscheidet man noch sog. Hybridviren, die sowohl den Boot-Sektor als auch normale Dateien befallen.

➥ *Siehe Boot-Sektor, Computervirus, Hybridvirus*

booten

Mit Booten bezeichnet man den Startvorgang des Betriebssystems.

➥ *Siehe Betriebssystem, POST*

BOOTP

Abkürzung für Bootstrap Protocol. Der BOOTP ist im Boot-Sektor des Startmediums enthalten und wird benötigt, um das Betriebssystem zu laden.

➥ *Siehe Betriebssystem, Boot-Sektor*

Borland

http://www.borland.com

Borland ist eine amerikanische Software-Schmiede, die hauptsächlich Entwicklungsumgebungen für Programmiersprachen und Tools produziert. Nach dem erfolglosen Versuch, in der von Microsoft dominierten Office-Sparte mit Programmen wie dBASE, Paradox und Quattro Pro Fuß zu fassen, erlitt die Firma herbe finanzielle Rückschläge. Zu den wichtigsten Applikationen zählen eine Entwicklungsumgebung für Turbo Pascal und Delphi. Borland wurde inzwischen in Inprise (http://www.inprise.com) umbenannt.

➥ *Siehe dBase, Entwicklungsumgebung, Office-Paket, Programmiersprache, Tool, Turbo Pascal*

BossNode

Der Boss-Node ist für die Speicherung von Nachrichten in einem Fido-Netzwerk zuständig. Ein Point (ein Nutzer), der die Minimalinstallation für ein Fido-Netz (einen Mailer) eingerichtet hat, kann die Nachrichten auf dem Boss-Node abrufen (pollen) und offline lesen.

➥ *Siehe FidoNet, Offline, Point, Pollen*

bouncen

Ein in Verbindung mit unzustellbarer E-Mail verwendeter Ausdruck, der das Zurücksenden an den Absender meint.

➥ *Siehe Mail*

Box-Mapping

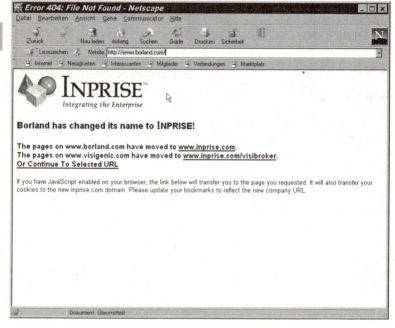

Bild 5: Borland im Internet

Box-Mapping
➠ *Siehe Texture-Mapping*

Boxen
➠ *Siehe Lautsprecher*

Bozo
Eine im Internet gebräuchliche Bezeichnung für eine dumme, alberne oder exzentrische Person in Anlehnung an den in den USA bekannten TV-Clown »Bozo«.

Bozo-Filter
Filterfunktion in einigen E-Mail-Clients und Newsgroup-Readern, mit der unerwünschte Benutzer ausgefiltert werden können.

➠ *Siehe Mail*

bpi
Abkürzung für bits per inch (bits pro Zoll). Maßeinheit für die Speicherdichte bei magnetischen u.a. Datenträgern.

➠ *Siehe Datenträger*

bps

Abkürzung für bits per second (Bits pro Sekunde, Bit/s). Maßeinheit für die Datentransferrate.

➠ *Siehe Modem*

Brain Dump

Bezeichnung für eine große, unstrukturierte Menge an Informationen, die schwierig zu verarbeiten oder zu interpretieren sind. Meist eine Reaktion auf eine Anfrage per E-Mail oder auf einen Newsgroup-Beitrag.

Breakout-Box

Hardware, die zwischen zwei Geräte gesteckt wird, um die übertragenen Signale zu überprüfen und bei Bedarf einzelne Verbindungen des Kabels umzuleiten.

Breakpoint

An einem Breakpoint (Haltepunkt) wird der normale Ablauf in einem Programm gestoppt bzw. kann gestoppt werden. Besonders wichtig sind Breakpoints bei der Entwicklung von Programmen, da sie dem Entwickler sozusagen als Stationen in seinem Code dienen, zu denen er springen und sich Informationen über den Programmstatus einholen kann.

➠ *Siehe Code, Programm*

Breitbandiges Integriertes Glasfaser-Fernmelde-Ortsnetz

➠ *Siehe BIGFON*

Breitbandübertragung

Bei einer Breitbandübertragung werden die Daten mehrerer Datenkanäle auf einem Band gemeinsam übertragen, weshalb keiner der Kanäle die volle Bandbreite des Übertragungsmediums nutzen kann. Die Übertragung erfolgt analog. Die Bündelung und Aufspaltung der Kanäle erfolgt über einen sog. Multiplexer, der nach dem Frequenzmultiplex-Verfahren arbeitet.

➠ *Siehe Analog, Bandbreite, Frequenzmultiplex-Verfahren, Multiplexer*

Breitbardt-Index

In den Newsgroups des Usenet regelt der von Seth Breitbardt erfundene sog. Breitbardt-Index, ab wann eine Serien-E-Mail als Spam-Mail (Werbe-E-Mail) zu gelten hat. Dazu werden alle Beiträge – egal, ob als Crossposting oder als EMP versandt – addiert und die Quadratwurzel gezogen. Ab welchem BI-Index eine Serien-E-Mail nun als Werbe-E-Mail gilt, hängt von der regionalen Reichweite der jeweiligen Newsgroup ab. Je größer der Regionalbezug, desto kleiner muß der BI-Index ausfallen, damit aus E-Mail Spam-Mail wird.

➡ *Siehe EMP, Newsgroup, Spam-Mail, Usenet*

Bridge

Auch Brücke genannt. Über eine Bridge werden zwei Netzwerksegmente miteinander verbunden, die dasselbe oder kompatible Netzwerkprotokolle verwenden. Da die Bridge die Verbindungsschicht entsprechend dem OSI-Schichtenmodell auswerten kann – und so auch physische Netzwerkadressen auslesen kann – läßt sie nur solche Datenpakete passieren, die an den Netzknoten im jeweils anderen Segment gerichtet sind.

➡ *Siehe Datenpaket, Netzwerk, Netzwerkknoten, Netzwerkprotokoll, OSI-Schichtenmodell, Verbindungsschicht*

Bridge Disc

Eine Bridge Disc ist eine CD-ROM, die sowohl in einem CD-ROM-Laufwerk als auch in einem CD-I-Player ausgelesen werden kann. Ein Beispiel wäre die Photo-CD.

➡ *Siehe CD-I, CD-ROM, CD-ROM-Laufwerk, Photo-CD*

Bridge Router

Gerät zum Verbinden zweier Segmente eines lokalen oder Weitbereichs-Netzes (LAN, WAN), das die Funktionen einer Bridge und eines Routers übernimmt.

➡ *Siehe Bridge*

Bridgeware

Hardware oder Software, die Daten so konvertiert, daß diese in Verbindung mit verschiedenen Rechnerplattformen und Computersystemen verwendet werden können.

Broadcast

Form der Datenübertragung, bei der die Nachricht an alle Stationen (Computer) und nicht an einen speziellen Empfänger gesendet wird. Vergleichbar mit einer Radiosendung.

Broadcast Storm

Bezeichnet die Netzwerküberlastung durch das Anworten mehrerer Host-Computer auf eine Netzwerkübertragung. Die Ursache liegt meist in der Verwendung verschiedener Protokolle beim Router.

Broadcasting

Mit Broadcasting bezeichnet man die Übertragung und Verbreitung von Nachrichten oder allgemein Informationen in einem Netzwerk an alle oder viele angeschlossene Netzwerkknoten.

➡ *Siehe Netzwerk, Netzwerkknoten*

Brotschrift

Ausdruck, der aus der Frühzeit des Druckens stammt. Bezeichnet den Schrifttyp, mit dem der Fließtext eines Dokuments formatiert wird. Setzer wurden im Akkord nach Textmenge bezahlt und verdienten gewissermaßen mit dem Fließtext ihr Brot, da das Setzen von Überschriften länger dauerte.

Brouter
Abkürzung für Bridge Router.

Browser
Auch Web-Browser. Ein Programm, mit dessen Hilfe man sich im Internet (WWW – World Wide Web) bewegen (»surfen«) kann. Bekannte Programme sind der Netscape Navigator bzw. Communicator und der Internet Explorer von Microsoft.

➠ *Siehe Internet, Internet Explorer, Netscape Communicator, Netscape Navigator, Web-Browser, WWW*

BRS
Abkürzung für Big Red Switch. Diese Bezeichnung geht auf die in rot gehaltenen Netzschalter der ersten IBM-Rechner zurück.

Brücke
➠ *Siehe Bridge*

Bruttoübertragungsrate
➠ *Siehe Datentransferrate*

BTT
➠ *Siehe Bad Track Table*

Btx
Abkürzung für Bildschirmtext. Online-Dienst der Deutschen Telekom. Heute T-Online, eine erweiterte Version von Btx, die einen Zugang zum Internet bietet und das Versenden von E-Mails ermöglicht. Die früheren Btx-Angebote finden sich heute im über Datex-J erreichbaren Teil von T-Online. Btx-Seiten basieren auf dem KIT-Standard, der eine grafische Benutzeroberfläche bietet. Sein Vorgänger – der CEPT-Standard – bot lediglich eine textorientierte Oberfläche.

➠ *Siehe CEPT, Datex-J, E-Mail, Internet, KIT, Online-Dienst*

Btx plus
Btx-Premium-Dienst des Telekom-Partners 1&1.

➠ *Siehe Btx*

Btx-Decoder
Früher wurde damit ein Gerät bezeichnet, welches zur Nutzung des Btx-Dienstes notwendig war und an das Fernsehgerät angeschlossen wurde. Heutzutage ist mit Btx-Decoder ausnahmslos die Zugangssoftware gemeint, da die Einwahl mit einem PC bzw. Modem erfolgt. Nach der Umstellung von CEPT auf den KIT-Standard wird der Btx-Decoder auch als KIT-Decoder bezeichnet.

➠ *Siehe Btx, CEPT, KIT, Modem*

Btx-Leitseite

Die erste Seite des Btx-Dienstes wird Leitseite genannt. Auf ihr finden sich die Seitennummern der diversen Anbieter, ein Informationsdienst und auch ein Hilfemenü. Je nach Btx-Zugangsnummer lassen sich regionale (beginnen mit den Ziffern 8 oder 9 bei sechsstelligen Nummern) und überregionale (beginnen mit den Ziffern 2 bis 6 bei fünfstelligen Nummern) unterscheiden.

➡ *Siehe Btx*

Bubble-Jet

Druckverfahren bei Tintenstrahldruckern. Die einzelnen Düsen des Druckkopfs werden erhitzt, so daß die darin enthaltene Tinte kleine Blasen bildet (Bubbles), die dann unter Druck auf das Druckmedium aufgetragen werden. Das Erhitzen stellt besondere Anforderungen an die Tinte, weshalb man immer Tinte des Originalherstellers für seinen Drucker verwenden sollte. Ein Beispiel wären die weitverbreiteten Deskjet-Drucker der Firma Hewlett Packard.

➡ *Siehe Druckkopf, Hewlett Packard, Piezo-Drucker, Tintenstrahldrucker*

Buffer

➡ *Siehe Datenpuffer*

Bug

Englisch für Wanze, Käfer. Ein Bug ist ein Programmfehler. Normalerweise sollten Bugs während des Betatests korrigiert werden. Der Name Bug geht auf die durch Insekten verursachten Fehler in Rechenmaschinen zurück, in denen noch Relais als Bauelemente dienten.

➡ *Siehe Betatest, Rechenmaschine*

Bugfix

Mit Bugfix bezeichnet man die erfolgreiche Korrektur eines Programmfehlers.

➡ *Siehe Bug*

Bulletin Board

➡ *Siehe BBS*

Bulletin Board System

➡ *Siehe BBS*

Bump-Mapping

Bump-Mapping ist eine besondere Form des Texture-Mapping. Zusätzlich zu den Farbinformationen einer ersten Bitmap, die das eigentliche für den Betrachter sichtbare Oberflächenbild des Objekts darstellt, wird eine zweite, monochrome (schwarzweiß oder Graustufen) Bitmap auf den 3D-Körper projiziert. Wie bei einer Landkarte interpretiert der Computer die Farb- bzw. Helligkeitsunterschiede dieser Map als Höheninformationen (z.B. Weiß 20% höher als Schwarz). Auf diese Weise kann man mit einer einfachen Textur so komplexe Objekte wie z.B. die Mondoberfläche, eine Orangenhaut oder eine Ziegelmauer erzeugen.

→ *Siehe Bitmap, Textur, Texture-Mapping*

Bundesamt für Zulassungen in der Telekommunikation

→ *Siehe BZT*

Burn-In-Test

In sogenannten Burn-in-Tests (Einbrenntests) testet der Hersteller eine Hardware oder ein PC-System auf Zuverlässigkeit und Funktionsfähigkeit. Dabei wird die Komponente oder das System in einem Dauerlauftest über eine längere Zeit stark beansprucht. Fällt keine der Komponenten aus, so hat das System den Test bestanden.

→ *Siehe Hardware, Hardware-Komponente, PC*

Burst Transmission

Anstatt jedesmal die Zieladresse bei einer Datenübertragung über den Bus abzufragen, wird bei der sogenannten Burst Transmission (Schnellübertragung) lediglich einmal die Anfangsadresse und die Anzahl der Datenpakete angegeben. Die sendende Einheit schickt die Datenpakete über den Bus und zählt die Adresse selbstständig im Speicher hoch. Das Burst-Verfahren wird in heutigen Systemen oft eingesetzt, z.B. beim DMA oder beim Pipelined-Burst-Cache.

→ *Siehe Adresse, Bus, Datenpaket, DMA, Pipelined-Burst-Cache*

Burst Cache

Mit Burst Cache wird das heutzutage standardmäßig eingesetze Second Level Cache (L2-Cache) bezeichnet, das im Burst-Modus (Burst Mode) und nach dem Prinzip der Burst Transmission arbeitet.

→ *Siehe Burst Transmission, Burst-Mode, Second Level Cache*

Burst Mode

Das heute gebräuchliche Second Level Cache arbeitet generell im Burst-Mode. Der bekannteste Modus ist der PB-Modus (Pipelined Burst). Der normale Burst-Modus erlaubt die Übertragung vieler Datenpakete über den Bus, ohne für jedes Datenpaket die Zieladresse abfragen zu müssen. Der Pipelined-Burst-Modus erlaubt zusätzlich die Übertragung mehrerer Bursts hintereinander.

→ *Siehe Adresse, Bus, Datenpaket, Pipelined-Burst-Cache, Second-Level-Cache*

Bus

Ein Bus (in der Regel Adreßbus, Datenbus und Steuerbus) ist eine Verbindungseinheit, an die verschiedene Komponenten eines Computers angeschlossen sind. Der Bus dient der Kommunikation zwischen den einzelnen Geräten und dem System. Über den Bus werden Daten und auch Steuersignale ausgetauscht. Oft wird der Bus auch für die Übertragung der Versorgungsspannung verwendet. Man unterscheidet zwischen einem internen Bus, der z.B. die Kommunikation einzelner Elemente des Motherboards mit der CPU (auch innerhalb der CPU) oder untereinander erlaubt, und den peripheren Bus-Systemen, die für den Anschluß peripherer Geräte zuständig sind (z.B. IEC-Bus oder SCSI-Bus usw.). Der sog. Erweiterungsbus wurde mit dem ersten IBM-PC eingeführt. Er verfügte über 62 Leitungen (20 davon Adreßleitungen) und wurde für die Verbindung mit entsprechenden Erweiterungskarten (z.B. Grafikkarte) eingesetzt. Bei der Einführung des IBM-PC/AT wurde der Erweiterungsbus um 36 Leitungen (acht Datenleitungen) erweitert und konnte neben den Standard-8-Bit-Karten nun auch 16-Bit-Karten aufnehmen. Damit war der ISA-Bus (AT-Bus) geboren, der auch in heutigen Rechnern noch zum Einsatz kommt. Mit der nächsten Rechnergeneration – dem IBM-PS/2 – kam auch ein neues Bussystem – der Microchannel mit 32 Datenleitungen. Der ISA-Bus wurde um 16 Datenleitungen ergänzt und zum EISA-Bus, der sich aber nie recht durchsetzen konnte. Die nächste Entwicklungsstufe war der 32-Bit-Bus Vesa Local Bus (VLB), der alsbald vom ebenfalls 32 Bit (64 Bit) breiten PCI-Bus abgelöst wurde. In heutigen Systemen wird für Erweiterungskarten wie Grafikkarte, SCSI-Kontroller, Netzwerkkarte usw. generell der PCI-Bus genutzt.

➦ *Siehe Adreßbus, CPU, Datenbus, EISA, Erweiterungsbus, Grafikkarte, IEC-Bus, ISA, Motherboard, Netzwerkkarte, PCI, SCSI, Steuerbus, VESA Local Bus*

Bus-Maus

Auch PS/2-Maus genannt. Die Bus-Maus wird im Gegensatz zur seriellen Maus nicht an die serielle Schnittstelle (COM1 oder COM2) angeschlossen, sondern verfügt über ihren eigenen Bus auf dem Motherboard. Der Vorteil der Bus-Maus ist, daß sie auch bei laufendem System vom Computer erkannt wird, sobald sie eingesteckt wird, und daß eine serielle Schnittstelle für ein anderes Eingabegerät frei wird. Der Nachteil der Bus-Maus besteht darin, daß ein eigener Interrupt (meist IRQ 12) für sie belegt werden muß.

➦ *Siehe Interrupt, Motherboard, Serielle Schnittstelle*

Bustopologie

Bei dieser Netzwerktopologie sind alle Computer im Netzwerk (Netzknoten) über ein gemeinsames Netzwerkkabel miteinander verbunden. Das Kabel wird an den Enden mit einem Terminator (einem Widerstand) terminiert (geschlossen).

→ *Siehe Netzwerk, Netzwerkknoten, Netzwerktopologie, Terminator*

Busbreite

Die Busbreite gibt die Anzahl der Übertragungsleitungen im Bus an. Sie bestimmt, wieviel Bit parallel übertragen werden können. Die Geschwindigkeit des Computers ist sehr stark von der Busbreite abhängig. Beispiele: ISA-Bus: 16 Bit, VLB- und PCI-Bus: 32 bzw. bis 64 Bit.

→ *Siehe Bit, ISA, PCI, VESA Local Bus*

Business Graphics

→ *Siehe Geschäftsgrafik, Präsentationsgrafik*

Button

Bedienelement einer grafischen Benutzeroberfläche. Wird auch Schaltfläche genannt. Durch einen einfachen Mausklick auf einen Button wird eine Aktion von Seiten einer Applikation oder des Betriebssystems ausgelöst. Beispiele wären die OK-, Schließen- und Übernehmen-Schaltflächen bei Windows 95/NT.

→ *Siehe Applikation, Grafische Benutzeroberfläche*

Bypass

Ersetzen einer Verbindung durch einen anderen, alternativen Verbindungsweg.

Byte

Ursprünglich als Bite (Happen) bezeichnet; um jedoch eine Verwechslung mit Bit zu vermeiden, wurde das i durch ein y ausgetauscht. Maßeinheit für Informationsmenge und Speicherkapazität. Ein Byte besteht aus 8 Bit. In einem Byte können 256 (2 hoch 8) Zeichen dargestellt werden. Ein Zeichen aus dem ASCII-Zeichensatz wird z.B. mit einem Byte dargestellt.

→ *Siehe ASCII, Bit*

BZT

Abkürzung für Bundesamt für Zulassungen in der Telekommunikation. Nur solche Geräte (z.B. ein Modem), die ein Siegel der BZT tragen, sind für den Einsatz im Netzwerk der Telekom zugelassen.

→ *Siehe Modem*

C

Die Programmiersprache C ist sehr flexibel und wird heutzutage bei den meisten Programmprojekten eingesetzt. Da C zwar fast eine Hardware-Nähe wie ein Assembler erreicht, aber trotzdem die Funktionalität einer höherstehenden Programmiersprache bietet, stellt es nahezu eine perfekte Kombination dieser beiden Extreme dar. Speziell das Betriebssystem UNIX geht eine starke Symbiose mit C ein. Große Teile dieses Systems sind in C geschrieben und UNIX unterstützt daher im Gegenzug die Möglichkeiten von C sehr gut. C++ ist die Fortentwicklung von C und beinhaltet v.a. objektorientierte Programmiertechniken.

➠ *Siehe Assembler, C++, Objektorientierte Programmierung, Programmiersprache, Unix*

C++

C++ ist die Weiterentwicklung der Programmiersprache C und unterstützt nun auch objektorientierte Programmiertechniken. Es wurde von Dr. Bjarne Stroustrup entwickelt.

➠ *Siehe Objektorientierte Programmierung*

C-Netz

Das C-Netz ist das dritte analoge Funknetz der Telekom (A-Netz, B-Netz) das 1985 eingeführt wurde. Die analogen Netze verlieren immer mehr an Bedeutung, weil die digitalen Netze, wie das D1-Netz, das D2-Netz und das E-Netz, auf dem Vormarsch sind. Da die analogen Netze bundesweit flächendeckend arbeiten und sehr störungsunempfindlich sind, sind sie ideal für die Verwendung eines Autotelefons.

➠ *Siehe B-Netz, D-Netz, E-Netz*

C:

C: ist der Name der ersten Partition einer Festplatte, auf der i.d.R. das (Haupt-)Betriebssystem installiert ist.

➠ *Siehe Betriebssystem, Festplatte, Partition*

C128

Die Weiterentwicklung des legendären C64 besaß schon 128 Kbyte Arbeitsspeicher und außerdem ein viele Funktionen erweitertes BASIC. Er erreichte aber nie auch nur annähernd die Beliebtheit und Verbreitung seines kleinen Bruders.

➡ *Siehe Basic, C64, Kbyte*

C2-Sicherheitsstandard

Der C2-Sicherheitsstandard wurde von der amerikanischen Behörde NCSC (National Computer Security Center = Nationales Computersicherheitszentrum) ins Leben gerufen. Dieser Standard muß sowohl von Hard- als auch Software erfüllt werden, wenn sie in irgendeiner amerikanischen Behörde eingesetzt werden soll. Über C2 gehen die beiden Standards A und B noch hinaus und stellen noch größere Ansprüche. Für PCs ist z.Zt. Windows NT das einzige Betriebssystem, das wenigstens unter bestimmten Umständen die C2-Norm erfüllt. So muß die Berechtigung eines jeden Benutzers, der sich am System anmelden will, durch entsprechende Anfragen überprüft werden. Weiterhin muß verhindert werden, daß ein Programm vor der Paßwortabfrage gestartet werden kann und diese in irgendeiner Weise beeinflussen oder die Eingaben mitprotokollieren kann. Dies ist der Grund, warum man bei Windows NT die Tastenkombination [Alt] + [Strg] + [Entf] drücken muß, um überhaupt zur Paßwortabfrage zu gelangen, denn normalerweise würde diese Kombination den Computer ja neu starten. Der C2-Standard verlangt allerdings noch die Einhaltung einer ganzen Reihe anderer Vorgaben: seine Einhaltung muß für ein komplettes System aus Hard- und Software geprüft werden. Windows NT erfüllt die Kriterien z.B. nur auf sehr wenigen Rechnern. Der Rechner muß ein Einzelplatzsystem sein, er darf sich nicht in einem Netzwerk befinden. Die Diskettenlaufwerke des Computers müssen alle deaktiviert sein. Jedes Ereignis muß protokolliert werden und dem auslösenden Benutzer zugeordnet werden können. Jeder Benutzer darf sich nur einmal anmelden können. Der Datenschutz der vorhandenen Daten muß auf Arbeitsspeicher-, Datei und Verzeichnisebene erfüllt sein. Bei Windows NT ist dies nur bei Verwendung eines NTFS-Dateisystems (NTFS) sichergestellt.

➡ *Siehe Datenschutz, Einzelplatzsystem, Hardware, Netzwerk, NTFS, Paßwort, Software*

C64

Der C64 war der wohl am weitesten verbreitete Homecomputer der 80er Jahre. Er wurde von der Firma Commodore entwickelt und über 1,7 Millionen Mal verkauft. Er bot lediglich 64 Kbyte Arbeitsspeicher und davon standen für Programme sogar nur 38 Kbyte zur Verfügung. Der Rest wurde für das Betriebssystem BASIC benötigt. BASIC stellte sowohl die Benutzeroberfläche als auch die Programmiersprache. Der C128 löste den C64 ab, konnte dessen Beliebtheit und Verbreitung jedoch nicht im geringsten erreichen.

➡ *Siehe Basic, Betriebssystem, Kbyte*

CA
➡ *Siehe Certification Authority*

Cache

Cache ist die Bezeichnung für eine besondere Art von Speicher, die den Zugriff auf Daten beschleunigen soll. Dabei werden gelesene Daten in diesen Speicher abgelegt. Erfolgt nun ein erneuter Lesezugriff, so wird zunächst nachgesehen, ob sich die Daten im Cache befinden. Ist dies der Fall, werden sie aus diesem und nicht aus dem Medium gelesen, an das sich der Lesezugriff gerichtet hat. Der Cache-Speicher verfügt über eine wesentlich kürzere Zugriffszeit als dies bei dem gecachten Medium der Fall ist, wodurch sich der Beschleunigungseffekt ergibt.

Es gibt Software-Caches, die sämtliche Funktionen per Software realisieren, und Cache-Kontroller, die einen Teil dieser Funktionen als Hardware unterstützen. Da der Cache-Speicher schneller ist, ist er oft auch deutlich teurer und wird daher meistens viel kleiner dimensioniert. Der Prozessor-Cache ist beispielsweise ein ganzes Stück schneller als der Arbeitsspeicher (10 statt 60 ns), dafür aber standardmäßig nur 256 Kbyte groß. Da die CPU meistens sehr viel mit relativ lokalen Daten arbeitet, reicht es aus, diese lokalen Daten in den Cache aufzunehmen, um Zugriffe der CPU auf den Arbeitsspeicher zu vermeiden oder wenigstens zu verringern. Da der Cache-Speicher immer deutlich kleiner ist als der Speicher, den er cacht, ist auch die Logik, die den Cache steuert, sehr wichtig. Ist diese in der Lage, die Daten zu »erraten«, die die CPU als nächstes anfordert, kann sie diese bereits im Voraus laden und sie so sofort zur Verfügung stellen. Je besser die Methoden der Vorausschau sind, desto mehr Anfragen können direkt bedient und damit die Leistung des Computers gesteigert werden. Sind die Voraussagen dagegen falsch, müssen die Daten nachgeladen werden und Leistung geht verloren. Bei einem Disk-Cache werden die Daten einer CD oder einer Festplatte im Arbeitsspeicher zwischengelagert. Zusätzlich liest so ein Disk-Cache immer eine ganze Spur des Datenträgers, egal ob alle diese Daten benötigt werden oder nicht. Denn im Normalfall kann man davon ausgehen, daß auch der Rest der Spur später noch gelesen werden müßte. Dann befindet sich dieser jedoch schon im Cache. Meistens ist der Cache nur für Leseoperationen aktiviert. Werden Schreiboperationen gecacht, so werden die Daten nicht sofort geschrieben, sondern der Cache wartet, ob noch andere Daten geschrieben werden sollen. Diese Warteperiode beträgt zwar nur wenige Sekunden, stürzt der Rechner während dieser Zeit aber ab, so gehen diese Daten verloren, da sie noch nicht auf der Festplatte gespeichert wurden. Die Aktivierung eines Schreibcaches bringt also ein ganzes Stück Leistung, v.a. beschleunigt es beispielsweise die Druckerausgabe, birgt jedoch auch ein gewisses Risiko. Zum Schluß noch ein Tip : Viele SCSI-Festplatten (SCSI) haben auch einen internen Schreibcache, der oft nicht aktiviert ist. Mit bestimmten Programmen wie etwa EZ-SCSI läßt er sich aktivieren und bietet wiederum mehr Leistung mit mehr Risiko. Allerdings muß hier schon der Strom ausfallen, um einen Datenverlust zu verursachen, da ein Absturz des Computers die im Prinzip autonome SCSI-Festplatte nicht betrifft.

→ *Siehe Burst-Cache, Burst-Mode, Hauptspeicher, Pipelined-Burst-Cache, Prozessor, SCSI, Zugriff*

Cache-Controller

Ein Cache-Controller ist eine Hardware-Komponente, die einen Cache steuert. Auf jedem Motherboard befindet sich so ein Cache-Controller, der den Second-Level-Cache steuert, in dem die für die CPU bestimmten Daten organisiert werden.

→ *Siehe Cache, CPU, Hardware, Motherboard, Second-Level-Cache*

CAD

CAD ist die Abkürzung von Computer Aided Design, was soviel wie computergestütztes Konstruieren bedeutet. Mit CAD-Programmen werden v.a. technische Zeichnungen entworfen, die möglichst präzise sein müssen. Solche Zeichnungen müssen also nicht mehr am Reißbrett entworfen werden und können am Computer im Nachhinein ohne Probleme abgeändert werden. Programme wie Auto-CAD unterstützen den Benutzer auch durch eine Vielzahl von Funktionen, die einen Großteil der anfallenden Aufgaben automatisieren können. Es gibt auch Bibliotheken, die eine Menge von Kontruktionselementen beinhalten, die so extrem einfach in jede Zeichnung eingesetzt werden können.

→ *Siehe 3D-API, 3D-Standards, Auto-CAD*

CAD-Programm

Mit einem CAD-Programm (CAD) erstellt man technische Zeichnungen auf sehr einfache Art und Weise und kann sie weiterhin bearbeiten. Sie werden v.a. in der Architektur, in der Elektrotechnik und im Fahrzeug- und

Maschinenbau verwendet. Die bekanntesten Vertreter sind AutoCAD und ProEngineer.

→ *Siehe AutoCAD, CAD, CADD*

CADD

CADD ist ein Kürzel von Computer Aided Design und Drafting und ist ein Synonym von CAD.

→ *Siehe AutoCAD, CAD*

Caddy

Bei einer bestimmten Klasse von CD-ROM-Laufwerken muß die CD-ROM in eine spezielle Schutzhülle gelegt werden, den Caddy, die dann in das CD-ROM-Laufwerk geschoben wird. Dadurch sind die CDs vor äußeren Einflüssen geschützt. Caddy-CD-ROM-Laufwerke sind meistens teurer als normale Laufwerke.

→ *Siehe CD-ROM, CD-ROM-Laufwerk*

CAE

CAE steht für Computer Aided Engineering und ist der Oberbegriff für Fertigungen und Konstruktionen, die mit Hilfe eines Computers erstellt werden. Darunter fallen z. B. CAD und CAM.

→ *Siehe CAD, CAM*

CALL

Mit einem CALL-Kommando, das in fast allen Programmiersprachen vorkommt, verzweigt man von der aktuellen Programmposition zu einem Unterprogramm. Die dort befindlichen Befehle werden ausgeführt, bis das Ende des Unterprogramms erreicht ist und man mit einem RETURN-Befehl wieder zu dem aufrufenden Programm zurückkehrt. Die dazu nötige Adresse legt CALL auf einem Stapelspeicher ab. Man bezeichnet CALL i. a. als Unterprogrammaufruf.

→ *Siehe Befehl, Programmiersprache*

CallBack

1. CallBack bezeichnet ein Verfahren, mit dem die hohen Kosten von Fernverbindungen umgangen werden können. Hierzu ruft der Benutzer eine spezielle Nummer eines beliebigen Telekommunikationsunternehmens an und autorisiert sich. Dann legt er auf und wartet auf den Rückruf des Vermittlungscomputers, der dann die Leitung für die Anwahl einer beliebigen Nummer freischaltet. Das ergibt z. B. Sinn, um die günstigeren Tarife der US-Telekommunikationskonzerne zu nutzen oder um die teuren Tarife von Handys zu umgehen. Dabei werden die Gebühren über den eigenen Telefonanschluß abgerechnet, so daß man auf der ganzen Welt ohne Bargeld telefonieren kann.

2. CallBack ist das englische Wort für Rückruf. Damit bezeichnet man eine Technik, mit der die Sicherheit einer Verbindung über-

prüft wird. Will ein Anwender Daten von einem Server abfragen, ruft er diesen normalerweise einfach an und überträgt die gewünschten Daten. Der Server verlangt dabei zwar eine Autorisierung, kann aber dennoch nicht feststellen, ob der Anrufer wirklich die Person ist, die er vorgibt zu sein. Beim CallBack-Verfahren ruft der Anwender den Server an und autorisiert sich. Dann legt er aber auf und wartet, bis ihn der Server zurückruft. Erst dann kann er über die Daten verfügen. Trotz dieses Verfahrens kann der Server dennoch nie ganz sicher sein, ob der Anrufer zugriffsberechtigt ist.

➠ *Siehe Server, Zugriffsrechte*

Caller

Engl. für Anrufer. Caller ist die Bezeichnung für einen User in einer Mailbox oder in einem Netzwerkknoten.

➠ *Siehe Mailbox, Netzwerk, Netzwerkknoten, User*

Calling-Ton

Ein Calling-Ton ist ein analoges Erkennungssignal, mit dem sich ein Fax meldet. Sehr gebräuchlich ist auch die Bezeichnung CNG-Signal oder CNG-Ton.

➠ *Siehe Analog, CNG-Signal, Fax*

CAM

Abkürzung für Computer Aided Manufacturing (= computerunterstützte Fertigung). Darunter versteht man die Verwendung von Computern zur Steuerung von Maschinen. Neben einem sehr leistungsfähigen Rechner und einer hochspezialisierten Software benötigt man auch eine Reihe von speziellen Schnittstellen, mit denen man die Maschinen ansteuern kann.

➠ *Siehe Echtzeitverarbeitung, Prozeßrechner, Schnittstelle*

Camcorder

Ein Camcorder ist eine Videokamera und ein Videorecorder in einem Gerät. Ein moderner Camcorder kann aufgezeichnete Szenen selber auf einem kleinen Farb-LCD-Bildschirm wiedergeben.

➠ *Siehe LCD*

Cancelbot

Im Internet gebräuchliches Programm, das automatisch Nachrichten, die einer bestimmten Struktur folgen (z.B. Werbe-E-Mails, Spam-Mail) löscht. Cancelbots sind aber nicht vor Fehlern gefeit, so daß manchmal auch »richtige« E-Mails gelöscht werden.

➠ *Siehe E-Mail, Internet, Spam-Mail*

CAP

CAP ist das Kürzel von Computer Aided Planning. So nennt man computergestützte Planungen zur Arbeitsvorbereitung und Fertigungsplanung.

➧ *Siehe CAD, CAM*

CAPI

CAPI steht für Common ISDN API und ist die für jede ISDN-Karte erforderliche Treiber-Software (Software, Treiber), die man benötigt, um unter Windows auf so eine Karte zugreifen zu können. Es existieren zwei verschiedene Versionen des CAPI, die recht verbreitet sind: Die 1.1-Version ist inzwischen veraltet und basiert auf nationalen ISDN. Viele alte Programme, die ISDN benutzen, setzen allerdings noch auf CAPI 1.1 auf. Die 2.0-Version ist neu und einfacher zu konfigurieren und unterstützt das neue EuroISDN. Da CAPI 1.1 und 2.0 leider nicht kompatibel sind, die Programme aber entweder das eine oder das andere Protokoll nutzen, sollte man beim Kauf einer ISDN-Karte darauf achten, ob diese eine duale CAPI unterstützt, die beide CAPI-Protokolle anbietet.

➧ *Siehe API, Euro-ISDN, ISDN, ISDN-Karte, MSN, Nationales ISDN, Protokoll, Software, Treiber*

CAPI-Port-Treiber

CAPI-Port-Treiber wurden von der Firma AVM für die ISDN-Karten FritzCard und B1 entwickelt, um unter Windows 95 diese als virtuelle Modems ansprechen zu können. Da die Windows-Funktionen wie das DFÜ-Netzwerk nicht direkt auf ISDN-Karten zugreifen können, benötigen sie ein virtuelles Modem. Der CAPI-Port-Treiber stellt verschiedene Modem-Protokolle in der Systemsteuerung zur Verfügung, mit denen die Programme auf die ISDN-Karte zugreifen können. Wichtige Protokolle sind HDLC, V.110 und X.75.

➧ *Siehe AVM, CAPI, DFÜ-Netzwerk, HDLC, ISDN, ISDN-Karte, Modem, V.110, X.75*

Caps-Lock-Taste

Wenn man die Caps-Lock-Taste drückt, werden alle Buchstaben, die man danach eingibt, groß geschrieben. Die Taste startet einen Zustand, der dem entspricht, der durch ständiges Gedrückthalten der Shift-Taste ausgelöst würde. Diesen Zustand zeigt die mittlere der drei Leuchtdioden oben rechts auf der Tastatur an.

➧ *Siehe LED, Shift, Tastatur*

Captain Crunch

Nickname (Alias) des Ur-Hackers John Draper. Draper fand in den 60er

Bild 1: Die Caps-Lock-Taste befindet sich zwischen Shift- und Tabulator-Taste

Jahren heraus, daß eine kleine Trillerpfeife, die den »Captain Crunch«-Frühstückflocken beilag, genau den Ton (2600 Hz) erzeugte, der die Fernleitungen der amerikanischen Telefongesellschaft AT&T freischaltete. Außerdem erfand er ein Gerät, das das Geräusch fallender Münzen nachahmte und so kostenloses Telefonieren ermöglichte (wicked blue box oder einfach blue box).

➡ *Siehe AT&T, Blueboxing, Hacker, Wicked Blue Box*

Carbon Copy

Eine Carbon Copy ist eigentlich ein Kohlepapierdurchschlag. Erstaunlicherweise nutzt man diese Bezeichnung, als Cc abgekürzt, um einen zusätzlichen Adressaten einer E-Mail anzugeben. Wird im Cc-Feld einer E-Mail eine weitere E-Mail-Adresse angegeben, so erhält der Hauptempfänger neben der Nachricht im Header der E-Mail die Adresse des anderen Empfängers. Wünschen Sie dies nicht, so sollten Sie eine BCC für Blind Carbon Copy verwenden. Diese unterscheidet sich in der Funktion nicht von der Carbon Copy, übermittelt aber die E-Mail-Adresse nicht. Nicht alle E-Mail-Programme haben eine BCC-Funktion. Bei Exchange unter Windows 95 läßt sich eine BCC-Funktionalität beispielsweise aktivieren.

➡ *Siehe BCC, E-Mail, Exchange, Header*

Carbonband

Ein Carbonband ist ein Farbband für Nadel- und Typendrucker sowie Schreibmaschinen. Es besteht aus einer beschichteten Kunststoffolie und überträgt die Kohlefarbschicht an den benutzten Stellen vollständig. Daher kann es an jeder Stelle nur einmal benutzt werden, bringt dafür aber eine sehr hohe Druckqualität.

➡ *Siehe Nadeldrucker, Typenraddrucker*

Cardware

Cardware nennt man eine Software, die wie Freeware kostenlos bezogen und verbreitet werden darf. Der Autor bittet lediglich um die Zusendung einer netten und/oder originellen Postkarte als Dank, wenn Ihnen sein Programm gefällt.

➡ *Siehe Freeware, Software*

Carriage return

Carriage return ist ursprünglich die Bezeichnung für den Wagenrücklauf bei Schreibmaschinen. Im Computerbereich bezeichnet Carriage return den Zeilenumbruch. Geläufiger ist allerdings die verkürzte Bezeichnung Return.

➡ *Siehe Return*

Carrier

Der Carrier ist das Trägersignal, mit dem Modems sich untereinander verständigen. Am Anfang der Verbindung wird zuerst der Carrier aufgebaut, auf den dann im Lauf der Verbindung die Daten aufmoduliert werden. Ist der Carrier erfolgreich aufgebaut worden, so gibt das Modem eine CONNECT-Meldung zurück. Wird die Leitung und damit auch der Carrier getrennt, so wird eine NO-CARRIER-Meldung ausgegeben.

➡ *Siehe Modem, Modulation*

Cascading Style Sheets

➡ *Siehe CSS*

CASE

CASE ist das Kürzel von Computer Aided Systems Engineering (= computerunterstützte Systementwicklung). Damit bezeichnet man Software-Systeme (Software), die Entwicklern bei der Erstellung und der Wartung von Software zur Hand gehen. Integrierte CASE-Werkzeuge helfen bei dem gesamten Prozeß der Software-Entwicklung, beginnend bei der Analyse der Anforderungen an die Software, über die Programmierung bis hin zur Testphase des (fast) fertigen Produkts.

➡ *Siehe Software, Software-Entwicklung, Software-Entwicklungssystem*

CAUCE

Abkürzung für Coalition Against Unsolicited Commercial Email. Amerikanische Vereinigung, die sich das Verbot von Spam-Mail zum Ziel gesetzt hat.

➡ *Siehe Breitbardt-Index, IEMMC, Spam-Mail*

CAV-Verfahren

CAV steht für Constant Angular Velocity, also konstante Rotationsgeschwindigkeit. Bei Diskettenlaufwerken, CD-ROM-Laufwerken und Festplatten wird dieses Zugriffsverfahren eingesetzt. Dabei dreht sich der Datenträger mit einer konstanten Geschwindigkeit (Disketten 360 Upm, Festplatten 3600-10.000 Upm). Da die Datendichte vom Radius der jeweiligen Spur abhängig ist, steigt die Datentransferrate zum äußeren Rand kontinuierlich an. Um trotzdem eine möglichst konstante Rate zu erhalten, packt der Controller die Sektoren auf den inneren Spuren dichter. CD-ROM-Laufwerke arbeiten oft zusätzlich mit dem CLV-Verfahren.

➠ *Siehe CD-ROM-Laufwerk, CLV-Verfahren, Controller, Datendichte, Datentransferrate, Diskettenlaufwerk, Festplatte, Sektor, Spur, Umdrehungsgeschwindigkeit*

CBT

CBT ist die Abkürzung von Computer Based Training, was für computergestütztes Lehren steht. Auf CBT basierende Konzepte sollen das Lernen durch Einsatz von Computern vereinfachen und den Lernerfolg durch anschauliche Darstellung erhöhen. Gerade die Möglichkeiten von Multimedia bieten dazu ein optimales Umfeld.

➠ *Siehe Multimedia, Multimedia-CDs*

Cc

➠ *Siehe Carbon Copy*

CCD-Elemente

CCD ist die englische Abkürzung von Charge Coupled Device, was soviel wie ladungsgekoppeltes Gerät bedeutet. So nennt man Ansammlungen von lichtempfindlichen Fotodioden, die zur Digitalisierung von Vorlagen benutzt werden. Bei einem Scanner gibt es z.B. eine Zeile solcher CCD-Elemente, mit denen die Vorlage gescannt (abgelesen) wird. Die CCD-Elemente registrieren dabei das von der Vorlage reflektierte Licht und wandeln es in eine für den Computer verständliche Spannung um. Auch Digital-Kameras und digitale Videokameras benutzen solche CCD-Elemente.

➠ *Siehe Digitale Kamera, Scanner*

CCITT

CCITT steht für Comité Consultatif International Téléphonique et Télégraphique (= Internationales Beratungskomitee für Telefon- und Telegrafenangelegenheiten). Dieses internationale Komitee erarbeitet Standards für die Telekommunikation. Dieses Komitee besteht aus den nationalen Telefongesellschaften und ist ein Teil der UNO. Eine modernere Bezeichnung lautet ITU-T.

➠ *Siehe Telekommunikation*

CD

CD ist das Kürzel von Compact Disc. Die CD ist eines der am weitest verbreiteten Speichermedien überhaupt. Nach dem Siegeszug der CDs im Musikbereich haben sie nun auch den Computerbereich erobert. CD-Writer und CD-Rs (Recordable CDs, beschreibbare CDs) sind inzwischen bezahlbar geworden. Der Nachfolger der CD, die DVD, ist schon auf dem Markt. Es wird wohl aber noch eine Zeit dauern, bis diese Laufwerke die CDs verdrängen. Audio-CDs (CD-DA) werden im Red-Book-Format abgespeichert, Daten-CDs (CD-ROM) jedoch im Yellow-Book-Format. CDs enthalten alle Daten im digitalen Format und werden mit einem Laser ausgelesen.

➠ *Siehe CD-R, CD-ROM, CD-Writer, Digital, DVD, Laser, Laserdisc, Red Book, Yellow Book*

Bild 2: Zwei CDs – links eine CD-R, rechts eine von der Stange

CD+G

Eine Audio-CD (CD-DA), die nicht nur Musikdaten, sondern auch Grafiken, Programme oder Texte enthält, nennt man CD+G.

➠ *Siehe CD*

CD+Midi

Eine Audio-CD (CD-DA), die Midi-Dateien enthält, nennt man CD+Midi.

➠ *Siehe CD, MIDI*

CD-Brenner

➠ *Siehe CD-Writer*

CD-E

CD-E steht für CD-Erasable (CD-ROM) und meint eine wiederbeschreibbare CD. Eine Menge Firmen versucht momentan, einen Standard für diese Technik zu etablieren. Ein anderer möglicher Name könnte z.B. CD-RW (für CD-ReWriteable) lauten. Bis jetzt sieht das Phase-Change-Verfahren am vielversprechendsten aus. Diese PD-Laufwerke sind schon seit Ende 1996 auf dem Markt und können normale CDs lesen und speziell beschichtete Medien lesen und beschreiben. CD-ROM-Laufwerke können diese Medien leider nicht lesen, da CD-ROMs höhere Ansprüche an die Lichtreflexion der Medien stellen als diese vorweisen können. Die designierten Nachfolger, die DVD-Laufwerke (DVD), sollen aber auch solche PD-Medien lesen können. Die Phase-Change-Technologie beruht auf einem starken Laser, dem Schreib-Laser, der die Oberfläche der Medien stark erhitzt und damit ihre Lichtreflexionseigenschaften ändert, und einem schwachen Laser, der zum Lesen der Daten verwendet wird. Die CD-E wird wohl auf einem ähnlichen Prinzip aufbauen.

➥ *Siehe CD, DVD, Laser, PD-Laufwerke*

CD-EB

CD-EBs sind spezielle CD-ROMs, die einen Durchmesser von nur 8 cm haben und nicht zu normalen CD-ROMs kompatibel sind. Sie lassen sich lediglich in einem bestimmten tragbaren Gerät auslesen und enthalten hauptsächlich Lexika, Wörterbücher, etc.

➥ *Siehe CD, CD-ROM*

CD-Extra

Der CD-Extra-Standard beschreibt spezielle CD-ROMs, die sowohl Audio- als auch Datenspuren enthalten können. So wäre es beispielsweise möglich, Titel und Interpret in vollem Umfang zu jeder Audio-Spur anzuzeigen. CD-Extras sind in normalen CD-ROM-Laufwerken lesbar und erfordern lediglich eine bestimmte Software, um gelesen werden zu können. Der CD-Extra-Standard ist im Blue-Book-Standard (Blue Book) festgelegt worden und hat namhafte Unterstützung gefunden, etwa durch Apple und Microsoft. Durch die Vereinigung von Audio- und Datenelementen ergibt sich eine Menge neuer Möglichkeiten, v.a. im Multimediabereich (Multimedia). Der Vorgänger der CD-Extra, die CD-Plus, verursachte eine Reihe von Problemen, da die meisten Audio-CD-Player den Datentrack als Audio-Track missinterpretiert haben. Spielt man jedoch einen Daten-Track ab, so ist das Resultat weder für die Ohren noch für die Boxen sehr zuträglich. Aus diesen Gründen erdachte man die CD-Extra, die den Daten-Track in einer weiteren Session hinter den Audio-Spuren ablegt. Normale Audio-CD-Player können diese weitere Session gar nicht sehen und haben deshalb auch keine Probleme damit. Jedes multisessionfähige CD-ROM-Laufwerk kann die Datenspur jedoch problemlos finden und auslesen.

➥ *Siehe Blue book, CD, CD-Plus, CD-ROM, Multimedia, Multisession, Session, Spur*

CD-I

Die CD-I ist ein Standard der Firma Philips für Multimedia-CDs. Solche CDs sind v.a. für Computerspiele, Musik und Videos vorgesehen und können diese Elemente in sehr hoher Qualität aufnehmen. Das I im Namen steht für Interaktiv und meint, daß der Benutzer in den Ablauf der Elemente eingreifen kann. Beispielsweise kann er auswählen, welche Audio-Tracks er in welcher Reihenfolge abspielen möchte. CD-I basiert auf dem CD-ROM-Mode 2 und wurde von Philips Green Book genannt. Später diente er als Grundlage für den CD-ROM/XA-Standard (CD-ROM/XA). Mit einem CD-I-Player kann man übrigens auch Photo-CDs auslesen.

➥ *Siehe CD, CD-ROM/XA, Multimedia, Photo-CD*

CD-Plus

Die CD-Plus ist der Vorgänger der CD-Extra (Blue Book).

➥ *Siehe Blue book, CD-Extra*

CD-R

Eine CD-R, auch CD-Rohling genannt, ist eine CD-ROM, die einmal mit einem CD-Writer (CD-WORM) beschrieben werden kann. Daher nennt man sie manchmal auch CD-WO für Write Once, also einmal beschreibbar. Solche CD-Rs können nach dem Brennen in jedem normalen CD-ROM-Laufwerk gelesen werden.

➥ *Siehe CD-ROM, CD-WORM, CD-Writer*

CD-R-FS

Das CD-R-FS beschreibt einen Standard für CD-Rs, mit dem sich diese wie eine Festplatte beschreiben lassen. Das FS steht für File System und bezeichnet ein Dateisystem, welches das Kopieren und sogar Löschen von Dateien auf einer CD-R möglich macht. Wirklich gelöscht können die Dateien natürlich nicht werden, vielmehr wird ihre Eintragung in der Dateizuordnungstabelle getilgt. Da Sony dieses Verfahren entwickelt hat, wird es bis jetzt auch nur von CD-Writern von Sony unterstützt. Die CD-Rs, die mit diesem System beschrieben wurden, lassen sich erst, wenn sie abgeschlossen (fixiert) wurden, wie gewöhnlich in normalen CD-ROM-Laufwerken lesen. Technisch nennt man das angewandte Verfahren Pakket Writing.

➥ *Siehe CD, CD-ROM, CD-ROM-Laufwerk, CD-Writer, Dateisystem*

CD-ROM

CD-ROM ist die Abkürzung von Compact Disk Read Only Memory (= Compact-Disk-Festspeicher). So bezeichnet man die 1985 von Philips und

Sony vorgestellten Datenträger, die typischerweise um 650 Mbyte aufnehmen können. Die Sektoren auf einer CD sind zwar 2352 Byte groß, das verwendete Yellow-Book-Format (Yellow Book) nutzt davon aber nur 2048 Byte für Daten. Der Rest wird für Mittel zur Fehlererkennung und Fehlerkorrektur benutzt. Dies gilt allerdings nur für den CD-ROM-Mode 1, der Mode 2 verwendet 2336 Byte für Daten. Da Audio-Tracks keine Fehlerkorrektur benötigen, nutzen sie die vollen 2352 Byte. Die verschiedenen Sektortypen können auf einer CD beliebig angeordnet und so die unterschiedlichen Typen von Daten miteinander kombiniert werden. Die Nachfolge der CD-ROM soll die DVD antreten, die bis zu 17 Gbyte an Daten speichern kann. CD-ROMs liest man mit einem CD-ROM-Laufwerk aus.

➠ *Siehe Byte, CD, CD-ROM-Laufwerk, Datenträger, DVD, Fehlererkennung, ROM, Sektor, Yellow Book*

CD-ROM-Laufwerk

CD-ROM-Laufwerke gehören heutzutage zur Standardausrüstung eines jeden modernen PCs. Fast alle Programme werden auf einer CD geliefert, da diese bis zu 650 Mbyte speichern können und so eine Menge Disketten sparen. Die Daten selbst werden dabei als Abfolge von Vertiefungen, sogenannten pits, und den flachen Stellen, den lands, binär kodiert. Ein Laserstrahl tastet die Oberfläche der CD ab und ein Sensor erfaßt das reflektierte Licht. Da das Reflexionsverhalten der pits und lands sehr unterschiedlich ist, kann so mittels des Sensors die Bit-Folge gelesen werden. Der Laser eines CD-ROM-Laufwerks kann die Daten nur lesen. Ein CD-Writer hat zusätzlich einen deutlich stärkeren Laser, mit dem er die pits und lands selbst erzeugen und eine CD-R brennen kann. Die Herstellung von CDs kostet heute in der Massenherstellung nur noch etwa 1 DM pro Stück und so erfreuen sie sich auch als Werbemedien wachsender Beliebtheit. CD-ROM-Laufwerke unterscheiden sich hauptsächlich in ihrer Zugriffszeit und der Geschwindigkeit, mit der sie die CD-ROMs drehen. Angefangen bei Singlespeed (150 Kbyte/s) über Doublespeed (300 Kbyte/s) bis zu mittlerweile 36-fach-Speed (5400 Kbyte/s) hat sich diese Geschwindigkeit immer weiter gesteigert. Die Zugriffszeit ist wichtig bei vielen kleinen Zugriffen, wohingegen die Drehrate die maximale Datentransferrate festlegt. Eine höhere Drehgeschwindigkeit hat aber nicht nur positive Seiten. Die hohe Datentransferrate erfordert enorm schnelle und damit teure Bausteine für die Fehlerkorrektur. Sind diese nicht vorhanden, kann die Fehlerkorrektur stark leiden und die Geschwindigkeit muß gesenkt werden,

CD-ROM-Laufwerk

um die Daten fehlerfrei lesen zu können. Außerdem haben sehr schnelldrehende CD-ROM-Laufwerke oft Probleme mit unsymmetrischen CDs, denn diese bringen das Laufwerk stark zum Vibrieren. Für die CDs ist diese Tortur auch nicht ganz ungefährlich. Sie können sehr leicht Kratzer abbekommen und sich weiter verformen und damit unlesbar werden. Das Laufwerk benötigt aus der Ruhephase heraus weiterhin eine immer längere Zeit, um die CDs auf ihre Umdrehungsgeschwindigkeit zu bringen, was eine sehr lästige Zeitspanne bei Zugriffen nach Pausen hervorruft. Eine besondere Art von Laufwerken stellen die CD-Wechsler dar, die in der Lage sind, mehrere CDs auf einmal aufzunehmen und automatisch zur gewünschten zu wechseln und mit dieser zu arbeiten.

➠ *Siehe CD, CD-R, CD-ROM, CD-Writer, Datentransferrate, Laser, Sensor, Zugriff*

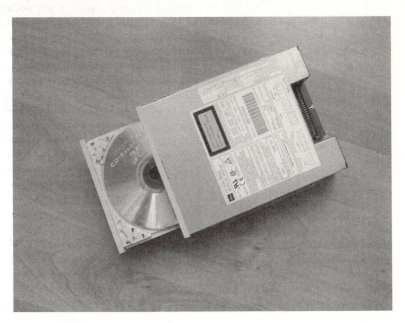

Bild 3: Ein Standard-CD-Rom-Laufwerk

CD-ROM/XA

Das XA steht für eXtended Architecture und bedeutet soviel wie erweiterte Architektur. Dieses über die normalen CD-ROMs hinausgehende Format unterstützt ebenso die von der CD-I übernommenen Sektorformate 1 und 2. Das Format 1 speichert 2024 Byte, das Format 2 2324 Byte. Wie bei den CD-ROMs können auch hier die Sektorformate beliebig variieren.

➠ *Siehe CD, CD-I, CD-ROM, Sektor*

CD-RW

CD-RW steht für Compact Disc ReWriteable und ist ein Synonym für CD-E.

➠ *Siehe CD, CD-E, CD-ROM*

CD-V

CD-V ist das Kürzel von CD-Video und darf nicht mit Video-CDs verwechselt werden. Sie wurden schon 1987 auf den Markt gebracht und enthielten neben den digitalen Audiodaten analoge Bildinformationen. Eine CD-V ist damit mehr eine Abart der Bildplatten.

➠ *Siehe Bildplatte, CD, Video-CD*

CD-Wechsler

➠ *Siehe CD-ROM-Laufwerk*

CD-WORM

CD-WORM steht für Compact Disc Write Once Read Many, was soviel wie einmal beschreibbar aber mehrfach lesbar bedeutet. Solche CD-Rs müssen mit einem CD-Writer geschrieben, können aber mit jedem CD-ROM-Laufwerk gelesen werden.

➠ *Siehe CD, CD-ROM, CD-Writer*

CD-Writer

Ein CD-Writer ist ein Gerät, das in der Lage ist, bestimmte CD-ROMs, nämlich CD-Rs, mit beliebigen Daten zu beschreiben. Die deutsche Bezeichnung ist CD-Brenner, da die Daten im Prinzip wirklich in die CD gebrannt werden. Daher kann man zumindest bis jetzt solche CDs nur einmal beschreiben. Durch verschiedene Verfahren kann das zwar in mehreren Durchgängen (Sessions) erfolgen, aber es kann nie ein Teil einer CDs mehr als einmal beschrieben werden. Deshalb ist ein CD-Brenner ein CD-WORM. Herkömmliche CD-Writer können nur CD-Rs bis 650 Mbyte (= 74 min) Speicherplatz beschreiben, von neueren Geräten mit DVD-Technik (DVD), die in der Lage sind, bis zu 17 Gbyte zu speichern, gibt es nur Prototypen. Die günstigsten Modelle schreiben CDs mit zweifacher Geschwindigkeit (300 Kbyte/s), es gibt aber auch schon Brenner, die mit sechsfacher Geschwindigkeit (900 Kbyte/s) schreiben können. Diese stellen aber hohe Ansprüche an die verwendeten Rohlinge (CD-Rs) und den Computer. Während des Schreibens darf nämlich auf gar keinen Fall eine Unterbrechung des Datenstromes vorkommen, sonst wird der Schreibvorgang abgebrochen und die CD ist zerstört. Die CD-Writer besitzen zwar aus diesem Grund einen internen Cache-Speicher, um solche Datenengpässe zu beheben. Aber dieser ist normalerweise 1 Mbyte groß, was bei einem 2x-Brenner für 3 Sekunden, bei einem 6x-Brenner gerade mal 1,1 Sekunden Pause kompensieren kann. Ist dieser Cache leer, bricht der CD-Writer den Schreibvorgang mit einer Fehlermeldung ab, und die CD-R ist zerstört. Sie sollten daher während des Schreibens auf dem Rechner keine anderen Programme benutzen und vor dem Schreiben ihre Festplatte defragmentieren, um die Leserate zu maximieren. Dies ist deshalb besonders wichtig, weil außer beim Packet-Writing-Verfahren immer große Datenmengen bewegt werden. Schreiben Sie viele kleine Dateien, sollten Sie eine Imagedatei anlegen, die alle zu schreibenden Dateien in eine große Datei zusammenfaßt und so die Schwankungen in der Datentransferrate, die bei vielen kleinen Dateien auftreten, ausgleicht. CD-Brenner lassen sich auch als CD-ROM-Laufwerke einsetzen und erreichen dort auch meistens eine größere Datentransferrate als beim Schreiben. Allerdings liegt diese immer noch weit unter der Leistung richtiger CD-ROM-Laufwerke. Da der Schreib-Lese-Kopf eines CD-Brenners viel schwerer als der eines Nur-Lesen-Laufwerks ist, sinkt auch die Zugriffsgeschwindigkeit deutlich. CD-Brenner gibt es bis jetzt nur als SCSI-Version, ab Anfang 1998 soll es auch eine IDE-Version geben. Die CDs werden nach dem ISO 9660-Standard gebrannt. Dieser wird praktisch von jeder verfügbaren Plattform unterstützt. Er beschränkt allerdings die Verzeichnistiefe auf maximal acht Ebenen, benutzt das alte 8+3-Format von DOS und läßt keine Sonderzeichen zu. Deshalb gibt es inzwischen das Joliet-Format, das fast alle Sonderzeichen und lange Dateinamen unterstützt. CDs mit Joliet-Namen haben trotzdem noch den normalen ISO-Namen mit allen Einschränkungen. Zusätzlich zu der Hardware CD-Writer benötigt man eine CD-Recording-Software. Bei vielen Brennern wird diese mitgeliefert. Ein sehr gutes Programm ist WinOnCD von CeQuadrat mit vielen zusätzlichen Funktionen und einer einfachen Handhabung. Folgende Verfahren zum Brennen der Daten sind recht verbreitet:

- Bei Disk-at-once werden alle Tracks an einem Stück geschrieben und so kann die Zwangspause von zwei Sekunden zwischen den Tracks bei Track-at-once vermieden werden.

Bei Track-at-once wird die CD Track für Track geschrieben. Da der Laser zwischen den Tracks immer wieder absetzen muß, benötigt man hier etwas Platz zwischen den Tracks, um den Laser wieder zu synchronisieren. Diese Pause ist zwei Sekunden lang und läßt sich nicht vermeiden. Bei einer CD-Kopie sollten Sie deshalb darauf achten, ob die Quell-CD diese Pausen enthält oder nicht. Mit Packet-Writing kann man CDs wie eine Festplatte beschreiben. Da hier die CD nicht nach jedem Schreibvorgang abgeschlossen wird (Lead-out), kann man die CD auf anderen Laufwerken nur mit speziellen Treibern auslesen. Erst wenn dies abgeschlossen wurde, läßt sie sich wie eine normale CD-ROM benutzen.

➡ *Siehe 8+3-Konvention, Cache, CD, CD-R, CD-ROM, CD-WORM, Datentransferrate, DVD, IDE, ISO 9660, Joliet-Format, Packet Writing, SCSI*

CD32

CD32 ist der Nachfolger von CDTV, einer 32-Bit-Spielekonsole der Firma Commodore. Die Grundlage dieser Konsolen ist der Amiga.

➡ *Siehe Amiga, CDTV, Konsole*

CDDI

CDDI ist das Kürzel von Copper Distributed Data Interface und ist der Name einer FDDI-Variante, die mit Twisted-Pair-Kabeln anstatt der normalerweise verwendeten Glasfaserkabel arbeitet. CDDI konnte sich aber nicht durchsetzen.

➡ *Siehe FDDI, Glasfaserkabel, Twisted-Pair-Kabel*

CDMA

➡ *Siehe Code Division Multiple Access*

CDPD

➡ *Siehe Cellular Digital Packet Data*

CDTV

CDTV ist eine Abkürzung von Commodore Dynamic Total Vision und stellt einen von der Firma Commodore weiterentwickelten Amiga mit eingebautem CD-ROM-Laufwerk dar.

➡ *Siehe Amiga, CD32, Konsole*

CE-Prüfzeichen/Norm

Am 1.1.1996 wurde in der EU ein Prüfverfahren über elektromagnetische Störsicherheit und Verträglichkeit, dem sich alle elektrischen Geräte, die in einem Haushalt vorkommen, unterziehen müssen, verabschiedet. Der Hersteller muß vor der Markteinführung des Gerätes umfangreiche Tests über dieses ergehen lassen, bis

CE-Prüfzeichen/Norm

Bild 4: Ein CD-Writer in einem externen SCSI-Gehäuse

es das CE-Zeichen erhält und somit verkauft werden darf. Jedes Gerät muß also eine CE-Plakette erhalten. Diese bestätigt, daß das Gerät nur geringe Emissionen ins Stromnetz abgibt und nicht andere Geräte durch Abstrahlungen stört bzw. sich durch diese nicht selber stören läßt. Zwei Probleme haben sich nach der Einführung von CE ergeben:

Da jeder Eingriff in ein Gerät eigentlich dessen Neubewertung erforderlich macht, müßte jeder PC bei jedem noch so kleinen Eingriff wieder der CE-Prozedur unterworfen werden. Da alle Firmen, die Computer integrieren, nach diesem Gesetz als Hersteller gelten, müßten diese auch für jeden Computer einen CE-Test machen lassen, der einige tausend Mark kostet. Aus diesen Gründen gilt inzwischen, daß ein Computer aus CEzertifizierten Komponenten selbst automatisch das CE-Prüfzeichen erhält. Für jedes alte Gerät, das vor dem 1.1.96 gekauft wurde, müßte der Benutzer sicherstellen, daß es die Normen einhält. Solange aber keine erkennbaren Störungen durch ein Gerät erzeugt werden, kann man es sorglos betreiben.

CeBIT

CeBIT steht für Centrum der Büro- und Informationstechnik und ist eine jährlich in Hannover stattfindende Messe, die weltweit größte Fachmesse für Computer- und Informationstechnologie. Sie ist das Pendant zur Comdex in den USA. Parallel zur CeBIT wurde die CeBIT-Home eingeführt, die sich an den Bereich der Endanwender richtet. Die CeBIT selbst wurde stark auf die Bedürfnisse des Handels und der Industrie ausgerichtet.

➡ *Siehe Comdex*

Celeron

Low-Cost-Version des Intel Pentium II. Neben dem typischen PII-Gehäuse ist auch der teure L2-Cache weggefallen, was sich sehr stark auf die Leistung des Prozessors auswirkt. Der Celeron, der in den sog. Slot1 gesteckt wird, ist Intels Antwort auf Chiphersteller wie AMD, die weiterhin Prozessoren für den billigen Sockel7 produzieren. Die neueste Version des Celeron, der Mendocino, enthält einen 128 Kbyte großen L2-Cache und ist dadurch um einiges leistungsfähiger als sein Vorgänger.

➡ *Siehe AMD, L2-Cache, Mendocino, Pentium II, Slot1*

Cellular Digital Packet Data

Ein Standard für die drahtlose Übertragung von Daten mit einer Übertragungsgeschwindigkeit von 19,2 Kbps auf den bereits vorhandenen Mobiltelefon-Kanälen.

CEN

CEN ist die Abkürzung von Comité Européen de Normalisation und stellt das in Brüssel befindliche Normierungsinstitut dar, das für ganz Europa die Normen für die Gebiete Elektronik und Elektrotechnik festlegt. Um eine weltweite Normung zu erreichen, ist es Mitglied in der IEC (International Electronical Comission) und in der ISO (International Standardization Organization). Die IEC besteht aus nationalen Kommissionen wie etwa dem deutschen DKE und VDE. Das europäische Gegenstück zur IEC ist die CENELEC: Die ISO ist dem CENELEC übergeordnet, besteht aber auch aus nationalen Normierungsgesellschaften, z.B. dem deutschen DIN.

➡ *Siehe CENELEC, DIN, ISO*

CENELEC

CENELEC ist die Abkürzung von Comité Européen de Normalisation ELECtronique und ist der Name des europäischen Komitees für Normierung im Bereich der Elektrotechnik. Als Unterausschuß des CEN befindet sich die CENELEC auch in Brüssel.

➠ *Siehe CEN, DIN, ISO*

Centronics

Die amerikanische Firma Centronics war in den 70er und 80er Jahren ein Pionier auf dem Gebiet der Drucker. Geblieben ist davon hauptsächlich der Name des Standards für die parallele Schnittstelle, der auch heute noch gültig ist (Centronics-Schnittstelle).

➠ *Siehe Centronics-Schnittstelle, Drucker, Parallele Schnittstelle*

Centronics-Schnittstelle

Diese von der amerikanischen Firma Centronics entwickelte 36-polige parallele Schnittstelle ist auch heute noch gültig. Sie wurde für die Verbindung zwischen einem Computer und einem Drucker entwickelt und später dann um die bidirektionale Kommunikation erweitert. Dadurch kann die Schnittstelle auch zum Anschluß von anderen Geräten genutzt werden, etwa CD-ROM-Laufwerken, Diskettenlaufwerken, Festplatten und auch Netzwerkkarten.

➠ *Siehe Bidirektional, Drucker, Parallele Schnittstelle*

CEPT

CEPT ist das Kürzel für Conférence Européene des Administrations des Postes et des Télécommunications und ist der Name der europäischen Konferenz zur Koordinierung des Post- und Telefonwesens. Diese legt europaweit gültige Normen für Post- und Telefonangelegenheiten fest. Beispielsweise ist der CEPT-Standard für die Bildschirmdarstellung Btx recht bekannt, aber auch die Normierung der schnurlosen Telefone hat die CEPT in den CT-Standards durchgeführt.

➠ *Siehe Btx, CT-Standards, KIT*

CERN

http://www.cern.ch

CERN ist ein großes europäisches Forschungszentrum für Teilchenphysik in Genf in der Schweiz. Das CERN gilt als der Entstehungsort des World Wide Web (WWW).

➠ *Siehe Internet, WWW*

Certification Authority

Abk. CA. Eine Person oder Organisation, welche die Echtheit eines digitalen Schlüssels – eines sog. Zertifikats – bestätigen kann, wird Certificate Authority genannt. CA's bilden die oberste Stufe in der Zertifizierungskette digitaler Unterschriften. Sie stellen Zertifikate aus, erstellen Einzugslisten für gestohlene oder ungültig gewordene Zertifikate und kontrollieren die Echtheit bestehender Zertifikate. Ein CA bürgt mit seiner eigenen digitalen Unterschrift für die Echtheit aller Zertifikate, die er ausgestellt hat. Zertifikate bilden die Grundlage eines weltumspannenden Vertrauensnetzes zwischen allen Teilnehmern des Internets. Besonders mit Hinblick auf den stetig wachsenden E-commerce spielen sie eine immer wichtigere Rolle. Eine der am meisten anerkannten CA's ist die Firma VeriSign.

➠ *Siehe E-Commerce, Internet*

CGA

CGA steht für Color Graphics Adapter und war der erste Standard für farbige Bildschirmdarstellung. Er ist inzwischen hoffnungslos veraltet, wird aber noch von jeder modernen Grafikkarte aus Kompatibilitätsgründen unterstützt.

➠ *Siehe Grafik, Grafikkarte, Grafikstandard, Kompatibilität*

CGI

CGI ist Abkürzung von Common Gateway Interface. Mit Hilfe eines CGI-Scriptes ist es möglich, Animationen auf Webseiten zu erstellen. Da aber hier kein plattformunabhängiger Standard vorliegt (Java), muß ein CGI-Script immer präzise auf den Server angepaßt werden, auf dem es laufen soll.

➠ *Siehe Animation, Java, Plattform, Server, Webseite*

Chalkware

➠ *Siehe Vapoware*

Challenge Handshake Authentication Protocol

Abk. CHAP. Ein von PPP – Servern verwendetes Authentifizierungs-Schema, um zu jedem Zeitpunkt die Identität des Initiators einer Verbindung überprüfen zu können.

Channel-Bits

Die einzelnen Bits, aus denen die Daten auf einer CD-ROM bestehen, nennt man Channel-Bits. Ein Byte hat immer acht Bit, aber für die Fehlererkennung und Fehlerkorrektur werden weitere sechs Bit gebraucht. So besteht jedes Byte auf einer CD aus 14 und nicht 8 Bits. Diese Redundanz ist notwendig, um die Integrität der Daten sicherzustellen.

➠ *Siehe Bit, CD, CD-ROM, Redundanz*

Chaos Computer Club

http://www.ccc.de

Dieser bekannte Hamburger Computerclub (CCC) hat sich als Ziel gesetzt, möglichst viele Fehler in einer Software zu finden und diese zu veröffentlichen. Dazu erscheint vierteljährlich ein eigenes Magazin namens »Datenschleuder«, das man im Internet unter http://www.ccc.de abfragen kann. Da der CCC viele Systeme sehr kritisch begutachtet und auch öffentlich Kritik geäußert hat, bekommt er häufig rechtliche Probleme. Viele Mitglieder des CCC sind Hacker, die sich das Auffinden und eventuell auch das Ausnutzen solcher Bugs zur Lebensaufgabe gemacht haben. In Amerika existiert eine ähnliche Vereinigung, die die gleichen Ziele verfolgt. Diese Vereinigung nennt sich »2600« und kann im Internet unter http://www.2600.com gefunden werden.

→ *Siehe Bug, Captain Crunch, Hacker*

Bild 5: Die Homepage des Chaos Computer Clubs in Hamburg

CHAP

→ *Siehe Challenge Handshake Authentication Protocol*

Character

Ein Charakter ist ein Zeichen, also ein Teil eines Zeichensatzes, wie etwa ASCII.

Character Set

→ *Siehe ASCII, Zeichensatz*

Character Set
→ *Siehe Zeichensatz*

Characters Per Second
→ *Siehe cps*

Chat- und Hacker-Slang

Im Internet oder bei Online-Diensten gibt es die Möglichkeit, wie bei einer Telefonkonferenz mit anderen Leuten zu kommunizieren (=chatten). Im Internet ist das bekannteste Chat-Protokoll IRC. Unter dem Chat-Slang versteht man umgangssprachliche Abkürzungen und Bezeichnungen, sowie grafische Symbole aus Textzeichen, mit denen man Gefühle ausdrückt (Emoticons). Ein Beispiel für ein Emoticon, ein sog. Smiley, der Heiterkeit ausdrücken soll, ist die Zeichenfolge : –), wohingegen (:- einen negativen Smiley ausdrückt. Als Hacker-Slang (auch Computer-Lingo) bezeichnet man bestimmte Abkürzungen, die angeblich in Hacker-Kreisen verwendet werden.

→ *Siehe Chatten, Computer-Lingo, Emoticon, Hacker, Hacker-Slang, Internet, IRC, Online-Dienst*

Begriff	Bedeutung
afaik	Abkürzung für *as far as I know* (englisch: soweit ich weiß)
asap	Abkürzung für *as soon as possible* (englisch: so bald wie möglich)
b4	Abkürzung für *before* (englisch: zuvor, vorher)
bang	Kann in einer Mail statt eines Ausrufezeichens zur Unterstreichung einer Aussage verwendet werden.
bbl	Abkürzung für *be back later* (englisch: komme bald wieder)
bc	Abkürzung für *before Christ* (englisch: v. Chr.), Attribut für veraltete Hard- und Software
bcnu	Abkürzung für *be seeing you!* (englisch: Wir sehen uns!)
bfn	Abkürzung für *bye for now* (englisch: Tschüss für heute)
bion	Abkürzung für *believe it or not* (englisch: glaube es oder nicht)
Bit bucket	Englisch für Bit-Eimer. Daten, die bei einer Übertragung verlorengehen, landen hier.

Beim Chat gibt es eine eigene Sprache – hier einige der Abkürzungen

Chat- und Hacker-Slang

Begriff	Bedeutung
Bit decay	Englisch für Bit-Fäule. Programme, die plötzlich abstürzen oder nicht mehr richtig funktionieren, leiden im Chat-Slang an dieser Krankheit.
bot	Abkürzung für *back on topic* (englisch: zurück zum Thema)
brb	Abkürzung für *be right back* (englisch: bin gleich wieder da)
brs	Abkürzung für *big red switch* (englisch: großer roter Schalter). Hierbei handelt es sich um einen dezenten Hinweis, den Computer doch besser auszuschalten. Dies geht auf die Gehäuse der anfänglichen PCs von IBM zurück. Diese hatten einen auffälligen, etwas plumpen roten Netzschalter.
brute force	Englisch für Rohe Gewalt. Damit werden Programme oder auch Methoden bezeichnet, die bestimmte Aufgaben, wie z.B. das Knacken eines Paßworts, durch reines Ausprobieren lösen.
btw	Abkürzung für: *by the way* (englisch: übrigens, nebenbei gesagt)
cfd	Abkürzung für *call for discussion* (englisch: Aufruf zur Diskussion)
cfv	Abkürzung für *call for vote* (englisch: Aufruf zur Abstimmung)
creeping featurism	Mit diesem Ausdruck werden Verbesserungen bezeichnet, die etwas schlechter gemacht haben, als es vor der Verbesserung war. Oftmals ist dies bei Softwareupdates der Fall. Im Deutschen könnte man »verschlimmbessern« sagen.
Crock	Programme, Systeme oder Geräte, die komplizierter sind, als sie eigentlich sein müßten (der Entwickler hat sich wohl nicht genügend Mühe gegeben), werden so bezeichnet.
Crufty	Englisch für unsinnig, kompliziert, umständlich, alles, was unangenehm ist.
cu	Abkürzung für *see you* (englisch: wir sehen uns)
cul8r	Abkürzung für *see you later* (englisch: wir sehen uns später)
fake	Englisch für Lug, Betrug, Täuschung
faq	Abkürzung für *frequently asked questions* (englisch: häufig gestellte Fragen)

Beim Chat gibt es eine eigene Sprache – hier einige der Abkürzungen

Chat- und Hacker-Slang

Begriff	Bedeutung
foaf	Abkürzung für *friend of a friend* (englisch: der Freund eines Freundes)
fyi	Abkürzung für *for your information* (englisch: zu Ihrer Information)
g, d & r	Abkürzung für *grin, duck and run* (englisch: grinsen, ducken und wegrennen)
ga	Abkürzung für *go ahead* (englisch: mach' weiter)
gigo	Abkürzung für *garbage in garbage out* (englisch: Müll rein, Müll raus)
Gotisch	Laienhafte Programme werden so bezeichnet.
imho	Abkürzung für *in my humble opinion* (englisch: meiner bescheidenen Meinung nach)
Kluge	Ein gewitzter Programmiertrick, mit dem sich Bugs beseitigen lassen, werden so bezeichnet.
Knacken	Mit Knacken wird das Umgehen eines Schutzsystems, z.B. Kopierschutz bei einem Programm oder Zugangsschutz bei einem Netzwerk, bezeichnet.
Labatyd	Abkürzung für *Life's a bitch and then you die* (englisch: das Leben ist beschissen und dann stirbt man)
Lametta	Deutscher Slang-Ausdruck. Damit ist nicht notwendiges Drumherum gemeint.
Löhn	Deutscher Slang-Ausdruck, womit kommerzielle Software gemeint. Leitet sich von Löhnen ab.
lol	Abkürzung für *laughing out loud* (englisch: lautes Gelächter) und lots of luck (englisch: viel Glück)
luser	Zusammengesetzter Begriff (Looser und User). Steht für die Sorte Anwender, die die berühmten beiden linken Hände besitzen und alles, was sie anfassen, falsch machen und auf Grund dieser Eigenschaft zu den Lieblingen des SysOp gehören.
MBG	Abkürzung für *Money Back Guarantee* (englisch: Geld-Zurück-Garantie)
merc	Abkürzung für *merci* (französisch: Danke)

Beim Chat gibt es eine eigene Sprache – hier einige der Abkürzungen

Chat- und Hacker-Slang

Begriff	Bedeutung
mhoty	Abkürzung für *my hat's off to you* (englisch: ich ziehe meinen Hut vor dir, alle Achtung)
Minzig	Deutscher Slang-Ausdruck. Kombination aus minimal und winzig
moby	Ausdruck für etwas sehr großes
mof	Abkürzung für *matter of fact* (englisch: Tatsache)
mompls	Abkürzung für *moment please* (englisch: einen Moment bitte)
Mung	Abkürzung für *mung until no good*. Bedeutet so viel wie mutwillig zerstören. Mung gehört zu den rekursiven Akronymen, da es ausgeschrieben die Abkürzung wieder enthält.
myob	Abkürzung für *mind your own business* (englisch: kümmere dich um deine eigenen Angelegenheiten)
n.d.	Abkürzung für *no date* (englisch: ohne Datum)
nbd	Abkürzung für *no big deal* (englisch: keine große Sache)
nqa	Abkürzung für *no questions asked* (englisch: keine Fragen)
nrn	Abkürzung für *no reply necessary* (englisch: keine Antwort nötig)
ntim	Abkürzung für *not that it matters* (englisch: nicht, das es wichtig wäre)
Number cruncher	Wörtlich Zahlenfresser, Bezeichnung für einen Supercomputer
o.r.	Abkürzung für *owner's risk* (bedeutet so viel wie auf eigene Gefahr)
obscure	Englisch für unverständlich, unbegreiflich, unbekannt usw. In Deutschland ist statt obscure auch tiefschwarz gebräuchlich.
ohdh	Abkürzung für *old habits die hard* (englisch: alte Gewohnheiten sterben langsam)
oic	Abkürzung für *oh, I see* (englisch: oh, ich verstehe)
OO	Abkürzung für *ordentlicher Onliner*. Bezeichnung für normale Online-Teilnehmer.

Beim Chat gibt es eine eigene Sprache – hier einige der Abkürzungen

Chat- und Hacker-Slang

Begriff	Bedeutung
ootb	Abkürzung für *out of the box* (englisch: gerade erst aus der Kiste, brandneu).
Ostgotisch	Steigerung von Gotisch. Extrem laienhafte Programme werden so bezeichnet. Die englische Bezeichnung ist rude.
otoh	Abkürzung für *on the other hand* (englisch: andererseits)
Ottomh	Abkürzung für *on the top of my head* (englisch: zu allererst)
Pessimal	Bedeutet so viel wie maximal schlecht.
Pessimize	Heißt die schlechteste Lösung für ein Problem auswählen.
phantom	Phantome sind Programme, die im Hintergrund arbeiten bzw. TSR-Programme
Phrog	Als Phrogs werden unangenehme Personen bezeichnet.
plz	Abkürzung für *please* (englisch: bitte)
pmfbi	Abkürzung für *pardon me for butting in* (englisch: Entschuldigung, daß ich mich einmische)
post-mortem dump	Ein post-mortem dump ist ein Speicher-Auszug, der erstellt wird, nachdem ein Computer abgestürzt ist.
pov	Abkürzung für *point of view* (englisch: Standpunkt)
ptmm	Abkürzung für *please tell me more* (englisch: erzähl mir mehr darüber)
ques	Abkürzung für *question* (englisch: Frage)
quetschen	Deutscher Slang-Ausdruck. Steht für das Komprimieren einer Datei oder generell von Daten.
quick and dirty	Bezeichnung für Produkte (insb. Software), deren Entwicklungszeit zu kurz war, um einwandfrei funktionieren zu können,
raka	Rationalisierung auf Kosten anderer
random	Englisch für zufällig, allerdings ist die konkrete Bedeutung kontextabhängig (z.B. beliebig, schlecht organisiert, unberechenbar, ungeordnet, uninteressant, unproduktiv, wahlfrei, wild, ziellos)

Beim Chat gibt es eine eigene Sprache – hier einige der Abkürzungen

Chat- und Hacker-Slang

Begriff	Bedeutung
rape	Ein Programm unwiederbringlich zu zerstören
räuspern	Deutscher Slang-Ausdruck. In Programmen, die sich »räuspern«, werden Probleme umständlich gelöst. Im Englischen wird buzz verwendet.
Rave	Mit Rave ist gemeint, zu einem Thema mehr zu sagen als erträglich (auch zu schwallen, nerven, etc.).
rcvd	Abkürzung für *received* (englisch: empfangen)
rfc	Abkürzung für *request for comments*. Dies ist eine Aufforderung, in einem Netz bzw. im Internet Vorschläge bzw. Kommentare zu einem Thema zu machen. Als RFC werden im Internet auch die Standards für die im Internet verwendeten Technologien bezeichnet.
rfd	Abkürzung für *request for discusion* (englisch: Aufforderung zur Diskussion)
rfq	Abkürzung für *request for quotes* (englisch: Aufforderung zur Weiterverbreitung einer Meinung)
rifa	Abkürzung für *retry, ignore, fail, abort?* (englisch: Neu versuchen, übergehen, versagen, abbrechen?)
Rofl	Abkürzung für *Rolling on the floor laughing* (englisch: sich auf dem Boden wälzen vor Lachen)
rsn	Abkürzung für *really soon now* (englisch: wirklich bald).
rtfm	Abkürzung für *read the fucking manual* (englisch: lies das Scheiß-Handbuch). Diese Abkürzung bekommt man immer dann zu sehen, wenn man eine dumme Frage stellt, die durch einen Blick in das Handbuch zu beantworten wäre.
rude	Englisch für laienhaft, roh, unelegant. Deutsche Equivalente sind gotisch und in ganz schlimmen Fällen: ostgotisch.
Rumpelstilzchen	Deutscher Slang-Ausdruck für Programme, die im Hintergrund arbeiten (z.B. TSR-Programme).
sacred	Englisch für heilig. Bedeutet hier, für einen bestimmten Personen- oder Themenkreis reserviert.

Beim Chat gibt es eine eigene Sprache – hier einige der Abkürzungen

Chat- und Hacker-Slang

Begriff	Bedeutung
saugen	Deutcher Slang-Ausdruck. Steht für das Herunterladen von Daten aus Mailboxen oder auch aus dem Internet.
Siso	Abkürzung für *shit in, shit out* (englisch: Scheiß rein, Scheiß raus)
sitd	Abkürzung für *still in the dark* (englisch: immer noch im Dunkeln; soll soviel heißen, wie noch nicht klar).
smop	Abkürzung für *Small matter of programming*. Programme, die diesem Attribut genügen, waren es eigentlich nicht Wert, das sie programmiert wurden.
snafu	Abkürzung für *situation normal, all fouled up* (englisch: Operation gelungen, Patient tot)
social engineering	Englisch für Sozialarbeit. Dieser Begriff bezieht sich darauf, durch das Studieren des Umfeldes eines Users Informationen zu erlangen, die es ermöglichen, ein Paßwort herauszufinden.
softwarely	Ein Kunstwort die Software betreffend
sos	Abkürzung für *Subtract one and do not skip* (englisch: eins abziehen und nichts dabei auslassen)
spazz	Steht für einen großen Fehler machen, etwas richtig in den Sand setzen
Talk	Englisch für Gespräch. Wird für einen chat mit genau zwei Teilnehmern verwendet.
tba	Abkürzung für *To be announced* (englisch: wird bald angekündigt).
tbd	Abkürzung für *to be determined* (englisch: wird demnächst entschieden)
tbyb	Abkürzung für *Try before you buy* (englisch: vor Kauf zu prüfen)
ttft	Abkürzung für *Thanks for the thought* (englisch: Danke für die Idee)
tia	Abkürzung für *Thanks in advance* (englisch: Danke im voraus)
tief schwarz	Deutscher Slang-Ausdruck. Bedeutet soviel wie unverständlich, unbegreiflich, unbekannt usw. Im Englischen wird obscure verwendet.

Beim Chat gibt es eine eigene Sprache – hier einige der Abkürzungen

Begriff	Bedeutung
ttf	Abkürzung für *Time to flash* (englisch: Zeit, Schluß zu machen)
tnx	Abkürzung für *Thanks* (englisch: Danke)
total loss	Englisch für total danebengelaufen
tourists	Steht für Hacker, die sich in einem System nur umschauen wollen – ohne feindliche oder zerstörerische Absichten.
Twit	Bezeichnung für einen User, der in Ungnade gefallen ist. Bedeutet so viel wie Idiot, Stümper, Anfänger etc.
tyvm	Abkürzung für *Thank you very much* (englisch: vielen Dank)
u2?	Abkürzung für *you too?* (englisch: du auch?)
UG	Abkürzung für *user group* (englisch: Benutzergruppe)
vanilla	Ein allgemeingültiger Ausdruck – kann für alle Bereiche des Lebens verwendet werden. Bedeutet so viel wie bieder, langweilig etc.
wacky	Bedeutet so viel wie verrückt, komisch, seltsam
wedged	Bezeichnung für ein Programm, das sich festgefahren hat
Wow	Wird anstelle des Ausrufungszeichens verwendet
wrt	Abkürzung für *with regards to* (englisch: in Hinsicht auf)
yoyo	Programme, die yoyo spielen bzw. yoyo sind, sind instabil – laufen wackelig.

Beim Chat gibt es eine eigene Sprache – hier einige der Abkürzungen

Chat-Area

Der Bereich in einem Online-Dienst, der dem »chatten« vorbehalten ist. Zum Beispiel das Online-Adventure WorldsAway von CompuServe.

➠ *Siehe Chat- und Hacker-Slang, Chatten, Compuserve, WorldsAway*

Chat-Room

Ein abgegrenzter Bereich in einer BBS, in dem Leute miteinander »chatten«, sich also miteinander unterhalten. Dabei ist es oft auch möglich, seine »Emotionen« gegenüber anderen Teilnehmern zu zeigen. Diverse Tastenkombinationen erlauben z.B. das Umarmen oder auch Küssen, aber auch das »Flüstern« ist möglich, so daß nur der Teilnehmer die Nachricht lesen kann, der angegeben wurde. Außerdem kann man in einem Chat-Room sein eigenes »Zimmer« aufmachen, in das nur vorher eingeladene Teilnehmer Zutritt haben. Meist benutzen die Teilnehmer in einem Chat-Room nicht ihren eigenen Namen, sondern frei erfundene, einen Nickname.

➡ *Siehe BBS, Chat- und Hacker-Slang, Chatten, Emoticon, Nickname*

Chatten

Chatten ist der Name für online, über Tastatureingabe geführte Gespräche im Internet, in einer Mailbox (BBS), Online-Dienst oder einem Netzwerk. Spezielle Diskussionsforen in Online-Diensten oder der Dienst IRC im Internet bieten die Möglichkeit, sich mit anderen Teilnehmern live über alle möglichen Themen zu unterhalten.

➡ *Siehe Internet, IRC, Mail, Mailbox, Online-Dienst*

Cheat-Modus

Ein Cheat ist eine spezielle, undokumentierte Tastenkombination bei Computerspielen, die quasi das »Betrügen« ermöglicht. Das Spiel schaltet nach der Eingabe in den sog. Cheat-Modus, in dem der Spieler Items (Waffen, Sonderausrüstungen oder mehr Geld) »umsonst« erhält.

Checkbox

➡ *Siehe Kontrollkästchen*

Checkmarke

Wenn man in Dialogfenstern einer grafischen Benutzeroberfläche Optionen in Kontrollkästchen mit der Maus an- oder abwählen kann, so spricht man bei den Häkchen, die die Aktivierung der Option anzeigen, von Checkmarken.

➡ *Siehe Grafische Benutzeroberfläche, Kontrollkästchen*

Chip

Ein Chip ist ein Plättchen aus dotiertem Halbleitermaterial, in das durch komplizierte Prozesse integrierte Schaltkreise (IC) eingebracht werden. Am Anfang der Entwicklung konnte man nur sehr wenige Elemente auf einem Chip vereinen. Heutzutage werden Millionen von Transistoren auf einem Chip integriert, bei einem P6 (dem Nachfolger des Pentiums) sind es derzeit etwa 5,5 Millionen. Die einzelnen Elemente sind dabei nur 0,6 Mikrometer breit.

➡ *Siehe IC, Pentium II, Transistor*

Chipkarte

Chip-Karten sind kleine, auf einer Plastikkarte aufgebrachte computerlesbare Datenträger. Im Gegensatz zu den Magnetkarten werden die Daten nicht passiv in einem Magnetstreifen gespeichert, sondern aktiv in einem kleinen Mikroprozessor. Dieser Chip ist auch der Grund für den Namen der Karte. Solche Chip-Karten werden auch Smartcards genannt, weil der Prozessor viele neue Möglichkeiten bietet. So können auf solchen Karten mit Hilfe einer Bankstation Geldbeträge geladen werden und man kann bargeldlos bezahlen. Solche Karten werden auch von modernen Handys verwendet, weil sie nicht nur die Autorisation des Benutzers, sondern auch Daten wie Telefonnummern enthalten können. Auch sind die Verfahren zur Autorisation deutlich vielfältiger, da ja ein Prozessor zur Verfügung steht, mit dem ein richtiges Programm ausgeführt werden kann. Die SIM-Karten (Subscriber Identification Module) haben einzig und allein den Zweck, den Besitzer zu identifizieren.

➥ *Siehe Datenträger, Magnetkarte, Mikroprozessor, SIM-Karte*

Chipsatz

Das zentrale Element auf einem Motherboard ist der Chipsatz. In ihm sind alle wichtigen Funktionen vereint. Er steuert den Datenfluß zum Prozessor und das Bussystem, mit dem die Erweiterungskarten angesprochen werden. Neben der CPU ist er wesentlich für die Rechenleistung des Computers zuständig, da er hauptsächlich für die Verwaltung des Hauptspeichers verantwortlich ist.

Zur Zeit ist Intel der führende Hersteller von PC-Chipsätzen. Andere wichtige Hersteller sind SIS, VLSI und UMC.

➥ *Siehe Bus, Hauptspeicher, Intel, Motherboard, Prozessor*

Chromeffects

Neuartige On- und Offline-Technologie von Microsoft. Das Add-On für Windows 98 integriert animiertes 2D und 3D, Video und Audio in einer einzigen schnellen Umgebung. Chromeffects setzt auf DirectX 6.0 auf und nutzt sowohl HTML wie auch DHTML-Fähigkeiten.

➥ *Siehe DirectX, Dynamic HTML, HTML, Microsoft, Windows 98*

CHRP

Common Hardware Reference Plattform. Auch PowerPC-Plattform genannt. Von Apple, Motorola und IBM gemeinsam entwickelte Systemarchitektur, die als Basis für den PowerPC dienen sollte. CHRP sollte garantieren, daß auf dem PowerPC alle gängigen Betriebssysteme laufen. Weiterhin sollte PC-typische Hardware unterstützt werden. So gehören ISA- und PCI-Bus genauso zur CHRP-Spezifikation wie der obligatorische SCSI-Bus, ein Adapter für IDE-Platten, eine Centronics-Schnittstelle, PS/2-Ports und je zwei RS422- und RS232-Schnittstellen. Zu den Betriebssystemen, die unterstützt werden sollten, gehörten MacOS, OS/2, WindowsNT, Novell (Netware), Sun (Solaris), IBM AIX und Linux. Der erste PowerPC mit CHRP-Achitektur wurde im November 1996 mit dem Motorola Viper vorgestellt.

➠ *Siehe Apple, Architektur, Centronics-Schnittstelle, ISA, PCI, Plattform, PowerMac, PowerPC-Chip, SCSI*

CIFS

➠ *Siehe Common Internet File System*

CIM

CIM ist die Abkürzung von Compuserve Information Manager. Dieses Programm ist die Grundlage für die Benutzung des Online-Dienstanbieters Compuserve. CIM existiert für verschiedene Plattformen, aber die Windows-Version ist die gängiste und wird im allgemeinen als WinCIM bezeichnet.

➠ *Siehe Compuserve, Online-Dienst*

Cinch-Kabel/-Stecker

Die Cinch-Kabel haben sich als Quasi-Standard im HiFi-Bereich herausgebildet. Jeder der beiden Stereokanäle hat dabei ein zweipoliges Kabel. Soundkarten bieten aus Platzgründen nur Mini-Cinch-Anschlüsse, bei denen die beiden Kanäle in einen dünnen Stecker integriert sind. Um einen Computer über die Soundkarte z.B. mit einer Stereoanlage zu verbinden, benötigt man einen Adapter, der normalerweise bei der Soundkarte mitgeliefert wird und in ein Kabel integriert ist.

➠ *Siehe Soundkarte*

Cinepak Codec

Codec ist das Kürzel von compressor/decompressor (Komprimierer bzw. Dekomprimierer). Der Cinepak Codec ist ein Verfahren, das in der Lage ist, digitale Videos mitsamt der Tonspur zu komprimieren. Die Videos durften früher nur eine Farbtiefe von 8 oder 16 Bit aufweisen, inzwischen sind auch 24 Bit möglich. Videos, die im Cinepak Codec-Format vorliegen, sind an der Endung .avi (avi) oder .mov (Quicktime) erkennen.

➠ *Siehe Avi, Farbtiefe, Harddisk-Recording, Indeo, Kompression, MJPEG, MPEG*

Circuit Switching

➠ *Siehe Leitungsvermittlung*

Cirrus Logic

http://www.cirrus.com

Cirrus Logic produziert preisgünstige Grafikkarten und Grafikprozessoren.

CIS

CIS ist die offizielle Abkürzung von Compuserve Information Service, dem vollem Namen des amerikanischen Online-Dienstanbieters CompuServe.

CISC

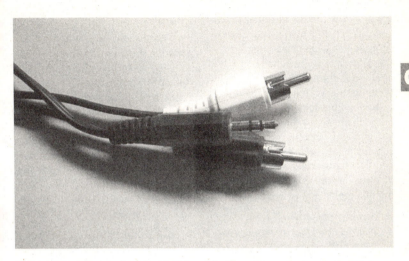

Bild 6: Chinch ist standard im Hi-Fi-Bereich. Soundkarten haben meist Klinken-Anschlüsse. Mit solch einem Kabel kann die Verbindung hergestellt werden.

➟ *Siehe Compuserve, Online-Dienst*

CISC

CISC steht für Complex Instruction Set Computer und ist die Bezeichnung für einen CPU-Typ mit komplexem Befehlssatz. Beispiele für CISC-Prozessoren sind die CPUs von Intel. Durch den großen Befehlssatz soll die Verarbeitungsgeschwindigkeit gesteigert werden. Da aber meist nur 20% des CISC-Befehlssatzes von Programmen genutzt werden, geht die Entwicklung immer weiter in Richtung RISC-Prozessor mit reduziertem Befehlssatz. Heutzutage erhalten die CISC-Prozessoren immer größere RISC-Kerne, um ihre Rechengeschwindigkeit zu steigern. RISC-Kerne können einfacher entwickelt werden und verkraften auch höhere Taktfrequenzen.

➟ *Siehe Befehlssatz, CPU, Intel, RISC-Prozessor*

CityWeb

CityWebs sind kleine Äquivalente des Internets. Innerhalb größerer Städte bilden sie ein Netzwerk, auf das man zu lokalen Telefonkosten zugreifen kann. Ein derartiges Netzwerk kann entweder ein abgeschlossenes Intranet sein oder Zugang zum Internet bieten. Auf ein CityWeb greift man wie auf das Internet mit einem Browser zu, da beide die gleichen Protokolle (HTTP, PPP) benutzen. Die Zugangskosten liegen meist um die 10,- DM, je nach Vergabe von Freistunden aber auch deutlich höher. CityWebs bieten große Vorteile, falls Sie Informationen über lokale Firmen, Termine oder ähnliches suchen, da diese im globalen Internet zwar wahrscheinlich ebenso vorhanden, aber deutlich schwieriger zu finden sind, da diese Informationen im Überangebot untergehen.

➡ *Siehe Browser, HTTP, Internet, Internet-Provider, Intranet, Netzwerk, PPP*

CL

CL steht für Computernetzwerk Linksysteme und ist die Bezeichnung für ein semiprofessionelles Netzwerk im deutschsprachigen Raum. Wird manchmal auch als CL-Netz bezeichnet.

➡ *Siehe Netzwerk*

clean boot

➡ *Siehe abgesichertes Hochfahren*

Cleveland Freenet

Das Cleveland Freenet ist ein kostenlos zugängliches Netzwerk in den USA. So etwas gibt es in Deutschland leider noch nicht.

➡ *Siehe Netzwerk*

Client

Eine Hardware- oder Software-Komponente, die Dienste von einem Server in Anspruch nehmen kann (Client-Server-Prinzip), nennt man Client, was auf deutsch Kunde heißt. Ein Client ist z.B. ein Computer, der nur Dienste anderer Rechnern nutzt, aber selber keine zur Verfügung stellt. Bei Programmen bezeichnet man praktisch all diejenigen mit Netzwerk-Funktionalität als Client. Darunter fallen z.B. E-Mail-, FTP- und News-Programme.

➡ *Siehe Client-Server-Prinzip, E-Mail, FTP, Hardware, News, Server, Software*

Client-Server-Prinzip

Bei einem Client-Server-Prinzip stellen bestimmte Computer, die Server, eine Reihe verschiedener Dienste bereit, die von anderen Computern, den Clients, genutzt werden können. Die Computer müssen dazu in einem Netzwerk angeordnet sein. Die Daten des Systems werden zentral auf den Servern gespeichert und lassen sich so besser verwalten und überwachen. Außerdem läßt sich mit diesem Verfahren ein System sehr flexibel vergrößern oder verkleinern, mittels Standleitungen sogar landes- oder gar weltweit. Da die einzelnen Rechner autarke Einheiten darstellen, kann der Ausfall eines Recherns oder eines Teils des Netzes leichter kompensiert werden. Heutzutage werden immer mehr Funktionen in die Server ausgelagert, es sind sogar schon Terminals vorhanden, die nicht einmal lokale Festplatten besitzen, sondern alle Daten und auch das Betriebssystem von den Servern laden. Rein äußerlich lassen sich diese Rechner aber nicht mehr von normalen Systemen unterscheiden, sie bieten volle Funktionalität. Die Clients sollen hauptsächlich eine optimale Schnittstelle für den Benutzer schaffen. Bei kleineren Netzwerken sind auf der anderen Seite immer mehr Rechner anzutreffen, die sowohl die Funktionalität eines Client als auch eines Servers haben. So kann beispielsweise ein Client einen Drucker im Netz freigeben und ist damit ein Druck-Server aber auch ein Datei-Client. Das Client-Server-Prinzip findet sich nicht nur bei Netzwerken. Viele große Software-Projekte werden inzwischen auf dieser Basis programmiert, da sie so einfacher zu handhaben sind. Verschiede Programmkomponenten (= Server) bieten anderen Teilen des Programms (= Clients) wiederum eine Anzahl von Diensten an, die diese nutzen können.

➡ *Siehe Client, Druck-Server, NC, Netzwerk, Server, Terminal*

Clipart

Ein Clipart ist ein kleines Bild, das in Texten oder Präsentationen Verwendung findet. Meist zeigt ein Clipart daher oft benötigte Dinge, wie Autos, Telefone und ähnliches. Sie sind oft in großen Bibliotheken angehäuft, so daß man zu jedem Zweck ein passendes Exemplar finden kann.

➡ *Siehe Präsentationsprogramme*

Clipboard

➡ *Siehe Zwischenablage*

Clipper

Clipper war ursprünglich ein Interpreter für dBase, im Lauf der Zeit wuchs das Paket immer mehr an und erreichte auch eine Eigenständigkeit. Inzwischen ist es zu einem kompletten Datenbank-Entwicklungssystem herangereift.

➡ *Siehe Datenbank, dBase, Entwicklungssystem*

Clipping

Mittels Clipping ist es möglich, den Zeichenbereich der Grafikkarte rechteckig zu begrenzen. Beim Hardware-Clipping müssen dem Grafik-Chip lediglich die Fensterkoordinaten übergeben werden, innerhalb derer die Grafik dargestellt werden soll. Objekte, die den OpenGL-Fensterbereich schneiden, erscheinen dann nicht außerhalb des festgelegten Fensters.

➡ *Siehe 3D-Funktionen, 3D-Grafik, 3D-Standards, OpenGL*

CLK

CLK ist das Kürzel von Clock und ist die Bezeichnung für ein Taktsignal. Damit kann z.B. der Takt des Busses oder der CPU gemeint sein. Mit einer 80486er (oder niedriger) CPU muß im CMOS-Setup des BIOS oft der Takt für den ISA-Bus eingestellt werden. Dazu müssen Sie den Takt, mit dem Sie ihre CPU extern betreiben, z.B. 33 MHz für 33, 66, 100 und 133 MHz CPU-Takt, durch den Faktor vier teilen, um auf die 8 MHz zu kommen, die der ISA-Bus benötigt. In diesem Fall würden sie CLK/4 im CMOS-Setup einstellen.

→ *Siehe Bus, CPU, Serielle Schnittstelle, Takt*

Clock doubler

Als Clock doubler bezeichnete man die DX2-Typen der 80486er Prozessoren von Intel. Diese verdoppeln intern den externen Takt. So arbeitet der 80386DX2-66 nur intern mit 66 MHz, außen liegen wie üblich nur 33 MHz an. Der Vorteil solcher CPUs ist, daß sie nach außen ein identisches Verhalten wie ein 80486DX-33 haben. So kann man sie in einem Motherboard betreiben, das eigentlich nur für 33 MHz ausgelegt ist. Moderne CPUs arbeiten heutzutage mit einem internen Takt, der bis zu 4,5fach höher ist als der externe Takt. (bei 66 MHz wie etwa bei einem Pentium können damit 300 MHz erreicht werden).

→ *Siehe CPU, Motherboard, Pentium, Takt*

Clone

Der Begriff Clone bzw. Klon stammt aus der Genetik und bezeichnet u.a. die identische Kopie einer Zelle bzw. eines Lebewesens. Im Computerbereich versteht man darunter Kopien von Markengeräten, die von anderen Herstellern deutlich billiger angeboten werden können, da sie die Originale einfach kopieren und damit die Entwicklungskosten sparen. Der IBM-PC und der IBM-AT wurden weltweit geklont. In letzter Zeit sind offizielle Klone von Apple's Macintosh auf den Markt gekommen, z.B. von Umax oder Motorola.

→ *Siehe Apple, IBM, IBM-kompatibel, IBM-PC*

closed user group
→ *Siehe geschlossene Benutzergruppe*

CLS

CLS ist die Abkürzung für Clear Screen, was soviel wie »Bildschirm löschen« bedeutet. In manchen Programmiersprachen und an der Eingabeaufforderung vieler Betriebssysteme kann damit der Bildschirminhalt gelöscht werden. Danach erscheint wie gewohnt der Cursor, dieser allerdings wieder am Bildschirmanfang bzw. an der Eingabeaufforderung (Prompt).

➡ *Siehe Betriebssystem, Cursor, Eingabeaufforderung, Programmiersprache*

Cluster

Das Betriebssystem MS-DOS verwendet Cluster als kleinste nicht mehr teilbare logische Einheit für ihre Datenträger. Ein Cluster ist eine Gruppe von Sektoren. Da das FAT-System schon in den Anfängen des PCs existiert hat, ist es für die heute gebräuchlichen Datenträger mit hoher Speicherkapazität im Gigabyte-Bereich nicht geschaffen. Durch die Formatierung von Sektoren zu Clustern konnte man die maximale Größe einer Partition von 32 Mbyte auf 2048 Mbyte (2 Gbyte) steigern, also ver64fachen. Der Grund ist, daß maximal 64 Sektoren zu einem 32 Kbyte-Cluster vereinigt werden können. Das Problem bei dieser Cluster-Bildung ist, daß die Größe jeder Datei nur aus Vielfachen dieser Clustergröße bestehen kann. So braucht eine Datei, die eigentlich lediglich 200 Bytes groß ist, auf einer Festplatte mit einer 2-Gbyte-Partition 32,768 Bytes. Der Rest wird praktisch verschwendet. Auch eine Datei, die 33 Kbyte groß ist, belegt auf der Platte 64 Kbyte und verschwendet damit ebenso fast einen ganzen Cluster. Sind auf der Festplatte hauptsächlich viele kleine Dateien gespeichert, so vergeudet man jede Menge Platz. Aus diesem Grund sollte die Cluster-Größe möglichst klein gehalten werden. Dadurch ist aber auch die Größe der Partition festgelegt und die sollte natürlich maximal sein. Ein guter Kompromiß ist eine 1-Gbyte-Partition, d. h. die Größe der Partition muß unter 1024 Mbyte bleiben. Diese Probleme treten aber nur unter FAT-basierten Dateisystemen auf, moderne wie HPFS (OS/2) und NTFS (Windows NT) haben diese Probleme nicht.

➡ *Siehe Betriebssystem, Dateisystem, Datenträger, FAT, FAT32, HPFS, MS-DOS, NTFS, Partition, PC, Sektor*

CLV-Verfahren

Ist das englische Kürzel von Constant Linear Velocity und bedeutet soviel wie konstante lineare Geschwindigkeit. Das CLV-Verfahren ist das bei CD-ROMs eingesetzte Ableseverfahren, das eine konstante Datentransferrate auch bei unterschiedlichen Umdrehungsgeschwindigkeiten garantiert. Da eine CD wie eine Schallplatte über eine einzige durchgehende Spur verfügt, muß sie für eine konstante Spurgeschwindigkeit ihre Rotationsgeschwindigkeit variieren, da sich die CD ja außen schneller dreht als innen. Mit dem von Festplatten übernommenen CAV-Verfahren muß der Antriebsmotor die Umdrehungsgeschwindigkeit ständig anpassen, was einen hohen Leistungsverlust durch das ständige Beschleunigen und Abbremsen bedingt. 1996 brachte Pioneer das erste CD-ROM-Laufwerk auf den Markt, das eine Mischung aus CAV- und CLV-Verfahren benutzt.

➡ *Siehe CAV-Verfahren, CD, CD-ROM, Datentransferrate*

CMail

CMail steht für Compuserve Mail und ist der Name des E-Mail-Dienstes des Online-Dienstes Compuserve.

➡ *Siehe Compuserve, E-Mail, Online-Dienst*

CMOS

CMOS ist die Abkürzung von Complementary Metal Oxide Semiconductor, was soviel wie gegensätzliche Metall-Oxid-Halbleiter bedeutet. Mit dieser Technologie stellt man integrierte Schaltkreise her, die eine Vielzahl von Halbleiterkomponenten beinhalten und sich v.a. durch eine geringe Leistungsaufnahme und große Störungsfestigkeit auszeichnen.

➡ *Siehe IC, MOS*

CMOS-RAM

In dem batteriegepufferten CMOS-RAM werden unter anderem die Einstellungen im CMOS-Setup des BIOS gespeichert. Dort werden u.a. die IDE-Festplatten angemeldet und konfiguriert. Außerdem enthält dieser Speicherbereich das aktuelle Datum sowie die aktuelle Zeit. Der Speicher befindet sich auf jedem Motherboard und ist notwendig, um diese Angaben auch dann zu erhalten, wenn der Computer ausgeschaltet oder ganz vom Stromnetz getrennt ist.

➡ *Siehe BIOS, CMOS, Festplatte, IDE, RAM*

CMOS-Setup

➡ *Siehe Setup*

CMYK-Farbsystem

CMY steht für Cyan, Magenta und Yellow und bezeichnet die drei Grundfarben, die zusammen die sogenannte subtraktive Farbmischung ergeben. Bei diesem Farbsystem werden diese drei Farben durch Farbfilter realisiert, die jeweils nur zwei Drittel des sichtbaren Lichtspektrums durchlassen.

➡ *Siehe Farbmodell, RGB*

CNG-Signal

Das CNG-Signal ist ein 0,5 Sekunden langer Pfeifton von 1100 Hz, an den sich drei Sekunden Pause anschliessen. Dieser analoge Signalton wird von Faxgeräten ausgesandt, um sich zu identifizieren. So kann die Zielstelle feststellen, daß ein Fax anruft. Fax-Weichen benutzen diese Erkennung, um den Anruf an das richtige Gerät weiterzuleiten. Bei einem ISDN-Anschluß ist dieses Erkennungssignal in die Dienstekennung integriert worden. Gleichzeitig mit dem Anruf wird die Anforderung des Faxes übermittelt. Verfügt der angerufene Teilnehmer über kein Fax oder ist es ausgeschaltet, so klingelt nicht einmal das Telefon. Vielmehr wird eine Fehlermeldung zurückgegeben, die besagt, daß kein Faxgerät erreicht wurde. Analoge Endgeräte an einer Telefonanlage erhalten das CNG-Signal von der Anlage, um einen reibungslosen Ablauf zu gewährleisten.

➡ *Siehe Analog, Dienstekennung, Fax, Fax-Weiche, ISDN*

Coalition Against Unsolicited Commercial Email

➡ *Siehe CAUCE*

COAST

COAST ist das Kürzel von Cache On A Stick. Diese Cache-Module können auf manchen Motherboards eingesetzt werden, um den Second-Level-Cache zur Verfügung zu stellen oder den bestehenden Cache aufzurüsten. COAST-Module gibt es mit asynchronem Cache oder Pipelined-Burst-Cache, wobei letztere Ausführung deutlich schneller und damit zu bevorzugen ist.

➡ *Siehe Asynchroner Cache, Cache, Motherboard, Pipelined-Burst-Cache, Second-Level-Cache*

Cobol

Steht für Common Business Oriented Language und ist eine alte Programmiersprache, die v.a. in den 60er Jahren für die Programmierung von Software im kaufmännischen Bereich benutzt wurde.

➡ *Siehe Kaufmännische Software, Programmiersprache, Software*

Cobweb Site

Bezeichnung für eine veraltete, unmoderne Website.

➡ *Siehe WebSite*

CODASYL

Abkürzung für Conference on Data Systems Languages. Ein vom US-amerikanischen Verteidigungsministerium gegründeter Verband, der sich im Datenverwaltungsbereich die Entwicklung von Systemen und Programmiersprachen zur Aufgabe gemacht hat und an der Entwicklung der Programmiersprache COBOL maßgeblich beteiligt war.

Code

Unter einem Code versteht man im Computerbereich eine Vorschrift, wie bestimmte Daten, wie Buchstaben oder Befehle dargestellt werden. Sämliche Buchstaben, Sonderzeichen und Zahlen müssen für die Verwendung mit einem Computer kodiert werden. Ein Beispiel für so eine Kodierung ist der ASCII-Standard, der 256 verschiedene Zeichen kennt und diese von 0 bis 255 durchnumeriert. Für den Computer ist jede Taste, die man auf einer Tastatur betätigt, also nur eine Zahl. Bei Programmiersprachen werden die eindeutigen Namen der Befehle und die Regeln, die festlegen, wie man die Befehle anordnet, als Code bezeichnet. Der Compiler oder Interpreter der Programmiersprache kann nämlich nur diesen Code verstehen. Daher nennt man das Aneinanderreihen der Befehle zu einem Programm auch kodieren oder englisch coden. Den fertigen Programmtext nennt man äquivalenterweise Quellcode oder Quelltext.

➟ *Siehe ASCII, Befehl, Programmiersprache, Quelltext, Sonderzeichen*

Code Division Multiple Access

Signalcodierung mit Hilfe einer Pseudo-Zufallsfolge. Wird z.B. von Motorola für digitale Mobiltelefone eingesetzt.

Codepage

Um das Betriebssystem MS-DOS an verschiedene Tastaturbelegungen und Sprachen anzupassen, dienen die sog. Codepages, die in der Autoexec.bat oder Config.sys eingetragen werden. Diese ladbaren Zeichensatz-Tabellen unterstützen jeweils eine bestimmte Tastaturbelegung.

➟ *Siehe Betriebssystem, Ladbarer Zeichensatz, MS-DOS, Tastatur, Zeichensatz*

Color-Key-Transparenz

Bei der Erzeugung von 3D-Grafik eingesetztes Verfahren zur Realisierung komplexer Objekte mit Hilfe einfacher Texturen. Will man z.B. einen Gitterzaun erstellen, definiert man eine bestimmte Farbe als transparent (Color-Key). Die Gitter des Zauns werden in einer gewünschten Farbe gezeichnet, die Zwischenräume mit der Color-Key-Farbe ausgefüllt, wodurch diese dann transparent erscheinen.

➟ *Siehe 3D-Funktionen, 3D-Grafik, Textur, Texture-Mapping*

COM

COM ist das Kürzel von COMmunication und ist die Bezeichnung für serielle Schnittstellen, die von den meisten Betriebssystemen verwendet wird. Mit der Zahl hinter COM werden die COM-Ports durchnumeriert. Vom BIOS eines Computers werden normalerweise nur die Schnittstelle COM1, COM2, COM3 und COM4 unterstützt. An die seriellen Schnittstellen werden z.B. die Maus und das Modem angeschlossen.

➟ *Siehe Betriebssystem, BIOS, Serielle Schnittstelle*

COM-Port

Ein COM-Port ist eine serielle Schnittstelle, über die der Computer Daten mit anderen Computern oder Peripheriegeräten austauscht. An COM-

Ports werden z.B. die Maus oder ein Modem angeschlossen. Ein Computer (PC) verfügt mindestens über zwei COM-Ports (COM1 und COM2). Die Datentransferrate, die ein COM-Port erreicht, hängt davon ab, welchen Baustein die Schnittstelle verwendet. Normalerweise liegt sie im Bereich zwischen 75 und 115.200 Byte/s. Es gibt spezielle Erweiterungskarten, die höhere Raten erreichen und meist für extrem schnelle Modems oder Modem-Pools eingesetzt werden.

➠ *Siehe COM, Datentransferrate, FIFO, Modem, Peripherie, Serielle Schnittstelle, UART*

Bild 7: Oben die parallele Schnittstelle. Direkt darunter die beiden Varianten der seriellen Anschlüsse

Comdex

Die Comdex (COMputer Dealers EXposition) ist eine große Messe für den Computerfachhandel. Sie findet zweimal jährlich, im Frühling und im Herbst, statt und ist zur Zeit die weltweit bedeutendste Computermesse. Das europäische Pendant ist die CeBit.

➠ *Siehe CeBIT*

Command.com

Die Datei Command.com ist der Befehls-Interpreter des Betriebssystems MS-DOS. Ein Befehls-Interpreter ist eine textbasierte Shell, in die der Benutzer mit der Tastatur seine Befehle an der Eingabeaufforderung eingeben kann. Beim Booten des

Computers wird er in den Hauptspeicher geladen und bleibt dort resident (TSR-Programm). Dort überwacht er alle Tastatureingaben. Falls er einen Befehl erkennt, führt er ihn aus. Befehle wie »dir« oder »copy« werden von der Command.com direkt zur Verfügung gestellt. Andere wie etwa »xcopy« werden als externe Programme ausgeführt. Erkennt Command.com einen Befehl nicht, so versucht er, ein externes Programm zu finden, auf das der Name paßt, und führt dieses anschließend aus. Je mehr Befehle in Command.com integriert werden, desto größer wird diese Datei. Da sie allerdings zu jeder Zeit im Speicher vorkommt (resident), verringert sie durch ihre Größe den maximal freien Arbeitsspeicher. Daher ist lediglich eine unbedingt notwendige Funktionalität in Command.com integriert.

➯ *Siehe Befehls-Interpreter, Booten, Eingabeaufforderung, Hauptspeicher, MS-DOS, Resident, Shell, TSR-Programm*

Commercial a
Andere Bezeichnung für das Sonderzeichen @ ([AltGr]+[Q]).

➯ *Siehe @, Sonderzeichen*

Commodore
Die Firma Commodore war Hersteller der berühmten Homecomputer C64, C128 und Amiga.

➯ *Siehe Amiga, Atari, C128, C64, CDTV, Escom (2001), Set-Top-Box*

Common Hardware Reference Plattform
➯ *Siehe CHRP*

Common Internet File System
Ein System, das die gemeinsame Benutzung von Internet- oder Intranet-Dateien regelt. Ein von Microsoft vorgeschlagener Standard.

Common Object Request Broker Architecture
Von der OMG 1992 verabschiedete Spezifikation zur Kommunikation zwischen verschiedenen Programmen. Bei CORBA fordert ein Programm Objekte mit Hilfe eines ORB (Object Request Broker) an. Kenntnisse hinsichtlich der Strukturen des Programms, aus dem das Objekt stammt, sind dabei nicht erforderlich. CORBA wurde für den Einsatz in objektorientierten Umgebungen entwickelt

Communications Decency Act
Dieses 1996 in den USA verabschiedete Gesetz zum Schutz von Jugendlichen vor unmoralischen Inhalten im Internet löste heftige Kritik bei vielen Anwendern aus. Es erlaubt die Zensur von fragwürdigen Inhalten innerhalb des Internets. Da diese Zensur in einem so flexiblen und anarchistischen Gebilde wie dem Internet schwer einzuführen und noch schwerer aufrechtzuerhalten ist, werden

von solchen Zensurversuchen meist nur Benutzer betroffen, die eigentlich nicht das Ziel der Aktion sind. Denn die, die es wirklich betreffen soll, finden immer irgendeinen Weg, die Vorgaben zu umgehen. Vielleicht nicht ohne Probleme, aber solange man damit Geld verdienen kann, werden sie Möglichkeiten finden. Die Anwender und Anbieter, die deshalb mit diesem Gesetz nicht einverstanden waren, formierten sich unter der Blue Ribbon Campaign. Inzwischen wurde der CDA vom amerikanischen Senat als verfassungswidrig abgelehnt.

➡ *Siehe Blue Ribbon Campaign, Internet*

Compaq

http://www.compaq.de

Der Name der Firma setzt sich aus den zwei Worten Compatibility (Kompatibilität) und Quality (Qualität) zusammen. Compaq baut seit 1982 Computer, brachte sogar vor IBM den ersten PC mit einem Intel 386er auf den Markt. Compaq war und ist Spitzenreiter in der Branche. Laut einer Studie von Dataquest war Compaq 1996 mit 12,9 % Marktanteil die Nummer 1 unter den PC-Herstellern.

➡ *Siehe IBM, IBM-kompatibel, IBM-PC, Intel, PC*

compatible

Engl. kompatibel.

➡ *Siehe Kompatibel, Kompatibilität*

Compiler

Ein Compiler ist ein Programm, das einen Quelltext aus einer Quelldatei (Datei) ausliest und in ein lauffähiges Programm übersetzt. Der Quelltext (auch Quellcode genannt, Code) ist zumeist in einer höheren Programmiersprache wie C oder PASCAL geschrieben und kann auch aus vielen miteinander verknüpften Dateien bestehen. Verknüpfte Dateien einer Programmiersprache nennt man Module. Die Kompilierung geschieht hauptsächlich in drei Phasen:

- Die lexikalische Analyse durchsucht den Quelltext auf zulässige Schlüsselwörter und Formulierungen. Weiterhin entfernt sie überflüssige Kommentare und Zeichen.

- In der semantischen und syntaktischen Analyse wird die Gültigkeit der einzelnen Befehle, der Variablen, die korrekte Verwendung der Datentypen und der korrekte Zusammenhang zwischen den einzelnen Befehlen überprüft.

- In der Codegenerierung werden die von der semantischen und syntaktischen Analyse erzeugten Datenstrukturen ausgewertet und daraus die Abfolge der richtigen Maschinenbefehle erstellt.

Component Object Model

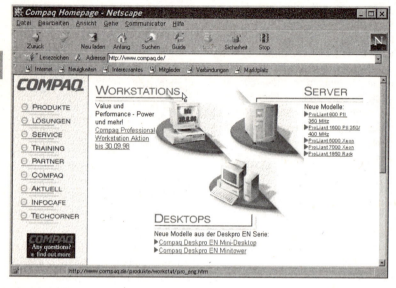

Bild 8: Compaq im Internet

Zwischen diesen Phasen liegt je nach Compiler immer wieder eine Phase der Optimierung. Diese kann nach verschiedenen Kriterien wie Größe des erzeugten Programms oder Geschwindigkeit der Ausführung variiert werden. Nach diesen Schritten ist der ausführbare Code allerdings erst in sogenannten Objektmodulen vorhanden. Jede Quelldatei entspricht dabei einem Modul. Erst ein Linker faßt die Module zu einem gesamten lauffähigen Programm zusammen.

➠ *Siehe Befehl, C, Datei, Linker, Maschinensprache, Modul, Objektmodul, Pascal, Programmiersprache, Quelldatei, Quelltext, Variable*

Component Object Model
➠ *Siehe COM*

Composite-Videosignal

Bei diesem recht preiswerten und daher oft von Homecomputern verwendeten Verfahren zur Bildschirmdarstellung werden die einzelnen Farbinformationen zu einem Signal zusammengefaßt (composite) und mit einer einzigen Leitung zum Bildschirm übertragen. Dort werden sie dann wieder in die drei Farbanteile Rot, Grün und Blau (RGB) aufgespalten. Dieses Verfahren verursacht leichte Farbverfälschungen, wodurch die Bildqualität ein wenig leidet.

→ *Siehe Bildschirm, RGB*

Compressed Serial Line Internet Protocol

Komprimiert arbeitendes Internet-Protokoll für serielle Leitungen. Eine komprimierende und dadurch schnellere Version von SLIP.

Compunications

Dieses Kunstwort aus Computer und Kommunikation bezeichnet den Datenaustausch zwischen verschiedenen Computern.

→ *Siehe Datenaustausch, Internet*

Compuserve

http://www.compuserve.de

Compuserve ist einer der großen Online-Dienste. Er bietet neben dem Zugang zum Internet auch viele andere interne Angebote aus allen möglichen Bereichen, z.B. Diskussionsforen und Serviceangebote von Firmen. Die Software, die Sie benötigen, um sich bei Compuserve einzuwählen, heißt CIM und wird in vielen Magazinen als Testabo mit einem kostenlosen Monat und 10 freien Online-Stunden angeboten. Im September 1997 wurde der Kundenstamm von Compuserve von AOL übernommen.

→ *Siehe AOL, Forum, Homepage, Internet, Online-Dienst*

Computer

Der Begriff Computer ist von engl. compute für Berechnen abgeleitet. Computer sind aus den Rechenmaschinen hervorgegangen, die wirklich nichts anderes als Formeln berechnen konnten. Aber auch moderne Computer arbeiten letztendlich immer noch nach demselben Prinzip. Daten müssen in den Computer eingegeben werden, um dort weiterverarbeitet werden zu können. Nach der Berechnung werden die Ergebnisse ausgegeben. Jede noch so umfangreiche Software besteht im Prinzip aus relativ einfachen Befehlen wie Addieren und Multiplizieren. Diese Aufgaben werden heutzutage durch Programme realisiert.

→ *Siehe Daten, Programm, Software*

computer aided teamwork

Engl. für computergestützte Gruppenarbeit.

Computer Press Association

→ *Siehe CPA*

Computer-Lingo

Computer-Lingo nennt man die Umgangssprache, die Computerfreaks und Hacker verwenden, wenn sie miteinander kommunizieren. Dieser legendäre Chat- und Hacker-Slang soll v.a. beim Chatten im Internet verwendet werden.

➡ *Siehe Chat- und Hacker-Slang, Chatten, Computerfreak, Hacker, Hacker-Slang*

Computerfreak

Der Begriff Computerfreak ist Synonym für einen Computerspezialisten oder einen Hacker.

➡ *Siehe Hacker*

Computervirus

Computerviren sind kleine Programme, die versuchen, ihren Code möglichst vielen anderen Programmen und Dateien anzufügen, sich zu verbreiten und manchmal auch willentlich Daten zu zerstören. Computerviren arbeiten mit ganz verschiedenen Methoden:

- Überschreibende Viren sind die einfachsten Vertreter ihrer Art. Sie überschreiben und zerstören so das Programm, das sie infizieren. Leider können solche Viren nicht beseitigt werden; man kann infizierte Programme nur löschen.

- Eine andere Art von Viren arbeitet wie ihre biologischen Pendants und infiziert praktisch alle Bereiche eines Computers, die ausführbaren Code besitzen. Dazu zählen die Partitionstabelle, der Boot-Sektor (Boot-Sektor-Virus) und die ausführbaren Dateien. Die Viren infizieren diese Teile, ohne sie zu zerstören, indem sie sie um ihren eigenen Code erweitern. Wird ein virulenter Code ausgeführt, macht sich der Virus entweder resident oder infiziert alle erreichbaren Dateien. Residente Viren arbeiten wie ein TSR-Programm und können alle Programme, die nach der Aktivierung des Virus ausgeführt werden, wiederum anstecken. Das Ziel solcher Viren ist, möglichst viele Programme zu infizieren ohne aufzufallen. Viele enthalten Routinen, die nach gewissen Zeitperioden oder an bestimmten Zeitpunkten aktiviert werden. Diese Routinen können harmlos sein, aber auch versuchen, alle Daten zu zerstören. Nachdem inzwischen Virenscanner sehr verbreitet sind, versuchen moderne Viren sogar, diese auszutricksen, indem sie infizierte Programme temporär wieder in ihren ursprünglichen Zustand zurückversetzen, um den Virenscanner zu täuschen (Tarnkappenvirus).

- Sogenannte trojanische Pferde geben nach außen eine gewisse Funktionalität, dienen aber oft als Startplattform für andere Vi-

Computervirus

ren. Ein beliebter Trick zur garantierten Verbreitung neuer Viren besteht darin, den Virus an ein weit verbreitetes Programm (z.B. PD-Software oder Freeware) zu hängen und dann die Versionsnummer zu erhöhen. Auf diese Weise wird das Programm mit sehr hoher Wahrscheinlichkeit von vielen Benutzern heruntergeladen.

- Einen speziellen Platz nehmen die Makro-Viren ein. Diese infizieren keine Programme, sondern Dokumente, die Makros enthalten (z.B. die Dokumentvorlagen von WinWord). Alle modernen Office-Pakete können mit Makros umgehen, um dem Benutzer eine möglichst flexible Anpassung des Programms an seine Bedürfnisse zu erlauben. Makros starten beim Öffnen normalerweise eine Funktionalität und initialisieren sich. Makro-Viren schreiben ihren Code in diese Auto-Start-Funktion und werden so beim Öffnen automatisch ausgeführt. Als nächstes infizieren sie dann alle anderen Dokumente, mit denen gearbeitet wird. Moderne Virenscanner suchen, finden und beseitigen auch solche Viren.

Die meisten Viren sind allerdings oft sehr amateurhaft programmiert und verraten sich von selbst. Manche Boot-Sektor-Viren erzeugen kaputte Sektoren auf der Festplatte. Da sie zu groß für den Boot-Sektor sind, markieren sie andere Sektoren als kaputt, um sicherzustellen, daß sie nicht anderweitig benutzt werden. Speicherresidente Viren knapsen z.B. etwas vom Arbeitsspeicher ab. Mit dem Programm »Chkdsk« von MS-DOS kann man dies leicht kontrollieren. Bei modernen Festplatten kommen keine kaputten Sektoren mehr vor. Sollte »Chkdsk« dennoch welche anzeigen, sollte man zumindest mißtrauisch werden, genauso wenn »Chkdsk« weniger als 640 Kbyte maximalen unteren Arbeitsspeicher anzeigt. Für solche Fälle sollte man unbedingt eine schreibgeschützte Diskette anlegen, die einen aktuellen Virenscanner enthält. Wenn man sichergehen will, bootet man von dieser Diskette und startet den Virenscanner. Auf diese Weise hat kein Virus eine Chance, in den Prozeß einzugreifen. Denn Viren, die es angeblich im CMOS-RAM geben soll, sind völliger Humbug.

➡ *Siehe Antivirenprogramm, Boot-Sektor, Boot-Sektor-Virus, Cruising-Virus, Hybridvirus, McAfee, Resident, Stealth-Virus, Trojanisches Pferd, TSR-Programm, Virenscanner*

ComTech

Die Firma ComTech ist neben Vobis der größte deutsche Computer-Distributor. 1996 kaufte das Unternehmen die bankrotte Firmengruppe Escom auf. Neben AEG und Daimler-Benz gehört auch die Lufthansa zu den Großkunden von ComTech, deren Computer unter der Bezeichnung PACOMP vertrieben werden.

➟ *Siehe Escom (2001), Vobis*

Conference on Data Systems Languages

Abk.: CODASYL. Ein vom US-amerikanischen Verteidigungsministerium gegründeter Verband, der sich im Datenverwaltungsbereich die Entwicklung von Systemen und Programmiersprachen zur Aufgabe gemacht hat. War an der Entwicklung der Programmiersprache COBOL maßgeblich beteiligt.

Config.sys

Die Datei Config.sys enthält Einstellungen und Befehle im Textformat. Diese werden beim Booten des Betriebssystems MS-DOS (und damit auch Windows 3.1, 3.11 und 95) geladen und ausgewertet. Zusammen mit der Autoexec.bat stellt dieses Duo das gesamte Konfigurationssystem von MS-DOS. Die Dateien müssen sich im Hauptverzeichnis des Laufwerks C: befinden und werden bei jedem Start ausgeführt. In der Config.sys können tiefergehende Einstellungen als in der Autoexec.bat vorgenommen werden. Dort kann man z.B. den Befehls-Interpreter festlegen und Treiber laden, die die Endung .sys besitzen. Diese ladbaren Gerätetreiber passen DOS an das System an. Seit MS-DOS 6.0 kann in der Config.sys auch eine Reihe verschiedener Konfigurationen angeben werden. Diese werden beim Booten angezeigt und man kann wählen, welche Konfiguration man benutzen möchte. Weitere Informationen können Sie mit dem Befehl »help« unter MS-DOS erhalten.

➟ *Siehe Autoexec.bat, Befehls-Interpreter, Betriebssystem, Booten, C:, MS-DOS, Treiber*

Connect

Ein Modem gibt diese Meldung zurück, wenn es ihm bei einem Verbindungsaufbau gelungen ist, den Carrier zu etablieren.

➟ *Siehe Carrier, Modem*

Connect time

Mit der Connect Time bezeichnet man die Zeitdauer, die man bei einer Verbindung per Modem online war. Sie erstreckt sich von dem Zeitpunkt, an dem man sich in das Internet oder eine Mailbox eingewählt oder die Verbindung mit einem anderem Modem hergestellt hat (Datenfernübertragung), bis zu dem Zeitpunkt, an dem die Verbindung beendet wurde.

➡ *Siehe Datenfernübertragung, Internet, Mailbox, Modem, Online*

Connectivity

Bezeichnet einerseits die Fähigkeit der Zusammenarbeit zwischen Hardwaregeräten, Softwarepaketen oder Computern

Die Connectivity als Maß bezeichnet die Störungsanfälligkeit, Bandbreite oder Qualität von Kommunikationseinrichtungen.

Connector conspiracy

In der Anfangszeit der Computer gab es keine standardisierten Steckverbindungen für einzelne Systemkomponenten. Deshalb warf man den Herstellern vor, einer Connector conspiracy (Steckerverschwörung) anzugehören, und die Festlegung eines gemeinsamen Standards zu verhindern.

➡ *Siehe Computer*

Containerdatei

Containerdateien enthalten Dateien verschiedener Programme und fassen diese zu einem Paket zusammen. Präsentationsprogramme nutzen solche Pakete oft, um Ergebnisse von Datenbanken, Grafikprogrammen, Tabellenkalkulationen und Textverarbeitungsprogrammen miteinander zu verknüpfen und dann anschaulich darzustellen.

➡ *Siehe Datenbank, Grafikprogramme, Präsentationsprogramme, Tabellenkalkulation, Textverarbeitung*

Contents Directory

Eine Folge von Warteschlangen der sich in einem Bereich des Arbeitsspeichers befindlichen Deskriptoren und Adressen der Routinen.

Control bit

➡ *Siehe Prüfbit*

Control panel

Control Panel ist die englische Bezeichnung für die Systemsteuerung. Mit Hilfe der Systemsteuerung kann man Windows 95/NT konfigurieren.

➡ *Siehe Systemsteuerung, Windows 95, Windows NT*

Control-Sequenz

Eine Control-Sequenz ist eine Reihe von Steuerzeichen, mit denen man Befehle an einen Drucker übermittelt.

➡ *Siehe Drucker, Steuerzeichen*

Control-Taste

Die Control-Taste ist die englische Bezeichnung für die Steuerungstaste `Strg`. Diese Taste befindet sich links und rechts unten auf der Tastatur. Neben der `Alt` ist `Strg` eine der Tasten, die in Verbindung mit anderen Tasten Tastenkombinationen bilden. Außerdem kann man alle Zeichen (auch die Sonderzeichen) des ASCII-Zeichensatzes erzeugen, indem man die ⌈Strg⌉-Taste gedrückt hält und auf dem rechts abgesetzten Nummernblock den Code des Zeichens eintippt. Lassen Sie dann die ⌈Strg⌉-Taste wieder los, erscheint das gewünschte Zeichen.

➞ *Siehe Alt Gr-Taste, Alt-Taste, ASCII, Sonderzeichen, Tastatur*

Controller

Ein Controller ist ein:

- Prozessor, der die CPU bei ihrer Arbeit unterstützt. Dazu übernimmt er spezielle Aufgaben von der CPU und führt diese eigenständig aus. Beispiele hierfür sind der Cache-Controller, der DMA-Controller und der Interrupt-Controller.

- ein Gerät, das man benötigt, um bestimmte Arten von Datenträgern benutzen zu können. Neben dem mittlerweile auf den Motherboards integrierten Floppy-Controller und dem Festplatten-Controller gibt es Controller auch als Erweiterungskarten. Dazu gehören beispielsweise die SCSI-Controller.

➞ *Siehe Cache-Controller, CPU, Datenträger, DMA-Controller, Festplatten-Controller, Floppy-Controller, Interrupt-Controller, Prozessor, SCSI-Controller*

Cooked Mode

Im Cooked Mode werden die von einem Eingabegerät gelieferten Daten gefiltert. Wagenrücklaufzeichen, Dateiendezeichen, Zeilenvorschub und Tabulatorzeichen werden gesondert behandelt.

Cookie-Filter

Filter, mit dem verhindert wird, daß benutzerspezifische Informationen mit Hilfe von Cookies an einen Server übertragen werden.

➞ *Siehe Cookies*

Cookies

Cookie ist der englische Begriff für Keks. Allerdings meint man damit im EDV-Bereich keine süße Leckerei. In der Diskussion um das Internet spricht man immer wieder von der Gefahr des gläsernen Benutzers. Cookies – kleine Protokolldateien – sind ein Teil der Strategie, um die Surf-Gewohnheiten von Anwendern auszuforschen. Viele Server im Internet legen auf der Festplatte des Benutzers Cookies an, sobald man auf den Server zugreift, und fragen gleichzeitig ab, ob schon andere Cookies vorliegen. Anhand der Cookies auf dem eigenen Rechner kann man also Rückschlüsse darauf ziehen, welche Server wie oft besucht wurden. Manche Server in den USA tauschen diese gewonnenen Informationen miteinander aus und erstellen so Profile über die Benutzer. Diese lassen sich für Werbezwecke gut verkaufen. Die neuen Browser bieten eigentlich immer eine Funktion, mit der sich das Empfangen verhindern läßt. Das Problem dabei ist, daß Cookies nicht nur negativ sind. Viele »harmlose« Server legen solche Cookies an, um sich an den Benutzer anzupassen. Besuchen Sie bestimmte Server öfter, können diese aus Ihren Cookies ablesen, was Sie gemacht haben und daraufhin reagieren. Cookies müssen also nicht unbedingt negativ sein. Manche Internet-Seiten lassen sich ohne Cookies gar nicht in vollem Umfang betrachten. Ein Programm, welches Cookies automatisch löscht, ist der Cookie Pal von Kookaburra. Dieses Programm unterstützt Sie bei der Abwehr von unerwünschten Cookies deutlich flexibler und ist unter http://www.kburra.com frei erhältlich. Allerdings sollten Sie sich registrieren lassen und die 15 Dollar Shareware-Gebühren bezahlen.

➡ *Siehe Internet, Server, Shareware*

Coprozessor

Ein Coprozessor ist ein zusätzlicher Prozessor, der die CPU bei Berechnungen unterstützt. Der Coprozessor, der bei den neuen CPUs von AMD, Cyrix und Intel bereits integriert ist, hat die Funktion eines arithmetischen Coprozessors. Er ist auf die Berechnung von Fließkommazahlen (Gleitkommaoperationen) spezialisiert und erreicht dort eine viel größere Leistung als die eigentliche CPU. Fließkommaarithmetik ist v.a. für CAD-Programme, Rendering und 3D-Spiele wichtig. Während bei der Integer-Rechenleistung die CPUs von AMD und Cyrix diejenigen von Intel zumindest eingeholt und oft sogar überholt haben, liegen diese bei Fließkommaberechnung teilweise weit zurück. Darauf sollte man achten, wenn man mit dem Gedanken spielt, eine CPU zu erwerben. Bei Grafikkarten spielen Coprozessoren für die Beschleunigung der Grafikdarstellung eine anhaltend wichtigere Rolle.

➡ *Siehe Accelerator-Karte, AMD, Arithmetische Logikeinheit, CAD, CPU, Cyrix, Fließkommadarstellung, Integer, Intel, Rendering*

copy

Der Befehl copy ist in dem Befehls-Interpreter des Betriebssystems MS-DOS enthalten und dient zum Kopieren von Dateien.

➡ *Siehe Befehl, Befehls-Interpreter, Betriebssystem*

Copy Protection

➡ *Siehe Schreibschutz*

CORBA

Abkürzung für Common Object Request Broker Architecture.

Corel

http://www.corel.com

Die kanadische Firma Corel wurde 1985 gegründet und ist einer der führenden Hersteller von Grafik-Software. Zu den bekannten Produkten gehört die CorelDraw-Suite (aktuell in der Version 8.0), in der neben dem Vektorgrafikprogramm CorelDraw! auch die Bildbearbeitungs-Software Corel PhotoPaint und einige andere Programme zur Bild- und Texterfassung und 3D-Berechnung enthalten sind. Zum Lieferumfang gehören außerdem ClipArts und diverse Schriftarten (Fonts). Ein weiteres Produkt von Corel ist die Office-Suite PerfectOffice Professional und das in Kürze erscheinende und komplett in Java geschriebene Corel Java Office. Auch im Hardware-Sektor – besonders im Bereich der neuen Netzcomputer – möchte Corel Fuß fassen. Ein eigener NC ist bereits in der Entwicklungsphase.

➨ *Siehe Corel Draw, Java, NC, Office-Paket, Vektorgrafik, Ventura Publisher*

Corel Draw

Die Software Corel Draw der Firma Corel ist das weltweit führende Paket zur Grafikverarbeitung. Es liegt in der Version 8.0 für Windows 95/NT vor. Im Paket enthalten sind das Vektorgrafikprogramm Corel Draw, die Bildbearbeitungs-Software Corel PhotoPaint und einige andere Programme zur Bild- und Texterfassung (OCR) und 3D-Berechnung. Zum Lieferumfang gehören außerdem ClipArts und diverse Schriftarten (Fonts).

➨ *Siehe Bildbearbeitungsprogramm, Clipart, Corel, Font, OCR, Vektorgrafik*

Courier

Courier ist eine schon von der Schreibmaschine bekannte Schriftart, die sich durch eher schmale Zeichen und Serifen auszeichnet. Sie wird bei vielen Druckern als Standardschrift eingesetzt.

➨ *Siehe Drucker, Font, Schriften, Serifen*

Courseware

Bezeichnung für Schulungs- und Unterrichtssoftware.

CP/M

CP/M steht für Control Program for Microcomputers (Kontrollprogramm für Mikrocomputer). CP/M war eines der ersten Betriebssysteme für den PC. Es existierte bereits Mitte der 70er Jahre und war etwa 10 Jahre unangefochtener Marktführer. Der Sprung auf den IBM-PC mit einem CP/M-86 gelang allerdings nicht.

➨ *Siehe Betriebssystem, IBM-PC, PC*

Bild 9: Auch Corel ist im WWW präsent

CPA

Abkürzung für Computer Press Association. Ein Verband, der sich aus Journalisten, Rundfunkmoderatoren und Autoren zusammensetzt, die über Computertechnologien und die Computerindustrie schreiben oder berichten.

cpi

Abkürzung für characters per inch, Zeichen pro Zoll. Maßeinheit für die Zeichendichte auf Bildschirmen oder bei Druckern.

→ *Siehe Bildschirm, Drucker*

cps

Abkürzung für characters per second, Zeichen pro Sekunde. cps ist eine Maßeinheit für die Geschwindigkeit der Zeichenausgabe. Das kann Drucker betreffen, genauso wie die Bildschirmausgabe oder die Höhe

CPU

der Datentransferrate bei Datenfernübertragungen.

→ *Siehe Bildschirm, Datenfernübertragung, Datentransferrate, Drukker*

CPU

Abkürzung für engl. Central Processing Unit. Bezeichnung für den Zentralprozessor eines Computers. Diese Komponente ist der zentrale Baustein des PCs, der alle wichtigen Berechnungen durchführt. Um ihn zu entlasten, werden moderne Computer mit einer steigenden Anzahl von Coprozessoren ausgestattet. Die CPU arbeitet eng mit dem Chipsatz des Motherboards zusammen. Dieses Duo ist maßgeblich für die Rechenleistung der PCs verantwortlich. Die CPU besteht aus mehreren Teilen. Die maßgeblichen sind der First-Level-Cache, das Rechenwerk und die Steuereinheit (Steuerwerk).

→ *Siehe Chipsatz, Coprozessor, First-Level-Cache, Motherboard, PC, Prozessor, Rechenwerk, Steuerwerk*

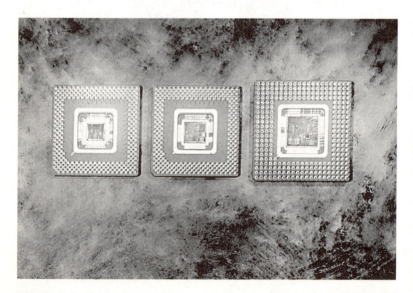

Bild 10: Im Laufe der Zeit wurden immer mehr Transistoren in CPUs integriert – hier im Größenvergleich zu sehen

CPU-Architektur

Die CPU-Architektur legt einige grundsätzliche Kennzeichen einer CPU wie die Anzahl der Register und die Wortbreite (Breite der Register) fest. Es gibt zwei grundsätzlich verschiedene Architekturen, CISC und RISC. Für die Schaffung immer leistungsfähigerer Prozessoren ist man dazu übergegangen, diese beiden Architekturen in immer stärkerem Maße kombiniert einzusetzen.

→ *Siehe Architektur, CISC, CPU, Register, RISC-Prozessor*

CPU-Bus

Der CPU-Bus verbindet einerseits die CPU-Komponenten miteinander, also u.a. den First-Level-Cache, das Rechenwerk und die Steuereinheit. Auf der anderen Seite bezeichnet man das CPU-externe Leitungssystem, das die CPU mit anderen Komponenten des Chipsatzes auf dem Motherboard verbindet, ebenfalls als CPU-Bus.

→ *Siehe Chipsatz, CPU, First-Level-Cache, Motherboard, Rechenwerk, Steuerwerk*

CPU-Geschwindigkeit

Leistungsfähigkeit der Zentraleinheit, die normalerweise in Megahertz gemessen wird.

cracken

Das unrechtmäßige Entfernen eines Kopierschutzes durch eine Drittperson (Cracker) wird cracken genannt.

→ *Siehe Hacker, Kopierschutz*

Cracker

Ein Cracker ist ein Computerfreak, der den Kopierschutz von Programmen entfernen kann und so die Verbreitung von Raubkopien ermöglicht.

→ *Siehe Computerfreak, cracken, Hacker, Kopierschutz, Raubkopie*

Crash

→ *Siehe Absturz*

Crashmail

Crashmail ist die Bezeichnung für eine E-Mail im Fido-Netz, die direkt an das Empfangssystem gerichtet ist, an dem der gesuchte Benutzer seinen Account hat.

→ *Siehe Account, E-Mail, FidoNet*

Crawler

Andere Bezeichnung für einen Web-Browser.

Cray-1

Ein von Seymour Cray 1976 entwickelter Supercomputer der 160 Millionen Gleitkommaoperationen pro Sekunde ausführen konnte.

CRC

CRC ist das englische Kürzel von Cylic Redundancy Check und bezeichnet ein Verfahren zur Fehlererkennung und Fehlerkorrektur. Cyclic (zyklisch) deshalb, weil es regelmäßig angewendet wird. Praktisch alle Datenübertragungen, sowohl interne (Festplatte zu Computer) als auch externe (Modem zu Modem) benutzen solche CRC-Verfahren, um sicherzugehen, daß die übermittelten Daten tatsächlich korrekt übertragen worden sind. Das CRC-Verfahren bildet dabei Prüfsummen über eine gewisse Menge von Daten. Diese Datenblöcke werden dann mit der jeweils entsprechenden Prüfsumme übertragen. Der Empfänger verifiziert, ob die Prüfsumme noch mit dem Datenblock übereinstimmt. Ist das nicht der Fall, tritt ein CRC-Fehler auf. Im Normalfall meldet der Empfänger dem Sender diesen Fehler und fordert so das Paket noch einmal an. Nach einer bestimmten Zahl von solchen immer wieder fehlerhaften Wiederholungen wird der Transfer abgebrochen. Derartige Fehler treten bei defekten Disketten, kaputten Festplatten (sehr selten), bei Datenübertragungen mit einem Modem und bei defekten komprimierten Archiven auf.

➠ *Siehe Datenblock, Datenkompression, Datenübertragung, Fehlererkennung, Fehlerkorrektur, Paket, PKZIP, Prüfsumme*

Creative Labs

http://www.creativelabs.com

Creative Labs ist der Hersteller der Soundkarte Soundblaster. Die Soundblaster waren zeitweilig die mit Abstand am häufigsten verkauften Soundkarten und konnten so einen Quasistandard etablieren. Noch heute sind praktisch alle neuen Soundkarten SoundBlaster-kompatibel.

➠ *Siehe Soundblaster, Soundkarte*

Crippleware

Shareware, die nur als stark verstümmelte Version frei erhältlich ist und nur in dieser Form getestet werden kann, nennt man Crippleware. Viele Autoren haben die oft berechtigte Angst, daß zwar eine Menge Leute ihre Software nutzen, sich aber nur ein geringer Bruchteil davon registrieren läßt. Aus diesem Grund geben sie solche Crippleware heraus, bei der gerade Druck- und Speicherfunktionen fehlen und so das Programm nicht wirklich verwendet werden kann. Um das Programm vollständig zu erhalten, muß man sich registrieren lassen. Da Crippleware eigentlich nicht dem Sharewaregedanken genügt, ist sie nicht gern gesehen.

➠ *Siehe Shareware, Software*

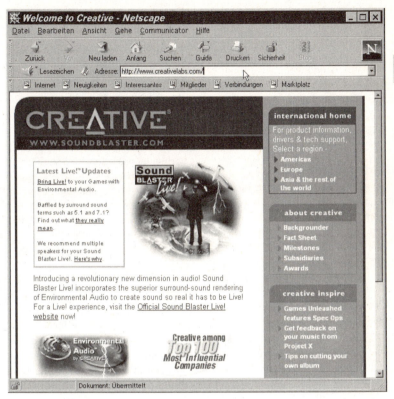

Bild 11: Die kreative Seite von Craetive Labs im WWW

Cross Assembler

Ein Cross Assembler ist ein spezieller Assembler, der es erlaubt, Software für eine andere Plattform (cross) zu entwickeln. Mit einem Cross Assembler lassen sich beispielsweise mit einem PC Programme für einen Steuercomputer mit nichtkompatibler CPU entwickeln. Würde man mit einem normalen Assembler arbeiten, so wäre das entwickelte Programm zwar auf dem PC nutzbar, nicht aber auf der designierten Plattform (in diesem Fall dem Steuercomputer). Bei einem Cross Assembler ist es genau anders herum: Das fertige Programm funktioniert nur auf dem Steuerrechner, nicht aber auf dem PC.

→ *Siehe Assembler, CPU, Kompatibel, Plattform*

Cross-Compiler

Ein Compiler, der auf einer bestimmten Hardware-Plattform läuft, aber Maschinencode für eine andere Plattform erzeugt.

Crossplattform CD

CD-ROMs, die man mit verschiedenen Betriebssystemen lesen kann, nennt man Crossplattform CDs. Die Crossplattform CD ist durch das ISO-9660-Format definiert.

→ *Siehe Betriebssystem, CD-ROM, ISO 9660*

Crossposting

Mit Crosspostings bezeichnet man in Newsgroups Nachrichten, die nicht wie gewöhnlich in einer Newsgroup erscheinen, sondern in mehreren gleichzeitig. Beim Crossposting wird eine Nachricht an mehrere oder alle bestehenden Newsgroups nur einmal physikalisch auf einem News-Server im Internet abgelegt. Da Crosspostings in den seltensten Fällen sinnvoll sind, werden sie i.d.R. geächtet, und die Absender solcher Crosspostings dürfen sich normalerweise auf einen Sturm der Entrüstung gefaßt machen, denn im Prinzip verstoßen die Crosspostings gegen die Nettiquette.

→ *Siehe Breitbardt-Index, EMP, Internet, Newsgroup, Spam-Mail*

CRS

Abkürzung für engl. Cell Relay Service, was soviel wie Zellenübertragungsservice bedeutet. Bei Hochleistungs-Netzwerken werden die zur Verfügung gestellten CRS-Verbindungen nach Kriterien wie Datentransferrate und Leitungsstabilität beurteilt und vergeben. Hochwertige CRS-Verbindungen sind besonders für Videokonferenzen notwendig.

→ *Siehe ATM, Datentransferrate, Netzwerk, Videokonferenz*

CRT

CRT steht für Cathode Ray Tube und ist der englische Name für die Elektronenstrahlröhre. Diese wird oft als Bildschirmröhre bezeichnet und ist das zentrale Element für die Bildschirmdarstellung.

→ *Siehe Bildschirm, Elektronenstrahlröhre*

Cruising-Virus

Cruising-Viren pflanzen sich wie normale Computerviren fort. Sie kommen in großen Netzwerken vor und sind auf der Suche nach ganz bestimmten Systemen. Alle anderen Systeme benutzen sie auf ihrem Weg nur als Zwischenstation. Solche Viren haben normalerweise eine ganz genau definierte Aufgabe und kommen v.a. in Buchungs- und Finanzsystemen vor und sollen gezielt bestimmte Daten manipulieren, etwa gefälschte Überweisungen einspeisen.

➠ *Siehe Computervirus, Netzwerk*

crunchen
Ausdruck, der für das Verarbeiten von Informationen steht.

CSCW
Abkürzung für engl. Computer Supported Cooperative Work. So nennt man in Fachkreisen die computerbasierte Gruppenarbeit, also Teamarbeit, die mit Hilfe von Computern stattfindet.

CSLIP
➠ *Siehe Compressed Serial Line Internet Protocol*

CSNET
CSNET steht für Computer and Science NETwork und ist einer der Vorgänger des Internets. Anders als das militärische MILNET verband das CSNET aber immer schon amerikanische Universitäten.

➠ *Siehe ARPAnet, Internet*

CSRAM
Clock Synchronous RAM. Neue Speicherbauform, die im L2-Cache des Intel Xeon zum Einsatz kommt. Im Gegensatz zum Pipeline-Burst-Cache (PBRAM) arbeitet CSRAM nicht mit getakteten Pipeline-Zugriffen, die jeden Zugriff eines Bursts mit dem Takt synchronisieren, sondern verwendet eine semi-synchrone Technik. Dabei wird nur der erste Zugriff eines Bursts synchronisiert, der Rest läuft selbstgesteuert ab. In Kombination mit einigen anderen technischen Neuerungen erreicht CSRAM dadurch erheblich schnellere Burst-Raten als PBRAM.

➠ *Siehe Pentium II, Pipelined-Burst-Cache, Xeon*

CSS
Abkürzung für Cascading Style Sheets. Eine Erweiterung der Möglichkeiten von HTML. CSS bietet für HTML einen Mechanismus, der den Formatvorlagen bei Textverarbeitungsprogrammen ähnelt. Über CSS ist es möglich, die gestalterischen Eigenschaften von HTML-Tags zentral festzulegen und zu pflegen. Ohne CSS müssen sämtliche Formatierungen eigentlich gleicher Elemente innerhalb einer Webseite bzw. einer Website für jedes Element neu definiert werden. Anstatt die Schriftart und -größe für z.B. die Überschrift der ersten Stufe an einer Stelle festzulegen,

muß die Auszeichnung bei standard HTML bei jeder dieser Überschriften neu vorgenommen werden. Besonders bei komplexeren HTML-Projekten ist dies ein unschätzbarer Vorteil. Leider unterstützen erst die 4.xx-Versionen des Netscape Navigators und des Microsoft Internet Explorer CSS vollständig.

➠ *Siehe DHTML, HTML, Internet Explorer, Netscape Communicator, Webseite, WebSite*

CT-Standards

CT steht für Cordless Telephones, also schnurlose Telefone. Die CT-Standards werden von der europäischen Konferenz der Fernmelde- und Postverwaltungen CEPT definiert und liegen bis jetzt als CT1, CT1+ und CT2 vor. Sie regeln die Kommunikation zwischen den Basisstationen und den Mobilteilen. Inzwischen sind sie von dem neueren DECT-Standard abgelöst worden. CT1 und CT1+ basierten noch auf analoger Technologie und konnten daher relativ leicht abgehört werden. Der CT2-Standard ist digital und in Frankreich und den Niederlanden auch recht verbreitet. In Deutschland ist er hingegen eher unbekannt.

➠ *Siehe CEPT*

Ctrl-Taste

Ctrl ist die Kurzform von Control und ist der englische Name für die Steuerungstaste. Diese Control-Tasten hat auf dem PC viele unterschiedliche Funktionen.

➠ *Siehe PC, Strg-Taste, Tastatur*

CTS

Abkürzung für engl. Clear To Send. Bezeichnung für die Steuerleitung bei seriellen Schnittstellen von PCs. Dieses Signal regelt mit RTS die Hardware-kontrollierte Flußsteuerung.

➠ *Siehe Flußsteuerung, PC, Serielle Schnittstelle*

CUI

Abkürzung für engl. Charakter User Interface. Bezeichnung für eine textorientierte Benutzeroberfläche, wie sie die Befehls-Interpreter Command.com bei MS-DOS und Cmd.exe bei OS/2 zur Verfügung stellen.

➠ *Siehe Befehls-Interpreter, Command.com, MS-DOS, OS/2, Textorientierte Oberfläche*

Current Location Counter

Ein kleiner, schneller Speicherbereich innerhalb eines Mikroprozessors, der die Adresse des nächsten auszuführenden Befehls enthält.

Cursor

Der Cursor ist normalerweise als blinkende Eingabemarkierung auf dem Bildschirm (unter DOS an der Eingabeaufforderung) zu sehen. Eingaben mit der Tastatur werden an der

Cursor-Position angezeigt. Den Cursor können Sie mit der Maus oder den Cursortasten bewegen.

➡ *Siehe Eingabeaufforderung, Maus, Tastatur*

CUSeeMe

Ein Programm, das an der Cornell University (Ithaca, Bundesstaat New York) entwickelt wurde und Echtzeit-Videokonferenzen über das Internet erlaubt. Dies scheitert aber meist an der großen benötigten Bandbreite von mind. 128 Kilobit, die das Internet zu Zeit nicht erreicht.

Cut & Paste

Engl. Ausschneiden und Einfügen.

➡ *Siehe Ausschneiden und Einfügen*

Cybercafé

Ein Café oder Restaurant, das den Gästen PCs oder Terminals mit Internetzugang bietet. Die Benutzung der Geräte ist kostenpflichtig und wird stunden- oder minutenweise abgerechnet.

➡ *Siehe Cyberspace, Internet*

Cybercash

Eine allgemeine Bezeichnung für Geld, mit dem im Internet gezahlt werden kann.

➡ *Siehe Cyberspace, E-Cash, E-Commerce, Internet*

Cyberchat

Online-Konversation mit anderen Benutzern.

➡ *Siehe Chat- und Hacker-Slang, Chatten, Cyberspace, Internet*

Cyberdog

Web-Browser von Apple, der E-Mail unterstützt und auf der Objekttechnologie OpenDoc basierend die Integration in andere Anwendungen erleichtert.

➡ *Siehe Apple, E-Mail, Internet, Web-Browser*

Cybernaut

Eine in Anlehnung an einen Astronauten angelehnte Bezeichnung einer Person, die viel Zeit online verbringt und das Cybernet »erforscht«.

➡ *Siehe Cyberspace, Internet*

Cyberpolizist

Eine Person, die im Internet begangene Betrügereien und Belästigungen aufdeckt.

➡ *Siehe Cyberspace*

Cyberpunk

Eine neue Literaturgattung, deren prototypischer Roman William Gibsons (1982) »Neuromancer« ist, dort wurde der Begriff auch geprägt. Cyberpunk ist gleichzeitig der Oberbegriff für eine populäre, dem Ethos der Cyberpunk-Fiktion ähnelnde Kulturform.

→ *Siehe Cyberspace, Internet, Neuromancer*

Cyberspace

Ein Cyberspace (Cybernetic Space) ist eine virtuelle Realität, eine vom Computer geschaffene Welt, die der Anwender mit Hilfe eines Computers besuchen kann. Der Anwender interagiert mit der künstlichen Welt der virtuellen Realität über ein Head-Mounted-Display (HMD oder Datenhelm), eine Data-Suit und einen Data-Glove. Der Begriff Cyberspace wurde in dem Roman Neuromancer von William Gibson geprägt, die Beschreibung virtueller Realitäten erfolgte aber bereits in den Romanen von Stanislaw Lem (Phantomatik).

→ *Siehe Data Glove, Data Suit, Head Mounted Display, Neuromancer, Phantomatik, Virtuelle Realität*

Cybrarian

Software, die es erlaubt, Datenbankabfragen mit Hilfe einer interaktiven Suchmaschine durchzuführen, und die an einigen – öffentlichen – Bibliotheken eingesetzt wird.

Cycle

Engl. für Zyklus. Synonym für Schleife, also sich wiederholende Programmteile.

→ *Siehe Schleife*

Cyrix

http://www.cyrix.com

Cyrix ist neben AMD einer der wenigen CPU-Hersteller, der versucht, Intel Paroli zu bieten. In letzter Zeit haben sowohl Cyrix wie auch AMD deutlich aufgeholt und können Prozessoren anbieten, die sich gut mit denen von Intel messen lassen. Der aktuelle Cyrix-Prozessor ist der M2, der dem Pentium-Pro und Pentium-II Konkurrenz machen soll. Dieser Prozessor enthält auch Funktionen, die denen der MMX-Technolgie von Intel entsprechen. Cyrix wurde dieses Jahr von National Semiconductor übernommen.

→ *Siehe AMD, CPU, Intel, M2, MMX, Pentium II, Pentium Pro*

Cyrix

Bild 12: Cyrix Online im Internet – die Homepage

D-Kanal

Kanal zur Übertragung von Steuerdaten bei ISDN.

→ *Siehe B-Kanal, ISDN*

D-Kanal-Protokoll

Protokoll für die Übertragung von Daten über den D-Kanal im ISDN.

→ *Siehe D-Kanal, ISDN*

D-Netz

Das erste voll digitale Mobilfunknetz in Deutschland war das D-Netz. Die Vorläufer, das A-, B- und C-Netz waren dagegen analog.

→ *Siehe Analog, B-Netz, C-Netz, Digital, Mobilfunk*

D/A-Wandler

→ *Siehe Digital-Analog-Wandler*

DAA

Abkürzung für Digital to Analog Adapter oder Digital-Analog-Adapter. Mit diesem Begriff bezeichnet man manchmal den Anschluß eines Computers an das analoge Telefonnetz per Modem.

→ *Siehe Analog, Modem*

DAB

Abkürzung für Digital Audio Broadcasting. 1997 eingeführter Audiostandard für die digitale Rundfunkübertragung.

DAC

→ *Siehe Digital-Analog-Wandler*

Daisy Chain

In einer Art Reihen miteinander verbundene Geräte, die zur Vermeidung von Konflikten bei der Nutzung des gemeinsamen Busses unterschiedliche Prioritäten zugewiesen bekommen und Informationen nur bei freier Leitung senden.

Dämon

Ein im Hintergrund laufendes Programm, daß eine nicht vom Benutzer aufgerufene Utility-Funktion ausführt.

Dämpfung

Die in Dezibel gemessene Abschwächung eines übertragenen Signals mit zunehmender Entfernung vom Entstehungsort.

Dark Fiber

Bei faser-optischen Kommunikationstechniken nicht verwendete Kapazität.

DARPA

Abkürzung für Defense Advanced Research Projects Agency. Die DARPA ist eine in den 50er Jahren eingerichtete Forschungseinrichtung des amerik. Verteidigungsministeriums. Sie entstand aus der ARPA (Advanced Research Projects Agency). Diese beiden Abteilungen entwickelten den Vorgänger des Internet, das ARPAnet.

➡ *Siehe ARPAnet, Internet*

DASAT

Abkürzung für Datenkommunikation via Satellit. Bezeichnung für ein Angebot der Deutschen Telekom zur Übertragung großer Datenmengen über Satellit.

DAT

Abkürzung für Digital Audio Tape. DAT-Laufwerke sind hauptsächlich aus dem Hi-Fi-Bereich bekannt, werden in Form von DAT-Streamern aber auch im Computerbereich eingesetzt.

Abkürzung für dynamic address translation. Beschreibt die Umwandlung von Referenzen auf Speicherstellen von relativen Adressen (zwei Einheiten vom Beginn von Y) auf absolute Adressen (Speicherstelle Nummer 988) bei laufendem Programm.

➡ *Siehe DAT-Streamer*

DAT-Streamer

Ein DAT-Streamer verwendet DAT-Medien zur Speicherung von Daten. Die Speicherkapazität solcher Geräte liegt zwischen 2 und 8 Gbyte. Die Übertragungsrate bei 11 bis 44 Mbyte/s.

➡ *Siehe Speicherkapazität, Streamer, Übertragungsrate*

Data Cartridge

Dt. Datenkassette. Die Datenkassette arbeitet nach demselben Prinzip wie ihre Schwester, die Audiokassette, und wurde in der Frühzeit des Computerzeitalters zur Speicherung von Daten verwendet. Wie bei der Audiokassette werden auch bei der Datenkassette die Daten mit Hilfe eines speziellen Laufwerks auf einem Magnetband gespeichert. Die heutigen Cartridges in Streamern arbeiten mit einem ähnlichen Prinzip, verfügen aber über eine weit höhere Speicherkapazität, was zum einen auf neuen Verfahren zur Erhöhung der Aufzeichnungsdichte, zum anderen auf verbesserter Datenkodierung und -komprimierung beruht. Außerdem hat sich die Übertragungsgeschwindigkeit und die Zugriffszeit der Streamer ebenfalls stark gesteigert. Verschiedene Verfahren werden zur Speicherung der Daten eingesetzt, z.B. QIC oder Travan. Die Kapazität der Cartridges reichen von mehreren Mbyte bis mehrere Gbyte.

➟ *Siehe Aufzeichnungsdichte, Datenkompression, Magnetband, Speicherkapazität, Streamer*

Data Communications Equipment

Engl. für Datenkommunikationseinrichtung.

➟ *Siehe DCE*

data encryption

Synonym für Datenverschlüsselung und Kryptographie.

➟ *Siehe Datenverschlüsselung, Kryptographie*

Data Encryption Standard

➟ *Siehe DES*

Data Glove

Dt. Datenhandschuh. Der Datenhandschuh ist ein Eingabegerät, welches Verwendung im Bereich der Virtual Reality- (Virtuelle Realität-)Anwendungen, der Tele-Robotik und der Echtzeitanimation findet. Der Handschuh wird dabei zur Steuerung der eigenen künstlichen Computer-Person (in diesem Kontext als Avatar bezeichnet) und zur Interaktion mit den sichtbaren Elementen der Virtual-Reality-Darstellung eingesetzt. Die Bewegungen des Anwenders werden über in den Handschuh eingearbeitete Sensoren an den Computer übertragen, der sie dann in Bewegungen im virtuellen Raum umsetzt. Neuere Systeme verfügen über das sog. taktile Feedback, bei dem der Anwender Objekte im virtuellen Raum berühren und »fühlen« kann. Dazu sind in den Handschuh programmierbare Stimulatoren eingearbeitet. Je nach System kosten solche Data Gloves zwischen 1000,- und 30.000,- DM.

➟ *Siehe Avatar, Data Suit, Motion-Capture, Virtuelle Realität*

Data Link Layer

Verbindungsschicht. 2. Schicht des OSI-Schichtenmodells.

➟ *Siehe OSI-Schichtenmodell, Verbindungsschicht*

Data Mart

Kleine Version eines Data Warehouse, das nur einer bestimmten Zielgruppe Informationen zur Verfügung stellt.

Data Suit

Eine Data-Suit oder Datenanzug ist ein Ganzkörperanzug, der für die Übertragung menschlicher Bewegungen zum Computer, hauptsächlich im Bereich der Virtual-Reality-Anwendungen und der Echtzeitanimation verwendet wird. In den Anzug sind Sensoren und (bei den teuren Versionen) auch Stimulatoren eingearbeitet, die die Bewegungen des Trägers in Signale für den Computer umwandeln, der diese dann in entsprechende Bewegungen im virtuellen Raum umsetzt. Die Stimulatoren liefern dem Träger dabei ein Feedback (sog. taktiles Feedback), d.h. er kann seine virtuelle Umgebung bei Berührung »fühlen«.

→ *Siehe Data Glove, Head Mounted Display, Motion Analysis Face Tracker, Motion-Capture, Virtuelle Realität*

Data Terminal Equipment
→ *Siehe DTE*

Data Warehouse
Eine in der Regel sehr große Datenbank, welche auf Daten einer Firma zugreifen kann, die auf verschiedene Computer verteilt sind. Sie enthält außerdem Daten über die interne Struktur, über den Speicherort der Daten sowie über die entsprechenden Verbindungen zwischen den Daten. Sie stellen häufig eine Entscheidungshilfe innerhalb einer Organisation dar und ermöglichen es Unternehmen, Beziehungen zwischen den Informationen aus verschiedenen Teilen der Organisation herzustellen und zu überblicken.

→ *Siehe Datenbank*

Datasette
Die Datasette war ein Bandlaufwerk für den C64 und in anderer Bauform für den IBM-PC von 1981, der sogar eine eigene Schnittstelle für Kasettenrecorder besaß. Die Kasette wurde schon vor geraumer Zeit durch die Diskette als Speichermedium ersetzt.

→ *Siehe C64, Diskette, IBM-PC, Magnetband*

Datei
Engl. file. Eine Datei stellt eine Einheit zusammengehörender Daten dar, die unter einem eindeutigen Namen vom Betriebssystem verarbeitet und auf Speichermedien (Datenträger, Hauptspeicher) gespeichert werden kann. Dateien enthalten alle möglichen Formen von Daten. Der Begriff wurde in Analogie zu Kartei gebildet.

→ *Siehe Betriebssystem, Datenträger, Hauptspeicher*

Datei-Endung
→ *Siehe Erweiterung*

Datei-Erweiterung
→ *Siehe Erweiterung*

Datei-Manager
Ein Datei-Manager ist ein Programm, mit dem man Dateien und Verzeichnisse verwalten kann. Er ist Bestandteil eines Betriebssystems (z.B. Windows Explorer); Dateimanager

werden aber auch von Drittherstellern angeboten (z.B. Norton Commander).

→ *Siehe Datei, Explorer, Norton Utilities, Verzeichnis*

Dateiname

Der Dateiname macht eine Datei für das Betriebssystem eindeutig identifizierbar.

→ *Siehe Betriebssystem, Datei*

Dateiserver

Auch File-Server. Ein Dateiserver stellt den Arbeitsstationen im Netzwerk seine Speicherkapazität, nicht aber seine sonstigen Ressourcen oder Programme zur Verfügung.

→ *Siehe Client, Client-Server-Prinzip, Ressourcen, Server, Speicherkapazität, Workstation*

Dateivirus

Ein Dateivirus befällt Programme, die ausführbaren Code enthalten. Beim Öffnen oder Verschieben der Dateien auf ein anderes System wird der Virus aktiv und breitet sich auf andere Programme und Dateien aus. Zu den Dateiviren gehört auch eine relativ junge Spezies: die Makro-Viren. Sie befallen Makros von Anwendungsprogrammen, z.B. die Dokumentvorlagen von WinWord.

→ *Siehe Computervirus, Datei*

Dateiattribut

Jede Datei verfügt über ein oder mehrere Dateiattribute; das sind Eigenschaften, die definieren, wie das Betriebssystem die Datei zu behandeln hat. Dazu gehören Archiv, Systemdatei, eventueller Schreibschutz, versteckt, und auch die Uhrzeit und Datum des letzten Zugriffs und die Dateigröße. Einige Betriebssysteme speichern auch noch weitergehende Informationen zu der Datei, wie z.B. Sicherheitsstatus, welche Benutzer Zugriffsberechtigung haben, wer die Datei erzeugt hat, ob die Datei mit einem Paßwort geschützt ist usw.

→ *Siehe Attribut, Betriebssystem, Datei*

Dateiende

Es gibt zwei Möglichkeiten für das System, das Ende einer Datei zu erkennen. Zum einen kann man das Ende durch eine Marke festlegen (z.B. durch das Steuerzeichen EOF, End of File) oder das Betriebssystem vergleicht die aktuelle Länge der Datei mit der eingetragenen Länge.

→ *Siehe Betriebssystem, Datei, Steuerzeichen*

Dateiformat

Jede Datei wird in einem bestimmten, durch das Betriebssystem oder Anwenderprogramme vorgegebenen Format, d.h. in einer bestimmten Programmstruktur gespeichert. Das Dateiformat definiert unter anderem Zugehörigkeit, Aufgabe und Klasse der Datei (Betriebssystemdatei, Grafikdatei, Texverarbeitungsdatei usw.). In welchem Dateiformat die Datei gespeichert wurde, läßt sich an ihrer Erweiterung feststellen. Beispiele wären .doc für eine Textverarbeitungsdatei, .exe für ein ausführbares Programm, .tif für eine Grafikdatei im TIFF-Format.

➡ *Siehe Ausführbares Programm, Betriebssystem, Datei, Erweiterung, TIFF*

Dateikatalog

Synonym für Verzeichnis. Der Begriff Dateikatalog wird aber auch für untereinander verbundene Dateien in einem Datenbanksystem verwendet.

➡ *Siehe Datei, Datenbanksystem, Verzeichnis*

Dateikonvertierung

Bezeichnung für die Umwandlung (Konvertierung) von einem Dateiformat in ein anderes. Dabei müssen die Formate derselben Klasse (z.B. Textverarbeitung, Grafikprogramm) entstammen. Solange vom Anwender nicht anders definiert, speichern Programme Dateien in ihren eigenen Dateiformaten ab. Können andere Programme die Datei nicht lesen, d.h. unterstützen sie ihr Format nicht, muß die Datei konvertiert werden.

Ein Beispiel: eine Textdatei der einen Textverarbeitung soll mit einer anderen Textverarbeitung geöffnet werden. Die Textverarbeitung muß dazu das bestehende Dateiformat in ihr eigenes Format konvertieren. Die Ursprungdatei wird dabei nicht gelöscht oder überschrieben. Vielmehr wird eine zweite Datei in neuem Format erstellt und abgespeichert. Die Konvertierung wird von vielen Programmen automatisch durchgeführt; es gibt aber auch spezielle Konvertierungsprogramme (Konverter), die eine Vielzahl unterschiedlichster Formate unterstützen. Leider ist die Konvertierung oft nicht perfekt. So kann es sein, daß programmspezifische Informationen, wie z.B. bestimmte Textformatierungen, bei der Konvertierung verlorengehen.

➡ *Siehe Datei, Dateiformat, Datenexport, Datenimport, Konvertierung, Konvertierungsprogramm, Textverarbeitung*

Dateisicherung
➡ *Siehe Backup*

Dateisystem

Das Dateisystem ist Bestandteil des Betriebssystems. Es regelt die Verwaltung und Speicherung von Dateien, stellt dazu eine logische Dateiverwaltungsstruktur (z.B. die Dateizuordnungstabelle FAT oder auch NTFS, HPFS), eine Verzeichnisstruktur und Dateinamen zur Verfügung, und steuert auch den Zugriff der Programme auf einzelne Dateien. Das Dateisystem wird dem Speichermedium bei der Formatierung sozusagen »aufgeprägt«.

➡ *Siehe Betriebssystem, Datei, FAT, FAT32, Formatierung, HPFS, NTFS*

Dateiverwaltung

Diverse, meist im Betriebssystem bereits integrierte Programme (sog. Datei-Manager) ermöglichen eine Dateiverwaltung, d.h. das Löschen, Verschieben, und Umbenennen von Dateien. Beispiele wären der Explorer unter Windows 95 und NT oder der Datei-Manager unter Windows 3.x. Es gibt auch Datei-Manager von Drittanbietern, wie z.B. den Norton Commander.

➡ *Siehe Datei-Manager, Explorer, Norton Utilities*

Dateiverwaltungssystem

➡ *Siehe Dateisystem, FAT, FAT32, HPFS, NTFS*

Dateizugriff

Als Dateizugriff wird das Lesen oder Schreiben einer Datei auf einem Speichermedium bezeichnet.

➡ *Siehe Datei, Speichermedium*

Dateizuordnungstabelle

Die Dateizuordungstabelle (File Allocation Table = FAT) ist ein Dateiverwaltungssystem unter MS-DOS und Windows. Man kann sich die FAT als eine Art Inhaltsverzeichnis des Speichermediums vorstellen. Jedesmal, wenn das Betriebssystem eine Datei lesen oder schreiben will, vergleicht sie dazu die FAT bzw. verzeichnet den neuen Speicherort in ihr.

➡ *Siehe Betriebssystem, Dateisystem, FAT, FAT32, Speichermedium*

DATEL

Abkürzung für Datentelekommunikation. DATEL ist der Oberbegriff für die Telekommunikationsdienste der Deutschen Telekom.

➡ *Siehe Telekommunikation*

Daten

Als Daten bezeichnet man im Computerbereich generell alle Formen von Informationen, die vom Computer verarbeitet werden können. Dazu gehören Programme, Dateien unterschiedlichsten Inhalts, die Inhalte dieser Dateien (z.B. Text, Tabellen, Grafiken usw.), Ziffern, Zahlen, Zeichen, aber auch Parameter.

➡ *Siehe Computer, Datei, Parameter, Programm*

Datenanzug

➡ *Siehe Data Glove, Data Suit, Motion-Capture, Virtuelle Realität*

Datenaustausch

Allgemein der Austausch von Daten zwischen Computern, Programmen oder Systemkomponenten. Der Datenaustausch bezeichnet die Kommunikation zwischen den vorher genannten Elementen zum Zwecke der Steuerung eines Computersystems, Netzwerks oder von Programmabläufen. Für die reine Übertragung von Daten von einem Ort zum anderen verwendet man den Begriff Datenübertragung.

→ *Siehe Computer, Datei, Datenübertragung, Programm*

Datenautobahn

→ *Siehe Information-Highway*

Datenbank

Eine Datenbank ist eine strukturierte Sammlung von Daten, auch Datenbasis genannt. Aufbau, Verwaltung und Strukturierung werden von einem Datenbank-Verwaltungssystem (DVS) bzw. Datenbank-Managementsystem (DBMS) übernommen. Eine Datenbank kann aus einer Datei bestehen, aber auch auf mehrere verbundene Einzeldateien auf einem Computer oder Netzwerk verteilt sein. Sie ermöglicht die nach Kriterien geordnete Sammlung und Abfrage von Informationen (z.B. Kundenstamm, Lagerbestände usw.). Die Abfrage erfolgt über spezielle Abfragesprachen, wie z.B. SQL oder ODBC. Bei der Verknüpfung der Daten untereinander bzw. bei der Strukturierung der Daten in der Datenbank selbst gibt es verschiedene Ansätze. Zum einen die simple hierarchische Datenbank, in der alle Daten über eine Baumstruktur verwaltet werden, zum anderen die relationale oder die mehrdimensionale Datenbank, die beide komplexere Verknüpfungen der Daten untereinander erlauben. Bei einer relationalen Datenbank stehen die Daten in sog. Datenfeldern, die in ihrer Gesamtheit einen Datensatz bilden. Gleichartige Datensätze bilden eine Relation. Zwischen mehreren Relationen können nun logische Bezüge (Verknüpfungen oder Referenzen) erstellt werden. Diese Relationen bilden die relationale Datenbank.

→ *Siehe Baumstruktur, Daten, Datenbank-Managementsystem, Datenbank-Verwaltungssystem, Datenfeld, Datensatz, Mehrdimensionale Datenbank, Netzwerk, ODBC, Relationale Datenbank, SQL*

Datenbank-Client

Bezeichnung für ein Programm (Client-Software), mit dem man in einem Netzwerk von einer Arbeitsstation aus auf einen Datenbank-Server zugreifen kann. Ein derartiges Programm nennt man auch Front-End.

→ *Siehe Client, Client-Server-Prinzip, Netzwerk, Server, Workstation*

Datenbank-Entwicklungssystem

Bezeichnung für ein Datenbank-Verwaltungssystem, das gleichzeitig Werkzeuge zur Erstellung eigener Datenbanken zur Verfügung stellt. So ist es möglich, maßgeschneiderte Datenbanklösungen zu entwerfen. Die Datenbank-Entwicklungsumgebung bietet i.d.R. alle nötigen Werkzeuge zum Erstellen, Testen und Compilieren der Programme. Ein Beispiel für ein Datenbank-Entwicklungssystem ist Access von Microsoft.

➡ *Siehe Access, Compiler, Datenbank, Datenbank-Verwaltungssystem*

Datenbank-Managementsystem

Abk. ist DBMS. Auch Datenbank-Verwaltungssystem (DVS). Bezeichnung für ein Programm zum Aufbau, Verwaltung, Strukturierung und Pflege einer Datenbank. Oft wird nur der Begriff Datenbank zur Beschreibung eines Datenbank-Managementsystems verwendet. Ein Beispiel wäre Access, dBase oder FoxPro. Die Aufgabenbereiche eines Datenbank-Managementsystems sind folgende: Erstellung, Verknüpfung und Editierung der Datenfelder, komplexe Abfrage der Daten, d.h. Möglichkeiten der Filterung und Sortierung, und schließlich die Ausgabe der Daten. Der am weitesten verbreitete Typ eines Datenbank-Managementsystems ist das relationale Datenbank-Managementsystem (RDBMS), bei dem Datensätze in Form sog. Relationen gespeichert werden, die dann miteinander verknüpft werden können.

➡ *Siehe Abfrage, Access, Datenbank, Datenfeld, Datensatz, dBase, Filter, FoxPro, RDBMS, Relationale Datenbank*

Datenbank-Server

Ein Datenbank-Server ist ein dedizierter Server in einem Netzwerk, der ausschließlich für die Speicherung einer Datenbank verwendet wird. Alle Arbeitsstationen greifen über einen Client (ein Programm, welches den Zugriff auf die Datenbank erlaubt) auf den Server und die darauf enthaltene Datenbank zu.

➡ *Siehe Client-Server-Prinzip, Datenbank, Datenbank-Client, Dedizierter Server, Server*

Datenbank-Verwaltungssystem

Abk. ist DVS. Auch Datenbank-Managementsystem (DBMS). Bezeichnung für ein Programm zum Aufbau, zur Verwaltung, Strukturierung und Pflege einer Datenbank. Oft wird nur der Begriff Datenbank zur Beschreibung eines Datenbank-Verwaltungssystems verwendet. Ein Beispiel wäre Access von Microsoft.

➡ *Siehe Access, Datenbank-Managementsystem, Datenbanksystem*

Datenbankprogramm

Synonym für Datenbank-Managementsystem (DBMS) bzw. Datenbank-Verwaltungssystem (DVS). Ein Beispiel wäre Access von Microsoft.

➠ *Siehe Access, Datenbank-Managementsystem*

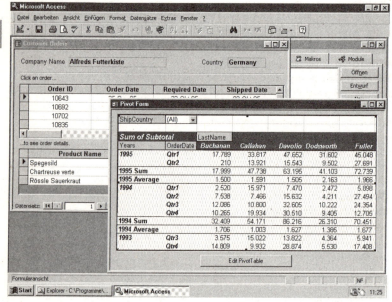

Bild 1: Access ist ein weitverbreiteter Vertreter der Datenbankprogramme.

Datenbanksystem

Datenbanksystem ist die Bezeichnung für die Kombination der eigentlichen Datenbank (der Datenbasis) und dem zugehörigen Datenbank-Management-(Datenbank-Verwaltungs-)system. Wie die Datenbank selbst kann das Datenbanksystem über mehrere Dateien oder Rechner in einem Netzwerk verteilt sein.

➠ *Siehe Datenbank, Datenbank-Managementsystem, Netzwerk*

Datenblock

Ein Datenblock ist eine Zusammenfassung von Daten, die vom Betriebssystem oder einem Programm als zusammengehörende, unteilbare Einheit behandelt werden. Das Dateisystem von MS-DOS teilt den Speicherplatz auf einer Festplatte oder einer Diskette in Datenblöcke auf, in sog. Cluster.

➡ *Siehe Betriebssystem, Cluster, Dateisystem, Diskette, Festplatte*

Datenbus

Neben Adreßbus und Steuerbus wesentlicher Bestandteil des Busses eines Chips oder einer Platine. Über den Datenbus werden wichtige Daten zwischen den einzelnen Komponenten ausgetauscht. Die Geschwindigkeit des Datenbusses ist durch die Anzahl der maximal gleichzeitig übertragenen Bits pro Sekunde vorgegeben (seine sog. Breite oder Busbreite).

➡ *Siehe Adreßbus, Bus, Busbreite, Steuerbus*

Datendichte
➡ *Siehe Aufzeichnungsdichte*

Datendiskette

Bezeichnung für eine Diskette, auf der nur nichtausführbare Programme wie z.B. Texte, Bilder, Tabellen usw. gespeichert sind.

➡ *Siehe Ausführbares Programm, Diskette*

Datendurchsatz

Im Gegensatz zur Datentransferrate (auch Bruttodatentransferrate genannt) werden beim Datendurchsatz (Bruttodatendurchsatz) nur die effektive Übertragungsgeschwindigkeit der relevanten Nutzdaten gemessen. D.h. Daten wie z.B. Start- und Stopbits zur Definition der Datenpakete oder Prüfbits zur Überprüfung der Prüfsumme finden keine Berücksichtigung. Der Datendurchsatz wird in cps (characters per second, Zeichen pro Sekunde) angegeben, die Datentransferrate in bps (bits per second).

➡ *Siehe bps, cps, CRC, Datentransferrate, Prüfbit, Prüfsumme*

Datenendeinrichtung
➡ *Siehe DEE*

Datenexport

Mit Datenexport bezeichnet man die Konvertierung einer Datei von einem applikationseigenen Dateiformat in ein applikationsfremdes, oft verbunden mit der gleichzeitigen Übergabe der Datei an das andere Anwendungsprogramm. Die meisten Applikationen verfügen über eine Export- und Import-Funktion. Die Anwendung startet einen internen Konverter, der die Dateiinformationen in das gewünschte Format übersetzt. Dabei gehen aber leider oft wichtige Informationen wie z.B. spezielle Textformatierungen verloren.

➡ *Siehe Applikation, Dateiformat, Datenimport, Konvertierung, Konvertierungsprogramm*

Datenfehler

Datenfehler sind Fehler in der Struktur einer Datei. Sie können bei der Speicherung auf einem Datenträger auftreten, häufiger ist aber ein Übertragungsfehler bei der Daten(fern)übertragung gemeint. Datenfehler werden i.d.R. vom Programm anhand einer Prüfsumme erkannt. Das fehlerhafte Paket wird anschließend noch einmal versandt.

➟ *Siehe CRC, Datei, Datenpaket, Datenträger, Datenübertragung, Prüfsumme*

Datenfeld

Das Datenfeld oder kurz einfach Feld ist Bestandteil eines Datensatzes. In gleichen Datenfeldern werden stets Informationen derselben Art gespeichert (z.B. Adressen, Nachnamen). Datenfelder werden vom Datenbank-Verwaltungssystem über einen Feldnamen bzw. ein Attribut angesprochen.

➟ *Siehe Datenbank, Datenbank-Verwaltungssystem, Datensatz*

Datenfernübertragung

Abk. DFÜ oder engl. Teleprocessing. Bezeichnet die Übertragung von Daten zwischen zwei Computern über Telefonleitungen, Glasfaser, Lichtwellen, Funk oder Satellit. Oft auch in Zusammenhang mit dem Zugriff auf Angebote von Online-Diensten, Internet-Providern oder Mailboxen gebräuchlich. Zur Durchführung wird ein sog. Terminalprogramm benötigt, welches den Aufbau der Verbindung und die anschließende Datenübertragung mit Hilfe unterschiedlicher Protokolle steuert.

➟ *Siehe Internet-Provider, Mailbox, Online-Dienst, Terminalprogramm, Übertragungsprotokoll*

Datenflußplan

Der Datenflußplan ist ein wichtiger Schritt bei der Entwicklung eines Programms. Der Plan zeigt die Verarbeitung und Behandlung der Daten durch die Bestandteile des zukünftigen Programms. Außerdem wird hier bereits festgelegt, welche Hardware-Elemente (Speichersysteme, Ein-Ausgabe-Geräte usw.) in den Verarbeitungsprozeß mit einbezogen werden.

➟ *Siehe Daten, Programm*

Datenformat

Das Datenformat definiert die Struktur der Daten und letztendlich auch den Datentyp (Dateiformat). Im Datenformat sind Informationen zu Aufbau, Inhalt und z.B. Komprimierung der Daten enthalten.

➟ *Siehe Dateiformat, Daten, Kompression*

Datenhandschuh

➟ *Siehe Data Glove*

Datenimport

Gegenteil zu Datenexport. Bezeichnung für die Konvertierung applikationsfremder Datenformate in ein applikationseigenes Format. Will man z.B. ein Dokument einer Textverarbeitung in die Textverarbeitung eines zweiten Herstellers laden, muß das fremde Datenformat »importiert«, will heißen umgewandelt werden. In den meisten Anwendungsprogrammen gibt es Import- und Export-Funktionen.

➡ *Siehe Applikation, Datenexport, Datenformat, Konvertierung*

Datenintegrität

Mit Datenintegrität ist die Korrektheit der Daten in Bezug auf Struktur, Inhalt und Größe gemeint. Die Datenintegrität wird von diversen Programmen bei der Speicherung und Datenübertragung überwacht.

➡ *Siehe Daten, Datenübertragung*

Datenkassette

➡ *Siehe Data Cartridge*

Datenkompression

Mit Datenkompression ist die Reduzierung des benötigten Platzes für die Speicherung oder Übertragung von Daten gemeint. Verschiedene Verfahren versuchen dabei, redundante Informationen z.B. in einer Tabelle zusammenzufassen. Generell läßt sich zwischen Verfahren mit und ohne Informationsverlust unterscheiden, wobei erstere auf keinen Fall auf Programme angewendet werden. Bei Bildern jedoch ist ein gewisser Informationsverlust zu vertreten, solange der Bildeindruck erhalten bleibt. Ein Beispiel wäre das hochkomprimierbare JPEG-Format oder das MPEG-Format für Videosequenzen, bei dem nur die Bildunterschiede der Frames zu einem Anfangsbild gespeichert werden. Ist der Unterschied zwischen Anfangsbild und nachfolgendem Frame irgendwann zu groß, wird ein neues Anfangsbild gespeichert.

➡ *Siehe Frame, Kompression, MJPEG, MPEG*

Datenmaske

➡ *Siehe Maske*

Datenmodellierung

Die Datenmodellierung ist ein wichtiger Bestandteil bei der Entwicklung einer Datenbank. Sie hilft, Redundanzen und Inkonsistenzen in der Datenbank zu vermeiden. Außerdem beschleunigt sie den Zugriff auf die Daten. Bei relationalen Datenbanksystemen ist die Datenmodellierung durch eine Art Regelwerk festgelegt, bei dem die sog. Normalformen eine große Rolle spielen.

➡ *Siehe Datenbank, Relationale Datenbank*

Datenpaket

Ein Datenpaket ist eine Einheit von Daten, die bei der Datenübertragung in einem Netzwerk oder bei der Datenfernübertragung von Quelle zu Empfänger übertragen wird. Die Gesamtheit der zu übertragenen Daten wird dabei in kleine Pakete unterteilt, die aus einem sog. Header (dem Kopf) mit Adresse des Versenders und Empfängers besteht, der Dateneinheit und der Prüfsumme, die zur Kontrolle der Datenintegrität dient.

➠ *Siehe Adresse, CRC, Datenfernübertragung, Datenintegrität, Datenübertragung, Header, Netzwerk, Prüfsumme*

Datenpuffer

Der Datenpuffer (engl. Buffer) ist ein Speicherbereich, der zur Zwischenspeicherung (Pufferung) von Daten bei Schreib- und Lesevorgängen dient.

➠ *Siehe Puffer*

Datenquelle

Die Datenquelle ist in einem Netzwerk der Versender von Daten. Der Empfänger wird als Datensenke bezeichnet.

➠ *Siehe Netzwerk*

Datenreduktion

➠ *Siehe Datenkompression*

Datensatz

In einem Datensatz sind Informationen diverser Datenfelder zusammengefaßt. Datensätze sind durch Schlüssel oder einen Namen eindeutig identifizierbar. Der Datensatz »Maier« enthält z.B. alle Informationen zum Kunden Maier. In den jeweiligen Datenfeldern sind Vorname, Nachname, Adresse usw. gespeichert.

➠ *Siehe Datenbank, Datenfeld*

Datensatzsperrung

Bei der Arbeit mit Datenbanken in Netzwerken übliches Verfahren zur Wahrung der Datenintegrität eines Datensatzes. Um zu vermeiden, daß mehrere Benutzer gleichzeitig auf ein und denselben Datensatz zugreifen, wird er gesperrt. Nur ein Benutzer kann ihn bearbeiten; die anderen können ihn nur lesen.

➠ *Siehe Datenbank, Datenintegrität, Datensatz, Netzwerk*

Datenschleuder

Titel einer deutschen Hacker-Zeitschrift.

➠ *Siehe Chaos Computer Club, Hakker*

Datenschutz

Unter Datenschutz versteht man den Schutz persönlicher Informationen, die vor der Kenntnisnahme durch

Dritte geschützt werden müssen. Das Recht auf Datenschutz geht auf das im Grundgesetz verankerte Recht auf informationelle Selbstbestimmung jedes Bürgers zurück. Für den Schutz der Daten ist die Stelle, Firma bzw. Behörde verantwortlich, bei der die Daten lagern. Die Rechte des Bürgers und die Verantwortlichkeit der Behörde regelt das Datenschutzgesetz.

Datensicherung

Unter Datensicherung versteht man die Speicherung von Daten auf Speichermedien im Sinne der Datensicherheit und die dafür gebräuchlichen Verfahren. Im engeren Sinne bezeichnet Datensicherung auch die Verschlüsselung der Daten oder die Verwendung einer digitalen Unterschrift zum Schutz vor unberechtigtem Zugriff Dritter.

➠ *Siehe Backup, Datenverschlüsselung, RAID*

Datentelekommunikation

➠ *Siehe DATEL*

Datenträger

Ein Datenträger ist ein Speichermedium, auf dem Daten gespeichert und wieder ausgelesen werden können. Je nach Verfahren erfolgt die Speicherung magnetisch (Festplatte, Diskette, Streamer), magneto-optisch (MO-Laufwerk) oder optisch (CD-ROM).

➠ *Siehe CD-ROM, Diskette, Festplatte, Massenspeicher, MO-Laufwerk, Speichermedium, Streamer*

Datentransferrate

Auch Datenübertragungsrate, Übertragungsrate oder Übertragungsgeschwindigkeit. Die Datentransferrate gibt an, wie viele Informationseinheiten pro Sekunde über ein Medium übertragen werden können. Einheit ist bps (bits per second, Bits pro Sekunde). Die maximal erreichbare Datentranferrate ist von der Qualität der Leitung, dem verwendeten Übertragungsprotokoll und der zur Verfügung stehenden Bandbreite abhängig. Typische Datentransferraten liegen bei 14.400 bis 36.600 bps; bei ISDN-Übertragung bei 64.000 bps. Die Datentransferrate eines Modems ist das Produkt aus der Schrittgeschwindigkeit mal der Anzahl der zur Übertragung verwendeten Kanäle (=Baud). Man unterscheidet zwischen der Nettodatentransferrate, bei der nur die relevanten Nutzdaten gezählt werden, und der Bruttodatentransferrate, die neben den Nutzdaten auch die Adreß- und Prüfsummeninformationen (Header, Prüfbit) enthalten. Weiterhin muß beachtet werden, daß die Datentransferrate nicht der Übertragungsgeschwindigkeit der Schnittstelle eines Modems entspricht, bei der auch Datenkompressionsverfahren eine Rolle spielen.

Die Datentransfferate wird auch in Bezug auf die Übertragungsgeschwindigkeit von Massenspeichergeräten (Diskettenlaufwerk, Festplatte, CD-ROM-Laufwerk), Bussystemen (PCI, ISA, IDE, SCSI) und RAM-Speichern (DRAM, EDO-DRAM usw.) verwendet. Maßeinheit sind z.B. Mbyte oder Gbyte.

➡ *Siehe Bandbreite, Baud, Bus, Datenkompression, ISDN, Massenspeicher, Modem, Schnittstelle, Übertragungsprotokoll*

Datentyp

Der Datentyp beschreibt die Art der Daten, die in einer Variablen abgelegt werden und mit denen eine Funktion oder Prozedur arbeiten kann. So haben z.B. Zeichenketten den Datentyp String.

➡ *Siehe Funktion, Prozedur, Variable*

Datenübertragung

Bezeichnung für die Übertragung von Daten, also den Datentransfer mit Hilfe eines Übertragungsmediums; z.B. einer Leitung. Man unterscheidet zwischen Offline-Übertragung, d.h. dem Austausch von Datenträgern, und Online-Übertragung, d.h. der Übertragung über Telefonleitungen, Glasfaser, Funk oder Satellit.

➡ *Siehe Datenträger, Glasfaserkabel*

Datenübertragungseinrichtung

➡ *Siehe DCE*

Datenübertragungsrate

➡ *Siehe Datentransferrate*

Datenverarbeitung

Kurz DV. Der Begriff Datenverarbeitung bezeichnet allgemein alle Prozesse, die zur Ver- und Aufarbeitung von Daten gehören. Dazu gehören Erfassung, Eingabe, Bearbeitung, Speicherung, Sortierung, Filterung, Katalogisierung, Verknüpfung, Übertragung, Konvertierung, Ausgabe und Löschen von Daten. In Bezug auf das Hilfsmittel Computer spricht man auch von elektronischer Datenverarbeitung (EDV).

➡ *Siehe Daten, Konvertierung*

Datenverarbeitungsanlage

Kurz DVA. Im heutigen Sinne bezeichnet der Begriff Datenverarbeitungsanlage eine elektronische Datenverarbeitungsanlage, will heißen einen Computer. In Kombination mit der zur Datenverarbeitung notwendigen Software spricht man von einem Datenverarbeitungssystem.

➡ *Siehe Datenverarbeitung, Software*

Datenverarbeitungssystem

Bezeichnung für die Kombination der notwendigen Hardware (Computer) und Software für die elektronische Datenverarbeitung (EDV). Auch kann ein Netzwerk, bestehend aus mehreren Datenverarbeitungsanlagen, gemeint sein.

➠ *Siehe Datenverarbeitung, Datenverarbeitungsanlage, Netzwerk*

Datenverschlüsselung

Auch data encryption oder Kryptographie. Diverse Verfahren sollen einen Schutz der persönlichen Daten vor Einsicht durch Dritte garantieren. Man unterscheidet grundsätzlich zwei Verfahren:

- das Versetzungsverfahren, bei dem die Reihenfolge der Zeichen in der Datei verändert wird, und

- das Ersetzungsverfahren, bei dem die Zeichen einem bestimmten Algorithmus folgend durch andere Zeichen ersetzt werden. Der Algorithmus wird in diesem Sinne auch als Schlüssel bezeichnet.

➠ *Siehe Algorithmus, Kryptographie*

Datenwort

Bezeichnung für den Wert, der maximal über einen Datenbus übertragen werden kann. Bei einem 16-Bit-Bus sind das 16 Bit, bei einem 32-Bit-Bus 32 Bit.

➠ *Siehe Bit, Datenbus*

Datex

Abkürzung für Data Exchange, Datenaustausch. Der Begriff wird für die Beschreibung der Online-Dienste der Deutschen Telekom verwendet.

➠ *Siehe Btx, Online-Dienst, T-Online*

Datex-J

Datex-J ist die Bezeichnung für das Datennetz der Deutschen Telekom, über das der Online-Dienst T-Online erreichbar ist. Einwahlknoten sind flächendeckend über die Bundesrepublik verteilt. Die Einwahl erfolgt mit 14.400 Bit/s bzw. 19.200 Bit/s (V.32bis bzw. V.32terbo). In Großstädten ist die Einwahl mit 28.800 Bit/s (V.34) möglich. Im gesamten Bundesgebiet ist außerdem die Einwahl per ISDN möglich.

➠ *Siehe ISDN, T-Online, V.32bis, V.32terbo, V.34*

Datex-L

Der Datex-L-Dienst wurde bis zur Einführung von ISDN zur weltweiten Datenkommunikation genutzt. Für die Dialogverarbeitung wurde die sog. Leitungsvermittlung eingesetzt, bei der wie beim Telefon eine temporäre Verbindung aufgebaut wird.

➠ *Siehe ISDN*

Datex-M

Öffentliches Hochgeschwindigkeitsnetz der Deutschen Telekom mit einer Datentransferrate von bis zu 140 Mbit/s.

➠ *Siehe Datentransferrate*

Datex-P

Datex-P ist ein Dienst der Deutschen Telekom und Teil des Datex-Dienstes. Er wird für die weltweite Übertragung großer Datenmengen mit Hilfe der Paketvermittlung eingesetzt. Dabei werden Daten dem X.25-Standard folgend synchron als Datenpaket übertragen.

➠ *Siehe Datenpaket, X.25*

Daylight Saving

Option im BIOS neuerer Mainboards des Herstellers AMI. Die Echtzeituhr schaltet bei Aktivierung der Option automatisch in die Sommerzeit um.

➠ *Siehe BIOS, Motherboard*

dBase

Relationales Datenbanksystem der Firma Ashton Tate, welches 1980 erstmals auf den Markt kam und sich zur Standard-Datenbankapplikation in der PC-Welt entwickelte. dBase ermöglichte die Datenabfrage per SQL und mit Hilfe der query-by-example-Technik, die eine Abfrage durch die Vorgabe eines Beispiels ermöglicht. Heute hat dBase keine Bedeutung mehr.

➠ *Siehe Datenbank, Relationale Datenbank, SQL*

DBMS

➠ *Siehe Datenbank-Managementsystem*

DCC

Abkürzung für Device Control Characters. Steuerzeichen, die Übertragungsgeräte ein- und ausschalten.

➠ *Siehe Steuerzeichen*

DCE

Abkürzung für Data Communications Equipment, Datenkommunikationseinrichtung. Auch DÜE, Datenübertragungseinrichtung. Mit DCE ist z.B. ein Modem gemeint. Im Gegenzug bezeichnet man den PC, an den das Modem angeschlossen ist, als DTE (Data Terminal Equipment) oder DEE (Datenendeinrichtung).

➠ *Siehe Modem*

DD

Abkürzung für Double Density.

➠ *Siehe Double Density*

DDC

Abkürzung für Display Data Channel. Bezeichnung für eine Interface-Spezifikation der VESA (Video Electronics Standards Association), die es erlaubt, Informationen zu Leistungsmerkmalen und Parametern eines Monitors zum Computer zu übertragen. Die Leitungen dafür sind im VGA-Kabel des Monitors integriert. Dadurch ist eine Plug&Play-Konfiguration des Monitors unter Windows 95 möglich. Der Monitor teilt dem Betriebssystem seine Leistungsmerkmale automatisch mit, so daß eine perfekte Abstimmung mit der Grafikkarte möglich wird. Aktuell sind die Versionen 2B und 2AB, wobei es bei letzterer Version möglich ist, Parameter zum Monitor zu übertragen. Über ein entsprechendes Programm ist es dann möglich, den Monitor unter Windows 95 zu konfigurieren.

➡ *Siehe DDC 1, Grafikkarte, Monitor, Plug&Play, VGA*

DDC 1

Erste Version des Data Display Channels (DDC). Bei DDC 1 erfolgt der Datenaustausch nur in eine Richtung. Nur der Monitor sendet. Er überträgt Herstellerangaben, Timings und die Bildschirmgröße. Die Grafikkarte muß DDC unterstützen, damit sie diese Daten auswerten kann.

➡ *Siehe DDC, Grafikkarte, Monitor*

DDC 2AB

➡ *Siehe DDC*

DDE

Abkürzung für Dynamic Data Exchange, dynamischer Datenaustausch. DDE wurde von der Firma Microsoft entwickelt und ermöglicht den Datenaustausch zwischen Anwendungen. So ist es möglich, Tabellen oder Dokumente eines Quellprogramms (Server) in ein Zielprogramm (Client) einzubinden. Im Zieldokument wird eine verknüpfte Kopie der Quelldatei abgelegt. Bei Änderungen an der Quelldatei wird die Kopie automatisch (dynamisch) aktualisiert. DDE ist der Vorgänger von OLE.

➡ *Siehe Client, Server*

DE-NIC

Abkürzung für Network Information Center für Deutschland. Das DE-NIC verwaltet alle IP-Adressen der Domain Deutschland (.de) im Internet. Das Institut sitzt in Karlsruhe. Die IP-Adressen werden dem DE-NIC von der kalifornischen InterNIC, der zentralen Verwaltungsstelle zugeteilt.

➡ *Siehe Domain, InterNIC, IP-Adresse*

Debugger

Ein Debugger ist ein Programm, das zum Auffinden von Fehlern in Programmen verwendet wird. Dazu wird das Programm innerhalb des Debuggers ausgeführt. Dabei kann es jederzeit angehalten werden, an zuvor definierten Punkten stoppen (Breakpoints) oder auch in einzelnen Schritten ausgeführt werden. Ein Debugger bietet meistens auch noch die Möglichkeit, sich Variableninhalte, Registerinhalte und ähnliche Informationen anzeigen zu lassen. Debugger gehören inzwischen zum Standard-Lieferumfang der meisten Entwicklungsumgebungen.

➡ *Siehe Breakpoint, Debugging*

Debugging

Bezeichnung für die Korrektur eines fehlerhaften Programmcodes, oft mit Hilfe eines speziellen Programms – einem Debugger.

➠ *Siehe Bug, Bugfix, Update*

DEC

http://www.digital.com

Abkürzung für Digital Equipment Corporation. 1957 gegründetes amerikanisches Unternehmen mit Sitz in Maynard. Zu den Produkten von DEC gehören Workstations und Server auf Basis des RISC-Prozessors Alpha-Chip, einer Eigenentwicklung. Bekannt ist außerdem der Internet-Suchdienst Alta Vista, der unter http://www.alta-vista.com zu erreichen ist. DEC wurde inzwischen von Compaq übernommen.

➠ *Siehe Alpha-Chip, Compaq, RISC-Prozessor, Server*

Dedicated Server

➠ *Siehe Dedizierter Server*

Dedizierter Server

Ein dedizierter Server (dedicated Server) hat in einem Netzwerk nur eine spezielle Aufgabe, sei es als Druck-Server oder LAN-Server usw. Er kann nicht als Arbeitsstation genutzt werden.

➠ *Siehe Arbeitsstation, Druck-Server, LAN*

DEE

Datenendeinrichtung.

➠ *Siehe DCE*

Default

Der Begriff wird in Zusammenhang mit den Standardparametern eines Programms, des BIOS oder einer Hardware-Komponente verwendet. Ein Default-Wert ist ein meist schon voreingestellter Standardwert. Man sagt: »per default ist x auf y eingestellt/konfiguriert«; oder »default ist...«.

➠ *Siehe BIOS, Hardware*

Defragmentierung

Die Fragmentierung, d.h. die Zerstükkelung von Daten auf der Festplatte, ist ein ganz normaler Vorgang bei älteren Betriebssystemen, die z.B. die FAT als Dateisystem einsetzen. Die FAT speichert Dateien oft unzusammenhängend in Datenblöcken, sog. Clustern, wodurch der allgemeine Zugriff auf die Daten oft leicht verlangsamt wird. Der Grund dafür ist, daß für die Speicherung von Daten immer der erste freie Cluster verwendet wird und nach ihm die nächsten freien Cluster, auch wenn diese nicht direkt hinter dem ersten folgen. Durch ständiges Hin- und Herkopieren von Dateien werden die Daten immer weiter fragmentiert. Die Defragmentierung ist nun der Vorgang, bei dem die Daten in den Clustern ausgelesen

Degaussing

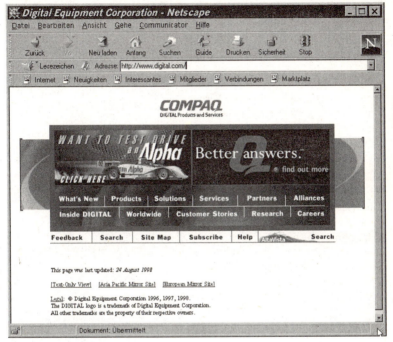

Bild 2: DEC im Internet

werden und zusammenhängend hintereinander wieder auf den Datenträger (die Festplatte) geschrieben werden. Defragmentierungsprogramme sind entweder Bestandteil des Betriebssystems, wie bei Windows 95, oder sie können von Drittanbietern erworben werden (z.B. Speed Disk von Norton). Neuere Betriebssysteme, die auch neue Dateisysteme verwenden, haben kein Fragmentierungsproblem, z.B. NTFS von Windows NT oder FAT32 von Windows 95 OSR2.

➠ *Siehe Betriebssystem, Cluster, Dateisystem, Datenträger, FAT, FAT32*

Degaussing

Viele moderne Monitore bieten die Möglichkeit, das Monitorbild zu entmagnetisieren, was Farbverschiebungen verhindert. Die Degauss-

Funktion wurde nach der Maßeinheit der magnetischen Induktion (Gauß) benannt.

➠ *Siehe Bildschirm, Monitor*

Dekrementieren

Bezeichnung für die schrittweise Verringerung eines Wertes mit definierter Schrittweite (meist 1). Bei der Programmierung dekrementiert man Variablen, Adressen, Registerinhalte usw. oft in Programmschleifen.

➠ *Siehe Adresse, Register, Schleife, Variable*

Dell

http://www.us.dell.com

Die amerikanische Computerfirma Dell ist neben Gateway 2000 einer der größten Direktanbieter von Computersystemen der Welt. Zu den Produkten des 1984 gegründeten Unternehmens zählen Notebooks, PC's, Workstations und sogar Hochleistungs-Serversysteme. Alle Systeme für den europäischen Markt werden in Irland gefertigt.

➠ *Siehe Gateway 2000, Server*

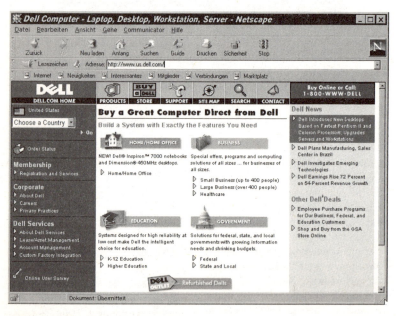

Bild 3: Dells Homepage im Internet

Delphi

Visuelle Programmierumgebung zur Erstellung von Windows-Programmen ähnlich Visual Basic. Anders als Visual Basic basiert Delphi auf PASCAL. Hersteller ist Borland.

➠ *Siehe Borland, Pascal, Visual Basic*

Delrina

http://www.delrina.com

Delrina ist ein kanadisches Software-Unternehmen, das besonders durch die DFÜ-Produkte Delrina WinFax Pro (aktuelle Version 7.0) und die Delrina CommSuite, ein Paket nützlicher DFÜ-Programme, bekannt wurde. 1996 wurde die Firma von Symantec übernommen.

➠ *Siehe Datenfernübertragung, Symantec*

Demultiplexer

Ein Demultiplexer ist ein Gerät, welches die Datenströme nach der Übertragung über mehrere logische Kanäle eines physikalischen Übertragungsmediums wieder zusammenführt. Gegenteil ist der Multiplexer, der einen Datenstrom in mehrere Kanäle aufteilt, bevor er übertragen wird.

➠ *Siehe Frequenzmultiplex-Verfahren, Multiplexer, Zeitmultiplex-Verfahren*

Density

Engl. Dichte. Die Density steht für die maximale Informationmenge, die pro Flächeneinheit auf einem Datenträger (hier einer Diskette) gespeichert werden kann. Man unterscheidet DD (Double Density, HD (High Density) und ED (Extra High Density). Gebräuchlich sind zur Zeit HD-Disketten.

➠ *Siehe Datenträger, Double Density, High Density*

DES

Abkürzung für Data Encryption Standard. Von IBM entwickeltes Verfahren für die Verschlüsselung von Daten. Zur Verschlüsselung wird ein 56-Bit-Schlüssel verwendet. Viele der heute im Einsatz befindlichen Verschlüsselungssysteme basieren auf DES.

➠ *Siehe Verschlüsselung*

Deschutes

Bezeichnet den Prozessorkern der neuen Pentium-II-Generation, bei dem der externe Systemtakt bei 100 MHz liegt. Den Deschutes findet man in den Pentium-II-Prozessoren ab 350 MHz.

➠ *Siehe Pentium II*

Desktop

Bezeichnung für sichtbare Arbeitsoberfläche der grafischen Benutzeroberfläche von z.B. Windows oder OS/2.

Desktop Publishing

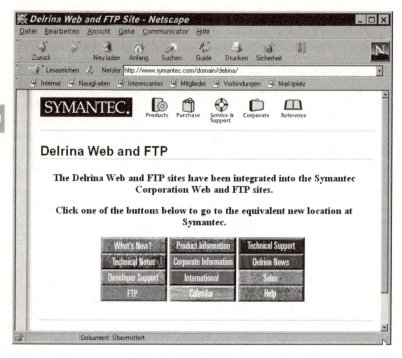

Bild 4: Daß Symantec Delrina gekauft hat, wird einem spätestens auf der Homepage klar.

Bezeichnung für eine Gehäuseform und damit für einen Computer, der im Gegensatz zu einem Tower-Gehäuse auf einen Tisch (Desktop) gestellt werden kann.

➠ *Siehe Grafische Benutzeroberfläche, OS/2, Windows*

Desktop Publishing
➠ *Siehe DTP*

Deutsches Institut für Normung
➠ *Siehe DIN*

Device

Bezeichnung für ein Gerät bzw. einen Gerätetreiber (device driver), der zur Ansteuerung eines Geräts benötigt wird.

➠ *Siehe Gerät, Gerätetreiber, Treiber*

Device Control Characters
➡ *Siehe DCC*

Dezentralisierung
Bezeichnung für die Auslagerung der von einem Rechenzentrum ausgeführten Aufgaben auf die einzelnen Arbeitsstationen. Auch oft als Downsizing bezeichnet.

➡ *Siehe Rechenzentrum, Workstation*

Dezimalsystem
Das Dezimalsystem ist das alltäglich gebräuchliche Zahlensystem. Die Basis ist 10, das System arbeitet mit den Ziffern 0 bis 9. Der Computer verwendet intern das Binär- oder Dualsystem (Basis 2) und das Hexadezimalsystem (Basis 16).

➡ *Siehe Dualsystem, Hexadezimalsystem*

DFT
Abkürzung für Drive Fitness Test. Ein neues, von IBM entwickeltes Tool zur Fehleranalyse von IDE-Festplatten. Es soll das heute übliche S.M.A.R.T-Verfahren (Self Monitoring, Analysis and Reporting Technology) ablösen, und ermöglicht die Diagnose selbst bei nicht mehr bootfähigen Rechnern. Dazu wird die erforderliche Software in einem versteckten Bereich der Festplatte gespeichert und bei Bedarf über ein spezielles ATA-Kommando vom BIOS aus aufgerufen. Ziel ist es, den Rücklauf von Festplatten zu minimieren, die fälschlicherweise als defekt bezeichnet wurden.

➡ *Siehe BIOS, IDE*

DFÜ
➡ *Siehe Datenfernübertragung*

DFÜ-Netzwerk
Das DFÜ-Netzwerk unter Windows 95 und Windows NT ermöglicht die Einwahl in ein Netzwerksystem über ein Modem oder eine ISDN-Karte. Das System bietet dem Anwender komfortable und umfangreiche Konfigurationsmöglichkeiten.

➡ *Siehe Datenfernübertragung, ISDN-Karte, Modem, Windows 95, Windows NT*

DHCP
Abkürzung für Dynamic Host Configuration Protocol – dynamische Zuweisung von IP-Adressen an einen Client. In einem TCP/IP-Netzwerk hat jede angeschlossene Maschine ihre eigene IP-Adresse. Dies gilt nur, solange sie auch aktiv ist. Beim Neustart und Anmelden am Netzwerk kann sie auch eine andere IP-Adresse erhalten. Genau so arbeitet ein DHCP-Server. Er teilt neu verbundenen Clients IP-Adressen aus einem definierten Pool zu. Damit der Server einem Client eine IP-Adresse dynamisch zu-

weisen kann, muß auf dem Client eine entsprechende Software installiert sein.

➠ *Siehe Client, IP-Adresse, Netzwerk, TCP/IP*

DHCP-Server

Ein Server im Netzwerk, der IP-Adressen neu verbundenen Clients dynamisch zuteilt.

➠ *Siehe DHCP, IP-Adresse, Server*

Dhrystone

Benchmark-Test zur Ermittlung der Leistungsfähigkeit von CPUs.

➠ *Siehe Benchmark, CPU, Whetstone*

DHTML

Abkürzung für Dynamic HTML.

➠ *Siehe Dynamic HTML*

Diagnoseprogramm

Ein Diagnoseprogramm analysiert die Hardware des Computers und hilft auch bei der Fehlersuche. Es zeigt außerdem die Belegungen der Interrupts, DMA-Kanäle und Port-Adressen an.

➠ *Siehe Adresse, DMA, Hardware, Interrupt, Port*

Diagramme

Diagramme stellen Zahlen und Tabellen in grafischer Form dar. Diagramme können zweidimensional oder dreidimensional dargestellt werden. Man unterscheidet zwischen Kreis-, Kurven-, Säulen-, Balken-, Punkt- und Kuchen- bzw. Tortendiagrammen.

➠ *Siehe Kreisdiagramm, Kurvendiagramm, Punktdiagramm, Tabelle, Tortendiagramm*

Dial-Up Networking

Engl. Bezeichnung für das DFÜ-Netzwerk unter Windows 95.

➠ *Siehe DFÜ-Netzwerk*

Dialekt

Mit Dialekt bezeichnet man eine in Bezug auf ihre Syntax leicht veränderte Programmiersprache.

➠ *Siehe Programmiersprache, Syntax*

Dialog-Box

Eine Dialog-Box ist Bestandteil jeder grafischen Benutzeroberfläche und dient der Kommunikation mit dem Anwender. Stehen bei einer Operation oder einer Aktion z.B. mehrere Optionen zur Auswahl, wird eine Dialog-Box geöffnet, in der der Anwender gebeten wird, eine Entscheidung zu treffen.

➠ *Siehe Dialogfenster, Grafische Benutzeroberfläche*

Dialogfenster

➠ *Siehe Dialog-Box*

Dialogorientiert
➡ *Siehe Interaktiv*

DIANE
Abkürzung für Direct Information Access Network Europe. Eine Vereinigung von Datenbankbetreibern, die über das EuroNet miteinander verbunden sind.

➡ *Siehe Datenbank, EuroNet*

Didot-Punkt
➡ *Siehe Punkt*

Dienstekennung
Die Dienstekennung ermöglicht die freie Mehrfachbelegung der Rufnummern bei ISDN. Bei Aufbau einer Verbindung wird über den D-Kanal die sog. Dienstekennung (auch SI, Service Indicator) gesendet, die den gewünschten Dienst (Telefon, ISDN-Fax, Bildtelefonie, Fax oder Datenfernübertragung) eindeutig identifiziert. Das jeweilige Empfangsgerät erkennt seine Dienstekennung und wird aktiviert.

➡ *Siehe D-Kanal, Dienstekennung, ISDN*

dienstintegrierendes digitales Netzwerk
➡ *Siehe ISDN*

Digital
Während analoge Werte durch unendlich viele Zwischenschritte eines Intervalls repräsentiert werden, sind digitale Werte auf konkrete Zwischenwerte, oft in bestimmten zeitlichen Abständen gemessen, beschränkt. Die Umwandlung analoger in digitale Daten nennt man Digitalisieren. Diese Aufgabe wird von einem Analog-Digital-Wandler übernommen.

➡ *Siehe Analog, Analog/Digital-Wandler*

Digital Audio Broadcasting
Abk. ist DAB. 1997 eingeführter Audiostandard für die digitale Rundfunkübertragung.

Digital Audio Tape
➡ *Siehe DAT, DAT-Streamer*

Digital Equipment Corporation
➡ *Siehe DEC*

Digital Power Management Signalling
➡ *Siehe DPMS*

Digital Simultaneous Voice Data
➡ *Siehe DSVD*

Digital to Analog Adapter
➡ *Siehe DAA*

Digital Versatile Disk
➡ *Siehe DVD*

Digital Video
➥ *Siehe DV*

Digital-Analog-Wandler
Bauelement in einem Computer, welches im Gegensatz zu einem Analog-Digital-Wandler digitale in analoge Signale umwandelt. Ein D/A-Wandler wird z.B. für die Umwandlung der digitalen Audiosignale einer CD in analoge, hörbare Signale verwendet. Ein Modem ist z.B. ein kombinierter D/A-A/D-Wandler.

➥ *Siehe Analog/Digital-Wandler, Modem, RAMDAC*

Digitale Kamera
Wie der Name schon sagt, speichern digitale Kameras Fotos digital auf einem Speicherchip. Die Bildaufnahme erfolgt grundsätzlich in True-Color über sog. CCD-Elemente, ganz ähnlich wie bei Scannern. Je nach Kamera und eingestellter Auflösung (i. d. R. 800x600 bis 1024x786) kann man zwischen 24 und 36 Bilder in der Kamera oder auf einem Flash-ROM oder einer PCMCIA-Karte speichern. Außerdem verfügen alle Kameras über eine Schnittstelle zur parallelen Schnittstelle oder zum SCSI-Bus des Computers. Die Fotoausgabe erfolgt über einen Photo-Printer (Fotodrucker) und auf Spezialpapier.

➥ *Siehe CCD-Elemente, Flashmemory, Parallele Schnittstelle, PCMCIA, Scanner, SCSI*

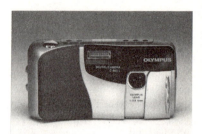

Bild 5: Die CAMEDIA C-800 L verbindet gute Bildqualität mit einfacher Handhabung.

Digitale Sprachübertragung
Die digitale Sprachübertragung wird unter anderem bei ISDN zur Verbesserung der Übertragungsqualität eingesetzt. Analoge Signale werden dabei mit Hilfe des Pulse-Code-Modulation-Verfahrens in digitale Signale umgesetzt.

➥ *Siehe Analog, Digital, ISDN, PCM-Verfahren*

Digitaler Signalprozessor
Der DSP ist ein auf Soundkarten gebräuchlicher Chip, der analoge in digitale (und umgekehrt) Signale umwandelt.

➥ *Siehe A/D-Wandler, D/A-Wandler, DSP*

Digitalisiertablett
Auch Zeichen- oder Grafiktablett, manchmal auch Art-Pad genannt, was auf die gleichnamige Serie des

bekannten Herstellers Wacom zurückgeht. Ein Digitalisiertablett ist ein Eingabegerät, mit dem man zeichnen und konstruieren (CAD) kann. Mit Hilfe eines Stifts werden Vorlagen auf einem flachen Tablett abgezeichnet, mit Hilfe einer Lupe mit Fadenkreuz können Konstruktionsangaben gemacht werden. Unter der Oberfläche des Tabletts befinden sich Sensoren, die die Bewegungen des Stifts erfassen. Gute Digitalisiertabletts erreichen Auflösungen von mehr als 1000 dpi. Neuere Modelle enthalten mehrere auswechselbare Stifte, die das Zeichenverhalten verschiedener Pinsel, Bleistifte und Kohle simulieren. Dadurch kann man auf dem Computer z. B. auch Aquarelle malen. Digitalisiertabletts gibt es in den Größen DIN A5 bis DIN A3.

➠ *Siehe CAD, Digital, DPI, Sensor*

Digitalisierung

Die Umwandung analoger Signale in digitale mit Hilfe eines Analog-Digital-Wandlers nennt man Digitalisierung.

➠ *Siehe Analog/Digital-Wandler, Digital*

DIL

Abkürzung für Dual Inline. Bezeichnung für eine Chipbauform mit zwei Pinreihen. Derartige Speicherchips nennt man DIMM (Dual Inline Memory Module). Im Gegensatz stehen die heute noch hautsächlich genutzten SIMM-Module (Single Inline Memory Module) mit nur einer Pinkontaktreihe. DIMMS werden z. B. im Apple Macintosh (PowerMac-Serie) eingesetzt.

➠ *Siehe Apple, DIMM, SIMM*

DIMM

Abkürzung für Dual Inline Memory Module. DIMM ist die Bezeichnung für eine neue Bauform von Speichermodulen, die sich durch zwei Pinkontaktreihen mit 168 Kontaktstiften auszeichnet. Diese Bauweise erlaubt einen 64-Bit-Speicherzugriff, wie er von heutigen Pentium-Systemen unterstützt wird. Ein Beispiel für die DIMM-Bauweise wären die SDRAM-Module. Die heute noch meist gebräuchliche SIMM-Bauweise (PS/2-SIMMs) verfügt über nur eine Kontaktreihe mit 72 Anschlußstiften (Pins), was einen 32-Bit-Zugriff ermöglicht. Während man bei PS/2-SIMMs deshalb immer zwei Module pro Speicherbank (2x32) einsetzen muß, genügt bei DIMMs ein Modul (1x64).

➠ *Siehe Bit, PS/2 SIMM, SDRAM, SIMM, Speicherbank*

DIN

Abkürzung für Deutsches Institut für Normung. Jeder kennt wohl die Normungen zur Definition der Seitenformate, DIN A3, DIN A4, DIN A5 usw. Im Computerbereich hat das DIN Ergonomie-Standards für Arbeitsplätze und Standards für die Nachrichtenübermittlung geschaffen.

DIP

Abkürzung für Dual Inline Package. Bezeichnung für eine Chip-Bauform, bei der zwei Reihen Pins an den Seiten des Gehäuses angebracht sind. Chips in DIP-Bauweise findet man z.B. als Second-Level-Cache-Bausteine auf dem Motherboard als sog. SRAM. Im Gegensatz zu DIP steht die SIP-Bauform (single inline package), bei der nur eine Pin-Reihe außerhalb des Gehäuses liegt.

➡ *Siehe Cache, Motherboard, Second-Level-Cache, SIP, SRAM*

DIP-Schalter

DIP-Schalter findet man z.B. auf dem Motherboard oder auf manchen Erweiterungskarten zur Konfiguration einiger Parameter (z.B. CPU-Takt). Im Volksmund werden DIP-Schalter oft als Mäuseklavier bezeichnet. DIP-Schalter sind kleine, in einem DIP-Gehäuse integrierte Schalter.

➡ *Siehe DIP, Motherboard*

DirecPC

DirecPC ist ein Satellitendienst der Firma Olivetti Hughes, bei dem neben anderen Diensten auch der Zugang zum Internet angeboten wird. Unter der Bezeichnugg Turbo Internet liefert er dem Anwender Daten mit bis zu 400 Kbit/s. Im Vergleich zu ISDN hat Turbo Internet mehr als die sechsfache Datenfrequenz (400 Kbit/s zu 64 Kbit/s). Mit ISDN erreicht man eine Übertragungsrate von bis zu 7,8 Kbyte/s, mit Turbo Internet theoretisch 46,8 Kbyte/s, praktisch aber nur ca. 30 Kbyte/s, was hauptsächlich an der begrenzten Übertragungsgeschwindigkeit im Internet selbst liegt.

➡ *Siehe Datentransferrate, Internet, ISDN*

Direct Information Access Network Europe

➡ *Siehe DIANE*

Direct Memory Access

Abk. ist DMA. Direkter Speicherzugriff. Bezeichnung für ein Speicherzugriffs-Verfahren und einen Controller-Chip (DMA-Controller) auf einem Motherboard. Um die CPU zu entlasten, übernimmt der DMA-Controller die Steuerung peripherer Komponenten des Computers (z.B. Diskettenlaufwerke). Dazu stehen mehrere (bis zu 8) DMA-Kanäle zur Verfügung, die für die jeweilige Komponente reserviert werden und über die sie angesprochen werden kann. Die Datenübertragung über diese Kanäle erfolgt sequentiell, d.h. es muß nicht für jedes übertragene Datenwort eine Adresse angegeben werden, vielmehr wird eine Reihe von zusammenhängenden Daten ab einer bestimmten Startadresse übertragen.

→ *Siehe Adresse, CPU, Datenwort, DMA, DMA-Controller, Motherboard, Startadresse*

Directory
→ *Siehe Verzeichnis*

Directorytree
→ *Siehe Verzeichnisbaum*

DirectX
Standardisierte Programmierschnittstelle (API) von Microsoft, die Programmen mit entsprechenden Treibern einen schnellen Zugriff auf die im Rechner enthaltenen Hardwarekomponenten ermöglicht. DirectX ist nur der Sammelbegriff für eine Reihe von APIs: Direct3D für 3D-Funktionen, DirectSound für Soundwiedergabe, DirectDraw und DirectVideo für die 2D- und Videodarstellung (inkl. Overlay-Funktion) und DirectInput für die Ansteuerung von Eingabegeräten (Joysticks). DirectDraw ersetzt gleichzeitig das DCI-Verfahren von Windows 3.x. Die DirectX-Funktionen werden hauptsächlich für eine optimierte Programmierung von Spielen unter Windows 95/98/NT verwendet.

→ *Siehe 3D-Funktionen, API, Chromeffects, Overlay-Karte*

Direkter Speicherzugriff
→ *Siehe Direct Memory Access*

Disabled
Englisch für deaktiviert.

→ *Siehe Enabled*

Disassembler
Der Disassembler ist ein Programm, mit dem ein Programm aus Maschinensprache in Assemblercode zurückübersetzt wird. Dieser Programmcode kann dann zur Analyse des Programmes verwendet werden.

→ *Siehe Assembler, Maschinensprache*

Disconnect
Unter disconnect (englisch für unterbrechen) versteht man das Unterbrechen einer Verbindung. Dies kann z.B. die Verbindung eines Rechners zu einem Netzwerklaufwerk, die Verbindung zu einem Online-Dienst sein usw.

→ *Siehe Connect*

Disk Array
→ *Siehe RAID*

Disk Operating System
→ *Siehe DOS*

Disk-at-once
Als Disc-at-once wird ein spezielles Schreibverfahren beim Brennen von CDs bezeichnet. Dabei wird die komplette CD in einem Stück geschrieben. Im Gegensatz zu Track-at-once, wo jeder Track einzeln geschrieben wird.

→ *Siehe CD, CD-Writer, Track-at-once*

Disk-Cache

Disk-Cache ist ein spezieller Speicherbereich, der zum Zwischenspeichern von Daten verwendet wird. Werden nun Daten von einem Laufwerk gelesen, wird zuerst in dem Speicherbereich nachgesehen, ob sich die gewünschten Daten bereits darin befinden. Ist dies der Fall, können diese aus dem schnelleren Speicher gelesen werden. Man unterscheidet zwischen Hardware- und Software-Cache. Hardware-Cache ist ein Speicher, der direkt auf dem Laufwerk integriert ist und von diesem selbständig verwaltet wird. Software-Cache verwendet einen Teil des Arbeitsspeichers des Computers zur Zwischenspeicherung der Daten. Die Verwaltung übernimmt ein spezielles Systemprogramm. Unter MS-DOS z.B. Smartdrive.

➡ *Siehe Cache, Hardware-Cache, Software-Cache*

Diskette

Eine Diskette ist ein magnetisches wechselbares Speichermedium. Beim PC ist heute das 3.5-Zoll-Format mit einer Kapazität von 1.44 Mbyte am weitesten verbreitet. Das 2.88-Mbyte-Format konnte sich hingegen nicht durchsetzen. Es gibt auch noch die 5.25-Zoll-Disketten mit 1.2 Mbyte. Dieses Format ist allerdings kaum noch in Gebrauch.

➡ *Siehe Double Density, High Density, Speichermedium*

Bild 6: Eine 3,5 Zoll Diskette – momentan noch der Standard bei den Disketten

Diskettenlaufwerk

Als Diskettenlaufwerk wird das interne oder externe Gerät zum Lesen von bzw. Schreiben auf Disketten bezeichnet.

➡ *Siehe Diskette*

Display Data Channel

➡ *Siehe DDC*

Display-Liste

Eine Liste von Grafikbefehlen, die ein zu berechnendes Objekt bzw. alle Objekte einer Szene beschreibt. Neuere Grafik-Chips sind in der Lage, eine Display-Liste im DMA-Betrieb selbständig auszulesen und abzuarbeiten. Der Chip arbeitet dann parallel zur CPU und entlastet diese natürlich erheblich. Während des Aufbaus der

Objekte wird so Zeit für die Erstellung einer neuen Display-Liste gespart.

→ *Siehe DMA, Grafikkarte*

Distance Vector Multicast Routing Protocol

→ *Siehe DVMRP*

Dithering

Dithering ist ein Verfahren zur Simulation von Farben und Graustufen auf Monitoren bzw. auf Druckern. Dabei wird jedem Bildpunkt ein Raster von Druckpunkten zugewiesen, das diesen Bildpunkt repräsentiert. Ein solches Raster besteht z.B. aus 3x3 Druckpunkten, womit sich neun verschiedene Grauwerte (weiß und schwarz mit eingerechnet) simulieren lassen. Durch das Dithering wird allerdings die effektive Druckauflösung geringer, da ein Bildpunkt zum Druck mehrere Druckpunkte benötigt.

→ *Siehe Drucker, Monitor*

DLL

Abkürzung für Dynamic Link Library. Bei DLLs handelt es sich um Objekt-Bibliotheken, die dynamisch (sprich bei Bedarf) geladen werden können. Auf eine solche geladene Bibliothek können mehrere Programme gleichzeitig zugreifen. Diese Technik wurde von Microsoft eingeführt und wird von Windows und OS/2 verwendet.

→ *Siehe Bibliothek, OS/2, Windows*

DMA

Abkürzung für Direct Memory Access. Spezielles Verfahren zum Zugriff auf den Arbeitsspeicher eines Computers. Dabei sind Peripheriegeräte in der Lage, große Datenmengen direkt über den sogenannten DMA-Controller in den Arbeitsspeicher zu schreiben. Dadurch wird die CPU des Rechners entlastet. Die Übertragung wird dabei über sogenannte DMA-Kanäle gesteuert.

→ *Siehe CPU, DMA-Controller, Hauptspeicher, Peripherie*

DMA	Funktion
0 (8 Bit)	intern (bei manchen aktuellen PCs frei)
1 (8 Bit)	frei
2 (8 Bit)	Diskettenlaufwerke
3 (8 Bit)	frei
4 (8 Bit)	intern verwendet
5 (16 Bit)	frei
6 (16 Bit)	frei
7 (16 Bit)	frei

Die DMA-Belegung eines normalen PC

DMA-Controller

Der DMA-Controller ist ein spezieller Chip auf dem Motherboard eines PC,

DMI

Abkürzung für Desktop Management Interface. DMTF-Spezifikation zur Steuerung und Verwaltung von Hard- und Software-Komponenten.

DMI Service Provider

Software zur Kommunikation zwischen Client und Management-Server.

➡ *Siehe Client*

DMTF

Abkürzung für Desktop Management Task Force – Herstellervereinigung zur Entwicklung neuer Standards für das Systemmanagement.

➡ *Siehe DMI*

DNS

Abkürzung für Domain Name Server. Der DNS ist für die Übersetzung von Adressen im Internet zuständig. Bei dieser Übersetzung werden die symbolischen Adressen (www.irgendwas.com) in die zugehörige IP-Adresse übersetzt. Der Datenbestand der DNS wird regelmäßig aktualisiert.

➡ *Siehe Internet, InterNIC, IP-Adresse, Symbolische Adresse*

der die Steuerung der direkten Speicherzugriffe über die einzelnen DMA-Kanäle verwaltet und steuert.

➡ *Siehe CPU, DMA, Motherboard*

Docking-Station

Als Docking-Station wird ein spezielles Gerät bezeichnet, das es ermöglicht, einen Notebook oder Laptop als Desktop-Computer zu verwenden. Dazu wird der mobile Rechner in die Docking-Station geschoben. Über einen eigens dafür vorgesehenen Steckverbinder wird eine elektrische Verbindung hergestellt. An die Docking-Station sind in der Regel ein Monitor, eine Tastatur und eine Maus angeschlossen. Zusätzlich sorgt diese noch für die Stromversorgung des Mobilcomputers.

➡ *Siehe Laptop, Notebook*

Documenttemplate

➡ *Siehe Dokumentvorlage*

DoD

Abkürzung für Department of Defense, zu deutsch Verteidigungsministerium. Auf die Initiative des DoD geht die Entwicklung des Internet zurück und damit das TCP/IP-Protokoll. Deshalb ist diese Protokollfamilie auch als DoD-Protokollfamilie bekannt. Aber auch andere Entwicklungen und Standards nahmen hier ihren Anfang.

➡ *Siehe ARPAnet, Internet, TCP/IP*

Dokument

Als Dokument werden die Dateien bezeichnet, die ein Benutzer mit einem Anwendungsprogramm erstellt. Meist wird der Begriff im Zusammenhang mit Textverarbeitungs-, Tabellenkalkulations-, Grafik-, Datenbankprogrammen etc. verwendet.

→ *Siehe Datei, Datenbank, Grafikprogramme, Tabellenkalkulation, Textverarbeitung*

Dokumentvorlage

Dokumentvorlagen sind Vorlagen für die Erstellung von Dokumenten in Textverarbeitungsprogrammen. Diese enthalten neben Standard-Text vor allem Einstellungen, Formatvorlagen, Textbausteine und Makros. Dokumentvorlagen sind ein sehr praktisches Werkzeug, um sich die Arbeit mit immer wiederkehrenden Dokumenttypen zu vereinfachen und so auch diese Dokumente einheitlich zu halten. Andere Bezeichnungen für Dokumentvorlage sind Stylesheet, Documenttemplate, Druckformatvorlage.

→ *Siehe Dokument, Makro, Textverarbeitung, Vorlagen*

Domain

Innerhalb von Netzwerken werden logische Subnetze als Domain (Domäne) bezeichnet. Besonders im Internet ist dies ein wesentliches Organisationskonzept. Dabei ist das Internet in eine Hierarchie von Domänen gegliedert. Die Wurzel dieser Hierarchie wird dabei als Top Level Domain bezeichnet. Diese steht für ein Land oder eine Organisationsform. In den Internet-Adressen erkennt man dies an der Endung (z.B. .de für Deutschland).

→ *Siehe DE-NIC, Domäne, Internet, InterNIC, Netzwerk*

Domain Name Server
→ *Siehe DNS*

Domäne
→ *Siehe Domain*

Dongle

Ein Dongle oder auch Kopierschutzstecker ist eine Hardware-mäßige Schutzeinrichtung gegen unbefugtes Kopieren bzw. Verwenden von Software-Produkten. Ein solcher Stecker wird an die parallele Schnittstelle angeschlossen (ein eventuell vorhandener Drucker wird durchgeschleift). Beim Start des geschützten Programmes wird das Vorhandensein des richtigen Dongle geprüft und das Programm beendet, wenn es fehlt.

→ *Siehe Parallele Schnittstelle*

Doppelklick

Mit Doppelklick ist das schnell hintereinanderfolgende zweimalige Betätigen der linken Maustaste einer Maus gemeint. Mit einem Doppelklick auf ein Symbol auf einer grafischen Benutzeroberfläche werden meist Programme oder andere Aktionen gestartet.

→ *Siehe Anklicken, Grafische Benutzeroberfläche, Maus, Maustasten, Programm*

Bild 7: Unscheinbar aber wirksam – ohne das Dongle an der parallelen Schnittstelle läuft das geschützte Programm nicht

doppelt verkettete Liste

Eine Folge von Knoten, bei denen jeder Knoten sowohl auf den Nachfolger als auch auf den Vorgänger verweist. Eine doppelt verkettete Liste kann man daher, im Gegensatz zu einer einfach verketteten Liste sowohl vorwärts als auch rückwärts durchlaufen.

doppelte Pufferung
➡ *Siehe Double Buffer*

DOS
➡ *Siehe MS-DOS*

Dos Protected Mode Interface
➡ *Siehe DPMI*

DOS-Box

Ein Computer, der die Betriebssysteme MS-DOS oder PC-DOS verwendet bzw. unter Windows ein Fenster, in dem DOS-Befehle ablaufen.

➡ *Siehe MS-DOS*

DOS-Prompt
➡ *Siehe Prompt*

Dot Pitch
➡ *Siehe Bildschirm, Lochmaske*

Dots Per Inch
➡ *Siehe DPI*

Double Buffer

Auch Double Buffering. Bezeichnet ein Verfahren zur Berechnung von 3D-Grafik. Um zu verhindern, daß der Bildaufbau der 3D-Darstellung am Monitor angezeigt wird, läßt man den Grafik-Chip in einem nicht sichtbaren Bereich des Bildspeichers (Back Buffer) rechnen. Ist das Bild fertig aufgebaut, überträgt man die Daten in den sichtbaren Teil des Bildspeichers (Front Buffer) bzw. schaltet zwischen den beiden Puffern um (Page Flipping). Letzte Störungen (Tearing) werden durch Synchronisation des Bildwechsels beseitigt, wodurch aber leider etwas Performance verlorengeht.

➡ *Siehe Back Buffer, Bildspeicher, Front Buffer*

Double density

Englisch für doppelte Dichte (gemeint ist hier die Schreibdichte). DD (Abkürzung für Double Density) ist eine Bezeichnung für die Schreibdichte auf Disketten. 3.5-Zoll-DD-Disketten haben eine Kapazität von 720 Kbyte. 5.25-Zoll-DD-Disketten dagegen nur 360 Kbyte.

➭ *Siehe Aufzeichnungsdichte, Diskette, High Density, Kbyte*

double sided

Englisch für doppelseitig. Disketten können z.B. zweiseitig beschrieben werden, Drucke können doppelseitig sein, aber auch SIMMs können doppelseitig ausgeführt sein etc.

➭ *Siehe Diskette, SIMM*

Double Super Twisted Nematics

➭ *Siehe DSTN-Display*

download

Engl. für Herunterladen. Mit download wird das Herunterladen von Dateien aus einer Mailbox, einem Online-Dienst oder auch dem Internet bezeichnet. Das Gegenteil ist upload.

➭ *Siehe Internet, Mailbox, Online-Dienst*

Downsizing

Der Prozeß der Dezentralisierung, der in der Unternehmens-DV stattgefunden hat und sich noch weiter fortsetzt, wird als Downsizing bezeichnet. Dabei werden die früheren Großrechnerstrukturen, bei denen Daten zentral von einem Rechenzentrum verarbeitet wurden, durch Netzwerke mit leistungsfähigen Arbeitsstationen ersetzt, wo Daten dann dezentral verarbeitet werden.

➭ *Siehe Datenverarbeitung, DV, Großrechner, Netzwerk, Rechenzentrum, Workstation*

downstream

Die Richtung, in dem Newsgroup-Artikel von einem News-Server zum nächsten weitergegeben werden.

dpi

Abkürzung für Dots Per Inch zu deutsch Punkte pro Zoll. In DPI wird die Auflösung grafischer Ein- und Ausgabegeräte (Scanner, Drucker, Belichter etc.) angegeben.

➭ *Siehe Belichter, Drucker, Scanner*

DPMI

Abkürzung für DOS Protected Mode Interface. Das DPMI ist eine Software-Schnittstelle, die es Programmen erlaubt, im Protected Mode XMS-Speicher zu nutzen.

➭ *Siehe Protected Mode, Schnittstelle, XMS*

DPMS

Abkürzung für Digital Power Management Signalling. DPMS ist für die schrittweise betriebsabhängige Abschaltung des Monitors in einen der Energiesparmodi Stand-by, Suspend oder Power-Off zuständig. Eine

DPMS-fähige Grafikkarte schaltet hierzu gemäß den VESA-Richtlinien je nach verwendetem Energiesparmodus das vertikale und/oder horizontale Synchronisationssignal ab.

→ *Siehe Energiesparmaßnahmen, Energy Star, Power-Management*

DR-DOS

Zu MS-DOS kompatibles Betriebssystem der Firma Digital Research (DR).

→ *Siehe MS-DOS*

Dr. Neuhaus

http://www.neuhaus.de

Deutsche Firma, die Modems, ISDN-Hardware und Software für diesen Bereich entwickelt und herstellt.

→ *Siehe ISDN, Modem*

Bild 8: Dr. Neuhaus im Internet

Draft-Modus

Beim Draft-Modus handelt es sich um eine spezielle Betriebsart von Druckern (insbesondere Nadeldrucker). Diese Betriebsart setzt die Druckqualität zugunsten der Druckgeschwindigkeit herab. Eine andere Bezeichnung für Draft-Modus ist Konzeptmodus.

➡ *Siehe Drucker, Nadeldrucker*

Drag&Drop

Englisch für Ziehen und Ablegen. Drag&Drop ist eine spezielle Art, mit der Maus umzugehen. Dabei werden Objekte einer grafischen Benutzeroberfläche oder auch eines Programmes mit der Maus markiert und anschließend bei gedrückter Maustaste an eine andere Stelle gezogen. Dort werden sie losgelassen, was meist zu einer bestimmten Aktion mit diesen Objekten führt. So können z.B. im Explorer Dateien per Drag&Drop verschoben bzw. kopiert werden.

➡ *Siehe Datei, Explorer, Grafische Benutzeroberfläche, Maus*

Drahtgitter

➡ *Siehe Wireframe*

drahtloses LAN

Ein lokales Netzwerk, das Daten mit Hilfe von nicht-drahtgebundener Technik, wie z.B. über Radiowellen, infrarotes Licht usw., überträgt.

➡ *Siehe LAN*

DRAM

Abkürzung für Dynamic Random Access Memory. DRAM-Bausteine sind die Standard-Speicherbausteine für Arbeitsspeicher. Diese bestehen aus hochintegrierten Transistoren und Kondensatoren. Um die Informationen zu erhalten, ist eine ständige Auffrischung des Speicherinhaltes notwendig (Refresh). Die Zugriffszeit liegt bei 60 bis 90 ns, wobei 60 ns heute den Standard darstellen.

➡ *Siehe EDO-DRAM, Hauptspeicher, SDRAM, Transistor*

Dreamworks

Dreamworks SKG ist eine amerikanische Firma aus dem Medienbereich. Sie wurde von Steven Spielberg, Jeffrey Katzenberg und David Geffen 1994 gegründet. Die Firma entwickelt neue Anwendungsmöglichkeiten für Multimedia und Film, Fernsehen und Computerspiele. Für die nächsten Jahre sind interaktive Filme und Computerspiele geplant, die aus dem Joint-Venture mit Bill Gates Dreamworks Interactive hervorgehen sollen.

➡ *Siehe Gates, Bill*

Dreierkonferenz

➡ *Siehe ISDN-Leistungsmerkmale*

drop out
Der Signalausfall während einer Lese-/Schreib-Operation, was zum Entstehen fehlerhafter Daten führen kann.

Drop-down-Menü
Synonym für Pull-down-Menü.

→ *Siehe Pull-down-Menü*

Druck-Server
Ein Druck-Server ist ein Computer innerhalb eines Netzwerkes, der zur Verwaltung der Druckaufträge der einzelnen Benutzer im Netz an den oder die Netzwerkdrucker zuständig ist.

→ *Siehe Dedizierter Server, Netzwerk, Server*

Drucken in Datei
Ein Dokument wird für den Druckvorgang formatiert, aber nicht direkt an den Drucker weitergeleitet, sondern als Datei gespeichert.

Drucker
Als Drucker werden Ausgabegeräte bezeichnet, die Daten aus einem Computer in grafischer Form auf ein Medium wie Papier oder Folie ausgeben können.

→ *Siehe Anschlagdrucker, Anschlagfreier Drucker, Daten*

Druckeremulation
Im PC-Bereich sind bestimmte Drucker zu einer Art Standard geworden, was die Ansteuerung durch den Computer anbelangt. Drucker des gleichen Prinzips anderer Hersteller ahmen meistens diese Standarddrucker nach. Diese Fähigkeit des Nachahmens wird Emulation genannt.

→ *Siehe Drucker*

Druckersprache
Druckersprachen werden verwendet, um zu druckende Daten so aufzubereiten, daß sie durch einen Drukker verarbeitet werden können. Die Druckersprache steuert dabei die einzelnen Funktionen des Druckers. Der Computer sendet die Druckdaten, die er zuvor in die Druckersprache übersetzt hat, an den Drucker. Der Drucker wiederum setzt die einzelnen Befehle in Druckpunkte um.

→ *Siehe Drucker*

Druckertreiber
Ein Druckertreiber ist ein kleines Stück Software, das die Kommunikation zwischen einem Computer und einem Drucker ermöglicht. Der Treiber »sagt« dabei dem Computer, was der Drucker kann und wie er mit diesem umgehen muß.

→ *Siehe Drucker, Treiber*

Druckformatvorlage
→ *Siehe Dokumentvorlage*

Druckkopf

Der Druckkopf stellt bei Matrix-Druckern (Nadel- und Tintenstrahldruckern) und Typenraddruckern den Teil des Druckers dar, der dafür sorgt, daß Farbe auf das Papier gelangt.

➥ *Siehe Matrixdrucker, Nadeldrucker, Tintenstrahldrucker, Typenraddrucker*

Bild 9: Der Druckkopf eines Tintenstrahldruckers

DRV

Abkürzung für Driver. Dateiendung für Treiber-Dateien.

➥ *Siehe Treiber*

DSL

Abkürzung für Digital Subscriber Line.

DSOM

Abkürzung für Distributed System Object Model.

DSP

Abkürzung für Digitaler Signal Prozessor. DSPs sind spezielle Prozessoren, die zur Digitalisierung von analogen Signalen und zur Bearbeitung digitaler Signale verwendet werden. Durch die starke Spezialisierung dieser Chips sind diese bei der Erledigung der Aufgaben extrem schnell. DSPs werden im Computer vor allem auf Soundkarten eingesetzt.

➥ *Siehe Analog, Digital, Soundkarte*

DSS1

Bezeichnung für D-Kanal-Protokoll des Euro-ISDN.

➥ *Siehe D-Kanal, D-Kanal-Protokoll, Euro-ISDN, ISDN*

DSSSL

Abkürzung für Document Style Semantics and Specification Language.

DSTN-Display

Abkürzung für Double Super Twisted Nematics. DSTN-Displays werden als Bildschirme für Notebooks verwendet. Sie sind günstiger als TFT-Displays, allerdings von der Bildqualität her auch schlechter.

➥ *Siehe LCD, Notebook, TFT-Display*

DSVD

Abkürzung für Digital Simultaneous Voice Data. Spezielle Modems neuerer Bauart, bei denen es möglich ist, während einer Datenübertragung über dieselbe Leitung mit dem anderen Teilnehmer zu sprechen.

→ *Siehe Modem*

DTE

Data Terminal Equipment.

→ *Siehe DCE*

DTP

Abkürzung für Desktop Publishing. Als DTP wird das Erstellen von Publikationen mit dem Computer bezeichnet. Für das DTP gibt es entsprechende Software, die dem Anwender bei der Erstellung solcher Layouts hilft. Bekannte Vertreter dieser Programme sind z.B. PageMaker, QuarkExpress und FrameMaker.

Dual Boot

Stellt die Möglichkeit für einen Benutzer zur Verfügung, einen PC mit einem von zwei alternativen Betriebssystemen zu booten.

Dual Inline Package

→ *Siehe DIP*

Dual-Boot-System

Auf einem Dual-Boot-System befinden sich zwei oder mehr Betriebssysteme, die alternativ verwendet werden können. Beim Start des Rechners oder auch bei einem Neustart kann der Anwender über einen Boot-Manager entscheiden, welches Beriebsystem er verwenden will.

→ *Siehe Betriebssystem, Boot-Manager, Booten*

Dual-Ported RAM

→ *Siehe VRAM*

Dualsystem

Das Dualsystem ist ein Zahlensystem, das nur die Ziffern 0 und 1 kennt. Durch Kombination dieser beiden Ziffern werden die Zahlen des Dualsystems aufgebaut.

Der Zusammenhang zwischen dem Dezimal- und dem Dualsystem läßt sich am einfachsten an einem Beispiel zeigen:

Die Zahl 11011 im Dualsystem entspricht der Zahl 27 im Dezimalsystem. Dies ergibt folgendermaßen: $1x2^4 + 1x2^3 + 0x2^2 + 1x2^1 + 1x2^0 = 16 + 8 + 2 + 1 = 27$. Das heißt, die Dezimalzahl zu einer Dualzahl ergibt sich, indem Sie jede Ziffer mit der Wertigkeit ihrer Stelle multiplizieren. Die Wertigkeit jeder Stelle erhalten Sie, indem Sie die Basis 2 mit der Ordnung der Stelle potenzieren (die erste Stelle hat die Ordnung 0, die zweite 1 usw.).

→ *Siehe Dezimalsystem, Hexadezimalsystem*

Dualzahl

Eine Dualzahl ist eine Zahl des Dualsystems.

→ *Siehe Dualsystem*

Dungeons

Englisch für Höhlen. Besonders in Rollenspielen und in Adventures begibt sich der Anwender mit seiner Spielfigur oder einer Spielgruppe (der Party) in diverse Höhlensysteme, um sie zu erkunden.

Duplex-Betrieb

Von Duplex-Betrieb spricht man, wenn bei einer Datenübertragung von beiden Teilnehmern gleichzeitig Daten empfangen und gesendet werden.

➠ *Siehe Datenübertragung*

Duplex-Drucker

Als Duplex-Drucker bezeichnet man Drucker, die in der Lage sind, ohne Eingreifen des Benutzers die Vorder- und Rückseite eines Blatts zu bedrukken.

➠ *Siehe Drucker*

Duplex-Kanal

Eine Kommunikationsverbindung, die eine gleichzeitige Übertragung in beide Richtungen erlaubt.

Duplex-System

Ein System mit zwei Computern, von denen der eine in Bereitschaft bleibt und nur bei Störungen des aktiven Systems dessen Aufgaben übernimmt.

Duplexing

Das Duplexing ist eine Variante der RAID-Technologie. Dabei werden zwei Festplatten-Subsysteme eingerichtet, die jeweils über eigene Controller verfügen. Alle Daten werden auf beiden Systemen gleichermaßen gepflegt. Wenn nun eines der Systeme ausfällt, kann direkt mit dem zweiten weitergearbeitet werden.

➠ *Siehe Controller, Festplatte, RAID*

Durchsatz

➠ *Siehe Datendurchsatz*

DV

Abkürzung für Datenverarbeitung.

Abkürzung für Digital Video. Bei dieser Form des Videos werden die Video-Informationen nicht mehr analog, sondern digital gespeichert. Dadurch ist verlustfreies Kopieren und dauerhaftes Abspielen ohne Minderung der Qualität möglich.

➠ *Siehe Datenverarbeitung*

DVD

Abkürzung für Digital Versatile Disk. DVD ist ein neuer Standard für Massenspeicher. Er soll die CD-ROM als billigen Massenspeicher ablösen. Die DVD zeichnet sich durch eine wesentlich höhere Kapazität bei gleichen Abmessungen aus. Dies wird unter anderem durch die Verwendung von vier Datenschichten erreicht. Maximal soll die DVD die bis zu 25fache Kapazität einer CD-ROM bieten. Einsatzgebiet der DVD wird Digitales Video und Multimedia aller Art sein. Neben den DVDs, die nur gelesen werden können, sollen auch solche auf den Markt kommen, die einen wahlfreien Schreib-Lese-Zugriff bieten.

→ *Siehe CD-ROM, Massenspeicher, Multimedia*

DVMRP

Abkürzung für Distance Vector Multicast Routing Protocol. Ein Netzwerk-Leitungsprotokoll, das einen leistungsfähigen Mechanismus für die verbindungslose Datagrammübergabe zur Verfügung stellt. Es handelt sich hierbei um ein verteiltes Protokoll, das IP-Multicast-Leitungsbäume dynamisch generiert.

DVS

→ *Siehe Datenverarbeitungssystem*

DX-Prozessor

Das Kürzel DX verwendete Intel bei Prozessoren der 386er und 486er Reihe als Kennzeichnung für leistungsstärkere Varianten. Beim 386er unterschieden sich die DX-Varianten von den SX-Varianten, daß sie statt nur 16 32 Adreßleitungen boten. Beim 486er hatten die DX-Varianten im Gegensatz zu den SX-Versionen einen integrierten mathematischen Koprozessor.

→ *Siehe Arithmetischer Koprozessor, Koprozessor, SX-Prozessor*

Dye-Diffusion-Drucker

Auch Vollton-Drucker. Beim Grafikdruck werden weiche, fließende Farb- und Graustufen-Übergänge durch die Mischung der Grundfarben – bei Tintenstrahldruckern meist aus 4 Tintentanks (Cyan, Magenta, Gelb und Schwarz) – nahezu übergangslos erzeugt.

Dynaload-Treiber

Ein Dynaload-Treiber lädt kompatible Gerätetreiber, ohne dabei die Datei CONFIG.SYS des Betriebsystems zu ändern. Dynaload ist ein Befehl, der in der DOS-Eingabeaufforderung unter PC DOS 7 von IBM ausgeführt werden kann.

dynamic address translation
→ *Siehe DAT*

Dynamic Data Exchange
→ *Siehe DDE*

Dynamic HTML

Steht für Inhalte von Webseiten, die sich anhand bestimmter Kriterien beim Aufruf einer Seite ändern. Solche Kriterien können u.a. die folgenden sein:

- Der Ort, von dem aus die Seite abgerufen wird.
- Die Tageszeit.

- Die Seiten, die der Leser zuvor abgerufen hat.
- Ein Profil des Lesers.

Zur Umsetzung dieser Inhalte stehen verschiedenste Techniken und Technologien zur Verfügung, wie z.B. Cookies, Java, JavaScript, CGI uvm.

Neue Erweiterungen des HTML-Standards, die es einer Webseite ermöglichen, auf die Eingaben eines Benutzers zu reagieren. Momentan existiert noch kein Standard für Dynamic HTML, vielmehr haben die beiden Hauptkontrahenten im Browsermarkt – Microsoft und Netsacape – unterschiedliche Ansichten zu diesem Thema, die zueinander nicht kompatibel sind. Beide Firmen haben Vorschläge zur Standardisierung an das W3C eingereicht.

➠ *Siehe CGI, Cookies, CSS, HTML, JavaScript, W3C*

Dynamic Link Library
➠ *Siehe DLL*

Dynamic Random Access Memory
➠ *Siehe DRAM*

Dynamic Serial Line Internet Protocol.
➠ *Siehe dynamic SLIP*

dynamic SLIP
Abkürzung für Dynamic Serial Line Internet Protocol. Bei dieser Art des Internet-Zugriffs unter SLIP sind die IP-Adressen nicht permanent, sondern werden aus einem Pool bei jedem neuen Verbindungsaufbau neu zugewiesen. Die für Internet-Dienstanbieter erforderliche Anzahl der IP-Adressen braucht nicht der Anzahl aller Abonnenten zu entsprechen, sondern reduziert sich auf die Anzahl der Verbindungen, die gleichzeitig aktiv sein können.

➠ *Siehe SLIP*

dynamische Adreßumsetzung
Abk.: DAT (dynamic address translation). Beschreibt die Umwandlung von Referenzen auf Speicherstellen von relativen Adressen (»zwei Einheiten vom Beginn von Y«) auf absolute Adressen (»Speicherstelle Nummer 988«) bei laufendem Programm.

dynamische Allozierung
Die den aktuellen Erfordernissen entsprechende Belegung von Speicher während der Programmausführung und meistens auch die Möglichkeit der dynamischen Freigabe, so daß sich Datenstrukturen bei Bedarf erzeugen und auch wieder zerstören lassen.

dynamische Arbeitsverteilung
Die in der Regel durch das Betriebssystem realisierte Koordinierung parallel laufender Prozesse (Programme).

dynamische Bibliothek

Eine dynamische Bibliothek erlaubt, daß ausführbare Routinen als separate Datei (mit der Erweiterung DLL) gespeichert und bei Bedarf von einem Programm entsprechend geladen werden können. Sie bietet mehrere Vorteile: Eine DLL stellt eine separate Datei dar und ermöglicht es daher dem Programmierer, Korrekturen oder Verbesserungen nur an dem betreffenden Modul vorzunehmen, ohne die Operationen des aufrufenden Programms oder einer anderen DLL zu beeinflussen. Sie muß nur bei Bedarf geladen werden und verbraucht bis zu diesem Zeitpunkt keinen Speicher. Ein Programmierer kann dieselbe DLL für andere Programme einsetzen. Sie ist ein Merkmal der Betriebssystemfamilie Microsoft Windows und des Betriebssystems OS/2.

dynamische Relozierung

Die dynamische Relozierung ermöglicht die effizientere Nutzung des Computer-Speichers durch die Verschiebung von Daten oder Code eines momentan laufenden Programms im Speicher.

dynamische Schlüssel

Eine Verschlüsselungstechnik, bei der die jeweilige Verschlüsselung auf verschiedenen Schlüsseln basiert und ein Schlüssel nicht mehr eingesetzt werden kann, sobald dieser übernommen und entschlüsselt wurde. Nachrichten werden durch diese Verschlüsselungstechnik bei jeder Übertragung anders verschlüsselt.

➠ *Siehe Verschlüsselung*

dynamische Seite

Ein mit animierten GIFs, Java Applets oder ActiveX-Steuerelemente versehenes HTML-Dokument.

➠ *Siehe Webseite, WWW*

dynamische Speicherallozierung

Der dynamische Speicher wird vom Betriebssystem auf Abfrage des Programms zum Zeitpunkt der Laufzeit einem Prozeß oder einem Programm zugeteilt (alloziert).

dynamische Webseite

Eine Webseite mit variablem Inhalt, die jedoch ein festes Format hat. Dadurch können dynamische Webseiten auf die Wünsche und Kriterien des jeweiligen Users zugeschnitten werden.

➠ *Siehe Webseite, WWW*

dynamischer Datenaustausch

Abk.: DEE, Dynamic Data Exchange. Eine Methode zur Interprozeß-Kommunikation, bei der mehrere gleichzeitig laufende Programme Daten und Befehle austauschen können. In Windows 3.1 wurde DDE weitgehend von OLE verdrängt (eine Erweiterung von DDE in den Nachfolgeversionen von Windows werden OLE und ActiveX am häufigsten verwendet.

dynamischer Speicher

Informationsspeicher, dessen Inhalt beim Abschalten der Stromversorgung verlorengeht. Die bekanntesten Formen stellen die RAM-Systeme (Random Access Memory) dar, zu denen sowohl die dynamischen RAMs (DRAMs) als auch die statischen RAMs (SRAMs) zählen.

➠ *Siehe DRAM, RAM*

dynamischer Speicherauszug

Während einer Programmunterbrechung erzeugtes Listing des Speicherinhalts, das entweder auf Diskette abgelegt oder auf einem Drucker ausgegeben wird. Für den Programmierer stellt es ein Hilfsmittel bei der Untersuchung der Vorgänge an einem bestimmten Punkt in der Ausführung eines Programms dar.

Dynamisches Array

Bei einem dynamischen Array ist es im Gegensatz zu einem statischen Array möglich, die Größe des Arrays zur Laufzeit zu ändern.

➠ *Siehe Array, Statisches Array*

dynamisches Binden

Auch als späte Bindung bezeichnet. Bezeichnet die Konvertierung symbolischer Adressen im Programm auf speicherbezogene Adressen während der Programmausführung.

➠ *Siehe Statische Bindung*

dynamisches Caching

Eine Technik für das Speichern zuletzt verwendeter Daten. Die Größe des Cache-Speichers hängt dabei nicht davon ab, wieviel Speicher der aktuell ausgeführten Anwendung zugeordnet ist, sondern davon, wieviel Speicher insgesamt verfügbar ist.

➠ *Siehe Cache*

E-Cash

Allgemeine Bezeichnung für Geld, mit dem im Internet gezahlt werden kann.

➠ *Siehe E-Commerce, Internet, WWW*

E-Commerce

Handelsaktivitäten, die über miteinander verbundene Computer erfolgen und zwischen Benutzer und Anbieter über einen Online-Dienst, über das Internet oder über Mailbox abgewickelt werden.

➠ *Siehe Internet, WWW*

E-DSS1

Bezeichnung für das D-Kanal-Protokoll des Euro-ISDN.

➠ *Siehe D-Kanal, D-Kanal-Protokoll, Euro-ISDN, ISDN*

E-Mail

Alle Nachrichten, die auf elektronischem Weg über lokale oder auch globale Netze wie das Internet verschickt werden, bezeichnet man als E-Mail (oder auch elektronische Post). Diese Nachrichten beinhalten neben den eigentlichen Daten, dies können beliebige Dateien, wie Texte, Grafiken, Programme, usw. sein, natürlich auch die Adresse des Empfängers (sowie des Absenders). Ein Vorteil gegenüber der herkömmlichen Post ist insbesondere die Geschwindigkeit. So ist es möglich, innerhalb von wenigen Sekunden Nachrichten nach Amerika zu schicken. Der Versand der E-Mail über das Internet ist die wohl am häufigsten genutzte Möglichkeit. Nach dem großen Aufschwung dieses Netzes Ende 1995, Anfang 1996 haben viele Firmen und Online-Dienste ihre bisherigen E-Mail-Verfahren auf Internet-Mail umgestellt oder zumindest erweitert. Die wichtigsten Protokolle, um E-Mail via Internet zu verschicken sind SMTP, POP3 und IMAP4. Bei Textversand via E-Mail existiert das Problem, daß Sonderzeichen, wie z.B. Umlaute, nicht korrekt übertragen werden können, da nur der 7-Bit-ASCII-Zeichensatz (die ersten 128 Zeichen) verschickt wird. Wenn nicht nur Texte, sondern auch andere Dateien verschickt werden, können diese mit Kodierungsprogrammen in Text umgewandelt werden. Diese Programme wären UUEncode und UUDecode. Dies wird von den meisten neuen Mail-Programmen automatisch übernommen (z.B. MIME). Um seine Mail vor Zugriff Unbefugter zu schützen, oder zumindest zu vermeiden, daß diese sie lesen, existieren auch Möglichkeiten, seine Mails komplett zu verschlüsseln. Ein sehr bekanntes und auch oft eingesetztes Verfahren und Programm nennt sich PGP (Pretty Good Privacy). Um Mails an andere verschicken zu können, muß man natürlich seine Adresse kennen, welche er von seinem Internet-Provider oder Online-Dienst erhält. Dieser stellt auch den Domain-Server (Domänen-Server) bereit, der alle Mails für den Benutzer speichert und ihm auf Abruf zur Verfügung stellt. Die Adresse des Benutzers ist somit meist sein eigener Benutzername, gefolgt von einem @ (Klammeraffe/at-Zeichen) und dem Namen des Domain-Servers, also z.B.: name@domain.de. Es können mit E-Mail auch nur Computer erreicht werden, welche dann auf die Anfrage reagieren. Man kann sich zum Beispiel bei einem Mail-Service einer Firma einschreiben, um automatisch Neuigkeiten zu erhalten. Es gibt eine Vielzahl von E-Mail-Programmen mit verschiedensten Features, allerdings werden dieselben und zum Teil noch mehr von den gängigsten Browsern, wie z.B. Microsoft Internet Explorer 4.0 oder Netscape Communicator 4.0, angeboten. Außerdem sind in den Betriebssystemen wie z.B. Windows 95 oder Windows NT 4.0 auch eigene Programme zum E-Mail-Versand (und auch Faxe usw.) enthalten. Dies wäre z.B. Microsoft Exchange oder die neue Version Windows Messaging.

➠ *Siehe @, ASCII, Domain, Exchange, IMAP4, Internet, Netscape Communicator, PGP, POP3, SMTP*

E-Mail-Filter

Mit einem E-Mail-Filter werden eingehende E-Mails automatisch sortiert und in verschiedene Ordner oder Mailboxen entsprechend den Informationen ablegt, die in der Nachricht enthalten sind. So können z.B. alle eingehenden E-Mails noch Subject, Absender, Header, usw. sortiert, und in vordefinierte Ordner verschoben werden.

➠ *Siehe E-Mail*

E-Money

Eine allgemeine Bezeichnung für Geld, mit dem im Internet gezahlt werden kann.

➠ *Siehe E-Commerce, Internet, WWW*

E-Netz

Das E-Netz (E-Plus) steht in Konkurrenz zum D-Netz und arbeitet im Gegensatz zu diesem mit dem sogenannten DCS-Verfahren. Dies hat eine Übertragunsfrequenz von 1.8 Gbyte. Man kommt bei E-Netz Handys mit einer geringeren Leistung von knapp 0.8 Watt (D-Netz 2 Watt) aus, hiermit wird aber die Reichweite auf ca. 8 km beschränkt. Das E-Plus-Netz arbeitet inzwischen flächendeckend. Ein Nachteil ist, daß im Ausland meist mit GSM-Handys (D-Netz) gearbeitet wird, und so schwer ein Dienstpartner zu finden ist, welcher die Gespräche übernehmen und weiterleiten kann (Roaming). Dual-Band-Handys, welche auf beiden Netzen senden können, stellen hierbei eine Lösung dar.

➡ *Siehe B-Netz, C-Netz, D-Netz, Roaming*

E-Notation

Auch als Exponential-Schreibweise bezeichnet. Ist ein numerisches Format, das sich für die Darstellung sehr großer und sehr kleiner Zahlen eignet. Die Speicherung von Gleitkomma-Zahlen erfolgt in zwei Teilen – Mantisse und Exponent. Die Mantisse legt dabei die einzelnen Ziffern der Zahl fest und der Exponent gibt deren Größenordnung (d.h. die Position des Dezimalpunkts) an. Beispielsweise lassen sich die Zahlen 314600000 und 0,0000451 in Gleitkomma-Notation als 3146E5 und 451E-7 schreiben. Die meisten Mikroprozessoren können keine Gleitkomma-Arithmetik ausführen, so daß man entsprechende Berechnungen entweder per Software nachbildet oder einen speziellen Gleitkomma-Prozessor einsetzt.

E-Plus

So heißt das deutsche E-Mobilfunknetz.

➡ *Siehe E-Netz*

E/A

Diese Abkürzung steht für Eingabe/Ausgabe. Sie wird für einzelne Komponenten eines Rechners verwendet, welche eine Ein- bzw. Ausgabe von Daten ermöglichen. Ein Beispiel hierfür wären die Schnittstellen (serielle Schnittstelle und parallele Schnittstelle) für den Anschluß von externen Geräten wie einen Drucker. Die englische Bezeichnung I/O (Input/Output) ist weit häufiger anzutreffen.

➡ *Siehe I/O, Parallele Schnittstelle, Schnittstelle, Serielle Schnittstelle*

E/A-Adresse

➡ *Siehe I/O-Adresse*

EAZ

Abkürzung für Endgeräte-Auswahl-Ziffer. Im Unterschied zum moderneren Euro-ISDN, bei welchem durch die MSN (Multiple Subscriber Number) jedem Endgerät unterschiedliche Nummern zugeordnet werden können, wird beim nationalen ISDN für jedes Endgerät an das Ende der eigentlichen Rufnummer eine Ziffer (EAZ) angehängt. Um also dieses direkt zu erreichen, wählt man nach der Rufnummer noch zusätzlich die Auswahlziffer.

➟ *Siehe Euro-ISDN, MSN, Nationales ISDN*

EBCDIC

➟ *Siehe Extended Binary Coded Decimal Interchange Code*

EBONE

Kurzform für European BackBONE (europäisches Rückgrat). Nationale und internationale Netze einzelner Forschungseinrichtungen werden durch ein europäisches Datennetz (Backbone-Netz) zusammengeschlossen. Dieses Datennetz trägt den Namen EBONE.

➟ *Siehe Backbone*

Echo

Für die Datenfernübertragung ist dies ein einfaches Verfahren zur Erkennung von Übermittlungsfehlern. Der Sender bekommt hierbei alle beim Empfänger eingetroffenen Bytes wieder zurückübermittelt.

➟ *Siehe Datenfernübertragung, Fehlererkennung*

Echtfarbdarstellung

Bei der Echtfarbdarstellung können Bilder in insgesamt 16.7 Millionen Farbtönen dargestellt werden. Diese Zahl errechnet sich folgendermaßen: Die Bildschirmausgabe erfolgt mit einer Farbtiefe von 24 Bit, somit ergeben sich aus 2 hoch 24 genau 16.777.216 Farbtöne. Zumeist abgekürzt geschrieben: 16.7 Millionen. Das menschliche Auge ist allerdings nur in der Lage, ein paar Millionen Farbtöne zu unterscheiden, so daß dieser Modus (auch engl. TrueColor genannt) vollkommen den Ansprüchen genügt.

➟ *Siehe Bit, Farbtiefe*

Echtzeitbetriebssystem

Ein für die Anforderungen der Prozeßsteuerung entwickeltes oder optimiertes Betriebssystem.

➟ *Siehe Betriebssystem*

Echtzeitspiel

Im Gegensatz zu sogenannten Rundenspielen, in denen der Spieler seine Aktionen immer innerhalb einer Runde (welche auch zeitlich beschränkt sein kann) ausführt, läuft bei einem Echtzeitspiel die Zeit ohne Unterbrechung weiter. Dies bedeutet, es wird eine reale Zeit simuliert. Die Schwierigkeit hierbei ist, daß auch der Computer seine Aktionen ausführen kann, während der Spieler agiert. Diese Art von Spielen gibt es in vielen Bereichen, wobei die beliebtesten im Genre der Strategiespiele liegen. Bekanntestes Beispiel ist Command and Conquer.

Echtzeituhr

Die auf dem Motherboard integrierte Echtzeituhr (engl. Abk. RTC, Real Time Clock) stellt dem Computer die aktuelle Zeit bereit. Sie läuft auch weiter, wenn der Rechner ausgeschaltet oder ganz vom Netz getrennt wird, da sie von einer Batterie ihren Strom bezieht. Echtzeituhr und CMOS-RAM bilden auf dem Motherboard meist eine Einheit. Die Uhrzeit kann natürlich Software-mäßig umgestellt werden. Neuere Betriebssysteme wie Windows 95 stellen auch auf Sommer- und Winterzeit um, sofern die Umstellung immer am selben Datum erfolgt. In einem Netzwerk können sich die Client-Rechner ihre Zeit durch einen bestimmten Dienst mit der des Servers synchronisieren.

➡ *Siehe Client, CMOS-RAM, Motherboard, Server*

Echtzeitverarbeitung

Wird auch Realzeitverarbeitung (engl. real time processing) genannt. Wurde für einen Prozeß genau vorgegeben, zu welcher Zeit eine Bearbeitung beendet sein mußte, so bezeichnete man diesen als Echtzeitverarbeitung. Bezeichnet heute Rechenoperationen, also Verarbeitung von verschiedensten Daten ohne größere zeitliche Verzögerung. Als Beispiel wäre hier die Verarbeitung (Realzeitkomprimierung) von Bildmaterial (Video) zu nennen. Bedeutend ist sie vor allem in der Industrie, in welcher hauptsächlich auf Maschinen (Roboter) gesetzt wird. Hier sind die Abläufe zeitlich meist sehr begrenzt, so daß hohe Reaktionszeiten vonnöten sind.

ECP

Abkürzung für engl. Extended Capability Port. Dieser erweiterte Standard für die parallele Schnittstelle (parallel-port, LPT) ermöglicht den Anschluß mehrerer Geräte und eine höhere Datentransferrate. Informationen über den Parallelport.

➡ *Siehe EPP, Parallel-Port-Modus, Parallele Schnittstelle*

Edge-connector

Bezeichnet eine spezielle Art von Steckern, die auf die Kante einer Leiterplatte gesteckt werden kann. Ein Beispiel hierfür sind die Stecker für Diskettenlaufwerke.

➡ *Siehe Diskettenlaufwerk*

EDI

Abkürzung für engl. Electronic Data Interchange. Eine auch durch einen ISO-Standard definierte Norm zum elektronischen Austausch von Daten – im speziellen von Dokumenten –

wie er heute in vielen Industriebereichen verwendet wird.

➡ *Siehe ISO*

Editor

Dieser Begriff wird am häufigsten für die Art von Anwendungsprogrammen eingesetzt, mit denen man auf einfachste Art Textdateien bearbeiten (editieren) kann. Diese besitzen meist nur die Möglichkeit für das Laden und Speichern veränderter Texte. Spezielle Formatierungen können nicht eingestellt werden. Ein Beispiel wäre das Programm Editor (Notepad) von Windows 95. Allgemein werden mit Editor alle Arten von Programmen gemeint, mit welchen man sehr einfach eine Form von Daten bearbeiten kann (z.B. Texteditoren, Grafikeditoren,...).

➡ *Siehe Anwendungsprogramm, Notepad*

Edlin

Ein bis zur Version 5 zum Lieferumfang des Betriebssystems MS-DOS gehörender zeilenorientierter Texteditor.

➡ *Siehe MS-DOS*

EDO RAM

Abkürzung für Extended Data Out Random Access Memory. Ein dynamischer RAM, der bereits den nächsten Speicherzugriff initialisiert, während noch die Daten für die CPU zur Verfügung gestellt werden. Damit wird eine Erhöhung der Bearbeitungsgeschwindigkeit erreicht. Die mit Triton-Chips von Intel ausgestatteten Pentium-Computer können EDO RAM nutzen.

➡ *Siehe DRAM, RAM*

EDO-DRAM

Enhanced Data Out – DRAM. Verbesserte Version des Standard-Speichertyps DRAM. Die ohnehin vorhandenen SRAM-Register werden als Zwischenspeicher für die auszugebenden Daten verwendet, wodurch der Prozessor mehr Zeit hat, die Daten abzuholen (Pipeline-Effekt). Auch EDO-DRAMs benötigen einen Refresh-Zyklus, damit die Daten in den als Kondensatoren verwendeten Speicherbausteinen nicht verlorengehen.

➡ *Siehe DRAM, Pipeline, Refreshzyklus, SRAM*

Edutainment

Kunstwort aus Education und Entertainment (Bildung und Unterhaltung); bezeichnet Anwendungen für auf Unterhaltung basierende Wissensvermittlung.

➡ *Siehe Infotainment*

EDV

Dies ist die Abkürzung für Elektronische Datenverarbeitung.

➡ *Siehe Datenverarbeitung*

EEMS

➡ *Siehe Enhanced Expanded Memory Specification*

EEPROM

Abkürzung für engl. Electrically Erasable Programmable Read Only Memory (elektronisch lösch- und programmierbarer Festwertspeicher). Wird auch als Flash-Memory bezeichnet und stellt eine besondere Art von ROM dar. Das EEPROM kann im Gegensatz zu einem normalen EPROM auch mit einem Computer selber gelöscht werden. Es sind keine speziellen Geräte erforderlich. Eingesetzt werden sie heute auf den meisten Motherboards oder auf verschiedenen SCSI-Adaptern als Flash-BIOS. Diese können dann einfach durch eine spezielle Software direkt im Computer neu beschrieben werden.

➡ *Siehe BIOS, Motherboard, ROM, SCSI-Controller*

EFF

➡ *Siehe Electronic Frontier Foundation*

EFT

➡ *Siehe Euro-File-Transfer*

EGA

Dies ist die engl. Abkürzung für Enhanced Graphics Adapter. Dieser Grafikmodus, der einige Verbesserungen gegenüber CGA aufwies, wird heute nicht mehr verwendet; allerdings sind fast alle aktuellen Grafikkarten EGA-kompatibel. Mit diesem Modus konnten 16 aus 256 Farben gleichzeitig dargestellt werden. Zudem sprach eine bessere Textdarstellung für EGA. 640x350 Pixel war die maximale Auflösung.

➡ *Siehe CGA, Hercules, Pixel, VGA*

EGP

➡ *Siehe External Gateway Protocol*

EIA

➡ *Siehe Electronic Industries Association*

EIDE

Dies ist die Abkürzung von Enhanced-IDE (verbessertes IDE). Es ist eine Weiterentwicklung des IDE-Standards und wird seit 1994 verstärkt im PC-Bereich eingesetzt. Seine Entwicklung wurde vor allem durch Western Digital vorangetrieben. Er ersetzt den IDE-Standard, allerdings ist er abwärtskompatibel, so daß auch alte IDE (AT-Bus)-Platten betrieben werden können. Auch kann man Festplatten, welche den EIDE-Modus unterstützen, an alten IDE-Kontrollern einsetzen, dann sind aber die erweiterten Möglichkeiten von EIDE nicht nutzbar. Um EIDE nutzen zu können, muß dementsprechend auch ein Controller vorhanden sein. Dieser ist aber schon seit Ende 1995 auf fast allen Motherboards fest integriert. Weiterhin muß das BIOS des Rechners

Platten mit mehr als 528 Mbyte ansprechen können, um entsprechend große EIDE Festplatten ausnützen zu können. Nötig und gleichzeitig ermöglicht wurde die Verbesserung des IDE-Standards auf EIDE durch neue BUS-Systeme (VLB, PCI) und Prozessoren. Einige Verbesserungen gegenüber IDE:

- DMA-Transfer wurde ermöglicht.
- 2 Steuerkanäle zum Anschluß von bis zu 4 Festplatten oder auch CD-ROM oder Streamer (ATAPI).
- Höhere Datenübertragungsraten mit bis zu 11 bzw. 16.6 Mbyte/s.
- Es werden nun auch Festplatten bis 8.4 Gbyte unterstützt.

Anfang 1997 hielten IDE-Kontroller mit dem neuartigen Ultra-DMA/33 Einzug. Es werden von führenden Herstellern schon Platten mit dieser abwärtskompatiblen Schnittstelle produziert. Mit 33 Mbyte/s Datentransferrate bietet Ultra-DMA/33 einiges mehr an Performance gegenüber PIO-Mode 4 Platten. Da es aber bisher noch kaum PIO-Mode 4 Festplatten gibt, welche mehr als 10 Mbyte/s Übertragungsrate haben, ist es bis auf die Prozessorentlastung nicht als sinnvoll anzusehen, auf den neuen Modus umzusteigen.

➠ *Siehe BIOS, Bus, Controller, DMA, IDE, PCI, PIO, VESA Local Bus*

Eiffel

Eine 1988 von Bertrand Meyer entwickelte objektorientierte Programmiersprache, die unter MS-DOS, OS/2 sowie UNIX läuft. Wesentliche Entwurfsmerkmale dieser Sprache sind die Software-Erweiterbarkeit und die Fähigkeit, Module in mehreren Programmen zu verwenden.

➠ *Siehe Objektorientierte Programmierung, Programmiersprache*

Ein-/Ausgabe-System
➠ *Siehe IOS*

Ein-/Ausgabesteuerung

Durch sie erhalten Nutzerprozesse bestimmte Rechte zum Zugriff auf Ein- und Ausgabebereiche des Adreßraumes. Die Ein-/ Ausgabesteuerung, welche in einem Betriebssystem des Rechners integriert ist, vergibt und kontrolliert diese Rechte.

➠ *Siehe Adreßraum, Betriebssystem*

Einbenutzersystem

Ein auf die Verwendung durch eine Einzelperson ausgelegter Computer, daher auch der Name »Personal Computer« oder PC.

➠ *Siehe Mehrplatzsystem*

Einfügemarke

Wird im engl. als Cursor bezeichnet.

➠ *Siehe Cursor*

Eingabe

Verschiedene Vorgänge, über die Daten in den Rechner gelangen, werden als Eingabe bezeichnet. Dies kann entweder über eine Tastatur oder eine Maus geschehen, aber auch durch externe Speichermedien wie Disketten oder CD-ROMs (oder auch Scanner). Die Ausgabe von Daten erfolgt im Gegensatz hierzu durch Geräte wie den Monitor oder Drucker.

➡ *Siehe CD-ROM, Diskette, Drucker, Monitor, Scanner*

Eingabe/Ausgabe

➡ *Siehe I/O*

Eingabeaufforderung

Die Eingabeaufforderung dient der Eingabe von Anweisungen, Kommandos und Parameterdaten bei einem textorientierten Betriebssystem wie z.B. MS-DOS.

➡ *Siehe MS-DOS, Textorientierte Oberfläche*

Eingabemaske

➡ *Siehe Formular*

Einheit

Einzelne Komponenten (Hardware) eines Computers bezeichnet man als Einheit. Dies sind Diskettenlaufwerk, Festplatten, Tastaturen usw.

➡ *Siehe Diskettenlaufwerk, Festplatte, Hardware*

Einloggen

➡ *Siehe Anmelden*

Einplatinen-Computer

Ein auf einer einzigen Leiterplatte aufgebauter Computer, der in der Regel keine Erweiterungskarten aufnehmen kann.

Einwahldienst

Ein Provider, der Telefonverbindungen für ein lokales oder weltweites öffentlich geschaltetes Telefonnetz, Internet- bzw. Intranet-Zugang zur Verfügung stellt und Zugriff auf Nachrichten- oder Börsendienste anbietet.

➡ *Siehe Internet, Internet-Provider, ISDN-Karte, Modem*

Einzelblatteinzug

Einige ältere Druckermodelle und alle neuen Drucker bieten interne oder auch externe Papierfächer, aus denen automatisch einzelne Blätter zum Bedrucken eingezogen werden. Vorwiegend ältere Modelle verarbeiteten Endlospapier und besaßen deshalb einen Einzelblatteinzug, um auch auf Schreibmaschinenpapier drucken zu können. Moderne Drucker (meist Laserdrucker) besitzen sogar mehrere Fächer für den Einzelblatteinzug für verschiedene Formate oder gar Briefumschläge.

➡ *Siehe Drucker, Laserdrucker*

Bild 1: Der Einzelblatteinzug bei einem HP-LaserJet

Einzelplatzsystem

Wird im engl. als single user system bezeichnet. An einem Einzelplatzsystem (z.B. PC) kann im Gegensatz zum Mehrplatzsystem zur selben Zeit nur eine Person arbeiten.

➞ *Siehe Mehrplatzsystem*

Einzelschrittmodus

Auf Wunsch kann der Benutzer im Debugger Programme im Einzelschrittmodus (engl. single step mode) ausführen lassen. Hierbei wird jeder Prozessorbefehl Schritt für Schritt bearbeitet. Debugger können hierbei nach jedem Befehl Speicher und Registerinhalte anzeigen. In Verbindung mit einem Compiler kann dies direkt im Source-Code geschehen. Hierdurch wird die Fehlersuche stark erleichtert.

➞ *Siehe Compiler, Debugger, Source Code, Speicher*

Einzug-Scanner

Im Unterschied zu einem Hand-Scanner, bei dem der Scanner selber über die einzulesende Vorlage geführt wird, zieht der Einzug-Scanner die Vorlage (Papier) selbständig ein und führt sie über die Sensoren. Da im Gegensatz zum Flachbett-Scanner das Blatt nicht vollständig aufliegt, kommt er mit vergleichsweise wenig Platz aus. Da hier aber das Papier selber geführt wird und dies natürlich nicht absolut präzise geschehen kann, liefert der Einzug-Scanner allgemein schlechtere Resultate als Flachbett-Scanner.

➞ *Siehe Flachbett-Scanner, Scanner*

Bild 2: Klein, handlich und schnell sind die aktuellen Tischeinzugscanner. Hier die Version von Hewlett Packard

EISA

Dies ist die engl. Abkürzung für Extended ISA. Der EISA-Bus ist eine Erweiterung des 16 Bit breiten ISA-Busses und bietet im Gegensatz zu diesem einen 32 Bit breiten Bus. Er kam vor allem ab 386-Prozessoren (32 Bit CPU) zum Einsatz. Er kann auch alte ISA-Karten aufnehmen.

➡ *Siehe Bit, ISA*

El-Torito-Spezifikation

Diese Spezifikation wurde von IBM und Phoenix festgelegt und soll das Booten von CD-ROM ermöglichen. Sie erweitert den ISO-9660-Standard und man kann mit ihr einen Boot-Record auf der CD unterbringen. Damit kann man von ATAPI oder SCSI-Laufwerken booten. Die Windows-NT-4.0-Setup-CD ist wohl eine der ersten bootfähigen CDs.

➡ *Siehe ATAPI, Booten, CD-ROM, ISO 9660, SCSI*

ELD

Dies ist die engl. Abkürzung für Electric Luminescence Display (Elektro-Lumineszenz-Bildschirm) und stellt einen Flüssigkristall-Bildschirm mit sehr flacher Bauart dar. Als Lumineszenz wird im Gegensatz zur Temperaturstrahlung das Leuchten von Stoffen in kaltem Zustand bezeichnet. Ein solcher Bildschirm enthält eine spezielle Leuchtschicht (und auch vertikale und horizontale Schichten), in welchen durch Anlegen elektrischer Spannungen Bildpunkte ansprechbar sind. An denen wird durch das elektrische Feld in der Leuchtschicht vom menschlichen Auge wahrnehmbares Licht erzeugt, das in der Helligkeit abgestuft werden kann.

➡ *Siehe LCD*

Electric Luminescence Display

➡ *Siehe ELD*

Electronic Data Interchange

➡ *Siehe EDI*

Electronic Frontier Foundation

John Perry Barlow, Songschreiber für die Rockband Grateful Dead, und Mitch Kapor, Programmierer von Lotus 1-2-3 und inzwischen Millionär, gründeten 1990 die Organisation EFF, die als Lobby für alle Reisenden auf dem wachsenden Information-Super-Highway dienen sollte. Durch den Prozeß gegen fünf jugendliche Hacker, der in Amerika zu diesem Zeitpunkt begann und zu einem Präzedenzfall im Bereich der Computerkriminalität werden sollte, waren Barlow und Kapor auf die Mißstände im amerik. Rechtssystem bezüglich Computerrecht aufmerksam geworden. Heute hat die EFF ihren Sitz in Washington und arbeitet eng mit der Clinton/Gore-Regierung an der Gestaltung neuer Internet- und Online-Gesetze zusammen.

➡ *Siehe Hacker, Information-Highway, Internet, Lotus 1-2-3, Phiber Optic*

Electronic Industries Association

Abk.: EIA. Eine Gruppierung, der Mitglieder aus verschiedenen Organisationen und Hersteller elektrischer Produkte angehören. Ihr Sitz liegt in Washington (USA). Diese Vereinigung legt Standards für elektronische Komponenten wie z.B. den RS-232-C Standard zur Verbindung serieller Komponenten fest.

➥ *Siehe RS232-Schnittstelle*

Electronic Mail Standard Identification

➥ *Siehe EMSI*

Elektromagnetische Felder

Alle elektrischen Geräte bilden ein elektromagnetisches Feld. Die Stärke solcher Felder ist zum Teil abhängig von der Frequenz des elektrischen Stroms. Diese kann bei bestimmten Elementen in PC-Monitoren aber auch Fernsehern mehr als 50 kHz betragen. Die Beeinflussung der Gesundheit konnte zwar bisher nicht eindeutig nachgewiesen werden, dennoch werden gerade für Monitore verschiedene Normen festgelegt, welche Grenzwerte für die elektromagnetische Strahlung definieren. Hierzu gehören z.B. die MPR-Norm und auch die TCO-Norm. Nach Richtlinien der EU wurde seit 1.1.1996 eine Norm eingeführt, die durch das CE-Siegel jedes Gerät kennzeichnet. Bei diesen Geräten wurde geprüft, ob die elektromagnetische Verträglichkeit (EMV) erfüllt wird.

➥ *Siehe CE-Prüfzeichen/Norm, MPR-Norm, TCO-Norm*

Elektronenstrahlröhre

Als Elektronenstrahlröhre wird ein Glaskörper bezeichnet, dessen Inneres nahezu evakuiert ist. An dessen einem Ende befindet sich eine sogenannte Glühkathode, aus der Elektronen austreten. Diese werden durch ein elektrisches Feld beschleunigt und gebündelt und durch Spulen so abgelenkt, daß sie auf eine bestimmte Stelle des Leuchtschirms auftreffen, der sich am anderen Ende des Glaskörpers hinter einer sogenannten Lochmaske befindet. So kann man z.B. bei allen gängigen Monitoren und Fernsehern die Elektronen periodisch den gesamten Bildschirm treffen lassen, wodurch durch unterschiedliche Intensitäten ein Bild entsteht.

➥ *Siehe Bildröhre, Bildschirm, Lochmaske*

Elektronische Datenverarbeitung

➥ *Siehe Datenverarbeitung, EDV*

Elektronische Post

Hier meint man das Versenden von Dateien und Texten über Netzwerke. Wird meist zur Kommunikation benutzt und ist die Übersetzung für das englische Wort E-Mail.

➠ *Siehe E-Mail*

Elektronisches Postfach

Das elektronische Postfach bezeichnet den Bereich, in dem ankommende Nachrichten oder Dateien (E-Mail) gespeichert werden.

➠ *Siehe E-Mail*

ELSA

http://www.elsa.de

Die ELSA-GmbH ist ein Hersteller für Computergrafik-Hardware und von Kommunikationssystemen wie Modems. Sie besitzt Tochterunternehmen in den USA und Asien. Im Bereich Grafik-Hardware entwickelt ELSA vor allem Grafikkarten für den gesamten Markt und Monitore für den CAD- und DTP-Bereich. Im Kommunikationsbereich entwickelte ELSA das bekannte Microlink Modem.

➠ *Siehe Grafikkarte, Modem, Monitor*

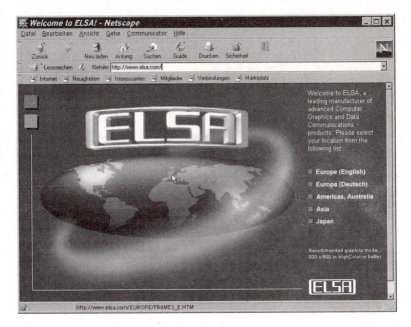

Bild 3: ELSA im Internet

eMail

Andere Schreibweise für E-Mail.

→ *Siehe E-Mail*

Embedded NT

Spezielle, stark abgespeckte Version von Windows NT, ausgelegt für den Betrieb in Switches und Routern.

→ *Siehe Router, Switch, Windows NT*

EMM

Dies ist die engl. Abkürzung für Expanded Memory Manager (Verwaltung für den Erweiterungsspeicher). Dieser wird auf Rechnern ab einem 386 Prozessor unter MS-DOS zur Verwaltung des erweiterten Speichers eingesetzt. Er verwaltet diesen nach der EMS-Spezifikation. Ein bekannter Treiber hierfür ist der Emm386.exe unter MS-DOS.

→ *Siehe EMM386.EXE, EMS, MS-DOS, Speicher-Manager*

EMM386.EXE

Dieser Speicher-Manager kann den Erweiterungsspeicher auf MS-DOS (oder Windows) basierten Systemen verwalten. Um auf den oberen Speicherbereich zugreifen zu können, ist Emm386.exe allerdings auf Himem.sys angewiesen. Emm386.exe kann dann einen Teil des Arbeitsspeichers für Treiber und TSR-Programme verfügbar machen. Dient auch zur Simulation von EMS.

→ *Siehe EMS, Hauptspeicher, Himem.sys, Oberer Speicher, Treiber, TSR-Programm*

Emoticon

Dies ist die engl. Abkürzung für emotional icon. Es ist der Ausdruck für ein Zeichen (besser eine Zeichenabfolge), mit dem Emotionen mit Hilfe von elektronischen Kommunikationsmitteln wie z.B. E-Mails ausgedrückt werden können. Sehr bekannt ist ein Teil von ihnen unter dem Namen Smileys. Sie sind alle um 90 Grad gedreht dargestellt. Mit Hilfe unterschiedlicher Aneinanderreihung der Zeichen können die verschiedensten Emotionszustände ausgedrückt werden. Es existieren so viele dieser Zeichen, daß es sogar schon eigene Bücher darüber gibt.

→ *Siehe E-Mail*

Smiley	Aussage
%-}	Blödsinn
(:<)	Klatschmaul
...—...	SOS
:-"	schmollen
:-#	vertrauliche Nachricht
:-$	der Absender ist krank
:-&	sauer oder sprachlos sein
:'-(	weinen
:-(	traurige Bemerkung
:'-)	zum Weinen glücklich sein

Eine Auswahl von Emoticons

Smiley	Aussage
:-)	Ur-Smiley
:-')	Erkältung
:*)	herumblödeln, betrunken sein
:,-(	weinen
:-/	das finde ich nicht lustig!
:-@	brüllen
:->	sarkastisch
:-7	eine ironische Bemerkung machen
:-C	unglaublich
:-D	etwas mit einem Lächeln sagen
:-e	enttäuscht sein
:-f	Grinsen
:-I	ein anderes Grinsen
:-J	einen Spaß machen
:-O	schreien
:-o	schockierend
:-Q	Raucher
:-r	Zunge rausstrecken
:-t	bitteres Lächeln
:-x	Kuß
:-X	dicker Kuß
;-)	augenzwinkerndes Lächeln
[]	umarmen
<&&>	nicht ganz ernst gemeinte Nachricht
<:-)	Dummkopf

Eine Auswahl von Emoticons

Smiley	Aussage
>:-<	verärgert bzw. ungehalten
>:->	grauenhafte Ansicht
8-)	Brillenträger
I-)	gelangweilt sein
II*(	Versöhnung anbieten
II*)	Versöhnung akzeptieren

Eine Auswahl von Emoticons

EMP

Abkürzung für Excessive Multi-Posting. Beim EMP wird eine Nachricht an eine Newsgroup nicht wie beim Crossposting üblich einmal physikalisch auf dem News-Server gespeichert, sondern auf jedem Server für jede einzelne Gruppe.

➡ *Siehe Breitbardt-Index, Crossposting, Newsgroup, Server, Spam-Mail*

EMS

Dies ist die engl. Abkürzung für Expanded Memory Specification (Spezifikation für den Erweiterungsspeicher). Diese Spezifikation wurde von Lotus, Intel und Microsoft entwickelt, um den Zugriff auf Speicher über der 1-Mbyte-Grenze für DOS-basierte Anwendungen zu ermöglichen. Dabei wird der erweiterte Speicher in je 64 Kbyte große »Frames« (Seitenfenster) aufgeteilt. Es kann nun ein solches Fenster in den unteren Speicher eingeblendet und der Zugriff darauf ermöglicht werden. EMS kann durch den Speicher-Manager EMM simuliert werden.

➠ *Siehe EMM, Intel, Lotus, Microsoft, MS-DOS, Speicher-Manager*

EMSI

Dies ist die Abkürzung für Electronic Mail Standard Identification. Dies stellt ein Protokoll zur Übertragung von Benutzerkennungen mitsamt deren Paßwörtern dar. Anwendung im Fido-Net.

➠ *Siehe FidoNet*

Emulation

Unter Emulation versteht man die Nachbildung oder auch Nachahmung verschiedener Eigenschaften eines Gerätes oder einer Software mit Hilfe von anderen Programmen oder Geräten. So ist es z.B. möglich, Programme eines komplett anderen Systems auf einem Rechner laufen zu lassen. Beispiel wäre eine Art Windows-Emulator unter OS/2. Es werden hierbei alle Windowsfunktionen emuliert. Oder es kann zum Beispiel auch Hardware durch entsprechende Programme in ihrer Funktion emuliert werden.

➠ *Siehe Gerät, Hardware, OS/2, Plattform, Windows*

Emulator

Ein Emulator ist ein System (Soft- oder Hardware), das eine Emulation einer anderen Software oder Hardware erlaubt.

➠ *Siehe Emulation, Hardware, Software*

Emulsions-Laserspeichertechnik

Ein Verfahren, das durch selektives Erhitzen mit Hilfe eines Laserstrahls Daten in einer Filmschicht aufzeichnet.

Enabled

Diese Bezeichnung ist das engl. Wort für ermöglichen oder auch aktivieren. So ist es möglich, in Programmen verschiedene Optionen zu »enablen« (zu aktivieren). Zum Beispiel können in Windows 95 in der Systemsteuerung verschiedene Komponenteneinstellungen eingesehen werden, welche dann aktiviert oder auch deaktiviert (disabled) werden können.

➠ *Siehe Disabled, Systemsteuerung*

Encapsulated PostScript

PostScript Dateiformat. EPS-Bilder werden oft in Paketen mit qualitativ hochwertigen Clip-Arts verwendet.

End of Line

Abk.: EOL. Ein nichtdruckbares Steuerzeichen, das das Ende einer Datenzeile signalisiert.

end-around carry

Ein besonderer Typus einer End-Around-Shift-Operation bei einem binären Wert, bei der das Carry-Bit von einem Ende des Werts zum anderen verschoben wird. Dazu wird das Carry-Bit wie ein Extra-Bit behandelt.

end-around shift

Eine Operation, bei der durch das Verschieben eines Bits von einem Ende an das andere Ende ein Binärwert ausgeführt wird. Ein Right-End-Shift des Werts 10010100 ergibt 01001010.

Endbenutzer-Lizenzvertrag

Endgeräte-Auswahl-Ziffer

➧ *Siehe EAZ*

Endlospapier

Ein Endlospapier besteht aus einer großen Anzahl (über 1000) Einzelblättern, welche durch eine Perforation getrennt sind. Sie besitzen an beiden Rändern eine Art Lochstreifen, über den der Drucker das Endlospapier über den sogenannten Traktor einziehen und führen kann.

➧ *Siehe Drucker, Traktor*

Endlosschleife

Bei der Programmierung von verschiedenen Schleifen kann die Abbruchbedingung falsch formuliert worden sein, so daß das Programm diese Schleife nie wieder verläßt, da die Bedingung nie erfüllt wird. So befindet sich dieses in einer Endlosschleife.

➧ *Siehe Programm, Schleife*

Energiesparmaßnahmen

Energiesparmaßnahmen sollen den Leistungsbedarf von Rechnern heruntersetzen, wenn sie im Augenblick nicht gebraucht werden. So kann z.B. nach einer längeren Pause, in der keine Benutzerinteraktion erfolgte, der Monitor abgeschaltet, Festplatten heruntergefahren und Prozessoren heruntergetaktet werden. Sinnvolle Verwendung findet dies vor allem bei Notebooks, welche mit Akkus betrieben werden.

➧ *Siehe Akku, Notebook, Power-Management*

Energy Star

Dies ist das Zeichen der amerikanischen Umweltbehörde EPA, welche für die Schaffung und Einhaltung von Stromsparnormen zuständig ist.

➧ *Siehe EPA*

Engine

Ein zentraler Teil eines Programmes (oder Programmfragmentes) wird als Engine bezeichnet. Die Ausgabe und Berechnung der Grafik eines Programmes wird deshalb häufig auch Grafik-Engine genannt. Ein anderes Beispiel wäre die Datenbank-Engine von Access (Jet-Engine), welche sich um die allgemeine Verwaltung der Daten kümmert.

➡ *Siehe Access, Datenbank, Programm*

Enhanced Audio CD

Ein anderer Name für CD-Extra.

➡ *Siehe CD-Extra*

Enhanced Data Out-DRAM

➡ *Siehe EDO-DRAM*

Enhanced Expanded Memory Specification

Abk.: EEMS. Eine Untermenge der ursprünglichen Expanded Memory Specification (EMS). EEMS erlaubte bis zu 64 Seiten und die Ablage von ausführbarem Code im Erweiterungsspeicher, wobei die EMS-Version 3.0 lediglich die Speicherung von Daten gestattete und nur vier Seitenrahmen unterstützte. Im EMS-Standard Version 4.0 wurden die im EEMS definierten Fähigkeiten aufgenommen.

➡ *Siehe EMS*

Enhanced Graphics-Adapter

➡ *Siehe EGA*

Enhanced IDE

➡ *Siehe EIDE*

ENIAC

Die ist die engl. Abkürzung für Electronic Numerical Integrator And Computer (elektronischer numerischer Intergrator und Computer). Er war der erste amerikanische elektronische Rechner. Er hatte annähernd 30 Tonnen Gewicht bei einer benötigten Fläche von 140 qm. Dieser von John P. E. Eckert und W. Mauchly 1945 entwickelte Rechner besaß fast 18.000 Röhren.

Enter-Taste

Diese Taste befindet sich zweimal auf einer Tastatur mit extra Nummernblock. Man nennt sie auch Return- oder Eingabe-Taste. Durch Betätigen der Taste wird das Steuerzeichen CR (Carriage Return) übermittelt. Bei Textverarbeitungen wird der Cursor z.B. an den Anfang der nächsten Zeile bewegt. In kommandozeilenbasierten Betriebssystemen (wie z.B. MS-DOS oder LINUX) dient sie auch als Beendigung einer Befehlseingabe.

➡ *Siehe Carriage Return, Linux, MS-DOS, Textorientierte Oberfläche*

Entertainment

Bezeichnet Programme, welche hauptsächlich auf Unterhaltung ausgerichtet sind. Beispiel: Spiele.

➡ *Siehe Edutainment*

Entscheidungsbaum

Eine Baumstruktur zur Darstellung von Entscheidungsprozessen.

➡ *Siehe Baumstruktur*

Bild 4: Die Enter-Taste hat die gleiche Wirkung wie die Return-Taste. Allerdings befindet sie sich im numerischen Block der Tastatur.

Entspiegelung

Fällt Licht auf einen Bildschirm, so können störende Reflexionen auftreten. Entspiegelungstechniken senken die Intensität der Reflexionen und sind ein wesentliches Kriterium bei qualitativ hochwertigen Monitoren. Entspiegelung läßt sich durch Aufrauhen der Glasfläche mittels mechanischer oder chemischer Verfahren erreichen. Komplizierte Verfahren arbeiten mit Polarisation; derartige Monitore bieten eine bessere Bildschärfe bei gleicher Entspiegelung. Hält man eine Taschenlampe vor einen Monitor, läßt sich die Güte der Entspiegelung testen. Je diffuser das Licht auf dem Bildschirm, desto besser die Entspiegelung.

➡ *Siehe Monitor*

Entwicklungssystem

Die Soft- und Hardware-Komponenten, die zur Programmentwicklung benötigt werden. Ein Entwicklungs-Software-Paket enthält u.a. Compiler, Debugger, Editor und andere Programme.

➡ *Siehe Compiler, Debugger, Editor, Programm*

Entwicklungsumgebung

➡ *Siehe Entwicklungssystem*

Entwicklungszyklus

Die Entwicklung einer Anwendung von der Definition der Anforderungen bis hin zum fertigen Produkt. Dabei werden folgende Stufen durchlaufen: Analyse, Design und Prototyping, Codieren und Testen von Software und Implementierung.

Entwurfsmodus

Ein Druckmodus, der sich durch hohe Geschwindigkeit bei verminderter Qualität auszeichnet.

EOL

Abkürzung für End of Line. Ein nichtdruckbares Steuerzeichen, das das Ende einer Datenzeile signalisiert.

EOT

EOT heißt End of Transmission und wird bei der Datenübertragung, speziell über die parallele Schnittstelle, als Endsteuerzeichen verwendet.

➠ *Siehe Parallele Schnittstelle, Steuerzeichen*

EPA

EPA (Environmental Protection Agency) ist die amerikanische Umweltschutzbehörde. Die EPA definierte 1993 den Power-Management-Standard, der den Stromsparbetrieb eines Computersystems regelt. Die meisten PCs halten sich an die EPA-Richtlinien und erhalten als Zeichen dafür den sogenannten Energy Star.

➠ *Siehe Energiesparmaßnahmen, Energy Star, Power-Management*

Epitaxial-Schicht

Eine Halbleiterschicht, die die gleiche Kristallorientierung wie die darunterliegende Schicht aufweist.

EPP

Der EPP (Enhanced Parallel Port) bezeichnet einen erweiterten Standard der parallelen Schnittstelle. Der EPP ermöglicht den Anschluß mehrerer Geräte und höhere Übertragungsraten.

➠ *Siehe ECP, Parallel-Port-Modus, Parallele Schnittstelle*

EPROM

Ein EPROM (Erasable Programable Read Only Memory) ist ein elektronischer Baustein, der mit einem EPROM-Brenner mit Daten beschrieben werden kann und diese auch bei Abschalten des Stroms behält. EPROMs können durch die Bestrahlung mit UV-Licht gelöscht und danach erneut beschrieben werden. Das Löschen dauert mehrere Minuten, das Beschreiben meist nur Sekunden. Sogenannte EEPROMs stellen die modernere Variante des EPROM dar und sind elektronisch löschbar.

➠ *Siehe EEPROM, ROM*

EPROM-Brenner

EPROM-Brenner sind Geräte zum Programmieren von EPROMs. Auch die Geräte zum Beschreiben von EEPROMs und den alten PROMs werden einfach EPROM-Brenner genannt.

➠ *Siehe EEPROM, EPROM, ROM*

Eps

Eps steht für Encapsulated PostScript und ist ein spezielles Format für PostScript-Dateien. Beim eps-Format steht der normale PostScript-Code zwischen einem sogenannten Prolog und dem Trailer. Im Prolog sind einige zusätzliche Informationen gespeichert, beispielsweise die Größe der Grafik, der Name des Programms, das die Grafik erstellt hat, und manchmal sogar ein niedrigauflösendes Probebild. Zur Darstellung von eps-Dateien werden spezielle Hilfsprogramme benötigt.

➡ *Siehe PostScript*

Epson

http://www.epson.com

Epson ist ein langjähriger und sehr erfolgreicher Hardware-Hersteller. Früher vertrieb Epson hauptsächlich PCs, heutzutage konzentriert sich das Unternehmen auf den Scanner- und vor allem den Druckermarkt. Die Epson-Stylus-Tintenstrahldrucker erreichen auf Spezialpapier beinahe Fotoqualität. Der Name Epson rührt von einem Druckermodell der Firma Xerox her, dem EP, der 1968 anlässlich der Olympiade das erstemal hergestellt und verwendet wurde. Alle nachfolgenden Modelle verstehen sich als Söhne (engl. son) des EP: Epson.

➡ *Siehe Drucker, Tintenstrahldrucker*

EPT

EPT ist die Abkürzung für Electronic Payment Terminal. So werden die Terminals in Kaufhäusern, Tankstellen und Hotels genannt, die Kredit- und Scheckkarten überprüfen und erfassen können. Damit wird der elektronische Online-Zahlungsverkehr möglich. So ein Terminal besteht normalerweise aus Datenanzeige, Tastatur und Einführschlitz für die Karten.

erben

In der objektorientierten Programmierung lassen sich vererbte Merkmale erweitern, einschränken oder modifizieren. Sie entstehen durch die Übernahme der Merkmale einer Klasse durch eine andere.

➡ *Siehe Objektorientierte Programmierung*

Ereignis

Aktionen oder Zustandsänderungen, auf die ein Programm antworten kann. Typische Ereignisse sind z.B. Mausbewegungen, das Drücken einer Taste oder das Klicken auf Schaltflächen.

➡ *Siehe Objektorientierte Programmierung*

ereignisgesteuert

Bei ereignisgesteuerten Eingabemasken ist es nicht erforderlich, die Eingabe in einer festgelegten Reihenfolge vorzunehmen, sondern die gewünschten Felder können durch einen Mausklick aktiviert werden. Die Software reagiert auf äußere Ereignisse wie auf einen Tastendruck oder einen Mausklick und wird deshalb als ereignisgesteuerte Software bezeichnet.

ereignisgesteuerte Programmierung

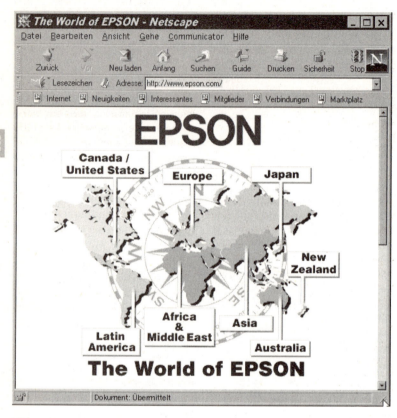

Bild 5: Epsons internationale Homepage

➟ *Siehe Ereignis, ereignisgesteuerte Programmierung*

ereignisgesteuerte Programmierung

Ein Programmierkonzept, bei dem ein Programm ständig auf das Drücken einer Taste oder auf Mausbewegungen wartet, um diese Menge von Ereignissen zu prüfen und entsprechend darauf zu antworten.

➟ *Siehe Ereignis*

Ergonomie

Ergonomie bezeichnet die bestmögliche Anpassung von Arbeitsbedingungen und Maschinen an menschliche Bedürfnisse. Es existieren Ergonomie-Richtlinien für alle denkbaren Berufsgruppen. Für Bildschirmarbeitsplätze gibt es eine Reihe von Richtlinien für die Höhe des Stuhls, des Schreibtischs, der Beleuchtung und der Gestaltung von Tastatur und Bildschirm. Seit dem 1.1.1997 sind Arbeitgeber verpflichtet, die EU-Richtlinien bezüglich ergonomischer Gestaltung des Arbeitsplatzes einzuhalten. Auch Eingabegeräte wie Mäuse und Tastaturen werden zunehmend ergonomisch gestaltet, um Überbelastungen der Handmuskulatur vorzubeugen. Ein Beispiel ist das Natural Keyboard von Microsoft, das eine anatomische Haltung der Hände beim Schreiben ermöglichen soll. Auch bei der Software wird ergonomische Gestaltung immer wichtiger. Intuitive Bedienung und eine anwenderfreundliche Oberfläche ist heute meist selbstverständlich.

Bild 6: Beim Microsoft Natural Keyboard wurde auf die Ergonomie beim Tippen geachtet

Erreichbarkeitswahrscheinlichkeit

Die Wahrscheinlichkeit, daß alle Kanäle belegt sind. Die Erreichbarkeitswahrscheinlichkeit wird als Maßstab für die Fähigkeit eines Netzwerks angesehen und gilt in der Regel für einen bestimmten Zeitraum (z.B. Stoßzeiten). Bei einer Erreichbarkeitswahrscheinlichkeit von 0,002 kann z.B. ein Anruf während des angegebenen Zeitraums mit einer Wahrscheinlichkeit von 99,8 Prozent vermittelt werden. D.h. daß ein Benutzer eines freigegebenen Kommunikationsnetzwerks (z.B. ein öffentliches Telefonsystem) mit einer Wahrscheinlichkeit von 0,2% das Signal empfängt, daß alle Kanäle belegt sind.

Error

Der engl. Begriff Error ist die allgemeine Bezeichnung für eine ganze Reihe von Fehlern, die beim Betrieb eines Computersystems auftreten können. Ein Beispiel ist der Leseversuch aus einer nicht existierenden Datei.

➡ *Siehe Datei, Fehlerbehandlung*

Error-Code

Der Error-Code gibt beim Power On Self Test im Gegensatz zum Beep-Code eine lesbare Fehlermeldung auf dem Bildschirm aus. Je nach Situation besteht der Error-Code nur aus einer Zahl und/oder auch aus einer kurzen Erklärung.

➡ *Siehe Beep Code, Power On Self Test*

Erweiterung

Die Erweiterung von Dateinamen stammt ursprünglich aus der DOS-Welt und wird auch als Extension oder Suffix bezeichnet. Neben einem bis zu acht Zeichen langen Dateinamen unterstützt MS-DOS eine bis zu drei Zeichen lange Erweiterung, die aber nicht notwendigerweise vergeben werden muß. An der Erweiterung läßt sich normalerweise der Dateityp erkennen. Windows hat das Konzept der Dateierweiterung übernommen. Dort können bestimmte Erweiterungen mit Anwendungsprogrammen verknüpft werden, so daß beim Anklicken der Datei gleich das entsprechende Programm aufgerufen wird.

➡ *Siehe 8+3-Konvention, Anwendungsprogramm, Datei, MS-DOS, Windows 95*

Erw.	Beschreibung
.1st	Wie Read-Me-Datei. Inhalt soll gelesen werden, bevor das Programm etc. verwendet wird.
.386	Treiberdatei für Windows im 386er Modus
.ans	ANSI-Datei enthält ANSI-Codes mit Anweisungen zur Ausgabe von Zeichen.
.arc	komprimierte Datei
.arj	Komprimierte Datei; mit *Arj.exe* erstellt
.au	Klangdatei im AU-Format von Sun
.avi	Video-for-Windows-Datei (Audio Video Interleave). Beinhaltet Filmclips, Animationen etc. Kann zusätzlich auch Klng enthalten.
.bak	Back-Up-Datei, Sicherungskopie. Wird von vielen Programmen automatisch beim Abspeichern einer Arbeitsdatei angelegt. So bleibt die vorhergehende Version erhalten.
.bat	DOS-Batch-Datei. Reiner ASCII-Text. Enthält DOS-Befehle, die im Stapel ausgeführt werden.

Erweiterung

Erw.	Beschreibung
.bin	Binärdatei
.bmk	Bookmarkdatei. Enthält Bookmarks von URLs. Wird z.B. von Netscape verwendet.
.bmp	Bitmapgrafik. Wird von Windows und OS/2 verwendet. Standardformat von Paintbrush.
.c	Quellcodedateien der Programmiersprache C
.cab	Cabinet-Datei, spezielles Komprimierungsformat von Microsoft. Wird zur Auslieferung von Programmen (z.B. Windows 95) und beim Einsatz von ActiveX über das Internet verwendet.
.cdr	Dateiformat der CorelDraw! Grafikdateien.
.cfg	Kennzeichnet allgemein Konfigurationsdateien verschieder Programme. Kein festes Format.
.cgi	Steht für Common Gateway Interface. Diese Dateien befinden sich auf einem Internet-Server und können auf diesem ausgeführt werden. Aufgerufen werden diese über Befehle in einer Web-Seite.
.cmd	Commanddatei Enthält eine Reihe von Befehlen für Programme.
.cnv	Konverter. Enthält Anweisungen zur Konvertierung von Dateiformaten. Dient dem Im-/Export von Dateien in Anwendungen.
.com	Commanddatei, ausführbares Programm unter DOS. Wird heute kaum noch verwendet (heute im Allgemeninen EXE).
.cpp	Quellcodedateien der Programmiersprache C++
.cpt	Grafikformat von Corel Photopaint.
.dat	Allgemein Daten für Anwendungen. Kein spezieller Inhalt bzw. kein spezielles Format.
.diz	Enthält Information über eine Datei oder Dateigruppe.
.dll	Steht für Dynamic Linking Library. Dynamisch geladene Bilbliothek für Windows-Applikationen.
.doc	Steht für Document. Wird von WinWord und FrameMaker verwendet.
.dot	Steht für Document Overlay Template, Dokumentvorlage für WinWord-Dokumente.

Erweiterung

Erw.	Beschreibung
.drv	Steht für Driver, die Datei enthält einen Treiber für ein Gerät.
.exe	Steht für Executable, ein ausführbares Programm.
.fli	Flick, Dateiformat für Video- und Animationsdateien.
.fnt	Steht für font, Zeichensatz.
.fon	Steht für Font, Zeichensatzinformationen für TrueType-Schriften.
.gif	Steht für Graphic Image Format, Weitverbreitetes Grafikformat. Wurde von Compuserve vorgestellt. Wird viel im Internet (WWW) verwendet.
.grp	Steht für Group. Stellt Windows-3.x-Programm-Manager-Gruppen dar und enthält Informationen zu diesen.
.hlp	Steht für Help, Hilfedatei unter Windows. Enthält Hypertext-Hilfeinformationen zu Programmen.
.htm	Steht für Hyper Text Markup Language. In diesem Format werden Web-Seiten im WWW gespeichert.
.icl	Steht für icon library. Eine Bibliothek mit Windows-Icons.
.ico	Steht für icon. Dateiformat für einzelne Windows-Icons
.img	Steht für image. Grafikdatei
.inf	Im Allgemeinen eine Datei mit Information für die Programmausführung oder Installation von Programmen bzw. Treibern
.ini	Steht für initialisation. Enthält Einstellungen und Parameter für die Ausführung von Programmen. Wurde viel unter Windows 3.x eingesetzt. In Windows 95 von der Registry ersetzt.
.jpg	Auch .jpeg. Steht für Joint Photographers Expert Group. Spezielles Format zur komprimierten Speicherung von Grafiken.
.lha	Komprimierte Datei; mit *Lha.exe* erstellt.
.log	Log. Wird allgemein für Protokolldateien verwendet. Kein spezielles Format.
.mdb	Microsoft-Access-Datenbank-Format. Enthält alle Informationen (Struktur und Daten) einer Acces-Datenbank.
.me	Steht für read me, Liesmich-Datei. Enthält Informationen zu Programmen oder ähnlichem, die meist nicht im Handbuch zu finden sind.

Erweiterung

Erw.	Beschreibung
.mid	Midi-datei. Enthält Midi-Befehle zur Steuerung Midi-fähiger Geräte. Ergibt meist ein Musikstück.
.mod	MOD-Format. Datei mit Midi-Informationen. Stellt meist ein Musikstück dar. Kann unter Windows mit einer Soundkarte abgespielt werden.
.mov	Steht für movie. Datei enthält Video-Daten.
.mpg	Steht für MPEG. Komprimierte Datei mit Video-Daten.
.msg	Steht für message. Nachrichten-Format, z.B. von Microsoft Exchange.
.nlm	Steht für NetWare Loadable Module. Spezielles Modul, das von Novell NetWare geladen werden kann.
.obj	Steht für object file. Enthält kompilierten Programmcode.
.ocx	Steht für OLE Control. Enthält ein OLE- bzw. ActiveX-Steuerelement.
.old	Englisch für alt. Stellt meist eine Sicherungskopie einer Datei dar, bevor diese verändert wude.
.pal	Steht für palette. Die Datei enthält eine benutzerdefinierte Farbpalette. Programme wie Paintbrush können diese Dateien laden und die darin enthaltene Farbpalette zur aktuellen Palette machen.
.pas	Steht für Pascal. Quelltextdatei der Sprache Pascal.
.pcx	Spezielles, weitverbreitetes Format zur Speicherung von Bitmap-Grafiken. Wird von fast allen Grafikprogrammen unterstützt.
.pic	Steht für picture. Auf dem Macintosh verwendetes Format für Bitmap-Grafiken. Hat auch .pict als Endung.
.pif	Steht für Program Information File. Dateien dieser Art enthalten Informationen für die Ausführung von DOS-Programmen unter Windows.
.plr	Steht für player. Enthält Informationen für Computerspiele. Z.B. zu einem Spieler die erreichte Punktezahl, den Level etc. beim Verlassen des Spiels.
.ppt	Steht für PowerPoint. Speicherformat von Microsoft PowerPoint.
.ps	Steht für PostScript. Wird in der Regel zur Kennzeichnung von PostScript-Druckdateien verwendet.
.ras	Dateien mit dieser Endung enthalten Rastergrafikdaten.

Erweiterung

Erw.	Beschreibung
.rle	Steht für run length encoding. Speziell komprimierte Bitmap-Grafikdatei. Wird z.B. von Windows für Hintergrundbilder verwendet.
.scr	Steht für screen saver. Format für die Bildschirmschoner-Dateien unter Windows.
.str	Steht für string. Die Datei enthält eine Zeichenkette.
.sys	Steht für System. Eine Datei mit speziellen Informationen für das System. Auch Systemdatei genannt.
.tga	Steht für targa. Spezielles Format zur Speicherung von Bitmap-Grafiken.
.tif	Steht für tagged image file format. Weit verbreitetes Format zur Speicherung von Bitmap-Grafiken. Wird von sehr vielen Grafikprogrammen unterstützt.
.tmp	Steht für temporary. Temporäre Dateien erhalten diese Endung. Diese Dateien werden zum zeitweisen Auslagern von Daten aus dem Arbeitsspeicher auf die Festplatte verwendet und meist nach der Verwendung wieder gelöscht.
.ttf	Steht für TrueType-Font. Schriftinformationen einer bestimmten TrueType-Schrift.
.txt	Steht für text. Dateien dieser Art enthalten meist reinen ASCII-Text.
.uue	Steht für Unix to Unix Encoded. Dateien mit dieser Endung wurden mit dem gleichnamigen Verfahren kodiert.
.vbx	Steht für Visual Basic Extention. Nicht mehr aktuelles Format für Visual-Basic-Steuerelemente. Inzwischen verwendet Visual Basic OCX-Steuerelemente.
.vba	Steht für Video Graphics Adapter. Treiber für Grafikkarten.
.wav	Steht für wave. Enthält digitale Klang-Daten im PCM-Format. Standard-Format für Digital-Audio unter Windows.
.wdb	Steht für Works-Database. Datenbankformat von Microsoft Works.
.wks	Steht für Works. Dateiformat für Microsoft-Works-Dokumente.
.wmf	Steht für Windows Meta File. Spezielles Format unter Windows zur Speicherung von Grafikdaten in einem Metaformat.

Erw.	Beschreibung
.wpg	Steht für Word Perfect Grafik. Spezielles Format für Vektorgrafiken unter WordPerfect.
.wri	Steht für write. Format des Programmes Write von Windows 3.x.
.xls	Steht für Excel Spreadheet. Arbeitsdateien von Microsoft-Excel.
.zip	Komprimierte Datei mit *Pkzip.exe* oder kompatibel erstellt.

Erweiterungsbus

Der Erweiterungsbus eines PCs wird meist einfach als Bus bezeichnet. Er dient als Schnittstelle zwischen der CPU und anderen Hardware-Komponenten, die normalerweise als Erweiterungskarten in dafür vorgesehene Verbindungsleisten gesteckt werden. Typische Beispiele sind Grafikkarten und Controller. Moderne PCs arbeiten mit dem schnellen PCI-Bus.

➡ *Siehe Bus, Controller, CPU, Grafikkarte, Hardware, PCI*

Erweiterungskarte

Eine Leiterplatte, die den Computer mit zusätzlichen Funktionen oder Ressourcen ausstattet. Typische Erweiterungskarten sind Speicher, Laufwerk-Controller, parallele und serielle Ports, Video-Unterstützung sowie interne Modems. Bei Laptops und anderen portablen Computern sind die Erweiterungskarten in Form von PC Card's in der Größe einer Scheckkarte ausgeführt, die sich von der Seite oder von hinten in den Computer einstecken lassen.

Erweiterungsspeicher

Der Speicherbereich oberhalb 1 Mbyte wird als Erweiterungsspeicher oder extended memory bezeichnet. PCs mit einem 286er-Prozessor (oder höher) können Erweiterungsspeicher verwenden. Unter MS-DOS werden spezielle Treiber, meist aufbauend auf dem XMS-Standard, benötigt, um Erweiterungsspeicher zu verwenden.

➡ *Siehe Hauptspeicher, PC, XMS*

ESC

Eines von 32 Steuerzeichen im ASCII-Zeichensatz.

➡ *Siehe ASCII, Esc-Taste, Escape-Sequenz, Steuerzeichen*

Esc-Taste

Die Esc-Taste befindet sich ganz links oben auf der Tastatur und dient in der Regel zum Abbruch von Aktionen in Programmen. Esc ist die Abkürzung für Escape.

➡ *Siehe Tastatur*

Bild 7: Die Esc-Taste befindet in der linken, oberen Ecke der Tastatur

Escape-Sequenz

Die Escape-Sequenz ist eine Folge von Bytes, die einem Drucker einen bestimmten Steuerungsbefehl, beispielsweise das Wechseln des Zeichensatzes, übermitteln. Das erste Byte der Escape-Sequenz ist immer der Code für Esc (Escape), daher der Name.

➡ *Siehe Byte, Drucker, Steuerzeichen*

Escom (2001)

http://www.escom.de

Escom war lange Zeit der zweitgrößte Computer-Discounter in Deutschland. Gründer und langjähriger Geschäftsführer war Manfred Schmitt, der Escom zu einer erfolgreichen Ladenkette ausbaute und 1995 auch Filialen im europäischen Ausland eröffnete. Escom bot komplette PCs, Zubehör und Software zu sehr niedrigen Preisen an. Die Tochtergesellschaft Escom Business dagegen hatte vor allem hochwertige und teure Computer von Siemens-Nixdorf im Programm. 1995 kaufte Escom die Firma Commodore auf und geriet nicht zuletzt deshalb in finanzielle Schwierigkeiten. Anfang 1996 trat Manfred Schmitt zurück. Der neue Geschäftsführer Harald Jost konnte den Konkurs im Sommer 1996 nicht verhindern. Im August 1996 kaufte ComTech alle Rechte und zahlreiche Filialen von Escom. Die Firma wurde in Escom 2001 umbenannt und bietet weiterhin PCs zu günstigen Preisen.

➡ *Siehe Commodore, ComTech*

ESDI

ESDI steht für Enhanced Small Device Interface und ist eine mittlerweile veraltete Schnittstelle zum Anschluß von Festplatten an den PC. ESDI ermöglichte einen Datendurchsatz von bis zu 3 Mbyte/s und war damit dem ST-506-Standard von Seagate überlegen. ESDI wurde 1983 von Maxtor vorgestellt.

➡ *Siehe Datendurchsatz, Festplatte, Schnittstelle, Seagate*

Ethernet

Ethernet stellt einen Standard zum Aufbau lokaler Netzwerke dar und wurde bereits 1973 von Xerox entwickelt und 1980 von Intel, DEC und Xerox auf den Markt gebracht. Ethernet basiert auf dem CSMA/CD-Protokoll.

Ethernetkarte

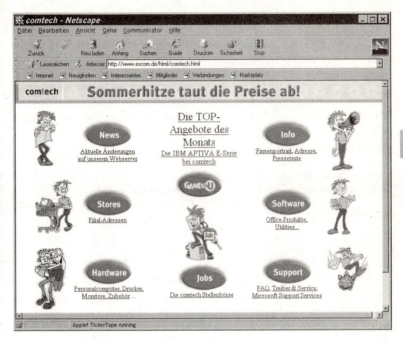

Bild 8: Die Escom-Homepage

Es existieren auch zahlreiche zum ursprünglichen Ethernet inkompatible Arten, beispielsweise Ethernet 1.0 und 2.0 sowie IEEE802.3. Neben Koaxialkabeln (Thin Ethernet) werden vor allem Twisted-Pair-Leitungen und mittlerweile auch Glasfaserkabel eingesetzt. Standard sind Übertragungsraten bis zu 100 Mbit/s. Heutzutage sind auch Ethernet-Technologien mit 1 Gbit/s verfügbar.

➡ *Siehe Glasfaserkabel, Koaxialkabel, LAN, Netzwerk, Twisted-Pair-Kabel, Übertragungsrate*

Ethernetkarte

Eine Steckkarte, die die Verbindung zu einem Ethernet-Netzwerk ermöglicht, wird Ethernet-Karte genannt.

➡ *Siehe Ethernet, Netzwerk*

ETX

Abkürzung für End of Text. Im ASCII-Code wird das ETX-Zeichen durch den dezimalen Wert 3 (hexadezimal 03) dargestellt und markiert das Ende einer Textdatei.

Eudora

Eudora ist ein E-Mail-Client-Programm. Es wird sowohl in Freeware- als auch in kommerziellen Versionen von der Qualcomm, Inc. (USA) zur Verfügung gestellt.

➠ *Siehe E-Mail*

EULA

Abkürzung für Endbenutzer-Lizenzvertrag (End-User-License-Agreement). Eine gesetzliche Vereinbarung über die Einschränkungen bezüglich Vertrieb und Weiterverkauf zwischen dem Hersteller und dem Käufer einer Software.

EUnet

EUnet ist die Bezeichnung für European Unix Network. Die 1985 gegründete EUnet Deutschland GmbH war der erste deutsche Internet-Provider. Ursprünglich war das EUnet ein Zusammenschluß europäischer Unix-Systeme. Das EUnet bietet zahlreiche PoP (Point of Presence) genannte Einwahlknoten in ganz Deutschland. Ende 1996 fusionierte EUnet mit dem amerikanischen Provider UUnet. Seit Mitte 1996 ermöglichen die Einwahlknoten des EUnet gleichzeitig den Zugang zum MSN, dem Online-Dienst von Microsoft. Die PoP des EUnet ermöglichen ohne Aufpreis die Nutzung von ISDN und bieten normalerweise sehr schnelle Übertragungsraten.

➠ *Siehe Internet-Provider, ISDN, MSN, Unix*

Euro-AV

Euro-AV ist ein anderer Name für SCART, eine Steckverbindung zwischen Video- und Fernsehgeräten.

➠ *Siehe SCART*

Euro-File-Transfer

Mittels Euro-ISDN können durch das Euro-File-Transfer-Protokoll Dateien zwischen PCs übertragen werden. Die Übertragung erfolgt mit 64 Kbit/s, mittels Kompression nach V.42bis werden je nach Daten Geschwindigkeiten bis zu 300 Kbit/s erreicht.

➠ *Siehe Euro-ISDN, V.42bis*

Euro-ISDN

Euro-ISDN bietet im Vergleich zum deutschen ISDN zusätzliche Funktionen, beispielsweise den Euro-File-Transfer. Das europäische E-DSS1-Protokoll für den D-Kanal ersetzt mittlerweile auch in Deutschland das

EuroNet

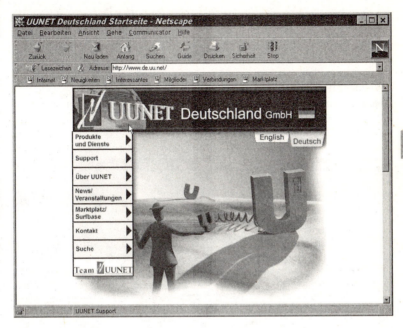

Bild 9: Die Homepage des Providers

hierzulande lange Zeit verwendete 1TR6-Protokoll. Beim Euro-ISDN sind jedem Anschluß normalerweise drei beliebige MSN (Mehrfach-Rufnummern) zugeordnet, diese Zahl kann auf 10 MSN erweitert werden. Beim alten deutschen ISDN geschieht die Endgeräte-Auswahl über 10 EAZ (Endgeräte-Auswahlziffer).

➡ *Siehe 1TR6, E-DSS1, EAZ, ISDN, MSN*

EuroNet

EuroNet steht für European Network und ist ein Netzwerk zur Nutzung der DIANE-Datenbanken in der EU.

➡ *Siehe DIANE, Netzwerk*

Europe Online

http://www.europeonline.com

Europe Online war als Konkurrenz zu AOL und CompuServe geplant und sollte in Europa ein großer Online-

Europe Online

Dienst werden. Nachdem zahlreiche Firmen, die ursprünglich ihre Beteiligung zugesagt hatten, ihren Rückzug ankündigten, wurde aus Europe Online ein reiner Internet-Provider mit relativ niedriger Grundgebühr. Viele Angebote von EO waren zahlenden Kunden vorbehalten. Mitte 1996 zog sich der Burda-Konzern zurück, und EO mußte Konkurs anmelden. Der Provider wurde in einen Verein umgewandelt, der sich durch Werbung im Internet finanziert und für jeden erreichbar ist.

➡ *Siehe AOL, Compuserve, Internet-Provider, Online-Dienst*

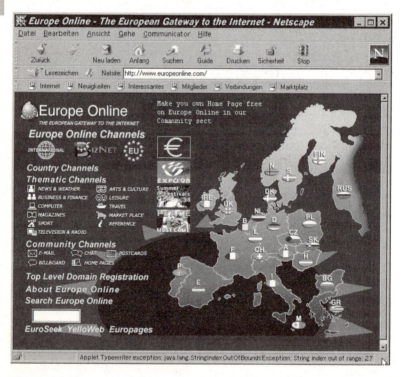

Bild 10: Die Homepage von Europe Online

European BackBONE
→ *Siehe EBONE*

EurOSInet
Im EurOSInet sind viele europäische Hersteller vereinigt. Zielsetzung des European OSI-net ist die Förderung der OSI-Standards.

→ *Siehe OSI, OSI-Schichtenmodell*

Even parity
Bei der seriellen Datenübertragung oder bei der Datenspeicherung kann eine Paritätskontrolle durchgeführt werden. An eine bestimmte Anzahl von Daten-Bits wird ein Paritäts-Bit angehängt. Bei gerader Parität (even parity) wird die Anzahl der Einsen im übertragenen Datenwort auf eine gerade Zahl ergänzt. Enthält das ursprüngliche Datenwort eine gerade Anzahl von Einsen, wird das Paritäts-Bit auf 0 gesetzt, bei einer ungeraden Anzahl auf 1. Auf diese Weise wird eine einfache Fehlerkontrolle möglich.

→ *Siehe Datenwort, No Parity, Parität, Paritätsbit*

Excel
Ein bekanntes Tabellenkalkulationsprogramm von Microsoft. Excel ist der derzeitige Marktführer im Bereich Tabellenkalkulation. Zunächst nur für den Macintosh verfügbar, wurde Excel schon bald für Windows angeboten und liegt mittlerweile in der Version 8.0 dem Office-97-Paket bei. Bereits seit der Version 4.0 setzt sich Excel gegenüber Lotus 1-2-3 und vergleichbaren Produkten durch.

→ *Siehe Lotus 1-2-3, Microsoft, Tabellenkalkulation*

Excessive Multi-Posting
→ *Siehe EMP*

Exchange
Exchange heißt ein Kommunikations-Dienst von Microsoft, der mit Windows 95 eingeführt wurde. Exchange vereinheitlicht verschiedene E-Mail- und Fax-Dienste. Exchange ist über das Symbol »Posteingang« auf dem Windows-Desktop zu erreichen und bietet zahlreiche Funktionen zum Verwalten, Empfangen und Abschikken von E-Mails und Faxen. Über die MAPI-Schnittstelle können andere Kommunikationsprogramme auf Exchange-Funktionen zurückgreifen und so den Funktionsumfang erweitern. Ein sehr umfangreiches und teures Programmpaket für Windows NT zum Aufbau eines Mail-Server heißt ebenfalls Exchange. Mitgeliefert werden Exchange-Clients für verschiedene Betriebssysteme zum Aufbau eines Mail-Systems auf NT-Server-Basis. Im Aussehen orientiert sich das NT-Exchange am bekannten Exchange für

exit

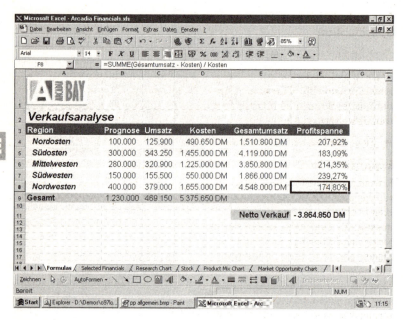

Bild 11: Mit Excel kann man Zahlen recht ansehnlich verpacken

Windows 95. Um Verwechslungen mit dem Exchange-Server-Paket vorzubeugen, wurde Exchange für Windows 95 mittlerweile in Outlook umbenannt. Outlook bietet einige zusätzliche Funktionen und wird mit dem Office-97-Programmpaket mitgeliefert. Unter Windows NT gibt es einen mit Outlook vergleichbaren Client mit dem Namen Windows Messaging.

➠ *Siehe E-Mail, Fax, Microsoft, Windows 95, Windows NT*

exit

Mit dem Befehl exit wird unter Windows eine DOS-Box geschlossen. Viele Programme beendet man ebenfalls mit dem Befehl oder dem Menüpunkt exit.

➠ *Siehe MS-DOS, Windows, Windows 95*

Expanded Memory
➠ *Siehe EMS*

Expanded Memory Manager
➠ *Siehe EMM*

Expanded Memory Specification

➠ *Siehe EMS*

Expansion Box

Eine Expansion Box wird an ein Notebook angeschlossen und kann Hardware-Erweiterungen aufnehmen.

➠ *Siehe Docking-Station, Notebook*

Expansion Card

Erweiterungskarte. Eine Leiterplatte, die den Computer mit zusätzlichen Funktionen oder Ressourcen ausstattet. Typische Erweiterungskarten sind Speicher, Laufwerk-Controller, parallele und serielle Ports, Video-Unterstützung sowie interne Modems. Bei Laptops und anderen portablen Computern sind die Erweiterungskarten in Form von PC Cards in der Größe einer Scheckkarte ausgeführt, die sich von der Seite oder von hinten in den Computer einstecken lassen.

Expansion Port

Die Steckplätze des PC für Erweiterungskarten werden auch als expansion ports bezeichnet.

➠ *Siehe PC, Slot*

Expansionsspeicher

➠ *Siehe EMS*

Expertensystem

Als Expertensystem bezeichnet man ein Programm, das mittels künstlicher Intelligenz und dem Zugriff auf eine sehr umfangreiche Datenbank Entscheidungen trifft. Expertensysteme werden beispielsweise in der Medizin eingesetzt. Mit einem Schlußfolgerungsalgorithmus und einer erweiterbaren Datenbank sollen diese Systeme Diagnosen treffen. Seit 1984 wird in Austin an einem Expertensystem namens Cyc (Abkürzung für Cyclopedia) gearbeitet. Seine Datenbank umfaßt mehr als ein Gbyte.

➠ *Siehe Datenbank, künstliche Intelligenz*

Expire Ware

Bei Software ist es üblich, kostenlos eine Testversion zur Verfügung zu stellen, die oft nur einen bestimmten Zeitraum, beispielsweise 20 Tage, funktionsfähig ist. Diese Programme bezeichnet man als Expire Ware, abgeleitet vom englischen Begriff Expire = verfallen. Nach Ablauf der vorgegebenen Zeit lassen sie sich nicht mehr starten.

➠ *Siehe Software*

Explorer

Datei-Manager von Windows 95 und Windows NT.

➠ *Siehe Datei-Manager, Windows 95, Windows NT*

Extended Binary Coded Decimal Interchange Code

Abk.: EBCDIC. 8-Bit-Zeichensatz zur Darstellung von 256 Zeichen. Wird überwiegend in IBM-Großrechnern eingesetzt.

Extended Capability Port
→ *Siehe ECP*

Extended Graphics Adapter
→ *Siehe EGA*

Extended ISA
→ *Siehe EISA*

Extended Memory

Extended Memory bedeutet erweiterter Speicher, und bezeichnet den Speicherbereich oberhalb 1 Mbyte. Extended Memory wird seit PCs der 286er Klasse eingesetzt und kann unter MS-DOS nur mittels spezieller Treiber adressiert werden.

→ *Siehe MS-DOS, Oberer Speicher, XMS*

Extended Memory Specification
→ *Siehe EMS*

Extended Technology
→ *Siehe XT*

Extension

Die Erweiterung des Dateinamens heißt Extension.

→ *Siehe Erweiterung*

External Gateway Protocol

Abk.: EGP. Ein Protokoll, mit dem Informationen über die Verfügbarkeit des Netzwerks an die Router und Übergänge, die die Netzwerke miteinander verbinden, verteilt werden.

externe Datenbank

Auf eine externe Datenbank wird mittels Datenfernübertragung zugegriffen.

→ *Siehe Datenbank, Datenfernübertragung*

externe Festplatte

Portable Festplatte, die über eine eigene Stromversorgung verfügt, ein eigenes Gehäuse hat und über ein Schnittstellenkabel mit dem Computer verbunden wird.

→ *Siehe Festplatte*

externe Referenz

Ein Bezug innerhalb eines Programms oder einer Routine auf einen Bezeichner (für Code oder Daten), dessen Deklaration in einem separat kompilierten Codeabschnitt steht und nicht innerhalb des Programms oder der Routine deklariert ist.

externer Befehl

Zu einem Betriebssystem gehörendes Programm, das genaugenommen ein selbständiges Programm darstellt, aber als externer Befehl bezeichnet wird, um die Zugehörigkeit zum Betriebssystem hervorzuheben. Es wird nur dann in den Speicher geladen und ausgeführt, wenn der entsprechende Name an der Systemaufforderung eingegeben wird.

externer Interrupt

Von Systembausteinen des Computers ausgelöster Interrupt, die bezüglich des Mikroprozessors als extern anzusehen sind.

externes Modem

Modem, das über den seriellen Kommunikations-Port mit dem Computer verbunden ist.

→ *Siehe Modem*

Extranet

Erweiterung des Intranets, das Kunden und Lieferanten den eingeschränkten Zugriff auf Unternehmensdaten zum Zweck der Optimierung von Geschäftsvorgängen erlaubt.

→ *Siehe Intranet*

Eye-Tracker

Gerät, welches die Bewegungen des menschlichen Auges verfolgt und die Steuerung eines PC mit der Funktionalität einer Maus erlaubt. Bisherige Systeme beschränkten sich auf das monokulare Sehen (mit einem Auge), wodurch der Einsatz des Eye-Tracker auf zwei Dimensionen beschränkt war. In Hinsicht auf neuartige 3D-Monitore (3D-Visualisierung) wurde vom Heinrich-Hertz-Institut im Projekt BLICK ein stereookulares System entwickelt. Neben dem eigentlichen Eye-Tracker sind auch ein 3D-Display, eine Kamera und ein Head-Tracker zur Messung der Kopfbewegungen zusammen mit dem Visual Operating System (VOS) nötig. Mittels hier nicht näher beschriebener Verfahren ist es dem Anwender mit diesem System möglich, dreidimensional mit der Arbeitsoberfläche (Desktop) des Computers zu arbeiten. In anderen Worten: Dokumente, Dateien, Programmsymbole oder geöffnete Anwendungsprogramme können dreidimensional über den Desktop verteilt sein. Der Anwender steuert über Augenbewegungen, welches Objekt in den Vordergrund geholt wird. Er muß lediglich auf das gewünschte Objekt schauen. Mit einem Lidschlag werden Anwendungen aufgerufen oder geschlossen, Menüs geöffnet usw.

→ *Siehe Maus*

EZine

Mit EZine sind elektronische Zeitschriften (EZine = Electronic magazine) gemeint, wie sie im Internet und durch Online-Dienste vielfach angeboten werden.

→ *Siehe Internet, Online-Dienst*

F-Kodierung

Bei TAE-Dosen (Anschlußdosen der Telekom für analoge Telefonanschlüsse) wird zwischen zwei Kodierungsformen (F- und N-Kodierung) der Buchsen unterschieden. Die F-kodierten Buchsen sind für den Anschluß von Telefonen gedacht. Die N-Kodierung für alle übrigen Endgeräte (Fax, Anrufbeantworter, Modem etc.). Die Kodierung äußert sich in der Belegung der Buchsen und Stekker und in der Gehäuseform (ein Steg verhindert das Einstecken von F-kodierten Steckern in N-kodierte Buchsen und umgekehrt).

➠ *Siehe TAE*

Face-down/-up

Wörtlich Gesicht nach unten bzw. Gesicht nach oben. Damit wird bei Druckern, Kopierern, Faxgeräten, Scannern etc. angegeben, mit welcher Seite die Vorlage bzw. das Papier nach oben bzw. nach unten liegen muß. Bei Face-up liegt die Schriftseite nach oben und bei Face-down entsprechend nach unten.

➠ *Siehe Drucker, Fax, Scanner*

Fakultät

Mathematischer Ausdruck, der als n! (n Fakultät) geschrieben wird. $n! = n \times (n-1) \times (n-2) \times ... \times 1$.

FAQ

Abkürzung für Frequently Asked Questions (englisch für häufig gestellte Fragen). Hierbei handelt es sich um Dokumente, die Fragen zu Programmen, Geräten, Technologien etc. enthalten. Gleichzeitig sind auch die Antworten zu diesen Fragen enthalten. Die Fragen, die sich in diesen Dokumenten befinden, wurden entweder schon häufig bei Hotlines oder anderen Supporteinrichtungen gestellt oder lassen dies erwarten. Oft findet man solche FAQs im Internet, in Diskussionsforen und Mailboxen. Viele Hersteller bieten diese auch zu den eigenen Produkten an.

➠ *Siehe Forum, Internet, Mailbox*

Farb-LCD

Hierunter versteht man eine Farbanzeige, die auf einem LCD basiert.

➠ *Siehe LCD*

Farb-Scanner

Farb-Scanner sind im Gegensatz zu Graustufen-Scannern in der Lage, farbige Vorlagen auch farbig wiederzugeben. Farb-Scanner zerlegen die Farbinformation der Vorlage in Anteile der drei Grundfarben Rot, Grün und Blau. In diesem Zusammenhang unterscheidet man Three-Pass- bzw. Multi-Pass-Scanner und Single-Pass-Scanner. Erstere waren früher der Standard. Die Three-Pass-Scanner benötigten für die Erfassung der Grundfarben drei Durchläufe, wodurch diese enorm viel Zeit für den Scan-Vorgang benötigen.

Single-Pass-Scanner sind dagegen in der Lage, in einem einzigen Scan-Durchgang alle drei Farben zu erfassen, wodurch sich die Scan-Zeit stark verkürzt. Heute sind fast alle Flachbett-Scanner Vertreter dieser Art.

➠ *Siehe Flachbett-Scanner, Multi-Pass, Scanner, Single Pass, Three-Pass*

Bild 1: Ein Farbscanner von HP

Farb-Tripel

Ein Schlitz oder ein Loch in einer Schlitz- bzw. Lochmaske eines Bildschirms nennt man Farb-Tripel oder Farbstoff-Tripel. Die von der Kathodenstrahlröhre ausgesandten Elektronenstrahlen für Rot, Grün und Blau treffen idealerweise genau in den jeweils für sie vorgesehenen Farb-Tripel, wodurch die darunterliegende phosphoreszierende Schicht zu leuchten beginnt. Je nach Bildröhrentyp werden die Farb-Tripel anders zueinander angeordnet. Bei einer Deltaröhre z. B. in einem Dreieck. Ein wichtiges Kriterium zur Beurteilung der Qualität eines Monitors ist neben der Form der Farb-Tripel auch deren Abstand untereinander, der mit dem engl. Ausdruck dot pitch oder Punktabstand bezeichnet wird. Der dot pitch guter Monitore liegt bei 0,28 bis 0,25 mm. Bei der neuen CromaClear-Bildröhre von NEC sind die Farb-Tripel weder schlitz- noch lochförmig, sondern oval.

➠ *Siehe Bildröhre, Elektronenstrahlröhre, Lochmaske*

Farbband

In nichtanschlagfreien Druckern (Nadeldruckern, Typenraddruckern etc.) dienen Farbbänder als Vorratsmedium für die Druckfarbe. Dabei ist auf ein Band aus Kunststoff bzw. Textil die Farbe aufgebracht. Durch den Anschlag des Druckers wird die Farbe aus dem Band auf das Papier gebracht. Farbbänder befinden sich meistens zum leichteren Austausch in einer Kassette.

→ *Siehe Anschlagdrucker, Drucker*

Farbbandkassette

In einer Farbbandkassette befindet sich das Farbband für nichtanschlagfreie Drucker. Die Kassetten können meist leicht gewechselt werden.

→ *Siehe Anschlagdrucker, Farbband*

Farbbild-Amplituden-Signal

→ *Siehe FBAS*

Farbbildschirm

Farbbildschirme sind in der Lage, durch die Mischung von Grundfarben nahezu alle Farben darzustellen. Inzwischen sind bei Computern Farbbildschirme der Standard. Früher waren sogenannte Monochrombildschirme (sprich einfarbiger Monitor) der Standard. Im Normalfall handelt es sich bei Farbbildschirmen um Kathodenstrahlröhren. Diese arbeiten mit drei Elektronenstrahlen zur Erzeugung der drei Grundfarben Rot, Grün und Blau, aus denen die eigentlichen Farben zusammengemischt werden. Wie viele Farben tatsächlich angezeigt werden, hängt wesentlich von der Grafikkarte des Rechners ab, an dem der Bildschirm angeschlossen ist.

→ *Siehe Bildschirm, Elektronenstrahlröhre, Grafikkarte, Monochromer Bildschirm, RGB*

Farbkorrektur

Bedingt durch Unzulänglichkeiten in den einzelnen Geräten, die an der Digitalisierung und der Ausgabe einer Vorlage beteiligt sind, kann die Darstellung auf einem Monitor bzw. der Ausdruck auf einem Farbdrucker vom Original mehr oder weniger stark abweichen. Um diese Abweichung zu beseitigen oder zumindest zu minimieren, sind Farbkorrekturen notwendig. Diese Korrekturen können auf unterschiedliche Art und Weise geschehen. Zum einen kann das Ausgabegerät kalibriert werden, d.h. es kann auf Referenzfarben geeicht werden, zum anderen kann z.B. über Bildbearbeitungsprogramme die Datei selbst korrigiert werden.

→ *Siehe Bildbearbeitungsprogramm*

Farbmodell

Ein Farbmodell dient zur Beschreibung von Farben. Physikalisch gesehen ist Farbe nichts anderes als Licht einer bestimmten Wellenlänge. Der Mensch ist in der Lage, einen bestimmten Bereich des Lichtspektrums zu sehen. Um Farben technisch und vor allem variabel erzeugen zu können, bedarf es eines Modells. Es existieren eine ganze Reihe von Modellen dieser Art. Zwei Mo-

Farbpalette

delle, die sehr häufig im Computerbereich verwendet werden, sind zum einen die additive Farbmischung und zum anderen die subtraktive Farbmischung. Bei der additiven Farbmischung wird von einer ideal weißen Fläche ausgegangen, auf der Licht verschiedener Grundfarben überlagert wird. Durch die Überlagerung entsteht dann ein Gesamtfarbeindruck. Das RGB-Modell arbeitet nach genau diesem Prinzip mit den Grundfarben Rot, Grün und Blau.

Bei der subtraktiven Farbmischung werden aus reinem weißen Licht Grundfarben über Farbfilter herausgenommen. Wodurch wiederum ein Gesamteindruck für die Farbe entsteht. Das CMYK-Model arbeitet nach diesem Prinzip.

➠ *Siehe CMYK-Farbsystem, RGB*

Farbpalette

Eine Farbpalette ist im Computerbereich eine logische Struktur, die einen Indexwert einem Farbwert zuordnet. Über den Indexwert wird dann der Farbwert angesprochen. Viele Computersysteme unterstützen Hardware-mäßig eine weitaus größere Anzahl von Farben, als manche Darstellungsmodi verwenden können. Den Farbpaletten kommt nun die Aufgabe zu, aus dieser Vielzahl von Farben die bereitzustellen, die für die aktuelle Anzeige benötigt werden.

➠ *Siehe Farbmodell, Farbtiefe*

Farbreduktion

Bei der Farbreduktion geht es darum, die Farbtiefe eines Bilds zu reduzieren. Die Farbtiefe wird in Bit pro Pixel angegeben und beschreibt, wie viele Bits für die Farbinformation für die einzelnen Pixel verwendet werden. So werden z.B. 16 Bit pro Pixel benötigt, um TrueColor zu erreichen. Oftmals ist es aber auf einem Ausgabegerät nicht möglich, den gesamten Farbumfang wiederzugeben bzw. ein Dateiformat unterstützt nicht die gewünschte Farbtiefe. In diesen Fällen muß die Farbtiefe reduziert werden. Bildbearbeitungsprogramme können eine solche Reduktion vornehmen. Dabei wird versucht, das neue Bild so zu optimieren, daß die fehlenden Farben die Qualität nicht zu stark beeinträchtigen.

➠ *Siehe Bildbearbeitungsprogramm, Farbtiefe, TrueColor*

Farbstoff-Tripel

➠ *Siehe Farb-Tripel*

Farbtemperatur

Die erreichbare Farbtemperatur ist ein Beurteilungskriterium für die Qualität von Monitoren. Sie wird in Kelvin angegeben (0° K = -273° C) und stellt den Bezug einer Farbe zur Temperatur von lichtabstrahlenden Körpern her. Leicht erhitzte Materialien (ab ca. 1500 K) leuchten im roten Bereich, stark erhitzte Materialien im blauen Bereich (ca. 10.000 K). Die individuellen Farbeigenschaften leuchtender Körper werden anhand ihrer Farbtemperatur beurteilt und klassifiziert. Sonnenlicht hat ca. 6000 K, weißes Papier 6500 K, blauer Himmel 10.000 K. Wichtig zur Beurteilung von Monitoren ist der sog. Weißpunkt bei 6500 K. Je näher der Monitor an diesem Wert ist, desto besser ist er.

Siehe Monitor

Farbtiefe

Die Farbtiefe gibt an, wie viele Farben gleichzeitig auf dem Bildschirm dargestellt werden können. Sie ist abängig von der Größe des Grafikkartenspeichers. Man unterscheidet 16 Farben, 256 (8 Bit), 65563 (16 Bit, High-Color) und 16,7 Millionen (24 Bit, TrueColor, Echtfarben) Farben. Die True-Color-Darstellung wird meist für Raytracing, Animationen oder auch eingescannte Fotos verwendet, um möglichst realistisch wirkende Ergebnisse zu erhalten. True-Color deswegen, weil das menschliche Auge 16,7 Millionen unterschiedliche RGB-Farbnuancen unterscheiden kann (256x256x256).

Siehe Grafikspeicher, Scanner

Fast-SCSI

Siehe SCSI

FAT

Abkürzung für File Allocation Table oder zu deutsch Dateizuordnungstabelle. Die FAT wird von MS-DOS zur Verwaltung des Dateisystems verwendet. Die FAT stellt das Inhaltsverzeichnis eines Datenträgers dar. Sie speichert Informationen über jeden Cluster eines Datenträgers.

Ein Hauptnachteil der FAT ist die sogenannte Fragmentierung. Dabei werden Dateien auf nicht aneinanderliegende Cluster verteilt, wodurch sich die Zugriffsgeschwindigkeit auf diese Dateien verringert.

Ein weiterer gravierender Nachteil der FAT ist, daß es bei einer Beschädigung zum Totalverlust aller Daten kommt. DOS beugt dem vor, indem es eine Kopie der FAT verwaltet. Kommt es dann zu Problemen, können diese häufig mit Programmen wie dem Norton Disk Doctor behoben werden.

Siehe Cluster, Dateisystem, Datenträger, Fragmentierung, Norton Utilities

FAT32

In dem sogenannten B-Release von Windows 95 (Windows 95B oder OEM-Service Pack 2) wird diese neue Version der FAT verwendet. Allerdings wird dieses Dateizuordnungssystem nur von Windows 95B unterstützt. Der Vorteil des neuen Systems ist, daß Festplatten-Partitionen mit bis zu 2 Terra-Byte unterstützt werden. Im selben Aufwasch wurde die Cluster-Größe stark verringert. Großer Nachteil des Systems ist, daß man zum Umstieg von FAT auf FAT32 die Festplatte komplett neu einrichten muß.

➟ *Siehe Cluster, Dateisystem, FAT*

Fatal Error

Ein Fehler wird dann als »Fatal« bezeichnet, wenn der Start des Computersystems beim Power On Self Test mit einem Beep Code abgebrochen wird.

➟ *Siehe Beep Code, Error-Code, Power On Self Test*

Fax

Kurzform für Telefax (leitet sich von Facsimile ab). Anderes Wort ist Fernkopierer. Fax-Geräte erlauben es, Papiervorlagen über die Telefonleitung zu übertragen. Dazu wird die Vorlage von der Sendestation gescannt und in elektronische Information umgewandelt. Diese wird an die Empfängerstation gesendet. Dort wird das Ganze wieder auf Papier ausgedruckt. Dadurch entsteht in der Ferne eine Kopie des Originals. Über Faxmodems und ISDN-Karten ist es auch möglich, Faxe mit dem Computer zu senden und zu empfangen. Inzwischen existieren von vielen Herstellern auch diverse Kombigeräte, die Drucker, Scanner, Kopierer und Fax in sich vereinen, wodurch die Grenzen zwischen klassischen Büromaschinen und Computerperipherie mehr und mehr verwischen.

➟ *Siehe Fax-Gruppe, Fax-Klasse, ISDN-Modem, Modem*

Fax-Gruppe

Für das Fax existieren verschiedene Übertragungsstandards. Diese werden als Fax-Gruppen bezeichnet. Die meisten momentan verwendeten analogen Faxgeräte verwenden die Fax-Gruppe 3. Noch wenig verbreitet sind Geräte der Gruppe 4 (ISDN-Fax-Geräte). Die einzelnen Gruppen sind wie folgt definiert:

- Fax-Gruppen 1 und 2: Diese beiden Gruppen werden nicht mehr verwendet, da sie total veraltet sind.

- Fax-Gruppe 3 (G3): Dieser Standard legt eine maximale Übertragungsrate von 14400 Bps fest und gilt für analoge Fax-Geräte und Fax-Modems. Damit wird eine A4-Seite in ca. einer Minute übertragen. Der Standard bietet zwei verschiedene Auflösungen (200 x 100 dpi und 200 x 200 dpi) mit maximal 64 Graustufen.

- Fax-Gruppe 4 (G4): Dieser Standard gilt für ISDN-Faxgeräte und nutzt die maximale Übertragungsrate des ISDN von 64000 Bps. Damit kann eine A4-Seite mit der maximalen Auflösung von 400 x 400 dpi mit 64 Graustufen in 10–20 Sekunden übertragen werden. Um den Standard nutzen zu können, müssen Sender- und Empfängerseite diesen unterstützen. Allerdings sind reine ISDN-Faxgeräte noch selten. Mit ISDN-Karten kann der G4-Standard aber vom PC aus genutzt werden.

➠ *Siehe Fax, Faxmodem, ISDN, ISDN-Karte*

Fax-Klasse

Die Fax-Klassen stellen Zusammenfassungen von Befehlssätzen dar, die zur Ansteuerung eines Fax-Modems vom PC aus notwendig sind. Die Einteilung der Klassen wurde vom CCITT bzw. ITU vorgenommen. Es werden die folgenden drei Klassen unterschieden:

- Fax-Klasse 1: Ältester Standard. Hier wird die Hauptsteuerung vom PC übernommen.

- Fax-Klasse 2: Dieser Standard ging aus einer Einigung von verschiedenen Herstellern hervor. Später wurde er in der Fax-Klasse 2.0 aufgenommen.

- Fax-Klasse 2.0: Dieser Standard wurde um einige Möglichkeiten, wie z.B. Fehlerkorrektur, erweitert. Außerdem erledigt hier das Modem einen Großteil der Steuerung. Der Standard ist abwärtskompatibel zu Klasse 1.

➠ *Siehe CCITT, Fax, Fax-Gruppe, Faxmodem*

Fax-on-Demand

➠ *Siehe Fax-Polling*

Fax-Polling

Beim Fax-Polling (auch Fax-on-Demand) stellt im Gegensatz zu einer normalen Faxübertragung der Empfänger die Verbindung her. Der Sender wartet passiv, bis er angerufen wird. Der Empfänger löst dann den Sendevorgang beim Sender aus.

➠ *Siehe Fax*

Fax-Vorlage

Die meisten Textverarbeitungsprogramme bieten spezielle Dokumentvorlagen, mit denen es möglich ist, Faxe zu gestalten. Diese Vorlagen enthalten die typischen Elemente eines Faxes.

Als Faxvorlagen bezeichnet man auch Formblätter oder grafisch gestaltete Papierbögen, auf die man Drucken oder Schreiben kann. Diese können anschließend per Fax verschickt werden.

➠ *Siehe Dokumentvorlage*

Fax-Weiche

Eine Fax-Weiche wird zum automatischen Umschalten zwischen einem Telefon und einem Faxgerät verwendet. Anhand eines bestimmten Signaltons erkennt die Fax-Weiche, ob es sich bei einem Anruf um ein Fax oder ein Telefongespräch handelt und schaltet den Anruf auf das entsprechende Gerät.

→ *Siehe Fax*

Faxmodem

Ein Faxmodem ist ein Modem, das neben der eigentlichen Modemfunktionalität noch die Möglichkeit bietet, Faxe zu senden und zu empfangen. Anfangs wurden Faxmodems angeboten, die nur Faxe empfangen konnten. Inzwischen gehört die volle Faxfunktionalität zur Standardausstattung. Als Übertragungsprotokolle werden die von der CCITT vorgegebenen Protokolle V.29 und V.17 verwendet.

→ *Siehe CCITT, Fax, Modem, V.17, V.29*

FBAS

FBAS ist die Abkürzung für Farbbild-Amplituden-Signal. Es handelt sich dabei um das Standardvideosignal zur Ansteuerung von Farbbildschirmen, das auch von Fernsehgeräten verwendet wird. Dabei werden über ein Kabel alle Informationen (Farb- und Helligkeitsinformationen)übertragen. Die Bildqualität ist allerdings für viele Anwendungen im Computerbereich nicht ausreichend. Computermonitore verwenden dagegen RGB-Signale.

→ *Siehe Monitor, RGB*

FDDI

Abkürzung für Fiber Distributet Data Interface (Schnittstelle für Daten, die per Lichtwellenleiter übertragen werden). FDDI ist eine Hochgeschwindigkeitsnetzwerktechnologie, die auf dem Token-Ring-Prinzip von IBM basiert. FDDI bietet eine Übertragungsrate von 100 Mbit/s. Mit FDDI lassen sich neben der Token-Ring-Topologie auch die Bus- und Stern-Topologie verwenden.

→ *Siehe Bus-Topologie, Netzwerk, Sterntopologie, Token-Ring*

Feature

Wenn im Computerbereich von Ausstattungsdetails von Hardware- oder Software-Produkten gesprochen wird, wird meistens statt der deutschen Begriffe Leistungsmerkmal oder Ausstattungsmerkmal der Begriff Feature verwendet. Bei Textverarbeitungsprogrammen ist z.B. die Rechtschreibkorrektur ein Feature.

→ *Siehe Hardware, Software*

Feature Connector

Der Feature-Connector dient zur Verbindung der Grafikkarte eines Computers mit anderen Karten. Solch eine Karte kann z.B. eine Video-Karte sein, die mit der Grafikkarte zusammenarbeitet. Der Feature-Connector wird nur noch selten verwendet, da die Spezifikation den heutigen Ansprüchen in puncto Multimedia nicht mehr gerecht wird.

➠ *Siehe Grafikkarte*

Feeder

Der automatische Einzelblatteinzug eines Druckers wird als Feeder bezeichnet.

➠ *Siehe Drucker, Einzelblatteinzug*

Fehler-Bit

➠ *Siehe Paritätsbit*

Fehlerbehandlung

Die Fehlerbehandlung sorgt in einem Programm dafür, Laufzeitfehler abzufangen und nach Möglichkeit so zu behandeln, daß die Ursache entweder direkt behoben werden kann oder der Benutzer die Möglichkeit hat, die Fehlerursache zu beheben. Damit soll verhindert werden, daß das Programm beim Auftreten eines Fehlers beendet wird.

➠ *Siehe Laufzeitfehler, Programm*

Fehlercode

➠ *Siehe Error-Code*

Fehlererkennung

Die Fehlererkennung dient zur Erkennung von Datenfehlern, die bei der Übertragung von Daten auftreten. Dazu dienen entsprechende Methoden wie Prüfsummen, Echo-Verfahren etc.

➠ *Siehe Echo, Prüfsumme*

Fehlerhafter Sektor

Als fehlerhafter Sektor wird ein Sektor auf einem Datenträger bezeichnet, der einen »Hardware-Fehler« enthält. Solch ein Hardware-Fehler kann z.B. eine fehlerhafte magnetische Oberfläche, ein Fehler in der Formatierung etc. sein. Das Resultat ist meistens, daß von diesem Sektor nicht gelesen bzw. dort nicht geschrieben werden kann.

➠ *Siehe Datenträger, Formatierung, Sektor*

Fehlerkorrektur

Die Fehlerkorrektur sorgt dafür, daß Fehler nach deren Erkennung beseitigt werden. Bei der Übertragung von Daten werden fehlerhaft empfangene Daten zur Korrektur neu übertragen.

➠ *Siehe CRC, Fehlererkennung*

Fehlertoleranz

Als fehlertolerant werden Systeme bezeichnet, die in der Lage sind, Fehler abzufangen und geeignet zu behandeln.

Feld

➠ *Siehe Datenfeld*

Fenster

Fenster sind die Basis moderner grafischer Benutzeroberflächen. Ein Fenster (englisch Window) ist dabei ein abgegrenzter rechteckiger Bereich. Ein solches Fenster dient zur Aufnahme von Steuerelementen der Benutzeroberfläche für Programme und Dialogfelder. Der Vorteil der Fenster ist, daß mehrere Programme gleichzeitig als eigenständige Einheiten parallel dargestellt werden können, ohne daß dabei die Übersicht verlorengeht.

➟ *Siehe Dialogfenster, Grafische Benutzeroberfläche, Programm*

Fenstertechnik

➟ *Siehe Fenster*

Fernmeldetechnisches Zentralamt

➟ *Siehe FTZ*

Fernschreiber

Fernschreiber (englisch: Teletype oder abgekürzt TTY) sind Telekommunikationsgeräte, mit denen über ein spezielles Telekommunikationsnetz Textnachrichten versendet werden können. Das Gerät sieht aus wie ein Schreibmaschine. Nachrichten werden über die Tastatur eingegeben und an den Empfänger übermittelt. Fernschreiber sind ein veraltetes Medium.

➟ *Siehe Telekommunikation*

ferromagnetische Domäne

➟ *Siehe magnetische Domäne*

Festplatte

Eine Festplatte ist ein magnetisches Speichermedium, das die wahlfreie Speicherung von digitalen Daten ermöglicht. In dem Gehäuse der Festplatte befinden sich auf einer Achse meist mehrere Scheiben, die beidseitig mit einer magnetisierbaren Schicht versehen sind. In dem Gehäuse befindet sich außerdem eine Reihe von Schreib-Lese-Köpfen, die für das Schreiben und Lesen der Daten von und auf der Platte zuständig sind. Die Köpfe befinden sich nur wenige Millimeterbruchteile über der Oberfläche der Platten. Sie sind an Armen angebracht, die sich ebenfalls um eine Achse bewegen können. Durch diese Bewegungsmöglichkeit und die Drehung der Scheiben kann jeder Punkt auf den Platten angefahren werden. Die Kapazität aktueller Festplatten reicht von unter 500 Mbyte bis über 6 Gbyte. Zur Steuerung der Festplatte und auch zum Austausch von Daten mit dem Computer verfügt die Festplatte über eine integrierte Controller-Elektronik. Für diese Elektronik wird heute hauptsächlich IDE, EIDE und SCSI verwendet.

➟ *Siehe Controller, EIDE, IDE-Festplatten, Induktiver Schreib-Lese-Kopf, MR-Lese-Kopf, Schreib-Lese-Kopf, SCSI, Speichermedium*

Festplatten-Cache

➟ *Siehe Laufwerks-Cache*

Bild 2: Der innere Aufbau einer Festplatte

Festplatten-Controller

Der Festplatten-Controller ist für die Steuerung einer Festplatte und den Datenaustausch mit dem Computer zuständig. Bei heutigen Festplatten befindet sich der eigentliche Controller bereits auf der Festplatte selbst. Die Einsteckkarte bzw. die Elektronik auf dem Motherboard (aktuelle Motherboards haben meistens die Komponenten für den Anschluß von EIDE-Platten direkt integriert) sorgen lediglich für den Anschluß an den Computer. Deshalb ist der weithin benutzte Begriff Controller für diese Elemente nicht ganz richtig, eigentlich handelt es sich mehr um einen Adapter. Früher war der Begrif Controller gerechtfertigt, da damals die Karte den eigentlichen Controller darstellte.

➠ *Siehe Controller, Festplatte, Motherboard*

Festplattenkomprimierung

Programme wie z.B. Double Space oder Stacker sorgen dafür, daß alle Daten, die auf die Festplatte geschrieben werden, vor dem Schreiben komprimiert werden. Wenn Daten nun von der Festplatte gelesen werden, werden diese wieder entkomprimiert. Das Komprimieren und Entkomprimieren der Daten geht in der Regel so schnell, daß kaum Verzögerungen auftreten. Mit solchen Komprimierungsprogrammen kann man je nach Art der Daten die Festplattenkapazität nahezu verdoppeln. Allerdings macht es angesichts der stark gesunkenen Preise für große Festplatten wenig Sinn, das erhöhte Risiko für Probleme und damit Datenverlust einzugehen.

➠ *Siehe Datenkompression*

Festwertspeicher

Ein Festwertspeicher ist ein Speicher, der einen festen Wert enthält, der in der Regel nur gelesen werden kann. Es gibt aber auch Formen, bei denen unter bestimmten Bedingungen ein schreibender Zugriff möglich ist.

➠ *Siehe ROM*

Fetch-Zyklus

Bei der Befehlsverarbeitung in einem Prozessor wird der erste Schritt (das Abrufen des Befehls aus dem Arbeitsspeicher) als Fetch- oder zu deutsch Hol-Zyklus bezeichnet.

→ *Siehe Arbeitsspeicher, Prozessor*

FF

Abkürzung für Form Feed (englisch für Seitenvorschub). Steuerzeichen zur Ansteuerung eines Druckers.

→ *Siehe Drucker, Feeder, Steuerzeichen*

Fiber Distributed Data Interface

→ *Siehe FDDI*

Fido/Opus/Seadog

→ *Siehe Fossil*

FidoNet

Das FidoNet ist ein weltumspannendes privates, nichtkommerzielles Netzwerk. Das FidoNet besteht aus einer Vielzahl – über 35.000 – von Mailboxen (auch Node genannt), die miteinander in Verbindung stehen. Über diesen Mailbox-Verbund können die einzelnen Nutzer des FidoNet (auch Point genannt) Nachrichten austauschen. Jeder Teilnehmer erhält eine eindeutige Adresse innerhalb des Netzes. Den Namen erhielt es im übrigen von dem Hund eines der Gründer des FidoNet. Dieser Hund hörte auf den Namen Fido.

→ *Siehe Mailbox, Netzwerk*

FIFO

FIFO ist die Abkürzung für First In First out und bedeutet so viel wie: wer zuerst kommt, mahlt zuerst. Bei diesem Prinzip werden Daten in der gleichen Reihenfolge ausgegeben, wie sie auch eingelesen wurden. Dies ist genau das Gegenteil vom Stack- bzw. LIFO-Prinzip. Das FIFO-Prinzip wird oft für Pufferspeicher verwendet.

→ *Siehe LIFO, Puffer*

FIFO-Puffer

Puffer, der nach dem FIFO-Prinzip arbeitet.

→ *Siehe FIFO, Puffer*

File

Englisch für Datei.

→ *Siehe Datei*

File Access

Englisch für Dateizugriff. Lese- bzw. Schreibzugriffe auf Dateien werden als File Access bezeichnet.

→ *Siehe Dateizugriff*

File Allocation Table

→ *Siehe FAT*

File Sharing

Englisch für Dateiteilung. Damit ist die parallele Verwendung von Dateien durch mehrere Programme, Prozesse oder auch Anwender gemeint.

➡ *Siehe Programm, Prozeß*

File Transfer
Englisch für Dateiübertragung.

➡ *Siehe Datei*

File Transfer Access and Management
➡ *Siehe FTAM*

File Transfer Protocol
➡ *Siehe FTP*

File-Server
➡ *Siehe Datei-Server*

Filter
Filter sind Eigenschaften in Datenbanken, die es erlauben, bestimmte Kriterien anzugeben, nach denen Datensätze ausgewählt werden. Im Gegensatz zu Abfragen werden diese nicht extra gespeichert, sondern sind entweder temporär oder als Eigenschaft einer Tabelle festgehalten.

Filter werden in der Audio-Technik verwendet, um bestimmte Veränderungen an Audio-Signalen vorzunehmen. Z.B. wird vor der Digitalisierung eines Audio-Signals dieses durch einen Filter geschickt, um sicherzugehen, daß die höchste Signalfrequenz maximal die Hälfte der Sampling-Frequenz beträgt.

Bildbearbeitungsprogramme verwenden Filter, um Veränderungen an Bildern vorzunehmen. Es gibt Filter für die unterschiedlichsten Aufgaben. Filter, die häufig verwendet werden, sind z.B. Filter zum Schärfen eines Bildes.

➡ *Siehe Abfrage, Bildbearbeitungsprogramm, Datenbank, Sampling*

Finanz-Software
In diese Software-Kategorie fallen alle Programme, die es ermöglichen, den Benutzer bei finanziellen Angelegenheiten zu unterstützen. Aufgaben für solche Programme sind z.B. das Abfragen und Verwalten von Konten, Management von Wertpapierdepots, Erstellen von Charts, Abfragen von Kursen, Erfassen von Ausgaben, Unterstützung bei Steuerangelegenheiten etc. Bekannte Vertreter sind Quikken von Intuit und Money von Microsoft.

➡ *Siehe Kaufmännische Software, Quicken*

Finger
Finger ist ein Kommando, das ursprünglich von Unix-Systemen herstammt. Es dient dazu, im Internet Informationen über einen User zu ermitteln.

➡ *Siehe Internet, Unix*

Firewall
Kombiniertes Hard- und Softwaresystem zum Schutz eines lokalen Netzwerkes (LAN) mit Anbindung an das

Internet vor Angriffen des LAN aus dem Internet. Die Systeme reichen von sehr einfachen Konfigurationen für kleine Netzwerke bis hin zu sehr großen und komplexen Lösungen, die die Netzwerke großer Unternehmen schützen und ein hohes Maß an finanziellem und administrativem Aufwand mit sich bringen.

→ *Siehe Internet, LAN*

FireWire

Auch IEEE-1394-Standard (Institute of Electrical and Electronics Engineers). FireWire ist ein Plug&Play-System, konfiguriert sich also selbst und bindet neue Geräte automatisch ein. Ein PC ist zum Einsatz dieses Systems nicht nötig. So kann z.B. eine Videokamera einen Videorecorder bzw. ein TV-Gerät steuern. Der Standard wurde 1986 von Apple entwickelt, später von Adaptec lizenziert. Das FireWire-Bussystem unterstützt bis zu 63 Geräte. Die Geräte nutzen dabei denselben Bus und kommunizieren sowohl mit dem angeschlossenen PC als auch untereinander. Insofern ähnelt dieses Bussystem dem Universal Serial Bus (USB) von Intel. Derzeitige Übertragungsraten liegen bei 100 Mbps (Megabit per second), künftige Versionen sollen bis zu 400 Mbps erreichen. FireWire wird hauptsächlich in der Video-Bearbeitung, in Netzwerken und bei den neuen DVD-Geräten eingesetzt. FireWire ist Teil der aktuellen ATX-Spezifikation 2.1. Spätestens wenn Intel seinen neuen Chipsatz 440LX bzw. den PIIX5 auf den Markt bringt, findet der FireWire breitere Unterstützung.

→ *Siehe Apple, Bus, Chipsatz, DVD, IBM, IEEE, Netzwerk, Plug&Play, USB*

Firmware

Unter Firmware versteht man die Software eines Geräts, die vom Hersteller des Geräts in einem ROM-Baustein untergebracht wurde. Diese Software hat meist sehr elementare Aufgaben in dem jeweiligen Gerät.

→ *Siehe Gerät, ROM, Software*

First-Level-Cache

Der First-Level-Cache oder auch L1-Cache wird als Cache-Speicher bezeichnet, der direkt in einen Prozessor integriert ist. Intel hat mit dem 486er-Prozessor begonnen, L1-Cache zu verwenden. Dieser Cache sorgt für eine deutliche Geschwindigkeitssteigerung.

→ *Siehe Cache, Prozessor, Second-Level-Cache*

Fixiereinheit

So wird bei Laserdruckern der Bereich bezeichnet, der dafür sorgt, daß das noch lose Tonerbild mit dem Papier dauerhaft verbunden wird. Meistens wird dies über eine heiße

Walze bewerkstelligt, die die Tonerpartikel »einbrennt« und gleichzeitig anpreßt.

➡ *Siehe Laserdrucker, Toner*

Flachbett-Plotter

Bei Flachbett-Plottern wird das Druckmedium flach auf das Plotter-Bett gelegt. Der Stift des Plotters wird über eine entsprechende Steuereinrichtung über das Medium geführt. Dabei wird das Medium nicht von einer Trommel weiterbewegt, sondern bleibt auf dem Plotter fixiert.

➡ *Siehe Plotter*

Flachbett-Scanner

Flachbett-Scanner (auch Tisch-Scanner) ähneln in der Art der Bedienung und Verarbeitung von Vorlagen Kopierern. Wie bei diesen wird die Vorlage flach auf eine Glasplatte gelegt. Anschließend wird die Vorlage eingescannt. Flachbett-Scanner sind in der Regel ein ganzes Stück teurer als Hand-Scanner, erlauben aber qualitativ bessere Scans.

➡ *Siehe Farb-Scanner, Hand-Scanner, Scanner*

Flachbettnadeldrucker

➡ *Siehe Nadeldrucker*

Flachbildschirm

Normale Bildschirme besitzen eine Bildröhre, deren Frontscheibe sich wölbt. Dadurch kann es in den Ecken des Bilds zu Verzerrungen kommen. Flachbildschirme (englisch auch Flat-Screen) besitzen im Gegensatz dazu eine flache Front, wodurch Verzerrungen vermieden werden.

➡ *Siehe Bildröhre, Bildschirm*

Flag

Flags (englisch für Flagge) sind boolesche Variablen, die bestimmte Zustände anzeigen. Innerhalb des Prozessors wird z.B. ein Flag verwendet, um anzuzeigen, ob es bei einer mathematischen Operation einen Übertrag gegeben hat. Bei der Programmierung sind Flags ein häufig verwendetes Hilfsmittel.

➡ *Siehe boolesche Operatoren, Prozessor*

Flaming

Innerhalb des Internets existiert ein Verhaltenskodex, auch Netiquette genannt. Besonders in Newsgroups wird auf die Einhaltung solcher Regeln geachtet. Teilnehmer, die gegen diese Regeln verstoßen, müssen mit Aktionen seitens anderer Teilnehmer rechnen. Dies äußert sich oft in Form von zurechtweisenden E-Mails, die an den Schuldigen von vielen Seiten her geschickt werden. Dieses Vorgehen wird als Flaming bezeichnet.

➡ *Siehe Internet, Mail-Bomb, Netiquette, Newsgroup*

Flash-Speicher
Nichtflüchtiger Speichertyp, bei dem Daten blockweise geschrieben und gelöscht werden.

Flashmemory
Bei Flashmemory handelt es sich um eine spezielle, von Intel entwickelte Speicherform, die es ermöglicht, ohne mechanische Komponenten Daten dauerhaft (auch nach Abschalten des Stroms) zu speichern. Diese besondere Form eines ROM kann sowohl elektrisch beschrieben als auch ausgelesen werden.

➡ *Siehe EEPROM, ROM*

Flatscreen
➡ *Siehe Flachbildschirm*

Flattersatz
Als Flattersatz bezeichnet man eine Textausrichtung, bei der nur auf einer Seite alle Zeilen bündig auf einer Höhe abschließen. So »flattert« z.B. bei einer linksbündigen Ausrichtung der Text auf der rechten Seiten (also am rechten Ende der einzelnen Zeilen). Die einzelnen Zeilen sind unterschiedlich lang.

➡ *Siehe Absatzformatierung*

Fließkommadarstellung
Im Englischen floating point representation. Auch als Gleitpunkt-, Fließpunkt oder Gleitkommadarstellung bezeichnet. Fließkommazahlen werden im Computer verwendet, um gebrochene Zahlen darzustellen. Fließkommazahlen weisen drei Bestandteile auf:

- die Mantisse m gibt die eigentliche gebrochene Zahl an.

- die Basis b zusammen mit dem Exponenten e sorgen für die richtige Größenordnung.

Daraus resultiert das folgende Format: $m \times b \wedge a$.

Operationen mit Fließkommazahlen sind für Computer mit wesentlich mehr Rechenaufwand verbunden als solche mit Ganzzahlen, da diese auf Operationen mit Ganzzahlen zurückgeführt werden müssen. Aus diesem Grund werden für Berechnungen, die viel Gebrauch von Fließkommazahlen machen, mathematische Coprozessoren verwendet, die solche Operationen direkt beherrschen. Seit dem 486er integriert Intel Coprozessoren auf den PC-Prozessoren direkt.

➡ *Siehe Arithmetischer Coprozessor*

Fließkommaeinheit
➡ *Siehe Arithmetischer Coprozessor, FPU*

Fließkommaoperationen pro Sekunde
➡ *Siehe Flops*

Fließpunktdarstellung
➡ *Siehe Fließkommadarstellung*

Fließtext

Als Fließtext wird ein Textteil bezeichnet, der nicht durch eine Zeilen- oder Absatzschaltung unterbrochen ist. Dieser fließt quasi am Stück durch.

→ *Siehe Absatzformatierung*

Flimmerfreiheit

Flimmern kommt durch periodische Wechsel der Bildhelligkeit beim Bildaufbau zustande. Flimmerfreiheit bezeichnet den Zustand, der erreicht wird, wenn der Bildaufbau bzw. der Bildwechsel so schnell vonstatten geht, daß das menschliche Auge dies nicht mehr registriert. Dies hängt von der Bildwiederholfrequenz ab. Bei einer Bildwiederholfrequenz von mindestens 72 Hz gelten Monitore als flimmerfrei.

→ *Siehe Bildschirm, Bildwiederholfrequenz, Monitor*

FlipFlop

Floating point

→ *Siehe Fließkommadarstellung*

Floating point arithmetic

Englisch für Fließkommaarithmetik.

→ *Siehe Fließkommadarstellung*

Floating Point Operations Per Second

→ *Siehe Flops*

Floating Point Representation

→ *Siehe Fließkommadarstellung*

Floating Point Unit

→ *Siehe Arithmetischer Coprozessor, FPU*

Floppy

Englische, etwas umgangssprachliche Bezeichnung für Diskette. Statt Floppy wird auch Floppy-Disk verwendet.

Kann auch Synonym für Diskettenlaufwerk verwendet werden.

→ *Siehe Diskette*

Floppy Optical Disk

→ *Siehe Floptical*

Floppy-Controller

Der Floppy-Controller steuert die Diskettenlaufwerke und den Datentransfer zwischen den Laufwerken und dem Computer. Im Normalfall ist der Floppy-Controller auf der gleichen Platine zu finden wie auch der Festplatten-Controller.

→ *Siehe Diskettenlaufwerk, Festplatten-Controller, Floppy*

Flops

Abkürzung für Floating Point Operations Per Second oder deutsch Fließkommaoperationen pro Sekunde. Ein Maß für die Rechengeschwindigkeit eines Computers.

→ *Siehe Arithmetischer Coprozessor, Fließkommadarstellung*

Floptical

Floptical ist ein Kunstwort aus den Wörtern Floppy und Optical. Dieser Begriff steht für ein Speichermedium, das in der Lage ist, wesentlich größere Datenmengen (20,8 Mbyte) zu speichern als dies bei normalen Diskettenlaufwerken der Fall ist. Erreicht wird dies durch den Einsatz eines speziellen Servo-Systems, das den Schreib-Lese-Kopf mit Hilfe eines Laserstrahls positioniert. Als Orientierung für den Laser dienen konzentrische Markierungen, die bei der Herstellung der FODs (Floppy Optical Disks) aufgebracht werden. Dadurch kann mit einer wesentlich höheren Schreibdichte gearbeitet werden.

→ *Siehe Diskettenlaufwerk, Laser, Schreib-Lese-Kopf*

Flußdiagramm

Flußdiagramme werden bei der Entwicklung von Programmen als grafisches Hilfsmittel verwendet, um den Ablauf eines Programms, den Programmfluß zu veranschaulichen.

→ *Siehe Diagramme, Programm*

Flüssigkristall-Blendenverschluß-Drucker

→ *Siehe Liquid Crystal Display-Drukker*

Flüssigkristallanzeige

→ *Siehe LCD*

Flußsteuerung

Die Flußsteuerung dient bei der Übertragung von Daten zur Koordination von Sender und Empfänger. Dabei wird das Senden von Daten unterbrochen, sobald der Empfangspuffer voll ist. Hat der Empfänger die Daten aus dem Puffer verarbeitet, geht der Sender wieder auf Sendung. Die Flußsteuerung ist notwendig, um Datenverlust, insbesondere bei unterschiedlich schnellen Geräten, zu vermeiden.

→ *Siehe CTS, Puffer, XOn/XOff*

FM-Synthese

Abkürzung für Frequenz-Modulations-Synthese. Ein Verfahren zur künstlichen Erzeugung (Synthese) von Klängen. Spezielle Synthesizer-Chips auf Soundkarten verwenden dieses Verfahren.

→ *Siehe Soundkarte*

FOD

→ *Siehe Floptical*

Fogging

→ *Siehe 3D-Funktionen*

Foil Keyboard

Englisch für Folientastatur.

→ *Siehe Folientastatur*

Folientastatur

Folientastaturen besitzen keine mechanischen Tasten, wie man von herkömmlichen Tastaturen gewohnt ist. Bei Folientastaturen werden die einzelnen Schalter über zwei leitfähige Folien realisiert, die übereinanderliegen. Drückt man nun an den dafür vorgesehenen Stellen auf die Tastatur, wird der Kontakt geschlossen. Diese Tastaturart ist meist komplett wasserdicht und unempfindlich gegenüber Schmutz. Ein weiteres Merkmal ist die meist sehr geringe Bauhöhe. Zum Einsatz kommen diese Tastaturen meistens in industriellen Anwendungen, aber auch in Verkaufsterminals.

➡ *Siehe Tastatur*

Font

Ein Font enthält die Informationen bei einem bestimmten Schnitt (einem Stil) einer ganz bestimmten Schrift. Man unterscheidet Bitmap- und Vektor- bzw. skalierbare Fonts. Bei Bitmap-Fonts liegen die einzelnen Buchstaben als Bitmap in der Font-Datei vor. Um eine optimale Qualität zu erreichen, muß für jede verwendete Schriftgröße eine eigene Font-Datei vorhanden sein. Vektor-Fonts, wie z.B. die TrueType-Fonts von Windows, beinhalten eine mathematische Beschreibung des Umrisses (auch Outline genannt) einer Schrift. Dadurch ist es möglich, nahezu ohne Qualitätsverlust in einem weiten Bereich beliebige Schriftgrößen zu erzeugen. Bevor eine solche Schrift aber angezeigt bzw. ausgedruckt werden kann, muß sie in der gewünschten Größe gerastert werden. Bildlich gesprochen berechnet der Computer anhand der Beschreibung die Umrißlinie in der gewünschten Größe und füllt diese anschließend mit Farbe.

➡ *Siehe Bitmap, Outline, Rastern, Schriften, Schriftfamilie, Schriftgrad, TrueType*

Font-Editor

Mit Font-Editoren können Fonts bearbeitet werden. Meistens können einzelne Zeichen aus der Schrift bearbeitet werden. Dabei ist es in der Regel möglich, Form und andere Elemente der Zeichen zu verändern.

➡ *Siehe Font*

for

Anweisung einer höheren Programmiersprache zur Erzeugung einer Schleife. Dabei wird ein bestimmter Programmteil wiederholt. Die Anzahl der Wiederholungen (Iterationen) wird in der Schleifendeklaration angegeben.

➡ *Siehe Schleife*

Form Feed
➡ *Siehe Seitenvorschub*

formale Logik

Die formale Logik wird z.B. bei der Überprüfung der Fehlerfreiheit von Programmen eingesetzt und untersucht ohne Beachtung der Wahrheit des Arguments logische Ausdrücke, Verkettungen und die Gesamtkonstruktion eines gültigen Arguments.

Format

In bezug auf Massenspeicher wird als Format die logische Struktur bezeichnet, die zur Speicherung von Daten auf diesem Speichermedium verwendet wird.

Das Format von Dateien ist die Vorschrift, nach der die Daten in der Datei abgelegt sind.

Bei Textverarbeitungs- und Satzprogrammen nennt man die Summe der Attribute eines Absatzes oder eines Zeichens das Format des Absatzes oder Zeichens. Solche Attribute sind bei Absätzen z.B. der Einzug, der Zeilenabstand, Tabstopp-Positionen etc.

➡ *Siehe Absatzformatierung, Datei, Formatierung, Massenspeicher, Speichermedium*

Formatierung

1. Als Formatierung wird ein Vorgang bezeichnet, der einem Datenträger die logische Grundstruktur (das Format) aufprägt, die zur Organisation der Daten auf dem Datenträger vom Betriebssystem verwendet wird. Zur Formatierung bieten die Betriebssysteme meist spezielle Dienstprogramme an.
2. Als Formatierung wird auch die Ausrichtung und Gestaltung eines Textes in einem Textdokument hinsichtlich des Absatzes, der Schriftart, -größe, des Zeilen- und Zeichenabstands usw. bezeichnet.

➡ *Siehe Absatzformatierung, Betriebssystem, Datenträger, Format*

Formatvorlage

Textverarbeitungsprogramme verwenden Formatvorlagen, um Formatierungen dauerhaft unter einem eindeutigen Namen zu speichern. Bei Formatvorlagen wird zwischen Absatz- und Zeichenformatvorlagen unterschieden. Absatzformatvorlagen beinhalten Formatierungen von Absätzen. Zeichenformatvorlagen enthalten dagegen Formatierungen für Zeichen. Über Formatvorlagen ist es möglich, schnell Formatierungen zuzuweisen und diese auch schnell global zu ändern.

➡ *Siehe Absatzformatierung, Formatierung, Textverarbeitung*

Formel

Formeln kommen häufig in Tabellenkalkulationsprogrammen vor. Sie stellen mathematische Ausdrücke dar, die anhand der Daten in der Tabelle bestimmte Berechnungen ausführen.

→ *Siehe Tabelle, Tabellenkalkulation*

Formular

Formulare (oder auch Eingabemasken) werden in Datenbankprogrammen verwendet, um die Eingabe, Pflege und Sichtung von Datensätzen möglichst komfortabel zu gestalten. Dazu werden meist die üblichen Steuerelemente grafischer Benutzeroberflächen verwendet.

→ *Siehe Datenbank, Datensatz, Grafische Benutzeroberfläche*

Forth

Forth ist die Abkürzung für Fourth (englisch für die Vierte). Forth ist eine Programmiersprache, die in den 60er Jahren von Charles Moore entwickelt wurde. Der Name sollte andeuten, daß es sich bei der Sprache um die Programmiersprache der vierten Generation handelte. Forth verwendet sowohl maschinennahe Elemente als auch Elemente höherer Programmiersprachen. Ungewöhnlich ist die Orientierung an der umgekehrten polnischen Notation. Forth hat keine große Verbreitung in der Programmierwelt gefunden.

→ *Siehe Programmiersprache*

Fortran

Abkürzung für Formular Translator (englisch für Formelübersetzer). Fortran ist eine Programmiersprache, die 1921 von John Backus entwickelt und allerdings erst 1954 von IBM veröffentlicht wurde. Fortran wurde schnell bei Mathematikern und Ingenieuren sehr beliebt. Fortran wird zwar noch verwendet, gilt aber als schwierig zu erlernen und ist veraltet.

→ *Siehe Backus-Naur-Form, IBM, Programmiersprache*

Forum

Bei Online-Diensten werden öffentliche Diskussionsbereiche als Forum bezeichnet.

→ *Siehe Online-Dienst*

Fossil

Abkürzung für Fido/Opus/Seadog. Fossil-Treiber bieten eine leistungsfähige standardisierte Programmierschnittstelle für die Modemartige Kommunikation über die serielle Schnittstelle oder auch andere Kommunikationsadapter. Der Name leitet sich von Mailer- bzw. Mailbox-Programmen aus der FidoNet-Szene ab.

→ *Siehe FidoNet, Mailbox, Modem, Schnittstelle, Serielle Schnittstelle*

Foto-Lithografie

Technologie zur Herstellung integrierter Schaltkreise, bei der das fotografische Negativ eines Schaltkreismusters auf die erforderlichen Abmessungen verkleinert und dann auf einen Halbleiter-Wafer, der mit einem fotoresistiven Material beschichtet ist, durch Belichtung aufgebracht wird. Der unbelichtete Fotolack wird abgewaschen und eine Ätzlösung wirkt auf die nicht durch Fotolack geschützten Stellen der Oberfläche ein. So wird das gewünschte Schaltkreismuster auf dem Wafer erzeugt.

FoxPro

FoxPro ist ein Datenbankprogramm von Microsoft. Ursprünglich wurde FoxPro von Fox Software entwickelt. Damals hieß es FoxBase und war eine direkte Konkurrenz zu dBase. Fox Software wurde 1992 von Microsoft übernommen. FoxBase wurde weiterentwickelt und in FoxPro umbenannt.

➡ *Siehe Datenbank, dBase*

fps

Frames per Second (Bilder pro Sekunde). Die sog. Frame-Rate. Bezeichnet die Abspielgeschwindigkeit eines Films, Videos oder einer Animation in Einzelbildern (Frames = Rahmen) pro Sekunde. Bewegungen erscheinen für das menschliche Auge ab 15 fps flüssig. Kinofilme laufen mit 24 fps. Die PAL-Norm arbeitet mit 25 fps, NTSC mit 30 fps.

➡ *Siehe Frame, NTSC, PAL*

FPU

➡ *Siehe Floating Point Unit*

Fractal

➡ *Siehe Fraktal*

Fractal Image Compression

➡ *Siehe Fraktal, Fraktale Bildkomprimierung*

Fragmentiert

Als fragmentiert bezeichnet man einen Datenträger, auf dem Dateien in nichtzusammenhängenden Clustern gespeichert sind.

➡ *Siehe Cluster, Datenträger, Fragmentierung*

Fragmentierung

Als Fragmentierung bezeichnet man den Zustand, wenn Dateien nicht zusammenhängend auf einem Datenträger gespeichert sind. Unter DOS z.B. werden Dateien immer Cluster-weise gespeichert. D.h. eine Datei wird auf freie Cluster auf einem Datenträger aufgeteilt. Dabei verweist jedes Cluster auf das nächste. Das letzte Cluster enthält eine spezielle Markierung für das Dateiende. Sind genügend freie zusammenhängende Cluster vorhanden, wird eine Datei zusammenhängend gespeichert. Wird diese Datei nun immer wieder bearbeitet, so wird sie auch wieder gespeichert. Dabei verwendet DOS das nächste freie Cluster. Die Suche beginnt dabei am Anfang des Datenträgers; dadurch kann es passieren, daß die Datei nicht mehr zusammenhängend gespeichert wird.

➞ *Siehe Cluster, Datenträger, Defragmentierung*

Fraktal

Fraktale sind geometrische Gebilde, die sich durch ihre Selbstähnlichkeit auszeichnen. Das heißt, ein Fraktal ist aus Strukturen aufgebaut, die wiederum die Basis dieser Strukturen sind. Die fraktale Geometrie wurde in den 70er Jahren von B. Mandelbrot eingeführt. Fraktale Strukturen kommen auch in der Natur vor (z.B. Bäume, Farne, Gebirge etc.). In der Wissenschaft werden Fraktale z.B. zur Beschreibung komplexer Naturerscheinungen verwendet. Aber auch in der Technik haben diese Anwendung gefunden (z.B. zur Erzeugung von Landschaften in Computerspielen oder zur Datenkompression).

➞ *Siehe Datenkompression*

Fraktale Bildkomprimierung

Bei der fraktalen Bildkomprimierung wird über mathematische Verfahren aus der Fraktalgeometrie versucht, Ähnlichkeiten in Bitmap-Bildern zu finden und diese als Bausteine für das Bild zu verwenden. Damit kann der Speicherplatz für eine Bitmap stark vermindert werden. Die Kompression ist zum einen verlustbehaftet und zum anderen benötigt sie sehr viel Zeit. Die Dekomprimierung ist dagegen relativ schnell. Im Vergleich zu JPEG ist die Qualität der fraktal komprimierten Bilder bei gleicher Kompressionsrate höher.

➞ *Siehe Bitmap, JPEG, Kompression, Komprimierungsprogramm*

Frame

1. Beim Film oder bei Computeranimationen Bezeichnung für ein einzelnes Bild. Beim Fernsehgerät stimmt die Bildwiederholrate mit der Anzahl der pro Sekunde angezeigten Bilder überein. Aus Ergonomiegründen verwendet die Grafikkarte im PC jedoch eine höhere Bildwiederholrate. Zur Unterscheidung definiert man hier ein Frame als einzelnes Videobild einer Filmsequenz. Bewegungsabläufe erscheinen in der Regel ab 15 Frames/s flüssig. In Europa verwendet man die PAL-Norm (25 Bilder pro Sekunde), in Nordamerika NTSC (30 Frames pro Sekunde).

2. Bei der Datenfernübertragung bezeichnet ein Frame eine zusammenhängende Dateneinheit, also einen Datenblock.

3. Im Bereich des Desktop-Publishing (DTP) bezeichnet ein Frame (Rahmen) eine Seite eines Dokuments.
4. Viele Sites im Internet verwenden die sog. Frame-Technologie zur Darstellung des Inhalts ihrer Webseiten. Frames ermöglichen eine Unterteilung der Webseite. So ist es z.B. möglich, eine Menüleiste zu erzeugen, die auf jeder Webseite der Homepage verwendet wird.

➡ *Siehe Bildwiederholrate, Ergonomie, NTSC, PAL*

Frame-Grabber

Frame-Grabber sind spezielle HardwareErweiterungen, mit denen Video-Bilder digitalisiert werden können. Diese Digitalisierung wird als grabben (englisch für grabschen, ergreifen) bezeichnet. Auf diesem Weg können Einzelbilder aus einem Film in den Computer gebracht werden. Dort können sie in einem üblichen Grafikformat gespeichert und mit Grafikprogrammen weiterverarbeitet werden.

➡ *Siehe Video-Grabbing*

FrameMaker

DTP-Programm der Firma Adobe. Im Gegensatz zu PageMaker, das ebenfalls von Adobe stammt, ist FrameMaker stark auf den Bereich der technischen Dokumentation ausgerichtet und bietet entsprechend unterstützende Funktionen zur Erstellung umfangreicher Dokumentationen, Bücher und Publikationen. FrameMaker stammt ursprünglich von der Firma Frame Technologies, bis diese von Adobe übernommen wurde.

➡ *Siehe Adobe, DTP*

Frames per Second

➡ *Siehe fps*

Freelance Graphics

Freelance ist ein Programm der Firma Lotus, mit dem Präsentationen erstellt werden können. Freelance ist Teil des Programmpakets SmartSuite.

➡ *Siehe Lotus SmartSuite*

Freeware

Als Freeware werden Programme bezeichnet, die zwar urheberrechtlich geschützt sind, aber kostenlos verwendet und weitergegeben werden dürfen. Oft gilt diese Freiheit nur für Privatpersonen. Firmen müssen für den Einsatz eines solchen Programms eine Lizenzgebühr bezahlen.

➡ *Siehe PD-Software, Shareware*

Frequency-Devision Multiplexing

➡ *Siehe Frequenzmultiplex-Verfahren*

Frequently Asked Questions

➡ *Siehe FAQ*

Frequenzmultiplex-Verfahren

Beim Frequenzmultiplex-Verfahren wird ein physikalischer Übertragungskanal in mehrere logische Übertragungskanäle aufgespalten. Dafür wird die gesamte zur Verfügung stehende Bandbreite in mehrere Subbänder eingeteilt. Jedes dieser Bänder wird einem der parallel zu übertragenden Datenströme zugeordnet.

➡ *Siehe Bandbreite, Multiplex, Multiplex-Betriebsart, Zeitmultiplex-Verfahren*

Friktionsantrieb

Beim Friktionsantrieb wird mit Gummiwalzen Papier transportiert. Zum Transport wird die Reibung der Gummiwalzen ausgenutzt. Friktions-Antriebe werden in Einzelblatteinzügen eingesetzt.

➡ *Siehe Einzelblatteinzug*

Front Buffer

Sichtbarer Teil des Bildspeichers einer Grafikkarte.

➡ *Siehe Back Buffer, Bildspeicher, Double Buffer*

Frontend

Als Frontend werden spezielle Programme bezeichnet, die den Zugriff auf bestimmte Server-Dienste erlauben. Häufig werden Frontends für die Arbeit mit Datenbanken verwendet.

➡ *Siehe Datenbank, Server*

frühe Bindung

➡ *Siehe statische Bindung*

FTAM

Abkürzung für File Transfer Access and Management. FTAM ist ein Protokoll zur Übertragung von Dateien, das von der OSI standardisiert wurde.

➡ *Siehe OSI*

FTP

Abkürzung für File Transfer Protocol. FTP ist ein Protokoll, das im Internet oder auch in lokalen Netzen, die das TCP/IP-Protokoll verwenden, zur Übertragung von Dateien verwendet wird.

➡ *Siehe Internet, TCP/IP*

FTZ

Abkürzung für Fernmeldetechnisches Zentralamt. Diese Institution war früher für die Zulassung aller Geräte zuständig, die an das Netz der Deutschen Bundespost angeschlossen werden sollten. Inzwischen hat der Nachfolger, das Bundesamt für Zulassung in der Telekommunikation, diese Aufgabe übernommen.

➡ *Siehe Telekommunikation*

FTZ-Nummer

Diese Nummer ist das Kennzeichen dafür, daß ein Gerät, das an das Telefonnetz angeschlossen werden soll, vom FTZ geprüft und zugelassen wurde. Die FTZ-Nummer wurde durch die BTZ-Nummer abgelöst.

➡ *Siehe FTZ*

Fujitsu

http://www.fujitsu.de

Fujitsu ist ein japanisches Großunternehmen der Elektronikindustrie. 1935 gegründet, beschäftigt es heute 165.000 Mitarbeiter. Fujitsu gehört in Japan zu den größten PC-Herstellern. Dieser Bereich ist in Europa weniger bekannt. Hier ist Fujitsu eher für Festplatten und MO-Laufwerke bekannt.

➡ *Siehe Festplatte, MO-Laufwerk, PC*

Fullduplex-Betrieb

Beim Fullduplex-Betrieb können bei einer Datenübertragung zwischen den beiden Teilnehmern gleichzeitig Daten in beide Richtungen übertragen werden. Das heißt, beide Teilnehmer sind gleichzeitig sowohl Sender als auch Empfänger.

➡ *Siehe Duplex-Betrieb, Halbduplex-Betrieb, Vollduplex-Betrieb*

Füllzeichen

Füllzeichen werden immer dann verwendet, wenn die vorhandene Anzahl von Zeichen in einem Datenfeld kleiner als die geforderte Anzahl ist. In diesen Fällen werden Füllzeichen (häufig Leerzeichen) zum Auffüllen des Felds verwendet.

➡ *Siehe Datenfeld*

Funk-Maus

Diese Art Maus verwendet zur Übertragung der Richtungsinformationen kein Kabel sondern einen Ultraschallsender. Ein Empfänger wandelt die Signale so um, daß sie denen herkömmlicher Mäuse entsprechen. Der Empfänger kann in gewissen Grenzen frei aufgestellt werden.

➡ *Siehe Maus*

Funktion

Funktionen spielen in der Programmierung eine sehr wichtige Rolle. Sie sind abgeschlossene Programmteile, deren wesentliche Eigenschaft es ist, einen Wert zurückzuliefern. Dieser Wert wird durch die Anweisungen ermittelt, die sich in der Funktion befinden. Der Funktion wird ein Wert (oder auch mehrere) übergeben, der/die zur Ermittlung des Ergebnisses verwendet wird/werden.

➡ *Siehe Programm*

Funktionstasten

Die 12 F-Tasten am oberen Rand der Tastatur werden auch als Funktionstasten bezeichnet. Diese Tasten können von Anwendungen mit bestimmten Sonderfunktionen belegt werden. Diese Belegung ist spezifisch für die einzelnen Programme. Sie sind oft mehrfach belegt (durch Kombinationen mit Sondertasten – Alt, Strg, Shift).

➡ *Siehe Alt Gr-Taste, Alt-Taste, Shift, Strg-Taste, Tastatur*

Fuse
Englisch für Sicherung.

➡ *Siehe Sicherung*

Fuß-/Endnoten
Über Fuß-/Endnoten ist es möglich, in einem Text Zusatzinformationen zu bestimmten Textstellen an das Ende einer Seite (Fußnote) oder am Ende des Dokuments (Endnote) einzufügen. Die Textstellen, zu denen eine Fuß- oder Endnote existiert, werden in der Regel durch hochgestellte Ziffern gekennzeichnet. Textverarbeitungsprogramme bieten normalerweise Funktionen zur Verwaltung von Fuß- bzw. Endnoten.

➡ *Siehe Textverarbeitung*

Fußzeile
Eine Fußzeile ist eine Zeile, die sich am untersten Rand einer Dokumentseite befindet. In Fußzeilen sind z.B. die Seitenzahl und der Titel des Buchs enthalten. In Textverarbeitungsprogrammen sind in der Regel umfangreiche Funktionen zur Formatierung von Kopf- und Fußzeilen enthalten.

➡ *Siehe Formatierung, Kopfzeile, Textverarbeitung*

Fuzzy-Logik
Im Gegensatz zur herkömmlichen mathematischen Logik, die nur wahre oder falsche Aussagen kennt, sind in der Fuzzy-Logik auch Aussagen möglich, die zu einem gewissen Grad wahr und gleichzeitig zu einem gewissen Grad falsch sind. Damit entspricht sie dem menschlichen Ansatz, Dinge zu beschreiben. Die Fuzzy-Logik wird vor allem in der Steuerungs- und Regelungstechnik eingesetzt. Viele Innovationen in diese Richtung kommen aus Japan und den USA, die dieser Technologie aufgeschlossener gegenüberstehen als es z.B. in Deutschland der Fall ist. Konkrete Anwendungen sind z.B. die Steuerung von Klimaanlagen, Autofocussysteme in Kameras etc.

➡ *Siehe Logik*

Game-Karte

Spiele-Karte. Generell eine Karte, auf der sich ein Game-Port befindet. Es gibt auch Game-Karten als Erweiterungskarten, auf denen sich mehrere Game-Ports befinden, so daß mehrere Spieler gleichzeitig spielen können, sofern das Spiel diese Option unterstützt.

➡ *Siehe Game-Port, Joystick*

Game-Pad

Ein Game-Pad ist ein dem Joystick ähnliches Eingabegerät, das meist für Actionspiele oder Jump-and-Run-Spiele auf Spielekonsolen verwendet wird. Das Spiel wird in diesem Fall über bewegliche Knöpfe gesteuert. Wird auch Paddle genannt.

➡ *Siehe Joystick, Konsole*

Game-Port

Schnittstelle, die den Anschluß eines Joysticks an den Computer ermöglicht. Die früheren Heimcomputer (C64, Amiga) verfügten standardmäßig über einen Game-Port. Heutzutage findet man den Game-Port an der Soundkarte, einer Game-Karte oder an einem I/O-Controller.

➡ *Siehe Amiga, C64, Game-Karte, I/O-Controller, Joystick, Soundkarte*

Gamma-Korrektur

Auch Tonwert-Korrektur genannt. Besonders im Grafikbereich ist die korrekte und übereinstimmende Farbwiedergabe auf allen Ausgabegeräten ein Muß. Da aber die meisten Geräte wie z.B. Monitor und Drucker in der Helligkeit der Farbtöne stark voneinander abweichen, muß dieser Unterschied ausgeglichen werden. Der ideale Monitor zeigt einen absolut linearen Übergang zwischen Schwarz (in RGB: 0 0 0) und Weiß (in RGB: 255 255 255). Aufgrund der Unfähigkeit, echte Halbtöne darstellen zu können, und einem zweiten Faktor, dem sog. Tonwertzuwachs, gibt es aber keinen idealen Monitor. Um nun die Helligkeitsunterschiede in der Farbwiedergabe auszugleichen, bedient man sich der Gamma-Korrektur. Die dunklen und mittleren Farbtöne werden um einen gewissen Wert – den Gamma – verstärkt bzw. abgeschwächt. Ein Gammawert von 1 entspräche dabei dem idealen Monitor. Kleinere Werte dunkeln das Bild ab, größere hellen es auf. Auf diese Weise kann man die Farbwiedergabe von Monitor und z.B. Drucker aufeinander abstimmen. Die meisten Grafikprogramme und auch manche Grafiktreiber bieten intern die Möglichkeit, den Gamma zu korrigieren.

→ *Siehe Drucker, Halbtonverfahren, Monitor*

Ganzkörper-Scanner

Ein 1995 von der Firma Cyberware auf den Markt gebrachter Scanner, der sehr große Objekte – auch Menschen – dreidimensional scannen kann. Für einen Menschen benötigt der Ganzkörper-Scanner von Cyberware gerade mal 12 Sekunden.

→ *Siehe Bodyscanning, Scanner*

Garbage

Englisch Abfall. Mit Garbage bezeichnet man überflüssige Daten, die nur Speicherplatz im Hauptspeicher belegen.

→ *Siehe Garbage Collection, Hauptspeicher*

Garbage Collection

Viele Programme wie z.B. das Betriebssystem oder bestimmte Applikationen verfügen über eine Funktion, die überflüssigen Datenmüll (Garbage) sammeln (Garbage Collection) und die freigewordenen Speicherbereiche für das Überschreiben mit neuen Daten freigeben.

→ *Siehe Betriebssystem, Garbage, Hauptspeicher*

Gassenbesetzt

Sind beide B-Kanäle eines ISDN-Anschlusses gleichzeitig belegt, so sagt man, die Leitung ist »gassenbesetzt«.

→ *Siehe B-Kanal, ISDN*

Gastzugang

Ein Anwender, der noch keinen regulären Account bei einer Mailbox, einem Netzwerk oder einem Online-Dienst besitzt, kann über den sog. Gastzugang dennoch auf das Netzwerk zugreifen. Als Benutzername (und Paßwort) gibt man meist Gast oder englisch »guest« ein. Der Gastnutzer verfügt nur über sehr eingeschränkte Rechte im Netzwerk. Meist kann er nur ein paar unwichtige Foren besuchen, dem Sysop eine E-Mail schicken oder ein Anmeldeformular für den Dienst ausfüllen bzw. anfordern.

→ *Siehe Forum, Mailbox, Netzwerk, Online-Dienst, Sysop*

Gates, Bill

William Henry Gates III. ist Mitbegründer der Firma Microsoft und ihr derzeitiger Präsident. Zusammen mit seinem älteren Freund Paul Allen entwickelte Bill Gates während seiner Studienzeit eine BASIC-Version auf einem primitiven Computer, dem Altair 8800, den man damals noch selbst zusammenbauen konnte. Anstatt den Rechner mühsam auf unterster Ebene programmieren zu müssen, bot BASIC die Möglichkeit, den Computer komfortabel über Befehle zu steuern. BASIC vereinte in sich Betriebssystem, Benutzeroberfläche und Programmiersprache. 1974 gründeten die beiden die Firma Microsoft, landeten ihren ersten großen Coup mit der Lizenzvergabe des Betriebssystems DOS an die Firma IBM, welches sie zuvor von einem anderen Studenten abgekauft hatten: MS-DOS. In den folgenden Jahren baute Microsoft seine Marktführerschaft mit der Entwicklung von Betriebssystemen der nächsten Generation – Windows/NT –, Programmiersprachen (Visual Basic) und Office-Applikationen (Microsoft Office) aus. Nach dem Ausscheiden von Paul Allen ist Bill Gates Alleinherrscher über die mächtigste Software-Firma der Welt – und gleichzeitig einer der reichsten Männer der Welt. Sein Privatvermögen betrug Mitte 1998 zwischen 70 und 100 Milliarden DM, abhängig vom Kurs der Microsoft-Aktie.

➡ *Siehe Basic, Microsoft, MS-DOS, Office, Windows, Windows 95, Windows NT*

Gateway

Ein Gateway (Übergang, Eingang) ist die Bezeichnung für eine Schnittstelle zwischen zwei grundsätzlich voneinander unterschiedlichen Netzwerksystemen. Die Netzwerke müssen weder im verwendeten Protokoll noch in der Adressierung innerhalb des Netzwerks übereinstimmen. Meist wird ein einzelner PC oder ein Server als Gateway eingesetzt. So ist zum Beispiel für den Übergang von einem Online-Dienst wie AOL oder CompuServe in das Internet ein Gateway notwendig.

➡ *Siehe Internet, Netzwerk, Online-Dienst, PC, Schnittstelle, Server*

Gateway 2000

Gateway 2000 ist ein führender Direktanbieter von PCs und Notebooks auf dem amerikanischen und europäischen Markt. Die Firma wurde 1985 von einem Farmer gegründet (deswegen auch das Kuhflecken-Design der Verpackungen).

➡ *Siehe Notebook, PC*

Gbit

Abkürzung für Gigabit, 1 Milliarde Bit. 1Gbit = 1024 Mbit = 1.048.576 Kbit = 1.073.741.824 Bit.

➡ *Siehe Bit*

Gbyte

Abkürzung für Gigabyte, 1 Milliarde Byte. 1Gbyte = 1024 Mbyte = 1.048.576 Kbyte = 1.073.741.824 Byte.

→ *Siehe Byte*

GDI-Drucker

Ein GDI-Drucker (Graphic Device Interface) verarbeitet die ankommenden Daten nicht intern in seinem Druckerspeicher, sondern diese Aufgabe wird von Windows übernommen. Da der Drucker ohne eigenen Prozessor und Speicher auskommt, ist er in der Regel weit billiger als seine betriebssystemunabhängigen Konkurrenten. Der Nachteil dieser Drucker ist, daß sie nur unter Windows funktionieren. Nicht einmal unter DOS ist der Druck von Texten und Grafiken möglich.

→ *Siehe Betriebssystem, Drucker*

Gebrochene Zeichen

Schlecht abgestimmte Scanner oder auch schlechte Vorlagen führen oft dazu, daß in der eingescannten Bilddatei bestimmte Zeichen nicht korrekt wiedergegeben werden, sie erscheinen in der Mitte durchbrochen. Dies ist besonders häufig bei den Zeichen 0, O und Q der Fall. Dadurch wird die Erkennung des Textes über ein OCR-Programm zusätzlich erschwert.

→ *Siehe OCR, OCR-Schrift, Scanner*

gegenseitige Sperrung

Wollen zwei Netzwerkbenutzer, die dieselbe Datei bearbeiten, diese nach durchgeführter Änderung abspeichern, so erhält einer der beiden eine Fehlermeldung, die ihm mitteilt, daß die Datei gerade von einem anderen Anwender bearbeitet wird, und der Zugriff auf die Datei deshalb gesperrt ist. Der Anwender muß solange warten, bis der Zugriff auf die Datei beendet ist. Auch als Interlock bezeichnet.

→ *Siehe Datei, Netzwerk*

gekettete Speicherung

Die gekettete Speicherung ist ein Datenverwaltungsverfahren, bei dem jedes Datenelement einen Pointer (Zeiger) auf die Adresse des nächstzugehörigen Datenelements enthält. Der Vorteil dieses Verfahrens ist, daß die Datenelemente nicht zwingend hintereinander, sondern über den gesamten Speicher verteilt vorliegen können. Damit ist es möglich, neue Datenelemente einzufügen oder alte herauszuschneiden, zu verändern oder gar zu löschen.

→ *Siehe Adresse, Zeiger*

GEM

Abkürzung für Graphics Environment Manager. Grafische Benutzeroberfläche für Atari und DOS-basierte Systeme, die sich aber nicht gegen Windows durchsetzen konnte. GEM wurde in den 80ern von der Firma Digital Research entwickelt.

➠ *Siehe Atari, Grafische Benutzeroberfläche*

Gender Changer

Deutsch Geschlechtsumwandler. Damit sind Adapter gemeint, mit denen sich männliche Stecker (mit Pins) in weibliche – und umgekehrt – umwandeln lassen.

➠ *Siehe Adapter*

General Protection Fault

Fehler der in Prozessoren ab der Generation 80386 im Protected Mode (z.B. Windows 3.1) auftritt, sobald ein Speicherzugriff außerhalb des zulässigen Speicherbereichs erfolgt oder ein ungültiger Befehl erteilt wird.

General Purpose Interface Bus

Englisch für Allzweck-Schnittstellenbus. Nicht mehr gebräuchliche Bezeichnung für IEC-Bus.

➠ *Siehe IEC-Bus*

General-MIDI

General-MIDI ist eine Erweiterung des ursprünglichen MIDI-Standards, der 18 unterschiedliche synthetische Instrumente und ein Drumkit unterstützt. Die Zuordnung der Instrumente erfolgt über MIDI-Patches (einfach numerische Definitionen). Der Standard enthält Steuerbefehle für Lautstärke, Position, Hall, Ausdruck usw.

➠ *Siehe MIDI*

GeneralSynth-MIDI

GeneralSynth-MIDI ist ein von der im Synthesizer-Bereich sehr bekannten Firma Roland entwickelter MIDI-Standard, der den GM-Standard (128 Instrumente) um 69 Instrumente und neun Drumkits (bei GM ein Drumkit) erweitert. Bei Musikern sehr beliebt, für Spiele und Multimedia-Anwendungen aber ist diese Erweiterung uninteressant, da nicht unterstützt.

➠ *Siehe MIDI*

GEnie

Amerikanischer kommerzieller Online-Dienst von General Electrics.

➠ *Siehe Online-Dienst*

Geometrieverarbeitung

Die Geometrieverarbeitung oder Geometry-Engine ist Teil der Render-Pipeline eines 3D-Grafikchips, der die Position der Objekte berechnet. Die Koordinaten des Objekts werden in der Regel zweimal transformiert, vom lokalen Koordinatensystem des Objekts zum Weltsystem und vom Weltsystem zum System des Betrachters. Normalerweise findet im Weltsystem die Berechnung der Beleuchtung statt, was aber von den meisten Programmen (in erster Linie Spiele) nicht genutzt wird, so daß nur die

Umwandlung zum Betrachtersystem durchgeführt wird. Die Anzahl darstellbarer Objekte ist durch die Leistung des Prozessors begrenzt. Die Geometrieverarbeitung erfolgt noch Software-mäßig, was sich mit der nächsten Generation der 3D-Chips aber ändern wird.

➡ *Siehe 3D-Funktionen, 3D-Grafik, 3D-Grafikprozessor*

GeoPort

Eine serielle Port-Verbindung mit hoher Geschwindigkeit bei PowerMac-Computern und einigen älteren AV-Macs, die Datenübertragungsraten von bis zu 230 Kilobit pro Sekunde ermöglicht.

➡ *Siehe Apple, PowerMac, PowerPC-Chip*

Geprüfte Sicherheit
➡ *Siehe GS*

Gerade Parität
➡ *Siehe Even parity*

Gerät

Periphere Komponenten eines Computers bezeichnet man allgemein als Geräte. Beispiele wären Drucker, Scanner usw.

➡ *Siehe Drucker, Peripherie, Scanner*

Geräteadresse

Auch als Gerätename bezeichnet. Über die Geräteadresse sind jedes einzelne periphere Ein-/Ausgabegerät bzw. auch Erweiterungskarten für das Betriebssystem eindeutig ansprechbar. Beispiele unter MS-DOS wären die COM-Ports COM1 und COM2 für die beiden seriellen Schnittstellen, und LPT1 bzw. PRN für den Parallel-Port (parallele Schnittstelle).

➡ *Siehe Adresse, COM, I/O-Adresse, Parallele Schnittstelle, Peripherie, Serielle Schnittstelle*

Gerätename
➡ *Siehe Geräteadresse*

Gerätesteuerung

Die Gerätesteuerung wird vom Betriebssystem mit Hilfe individueller Gerätetreiber vorgenommen. Die wichtigste Aufgabe liegt dabei darin, auch den gleichzeitigen, parallelen und dabei konkurrierenden Zugriff auf dieselben Ressourcen bzw. Hardware-Komponenten störungsfrei zu verwalten.

➡ *Siehe Betriebssystem, Gerätetreiber, Komponente, Ressourcen*

Gerätetreiber

Zur Steuerung eines an den Computer angeschlossenen Geräts bedarf es neben der rein physischen Verbindung auch einer Steuerungs-Software, die entweder vom Betriebssystem oder vom Hersteller des Geräts zu Verfügung gestellt wird. Die Software wird Gerätetreiber oder einfach auch Treiber genannt. Jedes Betriebssystem (Windows, MS-DOS, OS/2, UNIX usw.) benötigt einen eigens programmierten Treiber, um das Gerät ansteuern zu können.

➡ *Siehe Betriebssystem, Gerät*

Germany.net

http://www.germany.net

Ein deutscher Internet-Provider, der sich über Werbung selbst finanziert und kostenlosen Zugang für jedermann bietet, solange man sich mit dem auf die deutschen Server beschränkten Angebot abfindet. Will man Zugriff auf das gesamte Internet, so muß man eine monatliche Gebühr von 10,-DM und 4,-DM pro übertragenem Mbyte entrichten (1 Mbyte an rein übertragenen Daten ist recht schnell beisammen). Der Zugang wird über einen Proxy-Server abgewickelt, wodurch zum einen nicht alle Möglichkeiten des Internets nutzbar sind, zum anderen Inhalte teilweise leicht veraltet erscheinen können. Als registrierter Benutzer von germany.net bekommt man 0,5 Mbyte Speicherplatz für eine eigene Homepage zur Verfügung gestellt. Zum Vergleich: AOL bietet 2 Mbyte, CompuServe und T-Online 1 Mbyte pro Benutzer.

➡ *Siehe AOL, Compuserve, Internet-Provider, Proxy, T-Online*

Geschachtelt

Ein Programm wird als verschachtelt oder geschachtelt bezeichnet, wenn es selbst aus Unterprogrammen besteht, die wiederum aus Unterprogrammen aufgebaut sind usw. Der Verschachtelungsgrad ist beliebig steigerbar.

➡ *Siehe Programm*

Geschäftsgrafik

Auch Präsentationsgrafik. Allgemein die Zusammenstellung von Tabellen, Diagrammen, Texten und Grafiken zur Veranschaulichung geschäftlicher, finanzieller oder wirtschaftlicher Inhalte, oft mit Hilfe eines sog. Präsentationsprogramms wie Microsoft PowerPoint oder Harvard Graphics. Derartige Programme arbeiten meist nach dem Container-Prinzip, d. h. in ihnen werden nur die vorher in anderen Applikationen hergestellten Elemente der Präsentation importiert und zusammengestellt.

➡ *Siehe Containerdatei, Diagramme, PowerPoint, Präsentationsgrafik, Präsentationsprogramme, Tabelle*

geschichtete Schnittstelle

In der Programmierung versteht man darunter die Ebenen der Routinen zwischen einer Anwendung und der Hardware, bzw. das Trennen der ausführenden Aktivitäten, entsprechend ihrer Task-Art. Diese Schnitt-

geschlossene Architektur

Bild 1: Germany.net im Internet

stelle vereinfacht die Anpassung eines Programms an verschiedene Umgebungen.

➡ *Siehe Schnittstelle*

geschlossene Architektur

Mit diesem Ausdruck werden Systeme charakterisiert, die keine Steckplätze für Erweiterungskarten aufweisen. Ein Beispiel für eine solche Architektur ist das ursprüngliche Modell des Apple Macintosh.

Der Ausdruck geschlossene Architektur beschreibt auch die Eigenschaft eines Computersystems, bei dem es Fremdherstellern kaum möglich ist, korrekt arbeitende Zusatzgeräte zu entwickeln, da dessen Spezifikation nicht frei verfügbar ist. Dadurch ist nur der Originalhersteller in der Lage, entsprechende Peripheriegeräte und Add-Ons zu entwickeln.

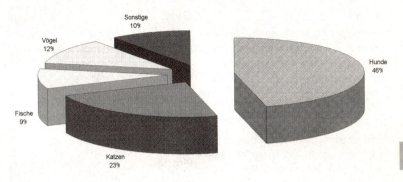

Bild 2: Ein Kuchendiagramm ist eine von vielen Formen einer Geschäftsgrafik

geschlossene Benutzergruppe

Eine Benutzergruppe in einem Netzwerk wird als geschlossen bezeichnet, wenn Nachrichten und Dateien nur innerhalb der Gruppe ausgetauscht werden können und andere Nutzer keinen Zugriff darauf haben.

➡ *Siehe Netzwerk*

geschlossene Datei

Eine aktuell nicht benutzte Datei. Die Datei muß zuerst von einer Anwendung geöffnet, dann gelesen oder verändert werden, um schließlich beim speichern wieder geschlossen zu werden.

➡ *Siehe Datei*

geschlossenes System

➡ *Siehe geschlossene Architektur*

geschütztes Leerzeichen

Dies ist eine spezielle Form des Leerzeichens. Das Besondere daran ist, daß an diesem Leerzeichen kein Zeilenumbruch erfolgt. Geschützte Leerzeichen werden immer dann verwendet, wenn bestimmte hintereinanderstehende Wörter oder Zeichen nicht durch einen Zeilenumbruch auseinandergerissen werden sollen. Um geschützte Leerzeichen verwenden zu können, muß das verwendete Programm diese auch unterstützen, was nicht immer der Fall ist.

geteilte Logik

Der Begriff wird für von verschiedenen Programmen gemeinsam verwendete Programm-Module benutzt. Analog auch für logische Schaltkreise, bei denen bestimmten Operation mehrerer anderer Schaltkreisen implementiert werden sollen.

Geviert

Typographische Maßeinheit. Ein Geviert ist die Fläche, die sich aus der Schriftgröße mal der Schriftgröße des Zeichens ergibt.

➠ *Siehe Schriften*

GFlops

Abkürzung für Giga-Flops. Flops steht für floating point operations per second (Fließkommaoperationen pro Sekunde). Anhand der erreichten GFlops kann man die Leistungsfähigkeit einer CPU beurteilen (was aber nicht alleiniges Kriterium sein sollte. Wichtig ist z.B. auch die Integer-Leistung). Ein GFlop sind 1.073.741.824 Operationen pro Sekunde.

➠ *Siehe CPU, Fließkommadarstellung, Flops*

Giant Large Scale Integration
➠ *Siehe GLSI*

GIF

Erweiterung für das Grafikformat .gif (Graphics Interchange Format). Das Format wurde von CompuServe entwickelt und war aufgrund der enthaltenen Datenkompression hauptsächlich in Mailboxen, Online-Diensten und im Internet verbreitet. Heutzutage wird es aber immer mehr vom JPEG- und RLE-Format abgelöst.

➠ *Siehe Bildkompression, Compuserve, Datenkompression, JPEG*

Giga

In der Naturwissenschaft 1 Milliarde (10^9). Im EDV-Bereich bezeichnet Giga aber 1024x1024x1024 Maßeinheiten.

➠ *Siehe Gbit, Gbyte*

Giga-Flops
➠ *Siehe GFlops*

Gigabit
➠ *Siehe Gbit*

Gigabyte
➠ *Siehe Gbyte*

Glasfaserkabel

Glasfaserkabel sollen in der Telekommunikation die bisher verwendeten Kupferkabel langsam ablösen. Beim Glasfaserkabel (auch Lichtwellenleiter, LWL genannt) wird das Signal als hochfrequenter modulierter Lichtimpuls in einer 0,1 mm dünnen Glasfaser übertragen, die von einer totalreflektierenden Mantelschicht umgeben ist. Der Vorteil dieses Kabels ist die erhöhte Bandbreite, verbesserte Sicherheit und das geringere Gewicht. Abzweigungen in den Strängen und die erhöhten Produktionskosten wirken sich dagegen nachteilig aus.

➠ *Siehe Bandbreite, Telekommunikation*

Glasfasernetzwerk

Bezeichnung für ein Netzwerk, das mit Glasfaserkabeln als Übertragungsleitungen arbeitet.

➞ *Siehe Netzwerk*

Gleikommaoperationen

Bestimmte Programme (z.B. Raytracing-Programme) benutzen Gleitkommazahlen zur Berechnung oder für die Ausführung von Befehlen. Diese nennt man Gleitkommaoperationen.

➞ *Siehe Fließkommadarstellung, Raytracing*

Gleitkommadarstellung

➞ *Siehe Fließkommadarstellung*

Gleitpunktdarstellung

➞ *Siehe Fließkommadarstellung*

GLide

Grafik-API, die von 3D-Grafikchips der Firma 3dfx für die Grafikdarstellung verwendet wird (Voodoo und Voodoo2).

➞ *Siehe 3D Grafikprozessor, API*

Gliederung

Oder Gliederungsansicht. In Textverarbeitungsprogrammen (z.B. WinWord) besteht die Möglichkeit, sich das Dokument in einer Gliederungsform zu betrachten. Dabei werden nur die Überschriften angezeigt. Über ein Pluszeichen auf der rechten Seite kann aber auch der zugehörige Text angezeigt werden. Die Gliederungsansicht bietet eine komfortable Möglichkeit, Textelemente innerhalb des Dokuments zu verschieben bzw. zu bearbeiten. Auch die Numerierung der Kapitel kann leicht geändert werden und Unterabschnitte können in der Priorität verschoben werden.

➞ *Siehe Textverarbeitung*

Global Positioning System

➞ *Siehe GPS*

Global System for Mobile Communications

➞ *Siehe GSM*

GLSI

Abkürzung für Giant Large Scale Integration.

➞ *Siehe VLSI*

GM-MIDI

Abkürzung für General-MIDI.

➞ *Siehe General-MIDI*

Gopher

Gopher ist ein Internet-Dienst zum Auffinden von Dateien und Texten. Mit Hilfe eines Gopher-Client (z.B. aus dem BonusPack von OS/2) kann man sich in den Gopher-Server einloggen und nach Dateien suchen, die man anschließend über FTP überträgt. Gopher wurde an der Universität von Minnesota entwickelt. Der

Name rührt von dem Maskottchen der Universität – einem Gopher (Taschenratte) her.

➠ *Siehe Einloggen, FTP, Internet, OS/2*

GOSIP

Government Open Systems Interconnection Profile. Projekt der amerikanischen Regierung zur Umstellung der behördlichen Netzwerke auf das OSI-Protokoll.

➠ *Siehe Netzwerk, OSI*

Gouraud-Shading

Der Grafik-Chip erzeugt einen weichen Verlauf innerhalb der Polygone eines 3D-Objekts, indem er die Farb- und Helligkeitswerte zwischen den Polygoneckpunkten (Vertices) interpoliert. Oberflächen erscheinen gleichmäßig gekrümmt und nicht facettiert wie beim Flat-Shading.

➠ *Siehe 3D-Funktionen, 3D-Grafikprozessor, Polygon, Vertex*

Government Open Systems Interconnection Profile

➠ *Siehe GOSIP*

GP-IB

Abkürzung für General Purpose Interface Bus. Nicht mehr gebräuchliche Bezeichnung für IEC-Bus.

➠ *Siehe IEC-Bus*

GPS

Global Positioning System. System zur Standortbestimmung. Eigentlich wurde das GPS-System für militärische Zwecke vom US-Verteidigungsministerium entwickelt (z.B. für die Standortbestimmung bestimmter Einheiten usw.). GPS wurde dann aber auch für die zivile Nutzung freigegeben, allerdings mit der Einschränkung, daß die Genauigkeit des Systems auf einige hundert Meter beschränkt bleibt. Möglich wäre eine metergenaue Bestimmung über Satelliten und bodenstationierte Systeme. GPS-Geräte finden in Fahrzeugen Anwendung, sind aber auch als handliche Kompaktgeräte zu beziehen. Derzeit wird an DGPS (D steht für Differential) gearbeitet, einer Weiterentwicklung von GPS, die noch genauere Positionsdaten liefern soll.

grabben

➠ *Siehe Frame-Grabber, Grabbing*

Grabbing

Mit Grabbing (englisch greifen) wird allgemein die Aufnahme und Speicherung von Bilddaten auf dem Computer bezeichnet. Man unterscheidet dabei zwischen Frame-Grabbing, Motion-Grabbing und Screen-Grabbing. Beim Screen-Grabbing wird die gesamte oder Teile der aktuellen Bildschirmanzeige (z.B. der Desktop von Windows) mit Hilfe eines Programms in der Zwischenablage abgelegt oder gleich in einer Bilddatei gespeichert. Die so entstandenen Bildschirmbilder nennt man Screenshots. Beim Frame- oder Motion-Grabbing werden dagegen Bilder aus Videosequenzen über ein externes Videogerät und eine entsprechende Erweiterungskarte in den Computer eingespielt und abgespeichert. Beim Frame-Grabbing handelt es sich nur um einzelne Frames (Einzelbilder) der Videosequenz, weshalb eine recht geringe Datenrate zur Speicherung bereits ausreicht. Die Hardware für Frame-Grabbing ist relativ kostengünstig. Die meisten TV-Tuner-Karten besitzen bereits die Möglichkeit, Einzelbilder aus dem Videosignal zu »greifen«. Ganz anders die Situation beim Motion-Grabbing. Da hier komplette Sequenzen eingespielt werden, ist je nach Aufnahmequalität (verwendeter Kompression) eine recht hohe – vor allen Dingen dauerhafte – Datenübertragungsrate notwendig. Aus diesem Grund ist Motion-Grabbing ein noch recht kostspieliges Unterfangen. Erweiterungskarten, die die Speicherung und den nichtlinearen Schnitt von Filmsequenzen auf dem heimischen Computer ermöglichen, wären z.B. die FAST AV Master oder die miro DC30. Teurere Karten verfügen meist über eine eigene SCSI-Schnittstelle, an der eine oder mehrere AV-taugliche schnelle SCSI-Festplatten angeschlossen sind, und einen schnellen Prozessor auf der Karte, der nur für die Kompression der eingehenden Bilddaten zuständig ist (z.B. DPS Perception). Die Grafikformate, die für die Speicherung solcher Videosequenzen verwendet werden, sind M-JPEG und MPEG.

➠ *Siehe AV-Festplatten, Desktop, Frame, Frame-Grabber, Kompression, MJPEG, MPEG, Nichtlinearer Schnitt, Video-Grabbing, Zwischenablage*

Grafik

Grundsätzlich kann jedes grafische Element (Bilddateien, Animationen, Fotos, Symbole usw.) im Computer als Grafik bezeichnet werden. Aber es gibt doch Unterscheidungsmöglichkeiten: Pixel-Grafik und Vektorgrafik.

➠ *Siehe Pixelgrafik, Vektorgrafik*

Grafik-BIOS

In dem Grafik-BIOS einer Grafikkarte sind alle Befehle und Routinen enthalten, die zur Darstellung eines Videosignals auf einem Monitor notwendig sind. Außerdem sind dort auch Befehle für eventuelle Sonderfunktionen der Karte gespeichert.

➠ *Siehe Grafikkarte*

Grafikadapter

➠ *Siehe Grafikkarte*

Grafikauflösung

Die Auflösung gibt die Anzahl der Pixel auf dem Monitor an. Die maximal mögliche Auflösung ist abhängig von der Größe des Grafikkartenspeichers, von der verwendeten Farbtiefe und letztendlich auch von der Bandbreite und maximalen Horizonalfrequenz des verwendeten Monitors. Typische Auflösungen wären 640 x 480, 800 x 600 und 1024 x 768 Bildpunkte. Zum Vergleich: Ein PAL-Bild hat 756 x 512 Pixel Auflösung.

➡ *Siehe Bandbreite, Farbtiefe, Grafikspeicher, Horizontalfrequenz, Monitor, PAL, Pixel*

Grafikfarbtiefe

➡ *Siehe Farbtiefe*

Grafikkarte

Auch Videokarte oder Grafikadapter. Die Grafikkarte ist eine Erweiterungskarte, die für die Berechnung aller für die Bildschirmdarstellung relevanten grafischen Daten zuständig ist. Eine Grafikkarte besteht im wesentlichen aus einem Grafikprozessor, einem unterschiedlich großen Videospeicher (je nach Hersteller und Verwendungszweck DRAM, EDO-DRAM, VRAM, WRAM, SDRAM, SGRAM oder MDRAM) und einem RAMDAC. Diese Komponenten bestimmen über Geschwindigkeit, max. erreichbare Auflösung, Farbtiefe und Bildwiederholfrequenz der Karte. Von einer Beschleunigerkarte bzw. Accelerator-Karte spricht man, wenn der Grafikchip die CPU bei der Berechnung der Bilddaten unterstützt.

➡ *Siehe Bildwiederholfrequenz, Farbtiefe, Grafikspeicher, RAMDAC*

Bild 3: Eine aktuelle PCI-Grafikkarte von Diamond

Grafikmodus

Im Grafikmodus wird im Gegensatz zum Textmodus jedes einzelne Pixel des Bildschirms angesteuert. Alle Grafikkarten beherrschen unterschiedliche Grafikmodi, die sich durch Auflösung, Farbtiefe und Bildwiederholfrequenz voneinander unterscheiden.

➡ *Siehe Bildwiederholfrequenz, Farbtiefe, Grafikkarte, Pixel, Textmodus*

Grafikprogramme

Mit einem Grafikprogramm erstellen Sie auf dem Computer Zeichnungen und Bilder, retuschieren Fotos oder lassen Bilder bzw. Bildsequenzen berechnen (Raytracing). Mit Hilfe eines Grafiktabletts können Sie wie gewohnt mit einem Stift auf einer Oberfläche zeichnen. Sogar Druckpunkt und Stiftdicke sind einstellbar. Es gibt zwei grundlegende Arten von Grafikprogrammen: Pixel-orientierte (Bitmap-orientierte) und Vektor-orientierte. Bei Pixel-orientierten Programmen (z.B. Corel Photopaint oder Adobe Photoshop) können Sie jeden einzelnen Bildpunkt verändern. Der Zeichenvorgang ähnelt dem wirklichen Leben, als ob Sie ein Bild malen würden. Bei Vektor-orientierten Programmen (z.B. CorelDraw) konstruieren Sie die Zeichnung mit Hilfe diverser Hilfsmittel wie z.B. Linien, Ellipsen, Kreise usw. Deshalb eignen sich Vektor-orientierte Programme auch mehr für stilisierte oder auch technische Zeichnungen; auf keinen Fall aber für die Bearbeitung von z.B. Fotos. Eine weitere Abart der Grafikprogramme stammt aus dem CAD-Bereich. Animationsprogramme wie 3D Studio MAX oder Lightwave von Newtek (aber auch die Shareware PovRay) ermöglichen dem Anwender die Konstruktion dreidimensionaler Körper, die – mit bestimmten Eigenschaften wie Oberfächenbeschaffenheit, Farbe und Textur ausgestattet – von dem Programm anschließend berechnet werden. Direkt zeichnen kann man mit diesen Programmen nicht.

➠ *Siehe Animation, Bildbearbeitungsprogramm, Bitmap-Grafik, CAD, Corel Draw, Pixelgrafik, Raytracing, Textur, Vektorgrafik*

Grafikspeicher

Bildspeicher oder Arbeitsspeicher der Grafikkarte. Die Größe des Grafikspeichers entscheidet über die maximale Farbtiefe bei einer bestimmten Auflösung. Bei 2 Mbyte Speicher können bei einer Auflösung von 800 x 600 Bildpunkten z.B. 16,7 Millionen Farben dargestellt werden. Je nach Anwendungszweck der Grafikkarte (2D-/3D-Beschleuniger) wird der Videospeicher anders organisiert und verwaltet.

➠ *Siehe 3D-Grafik, Beschleuniger-Karte, Clipping, Double Buffer, Farbtiefe, Grafikkarte, MIP-Mapping, Overlay-Planes*

Grafikstandard

Der Grafikstandard liefert eine von allen Herstellern akzeptierte Norm für die Eigenschaften einer Grafikkarte. Nur durch diesen Standard ist es möglich, daß die Karten unterschiedlicher Hersteller am gleichen Monitor und umgekehrt funktionieren. Heute gängiger Standard ist SVGA (Super VGA), der seine Vorgänger VGA, CGA, EGA und Hercules ablöste.

➡ *Siehe CGA, EGA, Grafikkarte, Hercules, SVGA, VGA*

Grafiktablett
➡ *Siehe Digitalisiertablett*

Grafiktreiber
Grafiktreiber werden von den Herstellern von Grafikkarten mitgeliefert. Sie werden vom Betriebssystem des Computers benötigt, um die Funktionen der jeweiligen Grafikkarte voll ausnutzen zu können. Jedes Betriebssystem (z.B. Windows 3.11, 95/NT, OS/2) benötigt einen eigens angepaßten Grafiktreiber.

➡ *Siehe Betriebssystem, Grafikkarte, Treiber*

Grafische Benutzeroberfläche
Englisch Graphical User Interface (GUI). Anstatt umständlich Befehle eingeben zu müssen, erlaubt die grafische Benutzeroberfläche dem Anwender, Programme über grafische Repräsentationen seiner Befehle zu steuern. Mit Hilfe einer Maus (Mausklick, Anklicken) und zahlreicher Symbole (engl. Icons) auf der Benutzeroberfläche navigiert der Benutzer durch die verschiedenen Funktionen des Betriebssystems oder der Applikation. Heutzutage wird sogar die Programmierung durch grafische Hilfsmittel erleichtert, die automatisch Routinefunktionen in den Code einfügen. Die Idee der grafischen Benutzeroberfläche ist wie vieles andere im Computerbereich (z.B. die Maus) eine Erfindung der Forschungsabteilung der amerik. Firma Xerox – dem Palo Alto Research Center – kurz PARC. Der erste Rechner mit grafischer Benutzeroberfläche war der Xerox Star 8010. Der erste erfolgreiche Rechner mit grafischer Benutzeroberfläche war der Apple Macintosh. Viele bahnbrechende Entwicklungen im Computerbereich wurden im PARC gemacht, den kommerziellen Erfolg jedoch hatten andere Firmen. Jedes neuere Betriebssystem verwendet eine grafische Benutzeroberfläche (Windows/OS/2/ System 7.5 usw.).

➡ *Siehe Anklicken, Apple, Betriebssystem, Icon, Menütechnik, Textorientierte Oberfläche, Xerox*

Granularität
Die Beschreibung der Aktivität bzw. einer Funktion (z.B. Suchen und Sortieren, Bildschirmauflösung oder Zuordnung von Zeitscheiben in bezug auf die entsprechenden Einheiten (Zeitscheiben, Pixel oder Datensätze) eines Computers.

Graphical User Interface
➡ *Siehe GUI*

Graphics Environment Manager

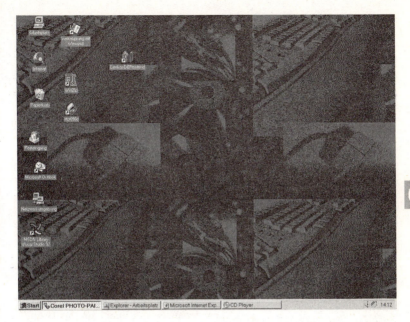

Bild 4: Windows 95 ist ein typisches Beispiel für eine grafische Benutzeroberfläche

Graphics Environment Manager

→ *Siehe GEM*

Graphics Interchange Format

→ *Siehe GIF*

Graustufendarstellung

In allen Grafikprogrammen ist es möglich, die Farbtöne von Bildern in (256 Stufen = 8 Bit) Grauabstufungen umzuwandeln. Als noch Monochrom-Monitore aktuell waren, war die Graustufendarstellung Standard.

→ *Siehe Bit, Grafikprogramme, Monochromer Bildschirm*

Gray-Code

Binäre Zahlendarstellung. Jede Ziffer unterscheidet sich nur in einer Einheit (Bit) von der vorangegangenen und weicht damit von gewöhnlichen Binärzahlen ab.

Green Book

→ *Siehe CD-I*

Green-PC

Green-PC ist ein Gütesiegel für Computer, bei deren Herstellung auf Umweltverträglichkeit geachtet wurde. Ein Green-PC sollte recyclingfähig, die Plastikteile weitgehend lösungsmittelfrei sein. Weiterhin wird beim Green-PC auf Ergonomie geachtet, d.h. der Monitor sollte in einer ausreichenden Auflösung mindestens eine ergonomische Bildwiederholfrequenz von 75 Hz erreichen und eine oder mehrere Strahlungsnormen erfüllen.

→ *Siehe Bildwiederholfrequenz, Ergonomie, MPR-Norm, TCO-Norm*

Größenachse

Andere Bezeichnung für die Y-Achse in einem Balken- oder Kurvendiagramm.

→ *Siehe Diagramme, Kurvendiagramm*

Großrechner

Englisch Mainframe. Früher waren Großrechner die gängigsten Computersysteme. Sie füllten (und tun es auch heute noch) ganze Räume und verfügen über sehr große Rechenkapazitäten. Ihr Hauptspeicher ist mehrere Gbyte groß, der Festplattenspeicher mehrere Tbyte (Terra-Byte). Die großen Telefongesellschaften, Universitäten und wissenschaftliche Einrichtungen setzen Großrechner zur Bearbeitung von gigantischen Datenmengen ein. Mehrere hundert bis tausend Terminals oder Workstations können an einen Großrechner angeschlossen sein. Heutzutage werden Großrechner entweder zur Verwaltung eines großen Netzwerks oder für Spezialaufgaben verwendet.

→ *Siehe Festplatte, Hauptspeicher, Netzwerk, Terminal, Workstation*

Groupware

Kunstwort aus group (Gruppe) und Software. Sammelbegriff für alle Programme, die die Zusammenarbeit von Arbeitsgruppen in einem Netzwerk erlauben und erleichtern. Derartige Software ermöglicht den Datenaustausch innerhalb der Gruppe und zwischen den Arbeitsgruppen. Weiterhin gehört der Versand von E-Mails und eine gemeinsame Dokumentenverwaltung oder ein Terminplaner zum Leistungsumfang einer Groupware. Ein Beispiel wäre die Software Notes von Lotus. Oft ist in diesem Zusammenhang auch von computer aided teamwork oder workgroup computing die Rede.

→ *Siehe Arbeitsgruppe, E-Mail, Lotus, Netzwerk*

Gruppe

Seltene Bezeichnung für ein öffentliches Diskussionsforum in einer

Mailbox oder einem Online-Dienst. Häufiger findet man in diesem Zusammenhang die Begriffe Forum, Echo, Brett oder (im Internet) Newsgroup.

➠ *Siehe Forum, Internet, Mailbox, Newsgroup*

GS

Abkürzung für Geprüfte Sicherheit. Dieses Siegel garantiert, daß die Hardware-Komponente, die das Siegel trägt, auf Sicherheit und Ergonomie geprüft wurde.

➠ *Siehe Ergonomie, Hardware-Komponente*

GS-MIDI

Abkürzung für GeneralSynth-MIDI.

➠ *Siehe GeneralSynth-MIDI*

GSM

Abkürzung für Global System for Mobile Communications, globales System für mobile Kommunikation. Das GSM ist ein digitales Funktelefonnetz. GMS-Handy bieten in Verbindung mit entsprechend ausgerüsteten Notebooks die Möglichkeit, sich von jedem Ort der Welt in das Internet oder andere Online-Dienste einzuwählen.

➠ *Siehe Internet, Notebook, Online-Dienst*

GUI

Abkürzung für Graphical User Interface (GUI).

➠ *Siehe Grafische Benutzeroberfläche*

Guru

1. Erfahrener Computernutzer oder kreativer Programmierer.

2. Beim Commodore Amiga erschien bei Systemabstürzen eine Fehlermeldung, die von einem schwebenden Buddha grafisch präsentiert wurde. Daher die Bezeichnung Guru-Meldung.

Haarlinie

Bezeichnung für die dünnstmögliche Linie, die von einem Drucker – je nach verwendeter Auflösung – ausgegeben werden kann.

➡ *Siehe Aliasing*

Hacker

Hacker sind Computerfreaks, die versuchen, in Netzwerke der Telefongesellschaften oder in Firmen einzudringen. Der Begriff geht auf »to hack« zurück, womit das »Hacken« auf der Tastatur gemeint ist. Der Urtypus des Hackers versuchte bereits in den 60er Jahren, die amerikanischen Telefongesellschaften auszutricksen. Ihm ging es eigentlich nur darum, kostengünstig (d.h. kostenlos) zu telefonieren. In den 60ern benutzte man noch einen 2600 Hz-Ton, um die Fernleitungen zu kontrollieren (eine regelmäßig erscheinende Hackerzeitschrift heißt deswegen 2600). Ein gewiefter Hacker namens »Captain Crunch« fand durch Zufall heraus, daß eine kleine Trillerpfeife, die einer Packung Frühstücksflocken beilag, eben genau diesen Ton erzeugte – ab diesem Zeitpunkt konnte Captain Crunch kostenlos über die Fernleitungen telefonieren. Die nachfolgenden Hackergenerationen begnügten sich natürlich nicht mehr mit einem kostenlosen Telefonanschluß. Sie wollten das gesamte Telefonnetz kennenlernen, wie es funktionierte und wie sie es manipulieren konnten. Dabei galt immer der oberste Grundsatz der Hackergemeinde: nur anschauen, es verstehen, aber nie etwas zerstören. Im Laufe der Jahre kam dieser Grundsatz ein wenig ins Wanken. Mit der Verbreitung der Heimcomputer (TSR-80, C64) versuchten die Hacker nun, über ein Modem bzw. einen Akustikkoppler und die Telefonleitungen direkt in die Telefonzentralcomputer, die daran angeschlossenen Netzwerke und Firmen einzudringen. Die nötigen Paßwörter und das Fachwissen über die Telefonnetze besorgten sie sich von anderen Hackern auf sog. schwarzen Brettern und durch »Kontaktpflege«: sie riefen einfach bei den

Telefongesellschaften an und gaben sich als Außendienstmitarbeiter aus, der gerade ein Paßwort oder die Nummer eines Kabelstrangs benötigte. Die in Deutschland bekannteste Hackergruppe ist der Chaos Computer Club. In Amerika waren die bekannteren die MOD (Masters of Deception), LOD (Legion of Doom) und »The Posse«.

➠ *Siehe Akustikkoppler, Captain Crunch, Modem*

Hacker-Slang

Mit Hacker-Slang bezeichnet man eine (zuweilen technische) Abkürzungssprache der Hacker. Viele allgemeine Begriffe finden sich im heutigen Chat-Slang wieder, der im Internet und in Online-Foren verwendet wird.

➠ *Siehe Chat- und Hacker-Slang, Emoticon*

Halb-Byte

Auch half-byte oder nibble genannt. Ein Halb-Byte ist die Hälfte eines Byte (statt 8 Bit also 4 Bit). Zum Beispiel bei der binären Darstellung von Dezimalzahlen nach dem EBDIC-Code finden Halb-Bytes ihre Anwendung. Das erste Halb-Byte – der sogenannte Zonenteil – stellt das Vorzeichen dar, das zweite den Wert – den sogenannte Ziffernteil.

➠ *Siehe Byte*

Halbaddierer

Ein Halbaddierer ist ein Schaltelement, das zwei binäre Zahlen addiert, die Zahlen hinter dem Komma einer vorangegangenen Operation aber unberücksichtigt läßt.

➠ *Siehe Addierwerk, Volladdierer*

Halbbildverfahren

➠ *Siehe Interlace*

Halbduplex-Betrieb

In der Datenfernübertragung besteht die Möglichkeit, Daten im Simplex-, Halbduplex- und Vollduplex-Betrieb zu versenden. Beim Simplex-Betrieb kann man immer nur in eine Richtung senden oder empfangen. Beim Halbduplex-Betrieb kann man Daten ebenfalls nur gleichzeitig in eine Richtung senden, es besteht allerdings die Möglichkeit, zwischen Sende- und Empfangsbetrieb zu wechseln.

Beim Vollduplex-Betrieb kann man gleichzeitig in beide Richtungen sowohl senden als auch empfangen.

➠ *Siehe Datenübertragung*

Halbleiterspeicher

Halbleiterspeicher (englisch semiconductor memory) werden heutzutage als Arbeitsspeicher (Hauptspeicher) in Computersystemen verwendet. Man findet sie in verschiedenen Formen, z.B. als DRAM, EDO-DRAM, SDRAM usw. Sie zeichnen sich durch hohe Durchsatzgeschwindigkeit und fortschreitende Miniaturisierung bei gleichzeitigem Anstieg der Kapazität aus. Grundsätzlich unterscheidet man zwischen ROM-(Read-Only-Memory, Nur-Lesen-Speicher-) und RAM-(Random Access Memory, freier Zugriffsspeicher, also Lesen und Schreiben-)Bausteinen. RAM-Bausteine unterteilt man weiter in SRAM (Static RAM, statisches RAM), welches nicht dauernd in einem sog. Refresh-Zyklus neu aufgeladen wird, und DRAM (Dynamic RAM, dynamischer Speicher), das einen Refresh – eine Stromaufladung – benötigt, damit die Daten im Speicher gehalten werden können.

➡ *Siehe DRAM, RAM, Refreshzyklus, ROM, SDRAM*

Halbtonverfahren

Durch Variation der Druckdichte können auch reine Schwarzweiß-Drucker (Monochrom-Drucker, z.B. Tintenstrahl- oder Laserdrucker) Graustufen erzeugen. Dabei werden die einzelnen Druckpunkte unterschiedlich dicht nebeneinandergesetzt. Wichtig für die Erzeugung von Halbtonwerten ist die physikalische Auflösung des Druckers (dpi) und das verwendete Rasterungsverfahren. Echte Graustufen können nur wenige Drucker wie z.B. ein Thermosublimationsdrucker erzeugen.

➡ *Siehe lpi, Thermodrucker*

Half-Byte

➡ *Siehe Halb-Byte*

HALO Network

Hochgeschwindigkeits-Netzwerk für schnellen Internet-Zugriff der amerikanischen Firma Angel Technologies. Anstatt wie die Firma Teledesic auf ein LEO-Satelliten-Netzwerk aufzubauen, um möglichst breite Abdeckung zu erreichen, setzt Angel Technologies mit dem HALO Network auf eine Flotte High-Altitude-Flugzeuge, die mit Radio-Transceivern ausgestattet sind und über Gegenden mit hoher Bevölkerungsdichte kreisen. Das HALO-Netzwerk arbeitet mit einer höheren Bandbreite (16 GBit) als Teledesic.

➡ *Siehe Bandbreite, Netzwerk*

Halten einer Verbindung

Bei einem ISDN-Anschluß oder bei einer Telefonanlage ist es möglich, die gerade bestehende Verbindung durch Eingabe eines Befehls am Telefon zu halten. Währenddessen kann man einen zweiten Anruf annehmen. Man kann zwischen diesen beiden hin- und herschalten (Makeln) oder auch eine Dreier-Konferenz aufbauen.

➡ *Siehe ISDN, ISDN-Leistungsmerkmale*

Hand-Scanner

Hand-Scanner sind die kleinere, »handliche« Variante der Flachbett-Scanner. Der Hand-Scanner wird manuell über die Vorlage geführt. Dabei muß der Anwender eine konstante Geschwindigkeit einhalten, damit der Scanner die Bilddaten korrekt einlesen kann. Ein weiteres Problem mit Hand-Scannern besteht darin, daß die Ergebnisse oft verzerrt erscheinen, wenn der Scanner nicht vollkommen geradegezogen wurde. Die Auflösung von Hand-Scannern liegt generell unter der von guten Flachbett-Scannern. Es gibt Graustufen- und Farbvarianten, wobei diese durchaus eine Farbtiefe von 16.7 Millionen Farben erfassen können.

➡ *Siehe Flachbett-Scanner*

Handbuch

Englisch manual. Ein Handbuch (Anleitung) liegt (meist) jeder Soft- und Hardware bei.

➡ *Siehe Hardware, Software*

Handheld

Auch Handheld-PCs oder PDA. Ein Handheld ist ein Computer ohne Tastatur, den man in der Hand halten kann. Die Eingabe erfolgt meist über einen Stift oder einen Touchscreen (berührungsempfindlichen LCD-Bildschirm). Ein typisches Beispiel für einen Handheld wäre der Apple Newton oder der Psion.

Bild 1: Der Newton von Apple ist ein typischer Handheld

Handle KEY

➡ *Siehe HKEY*

Hangup

Englisch für Aufhängen. Führt ein Programmfehler dazu, daß das System auf keine Eingabe mehr reagiert, spricht man von einem Hangup. Man sagt auch: das System hat sich »aufgehängt«. Ursache kann eine programm- oder betriebssysteminterne Endlosschleife oder eine falsche Hardware-Konfiguration sein.

➡ *Siehe Schleife*

Hardcopy

Hardcopy (feste Kopie) ist die Bezeichnung für den Druck des Bildschirminhalts oder einer Datei auf dem Drucker. Unter MS-DOS und OS/2 genügt ein Druck auf die ⌈Druck⌉-Taste, um den Bildschirminhalt auszudrucken. Unter Windows (95) würde der Bildschirminhalt in der Zwischenablage abgelegt werden.

Dieser kann dann als Grafik in ein Grafikprogramm geladen werden.

➡ *Siehe Windows, Zwischenablage*

Harddisk

➡ *Siehe Festplatte*

Harddisk-Recording

Beim Harddisk-Recording werden mit Hilfe spezieller Hardware Video- und/oder Audiodaten analoger und digitaler Ausgabegeräte (CD-Player, Videorecorder) auf der Festplatte des Computers gespeichert. Je nach Aufnahmequalität sind hohe Speicherkapazitäten (mehrere Gigabyte für wenige Minuten) und vor allen Dingen ein schnelles und gut aufeinander abgestimmtes Computersystem nötig. Für das Harddisk-Recording werden spezielle Erweiterungskarten verwendet (z.B. FAST AV Master, miro DC30 im Video-Bereich und z.B. Terratec Maestro, Triple Dat im Audio-Bereich), die die eingehenden Daten auf der Festplatte speichern. Beim Aufzeichnen von Video-Daten müssen diese von der Hardware in Echtzeit komprimiert werden. Als Festplatte eignen sich am besten einzig für diesen Zweck verwendete SCSI-Festplatten entsprechender Größe (einige Gigabyte). Die Daten werden in einem bestimmten Datenformat (AVI, MJPEG, MPEG bei Video und meist WAV bei Audio) abgespeichert. Die Video- oder Audiosequenzen können mit Hilfe spezieller Software (z.B. Adobe Premiere bei Video, Steinberg WaveLab bzw. Cubase bei Audio) geschnitten, bearbeitet und zu neuen Sequenzen zusammengefügt werden (nichtlinearer Schnitt).

➡ *Siehe AV-Festplatten*

Hardlock

➡ *Siehe Dongle*

Hardware

Ist die Bezeichnung für alle physischen, »faßbaren« Komponenten des Computers, als da wären die CPU, das Motherboard, Festplatten, Monitor, Speicher-Module usw.

➡ *Siehe Computer*

Hardware-Cache

Es gibt sog. Cache-Kontroller, Festplatten-Kontroller als Erweiterungskarte, die ihre eigenen Speicherbausteine auf der Platine haben, welche ihnen als Zwischenspeicher (Puffer) für die anfallenden Daten dienen. Der Geschwindigkeitszuwachs für das Gesamtsystem ist bei den heutigen Festplatten und Onboard-Controllerchips auf dem Motherboard aber relativ gering.

➡ *Siehe Cache, Cache-Controller*

Hardware-Check

Andere Bezeichnung für Hardware-Test. Beim Power On Self Test (POST) während des Starts testet der Computer automatisch die Funktionsfähigkeit der wichtigsten Komponenten (Motherboard, Festplatte, Videokarte usw.)

➞ *Siehe Festplatte, Hardware, Motherboard, POST*

Hardware-Interrupt

Interrupt, der durch eine Hardware-Komponente ausgelöst wird.

➞ *Siehe Hardware, Interrupt*

Hardware-Komponente

➞ *Siehe Hardware*

Hauptmenü

Das Hauptmenü ist das Menü, welches direkt nach dem Programmstart angezeigt wird und von dem man bestimmte Funktionen des Programms aufrufen oder in Untermenüs wechseln kann.

➞ *Siehe Menü, Menütechnik*

Hauptplatine

➞ *Siehe Motherboard*

Hauptprogramm

Wird ein Programm gestartet (z.B. eine Applikation), wird zuerst das sog. Hauptprogramm aufgerufen, welches alle Unterprogramme und deren Funktionen sowohl einzeln als auch im Verbund überwacht und steuert.

➞ *Siehe Applikation*

Hauptspeicher

Der Hauptspeicher ist der schnelle Speicher des Computersystems. Das Betriebssystem, seine Komponenten und Applikationen nutzen den Arbeitsspeicher als Zwischenspeicher für Datentransfers und Berechnungen. Die Größe des Hauptspeichers ist essentiell für die Geschwindigkeit des Systems. Windows 95 z.B. braucht mindestens 16 Mbyte Hauptspeicher, um einigermaßen vernünftig zu laufen. Je nach Anwendung und Anforderung (CAD, 3D-Grafik) kann es nötig sein, den Computer auf ein Vielfaches dieses Speicherbedarfs aufzurüsten. Als Hauptspeicher werden in neueren PCs PS/2-SIMMS, EDO-DRAMS, SDRAMS und selten B-EDOs verwendet. Neben vielen nur für Techniker interessanten Daten ist die Zugriffsgeschwindigkeit von RAM-Bausteinen ein wichtiger Faktor. Generell haben die heutigen Chips eine Zugriffsgeschwindigkeit von 60 ns (Nanosekunden).

➞ *Siehe Halbleiterspeicher*

Hauptverzeichnis

Das Hauptverzeichnis ist das Verzeichnis, von dem der Verzeichnisbaum seinen Ursprung nimmt. Alle weiteren Verzeichnisse sind Unterverzeichnisse des Hauptverzeichnisses.

➞ *Siehe Verzeichnisstruktur*

Hayes

Amerikanischer Hersteller von Modems. Auf Hayes geht der AT-Standard zurück.

➽ *Siehe AT-Befehle, Modem*

Hayes-Modem

Die heutzutage verwendeten Modems sind alle noch kompatibel zu dem von Hayes entwickelten Standard. Sollte ihr Modem einmal nicht richtig mit den mitgelieferten Treibern funktionieren, stellen sie es einfach in den Hayes-kompatiblen Modus um.

➽ *Siehe AT-Befehle, Hayes, Modem*

HD

Abkürzung für High Density.

➽ *Siehe High Density*

HDLC

High-Level Data Link Control. Ein Übetragungsprotokoll der Verbindungsschicht (siehe OSI-Schichtenmodell). HDLC wurde von IBM und SDLC entwickelt und nach ISO genormt.

➽ *Siehe ISDN-Übertragungsstandards, ISO*

HDSL

Abkürzung für High-Data-Rate Digital Subscriber Line. Protokoll für die digitale Datenübertragung über Kupferleitungen.

Head Mounted Display

Das HMD ähnelt entfernt einer Brille. Zwei vor den Augen angebrachte LCD-Bildschirme dienen der dreidimensionalen Bilddarstellung; Kopfhörer sorgen für das entsprechende Klangerlebnis. Zahlreiche Sensoren registrieren jede Kopfbewegung, die vom Computer in Echtzeit grafisch umgesetzt wird. HMDs werden sowohl für Spiele als auch für Virtual-Reality-Anwendungen verwendet.

➽ *Siehe Virtuelle Realität*

Head-Set

Ein Head-Set ist ein am Kopf montierbares Mikrofon. Meist in Telefondiensten oder im Firmenservice eingesetzt. Aber auch zur Spracherkennung oder zur Internet-Telefonie.

➽ *Siehe Internet-Telefonie, Sprachsteuerung, VoiceType*

Headcrash

Setzt der Schreib-Lese-Kopf (Head) einer Festplatte auf den Magnetplatten der Platte unbeabsichtigt auf, so spricht man von einem Headcrash. Ein Headcrash kann zu Datenverlusten, aber auch zur totalen Zerstörung der Magnetoberfläche führen. Da die Platten heutiger Festplatten mit 4500 bis 10.000 Umdrehungen pro Minute (U/min) drehen und der Schreib-Lese-Kopf mit einem durch-

319

schnittlichen Abstand von 50 nm über die Platten fliegt, kann ein Headcrash trotz aller vorgenommenen Sicherheitsvorkehrungen (Kapselung der Platte, aerodynamische Form des Kopfes, perfekte Ausrichtung des Plattenstapels und des Kamms mit den S-L-Köpfen) besonders bei Schockeinwirkung von außen (z.B. starke Erschütterung) vorkommen. Einige Firmen haben sich auf die Rettung von Daten nach derartigen »Unfällen« spezialisiert. Früher konnte man beim Transport einer Platte leicht einen Headcrash verursachen, wenn der Kopf nicht am äußeren Plattenbereich (Landezone, engl. landing zone) »geparkt« war. Heutzutage verfügen alle Festplatten über eine Autopark-Funktion.

➠ *Siehe Autopark, Festplatte, Schreib-Lese-Kopf, Stiction*

Header

Ein Header ist der Bereich einer Datenstruktur, in dem alle Informationen über Adressen, Organisationsdaten und Programmablauf enthalten sind. Bei ausführbaren Programmen, wie z.B. einer .exe-Datei, sind im Header alle Informationen enthalten, die das Betriebssystem benötigt, um die einzelnen verschiebbaren (relozierbaren) Programmteile im Arbeitsspeicher zu verwalten. Deshalb spricht man beim Header auch von einer Relokationstabelle.

Bei der Datenfernübertragung sind im Header alle Informationen über den Sender, den Empfänger, das Absendedatum und den Weg, den die Datei zurückgelegt hat, enthalten. Datenpakete beim Versand in Netzwerken enthalten ebenfalls Header, die – je nach Protokoll – die Sender- und Empfängeradresse und oft auch andere Informationen enthalten. Der Header wird beim Empfänger von der Schicht im Netzwerkknoten ausgewertet, von der die Nachricht versendet wurde.

➠ *Siehe Datenpaket, Datenübertragung*

HealthNet

Medizinische Datenbank des Online-Dienstes CompuServe.

➠ *Siehe Compuserve*

Hercules

http://www.hercules.com

Die Firma Hercules ist einer der renommiertesten amerik. Grafikkartenhersteller. Bereits recht früh schuf die Firma mit der Hercules-Karte einen eigenen Grafikstandard, der billiger war als CGA und eine erheblich bessere Qualität bot als der ausschließlich für die Textdarstellung geeignete MDA. Die Hercules-Grafik bot eine Auflösung von 700 x 384 Bildpunkten und Monochrom-Darstellung. Die aktuellen Grafikkarten von Hercules gehören zu den schnellsten am Markt befindlichen und sind vor allen Dingen bei Computerspielern beliebt. Hercules wurde im Sommer 1998 von der deutschen Firma ELSA für 8,5 Millionen Dollar übernommen.

➠ *Siehe Grafik*

Hercules Graphic Card
➠ *Siehe HGC*

Hertz
Abkürzung Hz. Maßeinheit für die Frequenz eines Signals. 1 Hz = 1 Schwingung pro Sekunde = 1/s. Die Einheit wurde nach dem deutschen Physiker Heinrich Rudolph Hertz (1857 – 1884) benannt.

Heterogenes Netzwerk
In einem heterogenen Netzwerk sind im Gegensatz zu einem homogenen Netzwerk unterschiedliche Computerplattformen (z.B. SGI, Alpha, PowerPC, PC) miteinander verbunden. Sie können sich in Betriebssystem, verwendetem Übertragungprotokoll usw. unterscheiden.

➠ *Siehe Bridge, Gateway, Netzwerk, Router, Switch*

Hewlett Packard
http://www.hewlett-packard.com

Hewlett Packard (HP) wurde 1939 gegründet und ist heute einer der führenden Hersteller im Bereich der Drucksysteme, mittlerer Datentechnik (Server, Workstation) und PCs. Die bekanntesten Produkte sind wahrscheinlich ihre Drucker für den Heim- und semiprofessionellen Bereich, als da wären die Deskjet- und Laserjet- oder auch Designjet-(Plotter-)Familie.

Hewlett Packard Graphic Language
➠ *Siehe HPGL*

Hewlett Packard Interface Bus
Englisch für Hewlett Packard Schnittstellenbus. Nicht mehr gebräuchliche Bezeichnung für IEC-Bus.

➠ *Siehe IEC-Bus*

Hex
Abkürzung für Hexadezimal.

➠ *Siehe Hexadezimalzahl*

Hex dump
Ein Hex dump ist ein Auszug aus dem Hauptspeicher, der alle Daten in hexadezimaler Form anzeigt. Mit einem Hex dump lassen sich z.B. die Steuerzeichen einer Druckdatei einsehen.

➠ *Siehe Hexadezimalsystem*

Hexadezimalsystem
Das im alltäglichen Leben verwendete Zahlensystem ist das Dezimalsystem mit den Ziffern 0 bis 9. Beim Hexadezimalsystem (griech. sechzehn) werden dagegen sechzehn Ziffern,

Hexadezimalzahl

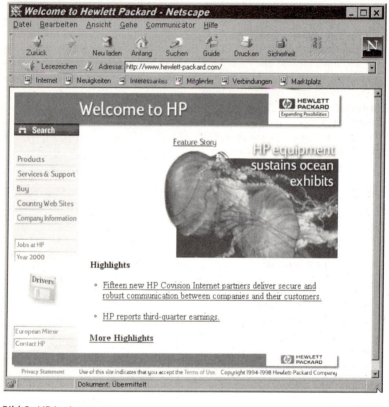

Bild 2: HP im internet

von 0 bis 9 und von A bis F benutzt. Das Hexadezimalsystem ist ein Basiszahlensystem in der EDV.

➥ *Siehe Dezimalsystem, Dualsystem, Oktalsystem*

Hexadezimalzahl

Hexadezimalzahlen werden in der EDV dazu verwendet, Binärzahlen vereinfacht darzustellen. Es wäre recht umständlich, Befehle über Nullen und Einsen einzugeben. Mit einer zweistelligen Hexadezimalzahl jedoch kann man bereits ein komplettes Byte (also 8 Zeichen) darstellen. In manchen Fällen ist es aber nicht möglich, zu unterscheiden, ob gerade eine Dezimalzahl oder eine Hexadezimalzahl vorliegt (z.B. 14). Deshalb stellt man der Hexadezimalzahl ein h oder ein x voran, z.B. h14. In der folgenden Tabelle finden Sie das Umrechnungsschema zwischen Dezimal-, Dual- und Hexadezimalzahlen.

→ *Siehe Hexadezimalsystem*

HFS

Abkürzung für Hierarchical File System, hierarchisches Dateisystem. HFS ist das Dateisystem des MacOS.

→ *Siehe Apple, Macintosh*

HGC

Abkürzung für Hercules Graphic Card. Grafikkartenstandard der amerik. Firma Hercules. Auch heutige Grafikkarten unterstützen diesen Standard noch.

→ *Siehe Hercules*

Hi-Fi

Abkürzung für High Fidelity. Ein Standard für Soundwiedergabe mit hoher Klangtreue. Obwohl im Musikbereich bereits seit Jahren etabliert, hat sich der Hi-Fi-Standard beim PC bisher noch nicht durchsetzen können. Der Grund dafür lag ganz einfach an der mangelhaften Qualität der Soundkarten bei der digitalen Audioverarbeitung und an dem hohen Speicherplatzbedarf (eine Audio-CD faßt ca. 750 MB). Mit den neuesten auf dem Markt befindlichen Soundkarten hat sich der Zustand aber leicht geändert. So bietet z.B. die EWS 64 der deutschen Firma Terratec digitale Ein- und Ausgänge bei einem Preis der Karte von ca. 1000,- DM.

→ *Siehe CD-ROM, Soundkarte*

HiColor
→ *Siehe HighColor*

Hidden Files

Englisch für Versteckte Dateien. Bezeichnung für Dateien, die unter MS-DOS und Windows ein bestimmtes Attribut (h für hide) tragen und bei Benutzung bestimmter Befehle wie z.B. DIR nicht sichtbar sind. Beispiele wären IO.SYS oder MSDOS.SYS.

→ *Siehe Attribut, Datei, MS-DOS*

Hierarchical File System
→ *Siehe HFS*

Hierarchisches Netzwerk

Ein Netzwerk mit hierarchisch strukturierten Steuerfunktionen, in dem unter Umständen Tasks für die Datenverarbeitung verteilt werden können.

Außerdem ein Netzwerk, in dem ein Host-Computer mehrere Client-Computer steuert, wobei diese wiederum bei einer Gruppe von PC-Arbeitsstationen die Host-Funktion übernehmen können.

High Density

Abkürzung HD, hohe Dichte. Bezeichnung für Disketten und Diskettenlaufwerke mit hoher Speicherdichte. 5,25«-Disketten fassen 1,2 Mbyte bei 96 tpi, 3,5«-Disketten fassen 1,44 Mbyte bei 135 tpi.

➠ *Siehe Diskette, tpi*

High Fidelity

➠ *Siehe Hi-Fi*

High Memory Area

➠ *Siehe High Mhemory*

High Memory

Mit High Memory (hoher Speicher) wird ein 64 Kbyte großes Speichersegment über der ersten 1024 Kbyte-Grenze des Hauptspeichers bezeichnet, welches ab der MS-DOS-Version 5.0 und einem Prozessor der 80286-Generation durch das System angesprochen werden kann. Dieser Speicherbereich wird von dem Speicher-Manager HIMEM.SYS verwaltet. Teile des Betriebssystems und auch Gerätetreiber können mit den Befehlen DOS=HIGH bzw. DEVICEHIGH oder LOADHIGH in den oberen Speicher ausgelagert werden, so daß der untere Speicherbereich von 640 Kbyte (konventioneller Speicher) für andere Programme verfügbar wird.

➠ *Siehe A20-Gate, Himem.sys, UMA, XMS*

High Performance File System

➠ *Siehe HPFS*

High Performance File System 386

➠ *Siehe HPFS386*

High Resolution

High Resolution (HiRes) ist die Bezeichnung für Bildschirmauflösungen über 800x600.

➠ *Siehe Bildschirm*

High Sierra

Bezeichnung für einen 1985 verabschiedeten Standard für die Spezifikation des Dateisystems von CD-ROMs. High Sierra ist inzwischen in ISO 9660 aufgegangen. Neben best. Konventionen zur Benennung von Dateien wurden in High Sierra auch Verfahren zur Fehlerkorrektur spezifiziert. Der Name High Sierra geht auf das Hotel zurück, in dem der Standard von einigen namhaften Herstellern beschlossen wurde: das High-Sierra-Hotel.

➠ *Siehe ISO 9660*

High-Data-Rate Digital Subscriber Line

➠ *Siehe HDSL*

High-Level Data Link Control

➠ *Siehe HDLC*

HighColor

Auch HiColor. Bezeichnet eine Farbtiefe von 32.768 (15 Bit) bzw. 65.563 (16 Bit) Farben.

➠ *Siehe Farbtiefe, TrueColor*

Hilfefunktion

Viele Applikationen bieten eine Hilfefunktion, die den Anwender bei der Arbeit mit dem Pogramm unterstützen soll. Meist erreicht man das Hilfemenü über die Taste F1. In der Hilfe ist es möglich, nach Stichworten zu suchen; man kann Hilfe zu bestimmten Themen bekommen oder oft auch eine Art Lehrgang für das Programm absolvieren. Die meisten aktuellen Versionen von Programmen (bes. unter Windows 95/NT) enthalten eine interaktive Hilfefunktion, bei der der Anwender durch das Programm befragt und eventuell sogar durch Menüs geführt wird.

➠ *Siehe Funktionstasten, Menü*

Hilfslinien

Hilfslinien dienen in Grafikprogrammen wie z.B. CorelDraw der korrekten Ausrichtung von Objekten. Die Darstellung von Hilfslinien kann an- und ausgeschaltet werden. Beim Drucken des Dokuments werden die Hilfslinien nicht mitgedruckt.

➠ *Siehe Corel Draw, Grafikprogramme*

Himem.sys

Speicher-Manager-Programm, welches den High-Memory-Bereich (HMA) des Arbeitsspeichers verwaltet. Der restliche Speicher wird nach dem XMS-Verfahren (Extended Memory Specification) verwaltet. Für die Arbeit mit Windows ist XMS-Speicher unbedingt notwendig, weshalb Himem.sys immer durch die CONFIG.SYS geladen werden sollte.

➠ *Siehe Config.sys, Hauptspeicher, Speicherverwaltung, XMS*

Hintergrund

In Vektor-Grafikprogrammen wird in bezug darauf, wie die einzelnen Objekte einer Grafik aufeinanderliegen, von Vorder- und Hintergrund gesprochen. Ein Grafikobjekt, das von anderen ganz oder teilweise verdeckt wird, liegt weiter im Hintergrund.

Englisch background. Allgemein die Farbe bzw. Gestaltung des Bildschirmhintergrunds bei einer grafischen Benutzeroberfläche.

Beim Multitasking: Ein Prozeß, der abläuft, ohne daß der Benutzer mit diesem arbeitet, läuft im Hintergrund. Oft werden Druckjobs im Hintergrund abgearbeitet. Das heißt, der Benutzer kann, während er druckt, mit einem anderen Programm weiterarbeiten.

➠ *Siehe Grafikprogramme, Grafische Benutzeroberfläche, Multitasking*

Hintergrundbild

Bei grafischen Benutzeroberflächen wie Windows 95 oder OS/2 ist es möglich, eine Bitmap als Hintergrundbild des Desktop zu verwenden.

➡ *Siehe Desktop*

Hintergrundprogramm

Als Hintergrundprogramm bezeichnet man ein Programm, welches im Hintergrund (d.h. für den Anwender unsichtbar) arbeitet. Beim Multitasking wird den laufenden Programmen eine Priorität zugeteilt, nach denen auch die zur Verfügung stehende Rechenzeit aufgeteilt wird. Hintergrundprogramme oder Programme, die gerade im Hintergrund ablaufen, haben meist eine geringe Priorität, so daß ihnen nur dann Rechenzeit zukommt, wenn das gerade aktive Vordergrundprogramm z.B. auf eine Benutzereingabe wartet (siehe auch preemptives Multitasking). Eine zweite Gruppe von Hintergrundprogrammen sind die sog. TSRs unter MS-DOS, die in den Arbeitsspeicher geladen werden und dort aktiv bleiben. Sogar beim Booten des Computers können TSRs resident im Speicher verbleiben. TSRs übernehmen z.B. Aufgaben wie das automatische Sichern von Daten auf einem Streamer oder die Speicherverwaltung usw.

➡ *Siehe Multitasking, TSR-Programm*

HiRes

Abkürzung für High Resolution, was soviel bedeutet wie hohe Auflösung. Das Gegenteil davon ist LoRes.

Hit

Einen Hit (Treffer) erzielt ein Cache-Programm, wenn seine Annahme über die als nächstes von der CPU angeforderten Daten richtig war. War die Annahme nicht richtig, und die CPU findet nicht die richtigen Daten im Cache, so spricht man von einem Miss.

Als Hit wird auch der Zugriff auf eine Webseite bezeichnet.

➡ *Siehe Cache, Webseite*

HKEY

Abkürzung für Handle Key. Ein Handle zu einem Registrierungsschlüssel, in dem eine Konfiguration gespeichert ist. Jeder Schlüssel führt zu Unterschlüsseln, die die Konfiguration enthalten, die in früheren Versionen von Windows in den .ini-Dateien gespeichert waren. Diese Handles werden in der Registry von Windows 95/98 verwendet.

HMA

Abkürzung für High Memory Area (hoher Speicherbereich). Damit ist ein 64 Kbyte großer Speicherbereich des XMS-Speichers (Extended-Memory) über der Grenze von 1024 Kbyte des Hauptspeichers gemeint.

➡ *Siehe High Mhemory*

HMD

Abkürzung für Head Mounted Display.

➡ *Siehe Head Mounted Display*

Hochfahren

Andere Bezeichnung für das Booten eines Computersystems.

➡ *Siehe Booten*

Hochformat

Die vertikale Ausrichtung eines Dokuments oder einer Seite in einer Textverarbeitung wird als Hochformat (engl. Portrait) bezeichnet.

➡ *Siehe Querformat*

Hoher Speicher

➡ *Siehe High Memory*

Hol-Zyklus

➡ *Siehe Fetch-Zyklus*

Hollerith, Herrmann

Erfinder des ersten elektromechanischen Sortier- und Zählsystems unter Verwendung von Lochkarten. Das System wurde 1890 zur 11. amerikanischen Volkszählung eingesetzt. 43 Maschinen benötigten damals vier Wochen für diese Aufgabe. Herrmann Hollerith (1860 bis 1929), Sohn deutscher Einwanderer, Bergbauingenieur und berühmter amerik. Erfinder, gründete 1924 nach Zusammenschluß mit einigen anderen Firmen das Unternehmen International Business Machines (IBM).

➡ *Siehe IBM*

Hollerith-Code

Bezeichnung für den nach Herrmann Hollerith benannten Lochkarten-Code.

➡ *Siehe Lochkarte*

Hollerith-System

Bezeichnung für eine elektromechanische Sortier- und Zählmaschine zur Auswertung von auf Lochkarten eingestanzten Daten, die nach Herrmann Hollerith benannt wurde.

➡ *Siehe Lochkarte, Lochkartenleser*

Home-Position

Die Home-Position ist die Position des Cursors, die er nach dem Starten des Betriebssystems einnimmt. In Textverarbeitungsprogrammen ist dies normalerweise links oben in der ersten Zeile auf der ersten Seite des Dokuments. Sie können den Cursor auf die Home-Position setzen, indem sie auf der deutschen Tastatur die Tasten `Str` und `Pos1` drücken. Bei der amerik. Tastaturbelegung genügt es, wenn Sie nur auf `Pos1` drücken.

➡ *Siehe Betriebssystem, Cursor, Tastatur*

Homebanking

Per Homebanking lassen sich Bankgeschäfte über das Telefon oder den heimischen PC erledigen. Diverse Online-Dienste, Btx oder das Internet ermöglichen den Zugriff auf das eigene Konto. Dabei ist natürlich immer ein Kennwort nötig. Auch der Handel mit Wertpapieren ist möglich (Online-Broking).

→ *Siehe Online-Broking*

Homepage

Die Homepage ist die erste Seite (die Leitseite) einer WebSite im WWW (World Wide Web). Der Anwender erreicht die Homepage einer Firma, einer Privatperson oder einer Vereinigung über deren jeweilige URL. Meist bietet die Homepage grundlegende Informationen über den Anbieter. Über sog. Hyperlinks (eine Art Querverweis) ist es möglich, zu anderen Homepages zu springen oder tiefer in das Angebot der WebSite vorzudringen.

→ *Siehe Webseite, WebSite, WWW*

Homeshopping

Wörtlich von zu Hause einkaufen. Mit Homeshopping bezeichnet man das Einkaufen von Waren bestimmter Anbieter über den PC, Btx und das Internet. Beim Teleshopping benutzt man das Telefon, um das über einen Fernsehsender angebotene Sortiment zu bestellen.

→ *Siehe Btx, Internet, PC*

Homogenes Netzwerk

Die Hosts in einem homogenen Netzwerk sind vergleichbar und verwenden nur ein Protokoll.

Horizontalfrequenz

Die Horizontalfrequenz eines Monitors sagt aus, wie viele Zeilen pro Sekunde auf dem Bildschirm dargestellt werden. Sie berechnet sich aus der Bildwiederholfrequenz mal der Zeilenanzahl. Neben den eigentlichen sichtbaren Zeilen benötigt man noch einige Synchronisationszeilen, um den Rücklauf des Elektronenstrahls zum Anfang der nächsten Zeile zu ermöglichen. Die Horizontalfrequenz wird auch Zeilenfrequenz genannt.

→ *Siehe Bildschirm, Bildwiederholfrequenz, Elektronenstrahlröhre*

Host

Mit Host (Gastgeber) bezeichnet man einen Rechner (oft einen Großrechner), der über genügend große Rechen- und Speicherkapazität verfügt und diese anderen Rechnern in einem Netzwerk zur Verfügung stellt.

→ *Siehe Großrechner, Netzwerk, Speicherkapazität*

Bild 3: Ein typische Homepage im WWW – hier die von MetaCreations

HotJava

http://www.sunsoft.com

Java-fähiger Browser von SunSoft. HotJava kann kostenlos von der Web-Site von SunSoft heruntergeladen werden. Besonderheit bei diesem Browser ist, daß er komplett in Java geschrieben ist.

➠ *Siehe Java, JavaSoft, Sun Microsystems*

Hotkey

Wörtlich heiße Taste. Mit Hotkey bezeichnet man eine Taste oder Tastenkombination, die eine bestimmte Aktion eines Programms auslöst oder ein im Hintergrund laufendes Programm aktiviert. Je nach Programm kann man Hotkeys auch selbst definieren. Einer der bekanntesten Hotkeys ist die Tastenkombination [Alt] + [F4] zum Beenden von Windows.

→ *Siehe Funktionstasten*

Hotline

Wörtlich heiße Leitung. Eine Hotline ist ein Service, der von vielen Software- und Hardware-Herstellern, aber auch von Zeitschriften, Online-Diensten usw. angeboten wird. Der Anwender kann unter einer bestimmten Telefonnummer den Anbieter anrufen und technische Fragen stellen, wenn Probleme bei der Anwendung eines Produkts auftreten sollten.

HP-IB

Abkürzung für Hewlett Packard Interface Bus. Nicht mehr gebräuchliche Bezeichnung für IEC-Bus.

→ *Siehe IEC-Bus*

HPC

Abkürzung für Handheld-PC. Bezeichnung für handliche Mini-Computer, die meist als Ersatz für den Terminkalender oder das Filofax dienen. HPCs arbeiten meist mit einem RISC-Prozessor und 2-4 Mbyte RAM. Viele der aktuellen HPCs verwenden das Betriebssystem Windows CE von Microsoft, einige setzen aber auch auf ein eigenes Betriebssystem (z.B. der Psion). HPCs werden meist mit einem Eingabestift bedient, mit dem man auf dem LCD-Bildschirm navigiert. Einige verfügen auch über eine Tastatur, generell vorhanden sind jedoch PCMCIA-Anschlüsse für Modems oder andere Peripheriegeräte. Eine interessante Entwicklung ist z.B. der Nokia Communicator, eine Mischung aus HPC und Telefon, mit dem man sogar Zugriff auf das Internet hat.

→ *Siehe PDA*

HPFS

Abkürzung für High Performance File System, das Dateisystem von OS/2. Wie NTFS von Windows NT arbeitet auch HPFS mit binären Suchbäumen anstatt einer zentralen Datenverwaltungstabelle (FAT) wie MS-DOS und Windows 95. Dadurch wird eine unnötige Fragmentierung der Daten auf der Festplatte verhindert, was auch zur Geschwindigkeit des Betriebssystems beiträgt. Wie unter Windows 95/NT ist es auch unter OS/2 möglich, Dateinamen mit bis zu 256 Zeichen plus den drei Erweiterungszeichen zu verwenden.

→ *Siehe FAT*

HPFS386

Abkürzung für High Performance File System 386. Dieses Dateisystem wird für LAN-Server mit dem Betriebssystem OS/2 verwendet. Neben den HPFS-typischen Funktionen verfügt HPFS386 auch über Sicherheitsfunktionen für LAN-Netzwerke, ganz ähnlich wie NTFS.

→ *Siehe LAN, NTFS, OS/2*

HPGL

Abkürzung für Hewlett Packard Graphic Language. Grafiksprache der Firma Hewlett-Packard zur Beschreibung von Vektor-Grafiken. Neben der Ansteuerung von z.B. Druckern oder Plottern wird HPGL außerdem häufig zum Datenaustausch z.B. im CAD-Bereich verwendet.

➡ *Siehe Hewlett Packard*

HTML

Abkürzung für HyperText Markup Language. HTML ist eine Programmiersprache für die Erstellung von Webseiten für das WWW (World Wide Web) und Internet. Aktuelle Version ist 3.1. Mit HTML definiert man das Layout, die verwendeten Schriftarten und Farben der Seite und bindet Multimedia-Elemente wie z.B. Animationen oder Grafiken in die Webseite ein. Außerdem ist es mit Hilfe spezieller Befehle möglich, sog. Hyperlinks (Hypertext-Verbindungen) zu anderen Webseiten derselben WebSite oder zu Homepages an anderer Stelle im Internet herzustellen. Zur Betrachtung von mit HTML gestalteten Webseiten benötigt man einen Web-Browser. Oft gibt es auch sog. Plug-Ins (Erweiterungsprogramme), die die Ausgabe von eingebetteten Sound- und Videosequenzen unterstützen (z.B. Shockwave). Eine recht neue Sprache für die Programmierung von Webseiten ist Java der Firma Sun Microsystems. Java wurde von allen namhaften Herstellern lizenziert und wird sich mehr und mehr durchsetzen.

➡ *Siehe Webseite, WWW, WWW-Browser*

HTML-Editor

Mit einem HTML-Editor können Sie ganz leicht eigene Webseiten erstellen. Ohne selbst programmieren zu müssen, können Sie sich ganz auf die Gestaltung des Dokuments konzentrieren, da der Editor über viele bereits vorgefertigte Elemente verfügt. Der Editor zeigt die Webseite genau so an, wie Sie später im Web-Browser zu sehen sein wird. Beispiele für HTML-Editoren wären die Programme HotMetal Pro von SoftQuad und Frontpage von Microsoft.

➡ *Siehe HTML, HTML-Konverter*

HTML-Konverter

Haben Sie in einer Textverarbeitung ein formatiertes Dokument für Ihre Webseite erstellt, können Sie es mit Hilfe eines sog. HTML-Konverters in ein HTML-Dokument umwandeln. Der Konverter übersetzt dabei alle Formatierungen in HTML-Steuerzeichen.

➡ *Siehe HTML, HTML-Editor*

HTTP

Abkürzung für HyperText Transfer Protocol. Ein Internet-Übertragungsprotokoll, welches zur Übermittlung von HTML-Dokumenten im WWW verwendet wird. Alle URLs im WWW beginnen mit http://...

➡ *Siehe HTML, Internet, Protokoll, WWW*

Hub

Englisch für Nabe. Ein Hub ist ein Gerät, welches als Verbindungselement zwischen den Rechnern in einem Netzwerk der Sterntopologie eingesetzt wird.

➡ *Siehe Netzwerk, Sterntopologie*

Huffmann-Kompression

Ein Verfahren zur Datenkompression. Wird in der Datenfernübertragung im Protokoll MNP 5 eingesetzt.

➡ *Siehe Kompression*

Hybrid

Allgemein die Bezeichnung für eine Mischung aus zwei Teilen unterschiedlicher Herkunft oder Zusammensetzung.

➡ *Siehe Hybrid-Computer, Hybridsprache, Hybridvirus*

Hybrid-Computer

Neben den Analog- und Digitalrechnern gab es auch eine Mischung aus diesen beiden, also einen kombinierten Analog-Digital-Rechner, der aber nur für die Simulation komplexer wissenschaftlicher Zusammenhänge verwendet wurde und mit dem Siegeszug der Digitaltechnik genauso wie der reine Analogrechner verschwand.

➡ *Siehe Analog, Digital, Hybrid*

Hybridsprache

Mit Hybridsprache bezeichnet man eine Programmiersprache, die mehrere Programmiertechniken unterstützt. Mit C++ z.B. kann sowohl prozedural als auch objektorientiert programmiert werden.

➡ *Siehe Hybrid, Objektorientierte Programmierung, Programmiersprache, Prozedur*

Hybridvirus

Ein Hybridvirus befällt sowohl normale Dateien als auch den Master-Boot-Sektor bzw. den Boot-Sektor eines Datenträgers. So ist eine maximale Verbreitung des Virus gewährleistet.

➡ *Siehe Computervirus, Hybrid*

Hyperlink

Ein Hyperlink (oder einfach Link) ist ein Querverweis in einem HyperText- oder Hypermedia-Dokument. Durch einen Mausklick auf das speziell markierte Textelement springt man an eine andere Adresse im Internet oder an eine andere Stelle der aktuellen WebSite. Die Navigation durch das Internet wird auf diese Weise stark erleichtert und beschleunigt. Befinden Sie sich mit dem Mauszeiger über einem Hyperlink, so wird dies durch eine kleine Hand als Mauszeigersymbol angezeigt.

→ *Siehe Internet, WWW*

Hypermedia

Neben reinen Textelementen wie bei HyperText enthält Hypermedia auch Tabellen, Grafiken, Sounds, Videosequenzen, Datenbanken usw.

→ *Siehe Hypertext*

Hypertext

Mit Hypertext bezeichnet man allgemein Textelemente eines Dokuments, die gleichzeitig einen Querverweis zu anderen Stellen im selben Dokument oder gar in anderen Dokumenten herstellen. Ohne wirklich den gesamten Text lesen zu müssen, kann man sich auf diese Weise einen schnellen Überblick über die vorhandenen Informationen verschaffen. Hypertext ist meist vom übrigen Fließtext hervorgehoben (Farbe, Änderung des Mauszeigers usw.). Neben reinem Text kann Hypertext auch auf Grafiken, Tabellen, eine Datenbank usw. verweisen. Wichtig dabei ist, daß das angeforderte Dokument nicht unbedingt in derselben Datei, ja nicht einmal auf demselben Computer vorhanden sein muß. Der Browser lädt das angeforderte Dokument auf den lokalen Rechner über das Netzwerk oder per Datenfernübertragung. Ohne Hypertext wäre das WWW des Internet nicht denkbar.

→ *Siehe WWW*

HyperText Markup Language
→ *Siehe HTML*

HyperText Transfer Protocol
→ *Siehe HTTP*

Hz
→ *Siehe Hertz*

I/O

I/O ist die Abkürzung für Input/Output (deutsch: Eingabe/Ausgabe). Allgemein steht diese Abkürzung für Software- und Hardware-Komponenten, die mit der Ein- und Ausgabe von Daten zu tun haben. So fallen z.B. alle Peripheriegeräte eines Rechners und deren Treiber in diesen Bereich.

➡ *Siehe Hardware, Software, Treiber*

I/O-Adresse

Die I/O-Adresse ist die Adresse eines speziellen Registers in Peripheriegeräten, das zum Austausch von Daten zwischen Computer und Gerät verwendet wird. Ein häufig auftretendes Problem bei der Installation von neuen Hardware-Komponenten sind Adreßkonflikte. Dabei wurde der neuen Komponente eine I/O-Adresse zugewiesen, die bereits von einer vorhandenen verwendet wird. Um dem vorzubeugen, sollte man vor dem Einbau nach freien I/O-Adressen suchen. Die folgende Tabelle zeigt die Standard-I/O-Adressen in einem normalen PC.

➡ *Siehe I/O*

I/O-Adresse	Funktion
000H-1FFH	reserviert
200H-20FH	Gameport
210H-217H	frei
220H-24FH	reserviert
250H-277H	frei
278H-27FH	LPT2
280H-2EFH	frei
2F8H-2FFH	COM2
320H-32FH	Festplatte XT
330H-35FH	frei
360H-36FH	Netzwerkkarte
370H-377H	frei
378H-37FH	LPT1
380H-38FH	SLDC-Adapter
390H-39FH	frei
3A0H-3AFH	reserviert
3B0H-3BFH	MDA,EGA,VGA

I/O-Adressen eines normalen PC.

I/O-Adresse	Funktion
3C0H-3CFH	EGA,VGA
3D0H-3DFH	CGA,EGA,VGA
3E0H-3EFH	frei
3F0H-3F7H	Diskettenlaufwerke
3F8H-3FFH	COM1

I/O-Adressen eines normalen PC.

I/O-Controller

Hierbei handelt es sich meist um einen speziellen Chip, der für die Steuerung bestimmter I/O-Aufgaben verwendet wird. Der Tastatur-Controller auf dem Motherboard sorgt z.B. für die Kommunikation mit der Tastatur.

➡ *Siehe I/O*

I/O-Port

➡ *Siehe I/O-Adresse*

i80x86

Intel nannte die Prozessorfamilie, die von IBM für den PC verwendet wurde, i80x86. Dabei steht das x für eine fortlaufende Nummer. Der erste Prozessor der Familie war der i8086. Es folgten i80186, i80286 usw. Als dann vermehrt Hersteller mit Clone-Prozessoren auf dem Markt erschienen, die ihren Produkten auch diese Zahlenkombination als Namen gaben, änderte Intel seine Namensgebung, da in einem Rechtsstreit die Richter befunden hatten, daß Zahlenkombinationen als Namen nicht geschützt werden können. Aus diesem Grund wurde der Nachfolgeprozessor des i80486 Pentium genannt.

➡ *Siehe Intel, Pentium*

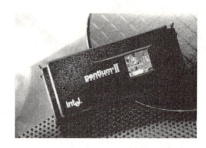

Bild 1: Intels neuester – der Pentium II

IAK

Abkürzung für Internet Access Kit. Ein Kommunikationsprogramm, welches im BonusPack von OS/2 enthalten ist und einen Zugang zum Internet bietet.

➡ *Siehe Internet, OS/2*

IBFN

Abkürzung für Integriertes Breit-Band-Fernmeldenetz. Das IBFN ist ein Projekt der Telekom und soll langfristig die Konzentration aller Kabeldienste auf ein einziges Glasfasermedium ermöglichen. Geplant ist die Zusammenlegung von Datenübertragung, Bildtelefon, Telefon, Radio und Fernsehen.

➡ *Siehe Bandbreite, Glasfaserkabel*

IBM

http://www.ibm.com

Abkürzung für International Business Machines. IBM ist der größte Hersteller von Büromaschinen, EDV-Systemen, Computer-Hardware und -Software.

IBM wurde 1924 in den USA gegründet. Zunächst wurden mechanische Rechen- und Sortiermaschinen entwickelt und gebaut. Bei IBM erkannte man das Potential der Elektronenrechner und stellte 1952 den ersten Computer vor. IBM war dann viele Jahre unangefochtene Nummer eins bei Großrechneranlagen. Ein neues Kapitel in der Computer-Branche begann mit der Entwicklung des PC. Diese sollte auch zum kometenhaften Aufstieg der beiden Firmen Microsoft und Intel führen. Allerdings konnte IBM die Vormachtstellung, die das Unternehmen im Großrechnerbereich besaß, nicht in den PC-Bereich hinüberretten.

Großes Aufsehen erregte IBM durch die Übernahme der Software Firma Lotus 1995.

➡ *Siehe Intel, Lotus, Microsoft*

IBM-kompatibel

Als IBM-kompatibel wird ein PC bezeichnet, der weitestgehend den Spezifikationen der IBM-PCs entspricht. Dies ist wichtig, damit auf diesen Rechnern die gleiche Software und auch die gleichen Hardware-Komponenten verwendet werden können. Früher war dieses Attribut ein wichtiges Merkmal bei den Nachbauten. Heute (IBM ist nur noch einer von vielen Herstellern und setzt auch nicht mehr die Standards fest) hat es an Bedeutung verloren.

➡ *Siehe PC*

IBM-kompatible PC
➡ *Siehe IBM-kompatibel*

IBM-PC

Der IBM-PC ist der Urvater des heutigen PC (Personalcomputer); er wurde 1981 vorgestellt und mit dem Betriebssystem MS-DOS der damals noch nicht sehr bekannten Firma Microsoft ausgeliefert. Da IBM das Klonen des PC zuließ (das Bauen von kompatiblen Geräten durch andere Hersteller) und auch die Software-Hersteller schnell auf diesen Zug aufsprangen, entwickelte sich aus diesen Anfängen die heutige PC-Industrie.

➡ *Siehe IBM-kompatibel*

IBM-PS/2

1987 stellte IBM den Nachfolger des AT vor: PS/2 (Abkürzung für Personal System/2). Dieser Rechner zeichnete sich vor allem durch einen neuen Bus (Microchannel), VGA als Grafiksystem und das Betriebssystem OS/2 aus.

➡ *Siehe AT*

IC

Bild 2: IBM im Internet

IC

Abkürzung für Integrated Circuit (auf deutsch integrierter Schaltkreis). ICs sind elektronische Halbleiterbauelemente, auf denen durch ein aufwendiges Verfahren viele Bauelemente zu einer funktionalen Einheit integriert werden. ICs bestehen aus einem Halbleitermaterial (meist Silizium, aber auch Gallium-Arsenid und andere sind möglich), in dem durch eine Kombination von vielen Einzelschritten die Bauelemente des IC erzeugt werden. Sehr gut lassen sich mit dieser Methode Transistoren, resistive (ohmsche Wiederstände) und kapazitive (Kondensatoren) Elemente realisieren. Ohne die Möglichkeit der Integration wären die heutigen elektronischen Geräte überhaupt nicht möglich.

➠ *Siehe Chip, Kondensator, Transistor*

Icecap

Mit Aufkommen des 486er-Prozessors wurde ein Problem dieser Chips immer deutlicher – Hitze. Jedes elektronische Bauelement hat eine gewisse Verlustleistung, die in Form von Wärme abgegeben wird. So kam es vor, daß Prozessoren aufgrund von Überhitzung ausfielen oder zu Fehlverhalten neigten. Das Icecap ist ein aktives Kühlelement, das über ein sogenanntes Peltier-Element Kälte erzeugt. Dieser Kühler wurde direkt auf den Prozessor geklebt und wirkte der Überhitzung erfolgreich entgegen. Heutige Prozessorkühler arbeiten in der Regel nicht mehr mit den teuren Peltier-Elementen, sondern nur noch mit günstigen kleinen Lüftern auf einem Kühlblech.

➠ *Siehe Lüfter*

Icon

Als Icons werden kleine Bildchen in einer grafischen Benutzeroberfläche bezeichnet, die für bestimmte Aktionen oder Elemente stehen. So ein Symbol kann z.B. für ein Programm, eine Datei, ein Laufwerk oder aber eine bestimmte Funktion in einem Programm stehen. Durch Anklicken (einfach, doppelt oder auch Drag&Drop) eines solchen Symbols kann meistens eine Aktion ausgelöst werden.

➠ *Siehe Grafische Benutzeroberfläche*

ID

Abkürzung für Identification, zu deutsch Identifizierung. IDs sind Zahlen, Namen oder andere eindeutige Schlüssel, die verwendet werden, um bestimmte Geräte, Benutzer, Personen allgemein, Vorgänge oder andere Elemente in einem Computer oder einem Programm zu erkennen. Beispiele für den Einsatz von IDs wären der SCSI-Bus, bei dem jedes Gerät eine ID bekommt, unter der es angesprochen wird, der Primärschlüssel der Datensätze in einer Datenbank oder die Benutzerkennung eines Anwenders in einem Netzwerk.

➠ *Siehe SCSI-ID*

IDE

1. Abkürzung für Integrated Device Electronics oder zu deutsch integrierte Laufwerkelektronik. IDE ist ein Standard für PC-Festplatten. IDE-Festplatten zeichnen

IDE-Festplatten

sich dadurch aus, daß sich der größte Teil der Controller-Elektronik auf der Platte selbst befindet. Der Controller im Rechner hat eigentlich nur die Aufgabe, die Festplatte an das Bussystem des Rechners anzukoppeln. Eine andere Bezeichnung für IDE-Festplatten ist AT-Bus-Festplatten.

2. Abkürzung für Intergrated Development Environment, zu deutsch integrierte Entwicklungsumgebung. Dabei handelt es sich um ein Entwicklungssystem, das alle Bestandteile wie Editor, Compiler, Linker, Debugger etc. unter einer gemeinsamen Oberfläche integriert.

➡ *Siehe Entwicklungssystem*

IDE-Festplatten
➡ *Siehe AT-Bus-Festplatten, IDE*

Identification
➡ *Siehe ID*

Identifizierung
➡ *Siehe ID*

IEC-Bus

Abkürzung für International Electronical Commission oder zu deutsch Internationale Elektronische Kommission. Der IEC-Bus (eine andere Bezeichnung ist IEEE-408-Bus) ist ein Bus, der den Anschluß von bis zu 15 Peripheriegeräten an einen Computer erlaubt. Der Anschluß erfolgt über ein einziges Kabel. Der Bus wurde von Hewlett-Packard entwickelt und wird vor allem bei medizinischen Geräten zur Ansteuerung und Übertragung von Daten verwendet. Ursprünglich wurde das System HP-IB (Abkürzung für Hewlett Packard Interface Bus) und GP-IB (Abkürzung für General Purpose Interface Bus) genannt, bis es dann durch das IEC bzw. das IEEE (Abkürzung für Institute of Electrical and Electronic Engineers) international standardisiert wurde.

➡ *Siehe Bus*

IEEE

Abkürzung für Institute of Electrical and Electronic Engineers zu deutsch Institut der Elektro- und Elektronikingenieure. Das IEEE (sprich Ei Tripl i) ist eine amerikanische Ingenieurvereinigung, die eine sehr wichtige Rolle bei der Schaffung von Standards spielt. Speziell im Bereich der EDV gehen viele internationale Standards auf das IEEE zurück. Des weiteren ist das IEEE auch in der Förderung der Forschung sehr aktiv. Die Mitglieder sind international.

IEEE-1394-Standard
➡ *Siehe FireWire*

IEEE-408-Bus

Andere Bezeichnung für IEC-Bus.

➡ *Siehe IEC-Bus*

IEEE-802-Modell

Hierbei handelt es sich um ein Netzwerkmodell, das vom IEEE geschaffen wurde. Es ist konform zum OSI-Schichtenmodell, legt allerdings nur für die Schichten 1 und 2 (physikalische und Verbindungsschicht) verbindliche Standards fest. Die Verbindungsschicht wurde in diesem Modell in zwei Teilschichten gegliedert. Die MAC-Teilschicht (Media Access Control Sublayer, deutsch: Medienzugriffskontrollschicht) steuert den Zugriff der Computer eines Netzwerks auf das Netzwerkkabel. Die LLC-Teilschicht (Logical Link Control Sublayer, deutsch: Kontollschicht für logische Verbindungen) dagegen definiert den sicheren Datenaustausch.

➠ *Siehe OSI-Schichtenmodell*

IEMMC

Abkürzung für Internet E-Mail Marketing Council. Eine von dem amerik. Provider AGIS ins Leben gerufene Vereinigung für Firmen oder Anbieter, die im Internet per E-Mail Werbung betreiben wollen. Mitglieder verpflichten sich zur Einhaltung einiger Regeln, die den Internet-User vor unerwünschten Mails schützen sollen. Auf Wunsch muß ein Mitglied einen Empfänger sofort aus der Verteilerliste löschen. Außerdem dürfen nicht Mail-Server anderer Provider als Werbeversender mißbraucht werden.

➠ *Siehe E-Mail, Mail-Server*

if

Standard-Konstrukt zur Erzeugung von Verzweigungen in Programmen, die in einer Hochsprache geschrieben werden. Die If-Anweisung ermöglicht es, einen bestimmten Programmteil in Abhängigkeit von einer Bedingung ausführen zu lassen. Diese Anweisung gehört zu den Grundelementen einer jeden höheren Programmiersprache.

➠ *Siehe Programmiersprache*

Image

Englisch für Bild bzw. Grafik.

➠ *Siehe Grafik*

Image-Maps

Als Image-Maps werden Grafiken innerhalb von Webseiten bezeichnet, die sogenannte Hot-Spots bzw. Hot-Areas haben. Diese Stellen bzw. Bereiche sind mit Hyperlinks verknüpft und können mit der Maus angeklickt werden. Durch einen Klick wird der entsprechende Hyperlink angesteuert. Image-Maps erlauben es, eine für den Benutzer einfache und aussagekräftige Navigationsmöglichkeit zu schaffen, die sehr intuitiv zu bedienen ist. Die Erzeugung von Image-Maps aus Bitmaps mit HTML ist verhältnismäßig einfach.

➠ *Siehe HTML, Internet*

IMAP4

Abkürzung für Internet Mail Access Protocol Version 4. Neuartiges Protokoll, mit dem sich E-Mail-Postfächer verwalten lassen. Noch wird hauptsächlich das POP3-Protokoll für diesen Zweck eingesetzt, wobei IMAP4 im Gegensatz zu POP3 das Lesen und die Ablage von E-Mails in Ordnern des Servers erlaubt. Das ist besonders in Hinsicht auf die kommenden Internet-Terminals (NC oder Internet-PC) nützlich, die über keine Festplatte verfügen. IMAP4 wird von dem Web-Browser Netscape Communicator bereits unterstützt.

➡ *Siehe E-Mail, Internet-PC, NC, POP3*

Impact Printer

➡ *Siehe Anschlagdrucker*

Importieren

Unter Importieren versteht man das Einlesen von Daten aus einem Programm in einem anderen Programm, das diese Daten nicht standardmäßig verwendet. Dazu werden in der Regel spezielle Importfilter zur Konvertierung der Daten verwendet.

➡ *Siehe Konvertierung*

Impuls

In der Physik und auch im technischen Bereich hat das Wort Impuls zwei Bedeutungen. Zum einen wird das Produkt aus Masse und Geschwindigkeit als der Impuls eines Körpers bezeichnet. Des weiteren bezeichnet man das Auftreten einer Größe in einem kleinen Zeitintervall mit einem von Null verschiedenen Wert als Impuls. Eine solche Größe kann z.B. die Spannung (Spannungsimpuls) oder auch das Licht sein (Lichtimpuls). In der Technik spielen Impulse eine sehr große Rolle, z.B. bei der Datenübertragung in einem Lichtwellenleiter.

➡ *Siehe Datenübertragung*

Impulswahlverfahren

Das Impulswahlverfahren (abgekürzt IWV) stellte früher das Standardverfahren zur Kodierung von Rufnummern im Postnetz dar. Dabei wurden zu Anfang über die Wählscheibe eines Telefons die einzelnen Ziffern einer Rufnummer in eine Folge von Kurzschlußimpulsen übersetzt. Die Anzahl der Impulse entspricht dabei der Ziffer. Heute wird fast ausschließlich das Mehrfrequenzwahl-Verfahren eingesetzt.

➡ *Siehe Mehrfrequenzwahl-Verfahren*

IN

Abkürzung für Individual Network e.V. Ein deutscher Verein, der für seine Mitglieder günstige Internet-Zugänge zur Verfügung stellt.

➡ *Siehe Internet*

Inch

Inch ist in den USA die Standard-Längenmaßeinheit. Eine andere Bezeichnung für Inch ist auch Zoll. Ein Inch entspricht 2,54 cm. Im Computerbereich werden häufig Zoll-Angaben verwendet, wie z.B. bei Monitoren oder Disketten.

➡ *Siehe bpi, DPI, lpi*

Indeo

Abkürzung für Intel Video. Indeo ist ein Video-Kompressions-Standard von Intel. Das Verfahren ermöglicht es, Video- und die dazugehörigen Toninformationen auf Software-Basis zu verarbeiten. Indeo arbeitet mit einer Farbtiefe von 24 Bit und einer maximalen Auflösung von 320x240 Pixeln. Indeo-Dateien erhalten die Endung AVI und können mit Video for Windows bzw. der Medienwiedergabe von Windows abgespielt werden.

➡ *Siehe Avi, Video for Windows*

Index

In Datenbanken werden Indizes verwendet, um Datensätze nach bestimmten Kriterien (z.B. dem Namen einer Person oder dem Primärschlüssel) zu sortieren und schnell auf die einzelnen Datensätze zugreifen zu können. Dabei wird in dem Index die Position der einzelnen Datensätze gespeichert. Da bei einem Wechsel des Index nicht der gesamte Datenbestand umgeordnet wird, sondern nur die Abfolge der Positionseinträge im Index, geht eine solche Umsortierung verhältnismäßig schnell.

Index ist ein anderes Wort für Stichwortverzeichnis. Alle professionellen Textverarbeitungs- und Satzprogramme bieten die Möglichkeit, solche Indizes zu erzeugen.

In einem Array wird die Nummer, unter der ein Element in dem Array abgelegt ist, als Index bezeichnet.

➡ *Siehe Array*

Indextabelle

In einer Indextabelle wird ein Schlüssel einer Adresse zugeordnet. Über die Adresse kann auf die Basisobjekte, die indiziert werden sollen, zugegriffen werden. Sollen nun bestimmte Sortierungen vorgenommen werden, so muß nur die Indextabelle sortiert werden. Dadurch ist es nicht notwendig, große Datenmengen z.B. auf der Festplatte zu verschieben, was viel Zeit in Anspruch nehmen würde.

➡ *Siehe Index*

Individual Network e.V.

➡ *Siehe IN*

Indizierung

Die Erstellung eines Indexes wird Indizierung genannt.

➡ *Siehe Index*

Induktiver Schreib-Lese-Kopf

Festplatten benutzen einen Schreib-Lese-Kopf zum Schreiben und Lesen von Informationen auf der Magnetplatte. Eine kleine Spule dient beim induktiven Schreib-Lese-Kopf als Lese- und Schreibelement. Beim Überfliegen der Magnetplatte wird in der Spule durch die gespeicherten Informationen und die dadurch bedingten Magnetfeldänderungen eine Spannung induziert, die von der Festplattenelektronik ausgewertet werden kann. Die Flughöhe heutiger Schreib-Lese-Köpfe über der Magnetscheibe liegt bei ca. 50 nm.

➥ *Siehe Festplatte, MR-Lese-Kopf, Schreib-Lese-Kopf*

Informatik

Das Wort Informatik ist ein Kunstwort aus den Begriffen Information und Technik. Als Wissenschaft hat die Informatik die Aufgabe der Erforschung der Informationsverarbeitung. Vor allem mit der Verarbeitung in bezug auf Computer. Ferner werden theoretische Grundlagen für die Entwicklung von Hard- und Software erarbeitet. Die Informatik kann man zwischen der Mathematik und der Elektrotechnik ansiedeln. Die Informatik ist seit den 60er Jahren ein eigenes Studienfach.

➥ *Siehe Software*

Informatiker

Ein Informatiker hat das Studium der Informatik absolviert.

➥ *Siehe Informatik*

Information Broker

Information Broker sind Leute, die in Datennetzen wie z.B. dem Internet gegen Gebühr auf die Suche nach bestimmten Informationen gehen. Die Kunden sind in der Regel an Informationen zu einem bestimmten Gebiet interessiert, haben aber selber meist weder die Zeit, Informationen zu suchen, noch genaue Kenntnis, wie bzw. wo sie dies erledigen sollen. Der Begriff Information Broker oder auch Info Broker rührt von dem Wort Broker her – im Englischen die Bezeichnung für Börsenmakler.

➥ *Siehe Internet, Online-Dienst*

Information-Highway

Der Information-Highway (zu deutsch Datenautobahn) oder auch Informationssuper-Highway ist die Vision eines Hochgeschwindigkeits-Weitverkehrsnetzes, das zum Datenaustausch zwischen Schulen, Universitäten, Regierungseinrichtungen etc. dienen soll. In letzter Konsequenz soll dieses Medium viele neue Möglichkeiten für die Telekommunikation schaffen, wie z.B. interaktives Fernsehen, Video on Demand etc. Das Internet ist ein Medium, das der

Grundidee der Vision gerecht wird, allerdings von der Geschwindigkeit her noch weit von einer Autobahn entfernt ist. Der Begriff selber kommt aus den USA.

→ *Siehe WAN*

Infotainment

Infotainment ist ein Kunstwort aus Information und Entertainment. Infotainment soll auf unterhaltende Weise Informationen vermitteln. Meistens werden mit Infotainment Multimediatitel bezeichnet.

→ *Siehe Multimedia*

Infrarot-Maus

Im Gegensatz zu normalen Mäusen, die ihre Position über ein Kabel an den Computer übermitteln, verwenden Infrarot-Mäuse dazu eine Kombination aus Infrarot-Sender und -Empfänger. Der Empfänger wird wie eine normale Maus an dem Rechner angeschlossen und wandelt die empfangenen Informationen so um, daß sie denen einer kabelgebundenen Maus entsprechen.

→ *Siehe Maus*

Ini-Datei

Kurzform für Initialisierungsdatei. Diese Dateien werden von Programmen dazu verwendet, Einstellungen des Benutzers bzw. sonstige Parameter zu speichern. Aus diesen Dateien werden die verschiedenen Einstellungen dann beim Start des Programms geladen.

→ *Siehe Windows*

Init-String

Kurzform für Initialisierungs-String. Der Begriff wird in bezug auf Modems verwendet. Der Init-String ist eine Sequenz von AT-Befehlen, die das Modem initialisieren. Meist wird der Init-String beim Start eines Terminal-Programms gesendet.

→ *Siehe AT-Befehle, Modem, Terminalprogramm*

Initiale

Als Initiale bezeichnet man den ersten Buchstaben eines Absatzes, wenn er wesentlich größer als die übrigen Buchstaben in diesem Absatz formatiert ist. Initiale sind Textgestaltungselemente. Viele DTP-Programme bieten Funktionen, mit denen sich Initiale automatisch erzeugen lassen.

→ *Siehe DTP, Typographie*

Initialisieren

Als Initialisieren bezeichnet man den Vorgang, ein Programm oder eine Hardware-Komponente in einen betriebsbereiten Zustand zu versetzen. Bei Festplatten wird z.B. das Formatieren auch als Initialisieren bezeichnet.

→ *Siehe Formatierung*

Ink-jet Printer

Englisch für Tintenstrahldrucker.

→ *Siehe Tintenstrahldrucker*

Inkompatibel

Man nennt Hardware- oder Software-Produkte inkompatibel zueinander, wenn sie nicht in der Lage sind, zusammenzuarbeiten – sie sind unverträglich. Ein Beispiel hierfür wäre eine Grafikkarte für den PCI-Bus. Diese kann nicht in einem ISA-Steckplatz betrieben werden. Der ISA-Bus und der PCI-Bus sind nicht miteinander kompatibel, sprich: sie sind inkompatibel.

→ *Siehe ISA, Kompatibilität, PCI*

Inkrementieren

Als Inkrementieren bezeichnet man das Erhöhen des Werts einer Variablen um einen festen Betrag. Dieser Betrag wird auch das Inkrement genannt. Besonders bei Schleifen-Konstrukten in Programmiersprachen ist dies wichtig. Hier wird die Laufvariable bei jeder Iteration inkrementiert.

→ *Siehe for, Iteration, Schleife*

Innovationsrate

Die Geschwindigkeit, mit der eine Firma, eine Branche oder ein Land in der Lage ist, technische Neuerungen auf den Markt zu bringen, wird als Innovationsrate bezeichnet. Besonders hoch ist diese im Computerbereich. So kann man davon ausgehen, daß ein PC spätestens nach zwei Jahren im Vergleich zu einem dann aktuellen Gerät »zum alten Eisen gehört«.

Inprise

http://www.inprise.com

Ehemals Borland.

→ *Siehe Borland*

Input

Englisch für Eingabe. Als Input werden allgemein die Eingabedaten bezeichnet. Empfänger dieser Daten können z.B. die CPU, eine Funktion, eine Datei etc. sein.

→ *Siehe I/O*

Input Device

Englisch für Eingabegerät. Peripheriegeräte, die zur Eingabe von Daten (z.B. Tastatur, Maus, Scanner etc.) dienen, werden als Input Device bezeichnet. Das Gegenteil sind Output Devices – Ausgabegeräte.

→ *Siehe I/O, Input*

Input/Output

→ *Siehe I/O*

Input/Output-System

→ *Siehe IOS*

Installation

Bevor Hard- oder Software auf einem Rechner verwendet werden kann, muß diese installiert werden. Bei Software werden in der Regel die notwendigen Programm- und Datendateien von einer CD oder einem Diskettensatz auf die Festplatte kopiert und anschließend die notwendigen Umgebungseinstellungen vorgenommen. Bei Hardware ist die Installation meistens zweigeteilt. Zunächst muß die Hardware in den Computer eingebaut bzw. an diesen angeschlossen werden. Dabei müssen auch eventuelle Einstellungen an dieser Hardware-Komponente vorgenommen werden. Der zweite Teil ist die Software-Seite. Im Normalfall benötigt ein Computer eine Software (meist einen Treiber), die ihm »sagt«, wie er mit der Hardware umzugehen hat. Nach einer erfolgreichen Installation kann die neue Komponente verwendet werden.

➡ *Siehe Hardware, Software, Treiber*

Institute of Electrical and Electronic Engineers

➡ *Siehe IEEE*

Instruction

Englisch für Befehl.

➡ *Siehe Befehl*

Instruction Set

Englisch für Befehlssatz

➡ *Siehe Befehlssatz*

Integer

Integer ist ein Oberbegriff für ganzzahlige Datentypen. Standarddatentyp z. B. der Intel-Prozessoren. Im Gegensatz zu Fließkommazahlen gibt es keinen gebrochenen Anteil. Integer-Operationen werden von der CPU am schnellsten ausgeführt. Integer können vorzeichenlos oder vorzeichenbehaftet sein. Subtypen (Byte, Long usw.) unterscheiden sich im benötigten Speicherplatz und damit in ihrem Wertebereich. Zum Beispiel ein vorzeichenloser 16-Bit-Integer hat einen Wertebereich von 0 – 65.535.

➡ *Siehe Bit, Byte, CPU, Datentyp, Fließkommadarstellung*

Integrated Circuit
➡ *Siehe IC*

Integrated Device Electronics
➡ *Siehe IDE*

Integrated Services Digital Network
➡ *Siehe ISDN*

Integrierte Entwicklungsumgebung
➡ *Siehe IDE*

Integrierte Laufwerkelektronik
➡ *Siehe IDE*

Integrierte Pakete

Als intergrierte Pakete werden Software- oder auch Programmpakete bezeichnet, die verschiedene Programme zu einer Einheit verbinden. Diese Pakete beinhalten meist Programme für Standardaufgaben in Büroumgebungen (Textverarbeitung, Datenbank, Tabellenkalkulation etc.). Durch die Integration können die einzelnen Programme relativ einfach Daten untereinander austauschen. Früher war MS Works ein bekannter Vertreter. Unter Windows wird diese Software-Gattung von den Office-Paketen abgelöst.

➡ *Siehe Office-Paket*

Integrierter Schaltkreis
➡ *Siehe IC*

Integriertes Breit-Band-Fernmeldenetz
➡ *Siehe IBFN*

Integrität

Integrität bedeutet, daß die Komponenten (Hard- und Software) eines Computersystems einwandfrei arbeiten. Gleichzeitig müssen die Daten korrekt sein. Durch die Bearbeitung der Daten darf sich an diesem Zustand nichts ändern. Korrekt heißt, daß die Daten das geforderte Format aufweisen und konsistent sind. So ist eine Datei eines Textverarbeitungsprogramms durchaus in diesem Sinne korrekt, wenn sie Rechtschreibfehler aufweist. Allerdings ist sie nicht mehr korrekt, wenn sie durch Beschädigung von der Textverarbeitung nicht mehr geladen werden kann. In diesem Fall liegt ein Verstoß gegen die Integrität vor.

➡ *Siehe Datenformat*

Intel
http://www.intel.com

Intel (Abkürzung für Integrated Electronics) ist eines der erfolgreichsten Unternehmen der Mikroelektronik und mit das profitabelste Unternehmen überhaupt. Intel wurde 1968 von A. Groove, G. Moore und B. Noyce gegründet. Auf Intel gehen einige große Innovationen im Bereich der Mikroelektronik zurück. Heute ist Intel vor allem für die Prozessoren des PC bekannt. Hier hat Intel einen Marktanteil von fast 90% und damit ein Quasi-Monopol. Neben Prozessoren ist Intel aber auch in vielen anderen Bereichen aktiv, wie z.B. Netzwerk, Multimedia etc.

➡ *Siehe MMX, Pentium, Pentium II, Pentium Pro*

IntelliSense

Von Microsoft geprägtes Kunstwort aus Intelligence (Intelligenz) und Sensitivity (Sensibilität). Den Begriff führte Microsoft mit Office 95 ein. Der Begriff steht für Funktionen inner-

IntelliSense

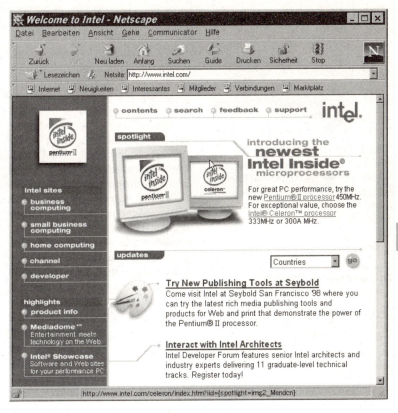

Bild 3: Intels Homepage im Internet

halb eines Programms, die eine gewisse »Intelligenz besitzen«, wie z.B. die diversen Auto-Funktionen von Winword. Aber auch Funktionen, die Verhaltensweisen des Benutzers analysieren, um daraus die zukünftigen Schritte ableiten zu können. Allerdings sind alle diese Möglichkeiten noch weit von wirklichen Intelligenzleistungen entfernt – das denkende Programm ist damit noch nicht gefunden!

➠ *Siehe Microsoft*

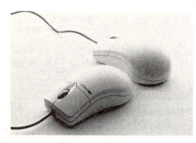

Bild 4: Die IntelliMouse hat IntelliSense – über das Rädchen in der Mitte lassen sich einige Funktionen in den verschiedenen Office 97 Programmen und dem Internet Explorer steuern.

Interaktion

Als Interaktion bezeichnet man das aufeinander bezogene Handeln und Verhalten von Benutzer und Programm. Dabei reagiert der Benutzer auf die Anfragen eines Programms mit der Eingabe von Daten. Auf diese Daten reagiert dann das Programm usw.

➡ *Siehe Benutzeroberfläche, Dialog-Box*

Interaktiv

Interaktiv wird ein System genannt, das die Interaktion mit dem Benutzer erlaubt. Alle grafischen Benutzeroberflächen arbeiten interaktiv, da sie mit dem Benutzer in Dialog treten und auf dessen Eingaben reagieren. Man nennt diese Arbeitsweise auch dialogorientiert.

➡ *Siehe Grafische Benutzeroberfläche, Interaktion*

Interface

Englisch für Schnittstelle. Eine Schnittstelle ist eine genormte Plattform, die die Kommunikation zwischen verschiedenen Hardware- bzw. Software-Komponenten ermöglicht. Hardware-Schnittstellen sind z.B. die Anschlüsse für Drucker und Maus. Diese setzen sich aus einer mechanischen und einer elektrischen/elektronischen Komponente zusammen. Software-Schnittstellen sind notwendig, damit Programme Daten untereinander austauschen können. Programmierschnittstellen erlauben schließlich den genormten Zugriff auf Funktionen zur Programmierung eines Systems.

➡ *Siehe API, Grafische Benutzeroberfläche, Schnittstelle, Schnittstellenkarte*

Interface-Karte

Englisch für Schnittstellenkarte. Eine solche Karte schafft die Voraussetzung für den Anschluß von Hardware-Komponenten an den Computer. Manche Scanner werden z.B. mit einer speziellen Schnittstellenkarte ausgeliefert, über die sie mit dem Computer kommunizieren.

➡ *Siehe Schnittstelle*

Intergrated Development Environment

→ *Siehe IDE*

Interlace

Auch Zeilensprungverfahren genannt. Dabei wird zum Aufbau eines Bildes jede zweite Zeile übersprungen. Bilder werden so in zwei Halbbilder aufgeteilt und in zwei Schritten übertragen. Das eine Halbbild enthält alle geraden Zeilen und das zweite alle ungeraden. Das Interlace-Verfahren wurde früher verwendet, um höhere Auflösungen zu realisieren, als es rein von technischen Daten her vorgesehen war. Allerdings hat dieses Verfahren einen ganz gewaltigen Nachteil: es flimmert. Dies führte bei vielen Anwendern zu Kopfschmerzen und Augenbrennen. Heute wird das Zeilensprungverfahren nicht mehr verwendet. Durch den technischen Fortschritt werden die gewünschten Auflösungen direkt mit Vollbildern erreicht.

→ *Siehe Frame*

Interleave

Englisch für auslassen. Das Interleaving wurde früher verwendet, um den Zugriff auf Festplatten zu beschleunigen. Damals herrschte eine sehr große Diskrepanz zwischen der Umdrehungsgeschwindigkeit der Festplatte und der Möglichkeit, Daten zwischen Festplatte und Rechner auszutauschen. Wurden nun die einzelnen Sektoren auf der Platte direkt nebeneinanderliegend angelegt, so traten immer wieder Wartezeiten beim Lesen bzw. Schreiben von Daten auf. Sollten Daten in aneinanderliegende Sektoren geschrieben bzw. aus solchen gelesen werden, war es häufig der Fall, daß die Daten nicht schnell genug an- bzw. abtransportiert werden konnten, um das Schreiben bzw. Lesen in angrenzenden Sektoren fortzusetzen. Nun mußte eine volle Umdrehung gewartet werden, bis die Köpfe wieder an der richtigen Position waren. Dadurch wurde natürlich die Gesamt-Performance beeinträchtigt. Aus diesem Grund führte man das Interleaving ein. Dabei liegen die logisch nebeneinanderliegenden Sektoren auf der Platte nicht physisch auf der Platte nebeneinander. Zwischen den einzelnen Sektoren wird eine bestimmte Anzahl von Sektoren freigelassen. Nun mußte nicht mehr eine ganze Umdrehung gewartet werden, bis die Köpfe wieder richtig positioniert waren. In der Zeit, die die Platte benötigte, um sich zum logisch nächsten Sektor weiterzudrehen, konnten die Daten herantransportiert bzw. abtransportiert werden. Heutige Platten kommen ohne Interleaving aus.

→ *Siehe Interleave-Faktor*

Interleave-Faktor

Der Interleave-Faktor gibt an, wie viele Umdrehungen der Festplatte notwendig sind, um eine Spur mit allen Sektoren einzulesen. Ein Interleave-Faktor 3 gibt an, daß drei Umdrehungen notwendig sind. Damit ist der Interleave-Faktor auch ein Maß für den Versatz zwischen logischer und physikalischer Sektoranordnung. Die Anzahl der ausgelassenen Sektoren ergibt sich zu Interleave-Faktor 1. Bei dem Interleave-Faktor 3 werden demnach immer zwei Sektoren übersprungen.

➡ *Siehe Interleave*

International Telegraph and Telephone
➡ *Siehe ITT*

International X.25 Infrastructure
➡ *Siehe IXI*

Internet

Abkürzung für International Network. Das Internet ist ein weltweites Rechnernetz. Es besteht aus einer Reihe von Teilnetzen (Subnets). Als Netzwerkprotokoll wird einheitlich TCP/IP verwendet. Das Internet entwickelte sich aus einem Projekt des Pentagon in den USA. Dabei ging es darum, ein Rechnernetz zur Kommunikation zwischen Forschungseinrichtungen und Regierung zu schaffen. Dieses Netzwerk sollte so beschaffen sein, das es sogar im Falle eines Atomkriegs funktionsfähig bleibt. Aus diesem Projekt entwickelte sich im Laufe der Jahre ein Netzwerk mit heute mehr als 30 Millionen Nutzern. Die extreme Aufmerksamkeit und Euphorie für dieses neue alte Medium kam aber erst in den letzten zwei bis drei Jahren auf. Das Internet bietet eine Reihe von Diensten. Die folgende Liste nennt die wichtigsten:

- E-Mail. Dieser Dienst ist wohl der, der am häufigsten genutzt wird. Er erlaubt es, elektronische Briefe über das Netz an andere Teilnehmer zu verschicken.

- Usenet. Dieser Dienst stellt Diskussionsforen zur Verfügung (Newsgroups). In diesen können sich die Teilnehmer über die unterschiedlichsten Themen austauschen.

- FTP. Hiermit ist es möglich, Dateien von einem FTP-Server auf den eigenen Rechner über das Internet zu übertragen.

- WWW. Das World Wide Web ist inzwischen der wohl bekannteste Dienst. Er machte das Internet bunt und multimedial. Die meisten, die heute von Internet sprechen, denken dabei an das WWW. Über Hypertextdokumente, die miteinander über Links verknüpft sind, kann man durch ein schier unerschöpfliches Angebot an Informationen navigieren.

→ *Siehe ARPAnet, DoD, E-Mail, FTP, TCP/IP, Usenet, WWW*

Internet Access Kit
→ *Siehe IAK*

Internet E-Mail Marketing Council
→ *Siehe IEMMC*

Internet Explorer

Der Internet Explorer (abgekürzt IE) ist Microsofts Web-Browser. Dieser ist kostenlos auf der Microsoft Homepage erhältlich. Er ist nach dem Netscape Navigator der am weitesten verbreitete Browser und ein zentraler Punkt der Internet-Strategie von Microsoft. Die momentan aktuelle Version 4.x unterstützt die wichtigsten Internet-Standards (HTML 3.2, Java, JavaScript). Zusätzlich ist natürlich die Unterstützung für Microsofts ActiveX integriert. Es sind IE-Versionen für Windows 95, Windows NT und Windows 3.x erhältlich. Die nächste Version 5.0 befindet sich momentan im sehr frühen Beta-Stadium und wird mit einigen Neuerungen gegenüber der jetzigen Version aufwarten. Unter anderem wird dann die Unterstützung von XML integriert sein.

→ *Siehe Microsoft, Web-Browser*

Internet Packet Exchange
→ *Siehe IPX, IPX/SPX*

Internet Protocol

Das Internet Protocol (abgekürzt IP) ist eines der Basis-Protokolle des Internets. Es gehört zu den verbindungslosen Protokollen, d.h. zwischen dem Sender und dem Empfänger der Daten muß keine direkte Verbindung bestehen. Das IP ist innerhalb der TCP/IP-Protokollfamilie für die Aufteilung der Daten in Pakete und den späteren Zusammenbau dieser Pakete zu den ursprünglichen Daten zuständig. Zusätzlich ist es auch für die Adressierung verantwortlich.

→ *Siehe Internet*

Internet Publishing

Unter Internet Publishing versteht man die Erstellung von Dokumenten für das Internet bzw. das WWW und das anschließende Bereitstellen dieser Dokumente. Zur Erstellung wird die Seitenbeschreibungssprache HTML verwendet. Neben reinem Text kann auf solchen auch Homepages oder Webseiten genannten Dokumenten auch Multimediales enthalten sein – Grafiken, Videos, Sound, Animationen etc.

→ *Siehe Internet*

Internet Relay Chat
→ *Siehe IRC*

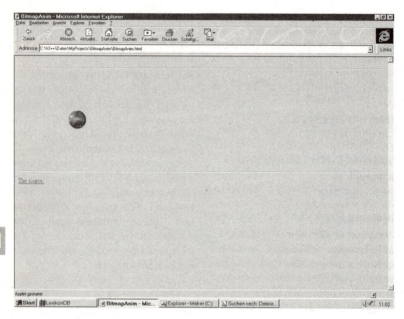

Bild 5: Der Internet Explorer mit einer Java-Animation

Internet Service Provider
→ *Siehe Internet-Provider*

Internet Suchdienst
→ *Siehe Suchmaschine*

Internet-PC

Die Idee hinter dem Internet-PC (andere Bezeichnungen sind IPC, Network Computer, NC, Netzwerk PC, NPC) ist einfach, kostengünstige Rechner mit dem Nötigsten ausgestattet (Prozessor, Arbeitsspeicher, Hardware zum Netzanschluß oder Telekommunikationseinrichtung, Massenspeicher sprich Disketten- oder Festplattenlaufwerke) sollen den Zugang zum Internet oder einem Intranet ermöglichen. Alle Arbeiten sollen im bzw. über das Netz erledigt werden mit immer aktueller Software, die jedesmal aus dem Netz geladen wird. Die Ergebnisse der Arbeit sollen auch wieder im Netz gespeichert werden. Allerdings gibt es keinen Standard für diese Computerklasse, ist doch die ganze Idee auch noch nicht alt. So existieren auch mehr Vorstellungen von möglichen Ausprägungen als konkrete Produkte. Auch die Meinungen über diese Computer-Gattung gehen sehr stark auseinander: Die einen feiern den neuen Ansatz als Revolution in der Art, mit dem Medium Internet und dem Computer umzugehen und die anderen sehen es als Rückfall in die Steinzeit der Computerei, als dumme Terminals an Großrechneranlagen angeschlossen wurden. Die Wahrheit und damit auch die Produkte, die es geben wird, werden irgendwo dazwischenliegen. Abzusehen ist aber, daß der IPC in den immer mehr aufkeimenden Intranets eine wichtige Rolle spielen wird.

➠ *Siehe Internet, Intranet*

Internet-Protokolle

Der Begriff Internet-Protokolle steht für die Familie der Protokolle, die den Datenaustausch im Internet steuert. Normalerweise wird dafür die Abkürzung TCP/IP (Transmission Control Protocol/Internet Protocol) verwendet.

➠ *Siehe Internet, TCP/IP*

Internet-Provider

Der Internet-Provider (auch als Internet Service Provider, ISP oder nur Provider bezeichnet) ist ein Dienstleister, der in der Regel gegen eine Gebühr einen Zugang zum Internet zur Verfügung stellt. Im Normalfall wählt sich der Kunde über ein Modem oder eine ISDN-Karte im System des Providers ein und kann so im Internet surfen. Große Provider sind in Deutschland z.B. T-Online, Compuserve, AOL etc.

➠ *Siehe AOL, Compuserve, T-Online*

Internet-Standards
➠ *Siehe TCP/IP*

Internet-Telefonie

Der Begriff Internet-Telefonie steht für die Möglichkeit, über das Internet eine Sprachverbindung mit einem anderen Teilnehmer herzustellen. Dabei werden die digitalisierten Sprachdaten über das Internet übertragen. Der große Vorteil der Internet-Telefonie ist der günstige Preis – so kann man nach Amerika zum Ortstarif telefonieren, da nur die Telefongebühren bis zum Einwahlknoten anfallen. Die Voraussetzung dafür sind eine Verbindung zum Internet, eine spezielle Software und entsprechende Sound-Hardware im Computer (Soundkarte, Mikrofon und Lautsprecher/Kopfhörer).

➠ *Siehe Internet*

Internet-Terminal
➠ *Siehe Internet-PC, NC, NetPC*

Internetworking

Als Internetworking wird die Verbindung räumlich getrennter Netze und Kommunikation darüber bezeichnet.

InterNIC

Abkürzung von International Network Information Center. Das InterNIC ist für die Zuteilung und Verwaltung aller IP-Adressen der Welt zuständig. Dies ist wichtig, um zu gewährleisten, daß jede IP-Adresse eindeutig ist. Die Verwaltung der deutschen Domäne (Endung .de) übernimmt das DE-NIC in Karlsruhe. Das InterNIC ist als privatwirtschaftlicher Verein organisiert.

Interpreter

Ein Interpreter ist ein Programm, das den Quellcode einer höheren Programmiersprache Anweisung für Anweisung in Maschinencode übersetzt.

Ein großer Nachteil des Interpreter ist, daß Anweisungen in Schleifen bei jeder Iteration von neuem übersetzt werden müssen. Eine der bekanntesten interpretierten Sprachen ist BASIC.

➟ *Siehe Programmiersprache*

Interprocess Communication

Englisch für Interprozeß-Kommunikation.

➟ *Siehe Interprozeß-Kommunikation*

Interprozeß-Kommunikation

Von Interprozeß-Kommunikation spricht man, wenn einzelne Prozesse untereinander Daten austauschen. Dies kann notwendig sein, um z.B. den Zugriff auf Betriebsmittel abzustimmen. Ein anderes Beispiel wäre der Austausch von Daten zwischen zwei Prozessen, damit die Daten des einen im anderen weiterverarbeitet werden können.

➟ *Siehe Multitasking, Prozeß*

Interrupt

Englisch für Unterbrechung. Interrupts werden verwendet, um die aktuelle Arbeit des Prozessors zu unterbrechen und so die Aufmerksamkeit der CPU zu erhalten. Solche Interrupts können durch Hardware (Hardware-Interrupts) und durch Software (Software-Interrupts) ausgelöst werden.

Beim Einbau neuer Hardware in einen Computer, die einen Interrupt benötigt, muß man darauf achten, einen freien Interrupt zu verwenden, sprich einen, der nicht schon von einer anderen Komponente verwendet wird. Interrupt-Konflikte führen im harmlosesten Fall dazu, daß die neue Hardware nicht funktioniert, im schlimmsten Fall kann der Rechner abstürzen.

Interrupt Request

Ein Signal, das von einer Hardware-Komponente über den Interrupt-Controller an die CPU geschickt wird, um die Arbeit der CPU zu unterbrechen und die Aufmerksamkeit auf die Hardware-Komponente zu lenken, wird Interrupt Request (abgekürzt IRQ, Unterbrechungsanforderung) genannt.

➟ *Siehe Interrupt*

Interrupt-Controller

Der Interrupt-Controller ist für die Verwaltung und Weiterleitung der Interrupts zuständig, die von der Peripherie kommen. Der Controller bewertet die IRQs hinsichtlich ihrer Priorität und leitet sie entsprechend an die CPU weiter.

➟ *Siehe CPU, Interrupt*

Interrupt-Ebene

Die verschiedenen Prioritäten, die Unterbrechungsanforderungen haben können, werden auch als Interrupt-Ebene bezeichnet.

➟ *Siehe Interrupt, Interrupt-Controller*

Interrupt-Konflikt

Interrupt-Konflikte entstehen, wenn zwei oder mehr Geräte den gleichen Interrupt verwenden. Die Folgen sind im harmlosesten Fall Fehlfunktionen, im schlimmsten Fall der Absturz des Systems.

➟ *Siehe Interrupt*

Interrupt-Maskierung

Über ein bestimmtes Flag innerhalb der CPU kann diese verhindern, daß sie von Interrupts unterbrochen wird. Dieses Flag wird gesetzt, wenn die CPU mit wichtigen Aufgaben beschäftigt ist. Dieses Abschalten der Reaktion auf Interrupts wird als Maskieren bezeichnet.

➟ *Siehe Interrupt, NMI*

Intranet

Intranets sind private Netzwerke, die sich die Technologie und das Konzept des Internets zunutze machen. Sie werden inzwischen vermehrt in Firmen eingesetzt. Intranets müssen nicht zwangsläufig mit dem Internet verbunden sein. Dazu wird häufig eine Firewall zum Schutz vor Eindringlingen verwendet. Intranets bieten gegenüber herkömmlichen Netzwerksystemen einige Vorteile, die diesem Konzept zu einer weiten Verbreitung verhelfen werden.

➟ *Siehe Internet*

IntranetWare

Netzwerkbetriebssystem von Novell zum Betrieb eines Intranets. Nachfolger von Novell NetWare.

➟ *Siehe Intranet, Novell*

Intuit

http://www.intuit.com

Intuit ist Hersteller des bekannten Finanzprogramms Quicken. Quicken

Intuit

hat bei den Finanzprogrammen vor Microsoft Money die Marktführerschaft übernommen. 1995 wollte Microsoft Intuit für eine Milliarde US-Dollar übernehmen. Das amerikanische Kartellamt untersagte dies allerdings.

→ *Siehe Quicken*

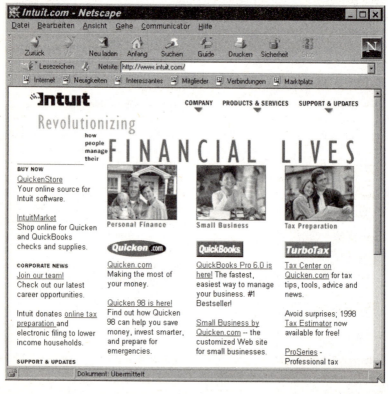

Bild 6: Intuit im Internet – die Homepage

Invertieren

Die invertierte Darstellung sorgt dafür, daß Schriftzeichen, Symbole und Grafikelemente umgekehrt in bezug auf Vordergrund- und Hintergrundfarbe angezeigt werden. So wird z.B. eine normalerweise schwarze Linie auf weißem Grund invertiert als weiße Linie auf schwarzem Grund angezeigt.

Iomega

http://www.iomega.com

Iomega ist eine amerikanische Firma, die Computerperipheriegeräte herstellt. Bekanntestes Produkt ist wahrscheinlich das ZIP-Laufwerk.

➡ *Siehe JAZ-Laufwerk, ZIP-Laufwerk*

Bild 7: Iomegas Homepage

IOS

Abkürzung Input-/Output-System, zu deutsch Ein-/Ausgabe-System. Bei dem IOS handelt es sich um einen Teil des Betriebssystems, der sich um die Steuerung von I/O-Vorgängen kümmert.

➡ *Siehe I/O*

IP

➡ *Siehe Internet Protocol*

IP-Adresse

Jeder Rechner, der mit dem Internet verbunden ist, hat eine eindeutige Adresse. Diese Adresse wird IP-Adresse genannt. Das Format dieser Adresse wird durch das IP-Protokoll festgelegt. Sie wird von einer 32-Bit-Zahl repräsentiert. Angezeigt wird diese in der Regel in Form von vier maximal dreistelligen Dezimalzahlen. Diese sind durch Punkte voneinander getrennt z.B. 129.187.10.25.

Man unterscheidet zwischen statischen und dynamischen IP-Adressen. Eine statische IP-Adresse wird einem Rechner fest zugewiesen. Bei dynamischen IP-Adressen erhält ein Rechner seine Adresse, sobald er sich am Netzwerk anmeldet. Dies wird vor allem von Online-Diensten und Providern angewendet, da sich die Kunden nicht permanent im Netz befinden.

➡ *Siehe Internet Protocol*

IPC

Abkürzung für Internet PC.

➡ *Siehe Internet-PC*

IPX

Abkürzung für Internet Packet Exchange. IPX ist das von Novell Netware verwendete Übertragungsprotokoll. Das Protokoll kümmert sich um die Aufteilung der Daten in einzelne Pakete und den späteren Zusammenbau am Ziel der Übertragung. Zusätzlich sorgt das Protokoll für den optimalen Übertragungsweg.

➡ *Siehe Datenpaket, Novell*

IPX/SPX

Erweiterung des IPX-Protokolls um das SPX-Protokoll zur Sicherung der korrekten Übertragung von Nachrichten.

➡ *Siehe IPX, SPX*

IRC

IRC steht für Internet Relay Chat. Als chatten wird das Unterhalten von zwei oder mehr Personen per Tastatur bezeichnet. IRC ist das Protokoll für das Chatten im Internet.

➡ *Siehe Chatten*

IrDA

Als IrDA wird die spezielle Schnittstelle zum Datenaustausch zwischen verschiedenen Geräten bezeichnet. Diese Schnittstelle arbeitet mit Infrarot-Sendern und -Empfängern, um Daten zu übertragen. Auf diesem Weg können Daten kabellos zwischen z.B. einem Arbeitsplatzrechner und einem Notebook übertragen werden. Aber auch die Kommunikation mit anderen Peripheriegeräten ist möglich, z.B. Drucker, sofern diese über die notwendige Ausstattung verfügen. Aktuelle Notebooks sind meist von Haus aus mit einer solchen Schnittstelle ausgerüstet.

→ *Siehe Notebook*

IRQ
→ *Siehe Interrupt Request*

IRQ-Konflikt
→ *Siehe Interrupt-Konflikt*

ISA
Abkürzung für Industry Standard Architecture. Als ISA wird das Bussystem bezeichnet, das seit dem AT von IBM in PCs verwendet wird. Dieses System war mit ein Grund für den Erfolg des PC; da die Spezifikation für viele Hersteller zugänglich war, gab es rasch ein großes Angebot an Erweiterungskarten für den PC. Technisch gesehen ist der Bus gemessen an den heutigen Anforderungen nicht sehr aufregend. Er ist 16 Bit breit und wird mit einer Taktfrequenz von etwas über 8 MHz betrieben. Da im Laufe der Zeit dieser Bus sich immer mehr zum Engpaß beim Austausch von Daten zwischen CPU und Peripherie herauskristallisierte, wurden immer wieder neue Konzepte ersonnen, um dieses Problem zu lösen. So brachte IBM den Microchannel auf den Markt, der sich allerdings nicht durchsetzen konnte. EISA stellte eine Erweiterung des ISA-Standards dar, aber auch hier kam nie der richtige Durchbruch. Beim Vesa Local Bus (VLB) sah es einige Zeit so aus, als ob er sich langfristig durchsetzen könnte, allerdings machte dann der PCI-Bus von Intel das Rennen. Dieser stellt neben den ISA-Steckplätzen, die auch heute noch auf allen PC-Motherboards vorhanden sind, den Standard-Bus für Komponenten dar, die große Datenmengen zu übertragen haben (Grafikkarten, SCSI-Controller etc.).

→ *Siehe Bus, PCI, VESA Local Bus*

ISDN
Abkürzung für Integrated Services Digital Network, zu deutsch dienstintegrierendes digitales Netzwerk. Das ISDN ist ein Standard für das Telekommunikationsnetz der Telekom. Es integriert sämtliche Telekommunikationsdienste, die früher über getrennte Netze ausgeführt wurden (Sprach- und Datenübertragung). Großer Unterschied zum früheren analogen Netz ist die komplette Digitalisierung des Netzes. Dies bringt einige neue Möglichkeiten und Vorteile mit sich:

- Die Sprachqualität steigt, da die Bandbreite im ISDN statt 3,1 kHz 7 kHz beträgt.
- Die Fehlersicherheit ist größer, da sich Fehlererkennungs- und Korrekturmechanismen gut integrieren lassen.
- Die Übertragungsrate von Daten ist wesentlich höher, wodurch sich zum einen Kosten sparen lassen und zum anderen auch neue Anwendungen möglich werden.
- Es kommen neue Funktionalitäten wie z.B. Anklopfen, Rufnummerweiterleitung, Konferenzschaltung etc. hinzu.

Im ISDN wird bei der Datenübertragung zwischen Nutz- und Steuerdaten unterschieden. Diese werden in speziellen Kanälen übertragen. Die sogenannten B-Kanäle sind für die Übertragung der Nutzdaten zuständig. Sie verfügen einheitlich über eine Transferrate von 64 Kbit/s. Von diesen Kanälen verfügt ein ISDN-Anschluß entweder über zwei (Basisanschluß) oder 30 (Primärmultiplex-Anschluß). Um die Steuerdaten kümmern sich die sogenannten D-Kanäle. Bei diesen ist die Transferrate von der Anzahl der B-Kanäle abhängig. Bei einem Anschluß mit zwei B-Kanälen kann der D-Kanal 16 Kbit/s, bei 30 B-Kanälen 64 Kbit/s übertragen. Der D-Kanal ist unter anderem zur Steuerung des Auf- und Abbaus, zur Übertragung der Dienstkennung und der Rufnummer des Anrufers zuständig.

Beim ISDN wird in Deutschland zwischen zwei Varianten unterschieden: nationales und Euro-ISDN. Diese unterscheiden sich im wesentlichen durch das verwendete D-Kanal-Protokoll (1TR6 beim nationalen und E-DSS 1 beim Euro-ISDN).

Beim Teilnehmer erfolgt der Anschluß der Endgeräte über den sogenannten Network Terminal (NT), der die Zweidraht-Leitung des Telekomnetzes in die Vierdraht-Leitung für die Installation der Endgeräte umsetzt. An diesem wird entweder eine TK-Anlage, direkt ein oder zwei ISDN-Geräte oder eine Bus-Installation angeschlossen.

Für das ISDN sind spezielle digitale Endgeräte notwendig. Die alten analogen Endgeräte können nur über spezielle Adapter oder eine TK-Anlage weiterverwendet werden. Um Computer an das ISDN anzuschließen, wird eine sogenannte ISDN-Karte oder ein ISDN-Adapter benötigt.

➡ *Siehe ISDN-Anschlußarten, ISDN-Leistungsmerkmale, ISDN-Übertragungsstandards*

ISDN-Adapter

Als ISDN-Adapter werden externe Geräte bezeichnet, mit deren Hilfe es möglich ist, einen Computer an das ISDN anzuschließen. Diese Geräte werden ähnlich einem externen Modem an die serielle Schnittstelle des Rechners angesteckt. Einige dieser Geräte bieten zudem noch die Funktionalität eines analogen Modems.

➠ *Siehe ISDN*

ISDN-Anschlußarten

Wenn man sich mit den verschiedenen Anschlußarten des ISDN beschäftigt, muß man drei Ebenen unterscheiden. Die erste Ebene ist dabei die Art der Schnittstelle zum ISDN und damit die Leistungsfähigkeit des Anschlusses. Die zweite Ebene beschreibt die Art der Nutzung des Anschlusses bzw. wie die Endgeräte an die Schnittstelle zum ISDN angeschlossen werden. Auf der dritten Ebene geht es darum, welche Leistungsmerkmale von der Telekom für den Anschluß bereitgestellt werden und damit, wie hoch die Grundgebühr ist.

Nun die einzelnen Anschlußarten:

- Auf der ersten Ebene ist zwischen Basis- und Primärmultiplex-Anschluß zu unterscheiden. Der Basisanschluß verfügt über 2 B-Kanäle mit je 64 Kbit/s und einen D-Kanal mit 16 Kbit/s. Er ist für private Haushalte und kleinere Firmen geeignet. Der Primärmultiplex-Anschluß verfügt dagegen über 30 B-Kanäle mit je 64 Kbit/s, eine D-Kanal mit 64 Kbit/s und einen Synchronisationskanal mit 64 Kbit/s. Diese Anschlußart ist für Firmen mit einem höheren Kommunikationsaufkommen gedacht.

- Die zweite Ebene ist nur beim Basisanschluß relevant, da es den Primärmultiplex-Anschluß nur als Anlagenanschluß gibt. Man unterscheidet hier zwischen dem Anlagen- und dem Mehrgeräteanschluß. Beim Anlagenanschluß wird davon ausgegangen, daß am Netzabschluß eine TK-Anlage angehängt wird. An diese werden dann die Endgeräte angeschlossen. Der Anlagenanschluß hat den Vorteil, daß er Durchwahlnummern bietet. Beim Mehrgeräteanschluß werden die Endgeräte direkt über einen Bus an den Netzabschluß angeschlossen. An diesem Bus können bis zu 12 TAE-Dosen hängen, an die maximal 8 Endgeräte gleichzeitig angeschlossen werden dürfen. Beim Mehrgeräteanschluß sind maximal 10 Rufnummern (MSNs) möglich. Allerdings müssen Rufnummern, die extra bestellt werden, auch extra bezahlt werden.

- Auf der dritten Ebene, die nur für den Basisanschluß relevant ist, kann man zwischen Einfach-,

Standard- und Komfortanschluß unterscheiden. Dabei hat die Telekom aus dem Pool der zur Verfügung stehenden Leistungsmerkmale jeweils ein Paket geschnürt, das bestimmten Kommunikationsbedürfnissen gerecht werden soll. Diese Pakete unterscheiden sich neben der Leistung auch in der monatlichen Grundgebühr. Die Bandbreite reicht dabei vom Einfachanschluß mit einer Rufnummer bis zum Komfortanschluß mit drei Rufnummern und allen Leistungsmerkmalen.

➡ *Siehe ISDN*

ISDN-Karte

Als ISDN-Karte wird eine Erweiterungskarte für einen Computer bezeichnet, die es ermöglicht, diesen Computer mit dem ISDN zu verbinden und so die Möglichkeiten des ISDN zu nutzen.

Man unterscheidet folgende zwei Grundtypen:

- Passive ISDN-Karten. Dieser Typ nutzt den Prozessor des Rechners, um die zu übertragenden Daten so aufzubereiten, daß sie dem Protokoll des ISDN entsprechen. Die Karte selbst sorgt für den Übergang zwischen Rechner und ISDN. Diese Kartenart reicht in der Regel für normale Anwendungen aus.

- Aktive ISDN-Karten. Diese Karten besitzen einen eigenen Prozessor und auch eigenen Speicher. Die Aufbereitung der Daten erfolgt direkt auf der Karte (vorausgesetzt, die eingesetzte Software nutzt diese Möglichkeit). Dadurch wird der Prozessor des Rechners entlastet.

➡ *Siehe ISDN*

Bild 8: Die Fritz Card von AVM ist eine typische passive ISDN-Karte

ISDN-Leistungsmerkmale

Im ISDN gibt es diverse Leistungsmerkmale, die im folgenden beschrieben werden:

- Rufnummernübermittlung. Bei einem Anruf wird die Rufnummer des Anrufers im Display des Telefons angezeigt. Allerdings muß dafür das Telefon des Angerufenen dies unterstützen, der Anrufer darf dieses Leistungsmerkmal nicht gesperrt haben und der Anrufer muß aus einem digitalen Netz heraus anrufen.

ISDN-Leistungsmerkmale

- Geschlossene Benutzergruppe. Dieses Merkmal erlaubt es, sowohl den Personenkreis, der anrufen kann, als auch den, der angerufen werden kann, einzuschränken.

- Rückfragen/Makeln. Während eines Gesprächs kann dieses in der Vermittlungsstelle geparkt werden, um einen anderen Teilnehmer anzurufen. Zwischen diesen beiden Gesprächen kann hin- und hergeschaltet (gemakelt) werden.

- Anklopfen. Versucht jemand, auf einer Nummer anzurufen, die gerade besetzt ist, so hört er kein Besetztzeichen, sondern den Rufton. Der Angerufene, der gerade telefoniert, hört seinerseits einen Signalton, der anzeigt, daß ein weiterer Anruf ansteht. Zu diesem kann umgeschaltet werden.

- Dreierkonferenz. Im ISDN ist es möglich, gleichzeitig zu zwei weiteren Teilnehmern eine Verbindung aufzubauen. Alle drei können miteinander sprechen und hören auch das Gesagte der anderen.

- Anrufweiterschaltung (Rufumleitung). ISDN-Endgeräte können so eingestellt werden, daß ein Anruf auf einen beliebigen anderen Anschluß weitergeschaltet wird. Für die Weiterschaltung können noch Bedingungen angegeben werden, z.B. daß nur bei einem Besetztzeichen weitergeschaltet wird.

- Rückruf bei »Besetzt«. Sollte ein Anschluß besetzt sein, so kann man dieses Leistungsmerkmal nutzen. Dabei wird von der Vermittlungsstelle eine Verbindung vom glücklosen Anrufer zum zuvor besetzten Angerufenen hergestellt, sobald der angerufene Anschluß nicht mehr besetzt ist.

- Umstecken am Bus. Bei der Bus-Installation eines Mehrgeräteanschlusses ist es möglich, während eines Gesprächs das Telefon aus der Dose zu ziehen und an einer anderen Dose anzuschließen, ohne daß dadurch die Verbindung unterbrochen wird.

- Übermittlung der Verbindungsentgelte. Im ISDN gibt es keinen Gebühren-Impuls, wie das bei analogen Anschlüssen der Fall war. Hier werden die Verbindungskosten entweder am Ende der Verbindung oder während und nach der Verbindung angezeigt. Allerdings ist dies nur möglich, wenn die Hardware dies auch unterstützt.

- Übermittlung der Uhrzeit und des Datums. Ein Standardmerkmal des ISDN ist es, sofern die Hardware dies unterstützt, daß bei jeder Verbindung die aktuelle Uhrzeit und das aktuelle Datum übermittelt werden. Die Quelle dafür ist die Atom-Uhr in Braunschweig.

Welche Leistungsmerkmale man nutzen kann, hängt von der gewählten Anschlußart ab. Viele Merkmale lassen sich aber auch noch nachträglich beantragen.

➠ *Siehe ISDN*

ISDN-Modem

ISDN-Adapter mit zusätzlicher Modem-Funktionalität.

➠ *Siehe ISDN-Adapter*

ISDN-Software

Damit Sie mit einer ISDN-Karte Daten übertragen oder auch anderweitig arbeiten können, benötigen Sie eine entsprechende Software. Den meisten ISDN-Karten liegt ein Softwarepaket bei. Darin sind meistens Programme zur Dateiübertragung, zum Faxen und evtl. zum Einwählen in Mailboxen enthalten. Daneben gibt es aber auch Programme, mit denen man die ISDN-Karte als Anrufbeantworter oder auch als Telefon nutzen kann. Neben kommerziellen Programmen gibt es auch im Shareware-Bereich eine Vielzahl von Programmen für den Umgang mit ISDN und ISDN-Karten.

➠ *Siehe ISDN, ISDN-Karte*

ISDN-Terminaladapter

Um analoge Endgeräte im ISDN weiterverwenden zu können, ist ein sogenannter Terminaladapter oder a/b-Wandler notwendig. Dieser wandelt die analogen Informationen des analogen Geräts in digitale, ISDN-konforme Daten um und umgekehrt.

➠ *Siehe ISDN*

ISDN-Übertragungsstandards

Um Daten sicher übertragen zu können, werden Protokolle benötigt. Auch im ISDN ist das nicht anders. Im folgenden werden die wichtigsten genannt:

- X.75. International standardisiertes Protokoll zur Übertragung von Daten mit den vollen 64 Kbit/s je B-Kanal.

- V.110. Dieses Protokoll stammt aus Amerika und kennt zwei Übertragungsgeschwindigkeiten: Bei der synchronen Übertragung wird mit 19,2 Kbit/s und bei der asynchronen Übertragung mit bis zu 56 Kbit/s gearbeitet. Dieses Protokoll wird z.B. von Compuserve verwendet.

- V.120. Entspricht V.110, arbeitet aber mit Kompression und Fehlerkorrektur, wodurch die Übertragungsrate bis auf 38,4 Kbit/s im synchronen Modus steigt. Wird auch von Compuserve verwendet.

- HDLC (Abkürzung für High-level Data Link Control). Bit-orientiertes Protokoll, das mit Fehlerkorrektur und Paketvermittlung arbeitet. Die Daten werden als einzelne Pakete übertragen.

→ *Siehe HDLC, V.110, X.75*

ISO

Abkürzung für International Organization for Standardization, zu deutsch Internationale Organisation zur Normung. Die ISO wurde nach 1946 gegründet. Heute gehören dieser Organisation ca. 90 nationale und internationale Normungsgremien an. In Europa ist die ISO durch das CEN vertreten. Auch das Deutsche Institut für Normung e.V. (DIN) gehört der ISO an. Viele Standards im Computerbereich gehen auf diese Organisation zurück.

→ *Siehe DIN*

ISO 9660

Ein internationaler Standard der ISO für die Speicherung von Daten auf CD-ROMs. Andere Bezeichnungen sind auch Yellow Book und High Sierra.

→ *Siehe High Sierra, Yellow Book*

ISO-Referenzmodell

→ *Siehe OSI-Schichtenmodell*

ISONET

Abkürzung für ISO Network. Hierbei handelt es sich um ein weltumspannendes Netzwerk für Normungen. Eine andere Bezeichnung ist auch World Wide Information Network on Standards.

→ *Siehe ISO*

ISP

Abkürzung für Internet Service Provider.

→ *Siehe Internet-Provider*

Italic

Englische Bezeichnung für den Schriftschnitt Kursiv.

Iteration

Als Iteration wird eine Wiederholung einer Schleife in einem Computerprogramm bezeichnet.

→ *Siehe Schleife*

ITT

Abkürzung für International Telegraph and Telephone. Amerikanischer Hardware-Hersteller aus dem Bereich Systeme für den Telefonverkehr und die Datenfernübertragung.

IWV

Abkürzung von Impulswahlverfahren.

→ *Siehe Impulswahlverfahren*

IXI

Abkürzung für International X.25 Infrastructure. Bezeichnet die Infrastruktur für Kommunikation über Datennetze nach dem X.25-Standard.

➟ *Siehe X.25*

Jacquard, Joseph-Marie

Im Jahre 1805 erfand der Franzose Joseph-Marie Jacquard (1752-1834) den ersten lochkartengesteuerten Webstuhl. Die mit Hilfe einer Klaviatur auf der sog. Jacquard-Karte eingestanzten Löcher repräsentierten Muster und Webtechniken für das Gewebe.

↦ *Siehe Lochkarte*

Jam

Englisch für Stau. Mit Jam bezeichnet man ein bestimmtes Kontrollsignal, welches in Netzwerken den gleichzeitigen Zugriff zweier Teilnehmer auf eine Komponente (z.B. einen Drucker) verhindert. Stellt das Gerät einen gleichzeitigen Zugriff und damit eine sog. Kollision fest, sendet es ein bestimmtes Signalmuster, eben den Jam, der die Kollision dem Netzwerk mitteilt.

Jam bzw. Paper Jam ist die englische Bezeichnung für einen Papierstau in einem Drucker oder Kopierer.

↦ *Siehe Drucker, Netzwerk*

JANET

Abkürzung für Joint Academic Network. Ein universitäres Netzwerk in Großbritannien.

↦ *Siehe Netzwerk*

Java

Java ist eine Programmiersprache, die in den letzten zwei Jahren ein enormes Bedeutungswachstum erfahren hat. Ursprünglich wurde Java von Sun Microsystems als Sprache zur Steuerung von Geräten der Konsumelektronik entwickelt. Allerdings war der Sprache in diesem Bereich kein großer Erfolg beschieden. Aber man erkannte bei Sun die Bedeutung des Internet und die Möglichkeiten von Java in diesem aufstrebenden Medium. Java ist heute eine Sprache, die als DIE Programmiersprache der Zukunft gehandelt wird. Die Gründe dafür sind vielfältig. Besonders zeichnet sich Java allerdings durch die Plattformunabhängigkeit aus. Plattformunabhängigkeit bedeutet, daß ein Java-Programm, einmal geschrieben, auf allen Rechnerplattformen ausgeführt werden kann, auf denen eine Implementation der Java Virtual Machine existiert. Java basiert auf der Sprache C++. Die Syntax ist in vielen Belangen die gleiche und ist ebenfalls objektorientiert. Allerdings wurden verschiedene Elemente von C++ weggelassen. So gibt es in Java z.B. keine Zeiger und damit keine Zeigerarithmetik, wodurch dem Programmierer viele Kopfschmerzen erspart bleiben. Mit Java lassen sich zwei Grundtypen von Programmen erzeugen: Applets und Applikationen. Applets sind Programme, die über das Internet geladen werden und in einem Java-fähigen Browser ablaufen. Applikationen sind dagegen Programme, die in einem Interpreter laufen.

→ *Siehe Applet, Java Virtual Machine*

Java Data Base Connectivity
→ *Siehe JDBC*

Java Development Kit
→ *Siehe JDK*

Java Virtual Machine

Bei der Java Virtual Machine (abgekürzt VM oder JVM) handelt es sich um einen virtuellen Prozessor, der in der Lage ist, den Java-Byte-Code zu interpretieren und in Befehle für den Prozessor des Rechners umzusetzen, auf dem die VM läuft. Durch die Verwendung der VM wird bei Java die Plattformunabhängigkeit erreicht, da für eine beliebige Plattform nur die VM vorhanden sein muß, damit sämtliche in Java geschriebenen Programme auf dieser ausgeführt werden können.

→ *Siehe Byte, Java, Plattform, Prozessor*

JavaBeans

Technologie zur Schaffung von wiederverwendbaren Software-Komponenten mit Java. Ähnlich ActiveX.

→ *Siehe ActiveX*

JavaScript

JavaScript ist eine Skriptsprache, die es ermöglicht, interaktive Webseiten zu erstellen. Die Programme in JavaScript werden direkt in den HTML-Quelltext der Webseite eingegeben und von einem Interpreter innerhalb des Browsers ausgeführt. Dazu ist es z.B. möglich, die Eingaben in Formularen direkt im Browser zu prüfen, bevor sie an den Server geschickt werden. JavaScript wurde von Netscape entwickelt und darf nicht mit Java verwechselt werden.

→ *Siehe HTML, Java, Web-Browser, Webseite*

JavaSoft

http://www.javasoft.com

JavaSoft ist eine Tochterfirma von Sun Microsystems, die mit dem Ziel gegründet wurde, die Sprache Java weiterzuentwickeln und kommerzielle Anwendungsmöglichkeiten zu schaffen.

→ *Siehe Java, Sun Microsystems*

JAZ-Laufwerk

Ein Wechselplattenlaufwerk der Firma Iomega, von der auch das kleinere ZIP-Laufwerk herstammt. Das JAZ-Laufwerk gibt es lediglich als SCSI-Variante. Die Medien haben eine Speicherkapazität von einem bis zwei Gigabyte; das Laufwerk eine mittlere Zugriffszeit von 12 ms. Aufgrund seiner hohen Schreibgeschwindigkeit eignet sich das JAZ-Laufwerk neben der regulären Speicherung von Daten auch begrenzt zum Videoschnitt. JAZ-Medien sind Boot-fähig, können also als vollwertiger Festplattenersatz gewertet werden. Größter Konkurrent ist das SyJet-Laufwerk der Firma SyQuest.

→ *Siehe Iomega, SCSI, SyJet-Laufwerk, ZIP-Laufwerk*

JDBC

Abkürzung für Java Data Base Connectivity. Über JDBC ist es möglich, mit Java direkt auf ODBC-Datenbanken zuzugreifen und mit diesen zu arbeiten. Dies erlaubt es, plattformunabhängige Programme zu schreiben, die auf Standarddatenbanken zugreifen können.

→ *Siehe Datenbank, Java, ODBC, Plattform*

JDK

http://www.sunsoft.com

Abkürzung für Java Development Kit. Von SunSoft kostenlos zur Verfügung gestellte Entwicklungsumgebung für Java. Kann von der SunSoft Homepage heruntergeladen werden. Enthält die Java-Bibliothek, einen Java-Compiler, einen Interpreter, einen Applet-Viewer, einen Debugger und anderes mehr.

→ *Siehe Entwicklungssystem, Java, JavaSoft*

Jini

Jini ist ein neues plattformunabhängiges Betriebssystem von Sun Microsystems, den Erfindern der Programmiersprache Java. Jini besteht aus mehreren Software-Layern, die zusammengenommen eine plattformübergreifende Architektur für distribuierte Netzwerke bilden. Mit Jini ist man nicht mehr auf die Dienste und Features eines Betriebssystems, einer Hardware oder eines Computers gebunden, sondern kann vielmehr alle Geräte und Computer in einem Netzwerk (z.B. dem Internet) benutzen. Möglich wird dies durch die besondere Schichten-Struktur, auf der Jini basiert. Die unterste Schicht ist das eigene Betriebssystem, wobei es nicht von Bedeutung ist, um welches es sich handelt. Die Befehle des Betriebssystems werden von einer Java Virtual Machine, die die zweite

Schicht bildet, übertragen. Die dritte Schicht besteht aus einem Protokoll, welches es allen Jini-kompatiblen Geräten, Benutzern und Anwendungen erlaubt, sich im Netzwerk oder einem Verzeichnis anzumelden. Die drei letzten Schichten (Java Remote Method Invocation, Java Spaces und der Directory Service) dienen der Verwaltung und Kommunikation der im Jini-Netzwerk angemeldeten Benutzer, Geräte und Applikationen. Mit Jini ist erstmals ein unabhängiges, globales Netzwerk denkbar.

➭ *Siehe Java, Java Virtual Machine, Sun Microsystems*

Jitter

Englisch wackeln, zittern. Mit Jitter bezeichnet man Schwankungen in der horizontalen Ablenkung des Elektronenstrahls bei einem Monitor.

➭ *Siehe Bildschirm, Konvergenz*

Job

Bezeichnung für einen Arbeitsauftrag an einen Rechner. Heutzutage spricht man z.B. noch von einem Druckjob, wenn der Rechner ein Dokument an den Drucker schickt. Bei früheren Großrechnern mußte man alle Programme (dazu gehörten alle Daten, Dienstprogramme usw.), die zur Abarbeitung einer bestimmten Aufgabe nötig waren, zu einem sog. Job zusammenstellen. Nur dann führte der Rechner die Berechnung durch.

➭ *Siehe Großrechner*

Jobs, Steve

Steve Jobs (* 1955) gründete 1976 zusammen mit seinem Freund Steve Wozniak in einer Garage die Firma Apple Computer und damit eine der erfolgreichsten und innovativsten Computerfirmen der Welt. 1985 verließ Jobs nach einem Streit mit dem damaligen CEO die Firma und gründete Next-Computer, eine mäßig erfolgreiche Firma, die 1996 ironischerweise von Apple aufgekauft wurde. Nach dem Ausscheiden des letzten CEO Gil Amelio wird intensiv nach einem passenden Nachfolger gesucht. Für eine Überraschung sorgte im August 97 die Ankündigung, daß Apple beinahe das gesamte Board of Directors austauschen wird. Obwohl er kursierende Gerüchte kurz vorher noch dementiert hatte, übernahm Jobs zusammen mit Larry Ellison – dem CEO von Oracle – und dem ehemaligen Finanzchef von Chrysler und IBM, Jerry York, einen Posten im neuen Board of Directors. Gleichzeitig bleibt Jobs weiterhin CEO seiner zweiten – erfolgreichen – Firma, dem Grafikspezialisten Pixar.

➭ *Siehe Apple*

Joint Academic Network
➭ *Siehe JANET*

Joker-Zeichen

Auch Platzhalterzeichen oder Wildcard genannt. Joker-Zeichen ersetzen bei der Suche nach Dateien eine unbekannte oder nicht benötigte Zeichenkette oder eine Dateiendung. Wollten Sie z.B. alle Dateien mit der Dateierweiterung .exe suchen, geben Sie an der Sucheingabeaufforderung einfach *.exe ein. Beispiele wären das Asterisk-Zeichen (*) und das Fragezeichen (?).

→ Siehe Platzhalterzeichen

Joliet-Format

Gebräuchliches CD-ROM-Format. Das Joliet-Format stellt eine Erweiterung der ISO-9660-Norm dar. Namensbezeichnungen von Dateien und Verzeichnissen, die mit der ISO-Norm auf CD gebrannt werden sollten, durften nur aus Großbuchstaben und 8 Zeichen bestehen (8+3-Konvention). Das Joliet-Format erlaubt bis zu 64 Zeichen und auch Kleinbuchstaben. Leider sind solche CDs nur unter Windows 95/NT lesbar.

→ Siehe CD-Writer, ISO 9660

Joystick

Ein Joystick ist ein Eingabegerät wie eine Maus, wird aber nur zur Steuerung in Spielen verwendet (Action-Spiele, Jump-and-Run-Spiele oder auch Simulationen). Der Joystick wird an den Gameport der Soundkarte oder einer I/O-Karte angeschlossen. Neuere Geräte bieten sogar eine Art Rückkopplung auf die Aktionen des Spielers bzw. auf die Situation im Spiel (z.B. erzeugt der Sidewinder ForcePro einen Gegendruck, um z.B. Fliehkräfte zu simulieren).

→ Siehe Game-Port, Maus, Soundkarte

Bild 1: Ein Joystick mit diversen Zusatzfunktionen von Logitech

JPEG

Abkürzung für Joint Photographic Experts Group. Dateierweiterung .jpeg. Ein Grafikstandard, der Datenkompression unterstützt. Die Kompression der Bilddaten wird dadurch erreicht, daß ähnliche Farbtöne zu einem zusammengefaßt werden. Der Qualitätsverlust im JPEG-Format komprimierter Bilder ist deshalb recht gering. Das erweiterte Format

JPEG++ erlaubt die getrennte Komprimierung von Bildvorder- und hintergrund.

→ *Siehe Datenkompression, MJPEG*

JScript

JScript ist die JavaScript-Implementation von Microsoft.

→ *Siehe Java, Microsoft*

Jump-and-Run-Spiele

Jump-and-Run-Spiele sind eine schon relativ alte Form der Computerspiele. Der Name geht darauf zurück, daß man bei einem solchen Spiel meistens mit einer Spielfigur (dem Helden des Spiels) durch die einzelnen Level des Spiels rennt (Run). In jedem Level gilt es, den Übergang zum nächsten zu erreichen, um beim letzten die Hauptmission des Spiels auszuführen (eine Prinzessin aus den Klauen eines Ungeheuers zu befreien). Während des Rennens durch die einzelnen Level gilt es auch noch zu punkten. Dafür muß man nach Gegenständen springen (Jump), die dann Punkte geben, wenn man sie erreicht. Das Springen ist aber auch zur Rettung des eigenen Lebens nötig, da überall Gefahren lauern, z.B. rollende Felsbrocken, über die man springen muß.

Jumper

Englisch für Springer. Jumper sind von einer Plastikisolierung umgebene, zweipolige Steckkontakte, die auf dem Motherboard oder auf Erweiterungskarten auf zwei Pins gesteckt werden und so den Stromkreis schließen. Jumper werden für die Aktivierung und Deaktivierung bestimmter Funktionen oder auch für die Konfiguration verwendet. So stellt man z.B. auf dem Motherboard mit Hilfe von Jumpern den für die CPU benötigten Takt ein; oder man wählt mit einem Jumper auf älteren SCSI-Controllern die SCSI-ID des Geräts aus.

→ *Siehe Motherboard, Steckkarten*

Junk-Mail

Synonym für Spam-Mail.

→ *Siehe E-Mail, Spam-Mail*

Justierung

Mit Justierung bezeichnet man die Ausrichtung von Textzeilen in einem Dokument.

→ *Siehe Textverarbeitung*

K

Abkürzung für Kilo. Im EDV-Bereich entspricht 1 K 1024 Einheiten.

➠ *Siehe Kbit, Kbyte*

K56+-Standard

Modemstandard des Herstellers Rockwell. Ermöglicht die Datenübertragung mit 56 Kbit/s in eine Richtung.

➠ *Siehe Kbit/s, Modem, U.S. Robotics, X2-Standard*

K6

Der K6 ist ein Pentium-kompatibler Prozessor der Firma AMD. Hinsichtlich eines Leistungsvergleichs ist ein K6 gleichen CPU-Takts im Integer-Bereich leicht schneller als der Pentium MMX, im Floating-Point-Bereich allerdings langsamer. Der K6 unterstützt wie sein Pendant, der Cyrix M2, MMX.

➠ *Siehe AMD, Floating point, Kompatibel, M2, MMX, Pentium*

K6 3DNow!

Der aktuelle Prozessor von AMD. Er enthält eine um 21 Befehle erweiterte MMX-Einheit namens 3DNow!, welche die bisherige Schwäche dieser Prozessoren bei Gleitkomma-Operationen ausgleichen soll. Der K6 3DNow! benötigt DirectX der Version 6.0. Mit Hilfe dieser neuen Einheit erreicht der AMD-Prozessor in bestimmten Bereichen (vor allem Spielen) die fünffache Geschwindigkeit seines Pentium-II-Pendants. Die nächste Intel-Pentium-II-Generation mit dem Codenamen Katmai wird eine ähnliche MMX-Einheit erhalten.

➠ *Siehe AMD, K6, MMX, Pentium II*

Kabelbaum

In einem Kabelbaum sind viele Kabel gebündelt, deren Enden (Kabeläste) sich verzweigen. Einen Kabelbaum findet man z.B. bei dem Netzteil eines Computergehäuses.

➠ *Siehe Netzteil*

Kais Photo Soap

Bildbearbeitungsprogramm zur Photoretusche der Firma MetaCreations. Mit Soap ist das Entfernen von Knikken in Photos ebenso einfach möglich wie die Retusche von roten Augen oder das Klonen von Bildelementen. Mittels animierter Werkzeuge verändert der Anwender Farben, Helligkeit und Kontrast der digitalisierten Photos, kann Bereiche schärfer oder weicher zeichnen oder auch ganz löschen. Die Werkzeuge sind lebensnah gehalten. Bleistifte, Pinsel und Radiergummis, die der Anwender in einer Schublade oder auf dem Bildschirm ablegen kann, erfüllen entsprechende Aufgaben. Wie schon aus den anderen Programmen von MetaCreations (Kais Power Goo oder KPT Bryce) gewohnt, gestaltet sich die Arbeit aufgrund der genialen Benutzeroberfläche kinderleicht.

➡ *Siehe Krause, Kai, MetaCreations*

Kaltgerätekabel

Standardisiertes Kabel, über das viele Computer, Monitore und Peripheriegeräte mit dem Stromnetz verbunden werden.

➡ *Siehe Computer, Monitor, Peripherie*

Kaltstart

Das Einschalten des Computers oder das Neu-Booten des Rechners über einen Druck auf die Reset-Taste nennt man Kaltstart. Dabei wird das BIOS neu geladen und der Power On Self Test (POST) durchgeführt. Der Druck auf die Reset-Taste ist oft der letzte Ausweg, wenn sich der Computer aufgehängt hat und auch kein Warmstart mehr funktioniert.

➡ *Siehe BIOS, Booten, POST, Reset, Warmstart*

Kanalbündelung

Die gleichzeitige Nutzung zweier B-Kanäle eines ISDN-Basisanschlusses bezeichnet man als Kanalbündelung. Daten können mit 128 Kbit/s (bei aktivierter Datenkompression sogar mit 300 Kbit/s) übertragen werden, was besonders für Videokonferenzen und Bildtelefonie interessant ist. Dabei werden allerdings auch die doppelten Gebühren berechnet. Über das DFÜ-Netzwerk von Windows 95 kann man ebenfalls die Kanalbündelung einsetzen. Dazu benötigt man aber das ISDN-Accelerator-Kit von Microsoft, welches auf deren Internet Server zum Download zur Verfügung steht.

➡ *Siehe B-Kanal, Bildtelefonie, DFÜ-Netzwerk, ISDN, Videokonferenz*

Kapazität

Mit Kapazität ist meist die dem Computersystem zur Verfügung stehende Speicherkapazität (Hauptspeicher, Arbeitsspeicher) gemeint.

➡ *Siehe Hauptspeicher, Speicherkapazität*

Karbonfarbband

Hochwertiges Farbband für Typenraddrucker. Beim mechanischen Übertragen der Typen auf das Druckmedium wird immer die komplette Beschichtung des Farbbands aufgetragen, weshalb jede Stelle des Bands nur einmal nutzbar ist. Wegen der damit verbundenen hohen Kosten relativ selten verwendet.

➡ *Siehe Farbband, Typenraddrucker*

Karte

Kurzform für Lochkarte, Speicherkarte, Erweiterungskarte, PCMCIA-Karte, Platine, Steckkarte usw.

➡ *Siehe Lochkarte, PCMCIA, Platine, Speicherkarte, Steckkarten*

Katmai

Katmai ist der Codename des Intel-Pentium-II-Nachfolgers, der im Frühjahr 1999 erscheinen soll. Der Katmai wird laut Intel 70 neue MMX-Instruktionen enthalten (MMX2), die insbesondere parallele Gleitkomma-Verarbeitung betreffen (SIMDFP, Single Instruction Multiple Data Floating Point). Weiterhin unterstützt der Katmai 4x AGP und die nächste Speichergeneration namens DirectRAMBus.

➡ *Siehe AGP, Pentium II*

Kaufmännische Software

Software, die die Führung eines Kassenbuchs, einfacher und doppelter Buchführung und die Bilanzierung für kleinere, mittlere bis große Unternehmen ermöglicht. Zu den Funktionen gehören meist auch eine umfangreiche Lager-, Kunden- und Auftragsverwaltung. Software für sehr große Unternehmen wird meist speziell an die Bedürfnisse der einzelnen Firmen angepaßt. Ein Beispiel sind die Programme von KHK (z.B. der PC-Kaufmann) oder auch in kleinerem Umfang das Programm Quiken von Intuit.

➡ *Siehe Quicken*

Kbit

Abkürzung für Kilobit. Maßeinheit für die Informationsmenge und die Speicherkapazität. 1 Kbit = 1024 Bit.

➡ *Siehe Bit, Speicherkapazität*

Kbit/s

Wie bps (bits per second, Bits pro Sekunde) Maßeinheit für die Datentransferrate. 1 Kbit/s = 1024 Bit/s.

➡ *Siehe Bit, Datentransferrate*

Kbyte

Abkürzung für Kilobyte. Maßeinheit für Informationsmenge und die Speicherkapazität. 1 Kbyte = 1024 Byte.

➡ *Siehe Byte, Speicherkapazität*

Kennsatz

Englisch label. Ein Kennsatz enthält die Verwaltungs- und Strukturinformationen eines Datenträgers oder einer Datei.

→ *Siehe Datei, Datenträger*

Kennwort
→ *Siehe Paßwort*

Kermit
Eines der ältesten Übertragungsprotokolle mit geringer Datentransferrate. Kermit wurde nach dem Frosch in der Muppet-Show benannt und ist heute noch bei einigen Großrechnern und Taschenrechnern in Gebrauch.

→ *Siehe Datentransferrate, Großrechner, Übertragungsprotokoll*

Kernel
Englisch für Kern. Zentraler Teil des Betriebssystems, der für grundlegende Funktionen zuständig ist. Während der Laufzeit muß sich der Kernel immer im Hauptspeicher des Computers befinden. Neben den Hauptaufgaben lädt er bei Bedarf externe Routinen nach, die für spezielle Aufgaben notwendig sind.

→ *Siehe Betriebssystem, Hauptspeicher, Laufzeit*

Kerning
Englisch für unterschneiden. Bei vielen Schriftzeichen wird der Abstand zwischen den einzelnen Schriftzeichen in einem Text in Abhängigkeit von dem Folgezeichen geregelt. Dabei kann es vorkommen, daß die Zeichenzelle (das gedachte Rechteck um ein Zeichen) des einen in die des vorigen hereinragt, d.h. unterschneidet. Die verschiedenen Werte für den Abstand werden der sogenannten Kerning-Tabelle entnommen, die die einzelnen Kerning-Paare, sprich die Abstände für die einzelnen Zeichenpaare, enthält.

→ *Siehe Schriften*

Kernspeicher
Auch Ferritkernspeicher. Diese Speicherbauform wurde früher für den Hauptspeicher von Großrechnern verwendet, bis in den 70er Jahren die Halbleiterspeicher aufkamen.

→ *Siehe Großrechner, Halbleiterspeicher, Hauptspeicher*

Kernsystem Intelligenter Terminals
→ *Siehe KIT*

Kettfeld
→ *Siehe Kettung*

Kettung
Um die Geschwindigkeit der Datenverarbeitung zu steigern, wird bei der Kettung von z.B. Datensätzen oder Befehlen die physische Adresse anderer Datensätze (bzw. Befehle) im sog. Kettfeld des Datensatzes (Befehls) hinterlegt. Man bezeichnet diesen Verweis auf einen anderen Datensatz (Befehl) auch als Pointer (Zeiger). Man unterscheidet Vorwärtskettung, Rückwärtskettung und

Mehrfachkettung, je nachdem, ob zwei oder mehr Datensätze miteinander verknüpft sind.

→ *Siehe Befehl, Datensatz, Datenverarbeitung, Zeiger*

Keyboard

Englische Bezeichnung für die Tastatur.

→ *Siehe Tastatur*

Keylock

Das Keylock (Keyboard Lock, Tastatur-Schloß) befindet sich an der Gehäusevorderseite. Mit einem kleinen Schlüssel kann man die Tastatur elektrisch vom Computer abtrennen, um so einen Fremdzugriff zu verhindern. Leider verwenden die meisten Gehäusehersteller das gleiche Schloß, so daß kein Schutz mehr gegeben ist. Außerdem wird das Schloß über ein Kabel mit einem Steckplatz auf dem Motherboard verbunden. Man bräuchte also lediglich das Gehäuse des Computers aufmachen und das Kabel abziehen. Schon kann man die Tastatur benutzen.

→ *Siehe Motherboard, Tastatur*

Keyword

Englisch für Schlüsselwort. Ein Keyword darf nicht in Variablennamen einer Programmiersprache vorkommen. Zu derartigen reservierten Wörtern zählen z.B. Befehle und die Namen der Standardgerätetreiber.

→ *Siehe Befehl, Gerätetreiber, Programmiersprache, Variable*

KI

Abkürzung für Künstliche Intelligenz.

→ *Siehe Künstliche Intelligenz*

Kilobaud

Maßeinheit für die Schrittgeschwindigkeit. 1 Kilobaud = 1000 Baud.

→ *Siehe Baud*

Kilobit

→ *Siehe Kbit*

Kilobyte

→ *Siehe Kbyte*

KIT

Abkürzung für Kernsystem Intelligenter Terminals. KIT ist der neue Bildschirmdarstellungsstandard für Btx der Deutschen Telekom. KIT ergänzt dabei den alten CEPT-Standard. Der neue Service T-Online ist nun endlich grafisch ansprechend gestaltet und alle Angebote sind menügesteuert per Maus erreichbar. Die Decoder-Programme – wie z.B. der T-Online-Decoder – werden auch als KIT-Decoder bezeichnet.

→ *Siehe Btx, CEPT, T-Online*

KIT-Decoder

→ *Siehe KIT*

Klamath

Intel-interne Bezeichnung für den Pentium-II-Prozessor. Klamath heißt ein kleiner Fluß in Kalifornien.

➡ *Siehe Intel, Pentium II*

Klammeraffe

Andere Bezeichnug für das Sonderzeichen @ (AltGr + Q).

➡ *Siehe @, Sonderzeichen*

Klicken

Das Betätigen einer Maustaste wird als Klicken oder Klick bezeichnet. Mit der linken Maustaste werden auf einer grafischen Benutzeroberfläche z.B. Programme gestartet (Doppelklick auf das Programmsymbol), bestimmte Programmfunktionen ausgelöst, Dateien kopiert usw. Mit der rechten Maustaste werden programm- oder kontextbezogene Menüs geöffnet, die weitergehende Optionen anbieten.

➡ *Siehe Kontextsensitives Menü, Maus, Maustasten, Menü*

Klon

➡ *Siehe Clone*

Knoten

Ein Knoten ist ein einzelner Rechner oder ein Peripheriegerät in einem Netzwerk. Im Fido-Netz nennt man Knoten auch Nodes.

➡ *Siehe FidoNet, Peripherie, Point*

Knotenrechner

Ein Knotenrechner ist ein besonderer, sehr leistungsfähiger Rechner innerhalb eines weitverzweigten Netzwerks, der administrative Aufgaben übernimmt.

➡ *Siehe Netzwerk*

Koaxialkabel

Auch Coaxialkabel oder einfach Koax-Kabel. Bei einem Koaxialkabel ist der innere Leiter (die Seele) von einem schlauchartigen äußeren Leiter umgeben, wobei beide durch ein Dielektrikum voneinander abgetrennt und nach außen durch eine Kunststoffummantelung abgeschirmt sind. Koax-Kabel sind deswegen sehr störunempfindlich und weisen auch selbst nur eine geringe elektromagnetische Abstrahlung auf. Sie werden meist für die Datenübertragung in Netzwerken oder im Telekommunikationsbereich eingesetzt. Auch beim Fernsehgerät wird ein Koax-Kabel als Verbindung zwischen Antennenanschluß und Fernsehgerät benutzt.

➡ *Siehe Datenübertragung, Netzwerk, Twisted-Pair-Kabel*

Kollision

Würde jeder Netzwerkknoten in einem Netzwerk unkoordiniert mit allen anderen seine Datenpakete losschicken, würde es zur Kollision

Bild 1: Ein Koaxkabel für Ethernets

dieser Datenpakete kommen. Es gibt unterschiedliche Ansätze, eine Kollision zu vermeiden. Zum einen gibt es spezielle Netzwerktopologien, die es den Netzwerkknoten erlauben, nur in einer bestimmten Reihenfolge zu senden, zum anderen besteht die Möglichkeit, daß der zu sendende Knoten die Leitung abhört und bei einer gemeldeten Kollision erst nach einer bestimmten Zeitspanne wieder zu senden beginnt.

➠ *Siehe Datenpaket, Netzwerk, Netzwerkknoten, Netzwerktopologie, Token*

Kombi-Controller

Wie der Name schon sagt, sind auf einem Kombi-Controller mehrere Hardware-Elemente miteinander kombiniert. Neben dem Floppy-Controller und dem Festplatten-Controller befinden sich auf ihm auch die I/O-Schnittstellen (COM-Ports, LPT, Gameport).

➠ *Siehe COM, Controller, Festplatten-Controller, Floppy-Controller, Game-Port, I/O-Controller, LPT*

Komfortanschluß

Eine ISDN-Anschlußart an das digitale Telefonnetz der Deutschen Telekom.

➠ *Siehe ISDN, ISDN-Anschlußarten*

Kommando

Auch Anweisung oder Befehl genannt. Ein Kommando veranlaßt ein Betriebssystem oder eine Anwendung zur Ausführung einer bestimmten Aktion. Bei grafischen Benutzeroberflächen werden Kommandos durch das Anklicken von Symbolen (Icons) oder das Wählen von Menüoptionen mit der Maus ausgelöst.

➠ *Siehe Befehl, Grafische Benutzeroberfläche, Icon, Maus, Menü*

Kommando-Interpreter

Ein Beispiel für einen Kommando-Interpreter (auch Befehls-Interpreter) wäre die MS-DOS-Datei Command.com. Diese Datei interpretiert jeden vom Benutzer an der Eingabeaufforderung eingegebenen Befehl und vergleicht ihn mit einer intern gespeicherten Befehlssyntax. Ist die Eingabe korrekt, wird der Befehl ausgeführt. Ansonsten erhält der Anwender eine Fehlermeldung.

➠ *Siehe Befehls-Interpreter, Command.com, MS-DOS*

Kommandoprozessor

→ *Siehe Befehlsprozessor*

Kommunikation

Mit Kommunikation bezeichnet man allgemein den Austausch von Informationen. Im EDV-Bereich meint man mit Kommunikation den Austausch von Daten zwischen zwei oder mehr Systemen, Geräten o.ä. Eingeschlossen sind dabei die Datenübermittlung per Datenfernübertragung, Datenübertragung per Netzwerk, Bus, Kabel usw. Natürlich beschränkt man auch im EDV-Bereich die Kommunikation nicht nur auf simple Zahlen, sondern sie beinhaltet natürlich auch den Austausch bzw. die Übertragung von Bild, Ton und Video.

→ *Siehe Bus, Datenfernübertragung, Datenübertragung, EDV, Netzwerk*

Kommunikationsnetz

Ein Kommunikationsnetz ist ein Netzwerk, welches den Anwendern die Kommunikation untereinander erlaubt. Dabei ist nicht nur reine Datenübertragung gemeint, sondern auch die Übermittlung von Sprache, Ton, Bild und Video.

→ *Siehe Kommunikationsnetz, Netzwerk*

Kommunikationsprogramm

Ein Programm, welches die Kommunikation zwischen zwei oder mehr Computern über ein lokales oder globales Netzwerk abwickelt, nennt man Kommunikationsprogramm. Es baut die Verbindung zu anderen Rechnern auf und bietet eine Oberfläche zur Kommunikation mit dem Gegenüber. Diverse Übertragungsprotokolle (Kermit, X-Modem, Y-Modem, Z-Modem) sorgen bei der Datenübertragung für Kompatibilität zwischen den beiden Partnern. Beispiele wären Teles für Windows oder die Shareware ZOC. Ein sog. Terminalprogramm baut z.B. die Verbindung zu einem Host auf und emuliert die Oberfläche eines angeschlossenen Host-Rechners. Oft wird unter dem Oberbegriff Kommunikationsprogramm auch ein ganzes Paket von Einzelprogrammen zusammengefaßt (so z.B. das Internet Access Kit im BonusPack von OS/2 oder das Internet Kit von Windows 95/NT).

→ *Siehe Datenübertragung, Host, Kermit, Kommunikation, Kompatibilität, Terminalprogramm, Übertragungsprotokoll, Xmodem, YModem, ZModem*

Kompatibel

Programme oder Hardware-Komponenten nennt man kompatibel, wenn sie miteinander verträglich sind. Kompatible Komponenten funktionieren auch in leicht abweichenden Systemkonfigurationen. Grundbedingung ist allerdings, daß alle die Spezifikationen derselben Plattform (IBM-PC, Apple Macintosh usw.) erfüllen bzw. auf demselben Betriebssystem lauffähig sind.

→ *Siehe Betriebssystem, Hardware-Komponente, Plattform, Programm*

Kompatibilität

Mit Kompatibilität bezeichnet man im allgemeinen die Verträglichkeit mehrerer Hardware- bzw. Software-Komponenten untereinander. Oft wird der Begriff Kompatibilität oder kompatibel auch verwendet, um eine Hardware bzw. Software als einem Standard, einer bestimmten Spezifikation oder Norm entsprechend zu kennzeichen. Zur Definition dieser Normen gibt es veschiedene Gremien (z.B. ISO, ANSI, IEEE, DIN). Ebenso haben sich mit der Zeit einige Quasi-Standards entwickelt, die nicht auf die Beschreibung durch ein Gremium zurückgehen. Man sagt z.B., eine Soundkarte sei Soundblaster-kompatibel, wenn sie die Soundstandards der weitverbreiteten Soundblaster-Karte der Firma Creative Labs unterstützt. Grundbedingung ist, daß die Komponente die Spezifikationen derselben Plattform (IBM-PC, Apple Macintosh usw.) erfüllt bzw. auf demselben Betriebssystem lauffähig ist.

→ *Siehe ANSI, Betriebssystem, DIN, Hardware-Komponente, IEEE, ISO, Kompatibel, Plattform, Softwarekomponente*

Kompilieren

Die Übersetzung eines Quellcodes mit Hilfe eines (Compiler) nennt man kompilieren. Im Normalfall wird der Quelltext in Maschinencode übersetzt. Dieser kann dann auf einer bestimmten Rechnerplattform ausgeführt werden. Im Falle von Java wird der Quelltext in den sogenannten Bytecode übersetzt, der von einer Implementation der Java Virtual Machine ausgeführt wird.

→ *Siehe Compiler, Java, Java Virtual Machine, Maschinencode, Plattform, Quelltext*

Komplement

Das Komplement wird verwendet, um negative Zahlen im Computer darzustellen. Dabei dient das höchstwertige Bit einer Zahl zur Festlegung des Vorzeichens. Dies hat zur Folge, daß nun ein Bit weniger für den Wertebereich zur Verfügung steht. Allerdings umfaßt der Wertebereich nun auch negative Zahlen. Zum Vergleich soll ein 16-Bit-Integer-Wert dienen. In der unsigned Variante (also der Variante ohne Vorzeichen) erstreckt sich der Wertebereich von 0 bis 65.535. Die vorzeichenbehaftete Version dagegen besitzt einen Wertebereich von -32.768 bis +32.767.

→ *Siehe Bit, Integer*

Kompletter Bypass

Kommunikationsnetzwerk, welches die Verbindung über das Telefonnetz unter Nutzung von Satellitenübertragung umgeht.

Komponente

Software-Komponente oder Hardware-Komponente. Eine Komponente ist ein Bestandteil eines funktionierenden (Computer-)Systems. Im Computerbereich kann eine Komponente Teil einer Software sein, meist jedoch verwendet man den Begriff in Hinsicht auf die enthaltene Hardware (Erweiterungskarten, CPU, Motherboard usw.).

→ *Siehe CPU, Hardware, Motherboard, Software*

Kompression

Mit Kompression wird im allgemeinen die Kompression von Daten (Datenkompression) gemeint. Dabei wird die Größe einer Datei mit Hilfe komplexer Algorithmen verringert (man sagt: die Datei wird gepackt). Um die Dateigröße zu verringern, werden z.B. sich wiederholende Zeichenfolgen in einer Tabelle zusammengefaßt. Es gibt verschiedene Programme, die diese Aufgabe übernehmen. Bekannte Vertreter sind WinZip (.zip) und TurboZip (beide Shareware), die beide mit dem »Packer« PKZIP arbeiten. Mit Hilfe dieser Programme werden die Daten dann auch wieder »entpackt«. Viele Dateien, besonders Grafikformate, enthalten in sich selbst bereits eine Kompression (z.B. TIFF oder JPEG). Beim Speichern von Grafiken in einem dieser Formate kann man die Stärke der Kompression angeben. Wie bei der Echtzeitkompression von Videosequenzen mit Hilfe spezieller Erweiterungskarten kann es auch bei der Bildkompression zu Qualitätsverlusten kommen. Auch bei der Datenfernübertragung gibt es Kompressionsverfahren, z.B. direkt vom Modem (MPR-Norm).

→ *Siehe Algorithmus, Datenkompression, Harddisk-Recording, JPEG, Modem, MPR-Norm, PKZIP, TIFF*

Komprimierungsprogramm

Ein Komprimierungsprogramm verwendet man, um Daten zu komprimieren. Man kann viele Einzeldateien zusammen komprimieren und in einem sog. Archiv ablegen (packen). Klickt man z.B. unter Windows 95 auf eines dieser Archive, wird der Packer (das Komprimierungsprogramm) automatisch gestartet und bietet verschiedene Optionen zur Bearbeitung der gepackten Daten. Unter MS-DOS gibt es z.B. die Programme LHA (auch unter OS/2), PKZIP oder ARJ, die alle über eine eigene Befehlsstruktur gesteuert werden. Unter Windows 95/NT gibt es WinZip oder TurboZip, die praktisch nur eine grafische Oberfläche für die DOS-Programme darstellen. Natürlich gibt es sog. Online-Komprimierungsprogramme, wie den UUDecoder (ebenfalls in den neueren Versionen von WnZip oder TurboZip enthalten).

➥ *Siehe ARJ, Datenkompression, Kompression, LHA, PKZIP, UUDecode, UUEncode*

Kondensator

Ein Kondensator ist ein elektronisches Bauelement, das in der Lage ist, elektrische Ladungen zu speichern. In einem Computer kommen sie in den verschiedensten Bauformen vor und erfüllen die unterschiedlichsten Aufgaben. Im Netzteil eines Computers werden Kondensatoren z.B. zur Glättung der Ausgangsspannung verwendet. Wichtigste Kennzahl für einen Kondensator ist die Kapazität. Sie gibt an, wieviel Ladung gespeichert werden kann und wird in der physikalischen Einheit Farad angegeben.

➥ *Siehe Netzteil*

Konfiguration

Die Hardware- und Software-mäßige Ausstattung eines Computersystems. Bezeichnung für die durch den Anwender vorgenommenen Einstellungen an einer Hardware oder Software, z.B. die Konfiguration des CMOS, die verwendeten Interrupts einer Erweiterungskarte oder daß eine Applikation z.B. automatisch startet usw.

➥ *Siehe Applikation, CMOS, Hardware, Interrupt, Software*

Konjunktion

Operation der booleschen Algebra. Besser bekannt unter der Bezeichnung AND-Verknüpfung.

➥ *Siehe AND-Verknüpfung, Boolesche Operatoren*

Konsole

Früher wurde der Begriff Konsole für das Bedienfeld, die Tastatur und den Monitor eines Großrechners verwendet. Heutzutage meint man mit Konsole Spielekonsolen, wie z.B. die Sony Playstation oder den Nintendo 64. Spielekonsolen sind Computer, die an das Fernsehgerät angeschlossen werden und nur Eingänge für Joysticks oder Game-Pads besitzen. Legt man eine Spiele-CD in die Konsole ein, wird das Spiel automatisch gestartet.

➥ *Siehe Game-Pad, Großrechner, Joystick, Nintendo, Sony*

Konstante

Eine Konstante ist ein Wert (z.B. eine Zahl), der unveränderbar ist. Im EDV-Bereich bezeichnet der Begriff Konstante im allgemeinen eine Variable, die per Definition auf einen bestimmten Wert festgelegt wird und danach nicht mehr verändert werden kann.

➡ *Siehe EDV, Variable*

kontextbezogene Hilfe

Bei vielen Anwendungsprogrammen gibt es die Möglichkeit, zur gerade ausgeführten Aktion eine Hilfefunktion aufzurufen. Meist findet man in der Dialog-Box der Aktion (z.B. Drukken) eine Schaltfläche mit der Aufschrift »Hilfe« oder einem »?«. Klickt man auf diese Schaltfläche, öffnet sich ein Fenster mit der kontextbezogenen Hilfe (in diesem Beispiel zum Thema Drucken).

➡ *Siehe Dialog-Box*

kontextsensitives Menü

Ein kontextsensitives Menü wird durch einen Klick mit der rechten Maustaste auf ein Objekt geöffnet und enthält besondere Befehle, die speziell auf das ausgewählte Objekt (ein Text, eine Grafik, ein Dateisymbol) bezogen sind.

➡ *Siehe Maustasten, Menü*

Konto

➡ *Siehe Account*

Kontrast

Die Stärke des Kontrasts gibt an, wie stark sich schwarze und weiße Flächen auf einem Bildschirm oder einem Druckmedium voneinander unterscheiden. Beim Monitor ist der Kontrast regelbar, während sich der Kontrast beim Drucken durch die variable Punktdichte bzw. durch die Farbdeckung ergibt.

➡ *Siehe Drucker, Monitor*

Kontroll-Bit

Englisch control bit. Ein Kontroll-Bit ist ein Bit an einer bestimmten Stelle in einem Register oder einem Datenpaket, welches jederzeit durch ein Programm oder das Betriebssystem abgefragt werden kann und Auskunft darüber gibt, ob die Funktion ausgeführt wurde oder nicht.

➡ *Siehe Betriebssystem, Bit, Datenpaket, Prüfbit, Register*

Kontrollkästchen

Englisch Checkbox. Kontrollkästchen sind grafische Elemente einer grafischen Benutzeroberfläche, die die Auswahl bestimmter Objekte oder Optionen, z.B. bei der Installation von Programmen, ermöglichen. Wurde ein Objekt ausgewählt, wird dies meist durch ein kleines Häkchen im Kontrollkästchen angezeigt.

➡ *Siehe Grafische Benutzeroberfläche*

Kontrollschicht für logische Verbindungen

➡ *Siehe IEEE-802-Modell*

konventioneller Speicher

Auch als Base Memory bezeichnet. Der konventionelle Speicher ist der Speicherbereich unter 640 Kbyte in einem PC. Besonders unter MS-DOS ist die Verwendung des konventionellen und des erweiterten Speichers von Bedeutung.

➠ *Siehe Oberer Speicher, Unterer Speicher*

Konvergenz

Mit Konvergenz wird die korrekte Fokussierung der Elektronenstrahlen für die Farben Rot, Grün und Blau bei der Farbbildröhre eines Monitors bezeichnet. Weicht die Konvergenz eines Strahls stark ab, so wird dieser z.B. hinter der Darstellung einer weißen Linie sichtbar. Idealerweise bedecken sich die Strahlen perfekt. Die Einhaltung der Konvergenz ist ein wichtiges Kriterium bei der Wahl des Monitors.

➠ *Siehe Bildröhre, Bildschirm, Elektronenstrahlröhre, Monitor, RGB*

Konverter

In der Radio- und Fernsehtechnik ist ein Konverter ein Frequenzwandler. Im Computerbereich ist mit Konverter ein Konvertierungsprogramm gemeint.

➠ *Siehe Konvertierungsprogramm*

Konvertierung

Die Umwandlung von Daten in ein anderes Datenformat – oft auch in das einer anderen Plattform, z.B. Apple Macintosh – nennt man Konvertierung. Die Konvertierung kann mit einem speziellen externen Konvertierungsprogramm erfolgen oder direkt über eine Anwendung (z.B. Winword für Textformate). Dabei wird das jeweilige applikationsfremde Datenformat »importiert« (Datenimport). Applikationseigene Formate können in Fremdformate umgewandelt werden. Dies geschieht über den »Export« (Datenexport) der Datei. Die Optionen Import (importieren) und Export (exportieren) finden sich in fast jeder Applikation.

➠ *Siehe Datenexport, Datenformat, Datenimport, Konvertierungsprogramm, Plattform*

Konvertierungsprogramm

Ein Programm, mit dem man Daten in andere – auch plattformfremde – Datenformate umwandeln kann, nennt man Konvertierungsprogramm.

➠ *Siehe Konvertierung, Plattform*

Konzeptmodus
➠ *Siehe Draft-Modus*

kooperatives Multitasking

Auch kooperative Betriebsmittelvergabe. Jeder gerade laufenden Applikation wird vom Betriebssystem eine

Priorität zugeteilt. Das Programm mit der höchsten Priorität kann für sich die gesamte Rechenzeit und -leistung beanspruchen. Beim Gegenteil – dem preemptiven Multitasking – werden zwar auch Prioritäten vergeben, aber die Programme teilen sich die Rechenzeit und -leistung des Systems.

➡ *Siehe Betriebsmittelvergabe, Multitasking, Preemptives Multitasking, Priorität*

Koordinate

Koordinaten sind Bezugseinheiten, mit deren Hilfe man Positionen im zwei- und dreidimensionalen Raum bestimmen kann. Ein dreidimensionales Koordinatensystem besteht aus drei Achsen (x, y, z), die einen gemeinsamen Ursprung haben und senkrecht aufeinanderstehen. Koordinaten und Koordinatensysteme werden bei Diagrammen, CAD-Programmen und Animationsprogrammen verwendet.

➡ *Siehe CAD-Programm, Diagramme*

Kopfzeile

Eine Kopfzeile ist eine Zeile, die sich am obersten Rand einer Dokumentseite befindet. In Kopfzeilen sind z.B. die Seitenzahl, der Titel des Buchs oder andere Angaben enthalten. In Textverarbeitungsprogrammen sind in der Regel umfangreiche Funktionen zur Formatierung von Kopf- und Fußzeilen enthalten.

➡ *Siehe Formatierung, Fußzeile, Textverarbeitung*

Kopieren

Unter Kopieren versteht man die Vervielfältigung von Daten, Dateien und Datenträgern.

➡ *Siehe Datei, Daten, Datenträger*

Kopierprogramm

Ein Kopierprogramm wird zum Kopieren von Daten, Dateien und Datenträgern verwendet. In der Regel ist ein Kopierprogramm Bestandteil eines jeden Betriebssystems. Besonders im Shareware-Bereich gibt es aber auch externe Kopierprogramme als sog. Utilities (Werkzeuge). Derartige Programme bieten oft mehr Funktionalität und unterstützen mehrere Dateiformate.

➡ *Siehe Betriebsmittel, Dateiformat, Kopieren, Shareware, Utility*

Kopierschutz

Englisch copy protection. Ein Kopierschutz soll den Hersteller einer Software vor unberechtigtem Kopieren seines rechtlichen Eigentums schützen. Es gibt mehrere Kopierschutzverfahren, die zum einen auf speziellen Hardware-Komponenten (Dongle), zum anderen auf Software-Maßnahmen beruhen. Dazu gehören Autorisationscodes, Seriennummern, die Überwachung der Anzahl bereits vorgenommener Installationen oder die Überprüfung auf enthaltene Dateien oder Programmteile. Derartige Schutzmaßnahmen sind aber meist nur mäßig erfolgreich. Wenn sie nicht schon durch den einfachen Anwender umgangen werden können, schafft das spätestens ein Cracker.

➟ *Siehe Cracker, Dongle*

Kopierschutzstecker

➟ *Siehe Dongle*

Koprozessor

➟ *Siehe Coprozessor*

Korrekturverfahren

Zur Vermeidung und Korrektur von Fehlern bei der Daten(fern-)übertragung, der Speicherung von Daten im Hauptspeicher bzw. auf einem magnet. Datenträger werden die unterschiedlichsten Korrekturverfahren eingesetzt. Zum Beispiel werden Daten bei fehlerhafter Parität oder CRC neu eingelesen und übertragen. Erst wenn mehrere Übertragungs- oder Speicherungsversuche fehlgeschlagen sind, meldet das Gerät, das Programm oder das Betriebssystem einen nichtbehebbaren Fehler und bricht die Aktion ab.

➟ *Siehe CRC, Parität*

Korrespondenzdrucker

Früher war das Schriftbild vieler Drucker nicht ausreichend für die Erledigung der Korrespondenz. Sie erreichten nicht die Druckqualität einer herkömmlichen Schreibmaschine. Deshalb mußte man bei der Wahl des Druckers auf die Korrespondenzfähigkeit achten. Heutige Drucker (Nadeldrucker, Tintenstrahldrucker, Laserdrucker usw.) liefern i. d. R. ein ausreichend gutes bis viel besseres Schriftbild als eine Schreibmaschine, solange man nicht im Entwurfsmodus (Draft- oder Economy-Modus) druckt, bei dem durch Einsparung von Tinte, Toner oder Farbband nur eine geringe Druckdichte erreicht wird.

➟ *Siehe Draft-Modus, Drucker, Farbband, Toner*

Krause, Kai

Mitte der 70er Jahre setzte sich Kai Krause kurz vor dem Abitur zusammen mit seiner Freundin Barbara und seinem Freund Martin nach Santa Barbara/Kalifornien ab. Nach längerem »kreativen Treiben« in der Hippiewelt der Westküste erstand Kai einen Synthesizer und produzierte ab diesem Zeitpunkt Soundeffekte für Stars wie Stevie Wonder oder Frank Zappa. Nachdem er für ein Stimmenverfremdungssystem der CIA die Anleitung geschrieben hatte, bekam er zur Entlohnung ein Exemplar der 20.000-Dollar-Maschine. Damit erzeugte der Soundfreak Töne für Dracula-Filme und Disneys Sound-Bibliothek. Schon immer träumte Kai davon, Klänge zu visualisieren und als die ersten brauchbaren Heimcomputer auf den Markt kamen, verkaufte er seine Soundausrüstung an Neil Young und lernte Programmieren. 1982 gründete Kai zusammen mit seiner Frau Barbara und seinem Freund Martin die Firma 3D. Mit der Erstellung von Geschäftsgrafiken verdiente Krause seine erste Million, die er in die Gründung der Firma MetaTools steckte. MetaTools wurde in der Folgezeit zu einer der innovativsten Firmen im Computergrafikbereich. Zu ihren Entwicklungen zählen so bekannte Programme wie Kai's Power Tools, KPT Bryce, Kai's Power GOO und seit neuestem Soap. Allen Programmen ist eine gleichermaßen ungewöhnliche als auch sehr intuitive Benutzeroberfläche zu eigen, die leichtes und vor allem kreatives Arbeiten erlaubt. Kai's Power Tools ist eine Sammlung von Grafikfiltern, die z.B. für die Erzeugung von Effekten in Adobe Photoshop oder Corel Photopaint eingesetzt werden. Jeder dürfte mittlerweile den Effekt Page Curl kennen, bei dem das Bild auf eine sich an einer Ecke aufrollenden Seite projiziert wird. Mit KPT Bryce lassen sich dreidimensionale (auch surrealistische) Landschaften erzeugen. Kai´s Power Goo ist ein witziges Programm, mit dem sich Portraits verfremden lassen. So kann man z.B. der Mona Lisa ein breites Grinsen verpassen oder Bill Clinton und Boris Jelzin ineinander verschmelzen. Soap, die neueste Entwicklung von Krause, ist ein Bildbearbeitungsprogramm, welches sich hauptsächlich für die Fotoretusche eignet. Im Juni 1997 fusionierte MetaTools mit der Firma Fractal Design (ebenfalls ein Anbieter von Grafik-Software) und firmiert nun unter dem Namen MetaCreations. Neben der Entwicklung von Software möchte die Firma auch im Grafik-Hardware-Bereich Fuß fassen. So arbeiten die 330 Mitarbeiter von MetaCreations zur Zeit an der Entwicklung einer 3D-Scan-Kamera, mit der man dreidimensional fotografieren kann.

➠ *Siehe Kai's Photo Soap, MetaCreations*

Bild 2: Kai Krause vor einem Bildschirm mit einem SOAP-Foto

Kreisdiagramm

Ein Diagramm, bei dem die darzustellenden Werte durch Segmente eines Kreises repräsentiert werden, nennt man Kreisdiagramm. Diese Sorte Diagramm wird meist verwendet, um den Anteil einzelner Teile an einem Ganzen darzustellen. Die Segmente können durch Farbgebung und Muster hervorgehoben werden. Oft können sie aus dem Kreis auch herausgerückt werden. Eine weitere Form des Kreisdiagramms ist das sog. Torten- oder Kuchendiagramm, bei dem das Diagramm dreidimensional dargestellt wird und die einzelnen Segmente wie Tortenstücke aussehen.

➡ *Siehe Diagramme, Tortendiagramm*

Kryptoanalyse

Die Analyse chiffrierter Daten zum Zweck ihrer Dechiffrierung nennt man Kryptoanalyse. Umgangssprachlich spricht man jedoch vom »Knacken eines Codes«.

➡ *Siehe Kryptographie*

Kryptographie

Unter Kryptographie versteht man die Verschlüsselung von Daten (Datenverschlüsselung) unter Verwendung komplexer Algorithmen, um sie vor unberechtigter Einsicht durch Dritte zu schützen. Gängige Verschlüsselungsmethoden sind das Vertauschen oder Ersetzen von Zeichen; oft wird auch noch ein Paßwort als zusätzlicher Schutz eingesetzt. Die Sicherheit der Daten hängt vor allem von der Länge des verwendeten Schlüssels ab. Gängig ist heute ein 128-Bit-Schlüssel, den Hochleistungsrechensysteme erst nach mehreren Jahren Berechnungszeit knacken könnten. Verschlüsselungsverfahren können auch Hardware-mäßig realisiert sein. Ein Beispiel wäre ein sog. Clipper-Chip, der die Verschlüsselung von Daten z.B. bei der Datenfernübertragung realisiert. Im Internet hat die Verschlüsselung persönlicher Daten (E-Mails) in letzter Zeit immer mehr an Bedeutung gewonnen. Ein gängiges Programm für diesen Zweck ist PGP (Pretty Good Privacy).

➡ *Siehe Datenschutz, Datenverschlüsselung, E-Mail, PGP*

Kuchendiagramm

Dreidimensionale Darstellung eines Kreisdiagramms. Auch als Tortendiagramm bezeichnet.

➡ *Siehe Diagramme, Kreisdiagramm*

Künstliche Intelligenz

Abkürzung ist KI oder englisch AI für artificial intelligence. Das Forschungsgebiet künstliche Intelligenz zielt auf die Entwicklung intelligenter Soft- und Hardware ab. Beginnend mit der Erforschung der menschli-

Künstliche Intelligenz

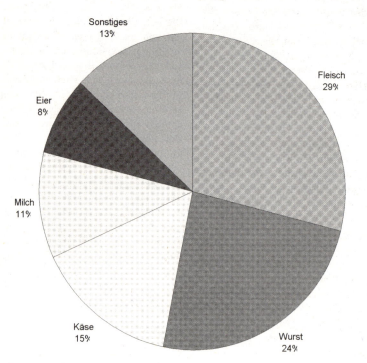

Bild 3: Ein Standard-Kreisdiagramm

chen Intelligenz und der Funktion menschlicher Gehirnprozesse sollen intelligente Computersysteme geschaffen werden. Bis auf recht geringe Erfolge in Form sog. Expertensysteme war der KI bisher nur bescheidener Erfolg beschieden. Die Intelligenz dieser Programme beschränkt sich bis jetzt auf gigantische Datenbanken, zwischen denen erst von Programmierern logische Bezüge hergestellt werden müssen. Manche Programme haben zwar schon die Fähigkeit, zu »lernen«, aber auch hier muß dem Programm bzw. dem Computer erst eine logische Syntax beigebracht werden, die kaum variiert werden kann.

➥ *Siehe Datenbank, Expertensystem, Hardware, Software*

Kurrent

Kurrent ist eine Schriftart (Font), die stark an eine flüssige Handschrift erinnert.

➥ *Siehe Font, Schriften*

Kursiv

Kursiv (englisch Italic) ist ein neben Fett (Bold) und Unterstrichen (Underlined) eine weitere Möglichkeit des Schriftbildformats. Bei kursiver Schrift sind die Zeichen nach rechts geneigt. Sie wird meist für die Hervorhebung von Text (z.B. Fremdwörter und Fachbegriffe) benutzt, wie Sie am vorhergehenden Beispiel sehen.

➥ *Siehe Schriften, Schriftschnitt*

Kurvendiagramm

Bei einem Kurvendiagramm werden die darzustellenden Werte durch Kurvenzüge repräsentiert. Die einzelnen Wertepunkte werden dabei miteinander verbunden. Kurvendiagramme werden z.B. für die Darstellung mathematischer Funktionen sowie für das Aufzeigen von Trends, z.B. in Aktienkursen, verwendet.

➥ *Siehe Diagramme*

Kybernetik

Die Kybernetik ist ein wissenschaftlicher Zweig, der Themen der unterschiedlichsten Fachgebiete (Biologie, Physik, Informatik, Soziologie und Wirtschaft) in sich vereint. Die Kybernetik untersucht die Zusammenhänge zwischen biologischen und technischen Vorgängen und versucht, biologische und technische Prozesse letztendlich auf dieselben Grundprinzipien zurückzuführen. Zu diesen Prinzipien gehören die Informationstheorie, die sich mit der Wahrnehmung und Verarbeitung von Signalen beschäftigt, und die Regeltechnik, die sich mit der Steuerung von Prozessen beschäftigt. Der Begriff Kybernetik wurde 1948 durch Norbert Wiener geprägt, der damit Steuer- und Regelfunktionen beschrieb.

L1-Cache
➟ *Siehe First-Level-Cache*

L2-Cache
➟ *Siehe Second-Level-Cache*

Label
Engl. für Datenträgerbezeichnung.

Bei grafischen Benutzeroberflächen werden Beschriftungsfelder, die statischen Text (Text, der vom Benutzer nicht unmittelbar geändert werden kann) beinhalten, als Label bezeichnet.

In Bereich der Programmiersprachen spricht man im bezug auf eine besonders gekennzeichnete Stelle im Quellcode von Label (engl. für Sprungmarke). Diese Stellen können durch sog. Sprungbefehle direkt angesprungen werden. In Basic und vielen anderen Sprachen dient dafür der Befehl goto. Neben dem Befehl muß auch noch der Name des Labels, der angesprungen werden soll, angegeben werden.

➟ *Siehe Datenträger*

ladbare Schrift
➟ *Siehe Ladbarer Zeichensatz*

ladbarer Zeichensatz
Auch umschaltbarer Zeichensatz, Codeseite oder engl. Codepage genannt. Ein ladbarer Zeichensatz enthält Ziffern, Buchstaben und Sonderzeichen, die von einem Computer im Textmodus verwendet werden können. Ein PC hat eine Datenbreite von 8 Bit, wodurch maximal 256 verschiedene Zeichen zur Verfügung stehen. Ein Beispiel wären die ASCII- oder ANSI-Zeichensätze. Neben der Anzahl der Zeichen definiert ein Zeichensatz auch die verwendete Sprache. Codepages sind nur unter MS-DOS notwendig, unter Windows 95 wird der entsprechende Eintrag in der Config.sys und in der autoexec.bat zwar immer noch vorgenommen, kann aber ohne nachteilige Auswirkungen einfach gelöscht werden.

➟ *Siehe ANSI, ASCII, Autoexec.bat, Config.sys, MS-DOS*

Laden

Unter Laden versteht man den Vorgang des Schreibens von Daten in den Arbeitsspeicher eines Computers. Dies ist immer notwendig, bevor ein Programm ausgeführt oder mit bestimmten Daten gearbeitet werden kann. Man sagt in diesem Zusammenhang auch: eine Datei oder ein Programm wird geladen. Bei Programmen ist der Begriff meist noch etwas weiter gefaßt. So werden beim Laden von Programmen meistens auch Vorbereitungen auf die Arbeit mit dem Programm getroffen, z.B. die Einstellungen, die der Benutzer vorgenommen hat, werden wiederhergestellt.

→ *Siehe Daten, Hauptspeicher*

LAN

LAN ist die Abk. für Local Area Network oder lokales Netzwerk im Deutschen. Ein solches Netzwerk ist ein Software- und Hardware-mäßiger Verbund mehrer Computer. Der Zweck dieses Verbundes ist es, Daten zwischen den einzelnen Benutzern auszutauschen und Hardware-Ressourcen gemeinsam zu nutzen. Dadurch erhöht sich zum einen die Auslastung der einzelnen Geräte und zum anderen werden neue Möglichkeiten der Zusammenarbeit geschaffen, wodurch sich ingesamt Kosten reduzieren lassen. Gleichzeitig steigert sich die Produktivität. Ein lokales Netzwerk ist, wie der Name schon sagt, auf einen kleines Gebiet beschränkt, was allerdings in den Dimensionen eines Unternehmens oder einer Organisation gesehen durchaus beachtlichen Umfang haben kann (1000 Arbeitsstationen und mehr sind nicht ungewöhnlich). Oft werden solche lokalen Netzwerke zu größeren Netzen verbunden.

Um einzelne Rechner zu einem lokalen Netzwerk zu verbinden, sind mehrere Voraussetzungen zu erfüllen. Einmal ist Hardware erforderlich, die es ermöglicht, die Rechner zu einem Netzwerk zu verbinden. Hier sind mindestens zwei Computer nötig. In erster Linie ist hier die Netzwerkkarte zu nennen, die direkt in den Rechner eingebaut wird. Zusätzlich benötigt man noch ein Medium, das zur Verbindung der Rechner verwendet wird. Hierfür können Koaxial-Kabel, Twisted Pair oder auch Glasfaser-Leiter verwendet werden.

Auf der Software-Seite ist ein Netzwerkbetriebssystem notwendig, um die Hardware steuern und verwenden zu können. Neben verschiedenen Netzwerkbetriebssytemen, wie z.B. Novell Netware, Windows NT, Baan etc., gibt es auch verschiedene sog. Topologien, die eine Vorschrift darstellen, wie die Rechner in dem Netzwerk miteinander verbunden werden, welche Kabel und sonstige Hardware dafür verwendet werden und wie die Kommunikation zwischen den Rechnern aussehen soll. Die verschiedenen Firmen haben dabei eigene Lösungen entwickelt. Weite Verbreitung haben der Ethernet-Standard, der ursprünglich von Xerox entwickelt wurde, und Token-Ring von IBM gefunden. Große Netzwerke verwenden oft dezidierte Server, d. h. es gibt spezielle Rechner, deren einzige Aufgabe es ist, den Clients (die einzelnen Arbeitsstationen im Netz) Ressourcen zur Verfügung zu stellen und das Netzwerk zu verwalten. Auf der anderen Seite gibt es sog. Peer-to-Peer-Netze; hier kann jeder Rechner sowohl Arbeitsstation als auch Server sein. Eine ganz aktuelle Entwicklung bei LAN ist das Intranet, das die Technologie des Internet verwendet, um firmeninterne Netze aufzubauen.

➟ *Siehe Client-Server-Prinzip, Ethernet, Intranet, Netzwerk, Netzwerkbetriebssystem, Netzwerkkabel, Netzwerkkarte, Netzwerktopologie, Peer-to-Peer, Ressourcen, Token-Ring*

LAN Manager

Beim LAN Manager handelt es sich um ein Netzwerkbetriebssystem von Microsoft. Das System setzt auf UNIX bzw. OS/2 (bis Version 1.3) auf. Clients können als Betriebssystem DOS, Windows, OS/2 etc. verwenden.

➟ *Siehe Client, LAN, Netzwerkbetriebssystem, OS/2, Unix*

LAN Server

Ein LAN-Server oder auch nur Server ist ein Rechner in einem Netzwerk, der den Clients im LAN bestimmte Dienste zur Verfügung stellt. Dabei kann es sich z. B. um das Bereitstellen von Dateien, von Applikationen oder auch Kommunikationsdiensten handeln. Entsprechend der Dienste werden diese Server auch benannt – also Datei-, Applikations- oder Kommunikations-Server. Dabei muß es sich bei den einzelnen Servern nicht zwangsläufig um einzelne Computer handeln. Bei kleineren Netzen ist es durchaus üblich, mehrere oder auch alle gewünschten Server-Dienste auf einen physikalischen Server zu konzentrieren.

LAN Server ist ein Netzwerkbetriebssystem, das von IBM auf Basis des LAN Manager entwickelt wurde. LAN Manager wurde von Microsoft und 3Com entwickelt. LAN Server läuft unter OS/2. Es werden aber auch Arbeitsstationen, die unter DOS und Windows laufen, unterstützt. Die aktuelle Version des LAN Server heißt Warp Server.

➟ *Siehe Datei-Server, Druck-Server, LAN, Netzwerk, Server*

Land

➟ *Siehe CD-ROM-Laufwerk*

Landezone

Die Landezone oder Landzone (engl. landing zone) ist der Bereich der

Festplatte, in dem die Schreib-Lese-Köpfe geparkt werden, um sog. Headcrashs, also das Aufschlagen der Köpfe auf die Oberfläche der Festplatte, zu verhindern. Bei neueren Platten erfolgt das Parken der Köpfe automatisch. Früher mußte dies durch einen speziellen Befehl explizit ausgelöst werden.

➔ *Siehe Festplatte, Headcrash, Parken, Schreib-Lese-Kopf*

Landing Zone
➔ *Siehe Landezone*

Landmark-Benchmark-Test

Dieser Test gehört zu den sog. Benchmarks. Benchmarks sind Tests, die die Leistung eines Rechnersystems beurteilen lassen und vor allem auch den Vergleich zu anderen Rechnern zulassen. Der Landmark-Test erhielt seinen Namen von seiner Herstellerfirma. Er verwendet einen Referenz-PC, mit dem die Leistung des geprüften PC verglichen wird. Das Ergebnis wird in Relation zu diesem Referenz-PC ausgegeben. Da für die Leistung eines PC neben dem Prozessor noch eine ganze Reihe anderer Faktoren eine wesentliche Rolle spielen, hat der Landmark-Test aufgrund seiner Prozessorlastigkeit heute an Bedeutung verloren.

➔ *Siehe Benchmark*

Landscape

Landscape ist die englische Bezeichnung für Querformat.

➔ *Siehe Querformat*

LapLINK

LapLINK ist der Name eines speziellen Programms zum Datenaustausch zwischen zwei PCs über eine serielle oder parallele Schnittstelle oder auch via ISDN-Karte.

➔ *Siehe Datenaustausch, ISDN-Karte, Parallele Schnittstelle, Serielle Schnittstelle*

Laptop

Mit Laptop werden mobile Computer bezeichnet, die mit Akku oder einem externen Netzteil betrieben werden. Im zugeklappten Zustand sind Laptops nur wenige Zentimeter hoch. Um mit einem Laptop arbeiten zu können, muß der Bildschirm hochgeklappt werden. Bei diesem handelt es sich in der Regel um ein Flüssigkristall-Display. Laptops lösten die Portables ab, die noch ziemlich unhandlich waren. Laptops haben ein Gewicht zwischen 4 und 7 kg und eine Grundfläche, die etwa einer A4-Seite bzw. etwas mehr entspricht. Inzwischen wurden diese ihrerseits von den noch leichteren Notebooks verdrängt. Heutige mobile Computer stehen in puncto Leistungsfähigkeit und Ausstattungsmöglichkeiten den stationären kaum nach.

→ *Siehe Akku, Flüssigkristallanzeige, Notebook, Portable*

Large Scale Integration
→ *Siehe LSI, VLSI*

Laser

Mit einem Laser ist es möglich, einen stark gebündelten monochromatischen Lichtstrahl zu erzeugen. Laser werden heute in sehr vielen Bereichen der Technik angewendet. Im Computerbereich werden sie vor allem in optischen Speichermedien eingesetzt (CD-ROM, MO-Laufwerke etc.). Aber auch in Laserdruckern kommen sie zum Einsatz.

→ *Siehe CD-ROM-Laufwerk, Laserdrucker, MO-Laufwerk*

Laser Printer
→ *Siehe Laserdrucker*

Laserdisc

Laserdiscs werden zur Speicherung von Videodaten verwendet. Das Prinzip der Datenspeicherung ähnelt dem der CD-ROM.

→ *Siehe Bildplatte, CD-ROM*

Laserdrucker

Der Laserdrucker gehört zur Klasse der Non-impact-Drucker, sprich der anschlagfreien Drucker. Dieses Druckverfahren überträgt das Druckmittel (Toner) auf das Druckmedium, ohne dieses zu berühren. In einem Laserdrucker befindet sich eine lichtempfindliche Trommel – die sog. Bildtrommel. Sie besteht aus einem Halbleitermaterial. Dieses Material reagiert auf die Bestrahlung mit Licht. Vor dem Belichten der Trommel wird diese negativ elektrisch aufgeladen. Anschließend wird die Trommel belichtet. Dazu diente früher ein Laser, der über einen Polygon-Spiegel horizontal über die Trommel geführt wurde. Dabei kommt es an den belichteten Stellen zu einer Neutralisierung der Ladung, wodurch ein Ladungsbild entsteht. Da der Laser so gesteuert wird, daß er die zu druckenden Daten als Punktmuster auf die Trommel schreibt, entspricht das entstehende Ladungsbild dem Druckbild. Auf einer Walze, an der sich die Bildtrommel vorbeibewegt, befindet sich eine dünne Schicht negativ geladener Toner-Partikel. Diese werden von den negativ geladenen Stellen auf der Bildtrommel abgestoßen und können nur auf den neutralen Stellen haften. Dadurch entsteht aus dem Ladungsbild ein Toner-Bild. Das Papier wird positiv aufgeladen und an der Bildtrommel mit dem Toner vorbeigeführt. Aufgrund der entgegengesetzten Polung der Ladung wird der Toner auf das Papier gezogen. Nun befindet sich das Tonerbild auf dem Papier. Allerdings ist es in diesem Stadium noch nicht fest, d.h. es ist noch verwischbar. Um dauerhaft auf dem Papier zu bleiben, muß der Toner fixiert werden. Dies geschieht i.d.R. durch Hitze und Druck. Dabei wird das Papier über eine heiße Walze bewegt, die den Toner auf das Papier drückt und gleichzeitig erhitzt. Heute arbeiten die meisten Laserdrucker mit LED-Zeilen statt mit Lasern. Dabei werden kleine LEDs (lichtemittierende Dioden) in einer Zeile angeordnet; diese Zeile entspricht einer Druckzeile, jede einzelne LED einem Bildpunkt dieser Zeile. LED-Drucker verfügen über einige Vorteile, wie z.B. weniger bewegte mechanische Teile, einfacherer Aufbau, günstigerer Preis.

Laserdrucker gehören auch zu den Seitendruckern. Das heißt, es muß eine komplette Druckseite im Drucker für den Druck aufbereitet werden, bevor diese gedruckt werden kann.

Laserdrucker zeichnen sich durch eine sehr gute Druckqualität (zwischen 300 und 1200 dpi, wobei 600 dpi heute als Standard gesehen werden kann) und hohe Geschwindigkeit (zwischen 4 und 30 Seiten pro Minute sind möglich) aus. Früher lohnten sich Laserdrucker aufgrund der hohen Anschaffungskosten nur für kommerzielle Anwender. Im Laufe der Zeit sind Laserdrucker sehr günstig geworden, so daß sie auch für private Anwender interessant geworden sind

und dort auch die entsprechende Verbreitung gefunden haben. Eine Entwicklung, die hier im Zusammenhang mit Windows steht, sind die sog. GDI-Drucker (GDI – Graphic Device Interface). Diese Drucker verwenden das GDI von Windows und Ressourcen (Speicher etc.) des Rechners. Dadurch kann auf diese Elemente im Drucker verzichtet werden, wodurch sich der Preis verringert. Allerdings können diese Drucker nur unter Windows verwendet werden.

Zur Steuerung des Druckers bzw. zur Verarbeitung der Druckdaten durch den Drucker gibt es verschiedene Steuersprachen. HP-LaserJet-kompatible Drucker verwenden die von Hewlett Packard entwickelte Sprache PCL (Printer Command Language), wohingegen PostScript-Drucker die von Adobe entwickelte Seitenbeschreibungssprache PostScript verwenden.

➡ *Siehe Anschlagfreier Drucker, DPI, GDI-Drucker, LED-Drucker, PCL, PostScript, Toner*

LaserJet

LaserJet ist der Name der Laserdruckerfamilie von Hewlett Packard. Der LaserJet I war der erste Laserdrucker, der für den Massenmarkt entwickelt wurde. Der LaserJet wurde mit der Druckersprache PCL (Printer Command Language) zum Standard.

Bild 1: Die kleinen Laserjets von HP – Laserdrucker sind im Laufe der Zeit klein und günstig geworden

Die Kompatibilität zu diesem Standard bzw. den Nachfolgemodellen galt und gilt als wichtiges Detail für Laserdrucker. Heute bietet HP eine große Bandbreite an Laserdruckern, von kleinen Tischdruckern bis zu großen, sehr leistungsfähigen Abteilungsdruckern, in der LaserJet Familie an.

➡ *Siehe Hewlett Packard, Laserdrucker, PCL*

Bild 2: Der LaserJet 5Si ist ein Abteilungsdrucker mit vielen Features

Laserwriter

Hierbei handelt es sich um einen Laserdrucker von Apple. Dieser wurde einige Zeit nach dem LaserJet I vorgestellt. Im Gegensatz zum LaserJet verwendete er als Druckersprache die Seitenbeschreibungssprache PostScript. Er war im wesentlichen für den Anschluß an den Apple Macintosh ausgelegt (AppleTalk-Schnittstelle). An andere Rechner konnte er über eine serielle Schnittstelle angeschlossen werden.

➡ *Siehe Apple, AppleTalk, LaserJet, PostScript*

Bild 3: Die Laserwriter von Apple sind in der Apple-Welt weit verbreitet

Last In First Out
➡ *Siehe LIFO*

LaTeX
➡ *Siehe TeX*

Laufwerk

Laufwerk wird als Sammelbegriff für alle möglichen Massenspeichermedien verwendet. Dabei unterscheidet man zwischen internen und externen Laufwerken. Interne Laufwerke befinden sich innerhalb des Gehäuses des Rechners. Externe Laufwerke werden über Kabel mit dem Rechner verbunden. Oftmals wird dafür die parallele Schnittstelle oder auch SCSI verwendet. Beispiele für Laufwerke wären Festplattenlaufwerke, Diskettenlaufwerke, CD-ROM-Laufwerke etc.

➦ *Siehe CD-ROM-Laufwerk, Diskettenlaufwerk, Festplatte, Massenspeicher, Parallele Schnittstelle, SCSI*

Laufwerks-Cache

Der Laufwerks-Cache oder auch Disk-Cache ist ein spezieller Speicher, der verwendet wird, um Daten zwischenzuspeichern. Bevor nun Daten von der Festplatte geladen werden, wird geprüft, ob sich die betreffenden Daten schon im Cache befinden und ggf. aus diesem gelesen. Da dies wesentlich schneller vonstatten geht als der direkte Zugriff auf die Festplatte, wird damit die gesamt Performance des Systems gesteigert.

Der Laufwerks-Cache kann sich direkt in der Festplattenelektronik befinden (bei den meisten neuen Festplatten ist dies der Fall). Zusätzlich bieten einige Festplatten-Controller die Möglichkeit, Cache-Speicher darauf zu installieren. Ein weiterer Weg ist es, einen Teil des Arbeitsspeichers des Computers zu verwenden, um den Laufwerks-Cache zu realisieren.

➦ *Siehe Cache, Festplatte, Festplatten-Controller, Hauptspeicher, Laufwerk*

Laufwerkskennbuchstabe

Laufwerkskennbuchstaben werden von Betriebssystemen wie DOS, Windows oder auch OS/2 verwendet, um Laufwerke eindeutig zu identifizieren. Unter diesen Buchstaben kann auf ein Laufwerk zugegriffen werden. So bezeichnet z.B. B: das zweite Diskettenlaufwerk und C: das erste Festplattenlaufwerk.

➦ *Siehe Laufwerk, Laufwerkskennung*

Laufwerkskennung

Über die Laufwerkskennung werden in einem Betriebssystem die Laufwerke eindeutig gekennzeichnet. Die Laufwerkskennung wird verwendet, um auf Laufwerke zugreifen zu können. Windows verwendet z.B. Buchstaben als Laufwerkskennung (A: oder C:).

➦ *Siehe Betriebssystem, Laufwerk*

Laufzeit

Als Laufzeit wird der Zeitraum bezeichnet, während dessen ein Programm aktiv ist – »läuft«. In dieser Zeit führt es Aufgaben aus bzw. ist es bereit, Anweisungen vom Benutzer entgegenzunehmen. Gleiches gilt auch für Computersysteme oder einzelne Komponenten.

→ *Siehe Komponente, Programm*

Laufzeitfehler

Ein Laufzeitfehler ist ein Fehler, der während der Laufzeit eines Programms auftritt. Harmlosere Fehler, wie z.B. der Versuch, eine Datei zu öffnen, die nicht vorhanden ist, werden i.d.R. von der Fehlerbehandlung der Programme abgefangen und sorgen nicht für einen Abbruch des Programms. Schwerwiegende Fehler können aber ein Programm zum Absturz bringen. In ganz extremen Situationen kann ein Laufzeitfehler in einem Programm sogar den Computer zum Absturz bringen. Beispiele für schwerwiegendere Laufzeitfehler wären Division durch 0, Stack-Überlauf und der Zugriff auf Speicherbereiche, die bereits anderweitig genutzt werden. Mit letzterer Methode kann Windows 95 zum Totalabsturz gebracht werden.

→ *Siehe Absturz, Fehlerbehandlung, Laufzeit, Programm, Stack, Überlauf*

Laufzeitsystem

Als Laufzeitsystem werden Minimalversionen von Programmen bezeichnet, die von Software-Firmen bei bestimmten Produkten mitgeliefert werden. Diese Minimalversionen sind meist notwendig, um entweder bestimmte Voraussetzungen für die Ausführung des eigentlichen Produkts zu schaffen, oder um die Ergebnisse, die mit dem Produkt erzeugt wurden, auf anderen Rechnern, auf denen das eigentliche Programm nicht zur Verfügung steht, betrachten bzw. verwenden zu können. So wird z.B. bei Visual Basic ein Laufzeitsystem mitgeliefert, mit dem der Visual-Basic-Code in kompilierter Form auf anderen Rechnern ausgeführt werden kann. Ein anderes Beispiel ist Excel. In seiner ersten Version wurde eine Laufzeitversion von Windows mitgeliefert, da Windows noch nicht so stark verbreitet war.

→ *Siehe Excel, Programm, Visual Basic, Windows*

Lautsprecher

Ein Lautsprecher ist ein technisches Gerät, das dazu dient, auf elektromechanischem Weg elektrische Signale in Schall umzuwandeln. Er stellt das Gegenstück zu einem Mikrofon dar. Es gibt diverse Möglichkeiten der technischen Umsetzung. Am verbreitetsten ist wohl die Variante mit einer beweglich aufgehängten Mebran, die über eine Spule verfügt. Diese Spule befindet sich im magnetischen Feld eines Permanent-Magneten. Wird die Spule von Strom durchflossen, entsteht in dieser ebenfalls ein Magnetfeld, allerdings in diesem Fall ein Wechselfeld. Aufgrund dieses Wechselfelds wird die Spule samt Membran von dem Permanent-Magneten mal angezogen und mal abgestoßen. Dadurch wird Luft verdrängt, was sich letzten Endes als Schallwellen äußert.

Im Computerbereich werden Lautsprecher meistens im Zusammenhang mit Soundkarten verwendet, um die Signale der Soundkarte hörbar zu machen. Grundsätzlich kann man bei diesen auch Boxen genannten Lautsprechern zwei Arten unterscheiden:

- Die passiven Boxen verfügen über keinerlei Verstärker für die eingehenden Signale. Diese sind darauf angewiesen, daß das eingehende Signal bereits ausreichend verstärkt ist. Diese Art der Boxen ist meist billiger.

- Aktive Boxen verfügen über einen integrierten Verstärker. Dies ist immer dann von Vorteil, wenn der Verstärker der Soundkarte nicht ausreicht, um die Boxen der gewünschten Größe zu treiben, und die Soundkarte nicht an eine Stereoanlage angeschlossen werden soll. Nachteil dieser Boxen ist der meist höhere Preis und die Tatsache, daß diese eine eigene Stromversorgung benötigen.

Neben diesen Grundformen haben sich diverse Hersteller von Lautsprechern viele Sonderformen einfallen lassen, um sich von der Konkurenz abzuheben. So verfügen manche Boxen noch über Klangregeleinrichtungen, besondere Effektmöglichkeiten oder einfach nur spezielle Gehäusebauformen, um einen besonders hochwertigen Klang zu erzeugen.

➡ *Siehe Soundkarte*

Layer

Im Zusammenhang mit Grafik- oder CAD-Programmen wird mit Layer (Schicht) eine Zeichnungsebene bezeichnet. Programme, die mit der Layer-Technik arbeiten, erlauben es dem Benutzer, auf mehreren übereinanderliegenden Ebenen unabhängig voneinander zu zeichnen. Der große Vorteil dieser Technik ist, daß zum einen eine logische Gliederung von komplexen Grafiken vorgenommen werden kann, wodurch sich ein komplexes Problem in weniger komplexe Detailprobleme aufspalten läßt. Zum anderen geben Layers die Möglichkeit, Bereiche einer Zeichnung, die nicht mehr geändert werden sollen, vor Bearbeitung zu schützen. Die Anzeige erfolgt als Gesamtheit. Das heißt, es werden alle Ebenen übereinanderliegend, quasi wie übereinanderliegende Folien, auf einem Zeichentisch angezeigt. Auf diese Weise ergibt sich ein Gesamtbild aus den Teilbildern der einzelnen Ebenen.

Im Bereich der Elektronik wird im Zusammenhang mit Leiterplatten von Layern gesprochen. Die ersten Leiterplatten hatten nur eine einzige Seite, die mit leitfähigen Bahnen versehen war. Später nutzte man Vorder- und Rückseite zur Plazierung von Leiterbahnen. Heute bestehen Platinen aus mehreren Schichten, die alle Leiterbahnen enthalten. Dadurch ist es möglich, wesentlich komplexere Verbindungen zwischen den einzelnen Bauteilen auf engerem Raum unterzubringen. Allerdings ist dies schon lange nicht mehr ohne die Hilfe rechnergestützer Entwurfsverfahren möglich. Ein ganz konkretes Beispiel für eine solche Multilayer-Platine ist das Motherboard in einem PC.

➠ *Siehe CAD, Grafikprogramme, Motherboard, Multilayer, Platine*

Layout

Im Bereich des Desktop-Publishing und der Grafik versteht man unter Layout (engl. für Entwurf, Anordnung) den Entwurf bzw. die Gestaltung einer einzelnen Seite bzw. eines ganzen Dokuments. Dazu gehören Textelemente wie Fließtext, Überschriften, Kopf- und Fußzeilen etc., aber auch Grafikelemente, wie Bilder, Zeichnungen, grafischer Text etc. Solche Layouts lassen sich über spezielle Grafik-, Layout- und Desktop-Publishing-Programme erzeugen. Aber auch Textverarbeitungsprogramme sind inzwischen in der Lage, eine Vielzahl von Gestaltungsaufgaben zu erfüllen.

In der Software- und Hardware-Entwicklung wird von Layout in bezug auf den Entwurf eines Entwicklungsprojekts gesprochen. So hat z.B. ein Programm wie auch eine elektronische Schaltung ein Layout. Gemeint ist damit das Gerüst des Programms bzw. der Schaltung. Nach diesem Gerüst wird dann das Programm bzw. die Schaltung entwickelt.

➠ *Siehe DTP, Fließtext, Fußzeile, Kopfzeile, Textverarbeitung*

LCD

LCDs oder Liquid Crystal Display oder Flüssigkristallanzeigen werden zur Anzeige von Informationen in elektronischen Geräten verwendet. Sie eignen sich sowohl zur Anzeige von numerischen als auch von grafischen Daten – je nach Bauform. In sehr einfachen Formen werden sie in Uhren oder Taschenrechnern verwendet. Sehr komplexe Bauformen stellen die Bildschirme von Laptops und Notebooks dar. Hier sind inzwischen qualitativ sehr hochwertige Anzeigen in High-Color möglich. Aber auch im Desktop-Bereich halten Flüssigkristallbildschirme Einzug und werden irgendwann mit Sicherheit die Kathodenstrahlröhren verdrängen.

Technisch gesehen besteht ein LCD aus zwei Glasplatten, die mit Polarisationsfiltern versehen sind. Diese Filter sorgen dafür, daß nur Licht durchgelassen wird, das in einer Ebene, der sog. Polarisationsebene, schwingt. Auf diese Glasplatten ist eine Leiterstruktur aus Zinkoxid aufgebracht. Zwischen den Glasplatten befindet sich eine Flüssigkristallschicht. Flüssigkristalle zeichnen sich dadurch aus, daß sie sich im Bereich von ca. 0°C bis ca. 75°C durch elektrische Felder ausrichten lassen. Gleichzeitig wirken sie wie ein Polarisationsfilter. Das heißt nun: Sobald Bereiche in der Flüssigkristallschicht über die Leiterstruktur angesteuert werden, verändern diese ihre Polarisationswirkung. Dadurch wird das Licht, das an diesen Stellen hindurchtritt, so polarisiert, daß es entweder von der darüberliegenden Glasplatte mit Polarisationsfilter durchgelassen wird (wenn es sich um eine Anzeige mit weißer Schrift auf schwarzem Grund handelt) oder nicht mehr durchgelassen wird (wenn es sich um schwarze Schrift auf weißem Grund handelt). Entsprechendes gilt für farbige Displays, nur daß hier noch Farbfilter mit ins Spiel kommen.

➥ *Siehe Bildschirm, Elektronenstrahlröhre, Laptop, Notebook*

LCD-Shutter-Brille

Eine LCD-Shutter-Brille erzeugt durch bestimmte Verfahren ein dreidimensionales Bild in den Augen des Trägers. Spezielle Software reduziert dabei die Bildschirmauflösung und stellt die Bilder aus unterschiedlichen Perspektiven abwechselnd für das rechte und das linke Auge dar. Die LCD-Displays in den Brillenfassungen schalten nun in einem von der Software vorgegebenen Takt zwischen transparentem und nicht transparentem Bild hin und her, so daß ein Auge jeweils nur ein Bild sieht. Dies bezeichnet man als Shutter. Die Einzelbilder werden vom Gehirn wieder zu einem einzigen Bild zusammengesetzt, so daß ein Tiefeneindruck entsteht. Ein Beispiel für eine LCD-Shutter-Brille wäre die 3D-MAX des Versenders Pearl Agency.

➥ *Siehe LCD*

LDAP

Abk. für Light-Weight Directory Access Protocol. LDAP ist eine Benutzer- und Ressourcenverwaltung zum Aufbau einheitlicher Directory-Dienste, die dann von unterschiedlichen Nutzern (z.B. einem Web-Server und einem Netzwerkbetriebssystem) gemeinsam verwendet werden können.

➭ *Siehe Netzwerkbetriebssystem, Ressourcenverwaltung, Server*

Lead-In

Das Lead-In ist auf einer CD der Bereich, der den eigentlichen Daten vorgelagert ist. Es befindet sich ganz am Anfang der Datenspur, sprich am Zentrum der CD. Dieser Bereich hat eine fest definierte Breite und enthält Informationen, die für die Verwaltung der Daten auf der CD erforderlich sind, wie z.B. den TOC (Table of Contents, Inhaltsverzeichnis), den Label der CD etc. Das Gegenstück dazu ist das Lead-Out. Bei Multisession-CDs, wie z.B. selbstgebrannten CDs oder PhotoCDs, hat jede Session ein Lead-In, einen Datenbereich und ein Lead-Out.

➭ *Siehe CD, CD-R, CD-ROM, CD-Writer, Multisession, Session*

Lead-Out

Das Lead-Out ist dem Datenbereich auf einer CD angehängt. Es kennzeichnet das Ende der CD bzw. einer Session und ist damit das Gegenstück zum Lead-In.

➭ *Siehe CD, CD-ROM, CD-Writer, Lead-In, Multisession, Session*

Leading

Engl. für Durchschuß.

Lease Time

Bezeichnet die Gültigkeitsdauer einer dynamischen IP-Adresse, die ein Client von einem DHCP-Server erhalten hat.

➭ *Siehe Client, DHCP-Server, IP-Adresse*

Least Significant Bit

➭ *Siehe LSB*

LED

➭ *Siehe Leuchtdiode*

LED-Drucker

➭ *Siehe Laserdrucker, Leuchtdiode*

Leer-String

Dies ist ein String, der kein Zeichen enthält. Gekennzeichnet werden solche Strings z.B. in Quelltexten für Programme durch zwei direkt aufeinanderfolgende Anführungszeichen. Bei der Programmierung weisen manche Sprachen bzw. Compiler String-Variablen bei der Deklaration automatisch einen Leer-String zu.

➭ *Siehe Compiler, Programmiersprache, Quelltext, String*

Legacy

Auch: Vermächtnis. Bezeichnet die vor einem bestimmten Zeitpunkt bereits vorhandenen Dokumente oder Daten. Das gilt vor allem dann, wenn alte Datenbestände in ein neues Format, z.B. aufgrund einer Systemänderung, umgewandelt werden müssen.

Legal

Bezeichnung für ein Papierformat, das hauptsächlich in den USA verwendet wird. Es ist mit einer Höhe von 35,56 cm und einer Breite von 21,59 cm etwas größer als das in Deutschland verwendete DIN-A4-Format.

→ *Siehe DIN*

Leistungsmerkmal
→ *Siehe ISDN-Leistungsmerkmale*

Leiterplatte
→ *Siehe Platine*

Leitseite

Die Leitseite wird im BTX präsentiert, wenn in den Bereich eines Anbieters gewechselt wird. Diese Seite bietet Informationen über den Inhalt des Bereichs und den Anbieter.

→ *Siehe Btx, Btx-Leitseite*

Leitungsvermittlung

Die Leitungsvermittlung, auch Circuit Switching genannt, ermöglicht es zwei Netzwerkknoten, in einem großen Netzwerk über den Aufbau einer Kommunikationsleitung Daten auszutauschen.

→ *Siehe Netzwerk, Netzwerkknoten*

Lempel-Ziv-Algorithmus

Ein mathematischer Algorithmus der, ohne dabei deren Integrität zu opfern, die Größe von Datendateien verringert.

LEO

http://www.leo.org

LEO oder Link Everything Online ist ein Online-Such- und Archivsystem im Internet. Über LEO läßt sich auf FTP-Server, in Newsgroups und im World Wide Web nach Informationen suchen. Zusätzlich bietet LEO viele Links und ein Archiv.

→ *Siehe FTP, Internet, Link, Newsgroup, Server, World Wide Web*

Lern-Software

Lern-Software ist ein anderes Wort für Lernprogramme.

→ *Siehe Lernprogramm*

Lernprogramm

Manche Programme werden mit einem Lernprogramm ausgeliefert. Dieses Lernprogramm ermöglicht es dem Benutzer, das eigentliche Programm zu erlernen. Dafür werden meistens konkrete Beispiele am Bildschirm vorgeführt oder auch interaktiv bearbeitet.

Eine andere Form von Lernprogrammen sind Programme, die es ermöglichen, bestimmtes Wissen oder bestimmte Fähigkeiten mit der Hilfe

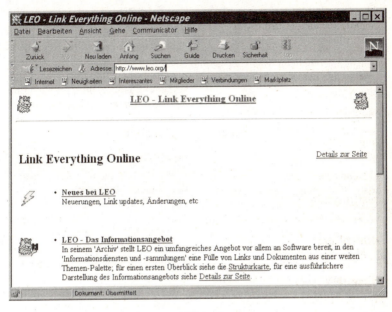

Bild 4: Die Homepage des Löwen – LEO im Internet

eines Rechners zu erlernen. Beispiel hierfür wären Vokabel-Trainer oder Mathematik-Lernprogramme. Heutige Lernprogramme sind oft multimedial ausgeführt. Das heißt, der Benutzer kann zusätzlich Text anzeigen, neben Bildern und Interaktionsmöglichkeiten auch Videos, Animationen und Sound (Sprache und Töne) verwenden. So bieten moderne Sprachlernprogramme neben den Videos über Land und Leute und Klangdateien zur Aussprache der Übungen oft auch die Möglichkeit, die eigene Aussprache zu kontrollieren.

Lesefehler

Lesefehler sind Fehler, die beim Lesen von Daten von einem Speichermedium und der anschließenden Übertragung der Daten in den Arbeitsspeicher des Computers auftreten können. Die Ursachen für diese Art der Fehler sind sehr vielfältig. Zum Beispiel kann es sich um einen Defekt in der Oberfläche des Speichermediums handeln oder ein Störsignal dafür verantwortlich sein. Viele Speichermedien bieten Verfahren zur Erkennung und Beseitigung von

Fehlern an. Allerdings gibt es auch Situationen, in denen dies nicht möglich ist. Hier droht Datenverlust.

➡ *Siehe Fehlerbehandlung, Fehlererkennung, Hauptspeicher, Speichermedium*

Lesestift

Lesestifte sind stiftartige Scanner, mit denen Strichcodes erfaßt werden. Beim Ziehen des Stiftes über den Strichcode wird das Licht, das von der im Stift integrierten Lichtquelle ausgesendet wird, von den Leeräumen des Strichcodes reflektiert. Das reflektierte Licht wird von einem Sensor im Stift aufgenommen. Über eine Elektronik wird diese Information in Signale umgesetzt, die an den Computer übertragen werden. Dort werden diese Signale in die Information des Strichcodes umgesetzt.

➡ *Siehe Scanner, Strichcode*

Letter

Bezeichnung für ein Papierformat, das hauptsächlich in den USA verwendet wird. Es ist mit einer Höhe von 27,94 cm und einer Breite von 21,59 cm etwas kleiner als das in Deutschland verwendete DIN-A4-Format.

➡ *Siehe DIN*

Letter Quality

➡ *Siehe Korrespondenzdrucker*

Leuchtdichteabfall

Auch Nachleuchtdauer oder Luminanzabfall. Es beschreibt die Eigenschaft von Leuchtstoffen wie z.B. dem in Kathodenstrahlröhren eingesetzten Phosphor, durch die ein Bild für kurze Dauer, nachdem der Stoff angestrahlt wurde, auf dem Bildschirm erhalten bleibt.

Leuchtdiode

Leuchtdioden sind elektronische Bauelemente, die Licht erzeugen. Zur Lichterzeugung nutzen diese den sog. Lumineszenzeffekt bei Halbleitern aus. Bei diesem Effekt wird Energie frei, wenn Elektronen von einem energetisch höheren Niveau auf ein niedrigeres fallen. Diese Energie wird unter anderem in Form von Licht frei. Das freiwerdende Licht ist nahezu monochromatisch (einfarbig). Je nach verwendetem Halbleitermaterial lassen sich Wellenlängen von 480 nm (Blau) bis 3400 nm (Infrarot) erzeugen. Leuchtdioden zeichnen sich besonders durch ihren geringen Preis und die hohe Lebensdauer aus. Ein weiterer Vorteil ist die große Flexibilität bei der Gestaltung des Gehäuses der Leuchtdiode. Aufgrund dessen existiert eine extrem große Anzahl verschiedener Ausprägungen von Leuchtdioden. Zum Einsatz kommen sie z.B. als Statusanzeige (Monitore, Diskettenlaufwerke etc.) oder auch in Form von Infrarot-

Leuchtdioden zur Übertragung von Information (schnurlose Mäuse, Infrarot-Schnittstelle bei Notebooks etc.).

➟ *Siehe IrDA, LED-Drucker, Notebook*

Level

In manchen Applikationen existieren Level (Ebene, Niveau), um einen bestimmten Schwierigkeitsgrad für den Benutzer zu kennzeichnen. Oft werden Level in Lernprogrammen verwendet.

In Netzwerken und auch Mailboxen werden bestimmte Zugriffs- und Zugangsrechte als Level bezeichnet. Benutzer mit einem höheren Level haben mehr Rechte als solche mit einem niedrigeren Level. Die höchste Stufe ist im Netzwerk der Administrator, in einer Mailbox der Sysop. Am niedrigsten sind meistens sog. Gastzugänge bewertet.

Auch viele Spiele verwenden Level. Allerdings wird hier der Begriff in unterschiedlichen Zusammenhängen verwendet. Zum einen werden die Schwierigkeitsgrade als Level bezeichnet, zum anderen werden in Actionspielen häufig die einzelnen Abschnitte des Spiels Level genannt. Diese können in manchen Spielen mit einem sog. Level-Editor bearbeitet werden oder es können auch ganz neue erzeugt werden. Bei Rollenspielen wird der aktuelle Entwicklungsstand bzw. Status eines Charakters mit Level bezeichnet.

➟ *Siehe Lernprogramm*

Level-Editor

Mit einem Level-Editor oder auch Mission-Editor ist es möglich, neue Level oder Missionen für ein Spiel zu erzeugen bzw. bestehende zu verändern. Manche Spiele bieten von Haus aus einen Level-Editor. Für andere hingegen existieren Level-Editoren im Shareware- bzw. Public-Domain-Bereich.

➟ *Siehe Public Domain, Shareware*

Lexmark

http://www.lexmark.de

Lexmark ist Hersteller von Laser- und auch Tintenstrahldruckern. Zunächst entwickelte und vertrieb die Firma vor allem Drucker für den Bürobereich. Diese Drucker zeichneten sich durch eine hohe Qualität in Verarbeitung und Druck aus. Inzwischen ist Lexmark aber auch mit Druckern für den Consumer-Bereich auf dem Markt und macht damit Firmen wie Hewlett Packard, Epson und Canon Konkurrenz.

➟ *Siehe Epson, Hewlett Packard, Laserdrucker, Tintenstrahldrucker*

LF

➟ *Siehe Line Feed*

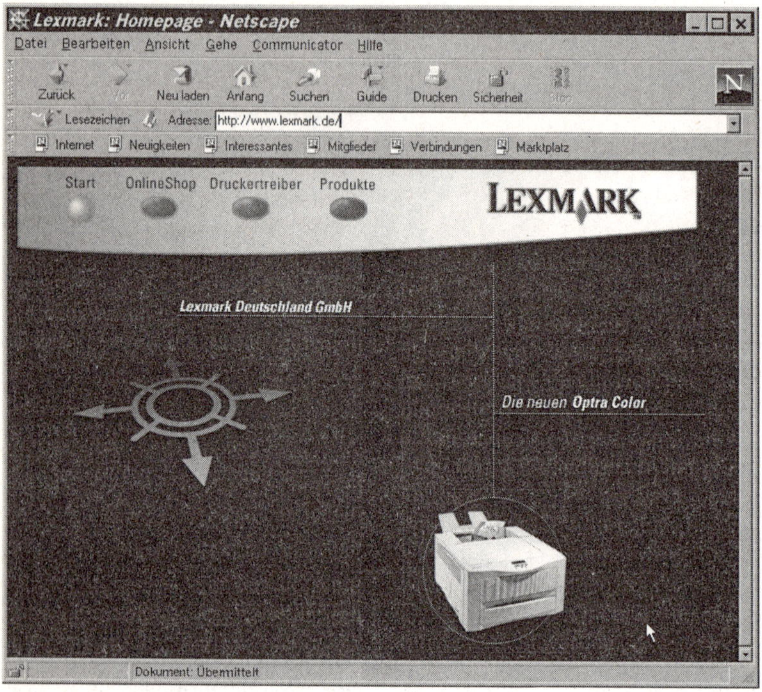

Bild 5: Lexmarks Homepage im WWW

LHA

Bei LHA handelt es sich um ein weitverbreitetes Komprimierungsprogramm, das für eine Vielzahl von Plattformen existiert. LHA ist in der Lage, einzelne Dateien oder mehrere Dateien zu einem Archiv zu verarbeiten. Die Kompressionsrate, die erreicht wird, hängt stark von der Art der Daten bzw. deren Redundanz ab. Mit LHA lassen sich auch EXE-Archive erzeugen, d.h. der Algorithmus zum Entpacken der Daten wird mit den gepackten Daten zusammen in eine Datei geschrieben. Diese kann sich auf dem Zielrechner selbständig entpacken.

➭ *Siehe Archiv, ARJ, Datei, Kompression, Komprimierungsprogramm, PKZIP, Plattform*

Library
➭ *Siehe Bibliothek*

Lichtemitierende Diode
➡ *Siehe LED, Leuchtdiode*

Lichtgriffel
Lichtgriffel werden verwendet, um Positionen auf dem Bildschirm zu erfassen. Dabei werden über ein lichtempfindliches Element im Griffel die Punkte am Bildschirm erfaßt. Über einen Treiber im Rechner werden diese Informationen in Bildschirmkoordinaten umgesetzt. Dadurch läßt sich der Cursor steuern.

➡ *Siehe Bildschirm, Cursor, Treiber*

Lichtstift
➡ *Siehe Lichtgriffel*

Lichtwellenleiter
➡ *Siehe Glasfaserkabel*

Lies-Mich-Dateien
Auch Readme-Datei genannt. Bei diesen Dateien handelt es sich meistens um reine Text-Dateien, die zu einem Programm, zu Treibern, zu Daten etc. Informationen enthalten. Diese Informationen erklären meistens kurz die Installation, weisen auf bestimmte vorbereitende Maßnahmen für den Einsatz hin oder enthalten Änderungen der Dokumentation, die nach dem Druck der eigentlichen Handbücher entstanden. Es empfiehlt sich, diese Dateien zumindest zu überfliegen.

➡ *Siehe Installation*

LIFO
LIFO (Last In First Out) ist eine Datenstruktur, die Daten nach dem Stapel-Prinzip speichert. Dabei werden die Elemente, die als letzte auf dem Stapel abgelegt werden, als erste wieder ausgelesen. Der Stack (engl. für Stapel) des Rechners ist ein Beispiel für diese Datenstruktur.

➡ *Siehe Stack*

Ligatur
Buchstabenpaare, die zu einem einzelnen Buchstaben zusammengezogen wurden und auch im Zeichensatz bzw. in der Schrift als einzelnes Zeichen behandelt werden, werden als Ligaturen bezeichnet. Ligaturen werden verwendet, um das optische Erscheinungsbild eines Textes zu verbessern. Im Normalfall werden im Computerbereich keine Ligaturen angeboten. Es gibt aber spezielle Schriften, die Ligaturen aufweisen.

➡ *Siehe Schriften*

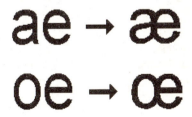

Bild 6: Ligaturen lassen Buchstaben zusammenrücken

Light Amplification by Stimulated Emission of Radiation
→ *Siehe Laser*

Light Emitting Diode
→ *Siehe LED, Leuchtdiode*

Light Pen
→ *Siehe Lichtgriffel*

Light-Weight Directory Access Protocol
→ *Siehe LDAP*

LIM/EMS-Standard
→ *Siehe EMS*

Line Chart
→ *Siehe Liniendiagramm*

Line Feed
→ *Siehe LF, Zeilenvorschub*

Line Printer
LPT (Abkürzung für Line Printer) ist unter den Betriebssystemen DOS, Windows und OS/2 der Gerätename für die parallelen Schittstellen. Die LPT1 wird auch als PRN bezeichnet.

→ *Siehe Betriebssystem, Drucker, Parallele Schnittstelle*

linear inferences per second
Abk.: LIPS, lineare Inferenzen pro Sekunde. Ein Maß in der künstlichen Intelligenz für die Geschwindigkeit bestimmter Arten von Expertensystemen und Maschinen.

lineare Adressierung
Eine Architektur, in der jede Speicherstelle innerhalb des gesamten adressierbaren Speicherbereichs eine eindeutige, spezifische Adresse aufweist, und dadurch einem Mikroprozessor den direkten Zugriff auf jede einzelne Speicherstelle mittels eines einzelnen Adreßwertes gestattet.

→ *Siehe linearer Adreßraum*

lineare Datei
Eine Datei, in der es keine eingebetteten Strukturinformationen gibt, die Beziehungen zwischen den Datensätzen regeln und die nur aus Datensätzen eines einzigen Datensatztyps besteht.

lineare Datenbank
Eine tabellarische Datenbank, die immer nur eine Datei bearbeiten und jeweils nur eine Tabelle verwenden kann.

lineare Inferenzen pro Sekunde
Abk.: LIPS, linear inferences per second. Ein Maß in der künstlichen Intelligenz für die Geschwindigkeit bestimmter Arten von Expertensystemen und Maschinen.

lineare Liste
Eine lineare Liste ist dadurch gekennzeichnet, daß jedes Element einen Nachfolger bzw. Vorgänger hat, na-

türlich mit Ausnahme des ersten, bzw. letzten Elementes. Außerdem besteht die aus einer einfachen, geordneten Reihenfolge.

lineare Programmierung

Bezeichnet die Erstellung von Programmen zur Ermittlung optimaler Lösungen für Gleichungssysteme aus linearen Funktionen, ohne das ausreichend Terme für eine direkte Lösung vorhanden sind.

linearer Adreßraum

Ein Adreßraum, in dem eine eindeutige Zahl für jede Speicherstelle angegeben ist, und die Speicheradressen, beginnend bei 0, fortlaufend um den Wert 1 wachsen. Die Betriebssysteme des Macintosh, Windows NT und OS/2 verwenden einen linearen Adreßraum. MS-DOS arbeitet mit einem segmentierten Adreßraum.

Linearer Schnitt

Im Gegensatz zum nichtlinearen Schnitt werden beim linearen Schnitt die Daten von zwei Videorecordern, die die beiden zu bearbeitenden Videosequenzen enthalten, in die Videobearbeitungskarte (z.B. FAST Movie Machine II) eingespielt, dort bearbeitet und auf einem dritten Videorecorder ausgegeben.

➡ *Siehe AV-Festplatten, Nichtlinearer Schnitt, Videokarte*

linearer Speicher

Speicher, der einen großen adressierbaren Bereich für ein Programm zur Verfügung stellt. Hierbei kann es sich um einen virtuellen Speicher oder RAM handeln. Die Prozessoren 68000 und VAX haben einen linearen Speicher, 80x86-Prozessoren arbeiten dagegen mit einem segmentierten Speicher.

lineares Verzeichnis

Eine Liste von Dateinamen die keine Unterverzeichnisse enthalten kann.

Lines per inch

➡ *Siehe lpi*

Liniendiagramm

In einem Liniendiagramm werden die einzelnen Werte, aus denen das Diagramm gebildet wird, mit durch Linien verbundenen Punkten dargestellt. Besonders gut ist diese Diagrammart geeignet, um Trendrichtungen deutlich zu machen. Die Zwischenwerte, also die Werte zwischen den tatsächlich eingezeichneten Werten, können aus dem Diagramm nicht entnommen werden.

➡ *Siehe Diagramme, Kurvendiagramm*

Link

Als Link wird der Verweis auf eine andere Stelle in einem Hypertext-Dokument oder auf ein anderes Hypertext-

Dokument bezeichnet. Ein solcher Verweis kann angeklickt werden, um sofort zu der Stelle oder Seite zu gelangen, auf die verwiesen wird. Große Bedeutung haben solche auch Hyperlink genannten Verweise in bezug auf HTML und das Internet bzw. das WWW.

➠ *Siehe HTML, Hyperlink, Hypertext, Internet, WWW*

Linker

Der Linker ist ein Programm, das in der Erstellung von ablauffähigen Programmen aus Programmcode eine wesentliche Rolle spielt. Nachdem aus Quelltext mit dem Compiler Objektcode erzeugt wurde, werden die Einzelteile (die gerade kompilierten Module und Teile aus Bibliotheken) über den Linker gebunden.

➠ *Siehe Compiler, Modul, Objektcode, Quelltext*

Linotype-Hell

http://www.linotype.com

Linotype-Hell ist eine Firma, die sich mit professionellen Produkten aus der Druckvorstufe und dem Desktop Publishing einen Namen gemacht hat. Besonders bekannt sind die Laserbelichter von Linotype (Linotronic). Aber auch Scanner, Schriften und Projektierungen gehören zum Geschäft. Das in Eschborn bei Frankfurt ansässige Unternehmen hat von sich reden gemacht, weil es – bedingt durch finanzielle Schwierigkeiten – von der Heidelberger Druckmaschinen AG übernommen wurde.

➠ *Siehe Belichter, Desktop Publishing, Scanner*

Linus Torvalds
➠ *Siehe Linux*

Linus Torvalds Unix
➠ *Siehe Linux*

Linux

Linux (Abkürzung für Linus Torvalds UNIX) ist ein Betriebssystem für den PC, das auf Unix basiert. Die Besonderheit von Linux ist die Entstehungsgeschichte. Linus Torvald, ein Informatik-Student aus Finnland, begann 1991 mit der Entwicklung dieses Betriebssystems. Im Laufe der Zeit wanderte das Projekt ins Internet und fand dort eine stetig wachsende Fan-Gemeinde, die das System weiterentwickelte. Heute ist Linux ein vollwertiges Unix für den PC und bietet alle von Unix her bekannten Merkmale, wie z.B. preemptives Multitasking, virtuellen Arbeitsspeicher, gemeinsam genützte Bibliotheken und die direkte Unterstützung des TCP/IP-Protokolls.

Linux ist über das Internet frei erhältlich. Von einigen FTP-Servern kann man sich immer die aktuellsten Kernel-Versionen herunterladen. Außer-

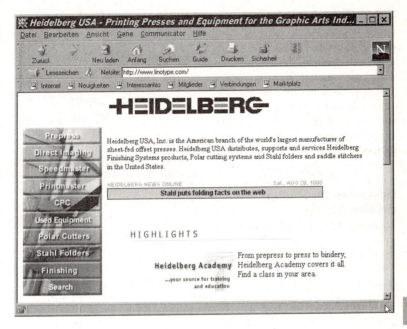

Bild 7: Die Lino Homepage

dem gibt es eine ganze Reihe von Firmen, die die sogenannten Linux-Distributionen auf CD vertreiben. Eine solche Distribution enthält neben dem Kernel auch noch einige Systemprogramme. Zusätzlich sind meistens auch eine ganze Reihe von Applikationen für Linux enthalten.

Im Shareware- und Public-Domain-Bereich gibt es Textverarbeitungs-, Satz-, CAD-Programme, Entwicklungsumgebungen u.v.m.

➠ *Siehe Betriebssystem, FTP, Kernel, PC, Preemptives Multitasking, Public Domain, Shareware, TCP/IP, Unix*

LIPS
➠ *Siehe lineare Inferenzen pro Sekunde*

Liquid Crystal Display
➠ *Siehe Flüssigkristallanzeige, LCD*

Liquid Crystal Display-Drucker

Abk.: LCD-Drucker. Auch: Flüssigkristall-Blendenverschluß-Drucker. Ein dem Laserdrucker sehr ähnlicher, und zu unrecht oft auch so bezeichneter, elektro-fotografischer Drucker, der eine helle Lichtquelle, in der Regel eine Halogenlampe, zur Belichtung verwendet.

→ *Siehe Laserdrucker, LCD*

Liquid Crystal Shutter-Drucker

Auch Liquid Crystal Display-Drucker.

→ *Siehe Liquid Crystal Display-Drukker*

Lisp

Abkürzung für List Processing Language. Lisp ist eine funktionale Programmiersprache, die in den 50er Jahren entwickelt wurde. Später wurde sie dann am MIT implementiert. Sie wird vornehmlich im Bereich der künstlichen Intelligenz angewendet und dient dabei zur Erzeugung von Programmen, die in der Lage sind, sich selbst zu verändern und selbst Programme zu erzeugen. Pate bei der Entwicklung von Lisp standen die Sprachen Forth und Logo, aus denen gewisse Elemente übernommen wurden.

→ *Siehe Forth, Künstliche Intelligenz, Logo, MIT, Programmiersprache*

List Processing Language

→ *Siehe Lisp*

Listbox

→ *Siehe Listenfeld*

Liste defekter Spuren

→ *Siehe Bad Track Table*

Listenfeld

Listenfelder sind Standardelemente grafischer Benutzeroberflächen. Sie dienen dazu, einzelne Begriffe oder Worte in Form einer Liste zu präsentieren, aus der der Benutzer sehr leicht mit der Maus einen oder mehrere Einträge auswählen kann.

→ *Siehe Grafische Benutzeroberfläche, Maus*

Bild 8: Ein Listenfeld zur Auswahl von Namen

Listing

Als Listing bezeichnet man in der Programmierung den Quelltext von Programmen. In den frühen Tagen der Computerprogrammierung bestanden Programme aus einer Auflistung von Anweisungen, die wie auf einer Liste nacheinander abgearbeitet wurden, wovon sich der Begriff Listing (Auflistung) auch ableiten läßt. Auch heute noch wird dieser Begriff nach wie vor verwendet, allerdings sind die Strukturen heutiger Programme ungleich komplexer.

➟ *Siehe Programm, Quelltext*

Live3D

Ein VRML-Plug-in für Webbrowser, mit dem Benutzer in einer virtuellen Welt agieren können. Live3D ist ein proprietäres Plug-in von Netscape.

Lizenz

Im Software-Bereich versteht man unter Lizenz das Recht, eine Kopie eines Programmes zu verwenden. Dazu darf man im Normalfall diese Kopie auf einem Rechner installieren und sich für eigene Zwecke eine Sicherheitskopie anlegen. In der sogenannten Lizenzvereinbarung legt der Software-Hersteller fest, was der Anwender in bezug auf das Kopieren und Verwenden der Software darf und was nicht. Grundlage dafür ist das Urheberrecht. Verstöße gegen diese Vereinbarung sind besonders die Anfertigung und Weitergabe von Raubkopien; sie sind strafbar. Allerdings ist die Überwachung sehr schwer und so arbeiten viele Anwender mit solchen Raubkopien.

➟ *Siehe Raubkopie, Sicherheitskopie, Software*

LLC

Abk. für Logical Link Control, auch logische Verbindungssteuerung. Sie befaßt sich mit der Verbindung zwischen zwei Stationen, der Erzeugung von Nachrichtenrahmen und der Fehlersteuerung und ist für alle IEEE 802-Standards gültig.

➟ *Siehe IEEE-802-Modell*

Lobe-Kabel

Ein Lobe-Kabel ist ein Netzwerkkabel, in dem zwei in einem gemeinsamen Kabelmantel vereinigte Doppelleitungen liegen. Das eine Leitungspaar dient dem Datenempfang, das andere dem Senden von Daten.

➟ *Siehe Netzwerkkabel*

Local Area Network
➟ *Siehe LAN*

LocalTalk

LokalTalk ist der Netzwerkstandard von Apple. Die Basis dafür wurde bereits im ersten Mac von 1984 verwendet. LokalTalk wurde für eine einfache Vernetzung von Macs in kleineren Netzen konzipiert. Die Daten werden über einen seriellen Bus mit einer recht niedrigen Geschwindigkeit von 230,4 Kbit/s übertragen (im Vergleich dazu: Ethernet schafft 10 Mbit/s und TokenRing 16 Mbit/s). Die Adreßzuweisung an die einzelnen Rechner im Netz erfolgt dynamisch beim Start der Rechner. Zur Verkabelung wird ein Twisted-Pair-Kabel verwendet, dessen Gesamtlänge 300 m nicht überschreiten darf. Insgesamt dürfen bis zu 32 Rechner in Serie geschaltet werden.

➡ *Siehe Apple, AppleTalk, Ethernet, Token-Ring, Twisted-Pair-Kabel*

Lochabstand

Der Lochabstand, auch Dot Pitch, ist ein Maß für den Abstand zwischen den einzelnen Löchern in der Lochmaske eines Monitors. Je niedriger dieser Wert ist, desto feiner kann der Monitor das Bild auflösen. Das heißt, vergleicht man zwei Monitore mit sonst gleichen Daten, wird der mit dem geringeren Lochabstand bei gleicher Auflösung (z.B. 1024 x 768 Punkte im Grafiktreiber eingestellt) das feinere und schärfere Bild erzeugen. Der Lochabstand ist neben einigen anderen Parametern ein Qualitätsmerkmal eines Monitors und sollte beim Kauf mitbeachtet werden.

➡ *Siehe Bildschirm, Lochmaske*

Lochkarte

Lochkarten sind für die Computerzeitrechnung gesprochen ein antikes Speichermedium. Es wurden dabei Karten aus Karton verwendet, in die Löcher gestanzt wurden. Die Entwicklung geht bis in das vorige Jahrhundert zurück, wo mechanische Webstühle mit Lochkarten gesteuert wurden. Später wurden Lochkarten in Tabelliermaschinen verwendet. Im Computerbereich gab es genormte Lochkarten, die nach einem standardisierten Verfahren Informationen auf den Lochkarten kodierten. Der Aufwand war immens und die Speicherkapazität eher gering. Mit zunehmendem Aufkommen von magnetischen Speichermedien verloren die Lochkarten immer mehr an Boden. Heute spielen sie keine Rolle mehr.

➡ *Siehe Jacquard, Joseph-Marie, Speichermedium*

Lochkartenleser

Um die Informationen, die auf Lochkarten gespeichert sind, wieder auslesen zu können, benötigt man ein spezielles Gerät, den Lochkartenleser. Dieser verfügt über ein Magazin, in das die Lochkartenstapel eingelegt werden. In der Maschine werden die Lochkarten entweder auf mechanischem oder auf optischem Weg ausgewertet. Gelesene Lochkarten werden in ein zweites Magazin transportiert. Für fehlerhafte Lochkarten existiert ein spezielles Fach, in das sie zur späteren Ansicht abgelegt werden.

➡ *Siehe Lochkarte, Stapelverarbeitung*

Lochmaske

Bei Monitoren, die zur Bilderzeugung Kathodenstrahlröhren verwenden, befindet sich auf der Innenseite der Frontglasscheibe eine Leuchtschicht. Jeder Bildpunkt ist auf dieser Schicht in drei Leuchtpunkte aufgeteilt – je einer für die drei Grundfarben Rot, Grün und Blau. Damit die drei Elektronenstrahlen den richtigen Leuchtpunkt treffen, befindet sich hinter dieser Schicht die sogenannte Lochmaske. In dieser Maske befindet sich vor jedem Leuchtpunkt ein Loch, durch den der Elektronenstrahl hindurchtreten kann. Die Lochmaske ist notwendig, um zu verhindern, daß bei Beschuß eines Leuchtpunktes durch eine Elektronenkanone auch benachbarte Leuchtpunkte mitleuchten. Dies hätte starke Farbverfälschungen zur Folge. Neben Lochmasken, die tatsächlich kreisrunde Löcher aufweisen, gibt es auch Lochmasken, die über rechteckige Schlitze (Streifenmaske) oder elliptische Löcher (CromaClear von NEC) verfügen.

➡ *Siehe Bildschirm, Elektronenstrahlröhre, RGB*

Lochstreifen

Lochstreifen dienten als Speichermedium für Daten bei Computern und Fernschreibern. Lochstreifen sind dünne Endlospapierstreifen, in die Löcher gestanzt werden. Über diese gestanzten Löcher wurden die Daten in dem Papierstreifen gespeichert. Über Lochstreifen konnten Daten ausgetauscht werden. Allerdings war die Speicherkapazität gering, das Speichern und Einlesen langsam und das Medium nicht besonders haltbar.

➡ *Siehe Speicherkapazität, Speichermedium*

Log off
➡ *Siehe Abmelden*

Log-Datei

Log-Dateien werden verwendet, um bestimmte Vorgänge im Computer zu protokollieren. Die Idee ist immer, anhand der Informationen in einer solchen Datei nachzuvollziehen, was während des überwachten Vorgangs geschehen ist. Solche Log-Dateien werden in vielerlei Situationen eingesetzt, z.B. werden in Netzwerken häufig die Zugriffe auf Server protokolliert.

➡ *Siehe Netzwerk, Protokoll, Server*

Logic Array
➡ *Siehe Logisches Gatter*

Logical Adress
➡ *Siehe Logische Adresse*

Logical Link Control
→ *Siehe LLC*

Logical Link Control Sublayer
→ *Siehe LLC*

Logical Unit
→ *Siehe Logische Einheit*

Logik
Logik ist die Lehre des widerspruchsfreien und folgerichtigen Denkens. Als Teilgebiet der Informatik hat sie im Computerbereich eine große Bedeutung. Die Logik ist bemüht, Strukturen und Gesetzmäßigkeiten formal richtig zu beschreiben und diese in Algorithmen zu fassen. Dafür werden Aussagen gebildet. Durch die Verknüpfung von Aussagen entstehen dann neue Aussagen. Die Logik kennt nur wahre und falsche Aussagen. Dies ist natürlich eine sehr gute Ausgangsbasis für die Umsetzung in einem Computersystem, da die einzelnen Bits ja genau diese Werte repräsentieren.

Logikfehler
Ein Fehler in der Programmlogik, durch den in der Regel der eigentliche Ablauf eines Programms nicht verhindert wird. Das Programm funktioniert zwar, liefert aber, z.B. durch die Verwendung eines fehlerhaften Algorithmus, falsche Ergebnisse. Der Fehler ist aus diesem Grund oft schwer zu finden.

Login
→ *Siehe Anmelden*

Logische Adresse
Logische Adressen werden verwendet, um im Speicher eines Computers einzelne Stellen anzusprechen. Die logische Adresse stellt dabei eine Abstraktion dar, d.h. die logische Adresse muß nicht mit einer physikalischen Adresse, also einer tatsächlichen Adresse im Speicher übereinstimmen. Die Umsetzung oder auch Adreßtransformation übernimmt die Speicherverwaltung. Diese Abstraktion der Adressen erlaubt es, Programme zu schreiben, die vom Betriebssystem an beliebige Stellen im Speicher plaziert werden können. Würden dagegen physikalische Adressen verwendet werden, so wäre das ganze System wenig flexibel, was die Zuteilung von Speicher betrifft. Die Speicherverwaltung kann aber auch Adreßkonflikte und unzulässige Speicherzugriffe besser kontrollieren und verhindern.

Ein weiterer Vorteil dieser Methode ist es, daß es für das Programm nicht wichtig ist, wo sich der Speicher, auf den es zugreift, befindet bzw. in welcher Form er vorliegt. Dadurch ist es z.B. möglich, virtuellen Arbeitsspeicher auf der Festplatte zu schaffen, sprich Daten, die eigentlich im RAM des Computers benötigt werden, auf die Festplatte auszulagern. Dadurch wird der eigentliche Arbeitsspeicher natürlich stark erweitert – je nach Festplattenkapazität.

→ *Siehe Adresse, Adressentransformation, Physikalische Adresse, Speicherverwaltung, Symbolische Adresse, Virtueller Speicher*

Logische Bombe

Logische Bomben sind normalerweise Sabotageprogramme, die eine Art Zeitzünder eingebaut haben. Dadurch entfalten sie ihre zerstörerische Wirkung erst nach einer zuvor festgelegten Zeitspanne oder zu einem bestimmten Zeitpunkt.

Logische Einheit

→ *Siehe ALU*

logische Verbindungssteuerung

→ *Siehe LLC*

Logische Verknüpfung

Als logische Verknüpfung werden alle Operationen der booleschen Algebra bezeichnet, die zwei binäre Werte miteinander verknüpfen. Unter diesen Sammelbegriff fallen die Operationen AND, OR, XOR.

→ *Siehe AND-Verknüpfung, Binär, Boolesche Operatoren, OR-Verknüpfung, XOR-Verknüpfung*

Logisches Gatter

Ein logisches Gatter ist eine elektronische Schaltung oder ein Teil einer solchen, die eine Operation der booleschen Algebra, wie z.B. NOT oder AND, ausführen kann. Diese Gatter spielen in der Digitalelektronik die zentrale Rolle. Besonders gut lassen sich diese Gatter auf integrierten Schaltungen (ICs) unterbringen.

→ *Siehe Boolesche Operatoren, IC*

Logisches Laufwerk

Ein logisches Laufwerk ist ein Laufwerk, das kein einzelnes physikalisches Laufwerk ist, sondern ein Teil eines anderen physikalischen Laufwerks. Das logische Laufwerk wird allerdings dem Benutzer genauso wie ein physikalisches Laufwerk präsentiert. Die Aufteilung eines physikalischen Laufwerks in logische Laufwerke wird mit Hilfe des Betriebssystems vorgenommen. Logische Laufwerke bieten die Möglichkeit, eine große Festplatte in mehrere Einheiten zu gliedern.

→ *Siehe Festplatte, Laufwerk*

Logisches Nicht

→ *Siehe NOT-Verknüpfung*

Logisches Oder

→ *Siehe OR-Verknüpfung*

Logisches Und

→ *Siehe AND-Verknüpfung*

Logitech

http://www.logitech.com

Logitech wurde 1981 in der Schweiz gegründet und hat heute seinen Hauptsitz in Kalifornien. Die Firma, die sich auf Computerperipherieprodukte, insbesondere Mäuse, Joysticks, Hand- und Einzug-Scanner spezialisiert hat, bot ursprünglich die Programmiersprache Modula 2 für PCs an. Logitech (oder kurz Logi) bietet immer wieder sehr innovative Produkte, die über Mäuse und Scanner hinausgehen. Die eigentliche Bekanntheit hat das Unternehmen aber durch seine Mäuse erlangt – die Logi-Maus ist ein feststehender Begriff.

➟ *Siehe Joystick, Maus, MODULA2, Scanner*

Bild 9: Logis Homepage

Logo

Logo ist eine Programmiersprache, die sich stark an der englischen Sprache orientiert. Aus diesem Grund ist sie leicht zu erlernen. Sie wurde in den 60er Jahren am MIT entwickelt und sollte den einfachen Einstieg in die Welt der Programmierung von Computern ermöglichen und damit Basic ablösen. Einige Elemente wurden von der Sprache Lisp übernommen. Logo hat heute so gut wie keine Bedeutung mehr.

➠ *Siehe Basic, Lisp, MIT, Programmiersprache*

Logoff Note

Bei manchen Mailboxen ist es möglich, eine Nachricht beim Verlassen der Mailbox zu schreiben. Diese sieht der nächste User. Solche Nachrichten werden logoff note genannt.

➠ *Siehe Abmelden, Mailbox*

Logon
➠ *Siehe Anmelden*

Lokale Station

Als lokale Station bezeichnet man eine einzelne Arbeitsstation (Rechner eines Anwenders) in einem Netzwerk.

➠ *Siehe Netzwerk, Workstation*

Lokale Variable

Im Gegensatz zu einer globalen Variablen, auf die überall in einem Programm zugegriffen werden kann, kann auf eine lokale Variable nur in der Prozedur zugegriffen werden, in der sie deklariert wurde. Sie ist nur dort sichtbar und existent. Andere Variablen gleichen Namens (z.B. aus einer aufrufenden Prozedur oder auch globale Variablen) werden von der lokalen Variablen überdeckt.

➠ *Siehe Programm, Prozedur, Variable*

Lokaler Bypass

Verbindung von Gebäuden eines Unternehmens durch Umgehung des öffentlichen Telefonnetzes.

Lokales Netzwerk
➠ *Siehe LAN*

Look and Feel

Als Look and Feel wird die Kombination aus dem Aussehen und der spezifischen Bedienung eines Programms bezeichnet. Der Begriff geht auf Lotus zurück, die das Look and Feel ihrer Tabellenkalkulation durch Programme anderer Firmen nachgemacht sahen und daraufhin einen Prozeß anstrengten.

➠ *Siehe Lotus, Lotus 1-2-3*

Loop
➠ *Siehe Schleife*

Lores

Abkürzung für Low Resolution, was soviel bedeutet wie niedrige Auflösung. Das Gegenteil davon ist Hires.

➡ *Siehe HiRes*

Löschen

Beim Löschen werden Daten von einem Speichermedium entfernt. Dabei unterscheidet man zwischen logischem und physikalischem Löschen. Beim logischen Löschen werden die zu löschenden Daten lediglich so gekennzeichnet, das diese durch andere Daten überschrieben werden können. Solange die Daten noch nicht überschrieben sind, ist diese Art des Löschens reversibel. Beim physikalischen Löschen werden Daten tatsächlich überschrieben. Überschrieben werden diese entweder mit neuen Daten oder mit einem beliebigen Bit-Muster. Nach dem physikalischen Löschen sind Daten unwiederbringlich verloren.

➡ *Siehe Bit, Daten, Speichermedium*

Lotus

http://www.lotus.com

Lotus ist eine amerikanische Software-Firma, die inzwischen von IBM übernommen und als selbständiger Geschäftsbereich eingegliedert wurde. 1982 gegründet, wurde Lotus zunächst mit der Tabellenkalkulation 1-2-3 bekannt. Später folgten die Textverarbeitung AmiPro (heute Lotus WordPro) und das E-Mail-Programm cc:Mail. Mit Symphony präsentierte Lotus mit das erste integrierte Programmpaket. Sehr bekannt ist heute das Groupware-Programmsystem Lotus Notes.

➡ *Siehe IBM, Lotus 1-2-3, Lotus Notes, Lotus Organizer, Lotus SmartSuite*

Lotus 1-2-3

1-2-3 ist ein Tabellenkalkulationsprogramm. Dieses Programm war der erste große Erfolg der Firma Lotus. Seit der Vorstellung 1982 hat sich das Programm natürlich stark weiterentwickelt und entspricht dem Stand der Technik. Mit 1-2-3 lassen sich Daten in Tabellen berechnen, verwalten und auswerten. Diese Daten können dann über entsprechende Funktionen grafisch in Form von Diagrammen präsentiert werden. Eine Eigenschaft, auf die bei der Entwicklung großer Wert gelegt wurde, ist die Möglichkeit, die Daten durch mehre Benutzer zu bearbeiten.

➡ *Siehe Diagramme, Lotus, Tabellenkalkulation*

Lotus Notes

Lotus Notes ist eine sogenannte Groupware-Software. Wesentliche Elemente von Notes sind eine netzwerkfähige und dokumentenorientierte Datenbank und eine leistungsfähige Mail-Funktion. Damit wird es

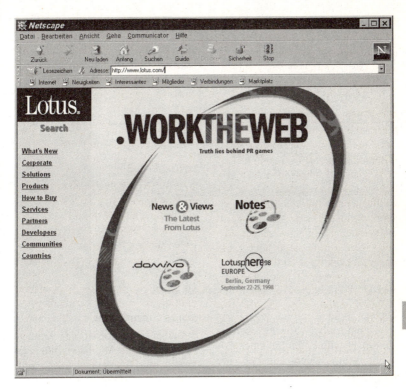

Bild 10: Die Homepage von Lotus

möglich, die unternehmensweite Datenhaltung und den Zugriff darauf, speziell die gemeinsame Bearbeitung, wesentlich effizienter zu machen. Eine besondere Stärke von Notes ist die Plattformunabhängigkeit; so gibt es Notes für DOS, Windows, OS/2, Unix und Mac. Die Oberfläche ist im Rahmen der Eigenheiten der einzelnen Betriebssysteme nahezu identisch. Ein weiteres Merkmal ist die Möglichkeit, Anwendungen für die Notes-Umgebung zu erstellen.

➩ *Siehe Datenbank, Groupware, Lotus, Plattform*

Lotus Organizer

Ein weiteres Programm aus dem Hause Lotus. Der Organizer stellt einen Terminplaner dar. Mit dem Organizer

Lotus SmartSuite

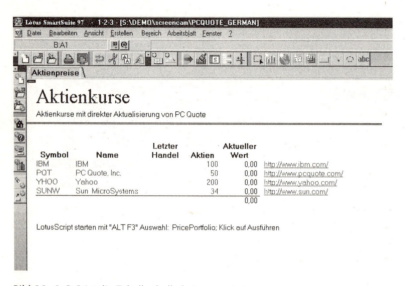

Bild 11: 1-2-3 ist die Tabellenkalkulation von Lotus

können Termine und Adressen leicht und komfortabel verwaltet werden. Die Oberfläche ist im Stil eines echten Terminkalenders gehalten, was eine sehr intuitive Bedienung ermöglicht. Dies ist mit Sicherheit der Grund dafür, daß der Organizer weltweit die erfolgreichste Terminplaner-Software für PCs ist. Der Organizer ist in seiner aktuellen Version für Windows 95 und Windows NT entweder einzeln oder als Teil des Pakets Lotus SmartSuite erhältlich.

→ *Siehe Lotus, Lotus SmartSuite, Organizer*

Lotus SmartSuite

Lotus SmarteSuite ist das Konkurrenzprodukt zu Microsoft Office. Es enthält die Textverarbeitung WordPro, das Präsentationsprogramm Freelance, die Datenbank Approach, die Tabellenkalkulation 1-2-3 und die Termin- und Adreßverwaltungs-Software Organizer.

SmartSuite verfügt nach Angaben von Lotus über einen Marktanteil von ca. 20%. Mit der im Frühjahr 97 vorgestellten Version SmartSuite 97 werden neben den alten Tugenden wie leichte Bedienbarkeit, umfassendes Leistungsangebot, durchgängiges

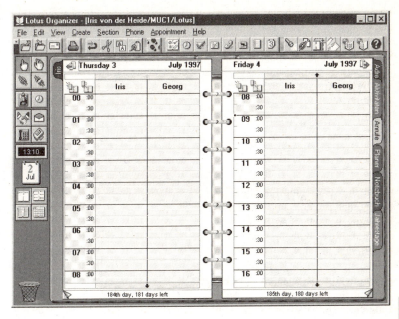

Bild 12: Der Organizer ist einem richtigen Kalender nachempfunden

Look and Feel noch weitere Internet- und Teamworkfunktionalität implementiert.

→ *Siehe Lotus, Lotus 1-2-3, Lotus Notes, Lotus Organizer, Office*

Low Byte

Bei Computern mit einer Datenbreite von 16 Bit zerlegt man ein 16-Bit-Datenwort in zwei Byte, also zwei 8 Bit große Teile. Das rechte Byte wird dabei als niederwertiges oder low byte bezeichnet.

→ *Siehe Bit, Byte, Datenwort*

Low Resolution

→ *Siehe Lores*

Low-Level-Formatierung

Bei der Low-Level-Formatierung wird die magnetische Oberfläche eines Datenträgers mit Spuren und Sektoren versehen. Bei Disketten gibt es zwischen dem Low-Level-Formatieren und dem Formatieren keinen Unterschied. Bei Festplatten wird hingegen sehr wohl unterschieden. Im Normallfall wird die Low-Level-Formatierung einer Festplatte vom Hersteller übernommen, d.h. sie wird vorformatiert ausgeliefert. Das Formatieren, so daß eine Platte mit einem bestimmten Betriebssystem verwendet werden kann, ist dagegen ein separater Vorgang, den der Anwender über das Betriebssystem ausführen muß.

➡ *Siehe Betriebssystem, Datenträger, Festplatte, Formatierung, Sektor, Spur*

lpi

lpi ist die Abkürzung für Lines per inch (Zeilen pro Zoll) und ist ein Maß in bezug auf die Rasterung beim Druck von Graustufen auf einem monochromen Drucker. Anstatt von lpi wird auch der Begriff Rasterfrequenz verwendet. Im Gegensatz zu der Einheit dpi, die die physikalische Auflösung eines Gerätes beschreibt, trifft die Rasterfrequenz eine Aussage über die Art der Rasterung, also der Umsetzung von Graustufen in eine Verteilung von schwarzen Druckpunkten. Bei monochromen Druckern, solchen, die mit Rasterverfahren arbeiten (z.B. Laserdrucker, Laserbelichter), besteht eine eindeutige Beziehung zwischen der physikalischen Auflösung, der Rasterfrequenz und der Anzahl der darstellbaren Graustufen. Zunächst muß aber noch der Begriff der Halbtonzelle erklärt werden. Um Graustufen darzustellen, werden diese auf Geräten, die diese nicht direkt drukken können, durch eine Verteilung (Rasterung) von schwarzen (bedruckte Stellen) und weißen (unbedruckte Stellen) Punkten simuliert. Die kleinste logische Einheit bei dieser Rasterung wird als Halbtonzelle bezeichnet. Diese besteht aus einer bestimmten Anzahl von Druckpunkten und kann damit eine bestimmte Anzahl von Graustufen erzeugen. So beinhaltet z.B. eine Halbtonzelle mit einer Kantenlänge von 10 Pixeln 10 x 10 Druckpunkte, sprich 100 Druckpunkte, was gleichzeitig auch die Anzahl der simulierbaren Graustufen ist. Das heißt, zwischen den Werten 100% schwarz (100 schwarze Punkte) und 0% schwarz (entspricht 100% weiß, also 100 nicht bedruckte Punkte) sind noch 98 Zwischenstufen möglich. Um z.B. ein 50%iges Grau zu erzeugen, werden 50 Punkte gedruckt und die restlichen 50 nicht bedruckt.

Nun zu der oben angesprochenen Beziehung: dpi/lpi = Kantenlänge der Halbtonzelle. Wenn Sie diesen Wert quadrieren, erhalten Sie die Anzahl der darstellbaren Graustufen. Ein Beispiel soll dies verdeutlichen: Wenn Sie auf einem Laserdrucker mit 600 dpi eine Rasterfrequenz von 60 verwenden, ergibt das eine Kantenlänge von 10 für die Halbtonzelle und damit 100 darstellbare Graustufen. Die gleiche Rasterfrequenz auf einem Laserbelichter mit 1200 dpi ergibt eine Kantenlänge von 20 und damit 400 darstellbare Graustufen. Allerdings muß man beachten, daß mit dem Anwachsen der Kantenlänge der Halbtonzelle die effektive Auflösung sinkt, da die Halbtonzelle die kleinste Einheit darstellt, aus der das Bild aufgebaut wird. Das heißt, mehr Graustufen erzeugen gröbere Bilder und umgekehrt. Es gilt einen guten Kompromiß zwischen Graustufen und Detailschärfe zu finden. Dieser ist für die meisten Laserdrucker bei 100 lpi erreicht (normalerweise auch die Voreinstellung).

➥ *Siehe DPI, Drucker, Halbtonverfahren, Pixel, Rasterverfahren*

LPT

➥ *Siehe Parallel-Port-Modus*

LPX

Der LPX-Formfaktor, ein Layout für Hauptplatinen (Motherboard) von PCs, wird in sehr flachen Desktop-Gehäusen eingesetzt. ISA- und PCI-Slots befinden sich bei LPX nicht, wie von Baby-AT oder ATX gewohnt, auf dem Motherboard, sondern auf einer sog. Riser-Karte, die auf der Hauptplatine aufgesteckt ist. Riser-Karte und Board müssen perfekt aufeinander abgestimmt sein, um funktionieren zu können, weshalb sie meist vom gleichen Hersteller kommen. Das LPX-Format wird den heutigen Anforderungen kaum mehr gerecht. So gibt es Schwierigkeiten, die Wärme, die von Prozessoren neuerer Bauart (z.B. dem Pentium II) erzeugt wird, abzuführen; außerdem gibt es keinen Platz mehr für neue Schnittstellen bzw. den AGP-Bus. LPX wird deshalb langsam durch den neuen NLX-Formfaktor abgelöst werden.

➥ *Siehe AGP, ATX, Motherboard, NLX, Riser-Karte*

LQ

➥ *Siehe Letter Quality*

LS 120 Diskette

Dies soll der Nachfolgestandard für die bekannte 3,5-Zoll-Diskette werden. Bei dieser Diskette handelt es sich um eine Gemeinschaftsentwicklung der Firmen 3M, Compaq und Matsushita. Die Diskette bietet eine Kapazität von 120 Mbyte.

➥ *Siehe Diskette, IBM*

LSB

Das Bit 0 in einem Byte, also das niederwertigste Bit, wird LSB oder Least Significant Bit bezeichnet.

➥ *Siehe Bit, Byte*

LSI

➥ *Siehe Large Scale Integration, VLSI*

LU

Als LU (logical unit bzw. logische Einheit) wird ein Element in der Netzwerkarchitektur von IBM (SNA) bezeichnet.

➥ *Siehe IBM*

Lüfter

Ein Lüfter ist eine Art Ventilator bzw. Gebläse, das dafür sorgt, daß in einem elektronischen Gerät ein konstanter Luftstrom herrscht. Dieser Luftstrom soll die beim Betrieb des Geräts entstehende Wärme abführen helfen und damit das Gerät kühlen. Die Kühlung ist notwendig, da durch übermäßige Aufhitzung Komponenten Schaden nehmen können. In einem normalen PC findet man meistens zwei Lüfter: Der eine befindet sich direkt auf dem Prozessor, da der Prozessor sich im Betrieb sehr stark aufheizt. Der andere ist im Netzteil untergebracht. Dieser sorgt zum einen für die Kühlung der Komponenten des Netzteils und zum anderen für einen Luftstrom im Gehäuse des PC. In vielen anderen Geräten wie z.B. Druckern finden sich auch Lüfter. Obwohl heutige Lüfter sehr leise sind, sorgen sie dennoch für einen Großteil des Geräuschpegels eines PC.

Bild 13: Ein Prozessorlüfter ist inzwischen neben dem Netzteillüfter fast in jedem PC zu finden

➡ *Siehe Drucker, Netzteil, PC, Prozessor*

Luftspalt

Als Luftspalt wird der Abstand zwischen einem Schreib-Lese-Kopf und der Oberfläche einer Magnetplatte, einer Festplatte bzw. einer Diskette bezeichnet. Dieser Abstand ist bei einer Festplatte kleiner als 1 µm (1/1000 mm).

➡ *Siehe Diskettenlaufwerk, Festplatte, Schreib-Lese-Kopf*

Luminanzabfall

Auch Nachleuchtdauer oder Leuchtdichteabfall. Es beschreibt die Eigenschaft von Leuchtstoffen wie z.B. dem in Kathodenstrahlröhren eingesetzten Phosphor, durch die ein Bild für kurze Dauer nachdem der Stoff angestrahlt wurde, auf dem Bildschirm erhalten bleibt.

LWL

Abkürzung für Lichtwellenleiter.

➡ *Siehe Lichtwellenleiter*

Lycos

http://www.lycos.de

Lycos ist eine der bekannten Suchmaschinen im Internet. Mit Lycos kann das Internet (WWW, FTP-Sites,

Lycos

Newsgroups, Gopher-Server) nach Informationen abgesucht werden. Dazu können bestimmte Begriffe eingegeben werden. Nach diesen Begriffen sucht Lycos und präsentiert das Ergebnis als Hypertextdokument. In diesem befinden sich Links zu den einzelnen Fundstellen. Diese werden in der Reihenfolge der Relevanz präsentiert. Die Relevanz ermittelt Lycos aus der Häufgkeit, mit der sie auftreten, und der Position im Dokument. Je früher ein Begriff auftaucht und je häufiger dieser im Dokument vorhanden ist, desto höher ist die Relevanz.

➠ Siehe FTP, Gopher, Hypertext, Link, Newsgroup, Suchmaschine, WWW

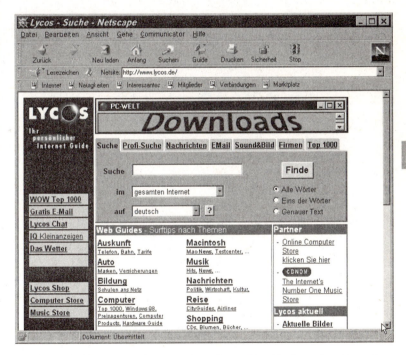

Bild 14: Lycos bietet inzwischen eine deutschsprachige Version seiner Homepage

M

M steht für die Vorsilbe Mega. Normalerweise steht Mega für 1.000.000 Einheiten. Im Computerbereich steht Mega für 1.048.576 Einheiten. Beispiele wären Mbyte oder Mbit.

➠ *Siehe Mbit, Mbyte*

M2

Der Cyrix M2 oder 6x86MX ist ein Pentium-kompatibler Prozessor mit MMX-Unterstützung. Der M2 verfügt gegenüber seinem Vorgänger, dem M1, über einen größeren L1-Cache (64 Kbyte statt 16 Kbyte) und verbesserte Sprungvorhersage-Technik. Hinsichtlich seiner Leistungsfähigkeit siedelt er sich zwischen einem Pentium MMX und einem Pentium II gleichen CPU-Takts an.

➠ *Siehe Cyrix, L1-Cache, MMX, Pentium, Pentium II*

MAC

Abkürzung für Media Access Controll.

Abkürzung für die Apple-Macintosh-Computer.

➠ *Siehe Macintosh, Media Access Control*

MAC-Adresse

Auf das PROM der Netzwerkkarte gebrannte Adresse. Der Adapter ist durch die weltweite Eindeutigkeit der Adresse immer identifizierbar.

➠ *Siehe EPROM, Netzwerkadapter, Netzwerkkarte*

MacBinary

File-Transfer-Protocol zur Erhaltung der Codierung für Dateien, die auf einem Macintosh-Computer erstellt und auf einem anderen System gespeichert wurden.

➠ *Siehe Macintosh*

Macintosh

Die Macintosh-Familie von Apple gibt es seit 1984. Der Mac – wie er liebevoll von seinen Fans genannt wird – glänzte als einer der ersten Heimcomputer mit einer grafischen

Benutzeroberfläche (MacOS). Nachdem jahrelang die 680x0-Prozessorfamilie als CPU eingesetzt wurde, läuft seit 1994 der PowerPC-Chip (eine Koentwicklung von IBM, Apple und Motorola) in den Gehäusen der Mac-Familie, die nun durch die PowerPC-Serie ersetzt wurde. Seit 1997 arbeitet in den PowerPC-Gehäusen die neue Prozessorgeneration G3. Während Apple mit seinen Computern in den USA einen Marktanteil von über 40% hat, arbeiten in Deutschland nur 5% mit einem Mac – hauptsächlich Grafiker, Werbeagenturen und DTP-Spezialisten.

➠ *Siehe Apple, Grafische Benutzeroberfläche, IBM, Motorola, PowerPC-Chip*

Bild 1: Der PowerPC bietet Mac-Feeling in neuen Leistungsdimensionen

Macintosh-Oberfläche

Die Macintosh-Oberfläche (MacOS) ist die grafische Benutzeroberfläche der Apple-Macintosh- und PowerPC-Serie und deren Clones (Umax, Motorola usw.). Das MacOS war eines der ersten Betriebssysteme, das mit der Maus bedient werden konnte und heute längst selbstverständliche Techniken wie Drag&Drop und die Menütechnik beherrschte.

➠ *Siehe Benutzeroberfläche, Betriebssystem, Clone, Drag&Drop, Menütechnik, System 8*

MacOS

Steht für Macintosh Operating System. Die grafische Benutzeroberfläche der Apple-Computer.

➠ *Siehe Apple, Grafische Benutzeroberfläche, System 8*

Macromedia

Die amerik. Firma Macromedia ist eines der führenden Unternehmen im Bereich Multimedia und Web-Publishing. Neben dem Autorensystem Macromedia Director und der Grafiksoftware Freehand entwickelt die Firma Schriftverwaltungs- und Bildbearbeitungssoftware. Im Bereich Web Publishing ist Macromedia mit der Shockwave-Technologie eine wichtige Innovation gelungen. Shockwave erlaubt die Darstellung von Annimationen und Sequenzen, die mit dem Director erstellt worden sind. Da hierbei bei hoher Kompression (woraus schnelle Ladezeiten folgen) gleichzeitig eine hohe Qualität erreicht wurde, ist Shockwave ein wichtiges Element im Design von Webseiten (Web Publishing) geworden.

→ *Siehe Bildbearbeitungsprogramm, Kompression, Multimedia, Schriftverwaltung, Shockwave, Shockwave-Technologie, Webseite*

MacTCP

Erweiterung, die Macintosh-Computer TCP/IP-fähig macht.

→ *Siehe Apple, Macintosh*

Magazin

Ein Magazin ist eine Vorrichtung, die der Aufnahme z.B. mehrerer CDs oder MDs in einem CD- oder MD-Wechsler dient.

→ *Siehe CD, MD*

Magic Packet

Spezielles Datenpaket, bei dessen Empfang über eine Netzwerkkarte der PC automatisch gebootet wird. Spezifiziert von AMD.

→ *Siehe AMD, Booten, Datenpaket, Netzwerkkarte*

Magnetband

Ein Magnetband ist ein mit einer magnetisierbaren Schicht ausgestattetes Kunststoffband, welches früher – besonders im Bereich der Großrechner – für die Datensicherung eingesetzt wurde. Heutzutage findet man Magnetbänder noch in Magnetbandkassetten von Streamern, wobei auf einem Band bis zu 72 Spuren parallel beschrieben werden können.

→ *Siehe DAT-Streamer, Großrechner, Spur, Streamer*

Magnetblasenspeicher

Bei einem Magnetblasenspeicher werden die Daten in mikroskopisch kleinen, magnetisierbaren Domänen, sogenannten »Blasen«, gespeichert. Bereits Mitte der 60er Jahre wurde dieses nichtflüchtige Speichermedium erfunden, jedoch wegen seiner komplizierten und teuren Herstellung bald wieder fallengelassen.

→ *Siehe Speichermedium*

magnetische Domäne

Auch ferromagnetische Domäne oder Weißscher Bezirk. Ein in einem ferromagnetischen Material mikroskopisch kleiner Bereich innerhalb dessen die einzelnen molekularen oder atomaren Magnetpartikel die gleiche Orientierung aufweisen.

magnetischer Speicher

Der Oberbegriff für Datenspeichereinheiten, z.B. Disketten oder Magnetbänder, die als externe Einheiten auf der Basis eines magnetischen Mediums arbeiten.

Magnetkarte

Eine Magnetkarte ist eine kleine Plastikkarte, auf der ein kurzes Magnetband aufgetragen ist. In dem Magnetband werden Informationen über den Besitzer der Karte gespeichert, wie z.B. Name, Kreditkartennummern, Identifikationsnummern usw. Magnetkarten werden über einen Magnetkartenleser ausgelesen und können mit einem speziellen Gerät und einem Computer beschrieben werden. Magnetkarten findet man in vielen Bereichen. Die bekannteste Form ist wahrscheinlich die Eurocheque-Karte.

➥ *Siehe Magnetband, Magnetkartenleser*

Magnetkartenleser

Mit einem Magnetkartenleser können die auf einer Magnetkarte gespeicherten Daten ausgelesen werden. Man findet diese Geräte in Banken (Geldautomat), Supermärkten oder Warenhäusern usw.

➥ *Siehe Magnetkarte*

Magnetkopf

➥ *Siehe Induktiver Schreib-Lese-Kopf, MR-Lese-Kopf, Schreib-Lese-Kopf*

Magneto-Optical-Drive

➥ *Siehe MO-Laufwerk*

Magneto-optische Laufwerke

Bei dieser Art von Wechselplattenlaufwerk werden die Daten durch ein kombiniertes magnetisches und optisches Aufzeichnungsverfahren gespeichert. Die Laufwerke garantieren eine hohe Datensicherheit.

➥ *Siehe MO-Laufwerk, Wechselplattenlaufwerke*

Magneto-resistiver Lesekopf

➥ *Siehe MR-Lese-Kopf*

Magnetplattenspeicher

Oberbegriff für Massenspeicher, welche Daten auf einer magnetisierbaren Schicht speichern, die auf eine oder mehrere sich drehende Platten aufgebracht wurde. Beispiele wären die Festplatte oder die Diskette.

➥ *Siehe Diskette, Festplatte, Massenspeicher*

Magnetspeicher

Oberbegriff für Massenspeicher, welche Daten auf einer magnetisierbar beschichteten Oberfläche speichern. Beispiele wären die Festplatte, Diskette, Magnetband oder Magnetkarte.

➥ *Siehe Diskette, Festplatte, Magnetband, Magnetkarte, Massenspeicher*

Mail

Englisch für Post. Allgemein die Bezeichnung für Briefe, Mitteilungen und Nachrichten, welche per Computer über ein Modem, ISDN, ein Netzwerk oder einen Online-Dienst verschickt und empfangen werden. Auch als E-Mail (Electronic Mail) bezeichnet.

➦ *Siehe E-Mail, Internet, Mailbox, Online-Dienst*

Mail-Bomb

Die Mail-Bomb oder das Mail-Bombing ist eine gängige »Bestrafung« für User oder Provider, die bei der kompletten oder einem Teil der Internet-Gemeinde in Ungnade gefallen sind. Beim Mail-Bombing werden diesem User Tausende E-Mails von anderen (verärgerten) Usern oder von Mail-Servern aus zugeschickt. Da diese Datenfülle selbst mit den leistungsfähigsten Mail-Servern nur schwer zu bewältigen ist, kann es bestenfalls zur Stillegung des Briefkastens der betreffenden Person, schlimmstenfalls zum Zusammenbruch seines eigenen Providers kommen, wie es 1996 schon einmal beim T-Online-Dienst der Deutschen Telekom der Fall war, als ein User Tausende von E-Mails gleichzeitig losschickte.

➦ *Siehe E-Mail, Mail, Mail-Server*

Mail-Reader

Ein Mail-Reader ist eine Software, mit der man E-Mails lesen, verfassen und abschicken kann. Oft arbeiten Mail-Reader offline, d.h. das Programm wählt sich in das Netzwerk ein, holt die neue Post und loggt sich wieder aus. Der User kann die neue Post dann offline lesen (ohne Verbindung zum Netzwerk).

➦ *Siehe Ausloggen, E-Mail, Netzwerk, Offline-Reader*

Mail-Server

Ein Mail-Server ist ein Server in einem Netzwerk oder bei einem Online-Dienst (Provider), der nur für den Empfang und die Zustellung von E-Mails zuständig ist. Der Mail-Server verfügt über einzelne Speicherbereiche für jedes Mitglied, in denen die Post abgelegt wird (wie ein Postfach). Mail-Server haben meist eigene Adressen; z.B. bei Compuserve: mail.compuserve.com.

➦ *Siehe Compuserve, Mail, Netzwerk, Online-Dienst, Server*

Mailbot

Bezeichnet ein Programm, das E-Mail-Nachrichten automatisch beantwortet (z.B. der Mailing-List-Manager), oder Aktionen, die auf Befehlen innerhalb der Nachrichten basieren, ausführt.

➦ *Siehe Mail*

Mailbox

➦ *Siehe BBS*

Mailing-List

Mailing-Listen sind eine Form von zeitversetztem Diskussionsforum im Internet. Ein User kann per E-Mail eine Mailing-Liste zu einem bestimmten Thema abonnieren. Neue Nachrichten von anderen Abonnenten werden ihm dann von einem zentralen Verteiler aus zugeschickt. Seine eigenen Nachrichten schickt der Abonnent ebenfalls an den Verteiler. Insofern ähnelt eine Mailing-List einer Newsgroup im Usenet. Der Vorteil einer Mailing-List ist, daß man nicht erst umständlich nach einem bestimmten Thema suchen muß, sondern neue Nachrichten mit seiner übrigen Mail in seinem Postfach findet.

→ *Siehe E-Mail, Forum, Internet, Newsgroup, Usenet*

Mailmerge

Mailmerge ist eine Funktion eines Textverarbeitungsprogramms, mit deren Hilfe man aus einer Tabelle (z.B. aus einer Datenbank) mit Adressen automatisch Serienbriefe erstellen kann.

→ *Siehe Datenbank, Serienbrief, Tabelle, Textverarbeitung*

Main menu

→ *Siehe Hauptmenü*

Main program

→ *Siehe Hauptprogramm*

Main-Task

Der Main-Task ist der Task (das Programm oder die Programmfunktion) mit der derzeit höchsten Priorität. Der Main-Task ist das gerade aktive Programm im Vordergrund.

→ *Siehe Multitasking, Priorität, Programm*

Mainboard

→ *Siehe Motherboard*

Mainframe

→ *Siehe Großrechner*

Majuskel

Bezeichnung für Großbuchstaben (von lat. major = größer). Im Gegensatz dazu stehen die Minuskeln (Kleinbuchstaben).

→ *Siehe Minuskel*

Makeln

Makeln ist ein Leistungsmerkmal von ISDN und besseren Telefonanlagen, steht aber seit einiger Zeit auch analogen Nutzern im T-Net zur Verfügung. Mit Makeln wird das Umschalten zwischen zwei Gesprächspartnern bezeichnet, mit denen man gleichzeitig verbunden ist. Einer der Gesprächspartner wird derweilen in der Leitung geparkt und wartet, bis er von der Wartemusik erlöst wird.

→ *Siehe ISDN, ISDN-Leistungsmerkmale*

Makro

Ein Makro ist eine Zusammenfassung mehrerer Programmfunktionen einer Applikation, die automatisch ausgeführt werden und umständliche Routinearbeiten, wie z.B. die Formatierung eines Textes oder die Berechnung bestimmter Werte, erledigen. Makros können zum einen über eine spezielle Makrosprache programmiert werden oder sie werden über eine Lernfunktion der jeweiligen Applikation aufgezeichnet. Der Anwender aktiviert dabei den Lernmodus und führt alle gewünschten Aktionen, die das Makro beherrschen soll, einmal durch. Makros findet man aber auch bei der Arbeit mit z.B. einem Assembler. Bei der Assemblierung (Erzeugung) des endgültigen Programms identifiziert der Assembler die jeweiligen Makros über ihre Namen und fügt sie an einer vorher definierten Stelle im Quellcode ein.

→ *Siehe Assembler, Quellcode*

Makro-Virus
→ *Siehe Computervirus*

Makrobibliothek
In einer Makrobibliothek werden Makros abgespeichert und gesammelt.

→ *Siehe Makro*

Makrofunktion
Eine Applikation hat eine Makrofunktion, wenn im Programm die Möglichkeit besteht, ein Makro zu erzeugen und von diesem Routineaufgaben erledigen zu lassen.

→ *Siehe Applikation, Makro*

Makrotypographie
Der Begriff Makrotypographie bezeichnet das Gesamterscheinungsbild eines Dokuments. Darin eingeschlossen sind Text- und Grafikarrangements, das Verhältnis von Schwarz- zu Farbdruck, die verwendeten Schriftarten und das Layout.

→ *Siehe Dokument, Layout, Mikrotypographie, Schriften*

MAN
Abkürzung für Metropolitan Area Network. Ein Netzwerk, in der Größe angesiedelt zwischen LAN und WAN.

→ *Siehe LAN, Netzwerk, WAN*

Mantisse
Den Teil einer Fließkommazahl, der Ziffern und Vorzeichen der dargestellten Zeit enthält, bezeichnet man als Mantisse.

→ *Siehe Fließkommadarstellung*

Manual
Englisch für Handbuch.

→ *Siehe Handbuch*

Map
Synonym für Textur.

→ *Siehe Textur, Texture-Mapping*

MAPI
→ *Siehe Messaging Application Programming Interface*

Mapping

Unter Mapping versteht man allgemein die Zuordnung zweier Werte zueinander. Beispiele:

1. Werte in zwei Datenreihen einer Tabelle, zwei Speicherbereiche usw.
2. Die Zuordnung eines Laufwerknamens zu einem Netzwerkverzeichnis unter Netware, so daß der Computer auf das Laufwerk zugreifen kann.
3. Die Zuordung einer MSN zu einer EAZ (Endgeräteauswahlziffer) bei ISDN.
4. Die Vergabe einer Textur (einer Grafik) an einen dreidimensionalen Körper bei Konstruktions- und Animationsprogrammen, und das damit verbundene Mapping(Projektions)-Verfahren (Texture-Mapping).

➡ *Siehe EAZ, MSN, NetWare, Texture-Mapping*

Marke

Eine Marke dient als Zielstelle in einem Programm oder einem Textdokument. Bei umfangreichen Dokumenten kann man eine Marke an eine Stelle setzen, an die man dann jederzeit zurückspringen kann. In einem Programm werden Marken meist als Ziele für Sprungbefehle benutzt.

➡ *Siehe Programm, Sprungbefehl*

Markieren

Texte, Felder, Grafiken usw. können in den entsprechenden Applikationen markiert werden. Markierte Stellen können dann mit verschiedenen Funktionen bearbeitet werden (Kopieren, Ausschneiden, Löschen, Drucken usw.).

➡ *Siehe Applikation*

Maschinencode

➡ *Siehe Maschinensprache*

Maschinenprogramm

Ein Maschinenprogramm ist ein in Maschinensprache vorliegendes Programm, das in dieser Form durch den Prozessor eines Computers ausgeführt werden kann. Die Maschinensprache wird erst durch die Übersetzung eines in einer Programmiersprache oder in Assemblercode (Maschinencode) vorliegenden Quellcodes durch einen Compiler oder Assembler erzeugt.

➡ *Siehe Assemblercode, Compiler, Maschinensprache, Programmiersprache, Prozessor, Quelltext*

Maschinensprache

Die Maschinensprache ist das in binärer Form vorliegende Programm, das direkt von einem Prozessor ausgeführt werden kann. Jeder Prozessortyp hat seine eigene Variante der Maschinensprache. Ein Programm, welches in einer Programmiersprache oder in Assemblercode geschrieben wurde, muß erst durch einen Compiler oder einen Assembler in die vom Prozessor verwendete Maschinensprache übersetzt werden, bevor es ausgeführt werden kann. Ein Interpreter übersetzt das Programm auch, führt aber jede einzelne Zeile direkt nach der Übersetzung sofort aus.

→ *Siehe Assemblercode, Binär, Compiler, Interpreter, Programm, Prozessor*

Maske

Eine Maske ist ein vorgefertigtes Dialogfenster (Dialog-Box) innerhalb einer Applikation, in das Daten eingegeben werden können (Datenmaske). Beschreibungs- und Eingabefelder sind meist unterschiedlich markiert bzw. formatiert.

In Grafikprogrammen sind Masken Bereiche, die bearbeitbare und geschützte Bildbereiche voneinander abtrennen. Der Anwender definiert über ein Hilfswerkzeug (Maske) den Bildbereich, der veränderbar sein soll. Der übrige Bildbereich ist vor Änderungen geschützt.

→ *Siehe Applikation, Daten, Dialog-Box, Grafikprogramme*

Maskenlayout

Das Maskenlayout ist eine der drei Darstellungsarten einer Tabelle. Im Maskenlayout wird immer nur ein Datensatz (der aktuelle) dargestellt, wobei die Datenfelder je nach Bedarf angeordnet sein können.

→ *Siehe Datenfeld, Datensatz, Tabelle*

Maskentyp

→ *Siehe Lochmaske, Streifenmaske*

Massachusetts Institute of Technology

→ *Siehe MIT*

Massenspeicher

Unter Massenspeicher versteht man ein Speichergerät mit relativ hoher Speicherkapazität, auf dem die Daten auch im stromlosen Zustand nicht verlorengehen. Beispiele wären die Festplatte, Diskette, CD-ROM, das MO-Laufwerk und das Magnetband.

→ *Siehe CD-ROM, Diskette, Festplatte, Magnetband, MO-Laufwerk, Speicherkapazität*

massiv-parallele Verarbeitung

Der Ausdruck bezeichnet die Eigenschaft eines Computers, der für die massiv-parallele Verarbeitung konzipiert ist. Massiv-parallele Verarbeitung stellt eine Computerarchitektur dar, in der jeder einzelne von zahlreichen Prozessoren über ein eigenes RAM verfügt, eigene Daten sowie eine Kopie des Betriebssystems und des Anwendungscodes enthält, über die der Prozessor, unabhängig von den anderen Prozessoren, verfügen kann.

Master

Als Master bezeichnet man ein Gerät (z.B. eine Festplatte oder ein Computersystem), welches die Steuerung über ein untergeordnetes Gerät übernehmen kann. Bei AT-Bus-Festplatten (IDE, EIDE) wird eine der Platten als Master konfiguriert, während die zweite Festplatte desselben IDE-Channels (d.h. beide Platten befinden sich an einem gemeinsamen Kabel) als Slave konfiguriert wird. Der Controller der Master-Platte übernimmt dann die Datenweiterleitung vom Bus zur zweiten Slave-Festplatte. Ein Computer, der einen anderen Computer über eine Direkt- oder Telefonverbindung steuert, wird ebenfalls als Master bezeichnet.

➥ *Siehe AT-Bus-Festplatten, EIDE, Festplatte, Festplatten-Controller, IDE, Slave*

Master-User

Master-User ist ein anderer Begriff für den Systemadministrator eines Netzwerks. Der Master-User ist der »ranghöchste« Sysop in einem Netzwerk.

➥ *Siehe Netzwerk, Sysop, Systemadministrator*

Mathematischer Coprozessor

➥ *Siehe Arithmetischer Coprozessor*

Matrix

Neben der mathematischen Bedeutung ist mit dem Begriff Matrix im Computerbereich die regelmäßige Anordnung von Elementen gemeint. Im Zusammenhang mit Druckern, Scannern oder der Ausgabe auf dem Bildschirm wird oft von einer Matrix gesprochen (z.B. Punktmatrix). Bei einem Matrixdrucker (z.B. Tintenstrahldrucker, Nadeldrucker, Laserdrucker) werden Text und Grafik durch in Zeilen und Spalten angeordnete Punkte dargestellt.

➥ *Siehe Drucker, Matrixdrucker, Scanner*

Matrixdrucker

Auch Rasterdrucker genannt. Text und Grafik werden bei dieser Art von Drucker über in einer Matrix angeordnete Punkte dargestellt. Die neueren Matrixdrucker (z.B. Tintenstrahldrucker, Laserdrucker) haben eine derart hohe Auflösung, daß einzelne Punkte oft gar nicht mehr unterscheidbar sind.

➥ *Siehe Laserdrucker, Matrix, Tintenstrahldrucker*

Matrixmail

Eine Matrixmail ist eine persönliche Nachricht an einen User im FidoNet.

➥ *Siehe FidoNet, Mail*

MAU

Abkürzung für MultiStation Access Unit. Bezeichnung für einen zentralen Steuerungscomputer im Zentrum eines in Sternstruktur aufgebauten Token-Ring-Netzwerks. Je nachdem, ob der Computer eine Verstärkung des elektrischen Signals im Netzwerk durchführt oder nicht, bezeichnet man ihn als aktiven oder passiven MAU. Alle anderen Computer werden über ein sog. Lobe-Kabel mit dem MAU verbunden. Fällt einer der Computer aus, so schließt der MAU selbst die Ringstruktur. Es können über zwei Ring-Interfaces (Schnittstellen) auch weitere MAUs angeschlossen werden. Um jedoch bei Ausfall einzelner Leitungen oder eines kompletten MAUs die Funktionalität des Netzwerks zu garantieren, muß an das eine Interface ein aktiver Ring, an das andere Interface über ein Kabel mit doppelten Leitersträngen ein sogenannter Sicherungsring angeschlossen werden. Der Netzwerk-Ring kann bei einem eventuellen Ausfall dann auf jeden Fall über den Sicherungsring geschlossen werden.

➡ *Siehe Interface, Lobe-Kabel, Netzwerk, Sterntopologie, Token-Ring*

Maus

Eine Maus ist ein Eingabegerät für einen Computer. Der Anwender bewegt die Maus auf einer Unterlage (Mauspad, Mousepad) und steuert über diese Bewegungen den Mauszeiger einer grafischen Benutzeroberfläche auf dem Bildschirm. Die Maus selbst ist auf einer Kunststoffkugel gelagert, deren Bewegungen von mehreren Sensoren mechanisch oder optisch aufgenommen und vom Maustreiber für den Computer umgesetzt werden. Die Übertragung der Daten kann über ein Kabel (Mauskabel), per Infrarotschnittstelle, aber auch per Funk erfolgen. Auf der Maus befinden sich je nach Bauform eine (Apple) bis drei Tasten, die mit unterschiedlichen Funktionen ausgestattet sind und zur Steuerung des Geschehens auf der grafischen Benutzeroberfläche dienen.

➡ *Siehe Anklicken, Doppelklick, Drag&Drop, Klicken, Maustasten*

Bild 2: Eine Drei-Tastenmaus von Logitech

Mäuseklavier

Scherzhafte Bezeichnung für einen DIP-Schalter.

➡ *Siehe DIP-Schalter*

Mausgeschwindigkeit

Die Mausgeschwindigkeit bezeichnet die Stärke der Umsetzung der Mausbewegung in Mauszeigerbewegung.

Sie läßt sich normalerweise über den Maustreiber einstellen. Bei einer dynamischen Mausgeschwindigkeit kann der Mauszeiger bei langsamen Bewegungen sehr exakt positioniert werden, bei schnellen Bewegungen wird der Mauszeiger dagegen stark beschleunigt.

→ *Siehe Maus, Mauszeiger*

Mausmatte

→ *Siehe Mauspad, Mousepad*

MausNet

Abkürzung für Münster Apple User Service. Ein deutsches Mailbox-Netz, welches 1985 erstmals in Münster eingerichtet wurde.

→ *Siehe Mailbox*

Mauspad

→ *Siehe Mousepad*

Bild 3: Eine Maus auf einem Mauspad

Maustasten

Je nach Ausführung befinden sich auf einer Maus eine (bei Apple) bis drei Maustasten, die unterschiedliche Funktionen übernehmen. Die linke Maustaste wird zum Aufruf von Programmen und Programmfunktionen verwendet. Die rechte Maustaste öffnet oft Menüs mit weitergehenden Optionen zur Bearbeitung des gerade gewählten Objekts (Datei, Verzeichnis usw.). Die mittlere Maustaste ist oft über den Maustreiber mit Sonderfunktionen eines Programms o.ä. programmierbar. Eine der neueren Innovationen ist ein kleines Rädchen zwischen der linken und rechten Maustaste, mit dem man in bestimmten Applikationen (z.B. Microsoft Office) in einem Dokument hin- und herscrollen (d.h. verschieben) kann.

→ *Siehe Dokument, Kontextsensitives Menü, Maus, Maustreiber, Menü, Office, Scrollen*

Maustausch

Bezeichnung für die schnelle Übertragung von Nachrichten im Maus-Net, die dann offline gelesen werden können.

→ *Siehe MausNet, Offline*

Maustreiber

Der Maustreiber ist der Treiber, der die eingehenden Signale der Maus in Steuerbefehle für das Betriebssystem umwandelt. Er gehört zum Lieferumfang der Maus, ist aber oft bereits in das Betriebssystem integriert. Mit dem Maustreiber läßt sich die Maus auch konfigurieren (Mausgeschwindigkeit, Geschwindigkeit des Doppelklicks usw.). Unter MS-DOS wird der Maustreiber entweder als TSR-Programm in der autoexec.bat oder als Gerätetreiber in der config.sys geladen.

→ *Siehe Autoexec.bat, Betriebssystem, Config.sys, Doppelklick, Gerätetreiber, Maus, Mausgeschwindigkeit, Treiber, TSR-Programm*

Mausunterlage

→ *Siehe Mousepad*

Mauszeiger

Der Mauszeiger ist ein Symbol auf dem Bildschirm, das durch die Bewegungen der Maus auf dem Bildschirm hin- und herbewegt werden kann. Der Mauszeiger repräsentiert sozusagen die Maus auf dem Bildschirm.

→ *Siehe Bildschirm, Cursor, Maus*

Bild 4: Der Standard-Mauszeiger ist der Pfeil

MB

Auch Mbyte oder Megabyte. Maßeinheit für die Informationsmenge und Speicherkapazität. 1 Mbyte = 1024 Kbyte = 1.048.576 Byte.

→ *Siehe Byte, Speicherkapazität*

Mbit

Abkürzung für Megabit. Maßeinheit für die Informationsmenge und Speicherkapazität. 1 Mbit = 1024 Kbit = 1.048.576 Bit.

→ *Siehe Bit, Speicherkapazität*

Mbps

Abkürzung für Megabit pro Sekunde oder Megabit per second. Maßeinheit für die Datentransferrate. 1 Mbps = 1024 Kbps = 1.048.576 bps.

→ *Siehe bps, Datentransferrate*

Mbyte

Auch MB oder Megabyte. Maßeinheit für die Informationsmenge und Speicherkapazität. 1 Mbyte = 1024 Kbyte = 1.048.576 Byte.

→ *Siehe Byte, Speicherkapazität*

MCA

Abkürzung für Microchannel, eine Bus-Architektur von IBM. Erstmals wurde der Microchannel-Bus beim IBM-PS/2-System eingesetzt.

→ *Siehe Bus, IBM, IBM-PS/2, Microchannel*

McAfee

http://www.mcafee.com

McAfee ist Hersteller eines der bekanntesten Antivirenprogramme. Die Software kann für einen gewissen Zeitraum getestet werden. Sie finden sie auf der Homepage von McAfee oder bei anderen Online-Diensten (z.B. CompuServe), wo auch regelmäßig Updates des Programms zu finden sind. Seit 1998 ist McAfee Teil der Firma Network Associates, die durch den Zukauf von Network General seitens McAfee entstand. Zu Network Associates gehören außerdem PGP und Magic Solutions.

➠ *Siehe Antivirenprogramm, CompuServe, Computervirus, PGP, Update*

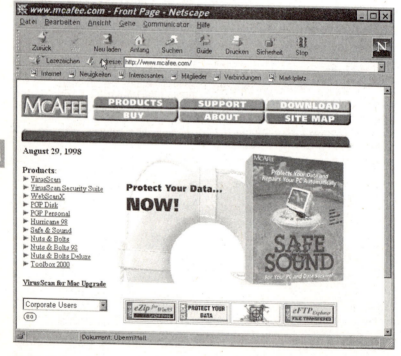

Bild 5: Vierenschutz aus dem Internet – die Homepage von McAfee

MCGA

Abkürzung für Multicolor Graphic Array. MCGA ist ein nicht mehr gebräuchlicher Grafikstandard, der eine Auflösung von maximal 640x480 Punkten bei 16 Farben und 320x200 Punkten bei 256 Farben unterstützte. Insofern hat der MCGA-Standard als eine mögliche Betriebsart heutiger Grafikkarten überlebt.

➡ *Siehe CGA, EGA, Grafikstandard, VGA*

MCI

Abkürzung für Media Control Interface. Von Microsoft und IBM entwickelte, standardisierte Softwareschnittstelle für Multimedia-Hardware, wie z.B. Soundkarten, CD-ROM-Laufwerke, Video-Overlay-Karten usw. Die Schnittstelle arbeitet systemübergreifend und ist herstellerunabhängig.

➡ *Siehe CD-ROM, Multimedia, Schnittstelle, Soundkarte, Video-Overlay-Karte*

MD

MD ist ein DOS-Befehl und steht für Make Directory (Verzeichnis erstellen). Die Eingabe »md test« an der MS-DOS-Eingabeaufforderung erzeugt das Verzeichnis »test« im gerade gewählten Verzeichnis.

Abkürzung für Mini Disc, ein von Sony entwickelter, wiederbeschreibbarer Datenträger im 2,5"-Format, der im Audiobereich eingesetzt wird.

➡ *Siehe Datenträger, Eingabeaufforderung, MS-DOS, Sony, Verzeichnis*

MDA

Abkürzung für Monochrome Display Adapter. Veralteter Grafikstandard für PCs, welche mit 80 Zeichen in insgesamt 25 Zeilen nur für die Textdarstellung geeignet waren.

➡ *Siehe Grafikstandard*

MDRAM

Multibank-RAM. Dieser Speichertyp wurde von der Firma MoSys entwickelt. Der Baustein arbeitet synchron und besteht aus mehreren 256 Kbit großen Speichereinheiten, welche überlappend arbeiten. Datensequenzen werden bei 100 MHz Takt ausgegeben. Durch das verwendete Interleaving wird der Datentransfer stark beschleunigt.

➡ *Siehe Bit, DRAM, Hercules*

Me-Chip

Der Me-Chip ist ein Verschlüsselungschip der Münchner Firma ESD. Der Chip wird an die Tastatur angeschlossen. Auf diese Weise werden die Daten des Anwenders bereits bei der Tastatureingabe verschlüsselt, so daß nicht einmal ein entsprechend veränderter Tastaturtreiber die persönlichen Daten abfangen kann (z.B. TAN oder PIN). Derzeit wird der Chip von der Sparda-Bank für ihr Online-Banking-Programm eingesetzt.

→ *Siehe Datenverschlüsselung, Online-Banking, PIN, TAN*

Mean Time Between Failure
→ *Siehe MTBF*

Mean Time to Repair
Abk.: MTTR. Die bis zu einer erforderlichen Hardware-Reparatur durchschnittliche vergangene Zeit, die gewöhnlich in Tausend Stunden ausgedrückt wird.

→ *Siehe MTBF*

Media Access Control
Abk.: MAC. Die sog. Medienzugriffs-Steuerung hat die Aufgabe sich um den Netzwerkzugriff und die Kollisions-Erkennung in einer Netzwerk-Topologie zu kümmern. Sie liegt in verschiedenen IEEE 802-Versionen vor. Zum Beispiel wird IEEE 802.3 für Bus-Topologien, die sowohl Breitband- als auch Basisbandnetzwerke umfassen, mit kollisionsfreiem Mehrfachzugriff verwendet. IEEE 802.4 wird für Bus-Topologien mit Token Passing, IEEE 802.5 für Ring-Topologien mit Token Passing verwendet. Darüber hinaus stellt IEEE 802.6 einen relativ neuen Standard für Metropolitan Area Networks (MANs) zur Übertragung von Daten, Sprache und Video über Entfernungen von mehr als 5 Kilometern dar.

→ *Siehe IEEE-802-Modell*

Media Access Control Sublayer
→ *Siehe IEEE-802-Modell, Media Access Control*

Media Control Interface
→ *Siehe MCI*

Medienzugriffskontrollschicht
→ *Siehe Media Access Control*

Megabit
Maßeinheit für die Informationsmenge und Speicherkapazität. 1 Mbit = 1024 Kbit = 1.048.576 Bit.

→ *Siehe Bit, Speicherkapazität*

Megabit per second
→ *Siehe Mbps*

Megabit pro Sekunde
→ *Siehe Mbps*

Megabyte
Auch MB oder Mbyte. Maßeinheit für die Informationsmenge und Speicherkapazität. 1 Mbyte = 1024 Kbyte = 1.048.576 Byte.

→ *Siehe Byte, Speicherkapazität*

Megahertz
Abkürzung ist MHz. 1 MHz = 1 Million Hz = 1.000.000/s (Schwingungen pro Sekunde).

→ *Siehe Hertz*

Megapel-Display
Auch Megapixel-Display. Ein Videodisplay, das mindestens eine Million Pixel anzeigen kann, z.B. eine Bildschirmgröße von 1280x1024 Pixel.

Megapixel-Display
➥ *Siehe Megapel-Display*

Megazyklen
Abk.: MC. Im anglo-amerikanischen Sprachgebrauch übliche Bezeichnung für 1 Million Schwingungen oder Umdrehungen, gewöhnlich in Millionen Einheiten pro Sekunde.

Mehrdimensionale Datenbank
Bei einer mehrdimensionalen Datenbank werden die Dimensionen eines Attributs stärker berücksichtigt als bei einer relationalen Datenbank, bei der die Attribute eines Datenfelds als Redundanzen in den Hintergrund gerückt werden. Ein Beispiel: Der Absatz eines bestimmten Produkts hat Bezug zu einem bestimmten Zeitraum, einem bestimmten Kundenfeld und einem Verkaufsgebiet. Diese Dimensionen des Attributs »Absatz« werden in einer mehrdimensionalen Datenbank oder einem DBMS viel stärker in den Entscheidungsprozeß einbezogen als dies bei einer relationalen Datenbank der Fall ist.

➥ *Siehe Datenbank, Datenfeld, Relationale Datenbank*

Mehrfachkettung
➥ *Siehe Kettung*

Mehrfachrufnummer
Auch Multiple Subscriber Number oder MSN. Die MSN ist eine der Rufnummern, die einem Anschluß im ISDN zugewiesen wurden. Diese MSNs können wiederum einzelnen Geräten auf der Teilnehmerseite zugewiesen werden.

➥ *Siehe Euro-ISDN, ISDN, MSN*

Mehrfrequenzbildschirm
Ein Mehrfrequenzbildschirm kann mehrere horizontale und vertikale Zeilenfrequenzen innerhalb seines Leistungsspektrums erzeugen. Bei älteren Modellen muß die jeweilige Frequenz manuell eingestellt werden (z.B. über ein Rädchen), neuere Monitore stellen sich jedoch automatisch auf die optimale Frequenz ein (Multiscan-Monitore).

➥ *Siehe Multiscan-Monitor, Multisync, Zeilenfrequenz*

Mehrfrequenzwahl-Verfahren
Abkürzung für MFV. Synonym für Tonwahlverfahren, bei dem Nummern durch Töne unterschiedlicher Frequenz gewählt werden.

➥ *Siehe Tonwahl-Verfahren*

Mehrfunktionstastatur Typ2
➩ *Siehe MF2-Tastatur*

Mehrgeräteanschluß
➩ *Siehe ISDN-Anschlußarten*

Mehrplatzbetrieb
Beim Mehrplatzbetrieb arbeiten mehrere User an einem gemeinsamen Computer mit verschiedenen Programmen. Jeder Anwender hat eine eigene Tastatur und einen Monitor. Meist findet man Computer mit Mehrplatzbetrieb bei Unix-Systemen.

➩ *Siehe Einzelplatzsystem, Multiuser-System, Unix*

Mehrplatzsystem
Ein Mehrplatzsystem ist ein Rechner, an dem mehrere Benutzer unabhängig voneinander arbeiten. Jeder Benutzer verfügt über eine eigene Tastatur und einen Monitor. Für die Realisierung eines Mehrplatzsystems ist ein entsprechendes Betriebssystem (meist Unix) notwendig, das diesen Modus unterstützt.

➩ *Siehe Einzelplatzsystem, Unix*

Mehrprozessorsystem
➩ *Siehe Multiprozessorsystem*

Mehrzweckregister
Im Gegensatz zu den Standard-Registern in einem Prozessor oder im Hauptspeicher kann ein Mehrzweckregister unterschiedliche Aufgaben übernehmen. Für jede Aufgabe wird es neu konfiguriert.

➩ *Siehe Hauptspeicher, Prozessor, Register*

Memory
➩ *Siehe Speicher*

Memory Address Register
➩ *Siehe Speicheradreßregister*

Memory Management Unit
➩ *Siehe MMU*

Memory Protection
Die Memory Protection (Speicherplatzschutz) ist ein wichtiger Aufgabenbereich eines Speicherverwaltungsprogramms bzw. des Betriebssystems, das bereits belegte Speicherbereiche vor unbeabsichtigtem Überschreiben mit anderen Daten schützt.

➩ *Siehe Betriebssystem, Speicherverwaltung*

Memory-Effekt
Der Memory-Effekt tritt bei Nickel-Cadmium-Akkus (Ni-Cd) auf, wenn diese bereits vor vollständiger Entladung wieder neu aufgeladen werden. An der Elektrode des Akkus bilden sich in so einem Fall winzige Kristalle, die bei wiederholter unvollständiger Entleerung Schichten bilden, und so einen nicht unerheblichen Leistungsabfall des Akkus bewirken. Der Akku

erreicht einfach immer schneller die sogenannte Abschaltspannung, was nur durch vollständige Entladung vor dem Neuaufladen verhindert werden kann.

➠ *Siehe Akku, Ni-Cd*

Mendocino
Neue Version des Low-Cost-PII Intel Celeron, ausgestattet mit 128 Kbyte L2-Cache.

➠ *Siehe Celeron, L2-Cache, Pentium II*

Menü
In einem Menü sind wichtige Befehle und Optionen eines Anwendungsprogramms oder des Betriebssystems unter einem themenbezogenen Oberbegriff zusammengefaßt. Die einzelnen Menüs (z.B. Datei, Bearbeiten, Ansicht, Format usw.) sind in einer sogenannten Menüleiste untergebracht. Durch Anklicken mit der Maus oder einem Tastaturbefehl (Shortcut) klappt das Menü herunter und seine Optionen werden sichtbar. Derartig strukturierte Menüs nennt man Pull-down- oder auch Drop-down-Menüs (von engl. herunterfallen). Zunehmend werden auch die sog. kontextsensitiven Menüs eingesetzt, bei denen sich beim Anklicken eines Objekts (Text, Grafik, Dateisymbol) mit der rechten Maustaste ein Menü mit speziellen, objektbezogenen Optionen öffnet.

➠ *Siehe Anklicken, Betriebssystem, Drop-down-Menü, Kontextsensitives Menü, Menüleiste, Menütechnik, Pop-up-Menü, Pull-down-Menü*

Menüleiste
In einer Menüleiste sind themenbezogene Menüs zusammengefaßt. Meist befinden sich Menüleisten am oberen Bildschirmrand; in den neueren Anwendungsprogrammen ist ihre Position auf dem Desktop aber frei wählbar (z.B. Office 97). Die einzelnen Pulldown- oder Popup-Menüs werden durch das Anklicken einer Menübezeichnung (z.B. Datei, Bearbeiten, Ansicht, Format usw.) oder mittels einer Tastenkombination (z.B. [Alt]+[D] für das Menü Datei) geöffnet. Wichtige Befehle werden oft in einer sog. Symbolleiste – sozusagen als Abkürzung – grafisch repräsentiert, die sich unter oder neben der Menüleiste befindet. Anstatt sich umständlich durch mehrere Menüs wählen zu müssen, erreicht man den gewünschten Befehl auch über sein Symbol auf der Symbolleiste. Menü- und Symbolleisten finden sich in jeder grafischen Benutzeroberfläche.

➠ *Siehe Menü, Office, Pop-up-Menü, Pull-down-Menü, Symbolleiste*

Menütechnik
Die Verwendung von Menüs in Kombination mit einer Maus bei heutigen grafischen Benutzeroberflächen zur Durchführung aller notwendigen Befehle eines Anwendungsprogramms

oder des Betriebssystems nennt man Menütechnik. Viele Menüs sind SAA-konform strukturiert.

→ *Siehe Anwendungsprogramm, Betriebssystem, Grafische Benutzeroberfläche, Maus, Menü, SAA*

Merge

Englisch für Verschmelzen. Mit Merge ist das Zusammenfügen von Daten oder Dateien zu einer Datei gemeint.

→ *Siehe Datei, Daten*

Merkmalanalyse

Neben der Mustererkennung ist die Merkmalanalyse eines der wichtigsten Verfahren zur optischen Erkennung von Zeichen durch einen Computer (OCR = Optical Character Recognition).

Bei der Merkmalanalyse erfolgt die Identifizierung einzelner Zeichen (Character) schrittweise über folgende Prozesse: Zuerst werden offene (C,E,F), geschlossene (B,D,O) und Mischformen (A,P,R) aussortiert. Als nächstes erfolgt die Feinerkennung einzelner charakteristischer Merkmale. Die Erfolgsquote der verschiedenen OCR-Programme ist stark von der Eindeutigkeit dieser Merkmale und der Anfälligkeit der Buchstaben und deren Elemente gegenüber Qualitätseinbußen bei der Vorlagenerfassung abhängig. So kann aus einem n schnell einmal ein a oder o werden, oder aus einem e ein c, wenn die Serifen einander berühren.

→ *Siehe OCR, OCR-Schrift*

Merlin

IBM-interne Bezeichnung für deren neuestes Betriebssystem OS/2 in der Version 4.

→ *Siehe IBM, OS/2 Warp 4*

Mesa

Der bei Ätzprozessen mit Hilfe der Foto-Lithografie zur Herstellung von Chips geschützte, und daher nach dem Ätzen erhöhte Bereich.

Mesh

1. Mesh ist ein Synonym für das Sonderzeichen Raute $\boxed{\#}$. Im Amerik. wird die Raute als Symbol für Nummer (No.) verwendet.
2. In 3D-Konstruktions- und Animationsprogrammen ist ein Mesh ein dreidimensionales Drahtgittermodell (Wireframe-Modell) eines 3D-Körpers, welches nach seiner Fertigstellung mit Texturen bzw. Farben belegt (»gemappt«) werden kann.

→ *Siehe Sonderzeichen, Textur, Texture-Mapping, Wireframe*

Message

Englisch für Nachricht, Meldung. Im Computerbereich Synonym für eine Meldung (Fehlermeldung = error message) des Computers oder eine

Nachricht (E-Mail, Mail) eines anderen Benutzers. Die Abkürzung ist msg.

➠ *Siehe E-Mail, Mail*

Message Reflection

Eine Funktion, welche die Steuerung der Verwaltung eigener Nachrichten in objektorientierten Programmierumgebungen, z.B. Visual C++, OLE und ActiveX, ermöglicht.

➠ *Siehe Objektorientierte Programmierung*

Message Security Protocol

Das Message Security Protocol ist ein Protokoll, das die Sicherheit für Internet-Nachrichten mit Hilfe des Prinzips der Verschlüsselung und Überprüfung gewährleistet. Beim Message Security Protocol können auch Berechtigungen für die Zustellung oder Verweigerung von E-Mails auf Serverebene vergeben werden.

Message Switching

➠ *Siehe Nachrichtenvermittlung*

Messagebase

Der Gesamtbestand an Messages (Nachrichten) in einer Mailbox wird als Messagebase bezeichnet.

➠ *Siehe Mailbox*

Messaging

Der Einsatz von Computern und Datenkommunikationseinheiten z.B. für E-Mail, Voice Mail oder Fax für den Austausch von Nachrichten auf Benutzerebene.

➠ *Siehe Mail*

Messaging Application Programming Interface

Abk.: MAPI. Diese Schnittstellen-Spezifikation von Microsoft ermöglicht es, verschiedene Arbeitsgruppen-Anwendungen und Mail-Applikationen, inklusive E-Mail, Voice Mail und Fax, auf einen einzigen Client laufen zu lassen.

Meßfühler

➠ *Siehe Sensor*

Meßwerterfassung

Die Meßwerterfassung ist Bestandteil der technischen Datenerfassung und Analyse durch einen Computer. Über Sensoren werden physikalische Meßwerte analog erfaßt, und über einen Analog-Digital-Wandler digital in den Computer eingespeist, der diese Daten dann auswerten kann.

➠ *Siehe Analog, Analog/Digital-Wandler, Digital, Sensor*

Metabetriebssystem

Betriebssystem, unter dem mehrere andere Betriebssysteme aktiv sind.

MetaCreations

http://www.metacreations.com

MetaCreations, eine amerik. Firma, die im Juni 1997 aus der Fusion der beiden Grafiksoftwarehersteller MetaTools und Fractal Design hervorging, ist eine der innovativsten Softwarefirmen unserer Zeit. Zu den bekannten Entwicklungen gehören das Plug-In Kai's Power Tools, KPT Bryce, Kai's Power Goo, Soap, Ray Dream Studio 5, Infini-D 4.1 und eine 3D-Scan-Kamera (RealScan 3D), die zusammen mit dem 3D-Ducker der Firma 3D Image Technology und einer Grafik-Workstation der Firma Real 3D vermarktet wird.

➡ *Siehe Kai's Photo Soap, Krause, Kai, Plug-In*

Metadaten

Daten, die selbst wieder andere Daten beschreiben, nennt man Metadaten.

➡ *Siehe Daten*

Metal-Oxide-Semiconductor

MOS. Engl. für Metall-Oxid-Halbleiter.

➡ *Siehe MOS*

Metal-Oxide-Semiconductor-Field-Effect-Transistor

➡ *Siehe MOSFET*

Metasprache

Eine Metasprache ist eine künstliche Sprache, die zur Beschreibung von Programmiersprachen dient. Ein Beispiel wäre die Backus-Naur-Form, eine Sprache, mit der sich die Syntax jeder beliebigen Programmiersprache beschreiben läßt.

➡ *Siehe Backus-Naur-Form, Programmiersprache, Syntax*

Metronet

http://www.primus-online.msn.de

Metronet war ein deutscher Internet-Provider der deutschen Vobis-Gruppe und des Handelskonzerns metro. Metronet wurde im Zuge einer Marktbereinigung unter den deutschen Internet-Anbietern mit dem ebenfalls erfolglosen Microsoft Network (MSN) zu einem neuen Online-Dienst namens Primus Online zusammengefasst.

➡ *Siehe Internet, Microsoft Network, Vobis*

Metropolitan Area Network

➡ *Siehe MAN*

MF2-Tastatur

Abkürzung für Multi- oder Mehrfunktionstastatur Typ2. Die ursprüngliche PC-Tastatur verfügte lediglich über 83 Tasten. Der heute verwendete Typ2 ist in mehrere Elemente unterteilt: einen zentralen alphanumerischen Tastenblock mit Steuertasten ([Strg], [Alt], [↵] usw.), einen rechts daneben angeordneten numerischen Ziffernblock, der über die [Num-Lock]-Taste aktiviert werden kann, und über eine über dem zentralen Block liegende Tastenreihe mit 12 Funktionstasten ([F1] bis [F12]), über die spezielle Funktionen ver-

MF2-Tastatur

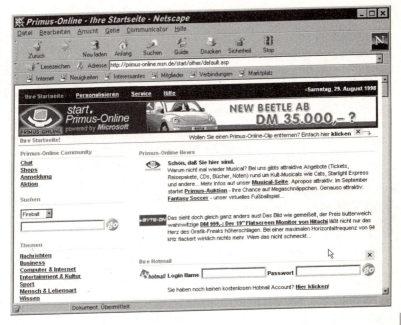

Bild 6: Die Metronet Homepage

schiedener Anwendungsprogramme oder des Betriebssystems aufgerufen werden können (z.B. [Alt]+[F4] für das Beenden von Windows). Schließlich befinden sich oberhalb des Ziffernblocks noch drei Kontroll-LEDs, die Auskunft über den Zustand der Tasten [CapsLock], [NumLock] und [Rollen↕] geben.

→ *Siehe Betriebssystem, Funktionstasten, LED, Tastatur*

Bild 7: Eine aktuelle MF2-Tastatur enthält spezielle Tasten für Windows 95 bzw. Windows NT

MFlops

Million Floating Point Operations per second. Millionen Fließkomma-Operationen pro Sekunde. Maßeinheit für die Fließkomma-Rechenleistung einer CPU.

➡ *Siehe CPU, Fließkommadarstellung, Flops*

MFM

Abkürzung für Modified Frequency Modulation. Bezeichnung für ein veraltetes Aufzeichnungsverfahren bei Festplatten. MFM wurde bei Festplatten durch mehrere Varianten des RLL-Verfahrens abgelöst, wird aber heute noch als Aufzeichnungsverfahren bei Disketten eingesetzt.

➡ *Siehe Aufzeichnungsverfahren, Diskette, Festplatte, RLL*

MFV

Abkürzung für Mehrfrequenzwahl-Verfahren. Synonym für Tonwahlverfahren, bei dem die einzelnen Nummern über Töne unterschiedlicher Frequenz gewählt werden.

➡ *Siehe Tonwahl-Verfahren*

MHz

Abkürzung für Megahertz. 1 MHz = 1 Million Hz = 1.000.000/s (Schwingungen pro Sekunde).

➡ *Siehe Hertz*

Michelangelo-Virus

Der Michelangelo-Virus ist ein Computervirus, der den Boot-Sektor von Festplatten und Disketten infiziert. Die erste Version dieses Virus sollte am Geburtstag von Michelangelo – dem 6. März – jedes Jahr aktiv werden und die Daten des Datenträgers zerstören. Inzwischen gibt es zahlreiche Varianten, die nicht unbedingt an diesem Datum aktiv werden.

➡ *Siehe Boot-Sektor, Computervirus, Datenträger*

Micro Code

➡ *Siehe Mikrobefehl*

Micro Instruction

➡ *Siehe Mikrobefehl*

Microchannel

Abkürzung ist MCA, Microchannel Architecture. Der Microchannel ist ein Bussystem, welches erstmalig von IBM in seiner Computerserie PS/2 verwendet wurde. Der MCA sollte den AT(ISA)-Bus ersetzen, und obwohl er leistungsfähiger als dieser war, erlangte er keine breite Unterstützung, so daß IBM heute wieder den ISA-Bus unterstützt. Der Grund für die schlechte Akzeptanz war zum einen die fehlende Kompatibilität zum ISA-Bus, zum anderen verlangte IBM Lizenzgebühren von anderen Herstellern.

➡ *Siehe Bus, IBM, IBM-PS/2, IDE*

Microcom Network Protocol

→ Siehe MNP

Micrografx

http://www.micrografx.com

Micrografx ist ein texanischer Grafiksoftwarehersteller, der in den 80er Jahren große Erfolge mit dem Vektorgrafikprogramm Designer feierte, dann aber Marktanteile an seinen größten Konkurrenten Corel (Corel Draw) abgeben mußte. Designer ist in seiner neuesten Version 4.0 zusammen mit dem Bildbearbeitungsprogramm Picture Publisher 6.0 und dem ABC Flowcharter, einem Präsentationsprogramm, in der ABC-Grafics-Suite enthalten.

→ Siehe Bildbearbeitungsprogramm, Corel, Corel Draw, Präsentationsprogramme, Vektorgrafik

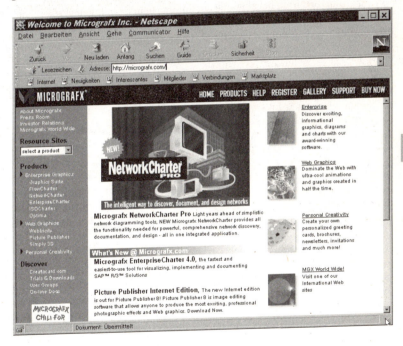

Bild 8: Micrografx im Internet

Microsoft

http://www.microsoft.com

Microsoft wurde 1974 von Paul Allen und Bill Gates gegründet. Erste Erfolge konnte die Firma mit dem Betriebssystem MS-DOS verzeichnen, das 1981 an IBM lizenziert und mit den IBM PS/2-Computern unter dem Namen PC-DOS ausgeliefert wurde. Microsoft setzte mit diesem Coup einen Standard der Betriebssystem-Software, den die Firma bis zum heutigen Zeitpunkt immer weiter ausgebaut hat. Es folgten Betriebssysteme mit grafischer Benutzeroberfläche: Windows 3.x, Windows NT und Windows 95. Für Handheld-PCs bietet Microsoft das sog. Windows CE an. Neben weiteren Softwareprodukten rund um den Computer, wie z.B. der Office-Suite, Money, Publisher usw., baut Microsoft seine Produktpalette auch im Hardware-Bereich (Natural-Keyboard, Sidewinder-Joystick, Intelli-Maus usw.) weiter aus. Obwohl Bill Gates anfangs das Internet als für seine Firma uninteressant eingestuft hatte, versucht Microsoft nun verstärkt, im Internet Fuß zu fassen. Neben einem eigenen – mäßig erfolgreichen – Online-Service (MSN, Microsoft-Network) entwickelte Microsoft in letzter Zeit einige wichtige Internet-Standards (z.B. ActiveX) und versucht auch im Bereich Java und Netzcomputer an Einfluß zu gewinnen. Gates versucht mit aller Kraft in allen Medienbereichen ein Standbein zu haben. So kaufte er sich beim Sender NBC ein, will ein eigenes (Internet-)Magazin veröffentlichen und wird nun auch mehr Einfluß auf die Geschäfte seines früheren Konkurrenten Apple nehmen können, nachdem er sich zur Abnahme von Apple-Aktien im Wert von 150 Millionen Dollar über drei Jahre hinweg verpflichtet hat. Da Microsoft diese Summe in in paar Tagen verdient, hat Gates wohl wieder mal einen genialen Coup gelandet.

➠ *Siehe ActiveX, Apple, Gates, Bill, IBM, Microsoft Network, MS-DOS, NetPC, Office, Windows, Windows 95, Windows NT*

Microsoft Diagnostics

Abgekürzt MSD. Systemtest-Programm von Microsoft. Bestandteil von MS-DOS und Windows 3.11. Das Programm ermöglicht es, Informationen über das gesamte System abzufragen. Darunter die Belegung des Speichers, Verwendung der Interrupts, Ausstattungsdetails des Rechners und Informationen zum Betriebssystem.

➠ *Siehe Betriebssystem, Interrupt, Microsoft, MS-DOS, Windows for Workgroups*

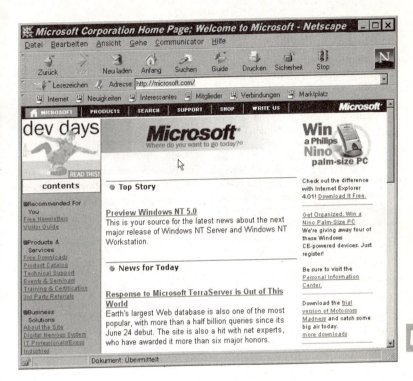

Bild 9: Microsoft im Internet

Microsoft Network

Internet-Provider der Firma Microsoft.

→ *Siehe Internet-Provider, Microsoft, MSN*

Mid Scale Integration

→ *Siehe MSI*

Middleware

1. Software, die für die Anwendungsprogrammierung (API) eine Schnittstelle enthält. Anwendungen für API können in den gleichen Computersystemen ausgeführt werden, in denen auch Middleware ausgeführt werden kann. Ein Beispiel für Middleware ist ODBC, das eine API-Schnittstelle für viele Datenbanktypen ist.

2. Eine Kategorie von Software-Entwicklungswerkzeugen, die es dem Benutzer ermöglichen, einfache Programme zu erstellen, indem vorhandene Dienste ausgewählt und mit einer Skriptsprache verknüpft werden.
3. Middleware kann ein breites Softwarespektrum abdecken und konvertiert Informationen mehrerer Softwaretypen. Sie befindet sich in der Regel zwischen einem Betriebssystem, einem Netzwerkbetriebssystem oder einem Datenbank-Managementsystem. Beispiele für Middleware sind Netzwerk-Kontrollprogramme, CORBA und andere Object Broker-Programme.

→ *Siehe CORBA, ODBC*

MIDI

Abkürzung für Music Instruments Digital Interface. MIDI ist eine Softwareschnittstelle, die dem Austausch von Daten zwischen einem elektronischen Musikinstrument (z.B. Synthesizer, Keyboard) und dem Computer dient. Voraussetzung für die Übertragung digitaler MIDI-Daten an den Computer und umgekehrt ist ein MIDI-Anschluß (Midi-In, Midi-Out) an der Soundkarte und dem Gerät. Der Anschluß selbst erfolgt über genormte MIDI-Kabel (MIDI-Adapter). Zur Übertragung der digitalen Steuerdaten zwischen Synthesizer und Computer wurden mehrere Softwarestandards entwickelt. Dazu zählen General-MIDI (GM-MIDI) und General-Synth-MIDI (GS-MIDI). Auf einer sogenannten Wavetable-Erweiterungskarte, die auf die Soundkarte aufgesteckt wird, sind die MIDI-Klänge bereits fest in Speichermodulen gespeichert, was vor allen Dingen von Spielen unterstützt wird. Allerdings benötigt man zur Ansteuerung dieser MIDI-Klänge eine zusätzliche genormte Schnittstelle auf der Soundkarte, den sog. MPU-401, der auf allen heute gängigen Karten vorhanden ist.

→ *Siehe General-MIDI, GeneralSynth-MIDI, Soundkarte, Wavetable*

Bild 10: An den Gameport einer Soundkarte lassen sich über ein solches Kabel Midi-Geräte anschließen

MIDI-Kanal

Der MIDI-Standard unterstützt bis zu 16 Datenkanäle. An jeden dieser Kanäle kann ein MIDI-taugliches Gerät angeschlossen werden.

→ *Siehe MIDI*

Mikrobefehl

Englisch micro instruction oder micro code. Mikrobefehle sind die elementaren Befehle der CPU, die sie intern für die Abarbeitung eines Prozessorbefehls verwendet.

➡ *Siehe Befehl, CPU, Prozessor*

Mikrocomputer

Auch Microcomputer. Gängiger Begriff für alle Rechner kompakter Bauweise, die für den Heimanwender oder als Workstation gedacht sind. Das Gegenteil ist der Großrechner, der z.B. in Firmen oder universitären Rechenzentren eingesetzt wird.

➡ *Siehe Großrechner, Rechenzentrum, Workstation*

Mikrokanal

➡ *Siehe Microchannel*

Mikroprozessor

Ein Mikroprozessor ist ein hochintegrierter Schaltkreis (IC), der die Funktion eines Prozessors übernimmt. Mit Mikroprozessor ist oft die CPU eines Computers gemeint. Im Computerbereich wichtige Mikroprozessoren stammen von den Firmen Intel (80x86-Familie), AMD (K5, K6), Cyrix (M1, M2), Motorola (680x0-Familie) und Digital Equipment (Alpha).

➡ *Siehe AMD, CPU, Cyrix, DEC, IC, Intel, Motorola*

Bild 11: Der Pentium mit MMX ist einer der aktuellen Prozessoren von Intel

Mikrotypographie

Mikrotypographie ist ein Begriff aus der Sprache der Designer und Schriftsetzer und bezeichnet die Detailarbeit an einem Dokument, d.h. Zeilenabstände, Spationierung der Buchstaben, Wortabstände, Leerzeilen, Farben usw.

➡ *Siehe Makrotypographie*

Million Floating Point Operations per second

➡ *Siehe MFlops*

Million Instructions per second

➡ *Siehe MIPS*

Millisekunde

Eine Millisekunde ist eine tausendstel Sekunde. Die Zugriffszeit von z.B. Festplatten wird in Millisekunden angegeben.

➡ *Siehe Festplatte*

MIME

Abkürzung für Multipurpose Internet Mail Extensions. Ein relativ neuer Internet-Standard für den Versand und Empfang von Mails. Mit MIME können E-Mails frei gestaltet werden. Beliebige Binär-Dateien können in die Mail eingefügt werden, so daß es z.B. möglich wird, in der Mail Grafiken oder Ton- und Videosequenzen abzulegen, die der Empfänger dann mit einem Mail-Reader »lesen« kann.

➠ *Siehe Binär, E-Mail, Mail-Reader, S/MIME*

Mimic-Tracker

Bezeichnung für ein (kopfmontiertes) Gerät, welches zur Erfassung des menschlichen Mienenspiels eingesetzt wird. Ein mögliches Verfahren besteht darin, an bestimmten Stellen im Gesicht der Person Markierungen anzubringen, die von Sensoren erfaßt und vom Computer ausgewertet und anschließend auf die Bewegungen einer virtuellen Person umgesetzt werden. Wird auch als Motion Analysis Face Tracker bezeichnet.

➠ *Siehe Motion Analysis Face Trakker, Motion-Capture, Synthespian, Virtual Humans*

Mini Disc

1992 wurde von Sony die Mini Disc vorgestellt, ein neuartiges Speichermedium für die Aufzeichnung digitaler Audiodaten. Die Mini Disc ist wiederbeschreibbar und mit 2,5" viel kleiner als die CD, obwohl ebenfalls 650 MB Daten auf die MD passen. Die Aufzeichnung und Wiedergabe erfolgt magneto-optisch. Die hohe Datendichte wird durch ein spezielles, verlustreiches Kompressionsverfahren, das sog. ATRAC, erreicht. Zur Zeit sind MDs mit 60 und 74 Minuten Aufzeichnungslänge erhältlich. Entsprechende Geräte (Walkman, Autoradio, Stereoanlage) gibt es nur von Sony. Die MD war in Japan ein Renner, obwohl alle anderen japanischen Keiretsus (Konglomerate) sich gegen den Erfolg gestemmt haben. In Deutschland war die MD bisher kein finanzieller Erfolg, was sich aber durch eine neue Preispolitik von Sony bald ändern soll.

➠ *Siehe CD, Magneto-optische Laufwerke, MD, Sony*

Mini-Port-Treiber

Treiber die mit geräteunabhängigen Port-Treibern kommunizieren, welche wiederum mit dem System kommunizieren, und geräteabhängige Informationen enthalten.

Minitel

Minitel ist das französische Pendant zum deutschen Btx. Minitel ist in Frankreich sehr stark verbreitet, was sich durch niedrigere Preise, öffentliche Terminals und sehr leichte Bedienung äußert.

➠ *Siehe Btx*

Minitreiber-Architektur

Diese verhältnismäßig kleinen und einfachen Treiber enthalten alle zusätzlichen Befehle, die für ein bestimmtes Hardwaregerät erforderlich sind, um die mit dem universalen Treiber für die Geräteklasse zu kommunizieren. Eine solche Architektur wird in Windows 3.1 und Windows 95 verwendet.

Minuskel

Bezeichnung für Kleinbuchstaben (von lat. minor = kleiner). Im Gegensatz dazu stehen die Majuskeln (Großbuchstaben).

→ *Siehe Majuskel*

MIP-Mapping

MIP steht für »multum in parvo« (viele unter gleichen). Eine Textur wird bei diesem Verfahren in mehreren Größenabstufungen gespeichert. Hochauflösende Bitmaps werden für sehr nahe Objekte, niedrigauflösende Texturen für weiter entfernte, kleinere Objekte verwendet. Beim trilinearen MIP-Mapping wird zuerst zwischen der jeweils nächstkleineren und nächstgrößeren Textur bilinear gefiltert, bevor dann zwischen diesen beiden Texeln noch einmal gemittelt wird. Klötzcheneffekte im Nahbereich und Aliasing bei weit entfernten Objekten lassen sich auf diese Weise unterdrücken.

→ *Siehe 3D-Funktionen, Aliasing, Bilineares Textur-Filtern, Bitmap, Texel, Textur, Texture-Mapping*

MIP-Mapping, trilineares

→ *Siehe 3D-Funktionen, MIP-Mapping*

MIPS

Abkürzung für Million Instructions per second. Maßeinheit eines Benchmarktests, der die Leistung der CPU in Millionen ausgeführter Befehle pro Sekunde mißt. Da die Geschwindigkeit der CPU auch stark vom verwendeten Befehlssatz abhängig ist, ist der Test für den Vergleich unterschiedlicher CPU-Typen nicht geeignet.

→ *Siehe Befehl, Befehlssatz, Benchmark, CPU*

miro

http://www.miro.com

miro ist neben ELSA einer der großen deutschen Hardwarehersteller. Zur Produktpalette von miro gehören Grafikkarten, Videokarten (miro DC30), Monitore, Modems und ISDN-Karten. Im August 97 wurden die Geschäftsbereiche Grafik und Multimedia und Displays (Monitore) von der koreanischen Firma KDS übernommen, der Video-Bereich von der amerikanischen Firma Pinnacle. Die miro Computer Products AG hat damit zu existieren aufgehört. Die Produkte des Unternehmens werden aber weiterhin unter dem Label miro vertrieben.

→ *Siehe ELSA, Grafikkarte, ISDN-Karte, Modem, Nichtlinearer Schnitt*

Bild 12: miro im Internet

Mirroring

Englisch Spiegeln. Unter Mirroring versteht man die parallele Speicherung von Daten auf zwei Festplatten, die vom selben Controller verwaltet werden. Man sagt: Daten werden gespiegelt. Diese Technik – eine Variante der RAID-Technologie – wird zur Sicherung von Daten bei Server-Systemen oder bei Computern, auf denen sehr wichtige Daten gespeichert werden, verwendet. Beim sogenannten Duplexing wird das gleiche Verfahren angewendet, mit dem Unterschied, daß die Festplatten von zwei separaten Controllern verwaltet werden.

→ *Siehe Controller, Duplexing, Festplatte, RAID, Server*

Mission-Disk

Bei vielen Spielen (in diesem Fall Flugsimulatoren, Actionspiele und Strategiespiele) werden nach einiger

Zeit vom Hersteller Erweiterungsdisketten (auch in Form von CDs) angeboten, die neue Levels, Szenarien oder Missionen für den Titel enthalten. Beim Flightsimulator von Microsoft heißen diese Erweiterungsdisketten Scenery-Disks.

MIT

Abkürzung für Massachusetts Institute of Technology. Das MIT ist die renommierteste technische Universität der USA. Im MIT wurden bahnbrechende Erfindungen auf dem Gebiet der Hardware und Software (KI, Multimedia) gemacht. Ein Grund für diese außergewöhnliche Innovationskraft ist das Verhältnis zwischen Professoren und Studenten, bei denen jeder an eigenen – selbsterdachten – Projekten arbeiten kann. Zu den kuriosesten Erfindungen zählen ein elektronisches Blatt Papier, bei dem die Daten über eine Schnittstelle z.B. aus dem Internet geladen und dann gelesen werden können, spezielle 3D-Scanner und ein KI-Programm in Form eines elektronischen Hundes, das den Standort seines »Herrchens« im Raum feststellen kann und wie ein echter Hund auf Befehle reagiert. Einer der kuriosesten Studenten (nach Selbstauskunft der erste Cyborg) trägt den ganzen Tag ein Interface mit sich herum, welches ständig eine Verbindung zum Internet hält. Die Daten werden über eine Brille direkt in sein Auge projiziert, und seine täglichen Aktivitäten sind auf einer WebSite im Internet verfolgbar. Der Direktor des MIT ist eine nicht minder schillernde Persönlichkeit: Nicholas Negroponte.

➭ *Siehe Interface, Internet, KI, Multimedia, WebSite*

Mitbenutzer

Beim Online-Dienst der Telekom – T-Online – ist es möglich, eine oder mehrere Personen als Mitbenutzer für den eigenen Account anzugeben. Dadurch erhöhen sich aber auch die Gebühren.

➭ *Siehe Account, T-Online*

Mitsumi

http://www.mitsumi.com

Mitsumi ist ein japanischer Hardwarehersteller, der hauptsächlich Disketten- und CD-ROM-Laufwerke herstellt. Zu den neuesten Entwicklungen gehören ein CD-Brenner für die ATAPI-Schnittstelle und ein neuartiges Diskettenlaufwerk mit hoher Kapazität (128 Mbyte).

➭ *Siehe ATAPI, CD-ROM-Laufwerk, CD-Writer, Diskettenlaufwerk*

Mixed-mode CD

Eine mixed-mode CD kann sowohl Audio- als auch Datenspuren enthalten.

➭ *Siehe CD*

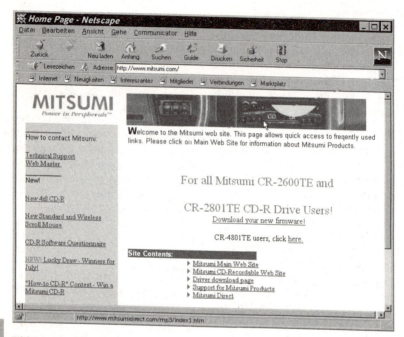

Bild 13: Auch Mitsumi ist im Internet vertreten

MJPEG

Motion-JPEG verwendet das für Standbilder entwickelte JPEG-Kompressionsverfahren (JPEG-Datenformat) für die Speicherung von Bildfolgen bzw. Videosequenzen. MJPEG wird für die digitale Videobearbeitung verwendet, da hier im Gegensatz zu MPEG jedes Bild erhalten bleibt. Bei MPEG ist das nicht möglich, da bei diesem Verfahren nur die Unterschiede zwischen den Einzelbildern gespeichert werden. Nur jedes achte Bild, der sog. I-Frame, wird unverändert gespeichert und enthält somit die komplette Bildinformation. Daraus resultiert natürlich ein erheblich größeres Datenaufkommen beim MJPEG-Verfahren. Videoschnitt in guter Qualität (d.h. niedrige Kompressionsrate) stellt daher sehr hohe Anforderungen an das System (CPU- und Festplattengeschwindigkeit).

➡ *Siehe Bildkompression, Frame, JPEG, Kompression*

MMU

Abkürzung für Memory Management Unit, Speichermanagementeinheit. Die MMU ist Bestandteil von Mikroprozessoren (bei Intel ab dem 386er) und ist für die Speicherverwaltung entsprechend dem Paging-Verfahren zuständig.

➡ *Siehe Intel, Mikroprozessor, Paging*

MMX

Abkürzung für MultiMedia Extensions. MMX ist eine Erweiterung des Befehlssatzes der Intel-Prozessoren um 57 zusätzliche Befehle, die die bei Sound- und Bilddateien oft auftretenden 8 bzw. 16 Bit langen Daten über acht neue MMX-Register mit je 64-Bit-Breite verarbeiten können. Eine der wichtigsten Neuerungen ist die SIMD-Technik (Single Plane Multiple Data), die die parallele Anwendung eines Befehls auf mehrere Daten ermöglicht, wodurch sich die Verarbeitungsgeschwindigkeit stark erhöht. Zusätzlich zur MMX-Befehlserweiterung hat Intel auch den AGP-Bus definiert, der für eine schnelle Bildausgabe sorgen soll. Damit MMX genutzt werden kann, muß natürlich die Software entsprechend programmiert sein. Eines der ersten Programme, die MMX unterstützen, ist die Version 4.0 des Bildbearbeitungsprogramms Adobe Photoshop. Microsoft unterstützt MMX ab Version 3.0 seiner Grafikschnittstelle DirectX. Vor allen Dingen die grafikaufwendigen Spiele und Raytracing- bzw. Animationsprogramme (z.B. Lightwave 5.5 von Newtek) ziehen einen Geschwindigkeitsvorteil aus der MMX-Technologie. Da die Behandlung der MMX-Befehle über die Fließkommaeinheit der CPU abgewickelt wird, muß der Programmierer allerdings abwägen, ob er zur Berechnung eben diese Einheit oder den MMX-Code einsetzen soll. Der MMX-Befehlssatz ist Bestandteil der Intel-Pentium-MMX-Familie (P55C), der Pentium-II-Generation und soll auch in den neuen Katmai integriert werden. Die Konkurrenz von Intel – AMD (K6) und Cyrix (M2) – unterstützt ebenfalls MMX, obwohl sie nicht mit diesem Kürzel werben darf. Intel hat sich die Bezeichnung rechtlich schützen lassen.

➡ *Siehe AGP, Befehlssatz, Bit, CPU, DirectX, Fließkommaeinheit, Intel, K6, M2, Pentium II, Pentium Pro, Raytracing, Register*

MMX2

➡ *Siehe Katmai*

Mnemonik

Griech. mneme (Gedächtnis). Die Mnemonik bezeichnet eine in Programmiersprachen angewendete Technik, bei der der Programmierer Befehle so formulieren kann, daß sie sich das menschliche Gedächtnis leicht merken kann. So wird z.B. der

Befehl »MOVE« dazu verwendet, Werte von einem Register zum anderen oder auf einen anderen Speicherplatz usw. zu verschieben. »ADD« dient der Addition usw.

➠ *Siehe Befehl, Programmierer, Programmiersprache, Register*

mnemonische Adresse

Bei der Programmierung ist es möglich, sog. mnemonische oder symbolische Adressen als Namen für Variablen oder Felder zu verwenden, was die spätere Erkennung des Programmteils oder den Zweck des Befehls erleichtert. Für ein Feld, das später eine Postleitzahl aufnehmen soll, kann man z.B. den Namen PL-ZAHL verwenden.

➠ *Siehe Mnemonik, Symbolische Adresse*

mnemonischer Code

➠ *Siehe Mnemonik, Mnemonische Adresse*

MNP

Abkürzung für Microcom Network Protocol. MNP ist die Bezeichnung für eine ganze Übertragungsprotokollfamilie für Modems, die von der Firma Microcom entwickelt und von der CCITT empfohlen wurde. Aktuell sind MNP 4, welches eine automatische Fehlerkorrektur enthält, und MNP 5 mit zusätzlicher Datenkompression, wodurch die Übertragungsgeschwindigkeit stark erhöht wird.

➠ *Siehe CCITT, Datenkompression, Fehlerkorrektur, Modem, Übertragungsprotokoll*

MO-Laufwerk

Magneto-optisches Laufwerk (auch Magneto-Optical-Drive oder MOD). Externer Massenspeicher mit auswechselbaren, gekapselten Medien. Die Speicherung erfolgt magnetooptisch. Auf dem Trägermedium ist unter einer transparenten Schutzschicht eine MO-Schicht aufgedampft, die bei Beeinflussung durch ein Magnetfeld ihre optischen Eigenschaften verändert. Beim Schreibvorgang erhitzt ein Laser diese Schicht auf ca. 200°C, während sie durch ein konstantes Magnetfeld beeinflußt wird. Das Schreiben erfolgt dann in drei Phasen: Zuerst wird der eine Teil der binären Information (z.B. die Nullen) geschrieben, dann – bei umgepoltem Magnetfeld – der zweite Teil (die Einsen). Abschließend wird die Aufzeichnung noch einmal auf Fehler überprüft. Der Schreibvorgang dauert bei MO-Laufwerken aus diesem Grund rund dreimal solange wie der Lesevorgang. Neuere MO-Laufwerke, die die sog. LIMDOW-Technik einsetzen, können in einem Schritt schreiben. Die Speicherkapazität der 3,5"-Medien liegt bei 230 bis 640 Mbyte, die der 5,25"-

Medien bei 1,3 bis 2,6 GB. Trotz der gegenüber einer Festplatte recht geringen Geschwindigkeit sind MO-Laufwerke ein beliebtes Backup-Medium, da sie im Gegensatz zu Magnetbändern einen wahlfreien Zugriff auf die gespeicherten Daten ermöglichen und auch relativ stabil gegen äußere Einflüsse wie Temperaturschwankungen und Magnetfelder sind.

➥ *Siehe Backup, Binär, Laser, Magnetband, Massenspeicher, Speicherkapazität*

Mobilfunk

Bezeichnung für schnurloses, mobiles Telefonieren, meist über Funk. Das erste deutsche Mobilfunknetz war das A-Netz, gefolgt vom B- und C-Netz (alle analog). Letzteres war das erste flächendeckende Mobilfunknetz in Deutschland. Die Nachfolger dieser analogen Netze sind das digitale D- und E-Netz.

➥ *Siehe B-Netz, C-Netz, D-Netz, E-Netz, GSM*

MOD

Abkürzung für Magneto-Optical-Drive.

➥ *Siehe Magneto-Optical-Drive*

Mode

Englisch für Modus. Mode wird in bezug auf die unterschiedlichen Betriebsarten von (Peripherie-)Geräten (Drucker, Scanner, Monitor, Modem) verwendet. Ein Beispiel wäre bei Tintenstrahldruckern der Econo- oder Draft-Mode (spart Tinte).

➥ *Siehe Draft-Modus, Drucker, Peripherie, Scanner, Tintenstrahldrukker*

Mode1

Beim ursprünglichen CD-ROM-Standard wurde zwischen Mode1- und Mode2-Sektoren unterschieden. Der Mode1 ist für fehleranfällige Daten (z.B. Programme) gedacht, weshalb auch 280 Mbyte Speicherkapazität für Fehlerkorrektur verlorengehen. Siehe auch Mode2.

➥ *Siehe CD-ROM, Mode2, Sektor, Speicherkapazität*

Mode2

Beim ursprünglichen CD-ROM-Standard wurde zwischen Mode1- und Mode2-Sektoren unterschieden. Der Mode2 wurde für weniger empfindliche Daten verwendet, weswegen keine Fehlerkorrektur zum Einsatz kommt.

➥ *Siehe CD-ROM, Mode1, Sektor*

Modem

Bezeichnung für einen Modulator-Demodulator. Ein Modem moduliert und demoduliert analoge und digitale elektrische Spannungen. Bei der

Übertragung von Daten über ein Modem wird das digitale elektrische Signal (eine Folge von Spannungsänderungen) in ein analoges elektrisches Signal (eine Folge von Amplitudenschwankungen) umgewandelt. Die Modulation/Demodulation erfolgt an der seriellen Schnittstelle des PC. Die analogen Schwingungen werden nun über das Telefonnetz an ein Empfängermodem (oder auch ein Fax) gesendet und auf der anderen Seite wieder in digitale Signale zurückverwandelt. Modems gibt es als interne Erweiterungskarten oder auch als externe Geräte. Für Notebooks werden Modems in PCMCIA-Karten integriert.

➡ *Siehe Analog, Digital, Faxmodem, Notebook, PCMCIA*

Modified Frequency Modulation

➡ *Siehe MFM*

Modul

Hardware-Bauteil, welches zur Integration eines Computersystems unbedingt notwendig ist und essentielle Funktionen übernimmt. Beispiele wären: Motherboard, CPU, Festplatte, Hauptspeicher, Grafikkarte. Module verschiedener Hersteller sind aufgrund genormter Anschlüsse und Bauform jederzeit untereinander austauschbar. Grundbedingung bei manchen Modulen (Motherboard, CPU, Grafikkarte) ist allerdings eine bestehende Kompatibilität zu der Plattform (Apple, Sun, IBM-kompatible usw.), auf der sie eingesetzt werden sollen.

Eigenständiges Programm bzw. Programmteil, welches besondere Aufgaben (Routinen oder Prozeduren) übernimmt.

➡ *Siehe CPU, Festplatte, Grafikkarte, Hauptspeicher, Modulare Programmierung, Motherboard, Plattform, Prozedur, Routine*

MODULA2

Eine aus PASCAL weiterentwickelte Programmiersprache, die einige Erweiterungen enthält, die speziell auf die Arbeit mit Modulen ausgelegt sind. So ist es möglich, Variablen, Prozeduren und Routinen in einem Modul zusammenzufassen und als eigenständiges Programm zu kompilieren, welches dann in anderen Programmen wiederverwendet werden kann. MODULA2 gibt es für die Betriebssysteme MS-DOS, OS/2 und Mac-OS.

➡ *Siehe Kompilieren, MacOS, Modul, MS-DOS, OS/2, Pascal, Prozedur, Routine, Variable*

Modulare Programmierung

Modulare Programmierung bezeichnet eine Programmiertechnik, bei der häufig benutzte Routinen als eigenständige Module oder Prozeduren formuliert und kompiliert werden. Diese Programmteile können dann in anderen Programmen immer wieder verwendet werden. Der leicht höhere Aufwand beim Programmieren wird durch die Flexibilität, die diese Module bieten, wieder aufgewogen.

➡ *Siehe Modul*

Modulation

Das Aufprägen eines Signals auf eine hochfrequente Trägerschwingung durch Veränderung der Amplitude, Frequenz oder Phase nennt man Modulation (Amplitudenmodulation, Phasenmodulation, Frequenzmodulation). Beim Empfänger muß das Signal wieder zurückgewandelt (demoduliert) werden.

➡ *Siehe Modem*

Monitor

Auch Bildschirm genannt. Der Monitor ist im Prinzip ein Fernseher ohne Empfangsteil, den es in einfarbiger (monochromer) und mehrfarbiger (polychromer) Ausführung gibt. Die Bildqualität des Monitors ist abhängig von der verwendeten Lochmaske, der Bandbreite und der erreichbaren Horizontal- bzw. Vertikalfrequenz, und liegt i. d. R. weit über der eines modernen Fernsehgeräts. Computermonitore werden in verschiedenen Größen angeboten: mit 14"-, 15"- (38,5 cm), 17"- (43,18 cm), 19"-, 20"-, 21"- (53,3 cm) und 23"-Bilddiagonale. Beim Kauf sollte man auch auf die vom Monitor erfüllten Strahlungsnormen und die Unterstützung von Power-Management achten. Die meisten Monitore werden heutzutage nach den schwedischen Normen MPR II oder TCO 92/95 hergestellt.

Mit dem Begriff Monitor wird auch eine Software bezeichnet, die für die Überwachung bestimmter Prozesse im Netzwerk, in Anwendungsprogrammen oder im Betriebssystem zuständig ist. Ein Beispiel wäre der System-Monitor unter Windows 9x und NT.

➡ *Siehe Bandbreite, Bildschirm, Horizontalfrequenz, Lochmaske, Monochromer Bildschirm, MPR-Norm, Netzwerk, Power-Management, TCO-Norm, Vertikalfrequenz*

Monitorabschaltung

Zur Einsparung von Strom bei längerer Inaktivität unterstützen die neueren Monitore unterschiedliche Systeme des Power-Managements (auch als Power-Saving bezeichnet), z.B. das weitverbreitete DPMS. Dabei schaltet der Monitor nach einem – z.B. im BIOS oder Betriebssystem – vorgegebenen Zeitraum in einen Stromsparmodus (Stand-by). Anschließend in den Suspend- oder Sleep-Modus, gefolgt von der letzten Stufe, dem Power-off-Modus. Bei jedem Schritt wird die Stromaufnahme weiter von anfangs ca. 30 Watt auf 5 – 10 Watt reduziert.

→ *Siehe Betriebssystem, BIOS, DPMS, Energiesparmaßnahmen, Power-Management*

Monitorfrequenz

Synonym für Bildwiederholfrequenz.

→ *Siehe Bildwiederholfrequenz*

Monitorstrahlung

Monitore strahlen elektrostatische und elektromagnetische Strahlung ab. Zur Begrenzung dieser schädlichen Abstrahlung wurden mehrere Normen definiert, z.B. die schwedische MPR-II- oder die TCO-92/95-Norm. Mindestens eine dieser Normen sollte ein moderner Monitor erfüllen.

→ *Siehe Monitor, MPR-Norm, TCO-Norm*

Monochrome Display Adapter

→ *Siehe MDA*

monochromer Bildschirm

Bei einem monochromen (einfarbigen) Bildschirm werden Text und Grafik in einer Farbe auf einem andersfarbigen Hintergrund dargestellt (z.B. weiß auf schwarz oder grün). Monochrom-Bildschirme waren in den Anfängen des Computerzeitalters gebräuchlich; heute werden sie nur noch an Orten eingesetzt, die keine Grafikdarstellung benötigen (z.B. Kassenterminals). Ähnlich wie bei LCD-Bildschirmen war es auf einigen Monochrom-Bildschirmen möglich, Farben als Graustufen darzustellen.

→ *Siehe Bildschirm, Graustufendarstellung, LCD*

Mooresches Gesetz

Der ehemalige Geschäftsführer von Intel – George Moore – stellte im Jahre 1968 die These auf, daß sich die Transistordichte auf einem Prozessor alle 1,5 Jahre verdoppeln läßt. Sein Nachfolger Andy Grove hält an diesem, für Intel zum Gesetz gewordenen Spruch eisern fest.

→ *Siehe Intel, Prozessor, Transistor*

Morphing

Morphing bezeichnet im Computergrafikbereich ein Verfahren, mit dem sich eine Grafik schrittweise in eine andere Grafik umwandeln läßt. Ein Beispiel wäre die Verwandlung eines Menschenkopfes in den eines Tieres. Dieser Effekt wird vor allen Dingen in Filmen und Computeranimationen eingesetzt. Der Computer erstellt zwischen dem Ausgangsbild und dem Zielbild angenäherte Zwischenschritte, die dann, als Animationssequenz abgespielt, den Anschein einer nahtlosen Umwandlung vermitteln. Morphing gehört zur Grundausstattung heutiger Animationspakete. Bei 3D-Programmen (z.B. 3D Studio MAX oder Lightwave von Newtek) muß allerdings eine Grundbedingung erfüllt sein: Das Ausgangs- und das Zielobjekt müssen aus der gleichen Anzahl Punkten bestehen, da der Computer intern die Punkte des Ausgangs-Drahtgittermodells zum Ziel-Drahtgittermodell einfach verschiebt. Würden Punkte fehlen oder überzählig sein, kann der Computer deren neue Position im dreidimensionalen Raum nicht ermitteln, und bricht die Berechnung ab.

➽ *Siehe Animation, Grafikprogramme, Vertex, Wireframe*

MOS

Abkürzung für Metal-Oxide-Semiconductor. Bezeichnung für einen Metalloxid-Halbleiter, der in diversen Bauformen bei Halbleiter-Schaltelementen zum Einsatz kommt. Bei einem MOS wird eine Metall- bzw. Metalloxidschicht auf einen Träger aufgedampft, wobei Chips mit mittlerer bis höchster Integrationsdichte möglich sind. Eine der bekanntesten Bauformen ist das sogenannte CMOS, der Chip, auf dem die BIOS-Informationen des Motherboards gespeichert sind. Weitere Varianten sind NMOS, PMOS.

➽ *Siehe BIOS, Chip, CMOS*

MOSFET

Abkürzung für Metal-Oxide-Semiconductor-Field-Effect-Transistor. Auch MOS-Transistor. Diese Art von Transistor wird bei hochintegrierten Metalloxid-Halbleitern (MOS) eingesetzt. Die Leitfähigkeit wird bei dieser Transistorart über ein elektrisches Feld gesteuert.

➽ *Siehe MOS, Transistor*

Most Significant Bit

➽ *Siehe MSB*

MOT

Abkürzung für Multimedia Object Transfer Protocol. Bezeichnung für ein genormtes Übertragungsprotokoll im digitalen Rundfunk (Digitales Radio, DAB), mit dem zusätzlich zu den Audioinformationen auch Texte und Bilder übertragen werden und im Display des entsprechend ausgerüsteten Empfängers dargestellt werden können.

➽ *Siehe DAB, Übertragungsprotokoll*

Motherboard

Auch Mainboard oder Hauptplatine genannt. Das Motherboard ist die zentrale Platine eines Computers, auf der sich alle Elemente zur Steuerung der angeschlossenen Hardware und Peripheriegeräte, und für deren Datenaustausch untereinander, befinden. Dazu gehören: CPU und CPU-Sockel, Controller-Chipsatz (DMA-Controller, Interrupt-Controller und Cache-Controller), Bussysteme (ISA, PCI, selten noch EISA, VESA Local, Microchannel). Daneben befindet sich auf dem Motherboard noch die

Systemuhr, das BIOS und das CMOS-RAM, die Steckleisten für die Speichermodule (DRAM, EDO, SDRAM), das Second-Level(L2)-Cache (SRAM-Modul), der Festplatten-Controller, der Floppy-Controller und die parallelen und seriellen Schnittstellen. Oft findet sich auch noch eine Steckleiste für ein sog. COAST-Modul, mit dem sich das L2-Cache meist auf 512 KB aufrüsten läßt. Bei manchen Motherboards sind sogar Grafikkarte und Soundkarte auf der Platine integriert.

➠ *Siehe Bus, Cache-Controller, CMOS-RAM, COAST, Controller, CPU, DMA-Controller, EISA, Interrupt-Controller, ISA, Microchannel, PCI, Second-Level-Cache, VESA Local Bus, ZIF-Sockel*

Bild 14: Das Motherboard ist die zentrale Komponente eines PC

Motion Analysis Face Tracker

Ein Gerät, welches mit Hilfe von Sensoren die Bewegungen der Gesichtsmuskeln eines Menschen in digitale Informationen für das Mienenspiel eines Synthespians umsetzt.

➠ *Siehe Mimic-Tracker, Synthespian*

Motion-Capture

Der Begriff Motion-Capture bezeichnet diverse Verfahren zur Erfassung (capture) und Aufzeichnung von Bewegungen (motion) durch den Computer im Bereich der professionellen Computeranimation (z.B. Filmproduktionen), der Forschung (z.B. zur Erforschung von Bewegungsabläufen) und nicht zuletzt der virtuellen Realität. Für die Erfassung z.B. menschlicher Bewegungen dienen mit Sensoren ausgestattete Geräte, (3D-)Scanner oder Kameras mit speziell entwickelter Steuerungssoftware.

➠ *Siehe Animation, Cyberspace, Data Glove, Data Suit, Head Mounted Display, Mimic-Tracker, Motion Analysis Face Tracker, Synthespian, Virtual Humans, Virtuelle Realität*

Motion-JPEG

➠ *Siehe MJPEG*

Motorola

Amerikanischer Prozessor- und Chiphersteller. Motorola wurde im Jahr

1928 gegründet. Bekannte Entwicklungen sind die Mikroprozessoren der 680x0er-Familie und der in Kooperation mit IBM und Apple entwickelte PowerPC-Chip, der heute in allen Apple-Computern verbaut wird. Weiterhin ist Motorola einer der führenden Hersteller von Prozessoren in RISC- und CISC-Architektur.

➠ *Siehe Apple, CISC, IBM, Mikroprozessor, PowerPC-Chip, RISC-Prozessor*

Mouse

➠ *Siehe Maus*

Mousepad

Das Mousepad ist eine griffige Unterlage aus Kunststoff für eine Maus. Bei einer Maus, deren Bewegungen über optische Sensoren aufgenommen werden, befindet sich auf der Oberfläche des Mousepads ein Raster.

➠ *Siehe Maus, Sensor*

MPC

Abkürzung für Multimedia Personal Computer. Der MPC-Standard wurde 1991 von führenden Unternehmen der Computerindustrie festgelegt und definiert die Mindestanforderungen, die ein PC für die heutigen Multimedia-Anwendungen erfüllen muß. Der MPC-Level 2 schreibt als Mindestanforderung einen 486er SX mit 25 MHz, eine VGA-Grafikkarte mit High-Color, eine 16-Bit-Soundkarte, mindestens 4, besser 8 Mbyte Hauptspeicher und 160 Mbyte Festplattenspeicher vor. Außerdem ein multisessionfähiges CD-ROM-Laufwerk mit 300 Kbyte/s Übertragungsrate (Doublespeed-Laufwerk). Der Begriff MPC wurde in diesem Sinn hauptsächlich mit einem Doublespeed-CD-ROM in Verbindung gebracht.

➠ *Siehe CD-ROM, Festplatte, Hauptspeicher, HighColor, Multisessionfähigkeit, Soundkarte, VGA-Karte*

MPEG

Moving Pictures Experts Group. MPEG ist ein Kompressionsverfahren und ein als Bitstrom definiertes Videoformat. Je nach Einsatzbereich ist das Format unterschiedlich spezifiziert (MPEG-I bis MPEG-IV). Bei CD-ROMs ist MPEG für eine Videoauflösung von 352 x 288 Bildpunkten bei 25 Frames/s und einer daraus resultierenden Datenrate von 150 Kbyte/s ausgelegt (»Viertel-PAL«, SIF-Format). MPEG-II ist der Kompressionsstandard für digitales Fernsehen. Die Spezifikation für MPEG-II deckt dabei einen weiten Bereich von PAL bis zum 1024zeiligen HDTV-Format ab. Typische Datenraten liegen in diesem Bereich zwischen 2,5 bis 6 Mbit/s. Die Kompression kann sowohl über einen Software-Decoder (z.B. XIng), als auch über einen Hardware-Decoder durchgeführt werden. Kompression in Echtzeit kann nur über einen Hardware-Decoder erfolgen, da Veränderungen zwischen aufeinanderfolgenden Bildern nicht als Differenz kodiert werden, sondern per »Motion Compensation«. Dieses Verfahren sucht nach Bildteilen, die in Folgebildern an anderer Stelle wieder auftauchen, und kodiert diese dann mittels sog. Bewegungsvektoren. Selbst bei Kameraschwenks wird so die notwendige Datenmenge stark reduziert. Motion Compensation ist ein sehr aufwendiges Verfahren, da zum Vergleich von Bewegungen jeder Pixelblock mit jedem Pixelblock des nachfolgenden Bilds verglichen werden muß. Neben der Bildkompression dient MPEG auch als Verfahren zur Kompression von Audiodaten. Da bei MPEG kein Vollbilder gespeichert werden, eignet sich dieses Verfahren nicht zur Videobearbeitung. Dafür wird in der Regel MJPEG verwendet.

➡ *Siehe Bildkompression, CD-ROM, Frame, Harddisk-Recording, Kompression, MJPEG, PAL, Pixel*

MPR-Norm

Mit der MPR-I-Norm definierte der schwedische Rat für Meßtechnik und Prüfung (heute SWEDAC) den ersten Standard für die Strahlungsgrenzwertbestimmung bei PC-Monitoren. 1990 folgte die MPR-II-Norm, die Grenzwerte für elektrostatische und elektromagnetische Abstrahlung in 50 cm Entfernung vom Monitor festlegte. Die Grenzwerte sind an 16 in drei Ebenen um den Monitor angeordneten Meßpunkten zu erfassen. Die meisten heutigen Monitore erfüllen mindestens die MPR-II-Norm. Meist aber auch noch die TCO-92- oder TCO-95-Norm.

➡ *Siehe Bildschirm, Monitor, Monitorstrahlung, TCO-Norm*

MPU-401

Abkürzung für Micro Processing Unit (Prozessor). Der MPU-401 ist eine von der Firma Roland geschaffene Schnittstelle auf Soundkarten für die Übertragung von MIDI-Daten. Der MPU-401 ist Grundbedingung für den Anschluß MIDI-fähiger Hardware (z.B. Synthesizer) und für das Betreiben von MIDI-Software (z.B. Spiele mit MIDI-Unterstützung). Auch für den Betrieb einer Wavetable-Erweiterungskarte (auf einem Wavetable sind MIDI-Klangdaten fest gespeichert) für ältere Soundkarten ist der MPU-401 nötig. Ist er dennoch nicht vorhanden, besteht noch die Möglichkeit, seine Funktionen über einen Treiber zu emulieren. Jedoch ist die Kompatibilität mit diversen MIDI-Standards oft stark eingeschränkt.

➡ *Siehe Kompatibilität, MIDI, Soundkarte, Treiber, Wavetable*

MR-Lese-Kopf

Die meisten Festplatten sind heutzutage mit einem MR(magnetoresistiven)-Lese-Kopf ausgestattet. Konventionelle Lese-Köpfe arbeiten induktiv. Dabei wird in einer kleinen Spule durch die auf der Magnetplatte gespeicherten Informationen und die dadurch entstehenden Magnetfeldänderungen ein Strom induziert. MR-Köpfe dagegen machen sich einen anderen physikalischen Effekt zunutze. Der Widerstand eines Leiters ändert sich in Abhängigkeit von einem äußeren Magnetfeld. Auf dem Lese-Kopf befindet sich nun ein solcher Leiter (ein stromdurchflossener MR-Sensor), dessen Widerstandsänderungen die Elektronik der Festplatte auswertet. Bei Festplatten mit dieser Technik besteht der Schreib-Kopf immer noch aus einer Spule und arbeitet induktiv. Die beiden Köpfe sind aus technischen Gründen sogar leicht voneinander versetzt angebracht. Die Flughöhe heutiger Schreib-Lese-Köpfe über der Magnetscheibe liegt bei ca. 50 nm.

➠ *Siehe Festplatte, Induktiver Schreib-Lese-Kopf, Schreib-Lese-Kopf*

MS-DOS

MS-DOS ist das von Microsoft im Jahr 1981 entwickelte PC-Betriebssystem, welches in den Folgejahren weltweite Verbreitung erlangen sollte. MS-DOS wurde von IBM für dessen PS/2-PC-Serie lizenziert und als PC-DOS ausgeliefert. Später vertrieb Microsoft das Betriebssystem für die IBM-kompatiblen PCs. Heute ist MS-DOS (in der Version 7.0) immer noch Bestandteil der grafischen Betriebssysteme Windows 95 und NT (als sogenannte DOS-Box).

➠ *Siehe Betriebssystem, IBM, IBM-PS/2, Microsoft, PC, Windows 95, Windows NT*

MSAU

Bezeichnung für einen zentralen Steuerungscomputer im Zentrum eines in Sternstruktur aufgebauten Token-Ring-Netzwerks.

➠ *Siehe MAU, Netzwerk, Sterntopologie, Token-Ring*

MSB

Abkürzung für Most Significant Bit. Das MSB ist das Bit mit höchster Priorität in einem Byte. Bei der binären Darstellung von vorzeichenbehafteten Zahlen übernimmt das MSB die Funktion eines negativen oder positiven Vorzeichens.

➠ *Siehe Binär, Bit, Byte*

MSCDEX

Abkürzung für Microsoft CD Extension. Erweiterung des Betriebssystems MS-DOS, um CD-ROM-Laufwerke als »normale« Laufwerke in das System zu integrieren. Das Programm MSCDEX.EXE ist ein Treiber und ist Bestandteil von MS-DOS. Der Treiber wird in der autoexec.bat eingetragen.

➟ *Siehe Autoexec.bat, Betriebssystem, CD-ROM-Laufwerk, MS-DOS, Treiber*

MSD

Abkürzung für Microsoft Diagnostics.

➟ *Siehe Microsoft Diagnostics*

msg

Abkürzung für englisch message.

➟ *Siehe Message*

MSI

Abkürzung für Mid Scale Integration. Bezeichnung für einen Integrationsgrad mittlerer Dichte von integrierten Schaltkreisen. Mehrere hundert Elemente werden zu einem MSI-Baustein zusammengeschaltet.

➟ *Siehe VLSI*

MSN

http://www.msn.com

1. Abkürzung für Multiple Subscriber Number (Mehrfachrufnummer). Eine MSN ist eine der drei dem Benutzer zugewiesenen Telefonnummern im Euro-ISDN-Anschluß, die er frei auf seine Endgeräte (Telefon, Fax, PC) verteilen kann. Die MSN ersetzt die EAZ (Endgeräteauswahlziffer) des alten nationalen ISDN. Während sich bei EAZ nur die drei letzten Ziffern unterscheiden durften, können bei MSN die Nummern vollkommen unterschiedlich sein.

2. Abkürzung für Microsoft Network. MSN ist ein Online-Dienst der Firma Microsoft mit weltweit ca. 2.000.000 Mitgliedern, davon in Deutschland ca. 120.000. Der Client für MSN ist Bestandteil des Betriebssystems Windows 95. Der E-Mail-Versand erfolgt über das Windows-95-Programm Exchange, die Einwahl per ISDN oder Modem über das DFÜ-Netzwerk von Windows 95.

➟ *Siehe Client, DFÜ-Netzwerk, E-Mail, EAZ, Euro-ISDN, Exchange, ISDN, Microsoft, Modem, Online-Dienst*

MTBF

Abkürzung für Mean Time Between Failure. MTBF ist eine bei Laufwerken (Festplatte, CD-ROM, Wechsellaufwerke) gebräuchliche Kenngröße, die die durchschnittliche Betriebsdauer angibt, bevor ein Fehler oder Ausfall des Geräts auftritt. Besonders im Hinblick auf die Datensicherheit ist die MTBF von Speichergeräten wichtig. Heutige Festplatten haben eine MTBF von ca. 100.000 Betriebsstunden. Zum Vergleich: Bei der MPC-

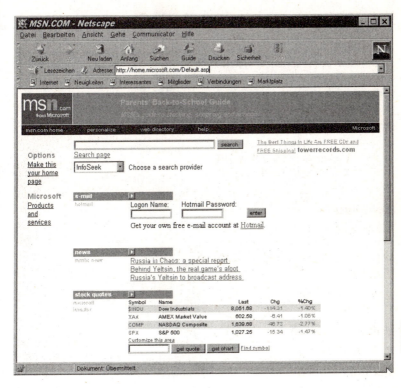

Bild 15: Das MSN im Internet

Spezifikation muß ein CD-ROM-Laufwerk eine MTBF von 10.000 Stunden aufweisen.

➠ *Siehe Laufwerk, MPC*

MTTR

➠ *Siehe Mean Time to Repair*

Multi-CD-ROM

Die Multi-CD-ROM ist eine von Sony entwickelte Crossplattform-CD-ROM, die sowohl auf Apple, als auch auf MS-DOS-Rechnern lauffähig ist.

➠ *Siehe Apple, CD, Crossplattform CD, MS-DOS, Plattform, Sony*

Multi-I/O-Karte

Eine Multi-I/O-Karte ist eine Erweiterungskarte (meist für den ISA-Bus), auf der zusätzliche serielle und parallele Schnittstellen und ein Gameport vorhanden sind. Bei manchen Karten sind auch ein Floppy- und ein Festplatten-Controller integriert.

➡ *Siehe Festplatten-Controller, Floppy-Controller, Game-Port, ISA, Parallele Schnittstelle, Serielle Schnittstelle*

Multi-Pass

Betriebsmodus eines Scanners, bei dem die Scanleiste mehrmals über die Vorlage scannen muß, um sie zu erfassen.

➡ *Siehe Farb-Scanner, Scanner, Single Pass*

Multibank-DRAM

➡ *Siehe MDRAM*

Multibus

Ein von Intel entwickelter, vor allem beim Aufbau von Hochleistungs-Arbeitsstationen zum Einsatz kommender Computer-Erweiterungsbus, der mit hoher Bandbreite (besonders für extrem schnelle Datenübertragungen geeignet) arbeitet, und auch mehrere Busmaster zuläßt.

Multicasting

Das Senden einer Nachricht, die an mehrere Ziele in einem Netzwerk gleichzeitig gerichtet ist.

Multilayer

Auch Multilayer Technique (Multilayer-Technik) oder Mehrschicht-Technologie. Bezeichnung für ein heute gebräuchliches Verfahren zur Herstellung von Leiterplatten. In einem sog. Sandwich-Verfahren werden Leiterbahnen übereinander angeordnet, was eine höhere Integration der Schaltkreise ermöglicht. Diese Technik ist Grundlage für die Herstellung moderner Elektronik. Ein Motherboard besteht z.B. aus vier bis fünf Leiterbahnebenen.

➡ *Siehe Layer, Motherboard, Platine*

Multimedia

Mit Multimedia bezeichnet man die Darbietung von Inhalten unter kombinierter Verwendung diverser Medien, als da wären Text, Grafik, Audio, Video, Computeranimationen usw. Da der Modebegriff Multimedia (genauso wie »interaktiv«) nicht nur im Computerbereich für alle möglichen Anwendungen verwendet wird, ist eine genaue Definition nur schwer möglich. Manche Hersteller bezeichnen bereits Hardwarekomponenten (Soundkarten, Grafikkarten) oder die Kombination von Bild und Ton (Fernsehen) als multimedial, obwohl

Multimediales erst im Verbund aller Medien und bei entsprechender Präsentation entsteht. Wenigstens im Hardwarebereich konnte man sich mittlerweile auf die Mindestanforderungen für einen echten Multimedia-PC einigen.

→ *Siehe Grafikkarte, Multimedia-PC, Soundkarte*

Multimedia Extensions
→ *Siehe MMX*

Multimedia Object Transfer Protocol
→ *Siehe MOT*

Multimedia Personal Computer
→ *Siehe Multimedia-PC*

Multimedia-CDs
Unter Einsatz von Audio, Video, Grafik und Computeranimationen sollen dem Anwender mit Hilfe von Multimedia-CDs Informationen und Unterhaltung am PC nähergebracht werden. Aufgrund ihrer hohen Speicherkapazität und der möglichen Verbindung von Audio und Grafik ist die CD-ROM das Medium der Wahl. Ein wichtiges Merkmal von Multimedia-CDs soll die Interaktivität mit dem Anwender sein. Mit Interaktivität ist in diesem Fall gemeint, daß der Anwender durch das Programm steuern kann.

→ *Siehe CD, PC, Speicherkapazität*

Multimedia-Lernprogramme
→ *Siehe Multimedia-CDs*

Multimedia-PC
→ *Siehe MPC*

Multipass Texture Mapping
Bezeichnung für ein besonderes Speicherzugriffsverfahren bei modernen 3D-Grafikchips, das zur Erzeugung besonderer Effekte durchgeführt werden muß. Beim Alpha-Blending muß der Chip z.B. zusätzlich zu den Zugriffen auf den Z-Buffer und den Textur-Cache auch noch auf den Bildspeicher zugreifen, um den Transparenzeffekt berechnen zu können.

→ *Siehe 3D-Funktionen, 3D-Grafik, Alpha-Blending, Bildspeicher, Textur-Cache, Z-Buffer*

Multiple Subscriber Number
→ *Siehe MSN*

Multiplex
Unter Multiplexing versteht man die Übertragung von Daten über mehrere logische Kanäle unter Verwendung eines einzigen physischen Übertragungsmediums.

→ *Siehe Frequenzmultiplex-Verfahren, Multiplexer, Zeitmultiplex-Verfahren*

Multiplex-Betriebsart
In der Multiplex-Betriebsart wird ein physisches Übertragungsmedium durch diverse Verfahren in mehrere logische Kanäle aufgeteilt, wodurch

die parallele Übertragung von Daten möglich ist. Zu diesen Verfahren gehören das Frequenzmultiplex-Verfahren, bei dem die Kanäle durch mehrere Trägerfrequenzen gebildet werden, und das Zeitmultiplex-Verfahren, bei dem die parallele Übertragung durch unterschiedliche Zeitfenster für die einzelnen Kanäle erreicht wird.

➠ *Siehe Frequenzmultiplex-Verfahren, Multiplexer, Zeitmultiplex-Verfahren*

Multiplexer

Ein Multiplexer ist ein Gerät, das für die Zusammenführung von mehreren Datenströmen eines Senders auf logische Kanäle eines einzigen physischen Übertragungsmediums zuständig ist. Beim Empfänger teilt er entsprechend die übertragenen Datenströme wieder auf. Für die Breitbandübertragung der Daten wird sowohl auf Sender- als auch auf Empfängerseite je ein Multiplexer gebraucht. Man unterscheidet oft auch zwischen einem Multiplexer für die Zusammenführung der Datenströme auf Senderseite und einem Demultiplexer für die Trennung auf Empfängerseite. Es gibt zwei Verfahren, mit denen die Aufteilung von Datenströmen in parallele Kanäle eines Übertragungsmediums realisiert werden kann: das Frequenzmultiplex-Verfahren und das Zeitmultiplex-Verfahren.

➠ *Siehe Demultiplexer, Frequenzmultiplex-Verfahren, Multiplex, Zeitmultiplex-Verfahren*

Multiprocessing

Mit Multiprocessing bezeichnet man die Fähigkeit eines Programms bzw. des Betriebssystems, mehrere CPUs in einem Rechner anzusprechen. Das Betriebssystem ist dabei für die Verteilung der Aufgaben an die einzelnen CPUs zuständig. Beim symmetrischen Multiprocessing arbeiten die CPUs parallel und unabhängig voneinander, während beim asymmetrischen Multiprocessing eine Zentral-CPU die anderen CPUs steuert. Ein Betriebssystem, das Multiprocessing unterstützt, ist Windows NT.

➠ *Siehe Betriebssystem, CPU, Windows NT*

Multiprozessorsystem

In einem Multiprozessor- oder Mehrprozessorsystem arbeiten mehrere CPUs entweder unabhängig voneinander (symmetrisch) oder werden von einer Zentral-CPU gesteuert (asymmetrisches Multiprozessorsystem). Die Prozessoren greifen auf denselben Hauptspeicher zu und kommunizieren über einen gemeinsamen Bus. Zur Ausnutzung eines Multiprozessorsystems ist ein Betriebssystem nötig, das die Prozessoren ansteuern kann, z.B. Windows NT. Die Systemleistung steigt allerdings nicht linear mit der Anzahl der eingesetzten CPUs.

➠ *Siehe Bus, CPU, Hauptspeicher, Multiprocessing, Windows NT*

Multipurpose Internet Mail Extensions

➠ *Siehe MIME*

Multiscan-Monitor

Ein Multiscan-Monitor kann mehrere Horizontal- und Vertikalfrequenzen erzeugen und damit auch verschiedene Grafikstandards wiedergeben. Zu den Leistungsmerkmalen eines Multiscan-Monitors gehört auch die Umschaltung zwischen analogem und digitalem Eingangssignal.

➠ *Siehe Analog, Digital, Grafikstandard, Horizontalfrequenz, Monitor, Vertikalfrequenz*

Multisession

Bezeichnung für das Beschreiben einer CD-ROM in mehreren Sitzungen (Sessions). Nach der Aufzeichnung einer Session wird die CD-ROM nicht fixiert, wodurch so lange weitere Sitzungen aufgezeichnet werden können, bis der Speicherplatz der CD (ca. 650 Mbyte) aufgebraucht ist.

➠ *Siehe CD-ROM, CD-Writer, Lead-Out, Session*

Multisession-Betrieb

Ein CD-ROM-Laufwerk muß fähig sein, sog. Multisession-CDs (z.B. Photo-CDs) lesen zu können. Das Laufwerk muß den in Einzelsitzungen geschriebenen und deshalb auf der CD-ROM verteilten Verzeichnisbaum lesen können. Den entsprechenden Betriebsmodus nennt man Multisession-Betrieb.

➠ *Siehe CD-ROM, CD-ROM-Laufwerk, Multisession, Photo-CD, Verzeichnisbaum*

Multisessionfähigkeit

Ein CD-ROM-Laufwerk, das Multisession-CDs lesen kann, ist multisessionfähig.

➠ *Siehe CD-ROM-Laufwerk, Multisession*

MultiStation Access Unit

Bezeichnung für einen zentralen Steuerungscomputer im Zentrum eines in Sternstruktur aufgebauten Token-Ring-Netzwerks.

➠ *Siehe MSAU, Netzwerk, Token-Ring*

Multisync

Die Bezeichnung Multisync wurde von der Firma NEC für eine bestimmte Monitor-Baureihe verwendet. Die Leistungsmerkmale von Multiscan- und Multisync-Monitoren stimmen überein, weshalb die Begriffe Multisync und Multiscan zur Beschreibung derselben Technik verwendet werden.

➠ *Siehe Multiscan-Monitor*

Multitasking

Multitasking beschreibt die Fähigkeit eines Betriebssystems, mehrere (Multi-) Aufgaben (engl. task) gleichzeitig zu erledigen. Da die CPU bei der Ausführung von Befehlen immer wieder auf Antwort von z.B. Programmen oder Peripheriegeräten warten muß, kann sie wertvolle Rechenzeit an andere Prozesse vergeben. Die Abarbeitung einzelner Befehle der verschiedenen Programme erfolgt dabei aber nicht parallel (die CPU kann nur einen Befehl gleichzeitig ausführen), sondern in sog. Zeitfenstern oder auch Zeitscheiben. Die Festlegung der Reihenfolge der Abarbeitung übernimmt der sog. Scheduler, ein Bestandteil des Betriebssystems, der den einzelnen Prozessen (Tasks) Prioritäten zuteilt. In bezug auf die Behandlung der Prioritäten kann man zwischen der kooperativen Methode und der preemptiven Methode unterscheiden. Betriebssysteme, die Multitasking unterstützen, sind Windows, OS/2, System 7.5 und System 8 und UNIX.

➡ *Siehe Betriebssystem, CPU, Kooperatives Multitasking, Preemptives Multitasking, Priorität, Prozeß, Scheduler, Zeitscheibe*

Multitasking, kooperatives

➡ *Siehe Kooperatives Multitasking*

Multitasking, preemptives

➡ *Siehe Preemptives Multitasking*

Multitasking-fähig

Ein Betriebssystem wird Multitasking-fähig genannt, wenn es Multitasking unterstützt.

➡ *Siehe Multitasking*

Multithreading

Beim Multithreading werden die einzelnen Tasks in Threads aufgeteilt.

➡ *Siehe Multitasking, Task, Thread*

Multiuser-System

Unter einem Multiuser-System (Mehrbenutzer-System) versteht man ein Rechnersystem, das gemeinsam von mehrerern Benutzern gleichzeitig genutzt werden kann. Wichtige Voraussetzung ist, daß das verwendete Betriebssystem Multitasking unterstützt. Jeder einzelne Benutzer verfügt über ein eigenes Terminal, bestehend aus Monitor und Ein- und Ausgabegeräten. Alle Benutzer greifen jedoch auf die gemeinsamen Ressourcen (Speicher, CPU usw.) des Rechnersystems zurück.

➡ *Siehe Betriebssystem, Multitasking, Ressourcen*

Murphy`s Law

Der Ausdruck Murphy`s Law (Murphy`s Gesetz) bezeichnet einen besonders im anglophonen Sprachraum gebräuchlichen Lehrsatz von der fundamentalen Tücke des Objekts: »Wenn irgend etwas schiefgehen kann, dann geht es auch schief.« Dieser Ausspruch wurde 1949 von Edward Aloysius Murphy, einem US-Air-Force-Ingenieur anläßlich eines mißglückten Testversuchs geprägt. In einem Versuch, der die Belastungsfähigkeit des Menschen bei hohen Beschleunigungen testen sollte, wurden an der Testperson alle 16 (unbeschrifteten) Meßelektroden falsch angebracht, was einer Wahrscheinlichkeit von 1 zu 65.563 entspricht. Bekannt ist auch das sog. Toastbrot-Problem, das besagt, daß ein gebuttertes Toastbrot immer auf die Butterseite fällt (butter-side-up). Inzwischen wurde diese Hypothese von dem britischen Physiker Matthews mathematisch bewiesen.

Music Instruments Digital Interface

➠ *Siehe MIDI*

Mustererkennung

Unter Mustererkennung versteht man die Erkennung von Zeichen, Ziffern, Photos, Bildern, Handschrift und Sprache durch einen Computer. Die Mustererkennung von alphanumerischen Zeichen und Sonderzeichen wird durch diverse sog. OCR-Verfahren (optical character recognition, optische Zeichenerkennung) realisiert. Die Genauigkeit entsprechender Software liegt meist zwischen 95% und 98%. Die Erkennung komplexerer Muster, wie Photos oder Sprache, ist den sog. Expertensystemen vorbehalten, Programme, die speziell für diese Aufgabe konzipiert wurden und oft auch KI-Verfahren zur Bearbeitung einsetzen.

➠ *Siehe Alphanumerisch, Expertensystem, KI, OCR, Sonderzeichen*

Mustervorlagen

Tabellen, Grafiken, Texte und Diagramme, die als Vorlagen für zukünftige Dokumente in einer Textverarbeitung dienen, nennt man Mustervorlagen.

➠ *Siehe Diagramme, Dokument, Dokumentvorlage, Tabelle, Textverarbeitung*

N-channel Metal-Oxide Semiconductor

➡ *Siehe NMOS*

Nachladen

Steht im Hauptspeicher nicht genügend freier Speicherplatz zum Laden aller benötigten Dateien oder Daten eines Programms zur Verfügung, werden diese Programmteile nach Ausführung eines Prozesses und dem Löschen nicht mehr benötigter Daten in den Speicher nachgeladen.

➡ *Siehe Swap*

Nachleuchtdauer

Auch Luminanzabfall oder Leuchtdichteabfall. Es beschreibt die Eigenschaft von Leuchtstoffen wie z.B. dem in Kathodenstrahlröhren eingesetzten Phosphor, durch die ein Bild für kurze Dauer, nachdem der Stoff angestrahlt wurde, auf dem Bildschirm erhalten bleibt.

Nachleuchtzeit

Die Nachleuchtzeit ist die Zeitspanne, die die fluoreszierende Schicht auf der Bildschirminnenseite eines Monitors nach der Anregung durch einen Elektronenstrahl nachleuchtet. Die von der Kathodenstrahlröhre eines Bildschirms ausgesendeten Elektronen treffen auf eine Schicht fluoreszierender Stoffe auf der Bildschirminnenseite und regen diese zum Leuchten an. Ein farbiger Bildpunkt (Pixel) entsteht durch das Auftreffen der Elektronenstrahlen für Rot, Grün, und Blau (RGB) auf jeweils einen Farbtripel in der Lochmaske. Ein Farbtripel setzt sich zusammen aus drei logisch gruppierten Löchern oder Schlitzen in der Lochmaske. Die Farbtripel sind je nach Lochmaskentyp unterschiedlich angeordnet (z.B. als Dreieck bei Deltaröhren). Die Nachleuchtzeit beträgt ca. 0,1 s. Wäre sie länger, würde das Bild verschwommen aussehen.

➡ *Siehe Bildschirm*

Nachrichtenvermittlung

Das Speichern von Nachrichten durch schrittweises Senden und Empfangen zwischen zwei Netzwerkknoten in einem Netzwerk bezeichnet man als Nachrichtenvermittlung.

→ Siehe Netzwerk

Nadeldrucker

Nadeldrucker gehören zur Gruppe der Anschlagdrucker. 9 bis 24 Nadeln übertragen dabei die (Farb-)Tinte von einem Druckerband auf das Druckmedium. Nadeldrucker eignen sich zur Erstellung von bis zu sieben Durchschlägen. Nachteilig wirkt sich die starke Geräuschentwicklung, die schlechte Qualität bei Grafikdruck (Streifenbildung durch zeilenweisen Vorschub) und die blasse Farbwiedergabe aus. Außerdem ist die höchstmögliche Auflösung durch den Druckkopf und die Nadeldicke begrenzt. Neben Normalpapier verarbeiten Nadeldrucker hauptsächlich Endlospapier, welches über einen Traktor durch den Drucker gezogen wird. Für das Bedrucken anderer Medien (z.B. Ausweise) werden sog. Flachbettnadeldrucker verwendet. Bei diesem Typ sitzt der Druckkopf direkt über dem Medium, was eine sehr präzise Bedruckung ermöglicht und eine Beschädigung des Mediums durch die Walzen verhindert.

NAK

Abkürzung für Negative Acknowledge (negative Bestätigung), ist ein Steuerzeichen, das für den Quittungsbetrieb einer Schnittstelle verwendet werden kann.

→ Siehe Quittung

NAND-Verknüpfung

Operation der booleschen Algebra. Die NAND-Verknüpfung ist die Kombination einer NOT-Verknüpfung (Negation) und einer AND-Verknüpfung (Konjunktion).

→ Siehe AND-Verknüpfung, NOT-Verknüpfung

Nanosekunde

Eine Nanosekunde ist eine milliardstel Sekunde (10^{-9}). Diese Maßeinheit findet man z.B. bei der Angabe für die Zugriffszeit von DRAMs.

Narrow SCSI

Eine SCSI- oder SCSI-2 Schnittstelle, an welcher Daten nur 8-bit-weise übertragen werden können.

NAT

Abk.: Network Adress Translation. Über NAT ist es möglich, in einem lokalen Netzwerk (LAN) mit inoffiziellen IP-Adressen (IP-Adressen, die nicht im Internet gültig sind) zu arbeiten und trotzdem vom LAN aus auf das Internet zuzugreifen. Dazu werden die inoffiziellen IP-Adressen von einem entsprechenden Gerät oder einer Software in offizielle IP-Adressen übersetzt. Dies spart zum einen offizielle IP-Adressen, die nicht in unbegrenzter Anzahl zur Verfügung stehen. Zum anderen wird dadurch ein gewisser Schutz (Firewall) für das lokale Netzwerk gegen Zugriffe von außen aufgebaut.

→ *Siehe Firewall, Internet, IP-Adresse, LAN*

National Research and Education Network
→ *Siehe NREN*

National Science Foundation NETwork
→ *Siehe NSFNET*

Nationales ISDN
Auch 1TR6 genannt. Nationales ISDN ist ein von der Deutschen Telekom seit 1985 verwendeter ISDN-Standard, der dem auf dem sog. D-Kanal zur Steuerung der Datenübermittlung eingesetzten Protokoll entspricht. 1TR6 wird bei einem Neuanschluß seit der Einigung auf den europäischen D-Kanal-Standard E-DSS1 (siehe Euro-ISDN) von der Telekom nicht mehr angeboten. Bis zum Jahr 2000 müssen alle 1TR6-Anschlüsse auf E-DSS1 umgerüstet sein.

→ *Siehe ISDN*

NC
Abkürzung für Netz-Computer oder englisch Network Computer. Der Netz-Computer ist eine abgespeckte Version eines PC, der die Arbeit in einem Netzwerk (Internet, Intranet) mit möglichst geringem Kosten- und Administrationsaufwand ermöglichen soll. Der NC verfügt weder über eine Festplatte, noch über ein Floppy-Laufwerk. Der Computer nutzt die Ressourcen des Netzwerks, an das er angeschlossen ist. Auch alle nötigen Programme lädt er aus dem Netz. Daten werden ebenfalls im Netz (auf einem Hauptserver im Intranet) gespeichert. Diverse Firmen bemühen sich um die Entwicklung eines Standards für den NC. Vorreiter ist der eigentliche Entwickler dieses Konzepts: Sun Microsystems, die den NC mit einem speziellen Java-Prozessor und einem auf der Programmiersprache Java basierenden Betriebssystem ausstatten wollen. Weiterhin bemühen sich Oracle, IBM, Microsoft und Apple um ihren eigenen NC.

→ *Siehe Internet, Intranet*

NC-Steuerung
Abkürzung für engl. Numeric Control. Ein am MIT entwickeltes Verfahren zur Steuerung von Produktionsmaschinen. Die NC-Steuerung beruht auf der Umsetzung aller produktionstechnisch relevanten Daten (Geräte, Werkzeuge, Rohstoffe, Energieverteilung usw.) in alphanumerische Nummerncodes. Diese Daten werden von einem zentralen Rechensystem analysiert und zur Steuerung der gesamten Anlage und deren peripheren Komponenten verwendet. Die NC-Steuerung wurde als DIN 66025 normiert.

→ *Siehe MIT*

NDA

Abkürzung für Non-Disclosure-Agreement. Das NDA ist eine international anerkannte Vereinbarung zur Wahrung betriebsinterner (geheimer) Daten.

Near Letter Quality

➡ *Siehe NLQ*

NEAT

Abkürzung für Newly Enhanced Advanced Technology. Bezeichnung für einen 286er-Chipsatz der amerik. Firma Chips and Technologies. In dem Chipsatz waren die Schaltkreise für wichtige Komponenten des Motherboards in Form von ASICs zusammengefaßt. Durch einen optimierten Speicherzugriff wurde die Verarbeitungsgeschwindigkeit des Motherboards stark erhöht.

➡ *Siehe Chipsatz, Motherboard*

NEC

http://www.nec.com

Abkürzung für Nippon Electronic Company. Das japanische Unternehmen wurde bereits im Jahr 1900 gegründet. NEC ist in allen Bereichen der heutigen Consumer-Electronics vertreten. Zu ihren Produkten gehören Drucker, Computer, CD-ROM-Laufwerke, Floppy-Laufwerke, ICs, Mobiltelefone, Satellitenanlagen usw.

Negation

Andere Bezeichnung für die NOT-Verknüpfung, eine Operation der booleschen Algebra.

➡ *Siehe NOT-Verknüpfung*

Negative Acknowledge

➡ *Siehe NAK*

Negative Logik

Bei der Entwicklung der Logik eines Schaltkreises kann man den Wert WAHR durch eine negative Spannung (z.B. -5V) darstellen. In diesem Zusammenhang spricht man von negativer Logik.

➡ *Siehe Positive Logik*

Net-top Box

Ein PC, dessen Hauptfunktion darin besteht, als kostengünstiges Zugriffsterminal für die verschiedenen Internet-Dienste, z.B. E-Mail, Web-Zugriff und Telnet-Anschlußmöglichkeit zu fungieren, und der nur mit einer verringerten Anzahl von Komponenten ausgestattet ist. Diese Maschinen, die sich noch in der Entwicklungsphase befinden, stellen das erforderliche Material für die Benutzer des Netzwerks zur Verfügung, mit dem die Net-top Box verbunden ist, verfügen aber nicht über lokal adressierbare Festplatten. Es können auch keine Programme installiert werden.

Bild 1: Auch NEC ist im WWW – die Homepage

NetBEUI

Abkürzung für NetBios Extended User Interface. NetBEUI ist ein Mitte der 80er Jahre entwickeltes schnelles Netzwerkprotokoll, das von allen netzwerkfähigen Betriebssystemen der Firma Microsoft unterstützt wird. Ein Nachteil von NetBEUI, der in heterogener Netzwerkumgebung zum Vorschein kommt, ist die fehlende Unterstützung von Routing.

➠ *Siehe Netzwerk, Protokoll*

NetBIOS

Weitverbreitete Softwareschnittstelle in lokalen Netzwerken. NetBIOS führt beim Datentransfer eine automatische Fehlerkontrolle durch und unterstützt die Netzwerktechnologien Arcnet, Ethernet und Token Ring, als auch die Netzwerkbetriebssysteme NetWare, LAN Manager, Windows NT und OS/2 LAN Server.

➠ *Siehe Netzwerk*

NetBios Extended User Interface

➠ *Siehe NetBEUI*

NetFind

NetFind ist ein Dienst im Internet, mit dem es möglich ist, anhand von Namen und anderen Angaben die E-Mail-Adresse anderer Nutzer herauszufinden oder Listen von Hosts in einem bestimmten Gebiet abzufragen. Der Dienst findet sich auf einer Reihe spezieller NetFind-Server im Internet, die via Telnet, Gopher oder mit einem Browser zu erreichen sind.

Nethack

Name eines Rollenspiels, welches auch heute noch in vielen Mailboxen zu finden ist. Nethack ist das Mailbox-Pendant des Spieleklassikers Hack.

Netiquette

Kunstwort aus Net(-work) und Etiquette. Der Begriff bezeichnet bestimmte Verhaltensregeln, an die sich alle Nutzer im Internet, in Mailboxen, Online-Diensten oder Netzwerken gebunden fühlen sollten. Im Prinzip ist die Netiquette der Knigge der Online-Gemeinde. Verstöße gegen die Netiquette können zum Ausschluß aus dem Netzwerk oder zu Bestrafungsaktionen durch die Usergemeinde führen.

→ *Siehe Mail-Bomb*

Netmeeting

Software von Microsoft, die Internet-Telefonie ermöglicht. Die Software ist kostenlos (z.B. auf http://www.microsoft.com zu finden). Mit dem Programm kann man ein Telefongespräch über das Internet auch mit mehreren Teilnehmern führen.

→ *Siehe Internet-Telefonie, Microsoft*

NetPC

Der NetPC ist die Spezifikation der Firma Microsoft für den Netzcomputer (NC). Im Gegensatz zu anderen Firmen (Sun, Oracle, IBM, Apple) verfügt der NetPC über eine Festplatte und ein Floppy-Laufwerk.

→ *Siehe NC*

Netscape Communications

http://www.netscape.com

1994 von Marc Andreesen und Jim Clark (ehemaliger CEO von Silicon Graphics) gegründete Softwarefirma, die sich mit Entwicklungen rund um das Internet beschäftigt. Zu den bekanntesten Produkten zählen die Web-Browser Netscape Navigator und sein Nachfolger, der Netscape Communicator. Beide Browser unterstützen FTP, E-Mail, Newsgroups und in den neueren Versionen auch Java-Applets.

→ *Siehe Java, JavaScript, Netscape Communicator, Netscape Navigator*

Netscape Communicator

Web-Browser der Firma Netscape Communications. Nachfolger des Netscape Navigator. Beim Communicator ist der Web-Browser nur noch

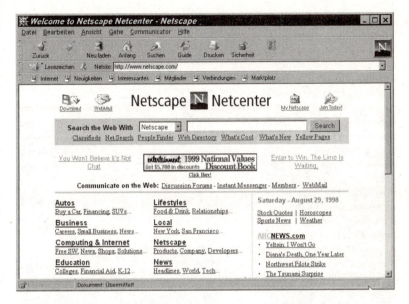

Bild 2: Auf der Homepage von Netscape gibt es regelmäßig die aktuellen Versionen des Navigators etc. zum Herunterladen

ein Bestandteil eines ganzen Pakets. Enthalten sind außerdem ein Mail- und ein News-Client, ein HTML-Editor (Composer), ein Konferenzmodul (Netscape Conference), und in der Professional-Version auch ein Terminkalender, eine Administrationshilfe und ein Mainframe-Terminal-Emulator. Der Communicator verfügt über spezielle Methoden zur Verschlüsselung (128 Bit) von E-Mails. Außerdem ist der Push-Client Netcaster enthalten.

➡ *Siehe Netscape Communications, Push-Technologie*

Netscape Navigator

Web-Browser der Firma Netscape Communications. Inzwischen in das Communicator-Paket integriert.

➡ *Siehe Netscape Communications, Netscape Communicator, Web-Browser*

Nettokapazität

Denjenigen Teil der Ressourcen des Computers, den der Anwender tatsächlich nutzen kann, nennt man Nettokapazität. Ein Teil des Arbeitsspeichers und der Festplatte wird immer durch Verwaltungsinformatio-

Bild 3: Eine Web-Seite im Netscape Navigator

nen des Betriebssystems oder der aktiven Programme belegt, so daß nur ein bestimmter Prozentsatz der Gesamtkapazität zur Verfügung steht.

➠ *Siehe Betriebssystem, Festplatte*

NetWare

Netzwerkbetriebssystem für PC-basierte LANs der Firma Novell. NetWare wurde 1983 auf dem Markt eingeführt und wird weltweit auf ca. 500.000 Novell-File-Servern eingesetzt. NetWare ist ein File-Server-Betriebssystem, und auf Multiuser-Betrieb ausgerichtet. In letzter Zeit verliert NetWare bzw. dessen Nachfolger Novell IntranetWare allerdings Marktanteile an Windows NT. NetWare unterstützt neben dem Novell-eigenen IPX/SPX-Netzwerkprotokoll auch alle gängigen Protokolle anderer Hersteller. NetWare gibt es als File-Server-Version für dedizierte Server und auch für Peer-to-Peer-Netzwerke mit einem nichtdedizierten Server.

➡ *Siehe IntranetWare, IPX/SPX, LAN, Netzwerkbetriebssystem, Novell*

Network Adress Translation
➡ *Siehe NAT*

Network Associates
http://www.nai.com

Software-Hersteller, der 1997 aus McAfee durch Aquisition der Firma Network General entstand. Network Associates umfaßt inzwischen noch die Firmen PGP und Magic Solutions. Kerngeschäft der Firma sind Softwaretools für die Sicherheit und die Verwaltung unternehmensweiter Netzwerke.

➡ *Siehe McAfee*

Network Computer
➡ *Siehe Internet-PC, NC*

Network Information Center für Deutschland
➡ *Siehe DE-NIC*

Network Layer
Englisch für Netzwerkschicht. Dritte Schicht des OSI-Schichtenmodells.

➡ *Siehe Netzwerkschicht, OSI, OSI-Schichtenmodell*

Network User Adress
➡ *Siehe NUA*

Network User Identity
➡ *Siehe NUI*

Network-PC
➡ *Siehe Internet-PC, NC*

Netz
Umgangssprachlich für Internet. Auch Synonym für Netzwerk.

➡ *Siehe Internet, Netzwerk*

Netz-Terminator-Basisanschluß
➡ *Siehe NTBA*

Netzausfall
Bezeichnung für den Ausfall oder die Störung eines Teils oder des gesamten Netzwerks. Wie viele Arbeitsstationen von dem Ausfall betroffen sind, hängt auch stark von der verwendeten Netzwerktopologie ab.

➡ *Siehe Netzwerk, Netzwerktopologie*

Netzknoten
Auch Knoten oder Netzwerkknoten genannt. Allgemein die Bezeichnung für ein Gerät (einen Router, einen Drucker oder einen Computer) in einem Netzwerk.

➡ *Siehe Netzwerk*

Netzstruktur

Auch Netzwerktopologie. Bezeichnung für den räumlichen und funktionalen Aufbau eines Netzwerks. Verschiedene Anordnungsformen (Topologien) entscheiden über das Gesamtverhalten des Netzwerks und seiner Netzwerkknoten.

➠ *Siehe Netzwerktopologie*

Netzteil

Das Netzteil ist Bestandteil des Computergehäuses, eines Druckers oder eines anderen Peripheriegeräts und wandelt die vom Stromnetz gelieferte Wechselspannung in Gleichspannung um. Das Netzteil wird an das Motherboard angeschlossen und versorgt neben diesem auch andere Hardwarekomponenten wie Diskettenlaufwerke, Festplatten, CD-ROM, Streamer, Maus, Tastatur usw. mit Strom.

Netzwerk

Ein Netzwerk (auch einfach Netz oder Rechnernetz bzw. Rechnernetzwerk) ist die Verbindung von mindestens zwei Computern über eine oder mehrere Leitungen (Netzwerkkabel) und daran angeschlossene Erweiterungskarten der Computer (Netzwerkkarten). Der Vorteil eines Netzwerks besteht darin, daß die Nutzer (User) des Netzwerks miteinander kommunizieren können (Versand von E-Mails) und sich die Ressourcen der Arbeitsstationen (Workstations) oder des zentralen Servers teilen können. Die Übertragung der Daten erfolgt über ein sog. Netzwerkprotokoll. In bezug auf die Größe des Netzwerks unterscheidet man zwischen LAN (Local Area Network), ein Netzwerk zwischen Computern in einem Raum oder Gebäude, MAN (Metropolitan Area Network, Netzwerk in einem Großstadtgebiet) oder WAN (Wide Area Network, globales Netzwerk).

➠ *Siehe LAN, MAN, Netzwerktopologie, WAN*

Netzwerk, heterogenes
➠ *Siehe Heterogenes Netzwerk*

Netzwerk-Administrator

Englisch Network Supervisor. Der Netzwerk-Administrator ist für die Verwaltung der Netzwerkressourcen, die Zuteilung und Verwaltung der Netzwerk-Accounts der einzelnen User, für die Datensicherung und oft auch für die Wartung und Installation neuer Komponenten im Netzwerk zuständig. Im Rahmen der Account-Vergabe (Einrichtung eines Benutzerkontos) vergibt der Administrator Benutzerrechte unterschiedlicher Sicherheitseinstufungen an die einzelnen User. Der Administrator selbst hat alle Rechte im System.

➠ *Siehe Netzwerk*

Netzwerk-PC

Auch NC oder Internet-PC (IPC). Bezeichnung für einen abgespeckten PC, der ausschließlich als Terminal für das Internet oder Intranet Verwendung findet. Je nach Herstellerspezifikation verfügt der Netzwerk-PC über keinerlei Floppy oder Festplatte (oder nur eine mit geringer Speicherkapazität). Alle nötigen Ressourcen und Programme werden aus dem Netzwerk bezogen. Diverse Firmen arbeiten an der Entwicklung von Netzwerk-PCs, die vor allen Dingen die Kosten in großen Firmennetzwerken stark senken sollen; z.B. Sun, Oracle, IBM, Apple und auch Microsoft, die allerdings mit der NetPC-Spezifikation einen eigenen Weg gehen wollen.

Netzwerkadapter

➠ *Siehe Netzwerkkarte*

Netzwerkadresse

Die Netzwerkadresse ist die physische Adresse, unter der ein Computer im Netzwerk zu finden ist. Die Adresse kann von der Netzwerkkarte fest vorgegeben sein oder kann auch vom Benutzer über einen Jumper eingestellt werden. Die physische Adresse dient der Identifizierung des Computers in der sog. MAC-Schicht, weshalb sie auch MAC-Adresse genannt wird. In höheren Schichten jedoch werden anstelle der numerischen Adresse symbolische Adressen (z.B. Namen) verwendet.

➠ *Siehe MAC, OSI-Schichtenmodell, Verbindungsschicht*

Netzwerkbetriebssystem

Ein Netzwerkbetriebssystem sorgt für die Kommunikation zwischen dem eigentlichen Betriebssystem der einzelnen Arbeitsstationen und den im Netz laufenden Programmen. Es ist für die Verwaltung des Netzwerks zuständig. Ein Beispiel wären die Programme NetWare oder IntranetWare von Novell. Ein Netzwerkbetriebssystem wird meist auf einem Server installiert. Der Netzwerkadministrator steuert und überwacht von dieser Stelle aus (oder auch von einer Arbeitsstation aus) den gesamten Netzwerkbetrieb. Den Anwendern des Netzwerks ermöglicht das Netzwerkbetriebssystem den (vom Administrator in Stufen beschränkten) Zugriff auf Ressourcen, Programme und Daten im Netz.

➠ *Siehe LAN Manager, LAN Server, Netzwerk, Novell NetWare, Vines, Windows NT*

Netzwerkdrucker

Ein Netzwerkdrucker kann im Netzwerk von mehreren Nutzern auf verschiedenen Arbeitsstationen angesprochen werden. Dies kann auf mehrere Arten geschehen:

Netzwerkkabel

- Ein dedizierter Rechner arbeitet ausschließlich als Druck-Server und verwaltet alle eingehenden Druckaufträge.

- Die Arbeitsstation, an die der Drucker angeschlossen ist, stellt außerdem ihre Dienste als Druck-Server zur Verfügung.

- Der im Drucker enthaltene Prozessor fungiert als Druck-Server. Moderne Drucker können auf diese Weise direkt als Netzknoten in das Netzwerk eingebunden werden.

➠ *Siehe Netzwerk, Netzwerkknoten*

Netzwerkkabel

Ein Netzwerkkabel verbindet die Netzwerkknoten in einem Netzwerk. Bei LANs haben sich drei Typen von Netzwerkkabeln durchsetzen können:

- Koaxialkabel. Im LAN werden zwei Arten dieses Kabeltyps verwendet: das dickere Thicknet-Koaxialkabel und das dünnere Thinnet-Koaxialkabel.

Twisted-Pair-Kabel, bestehend aus vier isolierten Kupferleitungen, die paarweise verdrillt sind. Man unterscheidet weiterhin zwischen dem unabgeschirmten UTP-Typ, und dem abgeschirmten STP-Typ, bei dem jedes Leitungspaar von einem Metallmantel umgeben ist.

- Glasfaserkabel.

➠ *Siehe Glasfaserkabel, Koaxialkabel, Twisted-Pair-Kabel, Yellow Cable*

Bild 4: Ein typisches Netzwerkkabel (koaxiale Ausführung)

Netzwerkkarte

Auch Netzwerkadapter. Eine Netzwerkkarte ist eine Erweiterungskarte für den Computer, die den Anschluß des Rechners an ein Netzwerk ermöglicht. Wichtige Bestandteile der Karte sind die Anschlüsse für die Netzwerkkabel, Jumper für die Konfiguration der Karte und ein Pufferspeicher, der die eingehenden bzw. zu sendenden Daten in Paketen aufnimmt. Mit Hilfe der mitgelieferten Software lassen sich die unterschiedlichen Netzwerktechnologien realisieren (z.B. Token-Ring, ARCnet, Ethernet usw.). Damit die Netzwerkkarte angesprochen werden kann, müssen zumindest unter MS-DOS ein bzw. mehrere Treiber und Programme in den Hauptspeicher des Rechners geladen werden.

→ *Siehe Netzwerk*

Bild 5: Eine Ethernet-Netzwerkkarte

Netzwerkknoten
→ *Siehe Netzknoten*

Netzwerklatenz
Die für die Übertragung von Daten zwischen Computern in einem Netzwerk beanspruchte Zeit.

→ *Siehe Netzwerk*

Netzwerkmanagement
Unter Netzwerkmanagement versteht man die vom Netzwerk-Administrator durchgeführten Verwaltungsaufgaben, wie z.B. die Installation und Wartung von Netzwerkknoten, die Vergabe und Einrichtung neuer Benutzerkonten (Accounts) und die zeitweise Sicherung der Daten.

→ *Siehe Netzwerk-Administrator*

Netzwerkmodus
Viele neuere Spiele enthalten einen Netzwerkmodus, der es ermöglicht, mit mehreren Teilnehmern über ein Netzwerk zu spielen. Beispiele wären Doom, Descent, Mechwarrior, Quake und Quakeworld (bis zu 256 Spieler!), aber auch Strategiespiele wie Command&Conquer, Z oder Warcraft.

→ *Siehe Netzwerk*

Netzwerkprotokoll
Ein Netzwerkprotokoll ist eine genormte Regelsprache, die für die Kommunikation (Datenübertragung) zwischen Rechnern in einem Netzwerk zuständig ist. Alle Rechner in dem Netzwerk benötigen ein gemeinsames Protokoll, um miteinander Daten austauschen zu können. Beispiele wären IPX/SPX, NetBEUI und das im Internet und in Intranets gebräuchliche TCP/IP. Netzwerkprotokolle sind in der 3. (Netzwerk) und 4. (Transport) Schicht des OSI-Schichtenmodells angesiedelt. Sie regeln das Routing über das Netzwerk, die Aufnahme und Weitergabe von Daten(paketen) in die höheren Netzwerkschichten, haben für die Datensicherheit Sorge zu tragen und fügen eingehende Datenpakete beim Empfänger wieder zusammen.

→ *Siehe IPX/SPX, NetBEUI, Netzwerk, TCP/IP*

Netzwerkschicht

Englisch Network Layer. Bezeichnung für die dritte Schicht des OSI-Schichtenmodells. Zu ihren Aufgaben zählen die Umwandlung logischer Adressen bzw. Namen der höheren Netzwerkschichten in physische Adressen, außerdem das Routing und Switching im Netzwerk. Auch die Trennung und Wiedervereinigung von Daten(-paketen) übernimmt die Netzwerkschicht.

➟ *Siehe OSI, OSI-Schichtenmodell*

Netzwerksegment

Ein Netzwerksegment ist derjenige Teil eines Netzwerks, der nicht durch andere Netzwerkkomponenten wie Repeater, Router, Switches oder Bridges unterbrochen ist.

➟ *Siehe Bridge, Gateway, Netzwerk, Repeater, Router*

Netzwerksoftware

Die Netzwerksoftware oder das Netzwerkbetriebssystem ermöglicht die Wartung, Überwachung und Konfiguration der Netzkomponenten bzw. Netzwerkknoten. Der Netzwerk-Administrator hat über diese Software die Möglichkeit, Verwaltungsaufgaben zu erledigen, neue Benutzerkonten einzurichten, Benutzerrechte zu vergeben, Daten zu sichern und Ressourcen an Arbeitsstationen zu vergeben. Beispiele für Netzwerksoftware wären LANtastic, Novell NetWare, Novell IntranetWare, aber auch Betriebssysteme wie Unix oder Windows NT, die die wichtigsten Komponenten zum Betrieb eines Netzwerks enthalten.

➟ *Siehe Netzwerkbetriebssystem*

Netzwerktopologie

Die einzelnen Netzwerkknoten (auch Node oder Knoten) in einem Netzwerk können in unterschiedlicher räumlicher Anordnung aufgebaut sein. Die daraus resultierende Netzwerkstruktur nennt man Netzwerktopologie. In einem LAN unterscheidet man drei mögliche Topologien:

- Bus-Topologie. Alle Knoten sind über ein gemeinsames Netzwerkkabel miteinander verbunden. Die Enden des Kabels werden über Widerstände – sog. Terminatoren – abgeschlossen.

- Stern-Topologie. Die Netzwerkknoten werden sternförmig über Netzwerkkkabel an ein zentrales Gerät – einen Hub – angeschlossen. Ein passiver Hub sorgt einfach für die Verbindung, ein aktiver Hub verstärkt und filtert die eingehenden Signale.

- Ring-Topologie. Hier werden die Knoten über einen gemeinsamen Kabelstrang verbunden. Beim sog. Token-Ring-Verfahren kreisen die Informationen im Netz. Dabei wandert ein sog. Token von Netzknoten zu Netzknoten. Derjenige, der gerade das Token besitzt, kann Daten senden, empfangen oder anderweitige Aufgaben übernehmen. Für nähere Informationen siehe Token-Ring. Im Zentrum der Ring-Struktur befindet sich wie bei der Stern-Topologie ein zentrales Steuergerät – ein sog. MAU (Multistation Access Unit).

Neben diesen Haupttopologien gibt es natürlich auch Mischformen, zu denen auch die Baum-Struktur gezählt wird.

➠ *Siehe Baum-Topologie, Netzwerk, Token-Ring*

Netzwerkzugang

Über den Netzwerkzugang hat der Anwender die Möglichkeit, auf ein Netzwerk, einen Online-Dienst oder das Internet zuzugreifen. Dafür sind einige Voraussetzungen gegeben: Der Anwender benötigt einen Account (ein Benutzerkonto) beim jeweiligen Anbieter, er benötigt ein Modem, eine ISDN-Karte oder direkt ein Terminal am Netzwerk, und ein Programm, das ihm den Zugang zum Netz vermittelt. Zur Anmeldung benötigt er außerdem einen Benutzernamen und ein Kennwort/Paßwort.

➠ *Siehe Anmelden*

Neumann, John von

Der als Johann Baron von Neumann in Ungarn geborene Mathematiker (1903 bis 1957) entwarf 1944 den ersten Rechner – EDVAC (Electronic Discrete Variable Automatic Computer), den er 1952 fertigstellte. Die von ihm entwickelten Grundlagen der Computerarchitektur haben auch heute noch bei den meisten Rechnerplattformen ihre Gültigkeit behalten.

➠ *Siehe von-Neumann-Rechner*

Neuromancer

Titel eines Science-Fiction-Buchs von William Gibson. Kunstwort aus Neuronal und Necromancer (engl. Zauberer). Gibson prägte in diesem Buch die Begriffe Cyberspace und Matrix.

Neuronales Netz

Wissenschaftler versuchen angestrengt, mit Hilfe von Mikroprozessoren bzw. Software die Struktur des menschlichen Gehirns, die Vernetzung der Neuronen – und damit auch, wenn möglich, die menschliche Intelligenz – nachzubilden. Bisher waren die Versuche aber noch nicht von großem Erfolg gekrönt. Während im menschlichen Gehirn ungefähr 100 Milliarden Neuronen miteinander vernetzt sind, bringen es gute neuronale Netze gerade mal auf ein paar hundert Prozessoren. Neuronale Netze finden Anwendung in sog. Expertensystemen, der Mustererkennung und der Steuer- und Regelungstechnik.

➠ *Siehe Künstliche Intelligenz*

Neustart

Das erneute Starten des Rechners und das damit verbundene Neuladen des Betriebssystem wird als Neustart bezeichnet.

➠ *Siehe Booten, Kaltstart, Warmstart*

New Technology File System
➠ *Siehe NTFS*

News

Englisch für Nachrichten. Im Internet gibt es sog. Newsgroups, Foren zu bestimmten Themen, bei denen jeder seine Meinung oder seine Informationen per E-Mail kundtun und die Nachrichten anderer Teilnehmer lesen kann. News (Nachrichten) sind einfach die neuesten E-Mails zum jeweiligen Thema. Insgesamt gibt es ca. 20.000 Newsgroups im Internet, die alle nur möglichen Themen behandeln.

➠ *Siehe Newsgroup, Usenet*

Newsgroup

Bezeichnung für ein Forum zu einem bestimmten Thema im Internet. Die neueren Web-Browser (z.B. Internet Explorer von Microsoft oder Netscape Navigator/Communicator) unterstützen Newsgroups. Der Anwender kann sich eine Liste mit allen im Netz vorhandenen Newsgroups und Themen zusammenstellen lassen. Über einen Mausklick auf die Group kann er aktuelle Nachrichten zum in der Group behandelten Thema lesen und eigene E-Mails als Antwort schreiben. Insgesamt gibt es ca. 20.000 Newsgroups im Internet. Auch bei Mailboxen oder Online-Diensten findet man derartige Foren, die hier allerdings »schwarzes Brett«, Gruppe, Forum oder Echo genannt werden.

➠ *Siehe Internet, Usenet*

Newsreader

Ein Newsreader ist ein Programm, mit dem man Nachrichten in Newsgroups lesen kann. Newsreader sind in den neueren Web-Browsern (Internet Explorer von Microsoft oder Netscape Navigator/Communicator) bereits integriert.

➠ *Siehe Newsgroup, Usenet, Web-Browser*

NexGen

Amerikanisches Unternehmen, das in der ersten Hälfte des Jahres 1995 Intel-Pentium-kompatible Prozessoren auf den Markt brachte, inzwischen aber von AMD übernommen wurde. Die Prozessoren NexGen 586/80 und 586/90 waren befehls-, aber nicht Pin-kompatibel zum Pentium, weswegen ein eigenes Motherboard zum Betrieb des Prozessors nötig war. Rein von der Leistungsfähigkeit waren sie aber bei weitem nicht so schnell wie die direkten Konkurrenten Pentium 75 und Pentium 90.

➡ *Siehe AMD, Pentium*

NEXT-Computer

Die Firma NEXT-Computer wurde 1985 von dem Apple-Mitbegründer Steve Jobs gegründet. Das Unternehmen entwickelte Computer, die mit dem ebenfalls selbstentwickelten und auf Unix basierenden, objektorientierten Betriebssystem NextStep laufen sollten. Aufgrund der plattformunabhängigen Architektur des Betriebssystem eignet es sich hervorragend für den Einsatz in heterogenen Netzwerken und für zukünftige Intranets. Die aktuelle Version 4.0 arbeitet sowohl auf Intel-Prozessoren, der 680x0-Familie von Motorola, SUN-SPARC-Workstations und auf RISC-PCs. Trotz innovativer Produkte war der Firma leider kein finanzieller Erfolg beschieden. Im Dezember 1996 kaufte Apple überraschend NEXT-Computer auf. Ein Grund war höchstwahrscheinlich die mögliche Integration von Teilen des NextStep-Betriebssystems in zukünftige MacOS-Versionen (Rhapsody).

➡ *Siehe Apple, Jobs, Steve*

NextStep

Betriebssystem der Firma NEXT-Computer, das speziell für die eigene Rechnerfamilie entwickelt wurde, aber dennoch plattformübergreifend eingesetzt werden kann.

➡ *Siehe NEXT-Computer*

Ni-Cd

Abkürzung für Nickel-Cadmium. Bezeichnung für einen Typ von Akku, der aus diesen Materialien zusammengesetzt ist.

➡ *Siehe Akku*

Nibble

➡ *Siehe Halb-Byte*

nicht prozedurale Sprache

Eine Programmiersprache, die einen Satz von Fakten und Regeln beschreibt, und nach bestimmten Ergebnissen abgefragt wird. Sie folgt nicht dem prozeduralen Paradigma der sequentiellen Ausführung von Anweisungen, Unterprogrammaufrufen und Steuerungsstrukturen.

➡ *Siehe Programmiersprache*

nicht-maskierbarer Interrupt

➡ *Siehe NMI*

Nichtdedizierter Server

Englisch Non-dedicated Server. Bezeichnung für einen Server im Netzwerk, der nicht nur für die Verwaltung des Netzwerks zuständig ist, sondern auch als reguläre Arbeitsstation verwendet werden kann.

→ *Siehe Netzwerk*

Nichtlinearer Schnitt

Spezielle Videobearbeitungskarten, wie die FAST AV-Master, die miro DC30 oder die DPS Perception, arbeiten nichtlinear, d.h. die Videodaten werden auf die Festplatte aufgespielt (siehe Harddisk-Recording), dann auf der (oder mehreren) Platte(n) bearbeitet, geschnitten, zu einer neuen Filmsequenz zusammengefügt und wieder auf Video ausgespielt. Im Gegensatz zum linearen Schnitt ist dazu nur ein Videorekorder und ein Computer (mit schnellen Festplatten) notwendig.

Nickel-Cadmium-Akku

Bauform eines Akkus.

→ *Siehe Akku*

Nickel-Metallhydrid-Akku

Bauform eines Akkus.

→ *Siehe Akku*

Nickname

Ein frei erfundener Name, unter dem der Teilnehmer einer Mailbox (BBS) oder in der Chat-Area eines Online-Dienstes bekannt ist.

→ *Siehe BBS, Chatten*

Niederwertiges Byte

→ *Siehe Low Byte*

NIL

Abkürzung für Not In List. NIL ist ein in einigen Programmiersprachen vorkommender Variablentyp, der anderen Variablen (mit existierenden Speicherbereichen) zugewiesen werden kann. Die zugewiesene Variable weist zukünftig auf NIL und deren nicht existierenden Speicherbereich (z.B. 0). Über eine Abfrage von NIL kann man die Gültigkeit aller in einem Programmcode zugewiesenen Variablen überprüfen.

→ *Siehe Programmiersprache*

Nintendo

Japanischer Hersteller von Spielekonsolen. Zu den bekannten Produkten zählen die Super-NES-Konsole, die Handheld-Konsole GameBoy und das neue Nintendo64. Nintendo hat auch so berühmte Spielefiguren wie Donkey Kong oder die (Super) Mario Brothers hervorgebracht. Zu den stärksten Konkurrenten zählt Sony mit seiner PlayStation.

→ *Siehe Sony*

Nixdorf

Die Firma Nixdorf wurde von dem ehemaligen Siemens-Mitarbeiter Heinz Nixdorf im Jahr 1972 gegründet und war einer der erfolgreichsten Computerhersteller in Deutschland.

Nixdorf vertrieb Großrechner, Mikrocomputer und Kassensysteme. Im Jahr 1990 wurde das finanziell stark angeschlagene Untenehmen von Siemens (Siemens-Nixdorf) übernommen.

NLQ

Abkürzung für Near Letter Quality. Bezeichnung für ein Text-Druckverfahren bei Matrixdruckern (z.B. 9-Nadeldrucker). Jedes einzelne Zeichen wird mit einem leichten Versatz nach oben noch einmal gedruckt, wodurch sich die Qualität des Schriftbilds verbessert.

➡ *Siehe Matrixdrucker*

NLX

Nachfolger des LPX-Formfaktors, eines Layoutformats für Hauptplatinen (Motherboard). Wie LPX wird auch NLX in flachen Desktop-Gehäusen verbaut. NLX liegt in der Version 1.2 vor. Im Gegensatz zu LPX ist die Verbindung zwischen Riser-Karte und Hauptplatine exakt spezifiziert worden, wodurch NLX-Riser-Karten und Motherboards anderer Hersteller untereinander verträglich (kompatibel) sein sollten. Ebenfalls wurden die Signalleitungen für PCI, AGP usw. und die Abdeckung des I/O-Bereichs neu spezifiziert.

➡ *Siehe Motherboard*

NMI

Abkürzung für Non Maskable Interrupt. Spezieller Interrupt-Eingang, der nicht maskiert werden kann. Das heißt. die CPU kann diesen Interrupt nicht ignorieren. Das NMI-Signal wird für Ereignisse höchster Priorität, wie z.B. den drohenden Ausfall der Stromversorgung oder Paritätsfehler im Arbeitsspeicher, verwendet.

➡ *Siehe Interrupt, Interrupt-Maskierung*

NMOS

Abkürzung für N-channel Metal-Oxide Semiconductor. Eine Halbleitertechnologie, bei der der leitende Kanal auf der Bewegung schneller Elektronen anstatt langsamer Löcher (von Elektronen hinterlassenen »Lücken« im Kristallgitter) basiert. Dadurch wird eine höhere Geschwindigkeit erreicht, die Herstellung der NMOS-Technologie ist allerdings teurer und komplizierter.

NNTP

Abkürzung für Network News Transfer Protocol. Speziell in LANs oder WANs eingesetztes Netzwerkprotokoll zur Übertragung von Nachrichten in Diskussionsforen.

➡ *Siehe LAN, Netzwerk, WAN*

No Parity

Die Paritätserkennung ist eine einfache Methode zur Erkennung von Fehlern, die bei der Übertragung von Daten über eine serielle Schnittstelle oder bei der Speicherung von Daten im Hauptspeicher eingesetzt werden kann. Dabei wird jedem aus 7 bis 8 Datenbits bestehenden Datenblock ein zusätzliches Prüfbit (Paritätsbit) angehängt. No Parity bedeutet, daß keine Paritätsprüfung durchgeführt wird. Die Paritätsprüfung ist durch neue, sichere Übertragungsverfahren und Protokolle eigentlich überflüssig geworden.

➡ *Siehe Parität*

No-name-System

Ein No-name-System ist ein Computersystem, das nicht von einem namhaften Distributor bzw. Hersteller vertrieben bzw. hergestellt wurde.

Node

Englische Bezeichnung für Netzwerkknoten. Besonders im Fido-Netz gebräuchlich. Dort wird eine Mailbox innerhalb des FidoNet so bezeichnet.

➡ *Siehe FidoNet, Netzknoten*

Node Adress

Knotenadresse. Die Node Adress ist die Adresse eines Netzwerkknotens im Netzwerk, die ihn eindeutig identifiziert.

➡ *Siehe Netzknoten, Node*

Non Maskable Interrupt
➡ *Siehe NMI*

Non-dedicated Server

Nicht-dedizierter Server. Bezeichnung für einen Server im Netzwerk, der nicht nur für die Verwaltung des Netzwerks zuständig ist, sondern auch als reguläre Arbeitsstation verwendet werden kann.

➡ *Siehe Netzwerk*

Non-impact Printer
➡ *Siehe Anschlagfreier Drucker*

Non-interlaced

Wird ein Bild nicht im Interlaced-Verfahren auf dem Bildschirm angezeigt, spricht man von non-interlaced. Moderne Grafikkarten arbeiten alle non-interlaced.

➡ *Siehe Grafikkarte, Interlace*

NOP

Abkürzung für No Operation, zu deutsch keine Operation. Dieser spezielle Maschinen-Befehl hat keinerlei Funktion und hat auch sonst keine Auswirkungen auf z.B. die Register der CPU.

NOR-Verknüpfung

Operation der booleschen Algebra, die eine Kombination aus einer NOT-Verknüpfung (Negation) und einer OR-Verknüpfung (Disjunktion) darstellt.

➡ *Siehe NOT-Verknüpfung, OR-Verknüpfung*

Norton Utilities

Die von Peter Norton entwickelte Software Norton Utilities ist eine Sammlung von Hilfs- und Wartungsprogrammen (Tools) für den PC. Die aktuelle Version 2.0 unterstützt das neue Windows-95-Dateisystem FAT32, enthält ansonsten aber alle bereits aus den vorherigen Versionen bekannten Programme: Der Disk Doktor ermöglicht die Erkennung und Reparatur von Strukturfehlern in Dateien und Verzeichnissen. Speed Disk ist ein leistungsfähiges Defragmentierungsprogramm. Diagnostics dient der Analyse und dem Test der Systemkomponenten. System Genie ist ein Programm, das versucht, Windows auf dem jeweiligen System optimal zu konfigurieren. Die Norton Utilities werden von Symantec vertrieben.

→ *Siehe Symantec*

NOS

Abkürzung für Network Operating System, zu deutsch Netzwerkbetriebssystem.

→ *Siehe Netzwerkbetriebssystem*

NOT-Verknüpfung

Operation der booleschen Algebra, die einen Wert in sein Gegenteil umwandelt (0 zu 1 und 1 zu 0).

→ *Siehe Boolesche Operatoren*

Notebook

Ein Notebook ist ein transportabler PC, der über einen Akku oder ein Netzteil betrieben werden kann. Ein Notebook zeichnet sich durch relativ geringes Gewicht (2-4 kg), einen LCD-Bildschirm (siehe TFT, DSTN) und ein in das Gehäuse integriertes Eingabegerät (GlidePoint, Trackball oder Touchpad) aus. Der größere Bruder des Notebooks ist der Laptop. Auch Apple bietet Notebooks in seinem Programm an. Hier heißen sie jedoch PowerBook.

→ *Siehe DSTN-Display, Laptop, TFT-Display*

Bild 6: Ein Notebook (PowerBook) von Apple

Notepad

Bezeichnung für einen tragbaren PC ohne Tastatur. Die Dateneingabe erfolgt meist über einen Eingabestift, mit dem man direkt auf den Bildschirm tippt.

Name eines Texteditors in Windows.

➡ *Siehe Windows*

Novell

http://www.novell.com

Die amerik. Firma Novell ist Anbieter von Netzwerkbetriebssystemen. Zu den wichtigsten Produkten zählen Novell NetWare und Novell IntranetWare. Die Firma befindet sich zur Zeit in umfassenden Umstrukturierungsmaßnahmen, was zum Teil auf einen starken Verlust an Marktanteilen im Bereich der Netzwerkbetriebssysteme zurückgeht. Grund dafür ist die immer stärker werdende Nutzung von Windows NT in diesem Bereich.

➡ *Siehe Novell IntranetWare, Novell NetWare*

Bild 7: Novells Beitrag zum Netz der Netze

Novell IntranetWare

→ *Siehe IntranetWare*

Novell NetWare

Netzwerkbetriebssystem der Firma Novell.

→ *Siehe NetWare*

Novell-DOS

Urspünglich von Digital Research als DR-DOS entwickeltes Betriebssystem und Nachfolger von DR-DOS. Novell übernahm von Digital Research DR-DOS, um es unter eigenem Namen weiterzuentwickeln und zu vermarkten. Die Software erschien im Jahr 1994, war fast vollständig kompatibel zu MS-DOS, bot aber zusätzlich Multitasking, die Möglichkeit zum Aufbau eines Peer-to-Peer-Netzwerks. Außerdem gibt es bei Novell DOS keine 1-Mbyte-Speicherbegrenzung mehr. Dennoch hatte Novell-DOS keine Chance gegen MS-DOS, so daß Novell schon im gleichen Jahr die Weiterentwicklung für das Betriebssystem einstellte.

→ *Siehe DR-DOS*

NPC

Abkürzung für Non-Player Character, Nicht-Spieler-Charakter. Bezeichnung für einen vom Computer gespielten Charakter in Rollen-, Actionspielen und Adventures, der nicht vom Anwender übernommen werden kann.

Abkürzung für Network Computer.

→ *Siehe Internet-PC*

NREN

Abkürzung für National Research and Education Network. Amerikanisches Netzwerk, das sich auf NSFNET stützt. NREN verbindet Universitäten und Forschungseinrichtungen miteinander.

NSFNET

In den 80er Jahren baute die amerik. NSF (National Science Foundation) an fünf großen Universitäten ein Netzwerk auf der Basis von Supercomputern auf. Eigentlich sollten diese über das ARPAnet verbunden werden, was aber aufgrund des großen bürokratischen und technischen Aufwands scheiterte. Statt dessen wurde ein eigenes Netzwerk eingerichtet, das NSFNET.

NTBA

Abkürzung für Netz-Terminator-Basisanschluß. Der NTBA ist das Verbindungselement zwischen der ISDN-Leitung und dem Hausanschluß. Der NTBA verfügt über einen sog. S0-Bus, an den sich insgesamt bis zu acht Endgeräte anschließen lassen. Außerdem liefert der NTBA die nötige Versorgungsspannung und ist gleichzeitig der Abschlußwiderstand für den ISDN-Bus.

→ *Siehe ISDN*

NTFS

Bild 8: Der NTBA ist Voraussetzung für die eigene ISDN-Installation

NTFS

Abkürzung für New Technology File System. NTFS ist das Dateisystem von Windows NT. Zu den Besonderheiten von NTFS zählen eine erhöhte Datensicherheit, Verwendung langer Dateinamen, unfragmentierte Speicherung von Daten auf der Festplatte (bei Windows 95 ab FAT32) und die Verwendung binärer Suchbäume als Hauptmerkmal der Dateiverwaltung. NTFS kann nicht von FAT-Partitionen aus angesprochen werden, jedoch kann NTFS auf FAT zugreifen. NTFS ist eine auf dem von IBM und Microsoft in Kooperation entwickelten HPFS-Dateisystem basierende Entwicklung.

↦ *Siehe Windows 95, Windows NT*

NTSC

Abkürzung für National Television System Committee. Bezeichnung für die amerikanische Fernsehnorm, die mit 525 Zeilen und 30 Bildern (Frames) pro Sekunde arbeitet. Das europäische PAL und das franz. SECAM arbeiten hingegen mit 625 Zeilen und 25 Vollbildern pro Sekunde.

NUA

Abkürzung für Network User Adress. Zugangscode für den Datex-P-Dienst der Deutschen Telekom.

NuBus

Der NuBus wurde am MIT (Massachusetts Institute of Technology) entwickelt. Er stellt einen leistungsstarken Erweiterungsbus für Apple Macintosh-Computer dar, und bietet eine hohe Bandbreite und mehrere Bus-Controller. Er wurde von Texas Instruments und anderen Unternehmen lizenziert.

↦ *Siehe Macintosh, MIT*

NUI

Abkürzung für Network User Identity. Die NUI ist der Name, unter dem der Benutzer im und vom Netzwerk identifiziert werden kann. Der Benutzer meldet sich über einen Benutzernamen und ein Kennwort im Netz an.

nuken

Steht für das »Abschießen« eines Systemprozesses, bzw. des Systems an sich, in einem Netzwerk (Internet) durch einen anderen User mittels eines falschen Datenpakets. Im Internet brechen teilweise regelrechte »Nuke-wars« aus, bei denen sich verfeindete Gruppen gegenseitig »nuken«.

→ *Siehe Internet*

Null-Operation

→ *Siehe NOP*

Nullmodemkabel

Ein Nullmodemkabel stellt die einfachste Möglichkeit zur Verbindung zweier Rechner und dem Aufbau eines Netzwerks dar. Das Kabel verbindet einfach die beiden seriellen Schnittstellen der Rechner. Für den korrekten Anschluß sind kabelintern die Leitungen für Senden und Empfangen vertauscht. Einen Nachteil hat das Ganze: Die Datentransferrate ist äußerst gering.

→ *Siehe Serielle Schnittstelle*

Nullunterdrückung

Automatische Funktion in vielen Anwenderprogrammen, die dafür sorgt, daß die sog. »führenden Nullen«, die bei der Speicherung von Zahlen immer der eigentlichen Zahl hinzugefügt werden, um so die ganze Länge des Datenfelds zu belegen, nicht angezeigt werden.

Number Crunching

Number Crunching kann periodisch, mathematisch komplex oder beides sein und steht für die Verarbeitung großer Mengen numerischer Daten. Dabei ist in der Regel ein höherer Aufwand für die interne Verarbeitung erforderlich als bei Eingabe- oder Ausgabefunktionen. Die Leistungsstärke des Computers zur Ausführung dieser Aufgaben kann durch numerische Coprozessoren in hohem Maße erhöht werden.

Numeric Control

Am MIT entwickeltes Verfahren zur Steuerung von Produktionsmaschinen.

→ *Siehe NC-Steuerung*

Numerische Daten

Numerische Daten enthalten ausnahmslos Zahlen und Dezimalkommas. Sie werden hauptsächlich für Rechenoperationen verwendet.

→ *Siehe Fließkommadarstellung, Fließkommaoperationen pro Sekunde*

Numerischer Coprozessor

→ *Siehe Arithmetischer Coprozessor*

Nutzkanal

Der Nutzkanal ist derjenige Kanal einer Übertragungsleitung (z.B. Telefon), der für die Übertragung und den Empfang von Daten genutzt werden kann. Beim ISDN-Basisanschluß stehen zwei Nutzkanäle mit je 64 Kbit/s (die B-Kanäle) und ein Steuerkanal mit 16 Kbit/s (der D-Kanal) zur Verfügung.

➠ *Siehe B-Kanal, ISDN*

Oberer Speicher

Auch Adapter-Segment genannt. Der Obere Speicher ist der 384 Kbyte breite Adreßbereich oberhalb des konventionellen Speichers. Der obere Speicherbereich dient als Bildschirmspeicher und ist sowohl für das BIOS und diverse Hardwareerweiterungen reserviert. Diejenigen Speicherblöcke, die nicht belegt werden, nennt man Upper Memory Blocks (UMB). UMBs stehen somit für die Ablage anderer Daten – z.B. von Gerätetreibern oder residenten Programmen – zur Verfügung. Speichermanager, wie z.B. EMM386.EXE von MS-DOS, verwalten die UMBs und versuchen, den freien Speicherplatz möglichst günstig zu vergeben, so daß im konventionellen Speicher mehr Platz für Anwendungsprogramme übrig bleibt.

➡ *Siehe EMM386.EXE, konventioneller Speicher*

Object Request Broker

Deutsch: Objektanforderungs-Vermittler. Eine Schnittstelle in Client-Server-Anwendungen, die die Objektanforderung der Clients an den Server, der das Objekt enthält, weiterleitet und anschließend die Ergebniswerte an den Client zurück gibt.

Objekt

Unter Windows versteht man unter einem Objekt eine Dateneinheit, die in einem Programm erstellt und in ein anderes Programm verschoben bzw. kopiert wird.

Bei der Programmierung ist ein Objekt eine Programmcodeeinheit, mit der Daten manipuliert werden.

➡ *Siehe ActiveX, Objektorientierte Programmierung, OLE*

Objekt Linking and Embedding

➡ *Siehe OLE*

Objektbibliothek

Eine Objektbibliothek ist eine Sammlung vorgefertigter Objektmodule für die Programmierung. Ein Objektmodul enthält alle Prozeduren und Routinen, die zur Ausführung einer bestimmten Funktion notwendig sind. Objektmodule werden in den übrigen

Programmcode während der Assemblierung oder Kompilierung eingebaut (»gelinkt«).

➦ *Siehe Compiler, Linker*

Objektcode
➦ *Siehe Maschinensprache*

Objektmodul
Ein Objektmodul ist eine vorgefertigte Dateneinheit, die in einen Programmcode eingefügt werden kann und die Prozeduren und Routinen für eine bestimmte Programmfunktion enthält. Objektmodule an sich sind nicht lauffähig. Erst durch die Integration in den Programmcode eines Programms und dessen Kompilierung bzw. Assemblierung werden sie lauffähig.

➦ *Siehe Assemblieren, Compiler, Objektbibliothek*

Objektorientierte Programmierung
Bei der objektorientierten Programmierung handelt es sich um einen modernen und inzwischen weitverbreiteten Programmieransatz. Dabei stehen als Organisationsstruktur Objekte im Vordergrund. Diese zeichnen sich durch Eigenschaften und Methoden aus. Methoden kann man als die Fähigkeiten eines Objekts sehen. Dieses Prinzip, daß ein Objekt sowohl die Daten als auch die zur Bearbeitung dieser Daten notwendigen Prozeduren beinhaltet, nennt man Kapselung. Der Objektansatz kommt der natürlichen Art des Denkens näher als frühere Programmieransätze, und ermöglicht es, Programmcodes leichter zu pflegen. Ein wesentliches Ziel der objektorientierten Programmierung ist die Wiederverwendung von Programmcodes und dadurch Kosteneinsparungen bei der Entwicklung. Eine Standard-Programmiersprache für die objektorientierte Programmierung ist C++.

➦ *Siehe C++, Programmiersprache*

Objektprogramm
➦ *Siehe Maschinenprogramm*

OC3
Abkürzung für Optical Carrier 3. Optische Signalschaltkreise oder auch optische Träger. Bei OC3 (3 mal schneller als OC1) wird das Signal mit einer Geschwindigkeit von 155,52 Megabit pro Sekunde transportiert.

OCR
Abkürzung für Optical Character Recognition. Bezeichnung für ein Verfahren zur Erkennung von alphanumerischen Zeichen und Sonderzeichen einer Vorlage durch den Computer. Die gedruckte Vorlage wird mit Hilfe eines Scanners als Grafikdatei eingescannt, anschließend von einer OCR-Software analysiert und in eine Textdatei umgewandelt.

➦ *Siehe Scanner*

OCR-Schrift

Eine OCR-Schrift ist eine durch DIN genormte Schriftart, die leicht von einer OCR-Software analysiert werden kann. Drei Formen existieren: OCR-A, OCR-B und OCR-H. Die beiden ersteren werden für gedruckte Zeichen (in sog. Maschinenschrift) verwendet, letztere als Vergleichsmuster zur Erkennung handgeschriebener Blockschrift.

➠ *Siehe OCR*

ODAPI

Abkürzung für Open Database Application Programming Interface. ODAPI ist eine Softwareschnittstelle, die für den Datenaustausch zwischen Datenbanken und anderen Applikationen zuständig ist.

➠ *Siehe API, Datenbank*

ODBC

Abkürzung für Open Database Connectivity. ODBC ist eine Softwareschnittstelle, die den Datenaustausch zwischen einem Anwendungsprogramm und Datenbanken regeln soll. Die meisten Standarddatenbanken, wie z.B. Access, unterstützen ODBC.

➠ *Siehe API, Datenbank*

Odd Parity

Ungerade Parität. Die Paritätserkennung ist eine einfache Methode zur Erkennung von Fehlern, die bei der Übertragung von Daten über eine serielle Schnittstelle oder bei der Speicherung von Daten im Hauptspeicher eingesetzt werden kann. Dabei wird jedem aus 7 bis 8 Datenbit bestehenden Datenblock ein zusätzliches Prüfbit (Paritätsbit) angehängt. Werden diese Paritätsbits so angeordnet, daß die Summe der Bits in einem Byte immer eine ungerade Zahl ergibt, nennt man dies Odd Parity.

➠ *Siehe Even Parity, No Parity, Parität, Paritätsbit, Paritätskontrolle*

ODER-Verknüpfung

➠ *Siehe OR-Verknüpfung*

OEM

Abkürzung für Original Equipment Manufacturer. Ursprünglich die Bezeichnung für die Originalhersteller von Komponenten oder Computersystemen. Heute ist OEM die Bezeichnung für Markenkomponenten, die eigentlich für die Integration in Computersysteme anderer Distributoren (z.B. Vobis) gedacht sind, oft aber in den freien Handel gelangen. Im Volksmund hat sich für OEM auch die Bezeichnung »Ohne eingetragenes Markenzeichen« durchgesetzt, was darauf zurückzuführen ist, daß auf OEM-Ware meist der Herstellername unkenntlich gemacht bzw. gar nicht erst darauf angebracht wird.

OFC

➠ *Siehe Open Financial Connectivity*

Offene Architektur

Von einer offenen Architektur eines Computersystems spricht man, wenn Hardware- und Softwareerweiterungen durch jeden Hersteller leicht realisierbar sind. Ein Beispiel für eine offene Systemarchitekur ist der PC, der seinen Siegeszug erst dadurch antreten konnte, daß jeder Hersteller eigene Erweiterungskarten oder Komponenten entwickeln konnte.

➥ *Siehe Architektur, PC*

Offenes System

Von einem offenen System spricht man, wenn die Systemarchitektur offen gestaltet ist, und insbesondere alle Schnittstellen zur Außenwelt (und zu anderen Plattformen) genormt sind, so daß jeder Hersteller relativ leicht Peripheriegeräte (z.B. Drucker) für das System entwickeln und anschließen kann. Offene Systeme sind besonders bei der Realisierung heterogener Netzwerke oder allgemein von Netzwerken von hoher Bedeutung. Für die Schaffung allgemein gültiger Standards für offene Systeme wurde 1977 die OSI (Open Systems Interconnection), eine Arbeitsgruppe der ISO (International Standard Organisation), ins Leben gerufen. Die OSI entwickelte das nach ihr benannte OSI-Schichtenmodell.

➥ *Siehe Heterogenes Netzwerk, Offene Architektur, OSI, System*

Office

Die Microsoft Office Suite, oder einfach Office, ist ein Programmpaket der Firma Microsoft, das alle wichtigen, im Büro benötigten Anwendungsprogramme enthält. Dazu gehören das Textverarbeitungsprogramm Winword, die Tabellenkalkulation Excel, das Präsentationsprogramm PowerPoint, und in der Professional-Version die Datenbankanwendung Access. In der neuesten Version 7.0 des Pakets ist außerdem das Organizer-Programm Outlook enthalten, das den Scheduler der vorangegangenen Versionen ersetzt und neben einer komfortablen Terminplanung auch den Versand und den Empfang von E-Mails ermöglicht. Direkte Konkurrenzprodukte sind das StarOffice der deutschen Firma Star Division, Lotus SmartSuite und PerfectOffice der Firma Corel.

➥ *Siehe Lotus SmartSuite, Microsoft, Perfect Office, StarOffice*

Office-Paket

In einem Office-Paket sind alle für Büroanwendungen erforderlichen Programme enthalten. Dazu gehören ein Textverarbeitungsprogramm, eine Tabellenkalkulation, ein Präsentationsprogramm, ein Terminplaner und oft auch eine Datenbankanwendung. Zu den bekanntesten Vertretern zählen das Office-Paket der Firma Microsoft, das StarOffice der deutschen

Bild 1: Ein typischer Microsoft Karton – die Schachtel von Office 97

Firma Star Division, Lotus SmartSuite und das PerfectOffice der Firma Corel.

➡ *Siehe Lotus SmartSuite, Office, Perfect Office, StarOffice*

Offline

Besteht zwischen einem Computer und einem Netzwerk keine Verbindung mehr (z.B. durch Trennen der Modem- oder Kabelverbindung), sagt man, der Computer oder der Benutzer ist offline. Relativ selten wird der Begriff auch für den Austausch von Daten über einen geeigneten Datenträger (z.B. Diskette) anstatt über das Netzwerk verwendet.

Offline-Reader

Ein Offline-Reader gestattet den Empfang von Daten (E-Mails, Nachrichten) von einem Online-Dienst oder Provider, und das anschließende Lesen dieser Daten, ohne die Verbindung zum Netzwerk bzw. Anbieter halten zu müssen (offline).

➡ *Siehe E-Mail, Offline, Online-Dienst*

Oki

http://www.oki.com

Oki ist ein amerikanischer Konzern, der Drucksysteme, Telekommunikationsgeräte und Halbleiter herstellt. Zu den bekannten Produkten zählen die LED-Drucker, die ähnliche Ergebnisse liefern wie Laserdrucker, aber wesentlich günstiger sind.

Oktal

Bezeichnung für Oktalzahlen oder das Oktalsystem. Zugrundeliegende Basis ist 8. Das Oktalsystem arbeitet mit den Ziffern 0 bis 7.

➡ *Siehe Oktalsystem*

Oktalsystem

Während das Dezimalsystem mit zehn Ziffern von 0 bis 9 und der Basis 10 arbeitet, verwendet das Oktalsystem die Basis 8 mit den Ziffern 0 bis 7. Computer arbeiten mit dem Dual- oder Binärsystem, bei dem alle Zahlen durch eine Kombination von 0 und 1 dargestellt werden. Das Oktal-

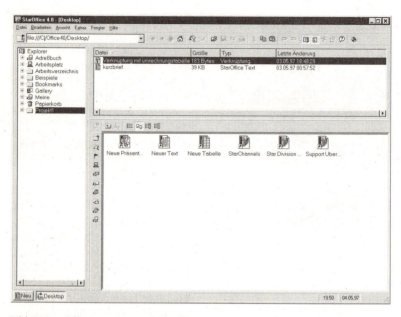

Bild 2: StarOffice ist ein typisches Office-Paket

system kann für die Vereinfachung der Zahlenangabe für Speicheradressen verwendt werden, meist wird für diesen Zweck jedoch das Hexadezimalsystem verwendet (Basis 16).

→ *Siehe Hexadezimalsystem*

OLE

Abkürzung für Objekt Linking and Embedding. Die von Microsoft entwickelte Softwareschnittstelle OLE erlaubt die Einbindung applikationsfremder, OLE-fähiger Objekte (z.B. Texte, Tabellen, Grafiken) in eine fremde, aber ebenfalls OLE-fähige Applikation, so daß ein Mischdokument entsteht. Das Objekt bleibt dabei mit der Ursprungsapplikation verbunden; insofern baut OLE auf DDE auf. Beim Linking (Verknüpfen) wird die Datei (das Objekt) als Kopie im Zieldokument abgelegt, die Ursprungsdatei bleibt erhalten. Beim Embedding (Einbetten) dagegen wird die Datei (das Objekt) komplett in das Zieldokument eingebunden; eine Kopie bleibt nicht erhalten. Dieses Verfahren hat den Nachteil, daß der Speicherplatzbedarf des Zieldokuments sehr stark ansteigen kann. In der

Bild 3: OKI auf der ganzen Welt – über die Weltkarte kann man zu den Sites in den einzelnen Ländern wechseln

neuesten Version OLE 2.0 kann der Anwender eingebettete Objekte direkt im Zieldokument bearbeiten (in place editing), wobei die Symbolleisten der Anwendung durch die der Quellanwendung ausgetauscht werden. Außerdem ist die Erstellung eines solchen Mischdokuments durch den Einsatz von Drag&Drop stark vereinfacht worden.

OLTP

➠ *Siehe Online Transaction Processing*

Onboard

Bezeichnung für zusätzliche Hardwarekomponenten, die normalerweise als Erweiterungskarten vorliegen, hier aber auf dem Motherboard integriert sind, z.B. eine Grafikkarte oder eine Soundkarte. Man sagt: mit einer Grafikkarte onboard.

➟ *Siehe Motherboard*

Online

Besteht eine Datenverbindung zwischen dem Anwender und einem Anbieter, sei es ein Netzwerk, ein Online-Dienst oder ein Internet-Provider, so sagt man, der Anwender ist online (in der Leitung). Das Gegenteil ist Offline, bei dem keine Verbindung (mehr) zwischen Anwender und Anbieter besteht. Allgemein bezeichnet der Begriff Online aber auch eine bestehende Verbindung zwischen einem Peripheriegerät (z.B. Drucker) und einem Computersystem, aber auch best. Programme, die im Hintergrund ausgeführt werden können (z.B. ein Online-Komprimierungsprogramm).

Online Transaction Processing

Abk.: OLTP. Ein System, das Transaktionen in einem Datenbanksystem unmittelbar durchführt, nachdem die entsprechenden Daten eingetroffen sind, und die Stammdatei ebenfalls sofort aktualisiert. Der Einsatz von OLTP ist z.B. in Lagerverwaltungssystemen und Finanzsystemen sinnvoll.

Online-Banking

Bezeichnung für die Kontoführung per Online-Verbindung bzw. per Internet. Bekanntester Anbieter hier ist T-Online bzw. sein Vorgänger Btx, aber auch AOL möchte in Zukunft in Zusammenarbeit mit z.B. der Bayerischen Vereinsbank Online-Banking anbieten. Diverse Anbieter ermöglichen außerdem Online-Banking im Internet, z.B. Bank24 oder ComDirekt. Je nach Anbieter unterscheiden sich die Verfahren zur Sicherung der persönlichen Angaben. Bei T-Online werden alle Daten unverschlüsselt übertragen, lediglich die TAN bzw. die PIN dienen zur Identifizierung des Anwenders. Bei Online-Banken im Internet, wie der Bank24, werden die Daten verschlüsselt. Bei der Sparda-Bank wird sogar ein Dongle mit dem Me-Chip an die serielle Schnittstelle angeschlossen, der die Daten beim Durchgang in Echtzeit ver- und entschlüsselt.

➟ *Siehe Internet, Online, PIN, TAN*

Online-Broking

Verschiedene Banken bieten die Möglichkeit, per Internet sein eigenes Wertpapierdepot zu verwalten. Dabei ist der Kauf und Verkauf von Wertpapieren und Optionen möglich. Diverse Anbieter ermöglichen Online-Broking, z.B. Bank24, ComDirekt usw.

➟ *Siehe Internet, Online*

Online-Datenbank

Eine Online-Datenbank ist eine Datenbank, die per Datenfernübertragung (DFÜ) von mehreren Anwendern gleichzeitig nutzbar ist.

→ *Siehe Datenbank, Datenfernübertragung, Online*

Online-Dienst

Ein Online-Dienst ist ein kommerzieller Anbieter von Informationen und Daten, der für seine zahlenden Mitglieder per Modem oder ISDN erreichbar ist. Zu den bekannten Online-Diensten zählen AOL, CompuServe, T-Online, MSN. Bei den Online-Diensten muß man zwischen denjenigen unterscheiden, die in ihrem eigenen Netzwerk Inhalte anbieten, und denjenigen, die lediglich einen Internet-Zugang bereitstellen (die sog. Provider oder Internet-Provider). Alle obengenannten Online-Dienste bieten neben den eigenen Inhalten auch einen Internet-Zugang an. Zu den Angeboten der Dienste gehören E-Mail-Versand mit eigener E-Mail-Adresse (z.B. maier@compuserve.com), diverse (Diskussions-)Foren mit Inhalten zu allen möglichen Themen und kommerzielle Angebote, wie Wirtschaftsdienste, Datenbanken usw.

→ *Siehe AOL, Compuserve, MSN*

Online-Hilfe

→ *Siehe Hilfefunktion*

Online-Komprimierungsprogramm

Ein Online-Komprimierungsprogramm komprimiert und dekomprimiert alle auf der Festplatte gespeicherten Daten während dem Zugriff automatisch und für den Anwender unbemerkbar (d.h. im Hintergrund). Ein Beispiel wäre das Programm DoubleSpace, welches Bestandteil des Betriebssystems MS-DOS ab Version 6.0 ist. DoubleSpace reduziert mit Hilfe der Datenkompression den benötigten Speicherplatzbedarf aller Daten. Der Nachteil ist, daß bereits ein einziger Fehler in der Datenstruktur ausreichen kann, um alle Daten zu zerstören. Außerdem sinkt die Zugriffsgeschwindigkeit auf die Daten leicht, da das Online-Komprimierungsprogramm sie jedesmal erst wieder dekomprimieren bzw. komprimieren muß.

→ *Siehe Festplatte*

Online-Shopping

→ *Siehe Homeshopping*

OOP

Abkürzung für Object Oriented Programming, zu deutsch objektorientierte Programmierung.

→ *Siehe Objektorientierte Programmierung*

OPAC

Abkürzung für Online-Publikumskataloge von Universitätsbibliotheken.

Opcode
Abkürzung für Operation Code.

➡ *Siehe Maschinensprache*

Open Database Application Programming Interface
➡ *Siehe ODAPI*

Open Database Connectivity
➡ *Siehe ODBC*

Open Financial Connectivity
Abk.: OFC. Eine Schnittstelle zwischen elektronischen Bankdiensten und der Finanzsoftware Microsoft Money, die von Microsoft entwickelt und spezifiziert wurde.

Open Shop
Eine Computereinrichtung, die für Benutzer zur Verfügung steht, und nicht auf Programmierer oder anderes Personal beschränkt ist. In einer derartigen Einrichtung können Benutzer eigenverantwortlich an der Lösung von Computerproblemen arbeiten, und müssen diese nicht einem Spezialisten überlassen.

Open Shortest Path First
Abk.: OSPF. Deutsch: Öffne zuerst den kürzesten Pfad. Ein Routing-Protokoll für IP-Netzwerke, z.B. das Internet. Es erlaubt einem Router, den kürzesten Pfad zum Empfänger einer Nachricht zu berechnen. Ein Router überträgt dabei Informationen über die Knoten, mit denen er verbunden ist, an andere Router im Netzwerk. Diese Informationen werden in jedem einzelnen Router in einer Tabelle, mit deren Hilfe er die Berechnungen durchführt, entsprechend aktualisiert und gespeichert.

Open Systems Interconnection
➡ *Siehe OSI*

OpenDoc
OpenDoc ist mit OLE vergleichbar, und erlaubt es, Sounds, Videos, Grafiken, andere Dokumente und andere Dateien in ein Dokument einzubetten oder diese mit ihm zu verknüpfen. Unterstützt wird OpenDoc von einer Allianz, in der u.a. auch Apple, IBM, OMG (Object Management Group) und das X Konsortium vertreten sind. Es stellt ein objektorientiertes API (Application Programming Interface) dar, das es mehreren, auf verschiedenen Plattformen laufenden, und voneinander unabhängigen Programmen ermöglicht, ein und dasselbe Dokument (das zusammengesetzte Dokument) gemeinsam und gleichzeitig zu bearbeiten.

➡ *Siehe OLE*

OpenGL
Von SGI (Silicon Graphics) entwickelte High-end-3D-API. OpenGL ist Bestandteil von Windows NT. Es gibt in-

zwischen aber auch eine Windows-95-Version. Spezielle 3D-Grafikprozessoren beschleunigen die OpenGL-Darstellung (z.B. der GLint-Chip und sein Consumer-Pendant, der Permedia-Chipsatz). OpenGL wird hauptsächlich für CAD-, Simulations- und Ray-Tracing-Applikationen verwendet.

➥ *Siehe 3D-API, 3D-Grafikkarte, 3D-Grafikprozessor*

Operand

Mit dem Begriff Operand bezeichnet man alle Daten, die durch Operationen verknüpft werden sollen.

➥ *Siehe Operation, Operator*

Operating System

Englisch für Betriebssystem.

➥ *Siehe Betriebssystem*

Operation

Synonym für Befehl, Anweisung. Eine Operation ist eigentlich die Ausführung eines Befehls.

➥ *Siehe Befehl, Operator*

Operation Code

➥ *Siehe Maschinensprache*

Operator

Operator ist die Bezeichnung für eine Rechenvorschrift, die auf mehrere Operatoren (Zahlen, Funktionen) angewandt wird, und als Ergebnis der Operation ein gleichgeartetes Ergebnis ausgibt. Man unterscheidet zwischen arithmetischen Operatoren (z.B. + für Addition, – für Subtraktion), logischen Operatoren bzw. Verknüpfungen, die durch die Symbole AND, NOT, NOR, XOR usw. repräsentiert werden, und Vergleichsoperatoren, die durch die Zeichen > (größer als), < (kleiner als), ungleich usw. bezeichnet werden.

Kurzform für Systemoperator (Sysop).

➥ *Siehe Logische Verknüpfung, Sysop*

OPL

OPL ist die Bezeichnung für einen Soundchip der Firma Yamaha. Der OPL2-Chip wurde bereits in den 80er Jahren für die Klangerzeugung nach dem AdLib-Standard eingesetzt; sein Nachfolger, der OPL3, unterstützt im Gegensatz zum OPL2 Stereoklang und erzeugt Klänge nach dem FM-Syntheseverfahren. Er wurde und wird hauptsächlich auf Soundblaster-kompatiblen Soundkarten eingesetzt. Der neue OPL4 unterstützt zudem die Wavetable-Synthese, bei der der Chip nicht mehr selbst die Klänge erzeugt, sondern auf digitalisierte, auf einem ROM gespeicherte Instrumente zurückgreift.

➥ *Siehe Soundblaster, Soundkarte, Wavetable*

Optical Disk
→ *Siehe CD-ROM, MO-Laufwerk*

Optical Read Only Memory
→ *Siehe CD-ROM, OROM*

Opto-Elektronik
Bezeichnung für den kombinierten Einsatz von elektronischen und optischen Komponenten. Opto-elektronische Bauelemente werden z.B. bei der Datenfernübertragung über ein Glasfaserkabel (Lichtwellenleiter) verwendet, um optische Signale in elektronische und umgekehrt zu verwandeln. Leuchtdioden sind z.B. opto-elektronische Bauelemente.

→ *Siehe Glasfaserkabel, Leuchtdiode*

OR-Verknüpfung
Auch Disjunktion. Operation der booleschen Algebra. Die Operation gibt dann den Wert 1 (WAHR) aus, wenn einer oder beide Operanden den Wert 1 (WAHR) liefern. Geben beide den Wert 0 aus (FALSCH), liefert die Operation das Ergebnis 0 (FALSCH).

→ *Siehe Boolesche Operatoren*

Orange Book
Standard für die beschreibbare CD-ROM (CD-R, CD-recordable).

→ *Siehe CD-R, CD-Writer*

ORB
Abkürzung für Object Request Broker. Eine Schnittstelle in Client-Server-Anwendungen, die die Objektanforderung der Clients an den Server, der das Objekt enthält, weiterleitet und anschließend die Ergebniswerte an den Client zurück gibt.

Organizer
Bezeichnung für Software, die den Anwender bei der Planung von Terminen, ähnlich einem Filofax, unterstützt. Komplexere Pendants in Netzwerken erlauben den Vergleich und Abgleich von Terminen ganzer Arbeitsgruppen einer Firma.

Bezeichnung für einen Handheld-Computer, der ausschließlich die Funktion eines Filofax übernimmt. Die Organizer-Funktion ist aber oft auch in PDAs oder HPCs wie dem Apple Newton MessagePad 2000 oder dem Psion Serie 5 enthalten.

→ *Siehe PDA*

Origin
Amerikanischer Hersteller von Spielesoftware. Zu den bekannten Titeln zählen die WingCommander-Serie, Crusader und Privateer. Im Internet ist Origin unter http://www.ea.com vertreten.

Englisch Quelle, Ursprung. Gemeint ist eine Art persönliche Unterschrift des Absenders unter einer E-Mail. Neben der Adresse und dem richtigen oder erfundenen Namen des Absenders steht dort meist eine mehr oder weniger witzige Nachricht.

Original Equipment Manufacturer
→ *Siehe OEM*

OROM
Abkürzung für Optical Read Only Memory. Synonym für CD-ROM.

→ *Siehe CD-ROM*

OS/2
Operating System 2. OS/2 ist ein von IBM entwickeltes 32-Bit-Betriebssystem, das inzwischen in der Version 4.0 vorliegt (OS/2 Warp 4 oder Merlin). OS/2 verfügt über eine grafische Benutzeroberfläche und unterstützt Multitasking. 1988 noch in Kooperation mit Microsoft entwickelt und zusammen mit dem IBM-PS/2 auf den Markt gebracht, stellt OS/2 nach dem Ausstieg von Microsoft heute das einzige Konkurrenzprodukt zu Windows 95/NT dar. Ab Version 3.0 wurde der Name mit dem Zusatz »Warp« versehen.

→ *Siehe IBM*

OS/2 Warp 4
Die vierte Version des IBM-Betriebssystems für PCs heißt OS/2 Warp 4 oder Merlin. Folgende Neuerungen gibt es seit Warp 3:

- Integrierte Sprachunterstützung
- Netzwerk- und Internet-Funktionalität
- Unterstützung der Programmiersprache Java
- Unterstützung von OpenDOC, einem Pendant zu Microsofts OLE
- Verbesserte Benutzeroberfläche

→ *Siehe IBM, VoiceType*

OS/2 Warp Connect
Seit 1996 gebräuchliche Bezeichnung für das Betriebssystem OS/2 Warp 3. Der Zusatz Connect bezieht sich auf die erweiterte Netzwerk- und Internet-Funktionalität des Betriebssystems. Neben LAN und WAN bietet Connect auch Peer-to-Peer-Funktionalität in Verbindung mit allen gängigen Betriebssystemen.

→ *Siehe IBM*

OS/2 Warp Server
Komplettpaket, bestehend aus OS/2 Warp, OS/2-LAN-Server und OS/2 Warp Connect.

→ *Siehe IBM*

OS/2-LAN-Server
Netzwerkbetriebssystem von OS/2. Direktes Konkurrenzprodukt von Microsoft LAN-Manager/Windows NT, Novell IntranetWare und Banyan Vines. OS/2-LAN-Server unterstützt eine Vielzahl von Clients; so ist es

möglich, von PCs unter DOS, Windows 3.x, Windows 95/NT, Apple Macintosh und natürlich von OS/2-basierten Systemen (OS/2 Warp Connect) aus auf das Netzwerk zuzugreifen.

➞ *Siehe OS/2*

OSI

Abkürzung für Open Systems Interconnection. Die OSI ist eine 1977 gegründete Arbeitsgruppe der ISO, die sich mit der Schaffung allgemeiner Standards für offene Systeme befaßt. Siehe auch OSI-Schichtenmodell.

➞ *Siehe ISO, OSI-Schichtenmodell*

OSI-Schichtenmodell

Auch OSI-Referenzmodell oder ISO-Referenzmodell. Das OSI-Schichtenmodell legt die Behandlung und Verwaltung der Datenübertragung in einem Netzwerk fest. Das Netzwerk wird dabei in unterschiedliche Ebenen, die sog. Schichten oder Layer, gegliedert. Es gibt insgesamt sieben Schichten; drei anwendungsorientierte, zwei transportorientierte und zwei Hardware-orientierte.

- Die anwendungsorientierten Schichten sorgen für den Auf- und Abbau einer Sitzung, die Datenübertragung und für die Präsentation der Daten für den Benutzer. Man unterscheidet die Applikationsschicht (Application Layer) als 7. oder oberste Schicht, die Präsentationschicht (Presentation Layer) als 6. Schicht und die Sitzungsschicht (Session Layer) als 5. Schicht.

- Bei den transportorientierten Schichten unterscheidet man die Transportschicht (Transportation Layer) und die Netzwerkschicht (Network Layer) als 4. und 3. Schicht. Sie regeln den Transport und die Verteilung der Daten (Routing, Switching).

- Die Hardware-orientierten Schichten sind für die physische Weiterleitung der Daten, die Datensicherung und Datensynchronisation im Netzwerk zuständig. Man unterscheidet die Verbindungsschicht (Data Link Layer) und die physikalische Schicht (Physikal Layer) als 2. und 1. Schicht des OSI-Schichtenmodells.

Die wichtigsten Grundprinzipien, nach denen das OSI-Schichtenmodell funktioniert, sind, daß die oberen Schichten nur auf Dienste der unteren Schichten zugreifen können, und daß jede Schicht eines Computers immer mit der entsprechenden Schicht eines zweiten Computers kommuniziert. Gleiche Schichten kommunizieren über ein sog. Protokoll miteinander, eine Art Regelwerk, das angibt, wie Daten zu versenden sind. Ein Beispiel für ein solches Protokoll wäre das IEEE-802-Modell des IEEE. Daten werden zwischen den Schichten in sog. Datenpakete aufgeteilt, kleine Einheiten, die beim Empfänger wieder zusammengefügt werden. Die eigentliche, physische Datenübertragung erfolgt aber immer über die unterste, die physikalische Schicht. Die beiden untersten Schichten werden über Netzwerktechnologien wie Ethernet, Token-Ring, ARCNet usw. realisiert, die nächsthöheren Schichten 3 und 4 kommunizieren über die Protokolle IPX/SPX, NetBEUI oder TCP/IP miteinander. Die Schichten 5, 6 und 7 sind eng an betriebssysteminterne Komponenten gebunden. Diese Aufteilung von den unteren, offenen Schichten bis zu den oberen, geschlossenen Schichten erlaubt eine weitgehend offene Systemarchitektur und so den Einsatz heterogener Netzwerke.

→ *Siehe Header, Offenes System, Trailer*

OSPF

Abkürzung für Open Shortest Path First. Deutsch: Öffne zuerst den kürzesten Pfad. Ein Routing-Protokoll für IP-Netzwerke, z.B. das Internet. Es erlaubt einem Router, den kürzesten Pfad zum Empfänger einer Nachricht zu berechnen. Ein Router überträgt dabei Informationen über die Knoten, mit denen er verbunden ist, an andere Router im Netzwerk. Diese Informationen werden in jedem einzelnen Router in einer Tabelle, mit deren Hilfe er die Berechnungen durchführt, entsprechend aktualisiert und gespeichert.

Outline

1. Englisch für Umriß. Als Outline wird generell der Umriß einer grafischen Darstellung bezeichnet (z.B. Outline-Schriften, werden nur als Umrisse gespeichert, in Vektor-Grafik-Programmen gibt es oft einen Outline-Modus, bei dem nur die Umrisse der einzelnen Grafikelemente angezeigt werden).

2. Bei Texten und auch bei Programmen wird die Gliederung als Outline bezeichnet.

→ *Siehe Programm, Schriften, Textverarbeitung, Vektorgrafik*

Output

Englisch für Ausgabe. Gemeint ist die Ausgabe von Daten aus einem Computersystem.

→ *Siehe I/O*

Output Device

Englisch für Ausgabegerät, z.B. der Drucker.

→ *Siehe I/O*

Output Port

→ *Siehe I/O-Adresse*

Overflow
→ *Siehe Überlauf*

Overlay
Bezeichnung für eine Speicherverwaltungstechnik, die vor allem von den DLLs (Dynamic Link Libraries) genutzt wird. Anstatt für jedes Programm einen neuen Speicherbereich zu definieren, greifen gerade aktive Programme auf den Speicherbereich eines inaktiven Programms zurück.

→ *Siehe DLL*

Overlay-Karte
Eine Overlay-Karte überlagert das VGA-Videobild der Grafikkarte mit einem eigenen Signal, das meist von einer externen Videoquelle (Fernseher, Videorekorder, Videokamera) kommt. So ist es möglich, auf dem Computermonitor in einem Fenster z.B. fernzusehen. Viele Videoschnittkarten verfügen über eine Overlay-Funktion.

→ *Siehe Grafikkarte, Videobearbeitung*

Overlay-Planes
Overlay-Planes sind zusätzliche Speicherbereiche auf High-Eed-Grafikkarten, in denen bestimmte Grafikelemente wie Schaltflächen, Fadenkreuze und Cursor verwaltet werden. Bei Low-Cost-Karten gibt es eine ähnliche Funktionseinheit – den Hardware-Cursor. Der Unterschied zwischen den beiden liegt darin, daß High-end-Karten die Grafikelemente frei skalieren können.

→ *Siehe Grafikkarte*

P-Code

Ein für virtuelle Prozessoren erzeugter Zwischencode nennt sich P-Code. Dieser muß dann nicht mehr mit einem Compiler in den Code realer Prozessoren umgesetzt werden. Es genügt hierfür ein Interpreter, welcher den Zwischencode für verschiedene Rechner adaptiert. Ist ein gemeinsamer Zwischencode für die Sprachen von P-System-Software.

➠ *Siehe P-System*

P-System

Das P-System ist ein Programmiertool-Paket, das Compiler für PASCAL, Turbo-Pascal und USCD-Pascal enthält. Diese Compiler erzeugen alle Module in der Zwischensprache des P-Code.

➠ *Siehe Compiler, Pascal, Turbo Pascal*

P5

➠ *Siehe Pentium*

Pac Man

Eines der bekanntesten Videospiele überhaupt. Der Spieler versucht bei diesem Spiel, kleinen Geistern in einem Labyrinth zu entkommen, und gleichzeitig Punktsymbole einzusammeln.

Packen

Mit »Packen« wird die Komprimierung von Daten (in ein Archiv) bezeichnet.

➠ *Siehe Kompression, Komprimierungsprogramm*

Packer

Synonym für eine Software zur Datenkompression. Ein bekannter Packer ist PKZIP oder sein Windows-Pendant WinZIP.

➠ *Siehe Komprimierungsprogramm*

Packet

➠ *Siehe Datenpaket*

Packet Internet Groper

Abk.: PING. Ein Protokoll, das überprüft, ob ein bestimmter Computer mit dem Internet verbunden ist, indem es ein Paket an die IP-Adresse des Computers sendet. Wenn der Computer mit dem Internet verbunden ist, reagiert er darauf.

Packet Writing
→ *Siehe CD-R-FS*

Paddle
Ein Paddle (Ruder) ist ein dem Joystick ähnliches Eingabegerät, das meist für Actionspiele oder Jump-and-Run-Spiele auf Spielekonsolen verwendet wird. Das Spiel wird in diesem Fall über bewegliche Knöpfe gesteuert. Wird auch Game-Pad genannt.

→ *Siehe Joystick*

Page
Englisch Seite. Der Begriff wird im allgemeinen für alle Arten von Seiten (Bildschirmseiten, Druckerseiten, Dokumentseiten usw.) verwendet. Im speziellen bezeichnet Page einen Speicherbereich im Hauptspeicher.

→ *Siehe Hauptspeicher*

Page Mode RAM
Ein speziell konzipierter dynamischer RAM, der vor allem beim Video-RAM Vorteile bringt, da hier die Bildinformationen in aufsteigender Folge abgelegt sind. Das wird dadurch erreicht, daß der Zugriff auf aufeinanderfolgende Speicherzellen mit einer verringerten Zykluszeit unterstützt wird. Außerdem kann der Einsatz von Page Mode RAM sich auch positiv auf die Ausführungsgeschwindigkeit von anderen Codes auswirken, da ein relativ großer Anteil der Programmcodes aus aufeinanderfolgenden Speicherstellen gelesen wird.

Page-Flipping
Umschalten zwischen dem nichtsichtbaren Teil des Bildspeichers einer Grafikkarte (Back Buffer) und dem sichtbaren Teil (Front Buffer).

Page-Frame
Speicherfenster. Der Begriff wird in bezug auf die Speicherverwaltung bei EMS verwendet.

→ *Siehe EMS, Paging*

Paged Memory Management Unit
Abk.: PMMU. Eine Hardwareeinheit zur Realisierung von Aufgaben, die im Zusammenhang mit dem Zugriff auf, und der Verwaltung von virtuellem Speicher stehen.

Paging
Unter Paging versteht man ein Speicherverwaltungsverfahren, das den gesamten Adreßraum bzw. den logischen Adreßraum eines Prozesses in Bereiche unterteilt. Im logischen Adreßraum heißen diese Bereiche Pages (Seiten), im physikalischen

Adreßraum Frames (Kacheln). Mittels einer Seitennummer und einem Offset kann jede Speicheradresse angesprochen werden. Mittels einer Tabelle werden die Frames den Pages zugeordnet. Die Intel-Prozessoren der Reihe 80x86 verwenden dieses Verfahren, seine praktische Realisierung ist jedoch komplizierter als hier beschrieben. Beinahe alle modernen Betriebssysteme verwenden das Paging-Verfahren bei der Adressierung von virtuellem Speicher.

➥ *Siehe MMU, Virtueller Speicher*

Paintbrush

Paintbrush ist ein Zeichenprogramm, das kostenlos mit Windows mitgeliefert wird. Das Programm ist sehr einfach gestaltet, und im Leistungsumfang stark beschränkt. Unter Windows 95 heißt es Paint. Die Version B von Windows 95 liefert ein etwas umfangreicheres Programm namens Wang Imaging mit.

Paket

Größere Datenmengen werden in Pakete bestimmter Größe unterteilt, wenn sie über Netzwerk verschickt werden. Abhängig vom Protokoll sind in einem Paket noch Fehlerkorrekturbytes und andere Informationen enthalten.

➥ *Siehe Datenpaket*

Paketvermitteltes Netzwerk

Die Verbindung zwischen zwei Teilnehmern wird bei einem solchen Kommunikationsnetzwerk über eine Vermittlung hergestellt, z.B. die Wählvermittlungsstellen des Telefonnetzes.

PAL

PAL steht für Phase Alternation Line und bezeichnet die deutsche Fernsehnorm. PAL existiert schon seit den 60er Jahren und wurde von der Firma Telefunken entwickelt. In den meisten europäischen Ländern ist PAL heutzutage Standard. Das PAL-Bild besteht aus 625 Zeilen mit 833 Bildpunkten pro Zeile, was einem Verhältnis von 4:3 entspricht. Angezeigt werden 25 Vollbilder in der Sekunde. Um das Flackern zu verringern, wird das Zeilensprungverfahren mit 50 Halbbildern pro Sekunde eingesetzt. Diese Bildwiederholfrequenz von 50 Hz erscheint immer noch sehr gering, jedoch besitzen alle Fernseher im Gegensatz zu Computermonitoren eine leicht nachleuchtende Beschichtung auf der Bildröhre, so daß kein Flackern sichtbar ist. PAL ist eine Farbfernsehnorm, die allerdings abwärtskompatibel zu den in den 50er und 60er Jahren sehr verbreiteten Schwarzweiß-Geräten ist. Aus diesem Grund werden Helligkeits- und Farbinformationen auf das Bildsignal aufmoduliert.

PalmPilot III

Der PalmPilot III ist die neueste Version des erfolgreichen Organizers PalmPilot von 3Com / USRobotics. Mit 2MB Speicher speichert er 6000 Adressen, 1500 Merkzettel und 200 E-Mails. Für den verbindungslosen Austausch von Daten zwischen zwei PalmPilots dient die neu hinzugekommene Infrarotschnittstelle. Damit lassen sich z.B. die Visitenkarten der beiden Besitzer austauschen.

➠ *Siehe Organizer, PDA, U.S. Robotics*

Palmtop

Ein Palmtop ist ein kleiner, gerade mal handflächengroßer Computer. Er dient meist als Terminplaner und als Datenbank. Da die Eingabe oft sehr umständlich ist, kann eine Tastatur angeschlossen werden. Palmtops besitzen normalerweise eine Schnittstelle zu richtigen PCs.

Bild 1: Palmtops bieten viele Möglichkeiten – hier der Newton von Apple mit Handy

Panasonic

http://www.panasonic.com

Panasonic ist ein Markenname des japanischen Konzerns Matsushita. Bekannt ist Panasonic vor allem durch seine CD-ROM-Laufwerke.

Papierführung

So bezeichnet man die Einrichtung zum Führen des Papiers in einem Drucker.

➠ *Siehe Drucker*

Papiervorschub

Den Vorschub des Papiers im Drucker bezeichnet man als Papiervorschub. Bei zeilenorientierten Druckern, wie beispielsweise Tintenstrahldruckern, erfolgt der Vorschub schrittweise im Gegensatz zu Laserdruckern, die mit einem kontinuierlichen Vorschub arbeiten.

Parallel

Bei einer parallelen Datenübertragung werden im Gegensatz zur seriellen Übertragung mehrere Daten gleichzeitig übertragen.

➠ *Siehe Parallele Schnittstelle, Serielle Schnittstelle*

Parallel-Port-Modus

Abgesehen vom Drucker verwenden heutzutage auch spezielle Laufwerke (ZIP-Laufwerke), Scanner und andere Geräte die parallele Schnittstelle. Deshalb wird auch eine wesentlich

Parallel-Port-Modus

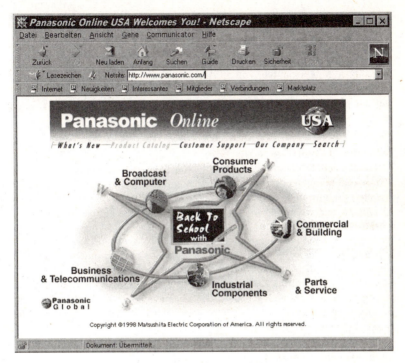

Bild 2: Panasonics Homepage im Internet

höhere Geschwindigkeit benötigt, als der ursprüngliche Centronics-Standard oder das heutzutage verbreitete LPT-Modus (etwa 300 Kbyte/s) vorsieht.

1992 entstanden daher zwei weitere Standards für die parallele Schnittstelle. Der von Intel, Xircom und Zenith entwickelte EPP(Enhanced Parallel Port)-Standard ermöglicht Übertragungsraten von 2 Mbyte/s und den Anschluß von 64 Geräten an eine Schnittstelle.

Der noch leistungsfähigere ECP (Extended Capability Port) wurde von Microsoft und Hewlett Packard entwickelt und bietet zusätzlich einen FIFO-Puffer und Datenkompressionsverfahren. An ECP-Ports können bis zu 128 Geräte angeschlossen werden.

Moderne Motherboards unterstützen beide Modi. Eine Aufrüstung älterer PCs ist nicht möglich. Allerdings unterstützen auch kaum Geräte die vielfältigen Möglichkeiten von EPP und ECP. Zum Drucken reicht ohnehin der LPT-Modus, lediglich bei einem ZIP-Laufwerk bringen die neuen Modi Geschwindigkeitsvorteile.

Da EPP bzw. ECP im Gegensatz zu LPT einen eigenen Interrupt und einen DMA-Kanal benötigen, sollte man die parallele Schnittstelle im BIOS auf LPT umstellen, wenn man die anderen Modi nicht benötigt.

Parallele Schnittstelle

Entwickelt hat die parallele Schnittstelle für PCs die Firma Centronics, daher auch der Name Centronics-Schnittstelle. Sie diente ursprünglich ausschließlich zur Druckeransteuerung. Heutzutage wird sie auch für andere Geräte verwendet. PCs können theoretisch drei parallele Schnittstellen besitzen, meistens haben sie aber nur eine (LPT1).

→ *Siehe Parallel-Port-Modus*

Parameter

Verschiedene Einstellmöglichkeiten in Programmen werden als Parameter bezeichnet, ebenso an Funktionen übergebene Variablen bei Programmiersprachen. Allgemein gesprochen repräsentieren Parameter verschiedene Optionen. Ein Beispiel

Bild 3: Der mechanische Teil der parallelen Schnittstelle

sind Kommandozeilenparameter, die beim Programmaufruf übergeben werden.

PARC

PARC (Palo Alto Research Center) heißt das Forschungszentrum der Firma Xerox. Zahlreiche Entwicklungen des PARC sind heute nicht mehr wegzudenken. Nur einige Beispiele sind das Ethernet, die Maus oder der Laserdrucker.

→ *Siehe Xerox*

Parität

Die Parität stellt die Quersumme der Bits in einem Datenwort dar. Je nachdem, ob das Datenwort eine gerade oder eine ungerade Anzahl von Einsen enthält, ist die Parität 0 oder 1. Ein an das Datenwort angehängtes Bit ergänzt die Quersumme auf gerade oder ungerade Parität.

→ *Siehe Paritätsbit, Paritätskontrolle*

Paritätsbit

Das Paritätsbit wird einem Datenwort hinzugefügt, so daß die Parität bei jedem Datenwort 0 oder 1 ergibt. Man unterscheidet gerade Parität mit einer Quersumme von 0 und ungerade Parität mit einer Quersumme von 1. Demnach enthalten die Datenworte mit Paritätsbit bei gerader Parität immer eine gerade Anzahl von Einsen, bei ungerader Parität eine ungerade Anzahl.

Das Hinzufügen eines Paritätsbit dient der Fehlerkontrolle bei der Datenübertragung und Speicherung. Bekannt sind beispielsweise die SIMM-Bausteine, die es mit oder ohne Parity gibt. Heutige SIMMs sind zuverlässig genug, daß auf die Paritätsprüfung verzichtet werden kann. Da bis auf den Pentium Pro ohnehin kein Prozessor Fehlerkorrekturverfahren aufgrund von Parität unterstützt, stürzt der Rechner bei einem Speicherfehler sowieso ab. Daher kann auf SIMMs mit Parity meist verzichtet werden.

Paritätskontrolle

Die Paritätskontrolle arbeitet mit Paritätsbits, um Fehler bei der Datenübertragung zu erkennen. Bei diesem einfachen Verfahren können allerdings nur Ein-Bit-Fehler erkannt werden, da zwei falsche Bits wieder die richtige Parität ergeben würden.

➠ *Siehe Paritätsbit.*

Parity

Die englische Bezeichnung für Parität.

➠ *Siehe Parität*

Parken

1. Beim Abschalten einer Festplatte werden die Schreib-Lese-Köpfe automatisch in eine Position am Rand der Platten gefahren. Dieser als Parken bezeichnete Vorgang verhindert einen Headcrash beim Transport der Platte. Im ungeparkten Zustand sollten Festplatten generell keinen Erschütterungen ausgesetzt werden, da die Köpfe nur Mikrometerbruchteile über der Platte schweben und diese bei Berührung leicht beschädigen können.

2. Ältere Festplatten mußten mittels eines speziellen Parkbefehls geparkt werden.

3. Als Parken wird auch ein Leistungsmerkmal von ISDN bezeichnet. Man kann ein Gespräch parken, um einen anderen anklopfenden Teilnehmer entgegenzunehmen.

➠ *Siehe ISDN, ISDN-Leistungsmerkmale*

Parser

Ein Parser analysiert die Syntax einer Sprache. Solche Sprachanalysatoren werden u.a. als Programmteile von Compilern eingesetzt.

➠ *Siehe Compiler*

Partionieren

Das Einteilen einer Festplatte in Partitionen nennt man Partionieren. Zum Partionieren gibt es verschiedene Programme. Bekannt sind beispielsweise FDISK von MS-DOS oder der Festplattenmanager von Windows NT.

Partition

Eine Festplatte wird in verschiedene Bereiche unterteilt, sogenannte Partitionen. MS-DOS unterstützt nur zwei Partitionen pro Festplatte, die primäre und die erweiterte Partition. Beim Hochfahren sucht der Rechner den Bootblock auf der primären Partition, um das Betriebssystem zu starten. Die erweiterte Partition kann in logische Laufwerke unterteilt werden. Unter DOS erhält die primäre Partition der ersten Festplatte generell den Buchstaben C:. Danach folgen die primären Partitionen der anderen Platten und dann die erweiterten Partitionen aller Platten. Sind Partitionen nicht mit dem Dateisystem FAT formatiert, erkennt DOS sie nicht und ordnet ihnen auch keinen Buchstaben zu.

➠ *Siehe FAT, Partionieren*

Party

Bei Rollenspielen übernimmt der Spieler meist die Rolle mehrerer Personen. Diese Gruppe wird als Party bezeichnet.

Pascal

Pascal ist eine von Nikolaus Wirth entwickelte Hochsprache. Wirth veröffentlichte seine Programmiersprache 1970 als Weiterentwicklung von Algol. Benannt wurde Pascal nach dem Mathematiker Blaise Pascal. Pascal ist eine sehr strenge Sprache mit klarer Strukturierung.

➠ *Siehe ALGOL, Pascal, Blaise, Programmiersprache*

Pascal, Blaise

Blaise Pascal lebte von 1623 bis 1662 und war Mathematiker, Physiker und Philosoph. Ab 1642 arbeitete Pascal an seiner mechanischen Rechenmaschine Pascaline. Außerdem entdeckte Pascal das Prinzip der kommunizierenden Röhren und das Barometer. Bereits im Alter von 16 Jahren veröffentlichte er seine Forschungsarbeit über Kegelschnitte.

Pass

Pass bezeichnet allgemein einen Durchlauf. Am meisten wird es bei Compilern und den zugehörigen Linkern verwendet. Sie durchlaufen während der Übersetzung und dem Linken eines Programms mehrere Phasen, jede wird Pass genannt.

➠ *Siehe Compiler*

Passer

Als Passer oder auch Passermarken werden kleine Hilfsaufdrücke bezeichnet, mit deren Hilfe man beim Drucken von Farbbildern den Versatz der einzelnen Auszüge leichter bestimmen kann. Mit Drucken ist die technische Herstellung der Bilder gemeint. Es werden dabei eine bestimmte Anzahl von Auszügen unterschiedlicher Farbe übereinander gedruckt. Das Original kann nur bei genauer Positionierung all dieser Farbauszüge erreicht werden. Mit den Passermarken kann dann auf eine geringe Fehlpositionierung geprüft werden.

Passiv Boxen

→ *Siehe Lautsprecher*

Passiv-Display

Bezeichnung für eine LCD-Variante. Ein recht langsames Verfahren gegenüber den neueren Transistor-LCDs. Durch transparente Leiterbahnen wird die Polarisierung der Flüssigkristalle auf dem Glasschirm erreicht. Das Passiv-Display ist dabei eine alte LCD-Variante.

→ *Siehe LCD, TFT-Display*

Passive ISDN-Karte

Passive ISDN-Karten besitzen keinen Speicher oder Prozessor. Ein Beispiel wären die FritzCard von AVM oder S0-16.3 von Teles. Sie sind meist um einige hundert Mark billiger als aktive ISDN-Karten.

→ *Siehe ISDN-Karte*

Bild 4: Die Fritz Card ist ein weitverbreiteter Vertreter der passiven ISDN-Karten

Passives Matrix-Display

→ *Siehe Passiv-Display*

Passives Routing

Um einzelne Pakete über Netzwerke zu übertragen, müssen diese den Weg über Router nehmen, um schließlich an ihr Ziel zu gelangen. Hier gibt es grundsätzlich zwei Arten. Beim passiven Routing ist der Pfad über das Netz im Header des Pakets vorgegeben, so daß die Router nur dem zu folgen brauchen. Wird die Route nicht vorgegeben, so muß diese vom Router selbst ermittelt werden; dies nennt man dann aktives Routing.

→ *Siehe Netzwerk, Router*

Paßphrase

Bezeichnet die Kombination mehrerer Paßwörter.

→ *Siehe Paßwort*

Paßwort

Als Paßwort wird eine Kombination von einzelnen Zeichen benannt, durch welche man Zugriff zu Programmen, Netzwerken oder einzelnen Rechnern bekommt. Der Benutzer kann sich sein Paßwort meist selbst aussuchen. Dies steht vor allem bei Anmeldungen an externen Rechnern immer in Zusammenhang mit einem speziellen Login-Namen (Benutzernamen). Es ist sinnvoll, das Paßwort so zu wählen, daß es nicht sofort von anderen erraten werden kann. Also wählt man keine Wörter, die in direktem Bezug zu einem selber stehen. Des weiteren können Sonderzeichen eingefügt werden. Ist die Eingabe nicht korrekt, erfolgt kein Zugriff auf die gewünschte Ressource.

Patch

Fast jede Software enthält auch nach ihrer Herausgabe noch Fehler (sogenannte Bugs), welche dann durch Zusatzprogramme behoben werden sollten. Solche Zusätze bezeichnet man als Patch, den Vorgang selber als Patchen. Beispiel hierfür sind die sogenannten Service-Packs für Windows NT. Diese enthalten aber meist zusätzlich noch neue Funktionen für das System.

PATH

Bezeichnet in den meisten Betriebssystemen eine Umgebungsvariable, mit deren Hilfe das System Programme auffinden kann. Bei MS-DOS z.B. wird die Variable in der Datei Autoexec.bat definiert (PATH = C:\MS-DOS;C:\WINDOWS). Wird nun ein Programm ohne Pfadangabe aufgerufen, und das System kann dieses nicht im aktuellen Verzeichnis finden, so sucht das Betriebssystem danach in den bei der Variablen PATH angegebenen Verzeichnissen.

➡ *Siehe MS-DOS*

PATOS

Dies ist die Abkürzung für Patent Online System. Bezeichnet eine spezielle Datenbank, welche Informationen über Patente enthält.

➡ *Siehe Online-Datenbank*

Pattern

Der Begriff kann mit Muster ins Deutsche übersetzt werden. Wird insbesondere für verschiedene Verfahren zur Bilderkennung verwendet (Mustererkennung: Pattern Recognition).

➡ *Siehe Mustererkennung*

PB-Cache

➡ *Siehe Pipelined-Burst-Cache*

PC

1. Dies ist die engl. Abkürzung für Personal Computer. Für einzelne Benutzer vorgesehene Microcomputer nannte man früher PC. Als IBM 1981 den IBM-PC vorstellte, wurde PC für dazu kom-

patible Rechner verwendet. Sie werden heutzutage (natürlich weitaus leistungsfähiger als der damalige IBM-PC) in vielen Unternehmen verwendet, und miteinander vernetzt vereinfachen sie den Datenaustausch zwischen Firmen erheblich. Es gibt eine breite Palette von PCs, von Heimcomputern (meist Spielecomputer), über Multimedia-PCs bis hin zu sehr leistungsstarken Maschinen, welche in allen erdenklichen Bereichen eingesetzt werden können.

2. Abkürzung für Program Counter.

➠ *Siehe Program Counter*

PC-Betriebssystem

Um Programme auf einem PC betreiben zu können, muß erst ein Betriebssystem geladen werden, welches den Zugriff auf die Hardware (Grafikkarten, Laufwerke usw.) regelt. Das System überwacht dabei die Ausführung der einzelnen Programme und ermöglicht ihnen durch Speichermanagement, Treiber und geeignete Softwareschnittstellen erst den reibungslosen Ablauf. Bei miteinander vernetzten Systemen kümmern sie sich auch noch um gegenseitige Datensicherheit.

Beispiele für Systeme sind das wohl bekannteste MS-DOS, Windows 9x, Windows NT oder auch Linux.

➠ *Siehe Betriebssystem, Linux, MS-DOS, Windows, Windows 95, Windows NT*

PC-Card

PC-Card ist der neue Name für die Erweiterung der PCMCIA-Karten aus dem Jahr 1994. Diese umfaßte z.B. den neuen 32 Bit breiten Datenbus.

➠ *Siehe PCMCIA*

PC-DOS

Ist das gemeinsam von Microsoft und IBM für die damaligen IBM-PCs entwickelte Betriebssystem. Für die folgenden IBM-kompatiblen PCs wurde dann von Microsoft das fast identische MS-DOS entwickelt.

➠ *Siehe Betriebssystem, IBM, MS-DOS*

PCI

Abkürzung für Peripheral Component Interconnect. Dieses Bussystem wurde von Intel entwickelt. Es ist weit leistungsfähiger als der VESA Local Bus und fand durch die Pentium-Prozessoren ein breites Einsatzgebiet, da der VLB hierfür nicht mehr genügte. Es ist möglich, ihn in anderen Systemen, wie Macintosh, einzusetzen. Seine Datenbreite ist 32 Bit und er erreicht knapp 132 Mbyte/s. Der Takt kann zwischen 25 und 33 MHz liegen. Früher hauptsächlich verwendet von Karten mit hohem Durchsatz, wie Grafikkarten, werden heute eine große Palette Karten für den PCI-Bus entwickelt (Netzwerkkarten usw.).

Mit dem passenden BIOS können PCI-Karten automatisch konfiguriert werden.

➡ *Siehe Bus, VESA Local Bus*

PCL

1. Abkürzung für Personal Computer Language. Dies war eine Programmiersprache für PCs, konnte sich allerdings nie recht durchsetzen. Programme, welche in PCL geschrieben wurden, hatten die Eigenschaft, sich selber zu verändern.
2. Abkürzung für Printer Command Language. Dies ist eine Art Beschreibungssprache, welche von Hewlett Packard entwickelt wurde. Sie erweitert den auszudruckenden Text um Informationen für Randabstand, Schriftgrad usw. und übernimmt die Steuerung der Druckaufträge. Für normale Nutzung im Büro oder privat zieht man sie PostScript vor.

PCM-Verfahren

Abkürzung für Pulse Code Modulation. Ist ein Verfahren zur Wandlung von analogen Signalen in digitale Informationen. Es wird z.B. bei der Digitalisierung von Audiosignalen für den PC eingesetzt. Dabei wird die analoge Information mit einer bestimmten Frequenz und einer vorgegebenen Datenbreite abgetastet. Das jeweilige Ergebnis wird dabei je als Datenwort (bei Audio-CDs 16 Bit) gespeichert.

Neuere Verfahren speichern je Abtastung nur noch Unterschiede zur vorhergehenden ab. Die analogen Signale werden in einen kontinuierlichen Bitstrom gewandelt.

➡ *Siehe Digitalisierung, Soundkarte, Wav*

PCMCIA

Abkürzung für Personal Computer Memory Card International Association. Es sind Steckkarten, welche kaum größer als Scheckkarten sind. Sie besitzen eine Länge von 8,5 cm, eine Breite von 5,4 cm und eine variable Höhe von 3, 3,5 oder 10 mm. Diese Karten werden vorwiegend bei Notebooks eingesetzt. Dies können u.a. Festplatten, Soundkarten oder auch Modems sein. Die PCMCIA-Norm regelt die Funktionen und Kontaktbelegungen der Karten.

➡ *Siehe Notebook, PC-Card*

PCX

Dies ist die herkömmliche Endung für Dateinamen von in einem speziellen Format (PCX) gespeicherten Pixeldateien. Dieses wird z.B. vom Grafikprogramm Paintbrush verwendet. Das PCX-Format wurde von der Firma Z-Soft entwickelt.

➡ *Siehe Grafikprogramme, Pixelgrafik*

PD-Laufwerke

Bild 5: Eine SCSI-Adapter in PCMCIA-Ausführung

PD-Laufwerke

Abkürzung für Phase Change. PD-Laufwerke sind im wesentlichen Laufwerke mit wechselbaren Medien. Diese Datenträger besitzen ein Material aus einer Tellur-Selen-Verbindung, welches man durch einen Laser (Erhitzung) von einem geordneten in einen ungeordneten Zustand versetzen kann. Dieser Wechsel der Zustände bewirkt einen Unterschied in der Reflexion (Phasenverschiebung). So kann man Daten auf diesen Medien speichern. Panasonic entwickelte diese Systeme und brachte sie 1996 auf den Markt. Die Medien speichern max. 650 Mbyte. Die Laufwerke können sogar normale CD-ROMs in 4facher Geschwindigkeit lesen.

PD-Software

Abkürzung für Public Domain. PD-Software ist für jedermann zugänglich und darf frei kopiert und benutzt werden. Sie stammt weitgehend aus den Universitäten (meist aus den USA) und ihre Entwicklung wird aus staatlichen Mitteln finanziert. Aber auch Privatleute und Firmen erstellen Software, welche als PD-Software zur Verfügung steht.

PDA

Abkürzung für Personal Digital Assistent. PDAs sind kleine, tragbare Computer, die neben der Terminplanung eines Organizers auch in eingeschränkter Weise Textverarbeitung, Tabellenkalkulation und die Arbeit mit Datenbanken ermöglichen. Beispiele wären Apple Newton Message Pad 2000 oder Psion Serie 5. PDA wird oft auch als Synonym für Handheld-PC (HPC) oder Subnotebook verwendet.

➭ *Siehe Apple Newton, HPC*

PDN

Abkürzung für Public Data Network. Steht für ein öffentliches Datennetz.

➭ *Siehe Netzwerk*

Peer-to-Peer

Netzwerke mit mehreren gleichberechtigten Rechnern werden als Peer-to-Peer-Netzwerke bezeichnet. Jeder Rechner kann die Funktion als Server oder als Client übernehmen. Wird vor allem für Netzwerke ohne dedizierte Server verwendet.

➭ *Siehe Client, Netzwerk, Server*

Pen-Computer

Pen-Computer werden mit einem Pen (Stift) als Eingabegerät bedient. Mit dem Stift berührt man einzelne Elemente der Anzeigefläche, welche die Bedienelemente darstellen. Ein Beispiel wäre der Apple Newton.

➡ *Siehe Apple Newton*

Pentium

Der Pentium-Prozessor ist der Nachfolger der 486er-Prozessoren von Intel. Um zu verhindern, daß andere Firmen ihre Prozessoren diesem anpassen (486), wollte Intel auf 586 verzichten, da dieser nicht geschützt werden kann (eine Zahl läßt sich nicht schützen). So wählte man den Namen Pentium. Dieser Prozessor wurde 1993 eingeführt und besaß im Gegensatz zum 486 z.B. einen größeren Cache und eine Sprungvorhersage.

Nachfolger wurde der sogenannte Pentium-Pro-Prozessor. Zu Beginn 1997 kam dessen Nachfolger Pentium II auf den Markt. Dieser übernahm Teile der Leistungsmerkmale eines Pentium Pro und wurde in vielen Bereichen noch verbessert. Der Pentium Pro hatte schon eine andere Form gegenüber dem Pentium. Der Pentium II befindet sich auf einer extra Platine, welche einfach nur noch auf ein passendes Motherboard gesteckt werden muß.

➡ *Siehe Intel, Motherboard, Prozessor*

Pentium II

Der Pentium II ist der Nachfolger des Pentium. Er unterstützt den MMX-Befehlssatz und ist mit der neuen Dual-Independent-Bus-Technologie von Intel ausgestattet. Diese Architektur verwendet zwei unabhängige Bus-Strukturen. Die eine ist direkt mit dem L2-Cache des Prozessormoduls verbunden, die andere ist für den Hauptspeicher zuständig. Da die CPU auf diese Weise Daten parallel statt bisher seriell abarbeiten kann, erhöht sich die Verarbeitungsgeschwindigkeit. Der Pentium wird nicht mehr auf einen Sockel (z.B. Sockel 7 wie Cyrix M2 oder AMD K6) gesteckt, sondern er ist in einem eigenen Gehäuse verbaut, welches direkt auf einen Slot des Motherboards gesteckt wird.

➡ *Siehe Celeron, Intel, Mendocino, MMX, Motherboard, Prozessor, Second-Level-Cache, Xeon*

Bild 6: Der momentan schnellste PC-Prozessor von Intel

Pentium Pro

Der Pentium Pro ist ein auf 32-Bit-Anwendungen optimierter Prozessor aus Intels 80x86er-Reihe. Unterschiede zum normalen Pentium bestehen in der Integration des Level-2-Caches in das Prozessorgehäuse, dem Out-of-order-Pipelining und dem Register Naming. Seine volle Leistung kann er nur unter einem reinen 32-Bit-Betriebssystem wie Windows NT ausspielen. Bei 16-Bit-Routinen ist der Pentium Pro langsamer als ein vergleichbarer Pentium.

➡ *Siehe Intel, Prozessor*

Bild 7: Der Pentium Pro ist nur für 32-Bit-Anwendungen interessant

Perfect Office

Perfect Office war als Konkurrenzprodukt zu Microsoft Office gedacht, allerdings war dem von der Firma Novell vertriebenen Paket kein Erfolg vergönnt. Das Softwarepaket entstand aus dem Textverarbeitungsprogramm Word Perfect der gleichnamigen Firma, die von Novell übernommen wurde. Es bestand aus Word Perfect, dem Präsentationsprogramm Presentations, dem Organizer InfoCentral und der Tabellenkalkulation QuattroPro.

1996 wurde das Paket an Corel verkauft. Die Grafikfirma überarbeitete Perfect Office und präsentierte bald die Corel-WordPerfect-Suite bzw. Corel Perfect Office Professional. In der Professional-Version sind im Gegensatz zur Standard-Version InfoCentral und die Datenbank Paradox enthalten. Paradox war auch schon in einer Professional-Version von Perfect Office enthalten.

➡ *Siehe Corel, Novell, Office-Paket, WordPerfect, WordPerfect-Suite*

Performance

Die Leistungsfähigkeit eines Computersystems wird gerne mit dem Begriff Performance umschrieben.

Performance-Test

Ein Test zur Ermittlung der Performance eines Computers. Dazu existieren zahlreiche mehr oder weniger aussagekräftige Programme.

➡ *Siehe Benchmark*

Peripherie

Alle Komponenten, die nicht zur Zentraleinheit eines Computersystems gehören, also beispielsweise Festplatten, Diskettenlaufwerke, Bildschirm, Tastatur und Drucker.

➡ *Siehe CPU*

Permanente Auslagerungsdatei

Die Auslagerungsdatei belegt permanent eine bestimmte Menge an Speicherplatz auf der Festplatte.

➡ *Siehe Auslagerungsdatei, Temporäre Auslagerungsdatei*

Personal Digital Assistant
➡ *Siehe PDA*

Personal System/2
➡ *Siehe IBM-PS/2*

Personalcomputer
➡ *Siehe PC*

PET

Ein alter, von Commodore vertriebener PC. Der PET (Personal Electronics Transactor) war einer der ersten PCs und wurde vom C64 abgelöst. Der PET war mit 8 Kbyte RAM, einem integrierten Monitor und einem Kassettenlaufwerk ausgerüstet.

➡ *Siehe C64, Commodore*

Pfad

Der Pfad ist eine exakte Positionsangabe für eine Datei in einem Verzeichnisbaum. Ein Beispiel wäre C:\windows\system\system.ini. Dieser Pfad beschreibt alle Verzeichnisse zum Erreichen der Datei system.ini, ausgehend vom Hauptverzeichnis C:.

➡ *Siehe Verzeichnis, Verzeichnisbaum*

PGP

http://www.pgp.com

Abkürzung für Pretty Good Privacy. PGP ist ein bekanntes und sehr leistungsfähiges Verschlüsselungsprogramm, das hauptsächlich für E-Mails verwendet wird. Eine Entschlüsselung ist der Zielstelle nur möglich, wenn sie über den privaten Schlüssel verfügt.

PGP ist ein relativ kompliziertes DOS-Programm. Zahlreiche Windows-Programme erleichtern allerdings die Bedienung. Auch das bekannte Exchange verfügt über ein Verschlüsselungsprogramm, das in seinem Kern auf PGP zurückgreift.

PGP wurde von Philip Zimmermann entwickelt. Aufgrund seines starken Verschlüsselungs-Algorithmus fällt PGP unter das Waffenexport-Verbot der Vereinigten Staaten.

Phantomatik

Der Begriff Phantomatik wurde bereits in den 60er Jahren von dem berühmten polnischen Autor Stanislaw Lem geprägt. Lem beschrieb in seinen Romanen recht früh die Auswirkungen von Virtual-Reality-Techniken auf das menschliche Leben. Das, was heute als Cyberspace oder Virtual Reality bezeichnet wird, nannte Lem Phantomatik.

⇒ *Siehe Neuromancer*

Phase Alternation Line
⇒ *Siehe PAL*

Phiber Optic
Nickname des Hackers Mark Abene. Phiber Optic legte am 15. Januar 1990 einen Großteil des Telefonnetzes der amerikanischen Telefongesellschaft AT&T lahm. Mehr als 75 Millionen Gespräche konnten nicht durchgestellt werden. Abene wurde nach seinem Geständnis zu einem Jahr Gefängnisstrafe verurteilt.

⇒ *Siehe AT&T, Hacker*

Phonem
Sprache wird in sogenannte Phoneme zerlegt, um sie für den Computer verständlich zu machen. Die Erkennung des gesprochenen Worts durch Softwareprogramme ist der Mittelpunkt zahlreicher Forschungsprojekte. Mittlerweile existieren einige Programme, die mittels Mikrofon und Soundkarte den Rechner auf mündliche Anweisungen reagieren lassen. Die Leistungsfähigkeit dieser Programme läßt aber noch zu wünschen übrig.

⇒ *Siehe VoiceType*

Photo-CD
Die von Kodak entwickelte Photo-CD kann bis zu 100 Bilder in ausgezeichneter Qualität speichern. Der Anwender kann die goldfarbene CD beschreiben und die Fotos mit entsprechender Software in den PC laden und bearbeiten. Voraussetzung ist ein Multisession-fähiges CD-ROM-Laufwerk nach dem XA-Standard. Alle modernen CD-ROM-Laufwerke genügen diesen Anforderungen.

⇒ *Siehe Multisession*

Physikal Layer
Physikalische Schicht. 1. Schicht des OSI-Schichtenmodells.

⇒ *Siehe OSI, OSI-Schichtenmodell*

Physikalische Adresse
⇒ *Siehe Physische Adresse*

Physikalische Schicht
Die niedrigste Schicht des OSI-Schichtenmodells heißt physikalische Schicht. Alle Daten werden als Bitstrom dargestellt, der durch Spannungspegel kodiert wird.

⇒ *Siehe OSI-Schichtenmodell*

Physische Adresse
Die reale Adresse eines Speicherplatzes heißt physische Adresse.

⇒ *Siehe Adresse*

Pica

Typografische Maßeinheit. Ein Pica entspricht 4,233 mm.

Pica ist eine Schriftart mit 10 Zeichen pro Zoll mit nichtproportionaler Anordnung.

Piezo-Drucker

Der Piezo-Drucker ist ein Tintenstrahldrucker, der den Piezo-Effekt ausnützt, um die Tinte aus den Düsen zu treiben. Beim Piezo-Effekt verformen sich spezielle Kristalle unter der Einwirkung elektrischer Spannung. Im Gegensatz dazu stehen die Bubble-Jet-Drucker, die die Tinte erhitzen und so auf das Papier schleudern.

Beide Verfahren sind gebräuchlich und haben ihre Vor- und Nachteile. Die Druckqualität ist vergleichbar.

➠ *Siehe Bubble-Jet*

Piktogramm

Piktogramme oder Icons sind ein typischer Bestandteil moderner, grafischer Benutzeroberflächen. Die kleinen Bildsymbole dienen der intuitiven Bedienung durch Mausklicks. Beispielsweise können durch sie Programme aufgerufen werden.

Piktogramme gibt es auch außerhalb der Computerwelt auf Plakaten und Schildern oder in Zeitschriften. Es sind allgemein verständliche Bildsymbole.

➠ *Siehe Grafische Benutzeroberfläche, Icon*

PIN

Die PIN ist eine geheime Zugangsnummer, die vor allem beim Homebanking verwendet wird. PIN bedeutet Personal Identification Number und dient der Identifizierung.

➠ *Siehe Homebanking*

Ping

➠ *Siehe Packet Internet Groper*

Pinwriter

➠ *Siehe Nadeldrucker*

PIO

Abkürzung für Parallel Input/Output. Ein Chip, der den Datenverkehr der parallelen Schnittstelle regelt.

PIO (Programmed Input/Output) ist ein Modus, über den der Rechner mit Hardwarekomponenten kommuniziert. Im Gegensatz zum Direktzugriff mittels DMA sorgt beim PIO-Modus die CPU für den Datentransfer. Moderne Festplatten arbeiten mit dem schnellsten PIO-Mode 4, ältere Laufwerke benötigen PIO-Mode 1.

➠ *Siehe DMA, Parallele Schnittstelle*

Pipeline

Pipelines dienen der Kommunikation von Prozessen nach dem FIFO-Prinzip (First In First Out) und wurden erstmals unter UNIX verwendet. Eine

Anwendung ist die Ausgabeumleitung. Ein Server-Prozeß stellt seine Ausgabedaten in eine Pipe und ein Client-Prozeß verwendet sie als Eingabe.

➠ *Siehe Client-Server-Prinzip, FIFO*

Pipelined-Burst-Cache

Der Pipelined-Burst-Cache ist schneller als der früher verwendete synchrone Cache. Der Level-2-Cache der modernen Pentium-Systeme arbeitet generell nach dem Pipelined-Burst-Prinzip, bei dem auf die Übertragung der einzelnen Adressen verzichet wird. Übertragen wird lediglich die Anfangsadresse und die Zahl der Datenelemente, die von dieser Adresse ab gelesen werden sollen.

Pit

➠ *Siehe CD-ROM-Laufwerk*

Pivot-Tabelle

Pivot-Tabellen teilen Daten in Gruppen ein, um sie übersichtlich darzustellen. So können verschiedene, voneinander abhängige Datengruppen in verschiedenen Perspektiven betrachtet werden. Tabellenkalkulationsprogramme verwenden Pivot-Tabellen.

➠ *Siehe Tabellenkalkulation*

Pixel

Abkürzung für Picture Element. Ein Pixel ist das kleinstmögliche Bildelement in einer digitalen Grafik. Ein Pixel kann abhängig von der Farbtiefe nur 2 (bei 1 Bit Farbtiefe) oder eine von 16 Millionen Farben (bei 24 Bit) annehmen.

➠ *Siehe Pixelgrafik*

Pixelabstand

So bezeichnet man auch den Punktabstand eines Monitors, also den Abstand der Löcher in der Lochmaske.

➠ *Siehe Lochabstand, Lochmaske*

Pixelgrafik

Eine Pixelgrafik wird im Gegensatz zur Vektorgrafik als Fläche gespeichert (auch Bitmap genannt), die aus lauter farbigen Punkten (den Pixeln) aufgebaut ist. Der benötigte Speicherplatz einer solchen Grafik wächst mit zunehmender Fläche, Auflösung und Farbtiefe an.

➠ *Siehe Bitmap-Grafik, Farbtiefe, Pixel*

Pixeltakt

Auch Videotakt. Der Pixeltakt steht für die Geschwindigkeit, mit der die Signale für die Erzeugung der einzelnen Bildpunkte (Pixel) aufeinander folgen. Er berechnet sich aus der Zeilenfrequenz multipliziert mit der horizontalen Auflösung des Bildes. Zusätzliche Synchronisationspixel sind notwendig, damit der Monitor beim Zeilenwechsel den nächsten Zeilenanfang auch erkennt.

➠ *Siehe Horizontalfrequenz, Pixel*

PKZIP

PKZIP ist ein sehr bekanntes Kompressionsprogramm, das beliebige Daten mittels bestimmter Algorithmen in Archive packen kann, die weniger Speicherplatz benötigen als das Original. Speziell bei der Datenübertragung ist diese Kompression enorm wichtig.

Wie alle Programme dieser Art verringert PKZIP die Redundanz in einer Datenmenge. Da Bilder und Texte im allgemeinen eine sehr große Redundanz aufweisen, lassen sich bei diesen Dateien die besten Kompressionserfolge erzielen. Bevor die Originaldatei wieder benutzt werden kann, muß sie erst entpackt, also dekomprimiert werden.

Es gibt zahlreiche Hilfs- und Zusatzprogramme zu PKZIP und viele Pendants (beispielsweise ARJ), die im wesentlichen dasselbe leisten wie das Original-PKZIP. Sehr nützlich ist das WinZIP genannte Tool, das mittels einer benutzerfreundlichen Oberfläche die Bedienung des Programms erleichtert.

➡ *Siehe Kompression*

PL/1

PL/1 steht für Programming Language 1 und ist eine Programmiersprache, die die Vorzüge von Fortran und Cobol verbindet. PL/1 wurde 1965 von IBM als Sprache für Großrechner eingeführt und findet keine weite Verbreitung.

➡ *Siehe Cobol, Fortran, IBM*

PL/M

PL/M ist eine von Intel geschaffene Weiterentwicklung von PL/1 und dient zur maschinennahen Programmierung Intel-kompatibler PCs.

➡ *Siehe PL/1*

Place Editing

Bei OLE gebräuchliches Verfahren zur Bearbeitung von in einem Zieldokument eingebetteten Objekten.

➡ *Siehe OLE*

Plasma-Bildschirm

Plasma-Bildschirme bestehen aus Glasplatten, die ein Drahtgitter in einer Edelgasatmosphäre einschließen. An jedem Kreuzungspunkt kann durch Anlegen einer Spannung das Gas zum Leuchten angeregt werden. Auf diese Weise entsteht ein scharfes und flimmerfreies, leider nur monochromes Bild. Im Gegensatz zu Monitoren auf Röhrenbasis sind Plasma-Schirme sehr flach. Ein Nachteil ist der relativ hohe Stromverbrauch der Plasma-Bildschirme.

➡ *Siehe Bildschirm*

Platine

Eine Platine besteht aus einem Kunststoffmaterial, das in mehreren Schichten angeordnet ist. Platinen verbinden elektronische Bauelemente mittels dünner Leiterbahnen und stellen die Grundlage jeder elektronischen Schaltung und damit natürlich auch die Basis moderner PCs dar. Hergestellt werden Platinen oft mittels chemischer Ätzverfahren.

Plattform

Mit Plattform oder Systemplattform bezeichnet man in bezug auf die Systemarchitektur unterschiedliche Computersysteme. Plattformen unterscheiden sich hinsichtlich der verwendeten CPU, der Hardwarekomponenten, oft auch hinsichtlich des Betriebssystems und der verfügbaren Softwareversion. So gibt es z.B. Anwenderprogramme wie WinWord, die sowohl für die PC-Plattform unter Windows und OS/2, aber auch für die Mac-Plattform, Alpha-Plattform oder Unix verfügbar sind. Auch Hardwarekomponenten liegen in unterschiedlichen Versionen für die einzelnen Plattformen vor, z.B. Grafikkarten.

➡ *Siehe Betriebssystem, CPU, Macintosh, OS/2, Windows*

Platzhalterzeichen

Auch Joker-Zeichen, Stellvertreterzeichen oder engl. Wildcard genannt. Platzhalterzeichen werden vor allem für die Suche und Abfrage von Dateien verwendet. Bei der Suche nach Dateien oder Verzeichnissen kann es vorkommen, daß nur ein Teil des Datei- oder Verzeichnisnamens bekannt ist. Anstatt der unbekannten Zeichen gibt man das Platzhalterzeichen an. Sucht man z.B. alle ausführbaren Dateien (.exe), gibt man an der Eingabeaufforderung *.exe ein. Der Stern ersetzt ganze Zeichenfolgen, das Fragezeichen ersetzt ein unbekanntes Zeichen.

Plotter

Ein Plotter ist ein Ausgabegerät ähnlich einem Drucker. Plotter werden vor allen Dingen im CAD-Bereich zur Ausgabe großer (DIN A4 bis DIN A0) Konstruktionszeichnungen verwendet. Man unterscheidet generell drei Plottertypen: die herkömmlichen Stiftplotter, Walzenplotter und Trommelplotter; die beiden letzteren sind Abkömmlinge des Stiftplotters. Die Übertragung der Zeichnung auf das Druckmedium erfolgt beim Stiftplotter über einen oder mehrere (verschiedenfarbige) Stifte, die zweidimensional senkrecht stehend über das Druckmedium bewegt werden. Beim Flachbettplotter ist das Medium auf dem Plotter fixiert, bei den Trommel- oder Walzenplottern wird es über eine Trommel (Walze) weiterbewegt. Neben diesen Plottertypen gibt es Schneideplotter, bei denen statt des Stifts ein Messer eingesetzt wird, und elektrostatische bzw. Tintenstrahlplotter (z.B. HP DesignJet), die ähnlich arbeiten wie Laser- und Tintenstrahldrucker.

➠ *Siehe Laserdrucker, Tintenstrahldrucker*

Plug&Play

Mit »Einstecken und Loslegen« könnte man Plug&Play übersetzen. Die Plug&Play-Technologie soll die problemlose Erweiterung des PC mit Peripheriegeräten und Erweiterungskarten ermöglichen. Die Hardwarekomponenten müssen einer bestimmten Spezifikation folgend gebaut werden, damit sie als Plug&Play-fähig gelten. Die Komponenten sollen sich idealerweise bei Anschluß z.B. unter Windows 95 selbst konfigurieren, was aber oft nicht möglich ist, da sowohl das Betriebssytem, als auch das BIOS ihre eigenen Einstellungen (in bezug auf z.B. Interrupts, DMA-Kanäle usw.) vorschreiben.

➠ *Siehe Betriebssystem*

Plug-In

Ein Plug-In ist eine Erweiterung für Hardwarekomponenten oder Software, welche neue Funktionen bietet.

Plus!-Pack

Das Plus!-Pack ist ein Erweiterungspaket für Windows 9x. Enthalten sind u.a. ein Internet-Kit, diverse grafische Erweiterungen, das Online-Komprimierungsprogramm DriveSpace 3.0, aber auch Erweiterungen für das DFÜ-Netzwerk.

➠ *Siehe DFÜ-Netzwerk, Windows 95*

PM

Abkürzung für Personal Mail, persönliche Nachricht (E-Mail).

➠ *Siehe E-Mail*

PMMU

➠ *Siehe Paged Memory Management Unit*

Point

1. Bezeichnung für Druckpunkt, Bildpunkt usw.
2. Typographische Maßeinheit. Ein Point entspricht 0,35277 mm oder 1/72 Zoll.
3. Didot-Punkt. Maßeinheit im Satz- und DTP-Bereich. Ein Didot-Punkt entspricht 0,375 mm.
4. Kleinste Einheit im Fido-Netz, Teilnehmer an einem Node.

➠ *Siehe Node, Pixel, Typographie*

Point to Point Tunneling Protocol

➠ *Siehe PPTP*

PointCast

http://www.pointcast.com

PointCast ist ein Push-Client – eine besondere Art Offline-Reader, der den automatischen Empfang aktueller Nachrichten, Aktienkurse, Zeitungsartikel usw. aus dem Internet ermöglicht. Im Gegensatz zur bisher gebräuchlichen Pull-Technologie, bei der der Anwender selbst alle WebSites besuchen mußte, welche die für ihn relevanten Daten enthielten, übernimmt bei der sog. Push-Technologie der Browser (in diesem Fall PointCast) diese Aufgabe. Der Anwender muß den Client vor erstmaliger Benutzung einmalig konfigurieren. Dabei wählt er die Quellen aus, die der Push-Client für ihn durchsuchen soll (z.B. New York Stock Exchange, Wall Street Journal, diverse Zeitschriften, CNN, Wetterdaten usw.). Surft der Anwender im Internet, braucht er nur den Client zu starten, der dann die gewünschten Informationen selbsttätig sammelt. Der Anwender kann die Nachrichten offline lesen.

➠ *Siehe Internet, Web-Browser*

Pointer

Englisch für Zeiger. Bezeichnung für eine Variable, die auf die Adresse einer anderen Variablen verweist.

➠ *Siehe Programmiersprache, Variable*

Policy

Bezeichnung für die Verhaltensregeln in einem Fido-Netz.

➠ *Siehe FidoNet*

Pollen

1. Von Englisch to poll (abfragen). Beim Polling wird der gegenwärtige Funktionsstatus von Peripheriegeräten durch den Computer abgefragt.
2. Bezeichnung für die Fernabfrage von Faxdokumenten (auch Fax-On-Demand genannt).

➠ *Siehe Fax-Polling*

Polygon

Ein Polygon ist ein Vieleck. Der Begriff bezeichnet im 3D-Grafikbereich die Grundelemente, aus denen jedes 3D-Objekt aufgebaut ist – Dreiecke.

➠ *Siehe 3D-Grafik*

Polymorpher Virus

Relativ neue Virenart. Polymorphe Viren verändern bei Aktivierung ihre komplette Programmstruktur, so daß sie für Virenscanner nicht mehr erkennbar sind. Eine einfache Methode ist das zufällige Einstreuen von NOP-Operationen in den Code.

➠ *Siehe Computervirus, NOP, Virenscanner*

Pop-up-Menü

Pop-up-Menüs öffnen sich z.B., wenn man mit der rechten Maustaste auf den Desktop oder in ein Anwendungsprogramm klickt. In ihnen findet man erweiterte Optionen zur Behandlung eines Objekts (z.B. einer

Datei oder eines Dokuments), wie Kopieren, Einfügen, Löschen usw.

→ *Siehe Grafische Benutzeroberfläche*

POP3

Abkürzung für Post Office Protocol 3. Bezeichnung für ein im Internet gebräuchliches Übertragungsprotokoll, das die Übertragung von E-Mails vom Mail-Server zum Empfänger regelt. Die Übertragung erfolgt, sobald der Anwender die Mail über eine POP3-fähige Software abfragt. POP3 wird langsam von IMAP4 abgelöst werden.

→ *Siehe E-Mail, Internet*

Port

Englische Bezeichnung für eine Stelle innerhalb eines Computersystems, an der Daten übergeben werden, z.B. Adressen. Port ist aber auch die Bezeichnung für eine Schnittstelle, z.B. Serial Port für serielle Schnittstelle, Parallel Port für die parallele Schnittstelle oder Game Port für den Anschluß eines Joysticks.

→ *Siehe Schnittstelle*

Portabilität

Die Möglichkeit zur Übertragung von Software auf eine andere Systemplattform wird Portabilität genannt. Ein Programm, welches für eine andere Systemplattform neu geschrieben wurde, wurde auf die Systemplattform »portiert«.

→ *Siehe Plattform*

Portable

Bezeichnung für einen tragbaren PC (portable PC). Portables sind größer als Notebooks oder Laptops, da sie mit Erweiterungskarten aufrüstbar sind. Als Bildschirm wird aber wie beim Notebook oder Laptop ebenfalls ein LCD-Display eingesetzt.

→ *Siehe Laptop, Notebook*

Portal

Ein Portal ist eine stark frequentierte Site im Internet, die meist von einer der großen High-Tech-Firmen betrieben wird. Portal deswegen, weil die Site zum einen für viele Surfer als Eintrittspunkt in das Internet dient, zum anderen einen gebündelten Ausgangspunkt zu anderen Sites bietet. Da ein Portal sozusagen einen Knotenpunkt im Internet darstellt, finden hier zahlreiche Firmen potentielle Zielgruppen und Kunden. Eine der Haupteinnahmequellen eines Portals ist aus diesem Grund der Verkauf von Werbefläche auf der Site. Die Firma Netscape Communications verdient mit ihrer Portal-Site 30 Mio. Dollar pro Quartal.

→ *Siehe Internet, Netscape Communications, Site*

Portieren

Der Begriff Portieren bezeichnet die Übertragung einer Software von einer Systemplattform auf eine andere. Dabei ist es notwendig, den Programmcode der Systemarchitektur der neuen Plattform (z.B. OS/2 oder MacOS) anzupassen. Ein Beispiel wäre die Portierung von Windows NT auf DEC-Alpha-Workstations, die nicht die Intel-kompatible Architektur, sondern die eigene Alpha-Architektur verwenden.

➠ *Siehe Plattform*

Portrait

➠ *Siehe Hochformat*

Positionieren

Die Ausrichtung der Schreib-Lese-Köpfe oder die Bewegung der Köpfe auf einem Zylinder einer Festplatte nennt man Positionierung.

➠ *Siehe Festplatte, Schreib-Lese-Kopf*

Positive Logik

Bei der Entwicklung eines Schaltkreises bezeichnet man diesen auch als logischen Schaltkreis oder kurz als Logik. Werden WAHRE Werte (1) durch eine positive Spannung dargestellt, spricht man von positiver Logik.

➠ *Siehe Negative Logik*

POST

Beim Booten des Computers führt der Computer bzw. das BIOS eine Selbstdiagnose durch, den Power-On-Self-Test (POST). Dabei testet er alle wichtigen angeschlossenen Hardwarekomponenten (z.B. Festplatte, Diskettenlaufwerk, Grafikkarte) usw. Eventuelle Fehler werden durch den sog. Beep-Code ausgegeben.

➠ *Siehe Beep Code, Diskettenlaufwerk, Festplatte, Grafikkarte, Hardware-Komponente*

Posten

Von englisch to post = (eine Nachricht) anschlagen. Man sagt z.B., der Anwender hat eine Nachricht (message) gepostet.

Posting

➠ *Siehe Posten*

PostScript

Von der Firma Adobe entwickelte Programmiersprache zur Beschreibung von Seiten und grafischen Elementen innerhalb eines Dokuments. Um PostScript nutzen zu können, muß das Ausgabegerät (z.B. der Drucker) PostScript-fähig sein. Aktuelle Version ist PostScript Level 3.

➠ *Siehe Belichter, Laserdrucker*

Power Down

Power down (Strom aus) bezeichnet das Ausschalten des Computers oder die Deaktivierung des Systems aufgrund eines Stromausfalls.

Power Glitch

Bezeichnung für einen Stromausfall. Spezielle Geräte – USVs, unterbrechungsfreie Stromversorgung – versorgen das Computersystem nach dem Stromausfall weiterhin mit Strom.

➡ *Siehe UPS*

Power On Diagnosis
➡ *Siehe POST*

Power On Password

Beim Einschalten des Computers kann vom BIOS ein Paßwort verlangt werden, ohne das das System nicht freigegeben wird.

➡ *Siehe BIOS, Paßwort*

Power On Self Test
➡ *Siehe POST*

Power Supply

Bezeichnung für die Stromversorgung eines Computers, also das Netzteil.

➡ *Siehe Netzteil*

Power Switch

Bezeichnung für den Netzschalter am Computergehäuse.

Power-Management

Power-Management ist die Bezeichnung für diverse Verfahren zum Einsparen von Strom bei zeitweiliger Inaktivität des Systems oder von Systemkomponenten (Stromspar-Modus). Zu diesen Verfahren gehören DPMS oder APM. Ebenso verfügt das BIOS über integrierte Power-Management-Funktionen, die nach einiger Zeit z.B. den Monitor oder die Festplatte abschalten.

➡ *Siehe APM, BIOS, DPMS*

Power-Saving
➡ *Siehe Power-Management*

PowerBook

Notebook-Serie von Apple mit dem PowerPC-Prozessor.

➡ *Siehe Apple, Notebook, PowerPC-Chip*

Bild 8: Apple bietet mit der PowerBook-Reihe sehr leistungsstarke Notebooks

PowerMac

1994 wurde der PowerPC als Nachfolger der Performa-Serie von Apple vorgestellt. Anstatt der bisher verwendeten 680x0er-Prozessoren der Firma Motorola kommt im PowerMac eine Chipeigenentwicklung der Firmen Apple, Motorola und IBM – der PowerPC – zum Einsatz.

➠ *Siehe Apple, PowerPC-Chip*

PowerPC-Chip

Der PowerPC-Chip basiert auf der RISC-Architektur und ist eine gemeinsame Entwicklung der Firmen Apple, IBM und Motorola. Die Bezeichnung Power steht für Performance Optimisation With Enhanced Risc. Der PowerPC ersetzt die Prozessoren der 680x0er-Familie von Motorola und wird in der neuen PowerMac-Serie eingesetzt.

➠ *Siehe Apple, IBM, Motorola, Prozessor*

PowerPoint

Präsentationsprogramm von Microsoft. PowerPoint ist Bestandteil der Microsoft Office-Suite und ermöglicht die Erstellung von Business-Grafiken und Präsentationen.

➠ *Siehe Microsoft, Präsentationsprogramme*

Bild 9: Der PowerPC-Prozessor beflügelt die Apple-Rechner

PowerVR-Chip

Eine Chip-Entwicklung von Videologic und NEC. Der PowerVR ist ein hochspezialisierter 3D-Chip, der auf 3D-Beschleunigerkarten von Videologic (Apocalypse 3D) zum Einsatz kommt. Im Gegensatz zu anderen 3D-Prozessoren (z.B. S3 Virge) ersetzt der PowerVR nicht die Grafikkarte, sondern arbeitet parallel zu beliebigen Boards. Der PowerVR benutzt zur Datenübertragung direkt den PCI-Bus und die Grafik-Schnittstelle DirectDraw von Microsoft und schreibt die berechneten 3D-Daten in den Bildspeicher der bereits vorhande-

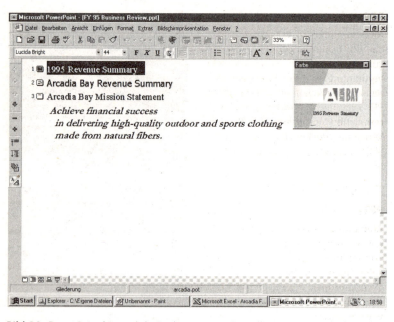

Bild 10: PowerPoint bietet viele Funktionen zur Gestalltung von Geschäftsgrafiken

nen Grafikkarte. Zwei weitere Faktoren unterscheiden den PowerVR von der Konkurrenz. Zum einen arbeitet der Chip nicht Polygon-, sondern Title- und Pixel-orientiert, und zum anderen kommt er ohne einen Z-Buffer aus. Der PowerVR teilt den zu berechnenden 3D-Raum in Halbelemente ein, die von Ebenen (Infinite Planes) gebildet werden. Ein Dreieck (Polygon) wird von drei begrenzenden Ebenen gebildet. Aufgrund dieser Berechnungsweise arbeitet der PowerVR sehr schnell und erreicht eine Pixelfüllrate von 66 Millionen Texeln/s. Zu den herausragenden Eigenschaften des PowerVR zählt die Berechnung von Schattenwurf, Spotlights, Transparenz und Environment Mapping (Spiegelung der Umgebung auf der Objektoberfläche).

➡ *Siehe 3D-Beschleunigung, 3D-Funktionen, 3D-Grafikkarte*

ppm

Abkürzung für page per minute. Steht für die Druckgeschwindigkeit eines Druckers in Seiten pro Minute.

PPP

Abkürzung für Point to Point Protocol. PPP ist ein serielles Übertragungsprotokoll für Punkt-zu-Punkt-Verbindungen, das unter anderem den Zugang zum Internet ermöglicht. PPP erlaubt das Einwählen in das Internet über ein Modem, und ist im Vergleich zum zuvor eingesetzten SLIP variabler, sicherer und schneller.

➡ *Siehe Internet, Modem, Protokoll*

PPTP

Abkürzung für Point to Point Tunneling Protocol. Propietäres Protokoll von Microsoft für die Koppelung lokaler Netzwerke bzw. von Personal Computern mit einem lokalen Netzwerk über ein öffentliches Netzwerk, wie dem Internet.

Präprozessor

Der Präprozessor ist ein spezielles Programm bzw. ein Programmteil, das für eine Vorkompilierung eines Programms sorgt. Dabei ersetzt der Präprozessor bestimmte Teile im Quelltext, die über sogenannte Direktiven gekennzeichnet sind.

➡ *Siehe C++, Compiler, Programmiersprache*

Präsentationschicht

6. Schicht des OSI-Schichtenmodells.

➡ *Siehe OSI, OSI-Schichtenmodell*

Präsentationsgrafik

➡ *Siehe Präsentationsprogramme*

Präsentationsprogramme

Allgemein die Bezeichnung für Business-Applikationen, die die Erstellung von Geschäftsgrafiken und Präsentationen erlauben. Beispiele wären Microsoft PowerPoint, Harvard Graphics, Corel Presentations oder Lotus Freelance.

Precompensation

Der Wert der Precompensation war früher ein Parameter für Festplatten im BIOS, der sich auf die Vormagnetisierung der Platte bezog.

Preemptives Multitasking

Beim preemptiven Multitasking werden wie beim kooperativen Multitasking Prioritäten an die einzelnen aktiven Anwendungsprogramme durch das Betriebssystem vergeben. Während beim kooperativen Multitasking das Programm mit der höchsten Priorität allerdings die gesamte Rechenleistung für sich beanspruchen kann, wird beim preemptiven Multitasking die Rechenleistung, nach Priorität gegliedert, unter den aktiven Programmen aufgeteilt, wodurch eine effektivere Nutzung des Systems möglich ist.

➡ *Siehe Kooperatives Multitasking, Multitasking, Priorität*

Prellen

Als Prellen wird das Nachschwingen einer Taste beim Betätigen bezeichnet. Dadurch kann es zu unerwünschtem mehrfachem Schließen des Kontakts kommen.

Preprozessor
➠ *Siehe Präprozessor*

Presentation Layer

Präsentationsschicht. 6. Schicht des OSI-Schichtenmodells.

➠ *Siehe OSI, OSI-Schichtenmodell*

Preset

Als Preset werden bei Programmen oder Geräten die Voreinstellungen des Herstellers bezeichnete.

Prestel

1. Name des BTX-Equivalents in England.
2. Abkürzung für Press Telephon Button, zu deutsch Telefontaste drücken.

Pretty Good Privacy
➠ *Siehe PGP*

Preview

Englisch für Vorschau. Viele Anwendungsprogramme (Textverarbeitungs-, Grafik-, DTP-Programme etc.) bieten die Möglichkeit an, eine Vorschau auf das gedruckte Ergebnis am Bildschirm zu erhalten. Dies wird als Preview oder auch Seitenvorschau bezeichnet.

Primärmultiplex-Anschluß
➠ *Siehe ISDN, ISDN-Anschlußarten*

Primärschlüssel

Der Primärschlüssel dient in einer Tabelle einer Relationalen Datenbank zur eindeutigen Kennzeichnung der einzelnen Datensätze. Der Primärschlüssel kann aus einem Feld oder einer Kombination von Feldern gebildet werden. Oft ist er eine laufende Nummer, die von dem Datenbankprogramm automatisch vergeben wird.

Primus Online
➠ *Siehe Metronet*

Priorität

Die Priorität dient im allgemeinen bei einer Reihe von anstehenden Aufgaben zur Festlegung der Reihenfolge, in der diese abgearbeitet werden sollen.

Beim Multitasking können z.B. den einzelnen Tasks unterschiedliche Prioritäten zugeordnet werden. In Abhängigkeit von der Priorität wird sowohl die Menge der Zeit festgelegt, die einem Task zugewiesen wird, als auch wie häufig die Zuweisung geschieht.

➠ *Siehe Multitasking, Multithreading*

PRN
Abkürzung für Printer. Alternative Bezeichnung unter DOS und OS/2 für die erste parallele Schnittstelle (LPT1).

→ *Siehe Parallele Schnittstelle*

Procomm
Procomm ist ein weitverbreitetes Terminalprogramm unter DOS und Windows.

→ *Siehe Terminalprogramm*

Profiler
Als Profiler bezeichnet man Programme, die es erlauben, Programme auf ihr Laufzeitverhalten hin zu untersuchen. Dabei wird gemessen, welche Programmteile wie oft ausgeführt werden und wieviel Zeit dafür notwendig ist. Damit ist es möglich, Stellen in einem Programm zu finden, die das Programm ausbremsen, und damit, wo man bei einer Optimierung ansetzen muß.

→ *Siehe Programm, Programmiersprache*

Program Counter
Der Program Counter ist ein spezielles Register der CPU, welche die Speicheradresse des nächsten auszuführenden Befehls enthält.

→ *Siehe CPU*

Programm
Ein Programm ist eine Folge von Anweisungen und Befehlen, welche von einem Computer verarbeitet werden kann. Diese Befehle und Anweisungen können in Maschinensprache oder einer höheren Programmiersprache eingegeben werden.

Programm-Manager
Der Programm-Manager war unter Windows 3.x die zentrale Benutzeroberfläche. Aus dieser heraus wurden andere Programme gestartet. Der Programm-Manager ist ein eigenständiges Programm, das beim Start von Windows geladen wurde. Durch das Beenden des Programm-Managers wurde auch Windows beendet.

→ *Siehe Windows*

Programmablauf
Als Programmablauf wird die Abfolge der einzelnen Schritte bezeichnet, die ein Programm ausführt.

→ *Siehe Programm*

Programmabsturz
→ *Siehe Absturz*

Programmcode
→ *Siehe Quelltext*

Programmdatei
Eine Datei, in der ein ausführbares Programm gespeichert ist, wird Programmdatei genannt.

→ *Siehe Programm*

Programmfehler

Unter Programmfehler versteht man Fehler innerhalb eines Programms, die dafür sorgen, daß ein Programm entweder gar nicht erst übersetzt werden kann oder aber nicht richtig funktioniert. Man unterscheidet zwischen Syntaxfehlern und logischen Fehlern. Bei Syntaxfehlern verstößt eine eingegebene Anweisung gegen die von der Programmiersprache geforderte Syntax. Diese wird meist beim Kompilieren vom Compiler beanstandet. Schwerwiegender sind logische Fehler, sprich Fehler, die in der logischen Struktur des Programms stecken, da sich diese oftmals erst in ganz bestimmten Anwendungssituationen offenbaren.

➡ *Siehe Betaversion, Debugger, Debugging, Programm, Syntax, Syntaxfehler*

Programmierer

Ein Programmierer erstellt mit Hilfe einer Programmiersprache und entsprechender Werkzeuge Programme für einen Computer.

➡ *Siehe Programm, Programmiersprache, Programmierumgebung*

Programmiersprache

Bei einer Programmiersprache handelt es sich um eine formale Sprache, die zur Programmierung von Computern verwendet wird. Man unterscheidet zwischen Assembler- und Hochsprachen. Assemblersprachen sind extrem Hardware-nah, d.h. es wird direkt mit dem Befehlssatz des Prozessors gearbeitet. Hochsprachen verwenden dagegen eine Syntax, die eher der natürlichen Sprache angelehnt ist.

➡ *Siehe Assembler, Maschinensprache, Programm*

Programmierumgebung

Als Programmierumgebung wird eine Kombination aus Programmen und Tools zur Erstellung von Programmen mit einer Programmiersprache bezeichnet. Im Normalfall benötigt man einen Editor, einen Compiler oder Interpreter und eventuell einen Linker. Zum Aufspüren von Fehlern ist meistens noch ein Debugger vorhanden.

➡ *Siehe Programm, Programmiersprache*

Prompt

Prompt wird die Eingabeaufforderung eines textorientierten Betriebssystems genannt.

➡ *Siehe Eingabeaufforderung*

Protected Mode

Der Protected Mode ist ein spezieller Modus bei Intel-CPUs ab dem 286er-Prozessor. Dieser Modus erlaubt die direkte Adressierung des maximal adressierbaren Speichers. Dieser hängt von der Anzahl der Adreßleitungen der CPU ab. Der 286er verfügte über 24 Adreßleitungen, womit 16 Mbyte Arbeitsspeicher adressiert werden konnten. Ab dem 386er waren es dann 32, womit 4 Gbyte adressierbar sind.

➔ *Siehe CPU*

Protokoll

1. Spezielle Datei zur Aufzeichnung von Vorgängen. Von Netzwerkservern werden häufig Protokolle verwendet, um die einzelnen Zugriffe aufzuzeichnen.

2. Bei der Datenübertragung wird als Protokoll eine Vorschrift zum Austausch von Daten bezeichnet. Protokolle sollen die sichere und effiziente Übertragung der Daten gewährleisten.

➔ *Siehe Log-Datei*

Provider

➔ *Siehe Internet-Provider, Online-Dienst*

Proxy

Proxys sind spezielle Server im Internet, die zur Zwischenspeicherung von Daten dienen. Das Prinzip ist ähnlich dem des Cache. Sobald eine Webseite aus dem Internet geladen wird, wird diese auch auf dem Proxy-Server abgelegt. Erfolgt zu einem späteren Zeitpunkt ein erneuter Zugriff auf diese Seite, muß diese nicht mehr aus dem Internet übertragen werden, sondern kann von dem Proxy-Server geladen werden. Dieses Vorgehen spart in der Regel viel Zeit. Proxies werden viel von Internet-Providern verwendet.

➔ *Siehe Internet, Internet-Provider, Intranet*

Proxy-Server

➔ *Siehe Proxy*

Prozedur

Als Prozedur wird eine Folge von Anweisungen in einem Programm bezeichnet, welche zu einer Einheit zusammengefaßt ist. Diese Einheit erhält einen eindeutigen Namen, über den dieser Programmteil von einer anderen Stelle im Programm aus aufgerufen werden kann. Prozeduren dienen dazu, Programme übersichtlicher zu gestalten und auch gleichzeitig die Pflege einfacher zu machen.

➔ *Siehe Programm, Programmiersprache*

Prozeß

Vorgänge, bei denen Daten verarbeitet werden, werden als Prozeß bezeichnet. Diese Vorgänge, die von Programmen ausgeführt werden, sind in sich geschlossen. Beispiele hierfür wären das Drucken eines Dokuments, das Kopieren einer Datei etc. In einem Multitasking-Betriebssystem können mehrere Prozesse gleichzeitig ablaufen. Prozesse sind hier in der Lage, miteinander zu kommunizieren, Daten untereinander auszutauschen, sich abzustimmen usw. Laufen Prozesse in gegenseitiger Abstimmung ab, so sagt man, daß diese synchron arbeiten. Sind sie dagegen völlig unabhängig voneinander, laufen sie asynchron.

→ *Siehe Betriebssystem, Multitasking, Multithreading*

Prozessor

Ein Prozessor ist eine hochintegrierte elektronische Schaltung, die dazu dient, programmgesteuert logische Funktionen und arithmetische Berechnungen auszuführen.

→ *Siehe CPU, DSP, Mathematischer Coprozessor*

Prozessor-Cache

→ *Siehe First-Level-Cache*

Prozessor-Clone

Als Prozessor-Clone wird der Prozessor eines Herstellers bezeichnet, der Pin- und befehlskompatibel zu einem Prozessor eines anderen Herstellers ist. Mit Clones versuchen Halbleiterhersteller von dem Kuchen erfolgreicher Prozessoren etwas abzubekommen. Beispiele dafür sind die Nachbauten (Clones) der 386er- und 486er-Intel-Prozessoren von AMD bzw. Cyrix.

→ *Siehe AMD, Cyrix, K6, NexGen*

Prozessor-Upgrade

Als Prozessor-Upgrade wird der Austausch eines Prozessors gegen eine neuere und damit auch schnellere Variante bezeichnet.

→ *Siehe Prozessor*

Prozessorsockel

Der Prozessorsockel ist eine Fassung für den Prozessor. Der Sockel befindet sich auf dem Motherboard und erlaubt es in der Regel, den Prozessor mit wenig Aufwand ein- bzw. auszubauen.

→ *Siehe Motherboard, ZIF-Sockel*

Bild 11: Der ZIF-Sockel macht den Ein- und Ausbau von Prozessoren sehr einfach

Prozeßrechner

Prozeßrechner sind für die Steuerung industrieller Prozesse verantwortlich und für diese Aufgabe hinsichtlich Hardware und Betriebssystem (Echtzeitverarbeitung) optimiert. Über Sensoren an wichtigen Produktionsstellen erfolgt die Datenaufnahme. Der Prozeßrechner analysiert diese Daten und steuert anhand der Ergebnisse die Produktion.

Prozeßverwaltung

Aufgabenbereich eines Betriebssystems. Die Prozeßverwaltung verwaltet die einzelnen Prozesse innerhalb eines Computersystems.

→ *Siehe Betriebssystem, Prozeß*

Prüfbit

Synonym für Paritätsbit. Prüfbits werden, bestimmten Regeln folgend, Datenpaketen oder Datenblöcken angehängt und dienen der Datensicherheit. Anhand der Überprüfung des Prüfbit kann das System feststellen, ob die Daten fehlerfrei übertragen wurden (z.B. über ein Modem oder vom Hauptspeicher).

→ *Siehe Paritätsbit*

Prüfsumme

Die Bildung einer Prüfsumme ist ein gebräuchliches Verfahren zur Wahrung der Datensicherheit, z.B. bei der Datenfernübertragung oder der Datenübertragung aus dem Hauptspeicher. Die gängigste Methode ist das CRC-Verfahren. Eine andere Möglichkeit ist die Bildung eines Paritätsbit, bei dem alle Bits in einem Datenpaket aufsummiert werden. Das Paritätsbit wird dann in das Datenpaket, bestimmten Regeln folgend, mit aufgenommen. Eine weitere Möglichkeit ist die Aufsummierung aller Bytes in einem Datenblock. Das enstandene Byte wird als Prüfsumme verwendet.

→ *Siehe CRC*

PS/2

PS/2 war eigentlich die Bezeichnung für eine PC-Serie von IBM, den IBM-PS/2. Obwohl der Computer kein großer kommerzieller Erfolg war, blieb die Bezeichnung für andere Hardwarekomponenten – ehemals Bestandteil dieses Systems – erhalten. Dazu gehört die PS/2-Maus, die nicht über eine serielle Schnittstelle, sondern über einen eigenen Bus, den Mausbus, angesprochen wird, und die PS/2-SIMMS, die eine 72polige anstatt 30polige Kontaktleiste haben, und deswegen einen 32-Bit-Speicherzugriff erlauben.

→ *Siehe IBM, IBM-PC*

PS/2-Maus

→ *Siehe PS/2*

PS/2-SIMM

Bauform für einen Speicherbaustein. Das Modul hat 72 Kontaktstifte, weswegen ein 32-Bit-Speicherzugriff möglich ist. Pentium-kompatible Prozessoren arbeiten mit 64-Bit-

Speicherzugriff. Daher müssen pro Speicherbank zwei PS/2-Module eingebaut sein.

→ *Siehe PS/2, SIMM*

Psion

High-end PDA (auch Handheld oder HPC) der gleichnamigen Firma. Der Psion der aktuellen Serie 5 arbeitet mit einem 32-Bit-Betriebssystem – EPOC32 – aus eigener Entwicklung und einem RISC Prozessor des Typs ARM 7100 bei 18,4 MHz. Der Psion verfügt über eine Tastatur, ein LCD-Display mit halber VGA-Auflösung (640x240), das maximal 16 Graustufen darstellen kann, und einen Eingabestift. Im Gegensatz zu seinem direkten Konkurrenten, dem Apple Newton Message Pad 2000, verfügt er jedoch nicht über eine Handschrifterkennung. Die Version mit 8-Mbyte-Speicher ermöglicht über spezielle Tasten außerdem die Aufzeichnung von Sprachnotizen mit maximal 30 Minuten Länge.

→ *Siehe PDA*

Public Domain
→ *Siehe PD-Software*

Puffer

Ein Puffer (Buffer) ist ein Zwischenspeicher für Daten, z.B. bei der Datenfernübertragung oder allgemein bei der Datenübertragung aus dem Hauptspeicher. Bei der Datenfernübertragung werden die vom Sender eingehenden Daten im Puffer zwischengespeichert. Ist der Puffer zu einem bestimmten Prozentsatz gefüllt, sendet er ein Signal an den Sender, der daraufhin die Übertragung solange unterbricht, bis der Puffer wieder frei ist. Der Puffer sendet wiederum ein Signal und es folgt das nächste Datenpaket usw. Der Puffer ist vor allen Dingen bei Systemen mit einer unterschiedlichen Datentransferrate unerläßlich. Oft steuert ein Controller-Chip die Datenübertragung und die Flußsteuerung, wodurch die CPU entlastet wird.

→ *Siehe CPU*

Pull-down-Menü

Ein Pull-down-Menü ist Element einer grafischen Benutzeroberfläche und dient der Menüführung. Es klappt von der Menüleiste eines Anwendungsprogramms herunter und bietet dem Anwender diverse Optionen zur Steuerung des Programms oder zum Ausführen bestimmter Aktionen (z.B. Dateien bearbeiten usw.).

→ *Siehe Grafische Benutzeroberfläche, Menüleiste, Menütechnik*

Pull-Technologie
→ *Siehe PointCast*

Pulse Code Modulation

Abkürzung ist PCM oder PCM-Verfahren. Standardisiertes Verfahren zur

Umwandlung von analogen Signalen in digitale durch einen Analog-Digital-Wandler. Das Verfahren wird bei ISDN und im Audiobereich eingesetzt.

➥ *Siehe PCM-Verfahren*

Pulse-Code-Modulation-Verfahren

➥ *Siehe PCM-Verfahren*

Pulswahl

Kurzform für Impulswahl.

➥ *Siehe Impulswahlverfahren*

Punched Card

Englisch für Lochkarte.

➥ *Siehe Lochkarte*

Punkt

Synonym für die typographische Maßeinheit Didot-Punkt. Ein Didot-Punkt beträgt 0,375 mm.

➥ *Siehe Typographie*

Punktabstand

Der Punktabstand (dot pitch) ist der Abstand der Farbtripel einer Loch- oder Streifenmaske untereinander. Je niedriger der Abstand, desto besser für die Bildqualität. Gute Monitore haben einen dot pitch von 0,28 bis 0,25 mm.

➥ *Siehe Lochmaske*

Punktdiagramm

In einem Punktdiagramm werden Werte (z.B. Zahlen) als Punkte auf einem zweidimensionalen Koordinatensystem aufgetragen. Punktdiagramme werden für die Darstellung konkreter Werte verwendet.

➥ *Siehe Diagramme*

Push-Technologie

➥ *Siehe PointCast*

PXE

Abkürzung für Preboot Execution Environment – Umgebung zum Empfangen und Ausführen von Programmen vor dem eigentlichen Booten und Starten des Betriebssystems. Die Programme werden mit Hilfe von PXE von einem Server an den jeweiligen Client geschickt. Teil des Wired for Management.

➥ *Siehe Betriebssystem, Booten, Client, Server, WMI*

QEMM

Abkürzung für Quarterdeck Expanded Memory Manager. Ein Speichermanager der Firma Quarterdeck für MS-DOS. QEMM übernimmt die gleichen Funktionen wie Himem.sys und Emm386.exe.

→ *Siehe EMM386.EXE, Himem.sys, Speicher-Manager*

QIC

Abkürzung für Quarter Inch Cartridge. QIC ist ein Standard für Magnetbandkassetten für Streamer. Der mittlerweile veraltete Standard wurde für Kapazitäten von 40, 80 und 250 Mbyte verwendet, wurde aber von seinem Nachfolger, dem Travan-Standard, abgelöst. Travan ist abwärtskompatibel zu QIC, so daß auch die alten QIC-Streamer-Bänder gelesen werden können.

→ *Siehe Streamer, Travan*

QMS

QMS ist Hersteller von High-end-Drucksystemen. Die Produktpalette reicht von (Farb-)Laserdruckern bis zum DIN-A3-Format über Tintenstrahldrucker bis hin zu Thermotransferdruckern. Drucksysteme von QMS sind für die Arbeit in Netzwerken prädestiniert, da sie über Anschlußmöglichkeiten für alle gängigen Netzwerke, automatische Protokollidentifizierung und Druckspracherkennung verfügen.

→ *Siehe Laserdrucker, Thermodrukker, Tintenstrahldrucker*

Quarter Inch Cartridge
→ *Siehe QIC*

Quarterdeck Expanded Memory Manager
→ *Siehe QEMM*

Quellcode
→ *Siehe Quelltext*

Quelldatei

In der Quelldatei ist der Quellcode (Source Code, Programmcode) in Textform enthalten. Soll die Quelldatei in Maschinencode übersetzt werden, so spricht man von einem Quellprogramm. Je nach Programmiersprache wird der Quellcode mit einem Compiler oder Assembler komplett übersetzt (man sagt kompiliert oder assembliert), oder mit einem Interpreter Zeile für Zeile übersetzt und ausgeführt.

→ *Siehe Programmiersprache*

Quellprogramm
→ *Siehe Quelltext*

Quellsprache
Die Quellsprache ist die Programmiersprache, in der der Quellcode geschrieben wurde.

→ *Siehe Programmiersprache, Quelltext*

Quelltext
Bezeichnung für einen Quellcode, der in einer Assembler- oder höheren Programmiersprache geschrieben wurde. Je nach Programmiersprache wird der Quellcode mit einem Compiler oder Assembler komplett übersetzt (man sagt kompiliert oder assembliert), oder mit einem Interpreter Zeile für Zeile übersetzt und ausgeführt.

→ *Siehe Compiler, Interpreter, Programmiersprache*

Querformat
Die horizontale Ausrichtung eines Dokuments bzw. einer Seite wird als Querformat bezeichnet. Im Gegensatz dazu steht das Hochformat. Der englische Ausdruck für Querformat lautet landscape (zu deutsch Landschaft, Panorama).

→ *Siehe Hochformat*

Querverweisliste
Während der Übersetzung eines Programms wird von allen im Quellprogramm enthaltenen symbolischen Namen (Sprungmarken, Variablennamen usw.) eine Querverweisliste angelegt, die die genaue Position der Namen im Programm angibt.

→ *Siehe Compiler, Quelltext*

Queue
Englisch für Warteschlange. Die Warteschlange ist ein Puffer, der eingehende Daten nach dem FIFO-Prinzip zwischenspeichert und an das Ausgabegerät (z.B. einen Drucker) schickt, sobald dieser wieder verfügbar ist. Innerhalb eines Netzwerks wird ein Druck-Server für diese Aufgabe eingesetzt. Da hier mehrere Computer geichzeitig auf einen Drukker zugreifen können, muß die Warteschlange zentral von einem Computer – dem Druck-Server – verwaltet werden.

→ *Siehe FIFO, Netzwerk*

Quicken
Finanzverwaltungssoftware der Firma Intuit. Quicken übernimmt Buchführung und Kontoverwaltung sowohl für Privatpersonen als auch für

kleinere Unternehmen (Bilanz-Überschuß-Rechnung, doppelte Buchführung usw.). Ein wichtiges Feature ist das sogenannte »Quicken Live«, das dem Anwender einen Internet-Zugang zur Verfügung stellt, über den er sein Bankkonto und die aktuellen Kurse von 30.000 an der deutschen Börse gehandelten Wertpapieren abfragen kann. Mit Hilfe der Zusatzprogramme Quicken-Steuer und Quikken-Rechnung kann der Anwender bequem seine Steuer erledigen und Firmen steht eine Rechnungsverwaltung zur Verfügung. Außerdem bietet es die Möglichkeit, seine finanziellen Transaktionen online über Quicken und Btx zu erledigen. Mit Microsoft Money hat Quicken einen starken Konkurrenten.

➠ *Siehe Finanz-Software, Intuit*

Quicksort

Quicksort ist ein Sortierverfahren für Daten. Quicksort arbeitet iterativ und rekursiv. Dabei werden gleiche Operationen so lange auf Teilergebnisse angewandt, bis die zu sortierende Menge sortiert ist. Quicksort gilt als das schnellste Sortierverfahren für Datenmengen, die während des Sortierens komplett im Arbeitsspeicher gehalten werden. Es kann mit jeder Programmiersprache implementiert werden.

➠ *Siehe Programmiersprache, Sortierverfahren*

Quiet Mode

Bei Nadeldruckern kann man den Geräuschpegel beim Drucken senken, indem man den Drucker in den Quiet Mode schaltet. Der Druckvorgang wird verlangsamt, so daß die Geräuschentwicklung nachläßt.

➠ *Siehe Nadeldrucker*

Quit

Mit dem Befehl Quit kann man System- und Anwendungsprogramme beenden.

Quittung

Mit der sogenannten Quittung wird bei der Datenfernübertragung die erfolgreiche Übermittlung eines Datenpakets von der Zielseite bestätigt.

➠ *Siehe Datenübertragung, Protokoll*

Quote

Englisch für Zitat. Fügt man in eine E-Mail den Text einer E-Mail eines anderen Teilnehmers ein – also ein Zitat –, so nennt man das Quote.

➠ *Siehe E-Mail*

QWERTY-Tastatur

QWERTY ist die Bezeichnung für die amerikanische Tastaturbelegung, da hier im Gegensatz zum deutschen QWERTZ die ersten sechs Buchstaben der obersten Buchstabenreihe in dieser Reihenfolge angeordnet sind. Ein weiterer Hauptunterschied zur amerikanischen Tastaturbelegung ist das dort fehlende ß.

QWERTZ-Tastatur

QWERTZ ist die deutsche Tastaturbelegung. Im Vergleich zur amerikanischen Tastaturbelegung ist y und z vertauscht, das ß ist zusätzlich vorhanden und einige Sonderzeichen, wie Slash (\), ?, =, *, # usw., haben eine andere Position.

➠ *Siehe Sonderzeichen, Tastatur*

R/W

R/W ist die Abkürzung von Read/Write und deutet auf die Fähigkeit hin, Daten sowohl zu lesen als auch zu schreiben. R/W läßt im Gegensatz zu RO (Read Only) sowohl Lese- als auch Schreibzugriffe zu. Das Kürzel wird zur allgemeinen Kennzeichnung von Vorgängen und Geräten verwendet.

RA

Abkürzung für Random Access.

➙ *Siehe Wahlfreier Zugriff*

Radio Data System

➙ *Siehe RDS*

Rahmen

Fast alle Datenübertragungen, die mit Datenpaketen arbeiten, benötigen zusätzlich zu den Nutzdaten Informationen über das Paket, z.B. über das verwendete Protokoll und/oder eine Prüfsumme. Diese Informationen werden als Rahmen bezeichnet.

Ein Rahmen ist ein wichtiger Bestandteil von Grafik- und DTP-Programmen. Er umgibt andere Elemente oder fungiert als Platzhalter, in den Elemente eingefügt werden können.

➙ *Siehe Datenübertragung, Frame, HTML*

RAID

1987 legte die Berkeley Universität in einer Untersuchung fünf verschieden gewichtete Standards vor, um die Datensicherheit beschreiben zu können. RAID steht dabei für Redundant Array of Inexpensive Disks, was soviel wie redundante Anordnung billiger Festplatten bedeutet. Da RAID in Wirklichkeit nicht billig ist, spricht man nun eher von unabhängigen statt billigen Festplatten. Die Steigerung der Sicherheit erreicht man durch redundante Speicherung der Daten auf verschiedene Festplatten. Von den fünf definierten Standards sind hauptsächlich Level 1 und 5 verbreitet.

- Level 1: Auch Mirroring oder Duplexing genannt, speichert alle Daten parallel auf zwei verschiedene Festplatten.

- Level 5 benötigt sogar fünf Festplatten. Jeder Sektor, der geschrieben werden soll, wird um eine Prüfsumme erweitert und auf die fünf Platten verteilt. Fällt nun eine Platte aus, kann aus den vorhandenen Informationen alles rekonstruiert werden. Dieses System ist durch die Verteilung der Daten auch in der Lage, die Geschwindigkeit der Zugriffe und damit die Verfügbarkeit enorm zu erhöhen.

➧ *Siehe Festplatte*

RAM

RAM steht für Random Access Memory und ist der Hauptspeicher eines Computers. Random Access ist das Äquivalent von wahlfreiem Zugriff. RAM-Bausteine sind Halbleiterspeicher, die in den Varianten DRAM, SRAM, VRAM, WRAM, MDRAM und SDRAM vorkommen.

RAM refresh

Bei DRAM ist es unbedingt erforderlich, den Inhalt des Speichers in bestimmten Abständen aufzufrischen (Refresh), um den Inhalt zu bewahren.

➧ *Siehe RAM*

RAM-Card

Will man den Hauptspeicher eines Notebooks oder Laptops erweitern und ist dies physikalisch nicht mehr möglich, so bietet sich die Möglichkeit, dies mit einer RAM-Card zu tun, die als PCMCIA-Karte extern angeschlossen werden kann.

➧ *Siehe PCMCIA*

RAM-Disk

Eine RAM-Disk ist eine virtuelle Festplatte, die im Arbeitsspeicher angelegt wird, worauf temporäre Dateien gespeichert werden. Dieses virtuelle Laufwerk bietet praktisch den gleichen Durchsatz wie der verwendete Hauptspeicher, was erheblich schneller ist als jede Festplatte. Beim Neustart oder Absturz eines Computers sind allerdings alle auf der RAM-Disk gespeicherten Daten unwiederbringlich verloren. Daran sollte man immer denken, wenn man eine RAM-Disk verwendet.

RAMbus

In der letzten Zeit hat sich der Durchsatz des Arbeitsspeichers immer mehr als Flaschenhals erwiesen. Eine der neuen Entwicklungen, die diesen beheben will, ist der RAMbus. Der verwendete Bus ist zwar lediglich 8 Bit breit, kann aber mit bis zu 500 MHz betrieben werden.

➧ *Siehe Bus, RAM, Takt*

RAMDAC

Random Access Memory Digital Analog Converter. Ein Digital/Analog-Konverter. Bestandteil moderner Grafikkarten, der den digitalen Speicherinhalt in analoge RGB-Farbwerte umsetzt. Der RAMDAC ist hauptsächlich für die Bildwiederholfrequenz und auch für die Bildqualität einer Grafikkarte verantwortlich. Ergonomische Grafikkarten besitzen zumeist einen besseren, sprich schnelleren RAMDAC. Je nach Grafikkarte ist der RAMDAC als separater Baustein ausgeführt (220-MHz-RAMDAC bei VRAM-Grafikkarten) bzw. bereits in den Grafik-Chip integriert (75-MHz- und 135-MHz-Versionen). Der Pixeltakt hängt nicht von der Farbtiefe, sondern von der Bildschirmauflösung und der Bildwiederholrate ab. So erfordern 1024x768 bei 75 Hz einen 75-MHz-RAMDAC; 220-MHz-RAMDACs sind erst ab einer Auflösung von 1600x1200 Bildpunkten bei 75 Hz notwendig. Heutzutage sollte ein 135-MHz-RAMDAC das absolute Minimum darstellen. Etwas besser ist dann ein 175-MHz-RAMDAC, bei besonders ergonomischen Karten sind 220 MHz üblich. Beim Kauf einer Grafikkarte sollte man also auf jeden Fall auf den RAMDAC achten.

➡ *Siehe Grafikkarte*

Random Access
➡ *Siehe Wahlfreier Zugriff*

Random Access Memory
➡ *Siehe RAM*

Random Access Memory Digital Analog Converter
➡ *Siehe RAMDAC*

Random-Datei
Eine Random-Datei ist eine Datei, auf die wahlfrei zugegriffen werden kann (eine andere Möglichkeiten des Zugriffs sind der sequentielle und der binäre Zugriff). Hierbei kann man auf jede beliebige Stelle der Datei zugreifen, man muß sie also nicht von Anfang an lesen bzw. schreiben.

➡ *Siehe Sequentieller Zugriff, Wahlfreier Zugriff*

RARE
RARE steht für Réseaux Associés pour la Recherche Européenne und bezeichnet einen Zusammenschluß von europäischen Forschungsstätten mit dem Ziel, nationale Grenzen zu überwinden.

RAS
1. Remote Access Service. Windows NT bietet die Möglichkeit, auf einzelne Computer oder ganze Netzwerke per Fernverbindung zuzugreifen.

2. Reliability, Availability, Security, also Zuverlässigkeit, Verfügbarkeit und Sicherheit. Diese beschreiben die drei Grundsätze der Datensicherheit:

▪ Daten müssen korrekt sein.

▪ Daten müssen verfügbar sein.

▪ Daten dürfen nur Berechtigten zugänglich sein.

Raster Image Processor
➡ *Siehe RIP*

Rasterbildschirm

Ein Rasterbildschirm besitzt die z.Z. üblicherweise verwendete Darstellungstechnik, bei der die Anzeige Punkt für Punkt aus Pixeln aufgebaut wird.

Rasterfrequenz

→ *Siehe lpi*

Rastergrafik

→ *Siehe Bitmap-Grafik*

Rastern

Um ein Bild oder Foto auf einem Computer bearbeiten zu können, muß das Bild in seine einzelnen Pixel zerlegt werden. Diesen Vorgang nennt man Rastern. Dazu benötigt man ein Rasterverfahren, meistens geschieht dies mit Hilfe eines Scanners. Je höher dabei die Auflösung des Scanners ist, desto besser ist die erreichte Qualität. Die Auflösung wird üblicherweise in dpi angegeben.

→ *Siehe Rasterverfahren*

Rasterverfahren

Es dient dazu, Bilder Punkt für Punkt in ein für einen Computer lesbares Format umzuwandeln (Digitalisierung, Rastern). Die Qualität des Verfahrens wird in lpi (lines per inch) gemessen.

→ *Siehe lpi*

Ratio

Bei Mailboxen ist damit das Verhältnis zwischen Uploads und Downloads eines Benutzers gemeint. Durch die Verwendung der Ratio wird es diesem unmöglich, nur Programme abzuholen (Download) und keine neuen zur Verfügung zu stellen (Upload). Eine Ratio von 1:3 bedeutet also, daß der Benutzer bei Uploads von einem Megabyte drei downloaden kann.

→ *Siehe BBS*

Raubkopie

Jede kommerzielle Software darf im Unterschied zu Freeware, PD-Software und Shareware nicht legal verbreitet werden. Jede Kopie des Originalprodukts, die nicht der Datensicherung dient, ist illegal und kann nach dem Urheberschutzgesetz bestraft werden.

Raytracing

Um Lichteffekte bei Computergrafiken möglichst realistisch darstellen zu können, wird bei diesem Verfahren der Gang eines jeden Lichtstrahls berechnet und damit die Farbe des jeweiligen Bildpunkts bestimmt. Damit kann man Licht- und Schatteneffekte sehr wirklichkeitsgetreu berechnen. Dies ist aber extrem rechenintensiv und kann auch auf sehr schnellen Rechnern mehrere Stunden pro Bild dauern.

→ *Siehe 3D-Grafik*

RCTC-Timecode

Dieser Code ist für die Videobearbeitung speziell für den linearen Videoschnitt gedacht. Um einen bildgenauen Schnitt zu gewährleisten, wird jedes Bild bei der Aufnahme durchnumeriert. Es ist allerdings auch möglich, alte Aufnahmen nachträglich mit dem Timecode auszustatten. Für diesen wiederbeschreibbaren Timecode im Hi8-Format (auch Video-8) ist natürlich ein Videorecorder notwendig, der RCTC unterstützt.

RD

1. Abkürzung für Read. Wird v.a. in Anleitungen verwendet.
2. Abkürzung für Relationale Datenbank.

RDA

Abkürzung für Remote Database Access. Dieser Begriff steht für Fernzugriffe auf Datenbanken. Dabei ist die Datenbank, auf die zugegriffen wird, nicht auf dem Rechner gespeichert, von dem aus der Zugriff vorgenommen wird. Diese Methode ist in Netzwerken mit Client-Server-Anwendungen gängig. Microsoft bietet z.B. mit den Remote Data Objects (RDO) eine Möglichkeit für einen solchen Zugriff. Fernzugriffe auf Datenbanken sind aber auch über das Internet möglich. Dafür bieten sich diverse Technologien.

➡ *Siehe Datenbank*

RDBMS

RDBMS steht für Relationales Datenbank-Managementsystem, das ein Datenbank-Managementsystem (DBMS) und ein Datenbank-Verwaltungssystem (DVS) zum Erstellen, zur Pflege und zur Verarbeitung von relationalen Datenbanken umfaßt. In der Windows-Welt ist Access von Microsoft ein weitverbreiteter Vertreter dieser Softwaregattung.

➡ *Siehe Relationale Datenbank*

RDS

RDS ist die englische Abkürzung für Radio Data System und steht für einen europäischen Standard zur Identifizierung von UKW-Radiosendern. Mit RDS ist es möglich, neben dem Audiosignal weitere Informationen zu übertragen. Damit kann man z.B. einen Text zur Sendererkennung und Informationen über Titel und Interpreten und die Empfangsfrequenzen übermitteln. Mittels des Funkrufdienstes Omniport können auch Nachrichten an Pager weitergegeben werden.

Re:

Re: ist die Abkürzung für Reply (Erwiderung) oder auch für regarding (in bezug auf). Sie wird im allgemeinen im Internet benutzt, um auf E-Mails oder Artikel in Newsgruppen zu antworten. Jede E-Mail oder jeder Artikel hat ein Feld, in dem beschrieben wird, um was es sich in dem Text dreht, das Subject-Feld. Wollen Sie nun auf einen Text antworten, so fügen Sie vor dem Subject das »Re:« ein, um klarzustellen, auf welchen Text Sie sich beziehen.

➠ *Siehe E-Mail*

Read

Read ist der englische Begriff für Lesen. Gemeint ist damit das Lesen von Daten aus einem Speichermedium. Der Begriff bezieht sich auf alle Arten von Speichermedien, wie z.B. RAM, CD-ROMs, Festplatten, DVDs, MOs. Manche Speichermedien erlauben es, nur Daten zu lesen, verweigern aber das Schreiben von Daten. Diese werden als Nur-Lese-Speicher oder auch Read Only Memory bezeichnet.

Read after Write

Manche Systeme bieten diese Option. Sie bewirkt, daß alle Daten, die auf einen Datenträger geschrieben werden, nochmals gelesen werden, um sicherzugehen, daß sie dort korrekt gespeichert wurden. Manchmal taucht dieser Begriff auch als verify auf.

Read Error

Read Error ist der englische Begriff für einen Lesefehler. Dieser tritt vor allem beim Lesen von Diskettenlaufwerken oder anderen Datenträgern auf. Programme wie Scandisk bieten Möglichkeiten zur Fehlererkennung.

➠ *Siehe Lesefehler*

Read Only

Read Only steht für lediglich lesbare Daten, d.h. die Daten, die sich auf einem Speichermedium mit dieser Kennzeichnung befinden, oder Dateien, die dieses Attribut aufweisen, können nur gelesen werden. Die CD-ROM ist ein Vertreter dieser Speichermedien. Es gibt aber auch Zwischenformen von Nur-Lese-Speichern und Schreib-Lese-Speichern. Vertreter dieser Gattung sind z.B. WORM (Write Once Read Many), CDR (CD Recordable). Diese lassen sich einmal beschreiben. Beschriebene Bereiche lassen sich anschließend nur noch lesen.

➠ *Siehe CD-R, CD-ROM, ROM, WORM-Platte*

Read Only Memory

➠ *Siehe ROM*

Read/Write Head

➠ *Siehe Schreib-Lese-Kopf*

ReadMe-Dateien

➠ *Siehe Lies-Mich-Dateien*

Real Audio

http://www.realaudio.com

Real Audio dient zur Übertragung von Musik über das Internet. Mit Real Audio ist es sogar machbar, richtige Radiosendungen zu übertragen, wenn auch in mäßiger Qualität. Das hierfür notwendige Programm kann unter http://www.realaudio.com kostenlos heruntergeladen werden. Das Programm muß dann als Plug-In in einen Browser integriert werden.

→ *Siehe Webseite, WWW*

Real Mode

Alle Intel-Prozessoren bis zum 80286 kannten lediglich diesen Modus, alle späteren kennen zusätzlich den Protected Mode. Im Real Mode kann von jedem Anwendungsprogramm aus auf alle Ressourcen, im speziellen den ganzen Arbeitsspeicher, der aus maximal einem Megabyte bestehen kann, zugegriffen werden. Um die Beschränkung auf ein Megabyte zu umgehen, wurden die Konzepte von EMS und XMS erfunden, die das eigentliche Problem auch nicht beheben können.

→ *Siehe Protected Mode*

Real Time

→ *Siehe Echtzeitverarbeitung*

Real Time Clock

Die Real Time Clock ist die Echtzeituhr eines PC. Diese Uhr stellt das aktuelle Datum und die aktuelle Uhrzeit dem Betriebssystem und damit auch den Anwendungen zur Verfügung. Die Echtzeituhr kann über das Betriebssystem oder über das Bios eingestellt werden. Wenn der Rechner abgeschaltet ist, übernimmt ein Akku oder eine Batterie die Stromversorgung, damit die Uhr weiterlaufen kann.

Real World

Die Real World ist das Gegenteil des Cyberspace, also die Realität.

→ *Siehe Cyberspace*

Real-Time-Verfahren

Bedeutet, daß verschiedene Audio- oder Videosignale in Echtzeit übermittelt werden. Dies spielt vor allem im Multimediabereich eine sehr wichtige Rolle.

→ *Siehe Real Audio*

Realname

Im Internet und in Mailboxen ist es üblich, daß Anwender sich einen Phantasienamen zulegen, also ein Pseudonym, um eine gewisse Anonymität zu wahren. Der Realname hingegen bezeichnet den richtigen Namen des Anwenders.

→ *Siehe Internet*

Reassembler

→ *Siehe Assembler, Disassembler*

Rechengeschwindigkeit

Das Tempo, mit dem ein Computer seine Berechnungen ausführt, ist seine Rechengeschwindigkeit. Diese hängt von der verwendeten CPU, deren Taktfrequenz, dem auszuführenden Programm und allerlei anderen Faktoren ab. Das Messen der Rechengeschwindigkeit, das aufgrund der vielen Faktoren recht komplex ist, erledigen sogenannte Benchmarktests.

→ *Siehe Benchmark*

Rechenmaschine

Seit der Mensch gelernt hat, die Mathematik zu beherrschen, hat er versucht, Maschinen zu konstruieren, die ihm vor allem bestimmte, zwar sehr aufwendige, aber im Prinzip einfache Berechnungen abnehmen. Schon 300 v. Chr. benutzten die Römer einfache Rechenbretter. Im Jahr 1623 erfand William Oughtred den ersten Rechenschieber und Wilhelm Schickard die erste mechanische Rechenmaschine. Diese wurde ständig weiterentwickelt, bis Charles Babbage 1833 den 1805 von Joseph-Marie Jacquard erdachten, mit Lochkarten programmierbaren Webstuhl weiterentwickelte. Daraus entstand 1890 die von Hermann Hollerith erbaute Rechenmaschine, mit der die in diesem Jahr stattfindende 11. Volkszählung durchgeführt wurde. Konrad Zuse und Howard H. Haiken entwickelten in den Jahren 1941 und 1944 unabhängig voneinander die ersten elektromechanischen Rechenmaschinen. Bis zur Entstehung heutiger Computer war es allerdings noch ein weiter Weg. Jedoch ist das Ende von diesem Weg noch lange nicht in Sicht.

➠ *Siehe Babbage, Charles, Hollerith, Herrmann, Jacquard, Joseph-Marie, Zuse, Konrad*

Rechenwerk

Die in heutigen PCs enthaltene CPU besteht aus mehreren Teilen. Einer davon ist das Rechenwerk, auch ALU genannt, welches alle logischen und auf Integerwerten (ganzzahligen Werten) beruhenden mathematischen Funktionen ausführt.

➠ *Siehe ALU, CPU*

Rechenzeit

Die Zeit, die ein Computer braucht, um ein Programm abzuarbeiten. Diese hängt vor allem von der Rechengeschwindigkeit des Computers ab.

Die Zeit, die eine CPU für die Ausführung eines Befehls benötigt. Sie wird in Takten gemessen und von der Taktfrequenz und der Anzahl der für den Befehl benötigten Takte beeinflußt.

➠ *Siehe Rechengeschwindigkeit*

Rechenzentrum

Rechenzentren sind meist mit den z.Z. leistungsfähigsten Datenverarbeitungsanlagen, wie z.B. Großrechnern, auch Mainframes genannt, ausgestattet. Sie sind hauptsächlich auf die Verarbeitung großer und größter Datenmengen und damit die Bewältigung umfangreichster Berechnungen ausgelegt. Da die Rechenleistung einzelner PCs heute schon zur Berechnung vieler Probleme ausreicht, sind Rechenzentren seltener geworden. Sie werden heutzutage oft durch

Vernetzung vieler einzelner Rechner ersetzt (Dezentralisierung). Doch vor allem in Universitäten und großen Unternehmen kommen Rechenzentren wegen ihrer enormen Stabilität (Ausfallsicherheit) auch weiterhin vor.

➥ *Siehe Großrechner*

Recherche

Bei den riesigen Datenmengen, die z.B. gerade das Internet, aber auch viele andere Datenbanken heute innehaben, ist oft nicht die Frage, ob eine Datenbank die gewünschten Daten enthält, sondern diese darin zu finden. Um dies zu tun, existieren in jeder Datenbank Programme, um dem Benutzer so eine Recherche so einfach wie möglich zu machen.

➥ *Siehe Datenbank*

Recherchesoftware

Dies sind Programme, die bei der Recherche in Datenbanken unterstützen. Im Internet erledigen dies die sogenannten Search-Engines.

➥ *Siehe Recherche*

Rechnerkomponente

Rechnerkomponenten sind die einzelnen Bestandteile eines Computers, also etwa die CPU, das Mainboard, der Hauptspeicher, die Grafikkarte, eine Soundkarte, Festplatten, Diskettenlaufwerke, CD-ROM-Laufwerke usw.

Rechnernetz

Synonym für Netzwerk.

➥ *Siehe Netzwerk*

Rechnernetzwerk

Synonym für Netzwerk.

➥ *Siehe Netzwerk*

Rechnerplattform

Als Rechnerplattform bezeichnet man die Arbeitsumgebung, in der sich der Anwender bewegt, also das Betriebssystem und die darauf ablaufenden Anwendungsprogramme.

Rechter Mausklick

➥ *Siehe Klicken*

Rechtschreibhilfe

Praktisch jede moderne Textverarbeitungssoftware besitzt inzwischen die Fähigkeit, die Rechtschreibung eines gegebenen Textes in bestimmten Grenzen zu überprüfen, teilweise sogar schon in Echtzeit, während des Schreibens. Sie braucht dafür ein Wörterbuch, mit dem sie die eingegebenen Wörter abgleichen kann. Dieses ist natürlich nie vollständig und läßt sich daher individuell erweitern.Glaubt die Rechtschreibhilfe, einen Fehler gefunden zu haben, zeigt sie das betreffende Wort an und bietet dann Korrekturbeispiele an oder erlaubt die Aufnahme ins Wörterbuch.

➥ *Siehe Textverarbeitung*

Record
➙ *Siehe Datensatz*

Record Key
Dies ist der Schlüssel, der bei einer Recherche als Suchkriterium dient und damit das Auffinden von Daten erleichtert (Primärschlüssel).

➙ *Siehe Datenbank, Primärschlüssel, Recherche*

Record Locking
Da viele Benutzer gleichzeitig auf Datenbanken zugreifen können, ist es notwendig, bei der Änderung von Datensätzen diese für andere zu sperren, um Inkonsistenzen zu verhindern. Dieses Verfahren nennt man Record Locking; es ist dem File Locking sehr ähnlich, bei dem die ganze Datei, auf die geschrieben wird, gesperrt wird.

➙ *Siehe Datensatzsperrung*

Recycling
Die immer kürzer werdende Zeit, die ein Computer benutzt wird, bevor er ausgetauscht werden muß, und der daraus entstehende Müll machen es notwendig, zu versuchen, möglichst viele Teile der Wiederverwertung zuzuführen. Die immens hohe Integration der Bauteile macht dies aber sehr komplex und teuer, da die Bauteile in einem sehr hohen Maße zerlegt werden müssen, bevor dies geschehen kann.

Red Book
Dieser Standard legt fest, wie Audiodaten auf CD-Rs geschrieben werden müssen.

➙ *Siehe CD-R*

Redundant Array of Inexpensive Disks
➙ *Siehe RAID*

Redundanz
Redundanz bedeutet, daß etwas öfter vorhanden ist als eigentlich nötig. In bezug auf Daten bedeutet dies, daß mehr Daten vorhanden sind, als zur Übermittlung bzw. Speicherung der eigentlichen Information notwendig sind. Bei CDs werden redundante Daten z.B. zur Fehlerkorrektur verwendet. In bezug auf Hardware heißt Redundanz, daß bestimmte Komponenten doppelt oder öfter vorhanden sind, wobei jede für sich genommen ausreichen würde, damit das System voll funktionsfähig ist.

Zusätzliche Informationen, die absichtlich eingefügt werden, um etwa Verfahren zur Fehlererkennung zu implementieren, wie z.B. die Paritäts- und auch die CRC-Kontrolle.

Das mehrfache Vorhandensein von Hardware, um Ausfälle abzufangen und somit die Stabilität und Sicherheit zu steigern (beispielsweise RAID).

➙ *Siehe RAID*

Referenz

Programmierer nennen so die Möglichkeit, einem Unterprogramm nicht einen Wert selbst, sondern nur dessen Adresse zu übergeben. Dadurch kann das Unterprogramm nicht nur lesend, sondern auch schreibend auf den Wert des übergebenen Parameters zugreifen.

Bei der Datenmodellierung von Relationalen Datenbanken spaltet man die Datensätze, gemäß der dritten Normalform, oft in mehrere Tabellen auf, um Datenredundanz zu vermeiden. Verbunden werden diese Tabellen dann durch Referenzen, auch Relationen genannt, von denen es drei verschiedene Typen gibt:

- Bei den 1:1-Referenzen hat jeder Datensatz der Haupttabelle nur eine einzige Verknüpfung zu einem anderen der Nebentabelle. Daher ist diese Art der Verknüpfung sehr selten, da eine Aufspaltung eigentlich gar nicht nötig ist.
- Die 1:n-Referenzen sind die am meisten verbreiteten. Hier besitzt jeder Eintrag der Haupttabelle mehrere Verweise auf andere Nebentabellen. Bei einer Bestelldatenbank würde man damit z.B. jeder Rechnung den Kunden zuordnen, der diese Rechnung zahlen muß.
- Bei den m:n-Referenzen besitzt nicht nur die Haupttabelle Verweise auf die Nebentabellen, sondern diese erstrecken sich auch in die andere Richtung. Es können also jedem Datensatz in der Haupttabelle beliebig viele Datensätze in der Nebentabelle zugeordnet werden und umgekehrt. Ein Beispiel wären hierfür die einzelnen Posten, sprich Artikel in einer Rechnung. Jedem Artikel können beliebig viele Rechnungen zugeordnet werden und in jeder Rechnung können sich beliebig viele Artikel (Posten) befinden. Oft werden diese Referenzen nicht direkt von der RDBMS-Software unterstützt, so daß sie über eine Zwischentabelle in zwei 1:n-Referenzen aufgespalten werden müssen.

➡ *Siehe RDBMS*

Referenzmodell
➡ *Siehe OSI-Schichtenmodell*

Refresh
➡ *Siehe RAM refresh*

Refreshrate

Damit wird die Häufigkeit bezeichnet, mit der ein RAM refresh durchgeführt wird.

➡ *Siehe RAM refresh*

Refreshzyklus

Bei Speicherbausteinen der DRAM-Bauart gehen die Informationen verloren, wenn sie in einem bestimmten Intervall wieder aufgefrischt werden. Dieses ständige Auslesen und Wiederzurückschreiben nennt man Refreshzyklus.

➨ *Siehe RAM refresh*

Region

Im Fido-Netz ist eine Region ein geographisch festgelegter Bereich, in dem eine bestimmte Anzahl von Nodes zusammengefaßt ist.

➨ *Siehe FidoNet, Node*

Register

Register sind spezielle Speicherzellen, die innerhalb einer CPU zum Speichern von Werten verwendet werden, die für die Arbeit der CPU wichtig sind (Werte, Operanden etc.).

➨ *Siehe CPU*

Registry

In Windows 95 und seit Version 4.0 auch in Windows NT stellt die Registry die Datenbank dar, in der alle systemrelevanten Informationen gespeichert werden. Sie ersetzt die von Windows 3.1 bekannten Konfigurationsdateien System.ini und Win.ini, wenn diese auch aus Kompatibilitätsgründen weiterhin unter Windows 95 existieren. Die Registry ist immens komplex aufgebaut und enthält alle Daten in Gruppen gegliedert, die fast immer wiederum selber untergliedert sind. Alle diese Gruppen sind in sog. Schlüsseln gespeichert und können mit dem mitgelieferten Programm REGEDIT.EXE bearbeitet werden. Die gesammelten Daten der Registry werden in den Dateien System.Dat und User.Dat gespeichert. Von diesen legt Windows bei einem erfolgreichen Start Backups namens System.Da0 und User.Da0 an. Stellt Windows bei einem Start nun fest, daß die Registry beschädigt ist, versucht es, erst einmal mit diesen beiden Sicherungskopien zu starten.

➨ *Siehe System.ini, Win.ini, Windows 95, Windows NT*

Rekursion

Als Rekursion wird allgemein der Aufruf einer Funktion durch sich selbst zur Berechnung eines Teilergebnisses bezeichnet. Bei der Berechnung einer rekursiven Funktion wird der berechnete Wert eines Schleifendurchlaufs (Iteration) als Eingabe für den nächsten Durchlauf benötigt. Charakteristisch dabei ist, daß die Funktion sich selbst aufruft. Die meisten Programmiersprachen unterstützen heute rekursive Funktionen. Man versucht im Normalfall, rekursive Funktionen zu vermeiden, da diese bei großer Rekursionstiefe viel Speicher auf dem Stack benötigen, was im Extremfall zu einem Überlauf führen kann. Es gibt allerdings Problemstellungen, die sich mit Hilfe der Rekursion sehr elegant lösen lassen. Ein rekursiver Algorithmus läßt sich immer in einen nichtrekursiven umschreiben. Häufig zitierte Beispiele für die Rekursion sind die Berechnung der Fakultät, des größten gemeinsamen Teilers, aber auch die Türme von Hanoi oder Quicksort als Sortierverfahren.

Rekursives Programm

Ein Programm, das rekursive Programmteile beinhaltet.

➠ *Siehe Rekursion*

Relation

1. Alle Arten von Beziehungen oder Abhängigkeiten von Objekten und Daten.
2. Bei Relationalen Datenbanken ist eine Relation eine Menge identisch aufgebauter Datensätze (Tupel). Sie fassen die Daten bestimmter Zusammenhänge zu Gruppen zusammen, den Diskursbereichen. Diese Gruppen sind im Prinzip wieder Tabellen.

➠ *Siehe Relationale Datenbank*

Relationale Datenbank

Hier werden alle Daten in Relationen, also Tabellen, dargestellt. Die Eigenschaften von Mengen, festgelegt durch ihre Attribute und ihre Domänen, sind ein relationales Schema.

➠ *Siehe Datenbank*

Relationales Datenbank-Managementsystem

➠ *Siehe RDBMS*

Relative Adresse

Im Gegensatz zu absoluten Adressen bezieht sich eine relative Adresse immer auf eine Basis. Beim Laden von ausführbaren Programmen spielt das z.B. eine sehr große Rolle, da diese im Speicher verteilt werden können. Alle Adressen im Programm werden relativ abgespeichert und beim Laden zur Startadresse des Programms, hier die Basisadresse, addiert, um die endgültige Adresse zu erhalten.

➠ *Siehe Absolute Adresse*

Reliability, Availability, Security

➠ *Siehe RAS*

REM

REM ist die Abkürzung von Remark, das englische Wort für Bemerkung. In diversen Kommandosprachen ermöglicht dieser Befehl das Einfügen von Kommentaren, da alles, was nach diesem Befehl folgt, vom Interpreter der Kommandosprache ignoriert wird.

Remote

Remote bedeutet, daß etwas ferngesteuert werden kann.

Remote Access Service

➠ *Siehe RAS*

Remote Database Access
➡ *Siehe RDA*

Remote Imaging Protocol
➡ *Siehe RIP*

Remote Mail
Mit Remote Mail kann man mit Exchange, dem Mailprogramm von Windows 95 oder NT, festlegen, von welchem Mail-Server (POP3 für Internet-Mail) man seine E-Mails beziehen will. Das Besondere ist, daß das Programm die Subject-Zeilen der Mails ohne den eigentlichen Text herunterladen kann, wodurch Sie in der Lage sind, nur diejenigen E-Mails zu laden, die Sie wirklich lesen wollen. Diese Funktion befindet sich im Menü »Extras«.

➡ *Siehe Exchange*

Remote Network Access
➡ *Siehe DFÜ-Netzwerk, RNA*

Remote Phrase Authentification
➡ *Siehe RPA*

Remote-Control
Programme dieser Art werden dazu benutzt, Computer über ein Netzwerk oder über eine Datenfernübertragung fernzusteuern.

Rendering
Durch Rendering werden dreidimensionale Drahtkörpermodelle durch Hinzufügen von Oberflächenmustern und Licht- bzw. Schatteneffekten in möglichst echt wirkende dreidimensionale Darstellungen umgewandelt. Diese Berechnungen können je nach Aufwand viele Stunden bis zu Tagen an Rechenzeit dauern.

➡ *Siehe 3D-Grafik*

Rendern
Ein Stencil(= Schablone)-Buffer maskiert einen bestimmten Bereich der darstellbaren Zeichenfläche. Nur im unmaskierten Bereich wird Grafik (meist 3D-Objekte) dargestellt. Der Grafik-Chip berechnet 3D-Objekte z.B. nur innerhalb einer Fensterscheibe, ohne sich um die Lage der Objekte außerhalb dieses Bereichs kümmern zu müssen.

Repeater
Da die Länge eines Netzwerksegments durch Verluste in den Leitungen begrenzt ist, sind für größere Netzwerke Repeater nötig, da diese die Signale verstärken. Ein Repeater kann nur zwei Netzwerksegmente verbinden, wenn beide das gleiche Netzwerkprotokoll benutzen, denn er arbeitet lediglich auf der physischen Ebene des OSI-Schichtenmodells.

➡ *Siehe Netzwerksegment, OSI-Schichtenmodell*

Reply
➡ *Siehe Re:*

Report

Englisch für Bericht. Berichte werden in Datenbanken erstellt, um über bestimmte Sachverhalte Auskunft zu geben. So kann z.B. eine Rechnung oder ein Katalog eine Form von Report sein. Meistens bieten Datenbankprogramme Funktionen zur Unterstützung bei der Erstellung von Reports an.

➡ *Siehe Datenbank, Datenbankprogramm*

Reprotechnik

Mit Reprotechnik bezeichnet man die Geräte sowie auch das Verfahren zur Herstellung professioneller Kopien von Bildern auf drucktechnische Art und Weise.

Request

Englisch für Anfrage. Wird für jede Art von Anfrage verwendet.

Ist im FidoNet eine gewünschte Datei oder ein gewünschtes Programm nicht auf dem aktuellen Knoten (Node), muß es mit Hilfe eines Request von einem anderen Knoten geholt werden.

➡ *Siehe FidoNet, Node*

Research Integracy Backbone
➡ *Siehe RIB*

Réseaux Associés pour la Recherche Européenne
➡ *Siehe RARE*

Réseaux IP Européens
➡ *Siehe RIPE*

Reserviertes Wort

Als reservierte Worte werden Schlüsselworte einer Programmiersprache, also die Basisanweisungen der Sprache, bezeichnet. Diese dürfen in der Regel nicht zur Benennung von Variablen, Funktionen, Prozeduren etc. verwendet werden.

➡ *Siehe Programmiersprache*

Reset

Reset heißt auf deutsch zurücksetzen. Bei einem Debugger meint man damit z.B., daß ein Programm neu geladen werden soll. Meistens meint man mit einem Reset den kompletten Neustart eines Computers. Hier unterscheidet man zwischen zwei verschiedenen Methoden:

- Kaltstart: Dieser wird durch Drücken der Reset-Taste an der Frontseite eines Computers ausgelöst. Ein Kaltstart hat in etwa die gleiche Funktion wie das Aus- und wieder Einschalten des Computers, ist allerdings schonender und sollte deshalb vorgezogen werden.

- Warmstart: Dieser wird durch das gleichzeitige Niederdrücken der [STRG]-, der [ALT]- und der [ENTF]-Tasten betätigt. Im Unterschied zu einem Kaltstart läßt dieser einen Teil der Initialisierungsprozesse des BIOS aus.

Beide aber löschen den gesamten Speicher und starten anschließend ein Betriebssystem, falls vorhanden.

Resident

Normalerweise werden Programme, wenn man sie beendet, komplett aus dem Hauptspeicher entfernt. Bei residenten Programmen trifft genau das nicht zu, und so ist es diesen möglich, eine bestimmte Funktionalität auch nach deren Beendigung aufrechtzuerhalten. Maustreiber sind Beispiele für residente Programme.

➡ *Siehe TSR-Programm*

Resources

Englisch für Ressourcen.

➡ *Siehe Ressourcen*

Response

Gibt der Benutzer ein Kommando ein, so wird die Antwort darauf als Response bezeichnet.

Response Time

Damit ist die Zeit gemeint, die zwischen der Eingabe eines Kommandos durch den Anwender und dem Ende der Ausführung des Kommandos vergeht.

➡ *Siehe Response*

Ressourcen

Alle einem Computer zur Verfügung stehenden Mittel, egal ob Hardware oder Software, bezeichnet man als Ressourcen oder auch Betriebsmittel. Darunter fallen etwa Komponenten wie Drucker, Anwendungsprogramme, aber auch Cache oder der Stack innerhalb des laufenden Betriebssystems.

Ressourcenverwaltung

Da beispielsweise bei einem normalen Drucker nur jeweils ein Benutzer auf diesen zugreifen kann, muß das Betriebssystem dafür sorgen, daß keine Kollisionen entstehen. Der Teil des Betriebssystems, der sich um die Verteilung der Ressourcen kümmert, ist die Ressourcenverwaltung.

➡ *Siehe Betriebssystem, Ressourcen*

Restore

Daten, die man mit Hilfe eines Backups gesichert hat, kann man mit einem Restore wiederherstellen.

➡ *Siehe Backup*

RET

RET steht für Resolution Enhancement Technology und ist ein von der Firma Hewlett Packard (HP) erfundenes Verfahren, das die Qualität von Ausdrucken bei Laserdruckern steigern soll. Jeder hat wahrscheinlich schon einmal einen Ausdruck gesehen, auf dem bei schrägen Linien der Treppeneffekt sichtbar war. RET paßt die Größe einzelner Druckpunkte an den Rändern schräger Strukturen so an, daß dieser Treppeneffekt stark abgeschwächt wird. Ähnliche Verfahren existieren auch bei anderen Herstellern, natürlich unter anderem Namen.

→ *Siehe Aliasing, Treppeneffekt*

Retrieval

So nennt man die Suche von Daten mit einer dafür geeigneten Sprache in einer Datenbank.

→ *Siehe Datenbank*

Retrieval-Software

Das sind Programme, mit denen man Daten innerhalb einer Datenbank finden kann (Retrieval).

→ *Siehe Retrieval*

Return

Bei Schreibmaschinen heißt die Taste (siehe Bild 1), die den Wagenrücklauf auslöst, auf englisch carriage return. Im Bereich der Computer ist davon die Kurzform Return übriggeblieben, die nun den Zeilenumbruch bezeichnet. Die dafür ebenso geläufige Bezeichnung Enter stammt daher, daß bei kommandozeilenorientierten Betriebssystemen diese Taste zur Bestätigung von eingegebenen Befehlen benutzt wird.

Return-Anweisung

Die Anweisung, die ein Programm anweist, aus einer Funktion oder Prozedur zur aufrufenden Funktion, Prozedur oder dem aufrufenden Programm

Bild 1: Im großen Tastenfeld ganz rechts außen – die Return-Taste

zurückzukehren, wird Return-Anweisung (Rücksprung) genannt.

RGB

Bei den meisten technischen Geräten wird eine Farbdarstellung durch Addition der drei Grundfarben Rot, Grün und Blau, kurz RGB, erreicht. Durch Veränderung der jeweiligen Farbanteile kann fast jede beliebige Farbe erzeugt werden.

→ *Siehe Farbmodell*

RGB-Monitor

Diese Art von Monitoren verwendet das RGB-Verfahren zur Farbdarstellung.

→ *Siehe RGB*

RIB

RIB ist die Abkürzung für Research Integracy Backbone. Ein Backbone (Rückgrat) ist eine Art Rückgrat in einem Netzwerk. Bei größeren Netzwerken ist es aus Geschwindigkeitsgründen üblich, einen Teil des Netzes schneller als den Rest zu betreiben, wobei dieser schnellere Teil dann die langsameren verbindet. Daher kommt auch der Name Backbone.

➩ *Siehe Netzwerk*

Rich Text Format
➩ *Siehe RTF*

Ring-Topologie

Es existieren mehrere Arten von Netzwerktopologien (Vorschriften zur Art der Vernetzung von einzelnen Rechnern). Bei der Ring-Topologie besteht das Netzwerk aus einem Leitungsring, an den die Knoten, sprich Arbeitsstationen angeschlossen sind. Diese innere Ringstruktur wird jedoch oft durch einen zentralen Server, auch MAU für Multistation Access Unit genannt, ersetzt. Im Normalfall werden die Daten auf der einen Seite empfangen und auf der anderen Seite gesendet. Das heißt, ausgehend vom Sender der Daten werden diese durch das Netz ringförmig von einer Arbeitsstation zur nächsten weitergegeben, bis der Empfänger der Daten erreicht ist. Dabei werden die Daten auch immer wieder aufgefrischt. Ein Nachteil der Ring-Topologie ist, daß bei einem Ausfall einer einzelnen Arbeitsstation das ganze Netz ausfällt.

➩ *Siehe Netzwerk, Netzwerktopologie*

RIP

1. Remote Imaging Protocol, welches ein Standard für die Übermittlung von Grafiken per Datenfernübertragung von Mailboxen ist. Vor RIP war das nur mit sehr limitierenden ANSI-Grafiken möglich, wohingegen RIP auch die Übertragung hochwertiger Bilder zuläßt. Diese sind allerdings recht umfangreich, vor allem, wenn sie als Bitmap-Grafik abgespeichert sind. Daher verwendet man für RIP hauptsächlich Vektorgrafiken und übermittelt lediglich die notwendigen Befehle zur Darstellung. Damit das überhaupt funktioniert, müssen lediglich beide Seiten RIP unterstützen. Obwohl sich so eigentlich sehr einfach grafische Oberflächen in Mailboxen integrieren lassen, ist die Anzahl der RIP-unterstützenden Programme recht gering.

2. Raster Image Processor. Diese Prozessorart befindet sich in jedem modernen Laserdrucker und verarbeitet dort die zu druckenden Daten, die er von einem Computer empfängt. Speziell bei Ausdrucken im PostScript-Format ist hierfür eine Menge Rechenleistung nötig, so daß inzwischen sogar RISC-Prozessoren verwendet werden, die oft mehr Leistung als ein Pentium-Prozessor haben.

➩ *Siehe Rastern*

RIPE

RIPE ist die Abkürzung für Réseaux IP Européens und bezeichnet das TCP/IP-Netzwerk innerhalb Europas, das von der EUnet verwaltet wird.

➠ *Siehe EUnet*

RISC-Prozessor

Im Gegensatz zu CISC-Prozessoren besteht der Befehlssatz eines RISC-Prozessors aus wenigeren und einfacheren Befehlen, als dies bei CISC-Prozessoren, wie z.B. allen Intel-CPUs bis zum Pentium Pro, der Fall ist. Am Anfang der Entwicklung kamen bei jedem neuen Prozessor ein paar neue Befehle hinzu, und so wuchs der gesamte Befehlssatz weiter und weiter. Verschiedene Experten haben schon vor geraumer Zeit nachgewiesen, daß rund 80% aller normalerweise verwendeten Kommandos nur rund 20% des gesamten vorhandenen Umfangs ausmachen. Darauf gründet sich die Entwicklung der RISC-Prozessoren. RISC steht hierbei für Reduced Instruction Set Computer. Viele komplexe Befehle der CISC-Prozessoren, die bei RISC nicht mehr vorhanden sind, müssen zwar in Folgen einfacherer Befehle aufgelöst werden. Die durch die Reduzierung erfolgte Optimierung ermöglicht aber eine erheblich beschleunigte Berechnung einiger Aufgaben. Da sich die Steigerung des Leistungspotentials von CISC-Prozessoren immer schwieriger gestaltet, wird inzwischen oft eine Mischung aus beiden konstruiert, wie etwa beim Pentium geschehen.

Riser-Karte

Eine Platine, auf der sich ISA- und PCI-Slots und der AGP-Bus befinden. Die Riser-Karte kommt auf Motherboards, die das LPX- bzw. NLX-Layout benutzen, zum Einsatz. Boards dieser Bauart werden meist in sehr flachen Desktop-Gehäusen eingesetzt, in denen eine normale Anordnung der Erweiterungskarten (also senkrecht auf das Board aufgesteckt, z.B. Baby-AT, ATX) nicht möglich ist. Statt dessen werden die Erweiterungskarten (z.B. Grafikkarte) auf die Riser-Karte gesteckt, so daß sie parallel über der Hauptplatine liegen.

Rivest-Shamir-Adleman

➠ *Siehe RSA*

RJ-Stecker

Geläufigere Bezeichnung für RJ-Stecker ist Westernstecker.

RLL

RLL ist ein Verfahren zur Aufzeichnung von Daten auf eine Festplatte. Die ersten Festplatten, die in PCs verwendet wurden, waren MFM-kodiert und wurden dann von RLL-kodierten Platten abgelöst. RLL ist die Abkürzung von Run Length Limited und bedeutet so etwas wie lauflängenbegrenzt. Durch eine um etwa 50% gesteigerte Aufzeichnungsdichte konnten auf einer RLL-Platte pro Spur 26 Sektoren zusammengefaßt werden, während bei MFM nur 17 Platz fanden. Dadurch erhöhte sich die Kapazität entsprechend.

➡ *Siehe Festplatte, MFM*

RNA

Abkürzung für Remote Network Access. Englische Bezeichnung für das DFÜ-Netzwerk unter Windows 95.

➡ *Siehe DFÜ-Netzwerk*

RND

RND ist der Name einer Funktion. In manchen Programmiersprachen können damit Pseudo-Zufallszahlen erzeugt werden. RND ist die Kurzform von Random, englisch für Zufall.

➡ *Siehe Programmiersprache*

RO

Abkürzung für Read Only.

➡ *Siehe Read Only*

Roaming

Roaming bedeutet übersetzt soviel wie herumstreunen. In der Mobilfunktechnik bezeichnet man damit die Möglichkeit, sich frei zwischen verschiedenen Gebieten bewegen und trotzdem telefonieren zu können. Dafür ist es natürlich unumgänglich, daß alle durchquerten Gebiete eine zu dem jeweiligen Mobiltelefon kompatible Empfangsstation besitzen. Da dies bei den D1- und D2-Netzen in Deutschland größtenteils flächendeckend zutrifft, spricht man in diesem Fall von Roaming, wenn man Ländergrenzen überquert. Damit ein Mobiltelefon auch hier benutzt werden kann, muß der heimische Provider mit den Betreibern des dortigen Netzes einen Kooperationsvertrag, auch Roaming-Vertrag genannt, geschlossen haben. Zusätzlich muß der Benutzer meistens bei seinem Provider einen zusätzlichen Vertrag über Roaming im Ausland abschließen. Für Benutzer des E-Netzes gestaltet sich dies noch schwieriger, da das dort verwendete DCS-System im Ausland fast nirgends unterstützt wird.

Rogue Site

»Verbrecher-Site«. Bezeichnung für eine Domain im Internet, von der aus Spam-Mail (Werbe-E-Mail) verschickt wird.

➡ *Siehe Domain*

Rollbalken

Auf englisch Scrollbars genannt, machen es einem Anwender möglich, ein Fenster rauf oder runter zu scrollen. Zusätzlich dienen diese Elemente der Benutzerschnittstelle, zur Eingabe von numerischen Werten aus einem vorgegebenen Bereich auszuwählen. Ein anderes Wort für Rollbalken ist auch Bildlaufleiste.

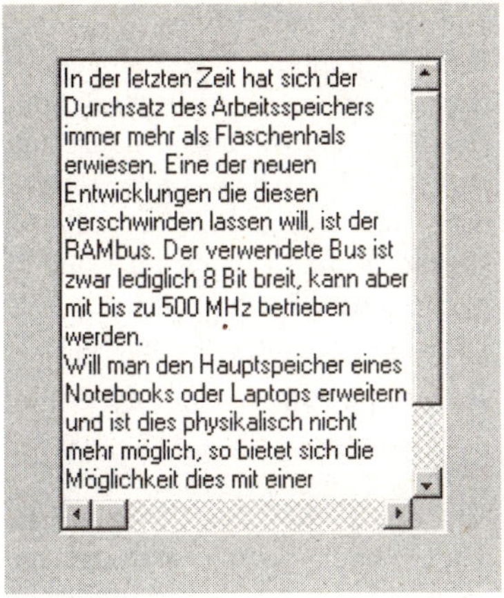

> In der letzten Zeit hat sich der Durchsatz des Arbeitsspeichers immer mehr als Flaschenhals erwiesen. Eine der neuen Entwicklungen die diesen verschwinden lassen will, ist der RAMbus. Der verwendete Bus ist zwar lediglich 8 Bit breit, kann aber mit bis zu 500 MHz betrieben werden.
> Will man den Hauptspeicher eines Notebooks oder Laptops erweitern und ist dies physikalisch nicht mehr möglich, so bietet sich die Möglichkeit dies mit einer

Bild 2: Ein horizontale und eine vertikale Bildlaufleiste an einem Textfeld

ROM

Abkürzung für Read Only Memory. Ein Speicher, auf dessen Inhalt nur lesend zugegriffen werden kann (z.B. CD-ROM, EPROM). Im ROM-BIOS eines Computers sind viele Befehle verankert, die eine grundsätzliche Benutzung von Tastatur, Monitor, Festplatten und allen verbreiteten Komponenten möglich machen. Diese sind unveränderlich und damit vor jedem Absturz sicher.

➠ *Siehe CD-ROM, EEPROM*

ROM-BIOS

➠ *Siehe BIOS*

Root Directory

➠ *Siehe Hauptverzeichnis*

Rot, Grün, Blau

➠ *Siehe RGB*

Rotieren

Rotation ist die drehende Bewegung eines Objekts um eine oder mehrere seiner und/oder beliebiger Achsen.

Route

Die Route ist der Weg, die ein Datenpaket von seinem Startpunkt zu seinem Zielpunkt zurücklegt.

➠ *Siehe Datenpaket, Router*

Router

Ein Router ist ein Teil der untersten drei Schichten des OSI-Schichtenmodells und regelt, welchen Weg ein zu versendendes Paket nehmen soll. Bei der gewaltigen Größe, die das Internet in kurzer Zeit erreicht hatte, war eine optimale Festlegung aller Wege per Hand nicht mehr möglich, vor allem weil auch Ausfälle und ähnliche Dinge zu berücksichtigen sind. Ein Router erledigt dies automatisch und fast immer optimal. Dazu tauschen die Router untereinander ständig Informationen aus.

➠ *Siehe Datenpaket, OSI-Schichtenmodell*

Router

Verknüpfungsrechners zwischen LANs, um die Weiterleitung von Nachrichten von einem LAN zu einem anderen zu ermöglichen.

Routine

In Programmen faßt man Teile, die einem bestimmten Zweck dienen, oft zu einer Einheit zusammen, um das Programm übersichtlich zu halten. Eine Routine enthält also meistens mehrere Funktionen und Prozeduren, die eine gemeinsame Aufgabe beschreiben.

Routing

Im Internet erledigen die Router die Aufgabe, die Datenpakete weiterzuleiten. Dieses Weiterleiten entlang einer gewissen Route wird Routing genannt. Es gibt passives Routing, bei dem die gesamte Route eines Pakets in dessen Header vorgegeben ist. Beim aktiven Routing versuchen die Router, selbst den kürzesten Weg zu finden.

➠ *Siehe Header, Router*

RPA

```
http://www.compuserve.com/rpa/index.html
```

RPA steht für Remote Phrase Authentification und ist die Art, wie CompuServe Angebote, die nur von CompuServe-Benutzern genutzt werden sollen, abgesichert werden. Ein spezielles Plug-In sorgt dafür, daß dies auch aus anderen Browsern möglich ist. Der Sinn dabei ist, daß das benötigte Login und Paßwort sicher über das Netz transportiert werden können.

➠ *Siehe CompuServe*

RS232-Schnittstelle

Jeder Computer besitzt im allgemeinen mindestens eine serielle Schnittstelle, an der vor allem Mäuse und Modems betrieben werden. Man nennt diese auch RS232-Schnittstellen und grenzt sie damit auf 9- und 25-polige Verbindungen, die der V.24-Norm genügen müssen, ein.

➠ *Siehe Serielle Schnittstelle*

RSA

Abkürzung für Rivest-Shamir-Adleman. Ein Verschlüsselungsalgorithmus, der von den drei Wissenschaftlern Ronald Rivest, Adi Shamir und Leonard Adleman entwickelt wurde. RSA gehört zu den asymmetrischen Verschlüsselungsverfahren, das heißt, es existieren zwei Schlüssel, wovon einer veröffentlicht wird (öffentlicher Schlüssel, Public Key) und der andere geheim gehalten wird (privater Schlüssel, Private Key). Informationen, die mit dem öffentlichen Schlüssel verschlüsselt wurden, können nur mit dem privaten Schlüssel wieder entschlüsselt werden. Das weit verbreitete Programm PGP basiert auf RSA.

➠ *Siehe Kryptographie, PGP, Verschlüsselung*

RTC

➠ *Siehe Real Time Clock*

RTF

RTF ist die Abkürzung für Rich Text Format. Bezeichnung für ein sehr einfaches Dateiformat, das von vielen Microsoft-Programmen unterstützt wird und so ein Austauschen von Texten zwischen verschiedenen Programmen ermöglicht. Dazu exportieren Sie erst den Text in einem Programm und importieren diesen dann in dem anderen. So bleibt sogar die Formatierung des Textes bei einem Plattformwechsel bestehen.

➠ *Siehe Textverarbeitung*

Rückgängig-Funktion

➠ *Siehe Undo-Funktion*

Rückwärtskettung

➠ *Siehe Kettung*

Rufnummer-Anzeige

Bei einem ISDN-Anschluß kann mit Hilfe eines ISDN-Telefons oder einer ISDN-Karte die Rufnummer eines Anrufers angezeigt werden.

➠ *Siehe ISDN, ISDN-Leistungsmerkmale*

Rufnummer-Übermittlung

Bei einem ISDN-Anschluß wird standardmäßig Ihre Rufnummer an den Angerufenen übermittelt. Dies läßt sich mit der Rufnummer-Unterdrückung abstellen.

➠ *Siehe ISDN, ISDN-Leistungsmerkmale*

Rufnummer-Unterdrückung

Über diese Funktion kann die Rufnummer-Übermittlung abgeschaltet werden. Davon existieren zwei verschiedene Versionen:

- Bei der permanenten wird nie eine Rufnummer übermittelt.

- Bei der fallweisen Rufnummer-Unterdrückung übernimmt die Telefonanlage diese Funktion und erlaubt normalerweise die individuelle Konfiguration, z.B. für jede Rufnummer einzeln. Diese Funktion ist seit April kostenlos.

➠ *Siehe ISDN, ISDN-Leistungsmerkmale*

Rufumleitung

Diese Funktion erlaubt es Ihnen, bei einem ISDN- oder T-Net-Anschluß, einen Anrufer an eine andere Rufnummer weiterzureichen. Mögliche Zielnummern können sich sowohl im Festnetz als auch im Mobilfunknetz befinden. So können Sie z.B. Anrufe an Ihr Handy weiterleiten lassen, wenn Sie nicht am Platz sind.

➠ *Siehe ISDN, ISDN-Leistungsmerkmale*

Rules

In jeder Mailbox gibt es üblicherweise gewisse Regeln, die beachtet werden sollten. Diese heißen Rules. Verstöße gegen diese Regeln werden meistens geahndet. Je nach Art der Mailbox und Art des Verstoßes kann das sehr unterschiedlich aussehen. Auf heftige Verstöße folgt im Normalfall der Ausschluß aus der Mailbox.

➞ *Siehe BBS*

Run Length Limited
➞ *Siehe RLL*

Rundenspiel
Im Gegensatz zu Echtzeitspielen kann der Spieler bei solchen Spielen seine Handlungen in aller Ruhe durchführen und beendet dann erst durch einen entsprechenden Befehl eine Runde. Nun kommen die anderen Spieler mit ihren Zügen an die Reihe. Bei vielen Mitspielern und dabei speziell menschlichen Gegnern ergeben sich hierbei oft sehr lästige Wartezeiten. Diese Art von Spielen kommt hauptsächlich bei Strategiespielen vor.

Runtime
Die Zeit, in der ein Programm abläuft, bezeichnet man als Runtime. Zu deutsch Laufzeit.

➞ *Siehe Programm*

Runtime Error
➞ *Siehe Laufzeitfehler*

Runtime-Lizenz
➞ *Siehe Laufzeitsystem*

Runtime-Version
➞ *Siehe Laufzeitsystem*

RZ
Abkürzung für Rechenzentrum.

➞ *Siehe Rechenzentrum*

S-Förmige Papierführung
Bei dieser Papierführung werden alle Vorlagen durch zwei Walzen eines Druckers gezogen. Das ist für alle Arten von festeren Kartons, Folien und Vorlagen mit Klebeetiketten ungeeignet.

➧ *Siehe Papierführung, Papiervorschub*

S-UTP
➧ *Siehe Twisted-Pair-Kabel*

S.M.A.R.T.
Abkürzung für Self Monitoring, Analysis and Reporting Technology. Verfahren zur Fehleranalyse bei Festplatten.

➧ *Siehe DFT, IDE*

S/MIME
Erweiterung des MIME-Standards, der es ermöglicht, verschlüsselte E-Mails zu senden. S/MIME erledigt die Schlüsselverwaltung für den Benutzer völlig transparent. Es ist Bestandteil der Web-Browser Netscape Communicator und Microsoft Internet Explorer 4.0, und wird höchstwahrscheinlich PGP als Verschlüsselungsverfahren ersetzen.

➧ *Siehe MIME*

S/PDIF
Hierbei handelt es sich um spezielle digitale Audio-Schnittstellen. Manche Soundkarten bieten solche S/PDIF-Anschlüsse, die mit einem digitalen Audio-Gerät, wie z.B. einem DAT-Recorder, verbunden werden und so praktisch verlustlose digitale Kopien ermöglichen. Diese Anschlüsse gibt es in koaxialer und optischer Ausführung.

➧ *Siehe Soundkarte*

S0-Bus
An die S0-Schnittstelle eines ISDN-Basisanschlusses können bis zu acht Geräte an zwölf ISDN-Dosen angeschlossen werden. Der S0-Bus besteht aus zwei Datenkanälen (B-Kanäle), die mit je 64 Kbit/s arbeiten, und einem Signalkanal (D-Kanal), der mit 16 Kbit/s betrieben wird.

➧ *Siehe ISDN, ISDN-Anschlußarten*

S2M-Schnittstelle

So nennt man die größere Version des ISDN-Basisanschlusses, auch als Primärmultiplex-Anschluß bekannt. Dieser zeichnet sich durch 30 Nutzkanäle (B-Kanäle) mit jeweils 64 Kbit/s, einen Steuerkanal (D-Kanal) und einen Synchronisationskanal mit je 64 Kbit/s aus – insgesamt also 32 Kanäle, von denen 30 zum »Telefonieren« zur Verfügung stehen. Diese Anschlüsse sind nur für Firmen mit größerem Kommunikationsaufkommen interessant. Durch die Möglichkeit, die Kanäle zu bündeln, können sehr hohe Datentransferraten erreicht werden.

➡ *Siehe ISDN, ISDN-Anschlußarten*

SAA

SAA steht für System Application Architecture und ist ein von IBM entwickeltes Konzept für die Mensch-Maschine-Kommunikation. Oft wird damit aber lediglich ein Konzept zur Anordnung von grafischen Elementen bei Anwenderprogrammen bezeichnet, beispielsweise wie Menüzeilen oder deren Pull-down-Menüs angeordnet werden sollen.

➡ *Siehe Grafische Benutzeroberfläche, IBM*

Sabotageprogramm

Ein Programm, das eine schädigende Wirkung auf einen Computer hat. Es kann sowohl Hard- als auch Softwareschäden verursachen. Die Gründe, die einen Programmierer dazu veranlassen, solch ein Programm zu entwickeln, sind denen von Virenprogrammen sehr ähnlich. Angefangen bei Frust, reiner Kuriosität, einfacher Zerstörungslust oder dem Streben nach Ruhm, falls so ein Virus berühmt wird, sind alle möglichen Gründe ausschlaggebend. Am bekanntesten sind die Computerviren, aber in Wahrheit tummelt sich ein ganzer Zoo solcher Programme auf manchen Computern. In Computernetzen sind immer wieder sogenannte Würmer zu finden, die zwar keine richtigen Schäden verursachen, dafür aber eine enorme Netzbelastung durch ihre Vervielfältigung erzeugen. Gerade bei Programmen aus Mailboxen kommen Trojanische Pferde vor, die eine sinnvolle Funktion vorspiegeln oder tatsächlich besitzen, aber unter dieser Tarnung schädigende Programme verbergen. Früher waren in Texten manchmal ANSI-Viren versteckt, in der letzten Zeit haben Makroviren eine gewisse Bedeutung erreicht. Das Problem bei vielen dieser Programme ist, daß ihre zerstörerische Funktion oft erst nach einer gewissen Zeit, zu einem bestimmten Datum oder unter anderen Umständen zutage tritt.

➡ *Siehe Computervirus*

safe mode
➡ *Siehe Abgesicherter Modus*

Sampler

Ein Sampler ist ein Gerät, das analoge Signale in digitale Daten umwandelt, die dann ein Computer weiterverarbeiten kann. Von Sampler spricht man hauptsächlich in bezug auf die Digitalisierung von Audio-Signalen.

➠ *Siehe Digitalisierung*

Sampling

So bezeichnet man die Digitalisierung von analogen Vorlagen, wie etwa Grafiken oder Musikstücken. Bilder werden von einem Scanner, Lieder mit einer Soundkarte in das von einem Computer benötigte Format gebracht. Die Qualität der Samples wird von der Abtastrate, z.B. bei CD-Qualität 44.100 Hz, und der Abtasttiefe, bei CD-Qualität 16 Bit mit zwei Kanälen (Stereo), bestimmt.

➠ *Siehe Scanner, Soundkarte*

Sampling-Rate

➠ *Siehe Abtastrate*

Santa Cruz Operation

➠ *Siehe SCO*

SBC

SBC ist die Abkürzung von Single Board Computer. Bei einem solchen Computer befinden sich alle wichtigen Komponenten auf einer einzigen Platine, wie das z.B. bei allen Videospielkonsolen dar Fall ist.

Scalable Prozessor ARChitecture

➠ *Siehe SPARC*

Scan Code

Wenn Sie eine Taste der Tastatur drücken, sendet diese den Scan Code an den Tastatur-Controller Ihres Motherboards. Der Scan Code ist eine Zahl und identifiziert die Tasten anhand ihrer Position auf der Tastatur. Dadurch kann auch zwischen den beiden Enter-Tasten unterschieden werden. Wie der Tastendruck letztendlich im Rechner interpretiert wird, legt das BIOS oder Ihr verwendetes Betriebssystem fest.

➠ *Siehe BIOS, Tastatur*

ScanDisk

Durch verschiedene Probleme, die bei einem Betriebssystem auftreten können, z.B. durch Programmfehler, und gerade bei Abstürzen, treten immer wieder einmal Datenverluste auf Datenträgern auf. Mit ScanDisk liefert Microsoft bei Windows ein Programm mit, das solche Fehler erkennen und zum Teil auch korrigieren kann, wenn letzteres auch nur bei einem kleinen Teil der Probleme ohne Datenverlust geschieht. Gerade recht häufig auftretende Fehler in der FAT einer Festplatte können praktisch nie problemlos beseitigt werden. Bei Windows 95 wird ab dem

Service-Pack 2 nach jedem Absturz automatisch bei dem nachfolgenden Neustart ScanDisk gestartet, um zu verhindern, daß Windows mit Datenfehlern startet und diese damit eventuell noch verschlimmert.

➡ *Siehe Windows 95*

Scanner

Peripheriegerät zur Erfassung von Bild- und Dokumentvorlagen.

➡ *Siehe Farb-Scanner, Flachbett-Scanner, Trommelscanner*

SCART

SCART-Stecker heißen auch Euro-AV-Stecker und verbinden alle modernen Videorecorder miteinander oder mit einem Fernseher. Es handelt sich hierbei um eine 20polige Steckverbindung, die qualitativ recht hochwertig ist, da die Signale direkt übertragen werden und nicht umgewandelt werden müssen.

Scenery-Disk

Disketten (Missions-Disketten) für den Microsoft Flightsimulator, die neue Fluggebiete enthalten.

Schalenmodell

➡ *Siehe Schichtenmodell*

Schaltalgebra

Um digitale Schaltungen aufbauen und beschreiben zu können, muß man sich der booleschen Algebra bedienen, bei der nur die Werte 1 und 0 für ein bzw. aus erlaubt sind.

Schaltfläche

Schaltflächen sind allgegenwärtige Bedienelemente bei jeder grafischen Benutzeroberfläche, wie Windows oder der Workplace Shell von OS/2. Schaltflächen sind Knöpfe, auch Buttons genannt, und werden v.a. durch Mausklicks aber auch Tastatureingaben ausgelöst. Meistens enthalten sie einen kurzen Text oder ein Symbol, das ihren Zweck beschreibt. Ein typisches Beispiel ist der OK- und der Abbrechen-Button.

➡ *Siehe Grafische Benutzeroberfläche*

Bild 1: Die Schaltflächen OK und Abbrechen kommen in sehr vielen Dialogen vor

Scheduler

In modernen Multitasking-Betriebssystemen können mehrere Prozesse (Programme etc.) gleichzeitig ablaufen. In jedem normalen Computer ist jedoch nur eine CPU eingebaut, die die einzelnen Prozesse bearbeiten kann – immer einen zur gleichen Zeit.

Dieser Widerspruch löst sich, wenn man sich klarmacht, daß zu jeder Zeit bei einem Ein-Prozessor-System wirklich nur ein Prozeß bearbeitet wird, jedoch über eine Zeitscheibe die CPU sehr oft zwischen den verschiedenen Tasks hin- und herschaltet. Die Verteilung der Rechenzeit des Prozessors auf die jeweiligen Prozesse erledigt ein Scheduler. Um die Leistung der CPU zu maximieren, kennen moderne Betriebssysteme unterschiedliche Strategien des Schedulings und wählen je nach Situation die geeignetste aus.

→ *Siehe Betriebssystem, Multitasking, Scheduling, Zeitscheibe*

Scheduling

So bezeichnet man die Strategie, die ein Scheduler verwendet, um verschiedene Tasks auf eine CPU zu verteilen. Folgende Strategien sind recht verbreitet:

- Bei der Round-Robin-Strategie werden die Prozesse in der Reihenfolge abgearbeitet, in der sie Rechenzeit angefordert haben.

- Bei der Zeitscheiben-Strategie erhält jeder zu bearbeitende Prozeß einen Prozentsatz der verfügbaren Prozessorzeit und damit der Rechenleistung.

- Das Prioritäts-Scheduling ordnet jedem Task eine Priorität zu und führt jeweils den Task mit der höchsten Priorität aus. Damit auch Prozesse mit niedrigerer Priorität zum Zug kommen, erhöht sich diese bei wartenden Prozessen im Laufe der Zeit.

- Das Zeitschranken-Scheduling wird fast nur in der Echtzeitverarbeitung benutzt und setzt dort jedem teilnehmenden Prozeß eine obere Schranke (Deadline) für die diesem zur Verfügung stehende Rechenzeit.

Moderne Betriebssysteme verwenden meistens eine Kombination aus den oben vorgestellten Strategien.

→ *Siehe Multitasking, Scheduler*

Schichtenmodell

Große Softwareprojekte sind als Ganzes weder zu überblicken noch kann man dort Fehler finden, und Erweiterungen würden oft zu Fehlern an anderen Stellen führen. Daher werden solche Projekte möglichst modular programmiert und man teilt sie dazu in Schichten ein, um die Verbindungen zwischen den einzelnen Modulen möglichst gering zu halten. In einem Schichtenmodell faßt man eng zusammenarbeitende Funktionen also jeweils zu einer Schicht zusammen und läßt diese Schichten untereinander über fest definierte Schnittstellen kommunizieren. Daraus ergibt sich eine hierarchische Struktur, an deren oberen Ende sich das Anwenderfrontend befindet und die nach unten

Schleife

immer technischer wird. Diese Struktur hat sich im besonderen bei Netzwerken und Betriebssystemen sowohl bewährt als auch durchgesetzt.

Schleife

Nehmen wir einmal an, Sie wollten ein Programm schreiben, das die Zahlen eins bis drei ausgibt. Dazu würden Sie wohl einfach drei Befehle schreiben, die jeweils eine Zahl ausgeben würden. Wollten Sie aber nun die Zahlen eins bis tausend ausgeben, so wäre diese Art des Vorgehens einfach inakzeptabel. Hier würde man eine Schleife verwenden, die eine Variable von eins bis eintausend zählt und jeweils den Wert dieser Variablen ausgibt. Schleifen sind ein zentrales Konzept jeder Programmiersprache. Wichtige Arten von Schleifen sind:

- Mit FOR ... NEXT-Schleifen können Sie Variablen von einem Start- bis zu einem Endwert hinauf- oder hinunterzählen lassen. Meistens läßt sich auch der Wert (das Inkrement) festsetzen, der dem Wert der Variablen je Durchgang hinzugezählt bzw. davon abgezogen werden soll.

- Bei einer WHILE-Schleife wird am Anfang jedes Durchlaufs überprüft, ob die sogenannte Abbruchbedingung erfüllt ist. Ist dies nicht der Fall, erfolgt ein weiterer Schleifendurchlauf.

- Wohingegen bei einer DO-WHILE-Schleife die Abbruchbedingung erst am Ende eines Durchlaufs getestet wird. Hier findet also immer wenigstens ein Schleifendurchlauf statt.

Besonders wichtig bei Schleifen ist die Beachtung der Abbruchbedingung. Kann diese aus irgendeinem Grund nicht erreicht werden oder wird diese überschritten und dies nicht berücksichtigt, gelangt das Programm in eine Endlosschleife, die es nicht mehr verlassen kann.

➡ *Siehe Programmiersprache*

Schließen

So nennt man u.a. das Beenden von Programmen.

Schnittstelle

Eine Schnittstelle oder Interface ist die Bezeichnung für den Ort, wo verschiedene Hard- und/oder Softwarekomponenten miteinander kommunizieren. Man unterscheidet zwischen Benutzer-, Hard- und Software- und Programmierschnittstellen:

- Hardwareschnittstellen stellen ein Verbindungsglied zwischen verschiedenartigen Hardwarekomponenten dar. Jede Peripherie eines Computers benötigt eine bestimmte Schnittstelle, um nutzbar zu sein.

- Softwareschnittstellen dienen dem Datenaustausch zwischen Programmen und Programmteilen.
- Die Benutzerschnittstelle ermöglicht Eingaben des Benutzers und legt fest, wie diese Daten dargestellt werden können.
- Programmierschnittstellen (APIs) bieten beim Programmieren eines Programms für ein Hard- oder Softwaresystem einen standardisierten Zugriff auf die Funktionalität des Systems und erlauben es meist, diese Funktionalität mehr oder weniger einfach zu nutzen.

➠ *Siehe API, Benutzeroberfläche, Hardware, Software*

Schnittstellenkarte

➠ *Siehe Interface-Karte*

Schnittverfahren

Das Schnittverfahren ist ein Verfahren, das bei der Schrifterkennung (OCR) benutzt wird und welches die Merkmale eines jeden Zeichens aus den Schnittpunkten des Zeichens mit einer Reihe von parallelen Geraden erzeugt.

➠ *Siehe OCR*

Schockwert

Der Schockwert gibt z.B. bei Festplatten an, welchen mechanischen Belastungen diese standhält. Der Schockwert wird im Vielfachen der Erdbeschleunigung g (= 9,81 kg m/s^2) angegeben. Scheinbar ist ein Schockwert von 70-90 g, dem eine Festplatte standhalten soll, zwar enorm, dies entspricht jedoch lediglich einem Fall aus 5 bis 6 cm Höhe auf eine Schaumgummimatte.

➠ *Siehe Festplatte*

Schreib-Lese-Kopf

Der Schreib-Lese-Kopf ist jener existentielle Bestandteil jedes Disketten- und Festplattenlaufwerks, der in minimaler Höhe über der Magnetoberfläche auf einem Luftpolster schwebt und die Daten als magnetische Information auf diese schreibt bzw. liest. Beim Schreiben wird ein Strom durch den Schreib-Lese-Kopf geleitet, welcher ein Magnetfeld aufbaut. Dieses magnetisiert einen winzigen Teil der Plattenoberfläche. Beim Lesen wird der Kopf nur über den Teil der Oberfläche positioniert, und durch die Drehung der Platte wird je nach Magnetisierung im Kopf eine winzige Spannung induziert, die für die Information an der jeweiligen Stelle steht.

➠ *Siehe Diskettenlaufwerk, Festplatte*

Schreibschutz

Bei Disketten kann mit einem mechanischen Schreibschutz verhindert werden, daß die Daten auf dieser Diskette geändert oder überschrieben werden können. Bei 3,5-Zoll-Disketten ist der Schreibschutz aktiviert, wenn der kleine Schieber auf der Rückseite offen ist. Bei 5,25-Zoll-Disketten muß dafür die Aussparung an der rechten oberen Seite geschlossen werden. Meist wurden dafür den Diskettenpackungen vom Hersteller aus kleine Klebeetiketten beigelegt.

➠ *Siehe Diskette*

Schriften

Schriften sind ein elementarer Bestandteil in jeder Computerumgebung. Denn wo Text ausgegeben werden soll, muß in irgendeiner Form auch eine Schrift vorhanden sein. Man unterscheidet zwei grundlegend anders aufgebaute Schrifttypen:

- Bitmapschriften müssen für jede Größe extra als Datei vorhanden sein.

- Vektorschriften werden aus Kurven gebildet und können dadurch fast ohne Verluste auf jede beliebige Größe verändert und sogar gedreht werden. Zwei sehr weitverbreitete Versionen dieses Typs sind die TrueType-Schriften (TTF) von Windows und die professionellen PostScript-Schriften.

➠ *Siehe TrueType*

Schriftfamilie

Schriften eines bestimmten Stils, die sich nur in den unterschiedlichen Größen und Variationen von Fein über Fett, Kursiv etc. unterscheiden, bezeichnet man als Schriftfamilie. In der Typographie werden folgende Schriftfamilien unterschieden: Antiqua-Varianten, Barock-Antiqua, Klassizistische Antiqua, Renaissance-Antiqua, serifenbetonte Linear-Antiqua, serifenlose Linear-Antiqua, gebrochene Schriften und Schreibschriften.

➠ *Siehe Schriften, Schriftschnitt, Typographie*

Schriftgrad

So bezeichnet man die Größe einer Schrift. Sie wird in Punkten gemessen, was noch auf die alte Bleisatz-Buchdrucktechnik zurückgeht. Ein Punkt entspricht 0,376 mm.

Eine Schriftgröße von zehn Punkt ist bei den meisten Texten üblich. Sie läßt sich aber ohne Probleme in Ein-Punkt-Schritten anpassen, in professionelleren Programmen, v.a. DTP, sogar in 0,5-Punkt-Schritten.

➠ *Siehe DTP, Schriften*

Schriftschnitt

So nennt man die verschiedenen Variationen einer Schrift. Damit sind ihre Attribute wie Fett, Kursiv, Unterstrichen etc. gemeint. Man könnte meinen, daß diese alle aus einer einzigen Schriftdatei erzeugt werden. Diese Technik existiert zwar tatsächlich, ist aber gerade bei der Druckqualität Welten von der entfernt, die erreicht wird, wenn für jede Schrift diese Variationen als eigene Schriftdateien vorliegen, was bei den meisten Schriften auch der Fall ist. Neben den obengenannten recht üblichen Schnitten gilt dies auch für ungewöhnliche Varianten wie Schmal, Breit und Outlined.

→ *Siehe Schriften, Schriftfamilie*

Schriftverwaltung

Mit dem Ansteigen der installierten Schriften in einem Rechner wächst nicht nur die Unübersichtlichkeit, der Computer startet auch langsamer. Das liegt daran, daß jede installierte Schrift beim Start von Windows gesucht wird. Um die Verwaltung der Schriften zu vereinfachen und übersichtlicher zu machen, gibt es eine ganze Reihe von Programmen, die sich ausschließlich dieser Aufgabe widmen. Die z.B. mit Windows bereits mitgelieferte Schriftverwaltung ist allerdings sehr einfach und gestattet gerade das Hinzufügen bzw. Entfernen von Schriften. Andere Programme können Schriften zu Gruppen zusammenfassen, um die Übersicht zu erleichtern, und bestimmen, welche Schriften beim Start geladen werden sollen.

→ *Siehe Schriften, TrueType*

Schrittgeschwindigkeit

Alle Daten, mit denen Sie auf Ihrem Computer arbeiten, sind digitaler Art. Mit einem Modem lassen sich diese Daten aber über einen analogen Kanal von einem Computer zu einem anderen transportieren. Die Geschwindigkeit dieses Transports wird in Baud (nach Jean Maurice Baudot) gemessen. Die Schrittgeschwindigkeit gibt dabei die Anzahl der Änderungen des analogen Signals pro Zeiteinheit, also die Anzahl der transportierbaren Baud an. Das analoge Telefonnetz bietet nach internationalen Vereinbarungen gerade einmal die Möglichkeit, bis zu 3400 Baud zu übertragen. Heutzutage werden aber Modems bis zu 33.600 Baud verkauft. Dies wird durch viele technische Tricks ermöglicht.

→ *Siehe Baud, Modem*

Schubtraktor

Mit einem Traktor lassen sich Endlospapier oder -formulare in einen Drucker transportieren. Es existieren Schub- und Zugtraktoren, wobei Schubtraktoren weiter verbreitet sind. Der Schubtraktor schiebt, wie der Name bereits sagt, das Papier durch den Papierweg des Druckers hindurch.

Schulsoftware

Viele Hersteller von Softwareprodukten bieten für Schüler, Studenten, Lehrer und Dozenten sowie entsprechende Institutionen spezielle und sehr günstige Lizenzen ihrer Produkte an. Diese Software wird als Schulsoftware oder auch Schulversion bezeichnet und darf nicht kommerziell eingesetzt werden. Um solche Versionen kaufen zu können, ist meist ein Nachweis der Berechtigung nötig (Schülerausweis, Studentenausweis etc.). Diese Versionen werden sehr günstig abgegeben, weil die Hersteller der Software hoffen, daß die Benutzer nach ihrer Schul- bzw. Studienzeit die Vollversionen erstehen. Für die Besitzer der Schulversionen gibt es dafür die Möglichkeit eines Updates.

Schweinegatter

Bezeichnung für das #-Zeichen.

Scientific and Technical Information Network

➡ *Siehe STN*

SCO

SCO ist die Abkürzung von Santa Cruz Operation und ist der Name der Firma, die ein Derivat des Betriebssystems UNIX für PCs anbietet.

➡ *Siehe Unix*

SCO-Unix

Unix-Derivat der Firma SCO für PCs.

➡ *Siehe SCO*

Screen

Englisch für Bildschirm.

➡ *Siehe Bildschirm*

Screensaver

Englisch für Bildschirmschoner.

➡ *Siehe Bildschirmschoner*

Screenshot

Mit Screenshot wird allgemein ein Bild (eine Grafik oder ein Foto) von der aktuellen Bildschirmanzeige des Computers bezeichnet. Mit Hilfe bestimmter Programme ist es möglich, den gesamten Bildschirminhalt oder Teile davon in einer Datei als Grafik abzuspeichern. Unter Windows ist es sogar möglich, durch einen Tastendruck auf die Taste `Druck` den Bildschirminhalt in der Zwischenablage abzulegen und sich in einem Grafikprogramm über den Befehl »Einfügen« anzeigen zu lassen.

Script

Wenn Sie sich in eine Mailbox oder in das Internet einwählen, müssen Sie jedes Mal Ihr Login und Ihr Paßwort eingeben. Ein Script automatisiert dieses Anmelden, indem es diese Eingaben für Sie vornimmt. Dafür muß es natürlich Ihr Login und Paßwort sowie die Reihenfolge und die Strings, die beim Anmelden erscheinen, kennen.

Als Script wird ein in einer Scriptsprache (z.B. JavaScript, VBScript) geschriebenes Programm bezeichnet.

Scrollen

Scrollen ist die englische Bezeichnung für das Rollen von Fenstern und ähnlichem.

SCSI

SCSI steht für Small Computer System Interface, was soviel wie Schnittstelle für kleine Computersysteme bedeutet. Klein bezieht sich dabei sicher nicht auf PC-Systeme, da hier SCSI-Systeme die obere Grenze bei der Leistung von Festplatten markieren. SCSI wurde 1986 von der ANSI als I/O-Bus der Stufe SCSI 1 definiert (damals acht Bit breit). Inzwischen gibt es eine ganze Reihe von Ausbaustufen, die diesen Standard erweitert haben. Jeder SCSI-Bus unterstützt bis zu acht Geräte pro Kanal, wobei bei jedem Kanal der SCSI-Controller, auch Hostadapter genannt, ein Gerät darstellt und so nur sieben nutzbar sind. Diese Controller nehmen die SCSI-Befehle entgegen und leiten sie an die angeschlossenen Geräte weiter. Normale Controller besitzen nur einen Kanal. Es gibt allerdings gerade für Server spezielle Controller, die mehrere Kanäle besitzen und so auch mehr Geräte bedienen können. Jedes Gerät erhält eine eindeutige SCSI-ID zwischen null und sieben. Die Controller belegen i.a. die ID sieben, die daher nicht genutzt werden kann. Diese IDs gelten nur für den Kanal, an den das Gerät angeschlossen ist. Bei mehreren Kanälen kann es also auch mehrere Geräte mit gleichen IDs geben, aber eben nie an einem Kanal allein. SCSI unterscheidet sich von anderen I/O-Bussen z.B. dadurch, daß es keine feste Rollenverteilung am Bus gibt. Im Gegensatz zu ATAPI-Festplatten kann bei SCSI also jedes Gerät Master oder Slave sein. Mit Hilfe der Busmastering-Technologie kann jedes Gerät an der CPU vorbei Daten in den Hauptspeicher schreiben oder von dort lesen. Dadurch muß die CPU nicht auf die Daten warten, wenn diese nicht sofort benötigt werden, sondern kann schon weitere Befehle bearbeiten. Löscht man etwa viele Dateien, so muß man nicht warten, bis dies geschehen ist, sondern kann ganz normal weiterarbeiten, während der SCSI-Controller eigenständig die Dateien löscht. Ein weiteres Feature von SCSI, das viele Probleme der Ansteuerung aus der Welt schafft, ist die sehr starke Abstraktion der Geräte. Eine Festplatte ist unter SCSI lediglich ein Gerät mit einer bestimmten Anzahl von Datenblöcken. Dadurch gibt es u.a. keine Obergrenze, wie etwa bei ATAPI, die dort für andauernde Probleme sorgt.

SCSI 1 beherrscht zwei Datenübertragungsarten, die synchrone mit 5 Mbyte/s und die asynchrone mit 3,3 Mbyte/s.

SCSI

Bei SCSI 2 wurde die Geschwindigkeit auf 10 Mbyte/s erhöht und der schnellere synchrone Transfer Pflicht. Dieser Transfermodus ist unter dem Namen Fast-SCSI bekannt geworden. Einer der bekanntesten Fast-SCSI-2-Controller ist immer noch der Adaptec 2940. Da erst allmählich Festplatten auf den Markt kommen, die mehr als 10 Mbyte/s zu leisten in der Lage sind, ist diese Art von Controllern für normale Systeme bis zu zwei Festplatten völlig ausreichend.

Als nächstes kam Wide-SCSI. Es arbeitete als erstes mit 16 Bit Datenbreite. Die Anzahl der Pole des Anschlußkabels stieg dadurch von 50 auf 68. Durch die Verdopplung der Busbreite verdoppelt sich auch die Transferrate auf 20 Mbyte/s. Außerdem ermöglichte die Verdopplung auch den Anschluß von fünfzehn statt sieben Geräten pro Kanal. Da es, wie schon bemerkt, noch kaum SCSI-Komponenten gibt, die die 10 Mbyte/s-Grenze überschreiten, wofür sollen dann 20 Mbyte gut sein? Manche Betriebssysteme sind in der Lage, auf verschiedene SCSI-Festplatten praktisch gleichzeitig zuzugreifen. Wird beispielsweise eine Datei geschrieben, so wird diese auf mehrere Platten verteilt und dadurch können die Transferraten der beteiligten Platten fast addiert werden (RAID, Level 5) und so durchaus die 20 Mbyte/s-Grenze erreichen.

Die derzeit aktuelle SCSI-Version ist Ultra-SCSI und wird doppelt so schnell getaktet wie Fast-SCSI. Aufgrund dessen erfolgt ebenso eine Verdopplung der Übertragungsgeschwindigkeit auf 20 Mbyte/s. Die Kombination von Ultra- und Wide-SCSI wird Ultra-Wide-SCSI genannt und erreicht 40 Mbyte/s, was meist nur in Servern genutzt werden kann. Die Verdopplung des Takts erzwingt aber sehr teure Kabel, die noch dazu sehr kurz sein müssen, um die Sicherheit der übertragenen Daten zu gewährleisten. Ultra-SCSI ist eigentlich schon ein Teil des, bisher allerdings noch nicht verabschiedeten, SCSI-3-Standards. Dieser zukünftige Standard wird aus mehreren Teilen bestehen, wovon die folgenden die wichtigsten sind:

- Normierung der SCSI-Befehle, die alle beteiligten Komponenten beherrschen müssen.
- Regelung der herstellerspezifischen Befehle.
- Beschreibung der Hardware.

Hier sollen neue Technologien, wie Glasfaser, höhere Taktraten bei günstigeren und auch längeren Kabeln möglich machen. Es sind Datentransferraten bis 100 Mbyte/s bei bis zu 100 Metern Kabellänge geplant.

➞ *Siehe ATAPI, Bus, Busbreite, Glasfaserkabel, RAID, SCSI-Controller, SCSI-ID, Takt*

SCSI-Controller

Bild 2: Ein SCSI-Adapter im PCMCIA-Format für Notebooks

SCSI-Controller

Der SCSI-Controller ist ein Chip, den es auf jedem SCSI-Gerät, wie Festplatten, CD-ROM-Laufwerken etc. gibt. Er verarbeitet die ankommenden SCSI-Kommandos und leitet Daten zwischen dem kontrollierten Gerät und dem SCSI-Hostadapter hin und her. Viele Anwender meinen aber eigentlich den Hostadapter, wenn sie von einem SCSI-Controller sprechen.

→ *Siehe SCSI*

SCSI-ID

Jedes SCSI-Gerät muß am SCSI-Hostadapter mit einer eindeutigen Nummer identifiziert werden. Bei SCSI, Fast- und Ultra-SCSI sind die Zahlen null bis sieben gültig, bei Wide- und Ultra-Wide-SCSI null bis fünfzehn. An jedem Gerät befindet sich eine Reihe Schalter, Jumper oder ähnliches, mit denen die ID festgelegt wird. Die höchste ID eines jeden Kanals wird von dem Hostadapter belegt. Die unteren sind für die bootfähigen vorgesehen, inzwischen können Sie aber die ID, von der gebootet werden soll, einstellen. Bei der Vergabe von IDs sollten Sie unbedingt darauf achten, keine mehrfach zu belegen und weiterhin bedenken, daß mit steigender ID auch die Priorität der Datenübertragung des Geräts auf dem Bus steigt.

→ *Siehe SCSI*

Bild 3: Mit diesen Schaltern lassen sich bei einem externen SCSI-Gehäuse die IDs der einzelnen Geräte einstellen

SCSI-Terminierung

Bei den hohen Frequenzen, die auf einem SCSI-Bus vorkommen, ist es unerläßlich, beide Enden des Busses zu terminieren, sprich mit einem Widerstand abzuschließen, um Echos der Signale an den Enden zu verhindern. Dies ist sehr wichtig, da jedes Echo die Übertragungen stören würde. Bei Terminatoren, die dafür benutzt werden, unterscheidet man zwischen aktiven und passiven, wobei die aktiven klar zu bevorzugen sind. Sind nur interne oder nur externe Geräte an einen SCSI-Bus angeschlossen, so ist es erforderlich, daß der SCSI-Hostadapter die fehlende Terminierung vornimmt. Sind sowohl interne als auch externe Geräte vorhanden, so werden nur die beiden äußersten terminiert, also nicht der Hostadapter.

➠ *Siehe SCSI*

SDK

Kürzel für Software Development Kit. Dies ist die Bezeichnung für eine sehr umfangreiche Dokumentation, die oft zusammen mit einer Testplattform bzw. speziellen Tools und Bibliotheken für große Programmiersysteme ausgeliefert wird. Damit soll Programmierern der Einstieg in ein solches System erleichtert werden.

SDRAM

Ein neuerer Speichertyp, der meist in DIMM-Bauweise augeführt ist und den Speicherzugriff ohne zusätzliche Wartezyklen (Waitstates) erlaubt. SDRAMS besitzen 16 Datenleitungen (x 16 Organisation). Zusätzlich erfolgt der Speicherzugriff mit 64 Bit pro Modul. Die Bausteine sind mit 168 Kontakten ausgestattet, weshalb ein SDRAM-Modul gegenüber den bisher notwendigen zwei SIMM-Modulen (32 Bit) in Pentium-Systemen als Bestückung ausreicht. SDRAM-Module werden mit der Zeit die heute noch standardmäßig verwendeten SIMMs ablösen. Für derzeit aktuelle externe Taktrate von 66 MHz reichen aber durchaus noch SIMM-Module aus.

➠ *Siehe DIMM, SGRAM*

Seagate

Seagate (siehe Bild 4) ist nach seiner Fusion mit Conner im Jahr 1996 der größte Hersteller von Festplatten für PCs und Workstations. Seagate hat in der letzten Zeit mehrfach neue Standards gesetzt. Mit 23 Gigabyte sind Festplatten der Elite-Serie z.Z. die größten der Welt und die der Cheetah-Serie mit 10.000 u/min die schnellsten.

➠ *Siehe Festplatte*

Search

Englisch für Suchen.

➠ *Siehe Suchen*

Search and Replace

Englisch für Suchen und Ersetzen.

➠ *Siehe Suchen und Ersetzen*

Searchengine

Englisch für Suchmaschine.

➠ *Siehe Suchmaschine*

Sec

Sec ist eine Abkürzung für Sekunde.

Second-Level-Cache

Second-Level-Cache ist ein spezieller Cache-Speicher zwischen Hauptspeicher und CPU. Er dient wie auch der

Second-Level-Cache

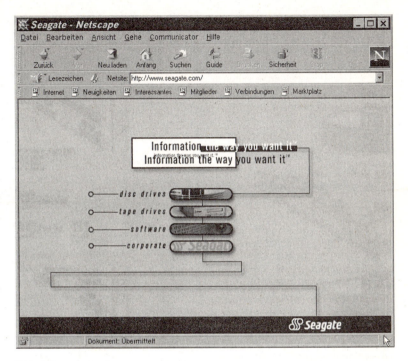

Bild 4: Seagate im Internet

First-Level-Cache der Zwischenlagerung von Hauptspeicherdaten, befindet sich aber auf dem Motherboard und ist ein ganzes Stück größer als der First-Level-Cache. Der First-Level-Cache umfaßt zwischen 16 und 32 Kbyte. Der Second-Level-Cache ist mindestens 256 Kbyte groß. Bis 64 Mbyte Hauptspeicher reichen 256 Kbyte aus, nur bei noch größerem Speicher ist eine Aufrüstung des Caches auf 512 Kbyte oder gar 1 Mbyte sinnvoll. Hierbei ist noch zu beachten, daß bei einer Aufrüsung des Caches auch das Tag-RAM vergrößert werden muß. Bei älteren Boards wurden für den Cache noch asynchrone DRAMS benutzt, heutzutage sollten Sie nur Boards erstehen, die mit den deutlich schnelleren Pipeline-Burst-Chips bestückt sind.

➡ *Siehe Cache, First-Level-Cache*

Security

Security ist der englische Begriff für Sicherheit und bezeichnet die Absicherung gegen innere oder äußere Angriffe sowohl in kleinen wie auch in großen Bereichen, bei Computern genauso wie in Netzwerken.

Segment

So nennt man auch Datensätze in einer Datenbank.

→ *Siehe Datenbank, Datensatz*

Segmentierung

Die Segmentierung ist eine Art der Speicherverwaltung, bei der die physische Speicheradresse in zwei Teile aufgespalten wird. Jeder Prozeß erhält einen eigenen Speicherbereich, also ein eigenes Speichersegment. Wo dieses Segment sich im Arbeitsspeicher befindet, weiß der Prozeß nicht. Er benutzt seinen Speicher, basierend auf dem logischen Offset null. Diese Speicheradressierung nennt man logische Adresse. Das Betriebssystem erstellt die physische Adresse aus der Kombination der Basisadresse des Speichersegments und der logischen Adresse des Prozesses. Die obere Schranke des Speichersegments wird durch einen sogenannten Limit-Zeiger bestimmt. Den Limit-Zeiger überwacht wiederum das Betriebssystem. Stellt dieses fest, daß der Prozeß seine Speichergrenze überschreitet, stellt er diesem mehr Speicher zur Verfügung. Durch diese Segmentverwaltung wird der Speicher sehr schnell zerstückelt, was zu einer sehr ineffizienten Speicherausnutzung führt. Daher verwenden moderne Betriebssysteme das deutlich verbesserte Paging.

→ *Siehe Betriebssystem, Paging, Speicherverwaltung*

Seitenansicht

→ *Siehe Preview*

Seitenbeschreibungssprache

Eine Seitenbeschreibungssprache dient der Beschreibung des Inhalts einer Seite. Mit Seite ist hier ganz allgemein die Seite als Organisationsstruktur von Dokumenten gemeint. Der Quellcode, der den Seiteninhalt beschreibt, kann von einem Gerät, das diese Sprache unterstützt, interpretiert werden. Dieses Gerät ist dann in der Lage, den Seiteninhalt darzustellen. Für die Erstellung eines solchen Quellcodes gibt es verschiedene Möglichkeiten:

- Ein Programm, das seine Dokumente in dieser Sprache speichert.

- Ein Umwandlungsprogramm, das in der Lage ist, Dateien in dieser Sprache zu erzeugen.

Ein Beispiel soll dies verdeutlichen: Die Seitenbeschreibungssprache PostScript der Firma Adobe ist im DTP- und

Druckbereich ein Standard. Mit den meisten Grafik- und DTP-Programmen lassen sich Dateien im PostScript-Format erzeugen. Diese Dateien enthalten dann das fertige Dokument oder die Grafik in Form von PostScript-Befehlen. Diese Dateien können dann von einem PostScript-fähigen Drucker oder einem Belichter interpretiert und ausgegeben werden. Anstatt daß ein Programm PostScript-Dateien erzeugt, kann auch direkt über einen entsprechenden Treiber die Ausgabe auf ein PostScript-fähiges Gerät erfolgen. Der Treiber wandelt dabei die Informationen aus dem Programm in PostScript-Quelltext um, der dann von dem Gerät verarbeitet wird.

Ein anderes Beispiel für eine Seitenbeschreibungssprache ist HTML.

Siehe HTML, PostScript

Seitennummer

Alle Btx-Seiten haben eine Nummer, durch die sie identifiziert werden können. Diese Nummern können maximal 16 Stellen lang sein und heißen auch Seitennummern.

Siehe Btx

Seitenumbruch

Als Seitenumbruch wird in Texten der Wechsel zwischen zwei Seiten bezeichnet. Die meisten Textverarbeitungsprogramme setzen diesen automatisch, lassen aber auch benutzerdefinierte Seitenumbrüche zu.

Siehe Textverarbeitung

Seitenvorschub

Durch Auslösen des Seitenvorschubs wird bei einem Drucker das Papier weitergeschoben, bis die nächste Seite erreicht ist. Dies kann u.a. durch das Senden des Steuerzeichens FF (Form Feed) an den Drucker oder das Betätigen der entsprechenden Taste am Drucker geschehen.

Sektor

Bei magnetischen und optischen Datenträgern ist ein Sektor die kleinste vorkommende Einheit. Durch eine Formatierung wird ihre Oberfläche in konzentrische Kreise zerlegt (Spuren) und diese wiederum in Sektoren. Dieser ist ein Winkelbereich ähnlich einem Tortenstück.

Siehe Festplatte

Sekundärschlüssel

Bei einer Suche in einer Datenbank können mehrere Suchkriterien angegeben werden. Diese nennt man in diesem Zusammenhang auch Sortierschlüssel. Das eigentliche Kriterium ist der Primärschlüssel, ein weiteres ein Sekundärschlüssel. Sucht man beispielsweise in einer Adreßdatenbank nach einer Straße und sortiert die gefundenen weiterhin nach der Hausnummer, so stellt der Straßenname den Primärschlüssel und die Hausnummer den Sekundärschlüssel dar.

Siehe Datenbank, Primärschlüssel

Selbsttest

Beim Einschalten führt ein Computer einen Funktionstest durch. Dieser Vorgang ist auch als POST (Power On Self Test) bekannt und wird vom BIOS gesteuert.

➟ *Siehe POST*

Selektion

Eine Selektion ist eine ausgewählte Teilmenge einer Menge von Daten oder Objekten. Bei Datenbanken sind dies Datensätze, die unter bestimmten Kriterien ausgewählt worden sind, in einem Grafikprogramm die markierten Elemente oder eine gewählte Fläche. Im Explorer sind es die ausgewählten Dateien etc.

Selektives Backup

Um Datenverluste zu vermeiden, sollten Sie in regelmäßigen Abständen Backups Ihrer Datenbestände machen. Bei einem selektiven Backup werden nicht alle vorhandenen Dateien auf Datenträger gesichert, sondern nur die, die durch eine Selektion ausgewählt wurden.

➟ *Siehe Backup*

Semantik

Aufbauend auf der Syntax umfaßt die Semantik die Bedeutung der Zusammenhänge von Wörtern in einem Text. Damit der Computer einen Befehl versteht, ist es bis jetzt nötig, sowohl eine sehr präzise Syntax wie Semantik einzuhalten. So kann ein Computer heute schon mit klar definierten Wörtern wie Gegenständen, Farben etc. umgehen, abstrakte Begriffe wie Freiheit, Liebe usw. entziehen sich seinem Verständnis aber dafür völlig. Das liegt daran, daß der Computer alle Begriffe in ein Schema zwängt, um sie einzuordnen; bei Gegenständen also z.B. seine Größe und seine Farbe. Den Begriff Freiheit auf diese Weise einzuordnen, ist offensichtlich unmöglich. Auch mit zweideutigen Begriffen funktioniert dies nicht, falls sich deren Bedeutungen deutlich unterscheiden. Der Mensch kompensiert dies, indem er sich zusätzliche Informationen aus dem Rest des Kontexts herausholt. An dieser Aufgabe scheitert der Computer, da sich hierfür keine eindeutigen Regeln finden lassen.

➟ *Siehe Syntax*

Semaphore

Mit Semaphoren werden viele Ressourcen eines Computers verwaltet. Wollen beispielsweise viele Prozesse gleichzeitig auf einen Drucker zugreifen, so ist dies nicht möglich. Ein Prozeß wird dann mit dem Drucken anfangen. Das System setzt dann die Semaphore, die den Status des Druckers beschreibt, auf besetzt. Dadurch werden die Anforderungen der anderen Prozesse in eine Warteschlange eingereiht. Ist der Drucker wieder bereit, wird seine Semaphore wieder auf verfügbar gesetzt. Falls sich noch eine weitere Prozeßanfrage in der Warteschlange befindet, kann nun diese bearbeitet werden usw.

Man unterscheidet noch zwischen Prozeß- und Systemsemaphoren. Prozeßsemaphoren legen ein Prozeß selber an und haben darauf vollen Zugriff. Die Druckersemaphore von oben ist aber eine Systemsemaphore, auf die ein Prozeß keinen Einfluß hat. Solche Systemsemaphoren werden u.a. für die Ablaufsteuerung bei Multitasking-fähigen Betriebssystemen und auch in den meisten Netzwerkbetriebssystemen eingesetzt.

➡ *Siehe Betriebssystem, Multitasking, Prozeß*

Semiconductor Memory

Englische Bezeichnung für Halbbleiterspeicher.

➡ *Siehe Halbleiterspeicher*

Senke

Ein beliebiger Empfänger von Daten wird auch Senke genannt.

Sensor

Ein Sensor mißt eine physikalische Größe und liefert die Werte dieser Messungen als analoges Signal. Um dieses für einen Computer lesbar zu machen, muß es mit Hilfe eines Analog-Digital-Wandlers in ein digitales umgewandelt werden.

➡ *Siehe Analog/Digital-Wandler, Digitalisierung*

Sensorbildschirm

Ein Sensorbildschirm, manchmal auch Touchscreen oder Tastbildschirm genannt, ist ein Bildschirm mit einer Sensorik auf der Bildschirmoberfläche. Diese erfaßt Berührungen des Bildschirms und benützen diese Eingabedaten, um graphische Oberflächen zu bedienen wie sonst mit einer Maus.

➡ *Siehe Bildschirm, Grafische Benutzeroberfläche*

Sequenced Packet Exchange
➡ *Siehe SPX*

Sequentielle Datei

Aus einer sequentiellen Datei können alle Daten nur der Reihe nach gelesen werden. Wollen Sie also Daten aus der Mitte einer sequentiellen Datei auslesen, müssen Sie alle vom Anfang bis zu dieser gewünschten Position zusätzlich einlesen. Das Gegenstück zu einer sequentiellen Datei ist eine mit wahlfreiem Zugriff.

➡ *Siehe Sequentieller Zugriff, Wahlfreier Zugriff*

Sequentieller Zugriff

Diese Form des Zugriffs auf Daten erlaubt, nur direkt auf aufeinanderfolgende Datensätze zuzugreifen. Bei Magnetbändern kann man z.B. nur auf aufeinanderfolgende Datenblöcke zugreifen und nicht auf beliebige.

Sequenzer

Mit einem Sequenzer lassen sich mehrere Stimmen, z.B. Samples, gleichzeitig zu einem Lied verbinden. Dazu verwendet der Sequenzer mehrere Spuren, auf die die unterschiedlichen Informationen aufgenommen werden. Diese Spuren können gemeinsam abgespielt werden.

Serial Input Output
→ *Siehe SIO*

Serial Line Internet Protocol
→ *Siehe SLIP*

Seriell

Seriell bedeutet zeitlich nacheinander. Bei seriellen Datenübertragungen werden Daten immer nacheinander und nie parallel übertragen.

→ *Siehe Parallel, Serielle Schnittstelle*

Serielle Schnittstelle

Eine serielle Schnittstelle dient als Ein- und Ausgabeport, an dem man externe Geräte wie eine Maus oder ein Modem an einen Computer anschließen kann. Wie bei allen seriellen Datenübertragungen werden hier die Daten Bit für Bit übertragen. Bei PCs dienen UART-Bausteine als Controller für diese Art von Transfers. Heutzutage gibt es davon nur noch zwei verschiedene Arten. Der 8250 oder der 16450 sind ältere und können nur bis zu 38.400 Baud sicher übertragen. Der 16550 ist sehr zu empfehlen, da er über einen kleinen FIFO-Puffer verfügt und damit auch bis zu 155.200 Baud sicher übertragen kann. Das BIOS eines normalen Computers reserviert Platz für bis zu vier serielle Schnittstellen.

→ *Siehe FIFO, FIFO-Puffer, I/O, UART*

Bild 5: Die beiden mittleren Anschlüsse sind für die Seriellen Schnittstellen des PC. Es gibt sie in 25- (links) und 9-poliger Ausführung (links).

Serieller Drucker

Ein serieller Drucker wird an eine serielle Schnittstelle angeschlossen. Bei PCs sind parallele Drucker üblich und auch sehr zu empfehlen, da die parallele Schnittstelle deutlich schneller übertragen kann.

Serienbrief

Hat man beispielsweise einen umfangreichen Kundenstamm und will in regelmäßigen Abständen Rundschreiben verschicken, so läßt sich der dafür notwendige Aufwand durch

Verwendung von Serienbriefen stark verringern. Man erstellt das Rundschreiben und läßt die Textverarbeitung die persönlichen Daten der Kunden aus einer Datenbank ergänzen. Durch individuelle Gestaltung der Anrede und der restlichen Daten (Personalisierung) läßt sich vermeiden, daß der entstehende Brief nach einer Massensendung aussieht.

➠ *Siehe Datenbank, Textverarbeitung*

Serienbrieffunktion

Mit einer Serienbrieffunktion einer Textverarbeitung lassen sich Serienbriefe erstellen. Dabei arbeitet man meistens mit zwei Dokumenten. Während das eine den unveränderlichen Text enthält, beinhaltet das andere die persönlichen Daten. Aus der Verbindung der beiden entsteht dann ein Serienbrief.

➠ *Siehe Serienbrief*

Seriennummer

Um die verschiedenen Exemplare eines Softwareprodukts unterscheiden zu können, hat jedes eine Seriennummer. Diese muß meistens bei der Installation eingegeben werden und auch, wenn man sich registrieren läßt.

➠ *Siehe Installation*

Serifen

Mit Serifen bezeichnet man kleine Abschlußstriche an Buchstaben und anderen Druckzeichen, die den Text besser lesbar machen. Dazu wird jeder auslaufende Balken durch einen kleinen Querstrich versehen, der bei manchen Schriften durch eine Rundung verstärkt ist. Es gibt Schriften mit und ohne Serifen.

➠ *Siehe Schriften*

Bild 6: Zwei Schriftcharaktere – einmal mit und einmal ohne Serifen

Server

Ein Server ist entweder ein spezieller Computer in einem Netzwerk, der anderen Teilnehmern Dienste zur Verfügung stellt, oder ein Programm auf einem Servercomputer, der bestimmte Dienste bereitstellt. Der LAN-Server ist der Rechner in einem LAN-Netzwerk, der alle für das Netzwerkbetriebssystem notwendigen Daten verwaltet. Ein Datei-Server stellt Programme, Daten und Festplattenkapazität zur Speicherung von Daten bereit, Druck-Server hingegen die Möglichkeit zu drucken und Applikationsserver Rechenleistung für Programme. Einen Rechner, der Dienste von einem Server in Anspruch nimmt, nennt man Client.

➠ *Siehe Client-Server-Prinzip, LAN, Netzwerk*

Service Boot

Booten eines Computers ohne installiertes oder aktives Betriebssystem zur Verwaltung und Steuerung über ein Netzwerk. Dabei werden Agenten von einem entfernten Server auf den Client geladen.

➠ *Siehe Betriebssystem, Booten, Client, Server*

Service Indicator

Englisch für die Dienstekennung.

➠ *Siehe Dienstekennung*

Service-Provider

Um Zugang zum Internet zu erlangen, benötigen Sie die Dienste eines Service-Providers. Haben Sie bei einem solchen Provider ein Konto eingerichtet oder sogar einen Server angemeldet, so können Sie über diesen dann jederzeit eine Verbindung zum Internet herstellen. Außerdem stellt der Provider Ihnen eine E-Mail-Adresse und üblicherweise auch Platz für eine Homepage zur Verfügung. Einer der größten Provider ist EUnet. Oft lohnt es sich aber, kleinere lokale Provider ausfindig zu machen, da diese oft günstigere Konditionen und auch schnellere Verbindungen anbieten.

➠ *Siehe Account, AOL, CompuServe, EUnet, Internet, T-Online*

Session

Eine Session bezeichnet eine in sich abgeschlossene Aufzeichnungssitzung beim Erstellen einer CD-ROM. Dabei werden Lead-In und Lead-Out geschrieben, der geschriebene Track allerdings nicht fixiert, so daß noch weitere Sessions auf die CD-ROM aufgezeichnet werden können, solange genug Platz vorhanden ist.

➠ *Siehe CD-Writer, Lead-In, Lead-Out*

Session Layer

Sitzungsschicht. 5. Schicht des OSI-Schichtenmodells.

➠ *Siehe OSI-Schichtenmodell*

Set-Top-Box

Eine Set-Top-Box verbindet in den USA die meisten Fernseher mit dem Kabelnetz. So kann man die dort angebotenen multimedialen Dienste nutzen. In Deutschland gibt es solche Set-Top-Boxen erst seit der Einführung des digitalen Fernsehens; sie dienen der Entschlüsselung der Signale.

Setup

Mit Hilfe eines Setup-Programms werden z.B. unter Windows die meisten Programme auf einen Computer installiert.

Mit dem Setup bezeichnet man aber auch den Teil des BIOS, der eine Konfiguration des Computers durch den Anwender ermöglicht. Noch bevor der Computer zu booten beginnt, muß man bei den meisten Rechnern die Entf-Taste oder auch die F1-Taste drücken, um in das BIOS zu gelangen. Dort lassen sich die Zeit und das Datum der Echtzeituhr genauso einstellen wie die Parameter der lokalen Disketten- und Festplattenlaufwerke sowie teilweise sehr tiefgreifende Einstellungen über Speichergeschwindigkeiten und ähnliches. Bei Änderungen an diesen Parametern ist große Vorsicht geboten, da diese die Stabilität Ihres Rechners und die Verfügbarkeit von Hardwarekomponenten beeinträchtigen können. Bei den meisten Zahleneinstellungen sind kleine Zahlen für die Rechenleistung gültig und der Stabilität abträglich, große dagegen umgekehrt. Bei vielen anderen Einstellungen können Sie zwischen disabled (ausgeschaltet) und enabled (eingeschaltet) wählen. Sind Sie mit Ihren Einstellungen zufrieden, können Sie diese im Hauptmenü abspeichern und das Setup verlassen. Ihre Einstellungen werden dann in einem batteriegepufferten Speicherbereich eingetragen, der diese auch in ausgeschaltetem Zustand nicht verliert. Bei Benutzung des Setups, speziell beim Speichern, ist zu beachten, daß innerhalb des Setups die amerikanische Tastaturbelegung gültig ist, also im speziellen die Tasten Y und Z vertauscht sind.

➠ *Siehe BIOS, Installation*

Setup-Engine

Die Setup-Engine ist Teil eines modernen 3D-Grafikprozessors. Sie folgt direkt nach der Geometry-Engine, die für die Berechnung der 3D-Koordinaten eines Objekts zuständig ist. Die Setup-Engine sorgt, ausgehend von den Koordinaten der Geometry-Engine, für die Berechnung wichtiger Parameter für die Darstellung der einzelnen Objektdreiecke (Polygone). Dazu gehören die Texturkoordinaten, Perspektiveparameter, der Winkel der Dreieckskanten und die Anzahl der von dem Dreieck bedeckten Bildschirmzeilen. Das sog. Triangle-Setup (Triangle = Dreieck) wird hardwaremäßig vom 3D-Prozessor durchgeführt.

➠ *Siehe Geometrieverarbeitung*

SFT

➠ *Siehe System Fault Tolerance*

SFX

SFX ist das Kürzel von SelF eXtracting, was soviel wie selbstentpackend bedeutet. Bei den meisten Programmen zur Datenkomprimierung ist es nötig, sowohl für das Packen wie auch das Entpacken das entsprechende Packprogramm zur Hand zu haben. Bei einem selbstentpackenden Archiv ist der Code, der zum Entpacken notwendig ist, im Archiv selbst enthalten und darum kann sich das Archiv selbständig entpakken.

➡ *Siehe Komprimierungsprogramm*

SGML

Abkürzung für Standard Generalized Markup Language. System für die Definition von Vorschriften zur Formatierung von Dokumenten. Die Entwicklung von SGML geht auf IBM zurück. Der Standard selbst wurde von der ISO definiert. SGML wird im wesentlichen nur in umfangreichen Dokumentationsprojekten verwendet, bei denen sehr große Informationsmengen organisiert werden müssen, wie das z.B. bei Wartungsanleitungen von Flugzeugen der Fall ist. Da im Normalfall die logische Struktur der Texte vom Erscheinungsbild getrennt wird, ist die Ausgabe der Inhalte in unterschiedlichen Formen und auf unterschiedlichen Medien verhältnismäßig einfach.

Aufgrund der hohen Komplexität von SGML hat es im Bereich der PC noch keine große Verbreitung gefunden.

Eine sehr bekannte Anwendung von SGML ist HTML.

➡ *Siehe HTML, IBM, ISO*

SGRAM

Abkürzung für Synchrones Grafik-RAM. Ähnlich den SDRAMs. Im Gegensatz zu SDRAMs verfügen sie jedoch über 32 Datenleitungen (x32-Organisation) und beherrschen besondere Schreibbefehle (Block-, Mask-Write).

➡ *Siehe SDRAM*

Shadow-RAM

Der in einem PC enthaltene ROM-Speicher ist ein ganzes Stück langsamer als der RAM-Speicher. Aus diesem Grund gibt es bei den meisten BIOS-Versionen eine Funktion, um den ROM-Speicher in den RAM-Speicher auszulagern. Hardwarekomponenten wie Grafikkarten und SCSI-Controller besitzen einen eigenen ROM-Speicher, der Routinen enthält, die für die Ansteuerung dieser Geräte notwendig sind. Auch der Zugriff auf diese Geräte kann durch das Auslagern ihrer ROM-Speicher in das RAM gesteigert werden. Die daraus resultierende Geschwindigkeitssteigerung speziell der Grafikausgabe kommt allerdings nur Betriebssystemen wie DOS zugute, denn modernere benutzen die BIOS-Funktionen nicht mehr, sondern verwenden eigene optimiertere Funktionen.

→ *Siehe BIOS, RAM, ROM*

Shareware

Kleinere Betriebe und Softwarehersteller geben ihre Softwareerzeugnisse oft als Shareware heraus, welche frei kopiert werden, im Gegensatz zu PD-Software aber nicht beliebig genutzt werden darf. Nach Ablauf einer gewissen Testphase soll der Benutzer das Programm registrieren lassen, womit eine Gebühr verbunden ist. Um den Anwender zur Registrierung zu bewegen, winken meist Besonderheiten der registrierten Version, wie z.B. zusätzliche Programme, Erweiterungen oder ein gedrucktes Handbuch. Viele Sharewareprogramme schränken auch die Anzahl der Funktionen oder die Nutzungsdauer des Programms ein.

Shareware wird v.a. über Mailboxen, das Internet oder über CD-ROMs vertrieben.

→ *Siehe PD-Software*

Shell

Unter der Shell versteht man die meist grafische Oberfläche eines Betriebssystems oder eines Programms. Die bekannteste Shell ist sicherlich die des Betriebssystems DOS. Über lange Jahre war diese textorientierte, äußerst einfache Shell der Standard für den PC. Windows erweiterte DOS später um eine grafische Benutzeroberfläche, sprich eine grafische Shell.

→ *Siehe Benutzeroberfläche, Grafische Benutzeroberfläche*

Shift

Die Shift-Taste bezeichnet die Taste, mit der Sie zwischen der Klein- bzw. Großschreibung umschalten.

Jede CPU bietet bestimmte Befehle, die dazu dienen, die Bitmuster in ihren Registern entweder nach links oder rechts zu verschieben. Diese nennt man Shift Instructions, also Schiebebefehle. Ein Shift um eine Position nach links entspricht dabei einer Multiplikation mit zwei. Entsprechend ist ein Rechtsshift um eine Stelle mit einer Division durch zwei gleichzusetzen.

→ *Siehe CPU*

Shockwave

Shockwave ist ein Plug-In für Web-Browser, also ein Programm, das die Funktionalität dieses Browsers erweitert. In diesem Fall handelt es sich um die Darstellung von Grafiken, Sounds und Videofilmen. Dieses Plug-In kann wie die meisten anderen kostenlos, in diesem Fall von der Homepage von Macromedia, heruntergeladen werden.

→ *Siehe Macromedia*

Shockwave-Technologie

Die Shockwave-Technologie erschloß eine neue Generation von Internet-Seiten. Dieses von Macromedia entwickelte Autorensystem bietet die Möglichkeit, komplette mit Macromedias Director und Freehand designte Seiten direkt ins Internet zu übernehmen. Da diese komprimiert sind, lassen sich lange Wartezeiten bei Downloads einigermaßen in Grenzen halten. So können sogar nette Animationen realisiert und implementiert werden. Da mit Macromedias Freehand erstellte Grafiken auf dem Vektorformat basieren, lassen sie sich ohne Qualitätsverlust vergrößern oder verkleinern. Da diese Technologie sowohl in Netscapes Navigator ab Version 2.0 als auch in Microsofts Internet Explorer integriert worden ist, kann sie ohne Bedenken angewandt werden.

➠ *Siehe Shockwave*

Shopbot

Ein Shopbot ist eine Agentensoftware, die im Internet automatisch Angebote verschiedener Firmen anhand definierbarer Kriterien (Preis, Leistung, usw.) vergleicht.

Short Message Service

➠ *Siehe SMS*

Shortcut

Das bei vielen Betriebssystemen verwendete Prinzip von Shortcuts oder auch Links wird meist mit Verknüpfung übersetzt. Auf dem Desktop von Windows 95 ist damit die Erzeugung von Icons gemeint, die eine virtuelle Verbindung zu einem Programm oder einer anderen Datei darstellen. Der Vorteil eines solchen Verweises ist, daß nicht noch einmal der gesamte Platz der Originaldatei aufgewandt werden muß.

Als Shortcut wird ein Tastaturkürzel, also eine Tastenkombination, in einem Programm bezeichnet, das eine bestimmte Aktion auslöst.

➠ *Siehe Hotkey*

Shugart Bus

Der Shugart Bus ist seit dem Aufkommen von PCs der Bus, mit dem die Diskettenlaufwerke angesteuert werden. Benannt nach dem Erfinder des Busses und Gründer der Firma Seagate Al Shugart.

➠ *Siehe Bus, Diskettenlaufwerk*

Sicherheitskopie

➠ *Siehe Backup*

Sicherheitssystem

Das Sicherheitssystem ist ein Teil des Betriebssystems und soll dessen Datensicherheit gewährleisten. Dazu gehört die Abwehr von Angriffen durch Menschen, also etwa Hacker, aber auch unsichere oder ungeübte User, genauso wie die von fehlerhafter Hardware oder Software hervorgerufenen Fehler oder gar Abstürze.

Sicherung

Eine Sicherung ist ein elektrisches Bauelement, das dem Schutz elektrischer Geräte vor zu großen Stromflüssen dient. Häufig werden Schmelzsicherungen verwendet. Hier wird der Stromkreis über einen Draht in einem Gehäuse geschlossen. Dieser Draht schmilzt bei einer bestimmten Stromstärke und unterbricht dadurch den Stromkreis, wenn diese überschritten wird.

Anderes Wort für Sicherungskopie.

➡ *Siehe Sicherungskopie*

Sicherungsdatei

Speichern Sie Texte oder Daten ab, legen die meisten Programme, mit denen Sie diese bearbeitet haben, von der ursprünglichen Version eine Sicherheitskopie an. Diese bekommt zwar auch den ursprünglichen Namen, aber die Extension .bak, um deutlich zu machen, daß es sich um eine Kopie handelt.

Sicherungskopie

Eine Sicherungskopie ist eine Kopie einer Datei oder des Inhalts einer Festplatte auf einem Datenträger oder einer anderen Festplatte. Im Fall, daß nun die Daten auf der einen Platte verloren gehen, besitzt man diese ja noch auf der anderen und ist so vor Datenverlust gut geschützt.

➡ *Siehe Backup*

Sicherungsprogramm

Mit einem Sicherungsprogramm legen Sie Sicherungskopien (Backup) von Datenträgern an. Wollen Sie nicht alle, sondern nur einen Teil der Dateien eines Datenträgers sichern, so legen Sie ein selektives Backup an.

➡ *Siehe Backup, Selektives Backup*

Sichtgerät

Sichtgerät oder auch Datensichtstation nannte man früher ein Terminal.

➡ *Siehe Terminal*

Siemens Nixdorf

http://www.siemensnixdorf.com

Siemens Nixdorf ist eine eigenständige Gesellschaft innerhalb der Siemens AG und der in Europa größte Anbieter von Informationstechnik. Siemens Nixdorf bietet ein große Auswahl an verschiedenen PC- und UNIX-Systemen an. Daneben auch eine Vielzahl von Dienstleistungen im EDV-Bereich. Siemens Nixdorf ist durch die Übernahme der Nixdorf AG durch Siemens entstanden. Nixdorf wurde von Heinz Nixdorf 1952 gegründet. Die PC-Sparte von Siemens Nixdorf wurde 1998 an die Firma Acer verkauft.

➡ *Siehe Nixdorf*

Sign

Sign ist der englische Begriff für ein Hinweisschild, aber auch für Unterschreiben.

Signalwandler

→ *Siehe Wandler*

Signature

Signature ist die englische Bezeichnung für eine Unterschrift und bezeichnet eine kurze ASCII-Grafik mit entsprechendem Text am Ende von E-Mails. Damit identifiziert sich der Autor der E-Mail und fügt meistens noch einen Spruch oder ein Gedicht hinzu. Da diese natürlich nicht fälschungssicher sind und keinen Sinn haben, aber Übertragungsbandbreite verbrauchen, sind sie nicht überall gern gesehen. Nichtsdestotrotz unterstützen praktisch alle E-Mail-Programme die Möglichkeit, solche Signatures an E-Mails anzuhängen.

→ *Siehe E-Mail*

Silicon Graphics

http://www.sgi.com

Silicon Graphics (siehe Bild 7) ist eine Firma, die Hochleistungsworkstations herstellt, die hauptsächlich für die Erzeugung und Bearbeitung von Grafiken benutzt werden. Beispielsweise werden die Computersequenzen der Firma ILM (Industrial Light and Magic von George Lucas), welche die Computereffekte von Filmen wie Star Wars oder Jurassic Park erzeugt hat, fast alle mit solchen Workstations hergestellt. Doch auch im Bereich des DTP finden diese Geräte Verwendung. Ein weiteres Produkt von SGI ist der Cosmo Player, ein Plug-In für Internet-Browser, welches die Darstellung virtueller Welten (VRML) möglich macht.

→ *Siehe DTP, VRML, Workstation*

Silicon Valley

In diesem legendären Tal (südlich von San Francisco, Kalifornien) siedelte sich Anfang der 60er Jahre eine große Zahl von Elektronikkonzernen an, die die Entwicklung der PC-Branche maßgeblich beeinflußt haben. Da diese Firmen fast alle mit Silizium (englisch Silicon), dem wichtigsten Halbleitergrundstoff, zu tun haben, wurde dieses Tal bald danach benannt.

SIM-Karte

Eine SIM-Karte ist für ein Handy notwendig, da hier alle benutzerrelevanten Daten, wie Rufnummer, Geheimzahl und ähnliches, gespeichert sind. Auch das persönliche Telefonbuch des Benutzers findet sich hierauf. SIM steht daher für Subscriber Indentificaion Module, was soviel wie Teilnehmer-Identifikations-Modul bedeutet. Ohne diese Chipkarte läßt sich ein Handy nicht benutzen.

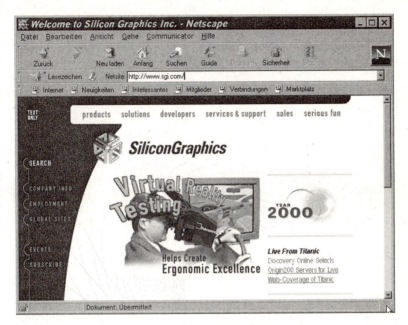

Bild 7: Silicon Graphics im WWW

SIMDFP

Abkürzung für Single Instruction Multiple Data Floating Point, was soviel bedeutet wie: eine Instruktion – mehrere Gleitkommaoperationen. Neue Technologie, die bei Intels Pentium II-Nachfolger mit dem Codenamen Katmai zum Einsatz kommen soll.

➠ *Siehe Gleitkommaoperationen, Intel, Katmai, Pentium II*

SIMM

SIMM ist die Abkürzung für Single Inline Memory Module (= einreihiges Speichermodul). Auf diesen Speichermodulen sind die eigentlichen Speicherchips zu Gruppen zusammengefaßt. Dadurch benötigt der Speicher weniger Platz auf einem Motherboard. Ältere SIMMs besitzen 30 Kontakte und müssen in Vierergruppen eingebaut werden, wohingegen die neueren PS/2-Module 72 Kontakte

SIMM-Adapter

aufweisen und in Zweiergruppen eingebaut werden. Es existieren allerdings Adapter, so daß auch alte SIMM-Module in Boards verwendet werden können, die nur Sockel für neue zur Verfügung stellen.

→ *Siehe Motherboard, PS/2-SIMM, SIMM-Adapter*

Bild 8: Ein 30 poliges Simm – heute eher ein Exot

SIMM-Adapter

Mit Hilfe dieser SIMM-Adapter können Sie vier 30polige SIMMs in ein 72poliges SIMM-Modul umwandeln. Die Kapazität der SIMMs bleibt dabei erhalten, vier 1-Mbyte-Module ergeben also ein 4 Mbyte-Modul. Die verlängerten Signalwege, die durch den Adapter entstehen, betragen zwischen 5 und 10 ns. Diese führen dazu, daß die im BIOS eingetragenen Waitstates, welche die Geschwindigkeit der Speicherzugriffe der CPU regeln, erhöht werden müssen, was die Rechenleistung Ihres Computers verringert. Da bei den neueren Chipsätzen für hohe Leistung immer zwei gleiche PS/2-Module pro Speicherbank vorkommen müssen, gibt es diese Adapter seitenverkehrt, so daß sich acht 30polige SIMMs in zwei 72polige umwandeln lassen, die sogar in eine Bank passen. Allerdings wird je nach der Art der verwendeten Adapter und SIMMs der vorhandene Platz sehr schnell zu klein, was die Verwendung mehrerer Adapter extrem erschwert. Eine weitere Zusammenfassung von Speicherbausteinen hat mit den DIMMs stattgefunden, die zwei PS/2-SIMMs in sich vereinigen.

→ *Siehe DIMM, PS/2-SIMM, SIMM*

Simple Mail Transfer Protocol
→ *Siehe SMTP*

Simplex-Betrieb

Bei einer Datenübertragung im Simplex-Betrieb können die Daten nur in einer Richtung übertragen werden.

→ *Siehe Duplex-Betrieb*

Simulation

Unter einer Simulation versteht man:

▪ Die möglichst genaue Nachbildung realer naturwissenschaftlicher oder technischer Vorgänge durch ein Modell. Simulationen werden für alle denkbaren Sachverhalte, wie Staus, das Wetter, die Vorgänge innerhalb des Gehirns etc., angewandt.

▪ Computerspiele, welche Sportarten und die Fliegerei zum Thema haben. Dabei wird zwischen möglichst realistischen und eher actionreicheren unterschieden.

Simulator

Ein Simulator ist ein Gerät, das durch die Verbindung von Hard- und Software eine Simulation so realistisch wie nur möglich nachzubilden versucht.

→ *Siehe Simulation*

Single Board Computer
→ *Siehe SBC*

Single Inline Memory Module
→ *Siehe SIMM*

Single Inline Package
→ *Siehe SIP*

Single Instruction Multiple Data Floating Point
→ *Siehe SIMDFP*

Single Pass

Betriebsmodus eines Scanners, bei dem die Scanleiste nur einmal über die Vorlage scannen muß, um sie zu erfassen. Im Gegensatz dazu stehen Multi-Pass- bzw. Three-Pass-Scanner, die mehrmals über die Vorlage scannen müssen.

→ *Siehe Farb-Scanner, Multi-Pass-Scanner*

Single Step Mode
→ *Siehe Einzelschrittmodus*

Singlesession

Ältere CD-ROM-Laufwerke konnten teilweise nur eine einzige Session lesen, wohingegen moderne Laufwerke mehrere Sessions verarbeiten können (Multisession).

→ *Siehe CD-ROM-Laufwerk, Multisession*

SIO

SIO steht für Serial Input Output und den Controller, der die Datenübertragung bei einer seriellen Schnittstelle realisiert.

→ *Siehe Serielle Schnittstelle*

SIP

Wie SIMMs beinhalten auch SIPs (Single Inline Packages) mehrere DRAM-Bausteine, um Arbeitsspeicher für einen PC bereitzustellen. Sie verfügten nicht über eine Kontaktleiste wie die aktuellen SIMMs, sondern über eine Reihe von Kontaktstiften und konnten sich nicht durchsetzen.

→ *Siehe DRAM, SIMM*

Site

Im Internet bezeichnet man die Server oder auch die Hosts, auf die man zugreifen kann, als Sites. Dies gilt sowohl für WWW- als auch für FTP-Server.

→ *Siehe FTP, Host, Internet, WebSite, WWW*

Sitzungsschicht

Die Sitzungsschicht ist die fünfte Schicht des OSI-Schichtenmodells. Diese Schicht synchronisiert die Eingaben der Nutzer durch Einsetzen von Kontrollpunkten in den Datenfluß und ermöglicht dadurch Benutzern verschiedener Computer, stabile Verbindung in einem Netzwerk untereinander aufzubauen.

➡ *Siehe OSI, OSI-Schichtenmodell*

Skalieren

Als Skalieren bezeichnet man das Vergrößern eines Grafikobjekts unter Beibehaltung des Seitenverhältnisses.

Slash

Als Slash bezeichnet man den Schrägstrich von links unten nach rechts oben (/). Diesen erhält man durch Drücken von [Shift] [⇧] und der Taste für die Zahl 7.

Slave

Slave ist die Bezeichnung für ein Gerät, das von einem anderen (Master) gesteuert wird.

➡ *Siehe Master*

Slave-Prozessor

Ein Prozessor, der den Hauptprozessor entlastet, indem er Spezialaufgaben wie z.B. die Realisierung eines schnellen Datenbankzugriffs übernimmt. Eine derartige Aufgabe wird, da sie der Hauptfunktion des Computers untergeordnet ist, als »rückwärtiger Dienst« bezeichnet.

➡ *Siehe Prozessor*

Sleep-Mode

Ist bei einem Computer oder Notebook das Powermanagement aktiviert und wird eine dort festgelegte Zeit der Inaktivität erreicht, schaltet dieser Rechner in den Sleep-Mode. Dabei handelt es sich um einen Zustand extremer Energieeinsparung. Nur der Hauptspeicher wird noch voll mit Strom versorgt, so daß der Zustand des Rechners auch während dieser Phase vollständig erhalten bleibt. Sobald eine Taste gedrückt oder die Maus bewegt wird, wird der Rechner wieder in den Normalzustand geschaltet.

Slimline

Mit Slimline bezeichnet man eine Gehäusebauweise, die wie ein Desktop-Gehäuse aufgebaut, aber flacher ist. Slimline-Gehäuse sind so flach, daß alle Erweiterungskarten horizontal installiert werden müssen, was spezielle Motherboards erforderlich macht.

➡ *Siehe Desktop*

SLIP

Abkürzung für Serial Line Internet Protocol. Ein einfaches Protokoll, mit dem man Daten per Modem z.B. mit dem Internet austauschen kann. Das darauf aufsetzende Protokoll ist TCP/IP. Mit Hilfe des SLIP-Protokolls wählt man sich bei dem Host seines Internet-Providers ein.

→ *Siehe Internet, Internet-Provider, PPP, TCP/IP*

Slot

Jedes Motherboard besitzt eine Reihe von Erweiterungssteckplätzen. Diese nennt man Slots. In den meisten PCs gibt es verschiedene Arten von Slots, heutzutage meistens ISA- und PCI-Slots. ISA und PCI sind hierbei unterschiedliche Arten von Erweiterungsbussen.

→ *Siehe ISA, Motherboard, PCI*

Slot1

Standard-CPU-Slot der aktuellen Intel Pentium II Generation (Deschutes, Celeron, Mendocino).

→ *Siehe Celeron, Deschutes, Mendocino*

Slot2

Standard-CPU-Slot der neuen Server-CPU-Generation von Intel (Intel Xeon). Der Slot2 ist größer als sein Pendant Slot1, da er zusätzliche Signale für die Mehrprozessor-Kommunikation zur Verfügung stellt. Der Slot2 erlaubt die Koppelung von vier Intel Xeon-Prozessoren.

→ *Siehe Slot1, Xeon*

SLSI

Besteht ein Computer-Chip aus mehr als 100.000 Transistoren, nennt man diesen Integrationsgrad SLSI für Super Large Scale Integration. SLSI ist die Steigerung von LSI.

Small Computer System Interface

→ *Siehe SCSI*

Small Scale Integration

→ *Siehe SSI*

SmartSuite

Dies ist ein Office-Paket der Firma Lotus, das aus Lotus 1-2-3, Approach, Freelance, Organizer und Lotus Word Pro besteht.

→ *Siehe Lotus SmartSuite*

SMS

SMS ist der englische Begriff für Short Message Service. Dieser Standard regelt die Übertragung von Textnachrichten bis zu 160 Zeilen an Handys. Eine gesendete Nachricht wird von dem für das Funktelefon zuständigen Provider normalerweise drei Tage im Netz gehalten. In dieser Zeit kann die Nachricht vom Empfänger gelesen werden und wird dazu auf seinem Display angezeigt. Der Empfänger kann sogar eine Empfangsbestätigung zurücksenden.

SMTP

SMTP ist das Kürzel für Simple Mail Transfer Protocol und die englische Bezeichnung für das Protokoll, mit dem E-Mails zwischen den Internet-Servern ausgetauscht werden, und das somit für die weltweite Verteilung dieser zuständig ist. Für das Herunterladen der E-Mails von einem Mail-Server wird fast immer das POP3-Protokoll verwendet. Für dieses Protokoll muß man den Namen des POP3-Servers angeben. Bei AOL wäre dies z.B. mail.aol.com, bei CompuServe `mail.compuserve.com`, bei MSN `mail.msn.com` und bei T-Online `mailto.btx.dtag.de` oder `mail.btx.dtag.de`.

➡ *Siehe POP3*

SNI

Abkürzung für Siemens Nixdorf.

➡ *Siehe Siemens Nixdorf*

SNMP

Abkürzung für Simple Network Management Protocol. Protokoll zur Steuerung und Verwaltung von Netzwerkgeräten. Standard-Internet-Protokoll.

Sockel

Bezeichnung für die Fassung eines ICs. Dient zur Fixierung und elektrischen Verbindung eines ICs (z.B. CPU) mit der Leiterplatte, ohne diesen einlöten zu müssen. Dadurch ist ein leichter Ein- und Ausbau (Tausch) möglich.

➡ *Siehe CPU, ZIF-Sockel*

Sockel 7

➡ *Siehe Sockel, ZIF-Sockel*

Soft Error

Der Alptraum jedes Computer-Reparateurs sind Soft Errors. Diese weichen Fehler treten nicht vorhersehbar auf und werden meist von Temperatureinflüssen oder unzuverlässigen Kabelleitungen verursacht. Gerade die berühmten Fehler, die nicht reproduzierbar sind, wenn ein Techniker auftaucht, und dann natürlich sofort wieder auftreten, wenn dieser wieder gegangen ist, fallen in diese Kategorie.

Soft Sectored

Bei Disketten wurden die Sektoren früher durch eine Reihe Löcher in der Oberfläche des Datenträgers voneinander unterschieden. Diese Methode des Low-Level-Formats nennt man Hard Sectored, wobei der Name von dieser physischen Grundlage dieser Methode herrührt. Bei der heute üblichen Soft-Sectored-Low-Level-Formatierung ist davon nur das Indexloch erhalten geblieben.

➡ *Siehe Diskette, Sektor*

Soft-off-Status

➡ *Siehe Wake on LAN*

Software

Eine Software ist ein Programm mit seinen dazugehörigen Daten. Software gliedert sich hauptsächlich in zwei Gruppen: Die Betriebssysteme und die Anwenderprogramme, die auf diesen aufsetzen.

➼ *Siehe Applikation, Betriebssystem*

Software Bundle

Unter Software-Bundling versteht man die Zusammenfassung diverser, auch einzeln erhältlicher Hard- und Softwarekomponenten zu einem Paket. Dieses Paket kann man dann zu einem günstigeren Preis erstehen. Kaufen Sie sich heute einen Computer, so erhalten Sie meistens ein Betriebssystem und ein Office-Paket gleich mit dazu. So können Sie ohne Erwerb zusätzlicher Software gleich mit vielen Dingen beginnen. Beim Erwerb eines Modems erhalten Sie zugleich die zum Betrieb notwendige Software, wie ein Terminalprogramm und Software zum Faxen etc. Bei einem Scanner ist praktisch immer ein Bildverarbeitungsprogramm und vielleicht sogar noch ein OCR-Programm mit enthalten.

➼ *Siehe Betriebssystem, Modem, OCR, Office-Paket, Scanner*

Software Development Kit

➼ *Siehe SDK*

Software-Cache

Der Software-Cache benutzt einen Teil des Arbeitsspeichers eines PC, um den Zugriff auf die Festplatten dieses PC zu beschleunigen. Dazu werden die häufig benutzten Daten von den Platten in den viel schnelleren Hauptspeicher ausgelagert. Dies gilt sowohl für Lese- wie auch für Schreibzugriffe. Letzteres meistens nur auf Wunsch, da beim Cachen von Schreibzugriffen die Daten nicht sofort geschrieben werden können und bei einem Absturz oder etwa Stromausfall diese verloren gehen. Das bekannteste Programm zum Cachen ist Microsofts Smartdrive. Bei modernen Betriebssystemen ist so ein Cache voll integriert, um maximale Leistungssteigerungen und Sicherheit zu erreichen. Was hier mit Software und einem Teil des Speichers erledigt wird, tun Hardware-Caches mit dafür eigens entwickelter Hardware und eigenem Speicher. Trotzdem sind sie von der Leistung her kaum schneller, aber sehr teuer. Darum lohnt sich die Anschaffung solcher Hardware-Caches nur bei absoluten Hochleistungsrechnern.

➼ *Siehe Cache, Hardware-Cache*

Software-Entwicklung

Die Entstehung von Software kann im wesentlichen in vier Phasen aufgesplittet werden:

▪ In der Problemanalyse wird die Aufgabe, die die Software zu erfüllen hat, genau analysiert, um eine möglichst präzise Lösung zu erhalten.

- In der Definitionsphase wird das daraus resultierende Gesamtproblem in kleinere handlichere Teilprobleme aufgegliedert.

- In der Implementierungsphase werden zuerst die Teilprobleme gelöst und dann kodiert und als letztes vereint man diese zur Gesamtlösung.

- In der Testphase wird das soweit fertige Produkt von möglichst vielen Testern so vielen verschiedenen Tests wie durchführbar unterzogen, um möglichst viele Fehler zu finden und auszumerzen. Um viele Tester mit unterschiedlichen Konfigurationen zu erhalten, wird oft eine Betaversion der Software frei verteilt, wobei nur erwartet wird, daß man Fehler oder Anregungen zurückmeldet.

→ *Siehe Betatest, Betatester, Betaversion*

Software-Entwicklungssystem

Um eine Software so effizient wie möglich programmieren zu können, faßt ein Software-Entwicklungssystem die zum Programmieren nötigen Werkzeuge, wie einen Editor, einen Compiler, evtl. Linker, evtl. Interpreter, Funktionsbibliotheken und einen Debugger, zu einer einzigen Oberfläche zusammen, von der sich alle diese Funktionen bequem bedienen lassen. Diese Art einer Entwicklungsumgebung wurde von Borland mit Produkten wie Turbo C und Turbo Pascal eingeführt. Dieses Konzept wurde seitdem von allen anderen Herstellern übernommen.

Software-Interrupt
→ *Siehe Interrupt*

Softwarekomponente
→ *Siehe Komponente*

Softwarepaket

Ein Softwarepaket ist eine Zusammenstellung aufeinander abgestimmter Anwendungsprogramme, die von einem Hersteller kommen und daher »ohne Probleme« Daten austauschen können. Bekannte Vertreter dieser Art sind SmartSuite von Lotus, StarOffice von StarDivision und das Office-Paket von Microsoft.

Sonderzeichen

Alle Zeichen eines Zeichensatzes, die keine Zahlen, Buchstaben oder Steuerzeichen sind, nennt man Sonderzeichen. Ein großer Teil der 256-ASCII-Zeichen besteht aus Sonderzeichen, da sogar alle Satzzeichen (;, !, ?, ...) und Rechenoperatoren (+, –, *, ...) als Sonderzeichen gewertet werden. Da dies, insgesamt verglichen mit der Zahl aller existierenden Sonderzeichen, trotzdem nicht viele sind, wurden besondere Sonderzeichen-Sätze, die sich nachladen lassen, oder auch spezielle Schriften (Symbolschriften) wie unter Windows definiert.

→ *Siehe ASCII, Zeichensatz*

Sony

http://www.sony.com

Sony ist ein weltweit operierendes japanisches Unternehmen der Elektronikindustrie. Der Sony-Konzern ist ein großer Hersteller im Bereich der PCs und des PC-Zubehörs. Sehr bekannt sind auch die Trinitron-Bildröhren von Sony, die mit zu den besten auf dem Markt gehören. Im Bereich der Unterhaltungselektronik hat sich Sony mit vielen Entwicklungen, wie z.B. der Mini Disc, hervorgetan.

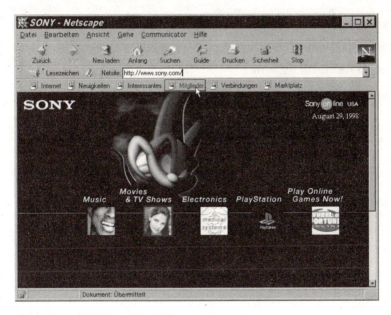

Bild 9: The SONY-Site of the Web

Sortierung

Um in einer Datenmenge oder Datenbank Daten zu gliedern, sortiert man diese mit Hilfe eines Sortierschlüssels, z.B. alphabetisch oder numerisch.

→ *Siehe Datenbank*

Sortierverfahren

Als Sortierverfahren bezeichnet man einen Algorithmus, der in der Lage ist, eine Datenmenge nach bestimmten Kriterien zu sortieren. Je mehr Daten sortiert werden sollen, desto wichtiger ist es, ein schnelles Sortierverfahren zu benutzen, da der Aufwand und damit die benötigte Sortierzeit nicht linear mit dem Umfang der Daten wächst, sondern meist wesentlich stärker.

→ Siehe Algorithmus, Quicksort

Sound Retrieval System

→ Siehe SRS

Soundblaster

Diese Soundkarte der Firma Creative Labs (siehe Bild 10) ist schon vor einiger Zeit zu einem Standard bei der Klangwiedergabe geworden. Selbst heute noch sind die meisten neuen Soundkarten Soundblaster-kompatibel. Deswegen wird der Begriff Soundblaster auch allgemein für die Beschreibung einer Soundkarte verwendet. Der Soundblaster erzeugt Klänge mittels des OPL3-Soundchips von Yamaha, der diese, auf dem Prinzip der FM-Synthese basierend, mit Hilfe mathematischer Formeln erzeugt. Neuere Soundblaster, wie die 32-Bit- und momentan aktuelle 64-Bit-Version, und allgemein neue Soundkarten arbeiten nach dem Wavetable-Verfahren, bei dem die Klänge von echten Instrumenten digitalisiert und komprimiert auf einem ROM gespeichert sind, und daher sehr echt klingen. Je größer der auf der Wavetable befindliche Speicher – üblich sind zwei oder vier Mbyte – desto besser ist der Klang. Der Zusatz AWE bei den neueren Soundblastern bedeutet, daß bei diesen Karten eine zusätzliche Bestückung mit RAM-Speicher möglich ist, in den dann neue Klänge geladen werden können. Dies ist v.a. für Musiker, die auch mit GeneralMidi oder GeneralSynth arbeiten wollen, interessant. Für User, welche eine Soundkarte nur für Spiele oder unter Windows benutzen, ist die AWE-Version allerdings uninteressant, da sie für diese Anwendungen keine Vorteile bietet.

→ Siehe FM-Synthese, General-MIDI, GeneralSynth-MIDI, Soundkarte, Wavetable

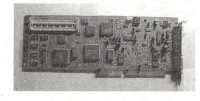

Bild 10: Der Soundblaster AWE 32 bietet die Möglichkeit, über zwei SIMMs den Speicher auf der Karte zu erweitern

Soundkarte

Eine Soundkarte erzeugt alle möglichen Arten von Klängen, um Sie auf Ereignisse akustisch hinzuweisen, Spiele realistischer zu machen oder Multimedia-Anwendung mit Klängen zu unterstützen. Sie wird als Steckkarte in den PC integriert und belegt einen IRQ und mindestens einen DMA-Kanal. Sie kann meistens auch analoge Signale digitalisieren und weiterbearbeiten.

➭ *Siehe Digitalisierung, DMA, FM-Synthese, Interrupt, Wavetable*

Source

Source ist der englische Name für Quelle. In einer Programmierumgebung versteht man unter Source Code den eigentlichen Code, der dann von einem Compiler oder Interpreter in ein lauffähiges Programm übersetzt wird. Bei Datenübertragungen ist damit die Quelle der Daten gemeint.

Source Code

➭ *Siehe Quelltext*

Space Suppresion

In Texten und Tabellen nehmen die Leerzeichen oft einen großen Teil des benötigten Platzes ein. Gerade bei Datenübertragungen ist es daher üblich, diese Leerzeichen zu unterdrükken, um den Platz der zu transferierenden Datei zu minimieren und damit die Übertragung zu beschleunigen.

➭ *Siehe Datenübertragung*

Spacing

➭ *Siehe Kerning*

Spam-Mail

Spam ist die Kurzform für Spiced Pork and Ham und bezeichnet im anglophonen Sprachraum eigentlich eine Dose rechteckig geformtes und gepreßtes Frühstücksfleisch. Der Begriff erlangte in einem Sketch der englischen Komiker-Truppe Monty Phyton Berühmtheit, in dem die Besucher eines Restaurants einsehen müssen, daß es vor Spam einfach kein Entrinnen gibt. Im Computerbereich, insbesondere im Internet, steht der Begriff allerdings für eine nicht minder lästige Angelegenheit: Werbe-E-Mails. Spam hat hier folgende Bedeutung: Send Phenomenal Amounts of Mail. Spam-Mail, auch Junk-Mail genannt, wird von vielen Firmen als legitimes Mittel zur Werbung für ihre Produkte angesehen. Durch so sinnige Programme wie Cyber-Bomber oder Web-Collector werden an Hunderttausende unschuldiger Internet-Benutzer gleichzeitig Werbe-E-Mails versandt bzw. neue E-Mail-Adressen gesammelt. Einer der bekanntesten Fälle von Spamming ist der Fall der amerik. Anwaltskanzlei Canter & Siegel, die im Frühjahr 1994 ein Green-Card-Lotterieangebot an mehr als 8000 Newsgroups versandte. Dabei wurde die Datei aber nicht nur einmal auf einem News-Server abgelegt (Crossposting), sondern für jede Newsgroup und jeden Server einmal (Excessive Multi-Posting). Die Strafe der Internet-Gemeinde folgte auf dem Fuße: Der Provider von Canter & Siegel brach angesichts der eingehenden Mail-Bomben (siehe Mail-Bomb) zusammen. Ab wann eine Serien-E-Mail als Spam gilt, regelt der sogenannte Breitbardt-Index.

➠ *Siehe Breitbardt-Index, Crossposting, E-Mail, EMP, Mail-Bomb, Newsgroup*

Spannung

Die Spannung ist eine der elementaren elektrischen Größen und wird in Volt (V) gemessen. Sie ist die Ursache des Fließens eines elektrischen Stroms und kann zwischen den Polen einer Spannungsquelle gemessen werden. Am negativen Pol der Quelle herrscht Elektronenüberschuß und am positiven Elektronenmangel.

SPARC

SPARC ist die Abkürzung von Scalable Prozessor ARchitecture und ist ein von der Firma Sun entwickelter RISC-Prozessor.

➠ *Siehe Sun Microsystems*

SPARC-Station

Eine SPARC-Station ist eine Workstation der Firma Sun Microsystems auf der Basis einer SPARC-CPU.

Späte Bindung

➠ *Siehe Dynamisches Binden*

Spea

Spea war eine deutsche Firma und stellte hauptsächlich Grafikkarten und damit verbundenes PC-Zubehör her. Spea wurde 1996 von Diamond aufgekauft. Eigene Produkte werden nicht mehr vertrieben.

Special Move

Ein Special-Move ist ein besonders spektakulärer Schlag bei einem Action-Spiel. Da diese Moves sehr intensiv sind, ist ihre Ausführung oft sehr komplex und schwierig.

Specular Highlight

Englisch für Glanzlicht. Bei der Darstellung von 3D-Grafik durch moderne 3D-Grafikprozessoren werden vom Prozessor Lichteffekte, sog. Glanzlichter, die auf glatten Oberflächen entstehen, simuliert. Dadurch soll der Realismus der Grafikdarstellung erhöht werden. Die meisten Grafik-Prozessoren berechnen Highlights Hardware-mäßig.

➠ *Siehe 3D-Funktionen, 3D-Grafikprozessor*

Speedstor

Alte Festplatten mit ST-506-Schnittstelle benötigten ein Programm, um sie Low-Level-Formatieren zu können. Speedstor war dafür sehr verbreitet und konnte außerdem eine Festplatten-Diagnose erstellen.

➡ *Siehe Festplatte, Low-Level-Formatierung*

Speicher

Der Speicher ist eine der wesentlichen Komponenten eines Computers. Man unterscheidet zwischen:

- Flüchtigen Speichern wie dem Arbeitsspeicher, der aus Halbleiterspeichern besteht, sehr schnell ist, aber dafür ohne Strom seinen Inhalt verliert.

- Permanenten Speichern wie Disketten, CD-ROMs oder Festplatten, die Daten entweder auf magnetischer, optischer oder magneto-optischer Basis speichern, viel langsamer als flüchtige Speicher sind, dafür ihre Daten auch ohne Stromzufuhr fast unbegrenzte Zeit speichern können.

➡ *Siehe CD-ROM, Diskette, Festplatte, RAM*

Speicher-Manager

Da DOS ein sehr altes Betriebssystem ist, aber noch immer auf vielen Rechern läuft, die sehr viele neue Funktionen gerade der Speicherverwaltung haben, gibt es Speicher-Manager, die diese Funktionen auch für DOS nutzbar machen. Sie stellen z.B. den Arbeitsspeicher über 1 Mbyte DOS-Programmen als EMS- oder XMS-Speicher zur Verfügung oder bieten Protected-Mode-Funktionen an.

➡ *Siehe EMM, Protected Mode, XMS*

Speicheradreßregister

Ein Speicheradreßregister, auch unter dem Namen Memory Address Register bekannt, ist ein Register in einer CPU, das jeweils die Adresse für den nachfolgenden Speicherzugriff enthält.

➡ *Siehe CPU, Register*

Speicherausdruck

Bei einem Speicherausdruck wird ein Speicherbereich in hexadezimaler Form (Hex Dump) kodiert auf einem Drucker ausgegeben.

➡ *Siehe Hex dump*

Speicherbank

Der Arbeitsspeicher auf dem Motherboard eines PC ist in Bänke aufgeteilt. Je nach verwendeter Bauart der DRAM-Bausteine besteht so eine Bank aus einem (DIMMs), aus zwei (aktuelle PS/2-SIMMs) oder vier (alte 30polige SIMMs) Sockeln. Damit der Speicher korrekt angesprochen werden kann, muß eine Bank mit gleichen Modulen vollständig gefüllt werden. Die meisten Pentiumsysteme verwenden heutzutage PS/2-SIMMs und müssen daher immer mit zwei gleichartigen Modulen aufgerüstet werden.

➟ *Siehe DIMM, PS/2-SIMM, SIMM*

Speichererweiterung

Das Aufrüsten des Speichers eines Computers oder eines anderen Geräts nennt man Speichererweiterung. Der Begriff bezieht sich sowohl auf die zusätzlichen Speicherbausteine als auch auf den Vorgang des Erweiterns, sprich des Einbauens.

Beim Umstieg von einem 16-Bit-Betriebssystem (DOS, Windows 3.1) auf ein 32-Bit-Betriebssystem ist es meist notwendig, den Arbeitsspeicher des verwendeten PCs aufzurüsten. Hierzu müssen bei normalen PCs neue SIMMs auf dem Motherboard eingebaut werden, wozu freie Speicherbänke vorhanden sein müssen. Ein modernes Betriebssystem läuft meist ab 8 Mbyte Arbeitsspeicher zufriedenstellend. Stellt man aber höhere Ansprüche an Geschwindigkeit oder arbeitet man mit Anwendungen, die viel Speicher benötigen, so sollten mindestens 16 Mbyte bzw. 32 Mbyte eingebaut werden.

➟ *Siehe Speicher*

Speicherkapazität

Die Speicherkapazität gibt die Größe eines Speichers an. Die Einheit dafür ist Byte.

Speicherkarte

Bei Laptops und Notebooks erfüllen Speicherkarten, die aus gepuffertem SRAM oder aus EEPROMS bestehen, manchmal die Funktion einer Festplatte.

➟ *Siehe EEPROM, PC-Card, PCMCIA, SRAM*

Speichermedium

Ein Speichermedium wird benutzt, um Daten permanent zu speichern. Medien, die zum Speichern solcher Daten verwendet werden, sind Disketten, Festplatten und CD-Rs.

➟ *Siehe CD-R, Diskette, Festplatte, MO-Laufwerk*

Speichern

Jeder Text, jede Grafik und jede Datei ist, während sie bearbeitet wird, zunächst nur im Arbeitsspeicher. Das Speichern ist der Teil der Datenverarbeitung, der sicherstellt, daß die Arbeit auch beim nächsten Einschalten Ihres Computers noch vorhanden ist.

➟ *Siehe Speichermedium*

Speichervariable

Eine Speichervariable ist eine Variable irgendeiner Software, die im Arbeitsspeicher temporär einen gewissen Platz allokiert hat und dort Daten der Software speichert.

→ *Siehe Variable*

Speicherverwaltung

Die mitunter wichtigste Funktion eines Betriebssystems ist die Speicherverwaltung. Gleich von Anfang an muß der Speicher verwaltet werden, um überhaupt ein Betriebssystem laden zu können. Bis ein Betriebssystem diese Funktion übernehmen kann, sorgt das BIOS für einen reibungslosen Ablauf. Einfache Systeme wie DOS verwalten den Speicher nicht sehr effizient. Moderne Betriebssysteme verfügen über sehr komplexe Systeme zur Verwaltung des Speichers, um die Leistung des Rechners zu maximieren. Das Betriebssystem muß sicherstellen, daß immer genug Speicher zur Verfügung steht. Dafür wurde u.a. der virtuelle Speicher und das dazugehörige Paging entwickelt.

→ *Siehe Paging, Virtueller Speicher*

Sperrung

Um gleichzeitige Zugriffe und damit eventuelle Datenverluste zu vermeiden, werden Dateien oder Datensätze gesperrt, wenn ein Benutzer auf diese zugreift. Würden zwei Benutzer gleichzeitig auf eine Datei zugreifen, dürfen und würden beide etwas anderes ändern, so würden die Änderungen des ersten, der speichert verlorengehen, wenn der zweite speichert.

Spiegeln

1. Spiegeln kann dazu benutzt werden, alle Daten, die auf eine Festplatte geschrieben werden, zeitgleich auf eine andere zu schreiben, um die Datensicherheit zu erhöhen. Denn gehen bei einer Platte Informationen verloren, so sind diese ja noch auf der anderen vorhanden.

2. Spiegeln bedeutet, daß Server im Internet, die sehr stark frequentiert werden und daher Geschwindigkeitsprobleme haben, Teile ihrer Daten auf anderen Servern ablegen und Verweise auf diese anbieten, um ihre Last zu verteilen.

→ *Siehe Internet, RAID*

Spiele für den PC

Am Anfang waren PCs reine Arbeitsmaschinen und boten kaum eine interessante Basis für Spiele. Allenfalls ein paar grafisch sehr einfache oder gar textbasierte Adventures wurden da angeboten. Inzwischen erreicht die Qualität der Spiele immer neue Dimensionen und nützt den PC vielleicht als eines der wenigen Softwareprogramme voll aus. Ob Sie nun lieber in Adventures oder Rollenspielen geheimnisvolle Welten erkunden und deren Rätsel lösen oder lieber bei einer Simulation ein U-Boot, Flugzeug, einen Hubschrauber oder jedes andere nur erdenkbare Fahrzeug steuern, bei einem Prügelspiel den Computer oder einen Freund bezwingen, bei einem Strategiespiel Welten beherrschen oder Armeen lenken, bei einem Sportspiel mal über den Einsatz von Stars wie Jürgen Klinsmann bestimmen oder Teams wie Juventus Turin zum Sieg führen oder bei Jump-and-Run-Spielen über verschiedenste Parcours rennen, springen oder fliegen, um Punkte zu sammeln – es gibt nichts, was es nicht gibt.

➟ *Siehe Jump-and-Run-Spiele*

Spielekonsole

➟ *Siehe Atari, Konsole, Nintendo*

Spooler

Spooler ist das Kürzel von Simultaneous Peripheral Operations OnLine und ermöglicht mehreren Programmen gleichzeitigen Zugriff auf einen Drucker. Dazu richtet es eine Warteschlange für jeden Drucker ein und hängt jeden neuen Auftrag dort an. Sind Aufträge in so einer Warteschlange, schickt der Spooler den ersten an den Drucker. Dies geschieht sogar parallel zur Ausführung anderer Anwendungen, da der Spooler jede Pause nutzt, um seiner Aufgabe nachzukommen.

Sprachsteuerung

Eine Sprachsteuerung dient dazu, gesprochene Sprache zu erkennen und sie in entsprechende Befehle oder Daten für einen Computer umzuwandeln. Diese Art der Befehlseingabe wird als Sprachsteuerung bezeichnet. Aber selbst nach Jahren der Forschung versteht ein Computer nur langsam abgehackte Sprache und muß auf den Sprecher trainiert werden. IBM lieferte mit OS/2 Version Warp 4 eine Sprachsteuerung namens Voice Typ kostenlos mit und löste damit einen Boom aus.

➟ *Siehe VoiceType*

Sprite

Ein Sprite, wörtlich übersetzt Elfe, Geist oder Kobold, ist eine Menge von grafischen Punkten, die zusammengenommen verarbeitet werden können. Ein typisches Sprite ist ein Mauszeiger oder die beweglichen Figuren in PC-Spielen. Normalerweise wird die Bewegung von solchen Sprites vom Prozessor eines Computers errechnet, aber moderne Grafikkarten nehmen der CPU diese Arbeit oft ab.

Sprung

Unter einem Sprung versteht man den Wechsel von einer Programmstelle zu einer anderen, ausgelöst durch einen expliziten Befehl – Sprungbefehl. In Assembler werden z.B. über Sprünge Schleifen realisiert.

Ein Sprung kann unbedingt oder bedingt, also von einer bestimmten Beziehung abhängig sein. Schleifen besitzen bedingte Sprünge, um in der Lage zu sein, die Schleife beim Erreichen einer vorgegebenen Bedingung verlassen zu können.

Höhere Programmiersprachen ersetzen solche Sprungbefehle durch fest definierte Schleifenkonstrukte mit wechselnden Bedingungen. Die Goto-Anweisung, die in höheren Programmiersprachen Sprünge auslöst, wird in der Regel nur selten verwendet, da sie in dem Ruf steht, für unübersichtlichen Quellcode zu sorgen (auch Spaghetti-Code genannt). Allerdings kann eine Goto-Anweisung im richtigen Moment auch sinnvoll sein.

Sprungadresse

Die Adresse, an die ein Programm bei einem Sprungbefehl verzweigt und dort mit der Ausführung weitermacht.

➠ *Siehe Sprung*

Sprunganweisung

Den Befehl, der einen Sprung auslöst, nennt man Sprunganweisung.

➠ *Siehe Sprung*

Sprungbedingung

Bei einem bedingten Sprung bezeichnet man die Bedingung, die den Sprung auslöst, als Sprungbedingung.

➠ *Siehe Sprung*

Sprungbefehl

➠ *Siehe Sprunganweisung*

Spur

Die meisten magnetischen, optischen und magneto-optischen Speichermedien arbeiten mit Spuren. In diese Spuren werden die Daten geschrieben. Je nach Medium sind diese Spuren noch weiter unterteilt. Auch die Anordnung der Spuren ist unterschiedlich. So verwenden z.B. Festplatten und Disketten viele kreisförmige Spuren, die konzentrisch angeordnet sind. Auf einer CD dagegen ist nur eine einzige Spur vorhanden, die von innen nach außen in Form einer Spirale verläuft. Auf Bändern werden auch Spuren verwendet. Allerdings verlaufen diese hier entweder längs übereinander (Längsspur-Verfahren) oder schräg nebeneinander (Schrägspur-Verfahren).

SPX

Abkürzung für Sequenced Packet eXchange. SPX ist ein Protokoll, mit dem das Netzwerkbetriebssystem Novell NetWare Übertragungen als Ergänzung zu IPX/SPX tätigt. SPX stellt abgesicherte und verbindungsorientierte Paketübertragungen her.

➠ *Siehe IPX/SPX, NetWare*

SQL

SQL steht für Structured Query Language und ist eine von der Firma IBM entwickelte Abfragesprache für Relationale Datenbanken. Besonderer Augenmerk wurde dabei auf die Verwendbarkeit von SQL in Client-Server-Umgebungen gerichtet.

→ *Siehe Relationale Datenbank*

SQL-Server

Die Firma Sybase hat ein Verwaltungssystem für relationale Datenbanken entwickelt, das SQL als Abfragesprache nutzt.

→ *Siehe Relationale Datenbank, SQL*

Squeezing

Squeezing ist eine Methode der Datenkompression. Um Platz in Texten zu sparen, weist Squeezing sehr häufig vorkommenden Zeichen einen sehr kurzen Code zu, also etwa 3 Bit statt wie gewohnt 8 Bit. Sehr seltenen Zeichen müssen dabei allerdings Codes von mehr als 8 Bit zugewiesen werden. Insgesamt ergibt sich aber meistens eine gute Komprimierung.

→ *Siehe Kompression*

SRAM

Abkürzung für Statisches RAM. Diese Bausteine benötigen im Gegensatz zu DRAM-Bausteinen keinen Refresh. Dadurch sind sie schneller, aber auch deutlich teurer als DRAM-Bausteine und werden eigentlich nur als Cache-Bausteine verwendet. SRAM-Bausteine erreichen eine Zugriffszeit von nur 5 bis 15 ns.

→ *Siehe DRAM, Refreshzyklus*

SRS

Abkürzung von Sound Retrieval System. Es ist die englische Bezeichnung für eine Technik, die einen künstlichen Raumklang (3D-Audio) erzeugen soll. Dieses Verfahren ist günstiger als die echten 3D-Audiosysteme und Surround-Sound-Verfahren wie AC-3, Dolby Pro Logic und THX. Ein Chip, der dieses Verfahren beherrscht, kann irgendwo in der Kette zwischen dem Verstärker und den Boxen auf die vorhandenen Stereosignale losgelassen werden. So läßt er sich sehr einfach in jedes beliebige System integrieren und benötigt auch nur die zwei normalen Stereolautsprecher.

SSI

Abkürzung für Small Scale Integration. Bezeichnet die Integration von maximal 10 Transistorfunktionen pro Chip und liegt noch unter MSI.

Abkürzung für Statens Stralskydds Institut, welches das Staatliche Institut für Strahlenschutz in Schweden ist. SSI bezeichnet eine Empfehlung für die Grenzwerte der elektrischen, der magnetischen und der Röntgenstrahlung, die ein Monitor abstrahlen darf. SSI war die erste solche Empfehlung, danach kam der MPR-Standard.

Der Name einer Firma, die eine Reihe sehr erfolgreicher Rollenspiele auf den Markt gebracht hat.

➠ *Siehe IC, MPR-Norm*

Stack

➠ *Siehe Stapelspeicher*

Stack Pointer

Ein Stack Pointer, auf deutsch Stapelzeiger genannt, wird benötigt, um einen als Stapelspeicher aufgebauten Speicherbereich zu verwalten. Dieser Zeiger verweist dabei jederzeit auf das oberste Element in dem Stapel.

➠ *Siehe Stack*

Stamm-Verzeichnis

➠ *Siehe Hauptverzeichnis*

Stand-alone-Computer

Jeder Computer, der in kein Netzwerk eingebunden ist, ist ein Stand-alone-Computer.

➠ *Siehe Netzwerk*

Stand-by

Der Stand-by-Modus, den viele moderne Geräte wie Monitore, Laserdrucker, Notebooks und Laptops unterstützen, sorgt dafür, daß diese bei Nichtbenutzung in eine Art Schlafzustand übergehen, in dem sie kaum noch Strom brauchen, aber aus dem sie jederzeit wieder aufgeweckt werden können.

Standard Generalized Markup Language

➠ *Siehe SGML*

Standard-Software

Viele Firmen verwenden Software, die speziell auf ihre Bedürfnisse zugeschnitten worden ist. Im Gegensatz dazu ist eine Standard-Software eine Software, die sehr allgemein gehalten ist, um einen möglichst großen Kundenkreis anzusprechen. Vor allem Textverarbeitungen und Tabellenkalkulationen gehören zu dieser Klasse.

➠ *Siehe Tabellenkalkulation, Textverarbeitung*

Standardanschluß

Dies ist die am weitesten verbreitete Anschlußart eines ISDN-Anschlusses.

➠ *Siehe ISDN-Anschlußarten*

Standleitung

Eine Standleitung ist eine spezielle Telefon- oder sonstige Telekommunikationsleitung, bei der die Verbindung ständig aktiv ist. Es muß also zum Austausch von Daten nicht erst die Verbindung aufgebaut werden. Solche Leitungen werden von vielen Firmen zwischen ihren Filialen eingesetzt. Da diese eigentlich dauernd Daten austauschen, lohnt sich diese Art der Verbindung. Eine normale Leitung ist hier von Nachteil wegen der Zeit, die diese benötigt, bis sie aufgebaut ist. Standleitungen sind mit hohen Gebühren verbunden und lohnen sich nur für Firmen mit entsprechendem Kommunikationsaufkommen.

➡ *Siehe Datenübertragung*

Stapeldatei

Eine Stapeldatei, auch unter dem Namen Batch-Datei bekannt, enthält eine Reihe von DOS-Befehlen, die von dem DOS-Kommandointerpreter COMMAND.COM ausgewertet werden. Dazu können Sie alle Befehle, die unter DOS gültig sind, verwenden und ein paar zusätzliche, die nur in Batch-Dateien gültig sind und z.B. Schleifen erlauben. Sie können einfache Batch-Dateien wie Makros aufbauen und eine Befehlsfolge, die Sie beispielsweise oft benötigen, als Klartext in eine Datei schreiben und dieser die Endung .BAT geben und fertig. Die AUTOEXEC.BAT, die bei jedem Start von DOS und Windows ausgeführt wird, ist ein Beispiel für eine Stapeldatei.

Stapelspeicher

Da ein Prozessor nur eine begrenzte Zahl von Registern zur Verfügung stellt, benötigen praktisch alle Programme zusätzliche Speichermöglichkeiten. Eine davon sind die Stapelspeicher. Auf jedem PC werden in so einem Stapelspeicher die Rücksprungadressen bei Funktionsaufrufen gespeichert, damit die CPU nach einem Funktionsaufruf wieder zur richtigen Stelle zurückkehren kann. Auch die Parameter, die Funktionen beim Aufruf übergeben werden, kommen auf den Stapelspeicher. Ein Stapelspeicher wird wie eine In-Out-Box auf einem Schreibtisch organisiert. Jeder Auftrag, der als letztes in die In-Box gekommen ist, wird als erster bearbeitet und dann in die Out-Box abgelegt. Dieses Prinzip nennt man LIFO, was für Last In First Out steht.

Stapelverarbeitung

Bei Lochkartenrechnern wurden die auszuführenden Programme von einem Operator in die richtige Reihenfolge gebracht und deren Lochkarten in dieser Ordnung in das Lesegerät eingelegt und daraufhin der Rechner gestartet.

Als Stapelverarbeitung wird die sequentielle Abarbeitung von Befehlen beispielsweise bei Stapeldateien bezeichnet.

➡ *Siehe Stapeldatei*

Stapelverarbeitungsdatei
➡ *Siehe Stapeldatei*

Stapelzeiger
➡ *Siehe Stack Pointer*

StarDivision
http://www.stardiv.de

StarOffice

Die StarDivision GmbH ist eine norddeutsche Softwarefirma, die v.a. für ihr Textverarbeitungsprogramm StarWriter und das Office-Paket StarOffice bekannt ist. Diese Programme zeichnen sich dadurch aus, daß sie für alle gängigen Betriebssysteme erhältlich und natürlich untereinander kompatibel sind.

➠ *Siehe StarOffice*

Bild 11: StarDivison im Internet

StarOffice

Dieses Office-Paket der Firma StarDivision existiert auf allen gängigen Betriebssystemen und ist ein Konkurrent von Corels PerfectOffice und Microsofts Office. Die Version 3.1 wurde mehrfach preisgekrönt und bietet zudem noch eine ganze Reihe weiterer Funktionen, v.a. im Bereich der Internet-Integration. Die Version 4.0 bietet hier eine nochmals erweiterte Funktionalität. Ob das ein ausschlaggebender Grund für einen Kauf sein sollte, bleibt dahingestellt, denn ohne einen wirklich schnellen Internet-Zugang haben diese Funktionen keinen praktischen Nutzen. Schnelle Internet-Zugänge muß man aber leider immer noch mit der Lupe suchen. StarOffice beinhaltet die Textverarbeitung StarWriter, das Tabellenkalkulationsprogramm StarCalc, ein Grafikprogramm namens StarDraw, das Bildverarbeitungsprogramm StarImage, ein Programm zur Erstellung von Geschäftsgrafiken namens StarChart und den Formelgenerator StarMath.

→ *Siehe StarDivision*

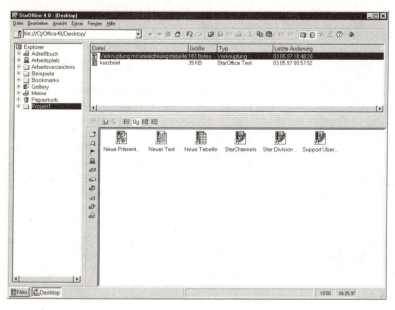

Bild 12: StarOffice bietet eine umfangreiche Ausstattung und viele innovative Ideen

Startadresse

Wird ein Programm in den Arbeitsspeicher geladen, entspricht die Startadresse jener physischen Adresse, bei der das Programm beginnt.

→ *Siehe Adresse, Hauptspeicher*

Startdiskette

Auf einer Startdiskette befinden sich alle notwendigen Dateien, um einen

Computer zu starten. Eine solche Diskette ist z.B. notwendig, wenn sich ein Virus auf der Festplatte befindet. Dann kann man den Rechner über die Startdiskette hochfahren und den Virus mit einem Antivirenprogramm beseitigen oder andere Maßnahmen treffen.

➡ *Siehe Boot-Diskette*

Startmenü

Mit Hilfe des Startmenüs (siehe Bild 13) kann man unter Windows 95 die meisten installierten Programme sehr komfortabel erreichen. Das Startmenü befindet sich unter dem Button links auf der Taskleiste, die sich am unteren Bildschirmrand befindet. Auf den Windows-95-Tastaturen befinden sich zwei neue Tasten, eine links und eine rechts neben der Leertaste, mit denen sich das Startmenü öffnen läßt. Bei älteren Tastaturen kann man das durch Drücken der Strg- und der Esc-Taste auslösen. Im Ordner Dokumente sehen Sie die letzten Dokumente, die Sie bearbeitet haben und können diese anwählen und dadurch diese mit dem assoziierten Programm öffnen. Neben dem installierten Programm kann man mittels des Startmenüs unter der Rubrik Einstellungen auf die Systemsteuerung, das Druckermenü und die Taskleiste zugreifen. Unter der Rubrik Suchen können beliebige Dateien oder Computer in einem Netzwerk aufgefunden werden und mit Ausführen können Sie jedes gewünschte Programm starten. Auf diesem Weg werden oft Setup-Programme auf Disketten gestartet. Die Verknüpfungen auf Ihre Programme, die sich im Startmenü befinden, können Sie nach Belieben hinzufügen, löschen und bearbeiten. Die dazu nötigen Konfigurationen können Sie unter Einstellungen und dann Taskleiste vornehmen. Alle Verknüpfungen, die sich in diesem Menü befinden, werden in einem eigenen Unterverzeichnis names Startmenü innerhalb des Windows-Ordners aufbewahrt. Die Verknüpfungen lassen sich daher am einfachsten mit dem Explorer verwalten, einfach in dieses Verzeichnis wechseln und dort die Änderungen vornehmen. Am simpelsten können Sie Programme hinzufügen, indem Sie sie einfach auf den Knopf des Startmenüs ziehen.

➡ *Siehe Windows 95, Windows-95-Tastatur*

Startseite

Die Seite, die ein Internet-Browser bei seinem Start anzeigt, nennt man Startseite. Sie läßt sich natürlich auf Ihre individuellen Bedürfnisse anpassen und so als die Startseite definieren, die Sie am häufigsten frequentieren.

➡ *Siehe Web-Browser, Webseite*

Bild 13: Über das Startmenü sind fast alle Programme im System zu erreichen

StarWriter

Dieses sehr leistungsfähige Textverarbeitungsprogramm ist Teil des StarOffice-Pakets. Trotz des großen Funktionsumfangs ist StarWriter sehr bescheiden bei seinem Platzbedarf. Da es seit der Version 3.0 auch viele Internet-Funktionen, wie z.B. das Bearbeiten von Internet-Seiten, anbietet und als Internet-Browser verwendet werden kann, eignet es sich hervorragend zur Erstellung eigener Homepages.

➥ *Siehe StarDivision, StarOffice*

Statens Stralskydds Institut

➥ *Siehe SSI*

Static Memory

➥ *Siehe SRAM*

Statische Bindung

Auch als frühe Bindung bezeichnet. Die Umwandlung symbolischer Adressen im Programm in speicherbezogene Adressen während der Kompilierung oder des Bindens des Programms

Statisches Array

Ein statisches Array ist ein Array, dessen Größe, sprich die Anzahl der Elemente, die darin gespeichert werden können, nicht geändert werden kann. Die meisten Arrays sind statisch. Das Gegenstück dazu sind dynamische Arrays.

➥ *Siehe Array, Dynamisches Array*

Statuszeile

Eine Statuszeile befindet sich bei den meisten Programmen unter Windows am unteren Bildschirmrand und gibt Informationen über das aktuelle Programm aus.

Stealth-Virus

Um einen Virus vor Virenscannern zu verbergen, entwickelten deren Programmierer Methoden, diesen Scannern vorzugaukeln, die infizierten

Programme wären virenfrei. Diese Technik nennt man Stealth- oder auch Tarnkappen-Virus.

→ *Siehe Computervirus*

Stecker

Ein Stecker ist eine mechanische Vorrichtung, die zur Herstellung einer elektrischen Verbindung zwischen zwei Geräten oder Baugruppen dient. Um Peripherie mit einem Computer verbinden zu können, muß ein Kabel mit den passenden Steckern vorhanden sein.

Bild 14: Stecker zum Anschluß der Soundkarte an eine Stereo-Anlage

Steckkarten

Als Steckkarte bezeichnet man eine elektronische Schaltung, die sich auf einer Platine mit einem speziell ausgeführten Steckbereich befindet. Diese Schaltung wird in den Computer eingesteckt. Auf dem Motherboard befinden sich für diesen Zweck Steckplätze (auch Slots genannt), wovon es verschiedene Ausführungen – je nach Bussystem – gibt. Steckkarten dienen dazu, die Funktionalität des Rechners zu erweitern. Bestimmte Steckkarten sind absolut notwendig, um einen Computer benutzen zu können, dazu gehören v.a. Festplattencontroller und Grafikkarten, während andere, wie z.B. eine Soundkarte, nur zusätzliche Funktionen zur Verfügung stellen. Dieses allgemeine Prinzip der Modularität ist sicher ein Hauptgrund für den Erfolg der damit ausgestatteten PCs.

→ *Siehe ISA, Motherboard, PCI, Steckplatz, VESA Local Bus*

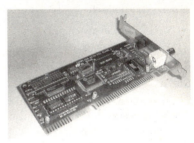

Bild 15: Eine typische ISA-Steckkarte. In diesem Fall handelt es sich um eine Netzwerkkarte.

Steckmodul

Ein Steckmodul ist eine Steckkarte, die zusätzlich über ein schützendes Gehäuse verfügt.

Steckplatz

Ein Steckplatz dient zur Aufnahme einer Steckkarte auf dem Motherboard eines PC.

→ *Siehe Steckkarten*

Stellvertreter-Zeichen
→ *Siehe Platzhalterzeichen*

Stencil Buffer
Ein Stencil(= Schablonen)-Buffer maskiert einen bestimmten Bereich der darstellbaren Zeichenfläche. Nur im unmaskierten Bereich wird eine Grafik (meist 3D-Objekte) dargestellt. Der Grafik-Chip berechnet 3D-Objekte z.B. nur innerhalb einer Fensterscheibe, ohne sich um die Lage der Objekte außerhalb dieses Bereichs kümmern zu müssen.

→ *Siehe 3D-Funktionen, 3D-Grafik, 3D-Grafikprozessor, Grafikspeicher*

Stern
Von einem Stern spricht man, wenn in einem Netzwerk alle Clients an einem zentralen Server hängen und die Netzwerktopologie sich daher sternförmig ausbreitet. Diese Art der Verkabelung ist allerdings recht aufwendig, genau wie die Verwaltung eines solchen Netzwerks, wodurch Sterne als lokale Netze nicht sehr verbreitet sind.

→ *Siehe LAN, Netzwerk, Sterntopologie*

Sterntopologie
Alle Clients werden bei einer Sterntopologie an einen zentralen Knoten, entweder einen Hub oder einen Server, angebunden. Ein passiver Hub verbindet die Netzwerkstränge nur, wohingegen ein aktiver die Signale noch verstärkt.

→ *Siehe LAN, Netzwerk, Netzwerktopologie*

Steuerbus
Der Steuerbus ist der Teil eines Busses, mit dem die notwendigen Steuersignale zwischen den verschiedenen Komponenten ausgetauscht werden. Für einen kompletten Bus sind noch der Adreßbus, der Datenbus und eine Menge anderer Versorgungs- und Masseleitungen notwendig.

→ *Siehe Bus*

Steuerkanal
→ *Siehe D-Kanal, ISDN, ISDN-Anschlußarten*

Steuerratgeber
Für PCs gibt es eine ganze Reihe dieser Programme, die bei der Erstellung des Lohnsteuerjahresausgleichs oder der Einkommensteuererklärung behilflich sind. Dazu bieten sie alle relevanten Daten auf einen Blick, sowie Masken für die erforderlichen Formulare. Nach Abfrage Ihrer Daten können manche Programme sogar die Formulare ausfüllen und auch ausdrucken. Da diese Formulare nicht unbedingt einheitlich sind, sollte man darauf achten, eine lokale Ausgabe eines solchen Programms zu erstehen. Viele Finanzämter erkennen

diese Ausdrucke aber nicht an, so daß man die Formulare selbst ausfüllen muß.

Steuerstrukturen

Die Struktur in einem Programm, die dessen Ablauf steuert, ist die Steuerstruktur. Dazu gehören alle Funktionsaufrufe, Schleifen und Sprünge.

➠ *Siehe Bedingung, Funktion, Programm, Schleife, Sprung*

Steuerwerk

Das Steuerwerk eines Prozessors ist der Teil, der die Datenströme innerhalb der CPU steuert und überwacht. So ist er auch für die Bereitstellung der Maschinenbefehle zuständig, die abgearbeitet werden müssen.

➠ *Siehe Prozessor*

Steuerzeichen

Steuerzeichen sind spezielle Zeichen, die nicht gedruckt werden können und normalerweise auch am Bildschirm nicht dargestellt werden. Diese Zeichen dienen zur Steuerung bestimmter Funktionen beim Drucken oder auch bei anderen Ausgaben. Ein Carriage Return ist beispielsweise das Steuerzeichen, das den Zeilenvorschub auslöst.

➠ *Siehe Zeichensatz*

Stiction

Bei Festplatten schützt ein Schmiermittel die Schreib-Lese-Köpfe und die Magnetplatten bei unbeabsichtigten Berührungen. Da die Köpfe beim Abschalten der Festplatte automatisch am äußeren Rand der sehr glatten Magnetplatten – der sog. Landezone oder Landing Zone – parken (Autopark), könnte es vorkommen, daß Köpfe und Platten aneinander kleben bleiben (= stiction). Festplattenhersteller verhindern das Zusammenkleben von Platte und Kopf, indem sie die Landezone mit einem Laserstrahl aufrauhen.

➠ *Siehe Festplatte, Parken, Schreib-Lese-Kopf*

Stiftplotter

Ein Plotter, der eine Zeichnung mit Hilfe senkrecht stehender Stifte und zweidimensionaler Bewegungen auf ein Druckmedium überträgt. Zu den Stiftplottern gehören Flachbettplotter, Walzenplotter und Trommelplotter.

➠ *Siehe Plotter*

Stippled Alpha Blending

➠ *Siehe Alpha-Blending*

STN

STN ist das Kürzel von Scientific and Technical Information Network und damit ein internationales Netzwerk zum Austausch von naturwissenschaftlichen und technischen Informationen.

Stoppage

Während der Absturz eines Computers oder eines Systems meist keine dauerhaften Schäden hinterläßt, geht ein Stoppage darüber hinaus und verursacht beispielsweise Datenverluste oder Hardwareschäden.

↪ *Siehe Absturz*

Störsignal

Jede Art der Datenübertragung ist einer Reihe von schädigenden Einflüssen ausgesetzt, die die Sicherheit der Übertragung in Frage stellen. Diese Einflüsse nennt man Störsignale.

↪ *Siehe Datenübertragung*

Strahlungsarm

Jeder Bildschirm mit einer normalen Elektronenstrahlröhre sendet bei Betrieb ständig elektromagnetische Strahlung aus, darunter u.a. auch Röntgenstrahlen. Da diese Strahlen durchaus Einfluß auf die Gesundheit der Benutzer haben können, gibt es verschiedene Standards für die Grenzwerte dieser Strahlung. Die beiden bekanntesten, MPR und TCO, kommen beide aus Schweden. MPR ist der ältere von beiden und wurde von dem schwedischen Rat für Meßtechnik und Prüfung (MPR) in die Welt gerufen und inzwischen von der durch die Angestelltengewerkschaft TCO definierten TCO-Norm abgelöst. Diese Standards sind inzwischen international anerkannt und ein neuer Monitor sollte mindestens den MPR-II-Standard erfüllen.

↪ *Siehe SSI*

Streamer

Streamer sind Bandlaufwerke und beschreiben Magnetbänder. Im Normalfall werden Streamer zur Datensicherung eingesetzt. Die meisten modernen Streamer können mehrere Gbyte Daten speichern. Allerdings sind sie aufgrund der Bänder auch nur sequentiell ansprechbar und daher muß oft sehr lange gespult werden, bis bestimmte Daten gelesen werden können. Es gibt QIC-Streamer, die zwar schon ein wenig veraltet sind, aber immer noch zu haben, Streamer mit Travan-Bändern, die die Nachfolger der QIC-Bänder sind, und DAT-Streamer, die es auch schon länger gibt, die aber immer noch aktuell sind. Streamer bieten mit das beste Preis-Leistungs-Verhältnis gerade bei großen Datenmengen, sind aber recht langsam im Zugriff und eignen sich daher sehr gut zum Sichern großer Datenmengen.

↪ *Siehe Backup*

Streifenmaske

Die Streifenmaske ist neben der Lochmaske der zweite weitverbreitet eingesetzte Lochmaskentyp. Besser bekannt sind diese Systeme unter den rechtlich geschützten Bezeichnungen Trinitron (Sony) und Diamondtron (Hitachi). Anstatt der in einer Lochmaske verwendeten Löcher werden in einer Streifenmaske Streifen bzw. Schlitze als Durchlässe für die Elektronenstrahlen eingesetzt. Im Rahmen der Streifenmaske sind senkrechte Stabilisierungsdrähte eingelassen. Streifenmasken erzeugen aufgrund der Schlitze und der zylindrischen Bildschirminnenseite oft eine bessere Farbreinheit, Kantenschärfe und Helligkeit.

➠ *Siehe Bildschirm, Lochmaske*

Bild 16: Die Strg-Taste auf einer Windows 95-Tastatur

Strg-Taste

Diese Steuerungstaste ⌊Strg⌋, deren Bezeichnung von der englischen Control-Taste ⌊Ctrl⌋ abstammt, dient in vielen Programmen in Verbindung mit anderen Tasten als Shortcut für Befehle und kann mit den Tasten des abgesetzten Ziffernblocks alle möglichen Sonderzeichen des ASCII-Zeichensatzes erzeugen. Dazu halten Sie die Strg-Taste gedrückt und geben den ASCII-Code auf dem getrennten Ziffernblock ein und lassen erst dann die Strg-Taste wieder los.

Strichcode

Mit den sogenannten Strichcodes oder Barcodes werden heutzutage im EAN-Format praktisch alle Waren gekennzeichnet. In einer Reihe von senkrechten Strichen, die unterschiedlich dick sind, sind Zahlen codiert, in denen wiederum die Artikelnummer, das Herkunftsland, der Hersteller und eine Prüfsumme oder ISBN-Nummer (Bücher) enthalten sind. Diese Strichcodes sind sehr leicht maschinenlesbar und finden daher eine große Verbreitung.

Bild 17: Der Strichcode eines Buches. In den Strichen ist die ISBN und der Preis codiert und somit maschinenlesbar.

Strichcode-Scanner

Ein Strichcode-Scanner wird z.B. an einer Kasse dazu verwendet, einen

String

Strichcode auszulesen. Diese Scanner gibt es als Handscanner oder in festinstallierter Form.

⇒ *Siehe Strichcode*

String

Ein String ist eine Reihe von Zeichen. Strings werden in allen Programmiersprachen verwendet, um Texte zu speichern und zu verarbeiten.

stromgesteuerte Logik

Transistoren arbeiten bei diesem Schaltkreistyp in einem ungesättigten (verstärkenden) Modus.

Structured Query Language

⇒ *Siehe SQL*

Struktogramm

Um Algorithmen anschaulicher darstellen zu können, entwickelten Nassi und Shneidermann die Struktogramme, auch Nassi-Shneidermann-Diagramme genannt. Bei strukturierten Programmen sind diese grafischen Darstellungen besonders nützlich. Sie stellen den Algorithmus als Abfolge von Ereignissen, Alternativen und Wiederholungen dar. Daher können sie im Gegensatz zu Ablaufdiagrammen auch keine Sprünge darstellen.

Strukturierte Programmierung

Bei größeren Projekten wird bei einem linearen Programmaufbau dieser sehr schnell sehr unübersichtlich und erhöht damit den Programmieraufwand bei Änderungen extrem. Gerade die Beseitigung von Fehlern wird unverhältnismäßig kompliziert. Aus diesen Gründen wurde die strukturierte Programmierung ersonnen. Hier wird jedes Problem in kleinere aufgeteilt und dann werden diese Teilprobleme ausprogrammiert, wobei diese wiederum durchaus noch einmal aufgeteilt werden können usw. Diese Gliederung erhöht die Übersicht, läßt die Verifikation einzelner Teile zu und damit die Möglichkeit der Fehlerfindung. Diese hierarchische Struktur enthält auch möglichst keine Sprünge, sondern nur Module, die oft in Schichten gegliedert werden (Schichtenmodell). Verwendet wird dieser Stil v.a. in den sehr gebräuchlichen Programmiersprachen C und Pascal. Bei objektorientierten Programmiersprachen wie z.B. C++ ist dieser Stil bereits voll im Konzept integriert und wird praktisch automatisch angewandt.

⇒ *Siehe C, C++, Pascal, Programmiersprache*

Stylesheet

⇒ *Siehe Dokumentvorlage*

Sub-Pixel-Correction

Wichtiges Verfahren beim Texture-Mapping, um starkes Flimmern bzw. das »Springen« von Texturen auf der Objektoberfläche bei langsamer Bewegung des Betrachters oder des Objekts zu verhindern. Dazu müssen die Texturkoordinaten auf einige Stellen hinter dem Komma berechnet werden.

➠ *Siehe 3D-Funktionen, Texture-Mapping*

Subdirectory
➠ *Siehe Unterverzeichnis*

Subdomain
➠ *Siehe Domain*

SubNet
Ein privates Netzwerk, das prinzipiell wie das Internet aufgebaut ist, nennt man SubNet.

➠ *Siehe Internet, Intranet*

Subscriber Indentification Module
➠ *Siehe SIM-Karte*

Subwoofer
Ein Subwoofersystem ist eine spezielle Ausprägung von Lautsprechersystem. Dabei werden zwei kleine Boxen – auch Satelliten genannt – zur Erzeugung der hohen und mittleren Frequenzen und ein größerer für den Baß verwendet. Dieser dritte Lautsprecher – der eigentliche Subwoofer – kann fast beliebig im Raum plaziert werden, da der Baß für die räumliche Zuordnung des Schalls kaum eine Rolle spielt – er ist allerdings für den Gesamteindruck sehr wichtig. Vorteil des Systems ist die größere Flexibilität bei der Plazierung der Boxen.

➠ *Siehe Lautsprecher*

Suchdienste
Suchdienste dienen dem Auffinden von Daten im Internet.

➠ *Siehe Suchmaschine*

Suchen
Das Suchen nach Daten oder Objekten ist in vielen Programmen und Systemen eine wichtige Funktion. In Textverarbeitungsprogrammen ist es z.B. möglich, nach Textteilen und komplexen Mustern innerhalb des Textes zu suchen. Datenbanken erlauben es, nach bestimmten Datensätzen zu suchen. Unter Windows ist es möglich, bestimmte Dateien oder auch Computer zu suchen. Und das Internet bietet Suchmaschinen, um Informationen zu suchen.

➠ *Siehe Suchmaschine, Textverarbeitung, Windows 95*

Suchen und Ersetzen
Diese Funktion erweitert die Suchen-Funktion um die Möglichkeit, das Ergebnis einer erfolgreichen Suche durch etwas anderes zu ersetzen. In Textverarbeitungen ist es auf diesem Weg z.B. relativ einfach möglich, Worte, die in einem langen Dokument generell falsch geschrieben wurden, komplett durch die korrekte Version zu ersetzen.

➠ *Siehe Suchen, Textverarbeitung*

Suchlaufwerk

Bei einer Suche nach einer Datei auf einem Computer muß dem Suchprogramm angegeben werden, auf welchem Laufwerk es suchen soll. Der Suchpfad kann nur das Suchlaufwerk (z.B. C:) oder dieses mit einer zusätzlichen Pfadangabe enthalten (z.B. C:\WINDOWS).

➡ *Siehe Suchen*

Suchmaschine

Als Suchmaschine werden im Internet WebSites bezeichnet, die es ermöglichen, das Internet nach Informationen zu durchsuchen. In der Regel gibt man in den Homepages der Suchmaschinen den oder die Begriffe ein, nach dem/denen gesucht werden soll. Die Suchmaschine verfügt über einen umfangreichen Index des Internet und durchsucht diesen nach passenden Einträgen. Das Ergebnis dieser Suche wird in Form von Hyperlinks zu den einzelnen passenden Homepages zurückgegeben. Manche Suchmaschinen sind auch darauf spezialisiert, E-Mail-Adressen zu suchen oder FTP-Server nach bestimmten Programmen zu durchforsten.

Die Tabelle im Anschluß zeigt eine Auswahl an Suchmaschinen.

Searchengine	Internet Adressse
E-Mail Suche	
Internet Address Finder	http://www.iaf.net
Netfind	http://www.nova.edu/inter-links/netfind.html
People Finder	http://www.stokesworld.com/peoplefinder
Suchen.de	http://www.suchen.de
Yahoo People Search	http://www.yahoo.com/search/people/email.html
URL Suche	
Deutscher Crawler	http://www.crawler.de
Deutscher Branchenindex	http://www.flix.de
Deutsches Internet Verzeichnis	http://web.de
Focus Netguide	http://www.netguide.de
Lycos-Deutsch	http://www.lycos.de

Adressen verschiedener Suchmaschinen für E-Mail-Adressen und Web-Seiten

Searchengine URL Suche	Internet Adressse
Yahoo-Deutsch	http://www.yahoo.de
Alta Vista	http://www.alta-vista.digital.com
Excite	http://www.excite.com
Hotbot	http://www.hotbot.com
Infoseek	http://www.infoseek.com http://ultra.infoseek.com
Lycos	http://www.lycos.com
Metasearch	http://www.metasearch.com
WebCrawler	http://www.webcrawler.com
Yahoo	http://www.yahoo.com

Adressen verschiedener Suchmaschinen für E-Mail-Adressen und Web-Seiten

Sun Microsystems

http://www.sun.com

Diese erst 1982 gegründete Firma widmete sich zuerst ganz der Entwicklung von Workstations, v.a. für den Grafik- und Netzwerkbereich. Extra für diese Aufgabe wurde der RISC-Prozessor SPARC von Sun entwickelt. In der letzten Zeit hat sich Sun allerdings eher durch die Veröffentlichung der Programmiersprache Java hervorgetan. Diese findet im Internet dank der kostenlosen Verbreitung bereits reges Interesse. (Siehe auch Bild 18)

➡ *Siehe Java, SPARC, SPARC-Station*

Super Large Scale Integration

➡ *Siehe SLSI*

Superrechner

Als Superrechner bezeichnet man Großrechner mit überdurchschnittlich großer Rechenkapazität. Die bekannteste Superrechnerfamilie ist der Cray der gleichnamigen kanadischen Firma.

Supervisor

➡ *Siehe Systemadministrator*

Surfen

Wenn Sie sich im Internet mittels Hyperlinks von einer WWW-Seite zur nächsten hangeln, nennt man das surfen.

➡ *Siehe WWW, WWW-Browser*

Surround-Sound-Verfahren

Um Kinofilme mit besserer Musik und Tonuntermalung ausstatten zu kön-

Surround-Sound-Verfahren

Bild 18: Die Sun Web-Seite – viel Neues zu Java

nen, wurden Surround-Systeme entwickelt, die einen räumlichen Klangeindruck vermitteln sollen. Herkömmliche Stereolautsprecher sind zwar in der Lage, Klänge von links und rechts zu erzeugen, aber vorne und hinten kann man mit ihnen nicht unterscheiden. Schon 1941 gab es die erste Kinovorführung mit 6-Kanal-Raumklang. Zusätzlich zu den zwei normalen Stereokanälen gab es dort vier weitere Effektkanäle für Hintergrundgeräusche und Baßeffekte. Für diese Kanäle müssen weitere Boxen aufgestellt werden und diese ermöglichen, die Tonsignale räumlich einzuordnen. Bei einem 6-Kanal-System gibt es die beiden Stereo-, den dazwischenliegenden Center-, zwei rückwärtige Hintergrund- und einen Baßlautsprecher, auch Subwoofer genannt. Die Lautsprecher geben dabei jeweils ein spezifisches Frequenzspektrum ab, werden damit entlastet und können so lauter spielen. Mittels eines speziellen Signalprozessors (DSP) können die Signale künstlich so aufbereitet werden, daß sich auch mit Stereolautsprechern ein räumlicher Klang erzeugen läßt. Neue Software unterstützt bei manchen Multimedia-Anwendungen im Zusammenspiel mit geeigneter Hardware dieselbe Möglichkeit und erzeugt z.B. bei Spielen Raumklang. Diese Verfahren sind den richtigen Surround-Systemen allerdings ein ganzes Stück unterlegen, dafür deutlich günstiger.

➡ *Siehe Lautsprecher, Subwoofer*

SVGA

SVGA ist das Kürzel von Super-VGA und die Weiterentwicklung des VGA-Standards. Er bietet mehr Farben und höhere Auflösungen bis 1280x1024 Pixel.

➡ *Siehe Grafikkarte, VGA, VGA-Karte*

SVGA-Grafikkarte

Eine Grafikkarte, die den SVGA-Standard unterstützt.

➡ *Siehe SVGA*

SVGA-Monitor

Ein Monitor, der alle Darstellungsmodi des SVGA-Standards beherrscht, ist ein SVGA-Monitor.

➡ *Siehe SVGA*

Swap

Um mehr Arbeitsspeicher zur Verfügung zu haben, lagern moderne Betriebssysteme Daten, die eine gewisse Zeit nicht mehr angesprochen worden sind, aus dem Arbeitsspeicher auf eine Festplatte aus. Diesen Vorgang nennt man Swapping.

➡ *Siehe Auslagerungsdatei*

Swap File

➡ *Siehe Auslagerungsdatei*

Switch

In einem größeren Netzwerk erlauben Switches (Schalter) die dynamische Verbindung zwischen den verschiedenen Segmenten. Je nach Last werden die Daten anders geroutet, um eine möglichst gute Auslastung der Verbindungen zu erreichen. Um diese Aufgabe so transparent wie möglich zu erledigen, tun sie dies meist als Brücken auf der zweiten Ebene des OSI-Schichtenmodells. Switches sind eine Weiterentwicklung der Hubs und sollen diese immer mehr ersetzen.

➡ *Siehe Netzwerk, OSI-Schichtenmodell, Router, Switching*

Switching

In einem Netzwerk bezeichnet man das Verfahren, mit dem die enthaltenen Netzwerkknoten verbunden sind, als Switching. Man unterscheidet drei verschiedene Methoden:

- Das Leitungsvermittlungs-Verfahren (= Circuit Switching, Leitungsvermittlung), bei dem alle Verbindungen einmalig aufgebaut werden.

- Die Nachrichtenvermittlung (Message Switching), bei der die Nachrichten erst zwischengespeichert und dann schrittweise gesendet werden.
- Bei der Paketvermittlung (Packet Switching) werden die zu sendenden Daten in Pakete unterteilt und dann Paket für Paket verschickt.

SX-Prozessor

Bei den 80386er- und 80486er-Prozessoren von Intel gab es jeweils eine Sparversion, die die Endung SX statt DX trug. Bei den 80386ern besaß die SX-Version intern zwar wie der DX 32 Datenleitungen, nach außen wurden aber nur 16 geführt. Die Breite des Adreßbusses wurde weiterhin auf 24 Bit begrenzt. Bei den 80486ern war beim SX der interne Coprozessor deaktiviert. So konnten CPUs, bei denen nur der Coprozessor defekt war, noch verkauft werden. Rüstete man einen Coprozessor nach, so war das eigentlich ein vollwertiger DX-Prozessor und dieser schaltet die SX-Version einfach ab. Diese Maßnahmen erlauben die Konstruktion günstigerer Computer, v.a. günstigerer Motherboards auf Kosten der Rechenleistung.

SyJet-Laufwerk

Das SyJet-Laufwerk von Syquest ist wie das JAZ-Laufwerk ein Wechselplattenlaufwerk. Seine Medien speichern 1,5 Gigabyte. Die kleinere Version des SyJet mit einem Gigabyte Speicherkapazität heißt SparQ.

➡ *Siehe JAZ-Laufwerk, Syquest*

Symantec

Symantec (siehe Bild 19) ist ein führender Software-Hersteller in den Bereichen von Diagnose- und Hilfsprogrammen. Die meisten ihrer Produkte tragen den Namen des bekannten Programmierers Peter Norton, wie beispielsweise die Norton Utilities. Nach der Fusion mit dem ehemaligen Konkurrenten Central Point (PC-Tools) und Delrina (Winfax Pro) ist Symantec zu einem der weltweit größten Hersteller geworden.

➡ *Siehe Delrina*

Symbolische Adresse

Um die Verwendung von absoluten Adressen zu vereinfachen, werden in Programmiersprachen oder auch in Betriebssystemen Symbole anstatt der Adressen verwendet.

➡ *Siehe Programmiersprache*

Symbolische Logik

Anstatt sprachlicher Ausdrücke für die Formulierung von Behauptungen und Beziehungen, verwendet die symbolische Logik Symbole zur Darstellung kausaler Beziehungen und Folgen.

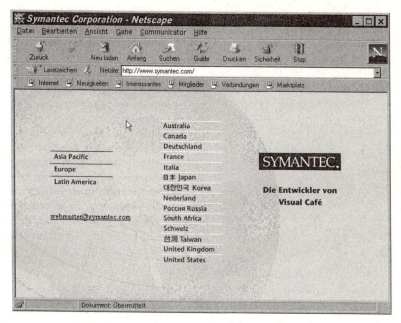

Bild 19: Symantec im Internet

Symbolleiste

Um die Bedienung grafischer Benutzeroberflächen noch komfortabler zu gestalten, verwenden moderne Programme Symbolleisten, die direkt, also ohne Umwege über Menüs, zugänglich sind und die alle oft benötigten Befehle als Icons enthalten. Meist befinden sich diese direkt unterhalb der Menüleiste und können mit der Maus bedient werden. Natürlich lassen sich diese Symbolleisten auch individuell anpassen und Symbole hinzufügen oder entfernen. Typisch für diese Leisten ist auch, daß, wenn man mit der Maus eine Zeitlang ruhig über einer Schaltfläche der Leiste verharrt, eine kurze Erklärung der Funktion der Schaltfläche angezeigt wird. Dies erfolgt in Form einer Sprechblase (Bubble Help, ToolTip), welche an der Position der Maus eingeblendet wird und wieder verschwindet, wenn man diese wieder bewegt. Diese Art der Bedienung ist zwar sehr komfortabel, aber langsamer als die Verwendung der Tastaturkommandos und wird daher von versierten Anwendern eher wieder vernachlässigt. Eine ganz aktuelle Entwicklung sind Symbolleisten, die sich je nach der Art des gewählten Befehls oder Objekts ändern und so immer die gerade passenden Befehle beinhalten. Solche Leisten nennt man kontextsensitiv (Property Bars).

Synchrone Übertragung

Bei synchronen Datenübertragungen ist es notwendig, daß die Quelle und das Ziel über einen gemeinsamen Takt verfügen. Dies erledigt meistens eine zusätzliche Hardwarekomponente und macht so die Steuerbits einer asynchronen Übertragung unnötig. So ist mehr Platz für die Daten vorhanden, wodurch die Übertragungsgeschwindigkeit steigt.

Die Paketvermittlung in einem Netzwerk nennt man synchrone Datenübertragung.

➠ *Siehe SCSI, Switching, Takt*

Synchroner Cache
➠ *Siehe Burst-Cache*

Synchronisationspixel
➠ *Siehe Pixeltakt, Zeilenrücklauf*

Synchronisationszeilen
➠ *Siehe Bildwiederholfrequenz, DPMS, Zeilenrücklauf*

Syntax

Eine Sprache wird durch ihre Semantik und ihre syntaktischen Regeln beschrieben. Diese umfassen den Aufbau ihrer Wörter und Sätze. Bei Programmiersprachen legen diese Regeln fest, welche Zeichen, Wörter und Formulierungen gültig sind. Da hier keine Zusammenhänge überprüft werden, spricht man von einer kontextfreien Syntax. Wird gegen eine solche verstoßen, liegt ein Syntaxfehler vor, und der entsprechende Compiler oder Interpreter beendet seine Arbeit mit einer Fehlermeldung.

➠ *Siehe Compiler, Programmiersprache, Syntaxfehler*

Syntaxfehler

Ist die Syntax eines Befehls oder einer Befehlssequenz nicht in Ordnung, spricht man von einem Syntaxfehler (Syntax Error).

Synthespian

Abgeleitet von Thespis, dem Begründer der griechischen Komödie. Synthespian ist die Bezeichnung für einen digitalen Schauspieler. Der Begriff wurde bereits Ende der 80er Jahre von der amerikanischen Firma Kleiser-Walezak Construction Company eingeführt, die maßgeblich an der Herstellung der Computereffekte des Films »Tron« beteiligt war. Die Filmindustrie zielt auf die Entwicklung sog. virtual humans (virtueller Menschen) ab, die nach und nach menschliche Schauspieler durch autonome, digitale Akteure ersetzen sollen. Mittels sog. Ganzkörper-Scanner haben sich Schauspieler wie Arnold Schwarzenegger, Marlon Brando und Denzel Washington bereits digital verewigen lassen (Bodyscanning). Bisherige Techniken zur Erzeugung virtueller Akteure beschränken sich auf den Einsatz der sog. Motion-Capture-Technik.

Syquest

Syquest (siehe Bild 20) ist der führende Hersteller von Wechselplatten-Laufwerken, die sich vor allem im DTP-Bereich für den Transport der Daten vom Grafiker zum Abnehmer als Quasi-Standard durchgesetzt haben. Frühere Laufwerke, die es auch damals schon für den Macintosh gegeben hat, haben nur 44 Mbyte gefaßt und waren ausschließlich als SCSI-Modelle zu haben. Neuere Modelle faßten dann schon 200 Mbyte und sind auch für die IDE-Schnittstelle zu haben. Durch die große Konkurrenz von Iomega hat Syquest eine Menge Marktanteile verloren, aber inzwischen sind ja schon die 1,3-Gbyte-Modelle auf dem Markt (JAZ) und damit hofft Syquest, diese zurückzuerobern.

Sysop

Sysop ist die Abkürzung von System Operator (Systembetreuer) und bezeichnet die Leute, die dafür sorgen, daß Mailboxen und Netzwerke funktionieren. Im Netzwerkbereich ist der Begriff des Systemadministrators geläufiger.

➡ *Siehe Systemadministrator*

System

Der Begriff beschreibt i.a. den Zusammenschluß diverser Komponenten zu einem komplexeren Ganzen, das nur durch die Zusammenarbeit dieser Komponenten funktionieren kann. Die Komponenten selbst können durchaus wiederum Systeme sein. Im EDV-Bereich bezeichnet man den Zusammenschluß von Hard- und Software als System. Aber das verwendete Betriebssystem, die Hardware und Software sind Systeme im System.

System 8

System 8 ist die Bezeichnung für die aktuelle Version des Macintosh-Betriebssystems. Neben einer überarbeiteten Benutzeroberfläche arbeitet das Betriebssystem und der Apple Finder nun endlich mit Multithreading, leider aber immer noch nicht über preemptives Multitasking. Das System unterstützt den Firewire. Eine weitere interessante Neuerung sind die sog. Spring-loaded-Folders, mit

System 8

Bild 20: Syquest im Internet

denen sich sehr schnell und komfortabel durch komplexe Verzeichnisstrukturen navigieren läßt. Durch Klicken, Loslassen, wieder Klicken und Halten der Maustaste öffnen und schließen sich die Ordner bei Bewegung über das Symbol automatisch. System 8 läuft nur noch auf Macintosh-Systemen der PowerPC-Serie oder denjenigen mit mindestens einem 68040-Prozessor. 1998 soll »Allegro«, 1999 »Sonata« erscheinen. Die nächste Generation wird MacOS X sein, eine grundlegend überarbeitete MacOS-Version, mit stark reduziertem Befehlssatz.

➡ *Siehe Apple, Macintosh, MacOS*

System Application Architecture

→ *Siehe SAA*

System Fault Tolerance

Unter der System Fault Tolerance (SFT) versteht man die Funktionen, die unter Netware die Sicherheit der Daten sichern sollen. SFT wird in drei verschieden strenge Stufen (I – III) eingeteilt.

→ *Siehe Novell NetWare*

System Operator

→ *Siehe Systemadministrator*

System-Diskette

Eine System-Diskette ist notwendig, um einen Computer mit Hilfe eines Diskettenlaufwerks zu booten. Sie werden daher auch Boot-Disketten genannt. Sie erstellen solche Disketten mit dem Programm sys oder anderer dementsprechender Programme wie den Norton Utilities. Sie sollten so eine Diskette immer für den Notfall zur Hand haben. Speziell bei Virenbefall ist so eine Diskette, auf die Sie einen Virenscanner kopieren und diese schreibschützen sollten, sehr hilfreich.

System.ini

Die beiden Dateien System.ini und Win.ini sind unter Windows 3.1 für die Ansteuerung der Hardware bzw. der Software zuständig. Sie sind reine Textdateien und enthalten in verschiedenen Kategorien, die durch englischsprachige Begriffe in eckigen Klammern (z.B. [boot]) getrennt werden, alle systemrelevanten Einstellungen. Diese Einstellmöglichkeiten umfassen von den Treibern für Geräte über die Gestaltung der Oberfläche bis hin zu wirklich tiefgreifenden Einstellungen, etwa der Speicherverwaltung, alles, was Windows zum Laufen benötigt. Viele dieser Möglichkeiten sind von Microsoft nie offiziell dokumentiert, aber in vielen Büchern und Zeitschriften Stück für Stück enthüllt worden. Die Veränderung dieser Parameter kann sehr umfassende Auswirkungen auf Windows haben, auch auf die Stabilität Ihres Computers und sollten daher nur geändert werden, wenn Ihnen die Syntax genau bekannt ist. Denn oft kann Windows dadurch besser angepaßt werden und eine Menge zusätzlicher Leistung freigesetzt werden. Unter Windows existieren diese Dateien zwar auch noch, sind aber von der Registry ersetzt worden. Sie werden bei jeder Änderung dieser aktualisiert und auch andersherum, um 16-Bit-Programmen diese Einstellungen zugänglich zu machen.

→ *Siehe Registry*

Systemadministrator

Ein Systemadministrator hat die Aufgabe, ein Netzwerk zu betreuen, zu warten und zu überwachen. Er kümmert sich um das reibungslose Funktionieren des Systems. Weitere Aufgaben sind Einrichtung und Verwaltung von Benutzerzugängen, das Aktualisieren von Programmen, das Sichern von Daten etc.

Systemanalyse

Tritt in einem System ein Fehler auf, der sich nicht einfach beheben läßt, und analysiert man dieses Problem mit den Mitteln der Datenverarbeitung, beispielsweise durch die Erstellung eines Programms, so nennt man diese Vorgehensweise eine Systemanalyse.

Systembetreuer

→ *Siehe Systemadministrator*

Systemdienst

Der Systemdienst ist ein Dienstprogramm von Windows 95. Mit Hilfe des Systemdienstes lassen sich Programme automatisch zu jedem beliebigen Zeitpunkt ausführen. Gerade bei Programmen wie Defrag oder Scandisk ist dies sehr nützlich. Der Systemdienst ist ein Teil des Plus!Packs von Microsoft.

→ *Siehe Defragmentierung, Plus!-Pack, ScanDisk*

Systempaßwort

Um Ihre Einstellung im BIOS vor Veränderungen zu schützen, können Sie dort auch ein Paßwort vergeben, das entweder den Eintritt in das CMOS-Setup oder sogar das Booten Ihres Rechners reglementiert.

→ *Siehe BIOS, Paßwort*

Systemsteuerung

Die Systemsteuerung (= Control Panel) ist ein zentraler Bestandteil von Microsofts Windows 95. Über die Systemsteuerung hat man Zugriff auf die Hard- und Software Ihres Computers. Diese vollständig grafische Oberfläche war unter Windows 3.1 noch als eigenständiges Programm namens Control.exe realisiert. Nun ist die Systemsteuerung fest integriert. Mit der Systemsteuerung können Sie sehr komfortabel und übersichtlich die Konfiguration Ihres Computers bearbeiten.

→ *Siehe Konfiguration, Registry*

Systemverwalter

→ *Siehe Systemadministrator*

Szenario

Ein Szenario ist eine bestimmte Zusammenstellung von Daten und/oder Parametern, auf die z.B. eine Tabellenkalkulation zugreifen soll. Verschiedene Modelle können so aufgrund der gemeinsamen Grundlage verglichen werden.

→ *Siehe Tabellenkalkulation*

T-Net

Das inzwischen vollständig digitalisierte Telefonnetz wurde von der Telekom T-Net genannt. Alle Endkunden sind an dieses Netz angeschlossen, ganz egal ob analog oder digital (ISDN). Die Wandlung der Signale von analog nach digital oder andersherum übernehmen die Vermittlungsstellen. Auch analoge Telefone, die an einer solchen digitalen Vermittlungsstelle hängen, können bestimmte Funktionen, die bisher nur den ISDN-Teilnehmern vorbehalten waren, nutzen. Dazu gehören zur Zeit sieben Eigenschaften: Anklopfen, Anrufweiterschaltung, Dreierkonferenz, Makeln, Rückruf, das Sperren bestimmter Rufnummern und das Verbinden ohne Wahl. Die Leistungsmerkmale Anzeigen von Rufnummern und der Rückruf bei Besetzt sind derzeit noch nicht überall verfügbar. Die Merkmale Anklopfen, Makeln, Rückfragen, Rückruf bei Besetzt und die Unterdrückung der Rufnummernübermittlung sind kostenlos zu haben, müssen aber wie der Rest jeweils beantragt und freigeschaltet werden, bevor sie benützt werden können. ISDN bietet nur noch wenige zusätzliche Funktionen, aber dafür immer noch eine deutlich höhere Datenübertragungsgeschwindigkeit.

➡ *Siehe ISDN, ISDN-Leistungsmerkmale*

T-Online

T-Online ist der Online-Dienst der Deutschen Telekom. Der Dienst wurde aus Btx weiterentwickelt und ist flächendeckend im ganzen Bundesgebiet über Modem und ISDN erreichbar. Als Übertragungstechnologie kommt der KIT-Standard, eine Weiterentwicklung des CEPT-Standards von Btx, zum Einsatz. Neben eigenen Angeboten ermöglicht T-Online auch die Einwahl ins Internet. Der Kunde erhält eine eigene E-Mail-Adresse.

➡ *Siehe Btx, CEPT, KIT*

T1/T3

Mit T1 und T3 bezeichnet man zwei digitale Übertragungsstandards in den USA. Die Geschwindigkeiten, die dabei über Standleitungen erreicht werden, liegen bei 1,54 Mbit/s bzw. 44,77 Mbit/s.

➡ *Siehe Standleitung*

Tabelle

Tabellen werden im EDV-Bereich sehr häufig verwendet, da sie sehr vielfältige Anwendungsmöglichkeiten bieten. Zweidimensionale Tabellen sind in Spalten und Zeilen gegliedert und sind die am häufigsten anzutreffenden. Jede Spalte ist dabei meistens ein Datenfeld und jede Zeile enthält einen dazugehörigen Datensatz. Tabellen werden in Datenbanken, Tabellenkalkulationen und Textverarbeitungs- und DTP-Programmen verwendet.

➡ *Siehe Datenbank, DTP, Tabellenkalkulation, Textverarbeitung*

Tabellenkalkulation

Eine Tabellenkalkulation (siehe Bild 1) ist ein Programm, das mit zweidimensionalen Tabellen arbeitet. Die Elemente der Tabelle enthalten entweder Daten oder Formeln, die diese Daten miteinander verknüpfen. Die Felder, die Formeln enthalten, werden automatisch neu berechnet, wenn neue Daten eingetragen werden, und enthalten dann die Ergebnisse ihrer Formeln. Die bekanntesten Tabellenkalkulationen sind Excel, Lotus 1-2-3 und StarCalc.

➡ *Siehe Excel, Lotus 1-2-3*

Tabellenlayout

Wenn die Daten in einer Datenbank in Tabellenform angeordnet sind, nennt man dies Tabellenlayout. Die Spalten der Tabelle bilden dabei die Datenfelder, wohingegen die Datensätze die Zeilen darstellen.

Innerhalb von Texten, also bei der Verarbeitung von Texten, wird als Tabellenlayout die Gestaltung und Formatierung von Tabellen bezeichnet.

➡ *Siehe Datenbank, DTP, Tabelle, Textverarbeitung*

Tabellensperrung

Um Inkonsistenzen von Daten in einer Tabelle bei zur gleichen Zeit stattfindenden Schreibzugriffen von verschiedenen Benutzern zu verhindern, wird die Tabelle bei einem Schreibzugriff gesperrt und kann von anderen Benutzern nur noch gelesen werden.

➡ *Siehe Datenbank, Tabelle*

Tabulator

Ein Tabulator (siehe auch Bild 2), auch kurz mit Tab oder Tabstop bezeichnet, ist im Grunde nur eine bestimmte Anzahl von Leerzeichen. In Textverarbeitungen werden Tabulatoren aber dafür benutzt, Text anzuordnen, da er mit Hilfe der Tabulatoren an genau definierte Stellen gerückt werden kann. Gliederungen und Aufzählungen lassen sich so sehr

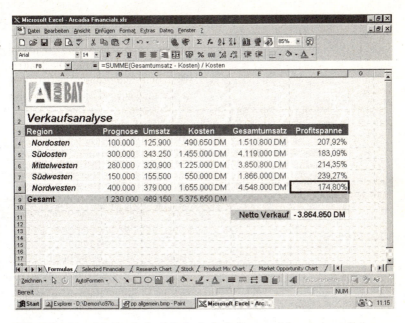

Bild 1: Excel ist eine klassische Tabellenkalkulation mit vielen auch grafischen Möglichkeiten

übersichtlich darstellen. Mittels Tabulatoren läßt sich Text linksbündig, rechtsbündig oder zentriert in Form von Spalten anordnen.

➟ *Siehe Textverarbeitung*

TAE

TAE ist die Abkürzung von Telekommunikations-Anschluß-Einheit und wird von der Telekom seit 1989 als Standard für die Stecker und Dosen benutzt, mit dem alle Geräte an das Telefonnetz angeschlossen werden. Die Dosen besitzen zumeist drei Buchsen, wobei es zwei unterschiedliche Typen der Buchsen gibt. TAE-F ist der Anschluß für Telefone, mit TAE-N werden alle Nebenanschlüsse, wie Faxgeräte und Modems, verbunden. Die herkömmlichen Dosen sind NFN-Dosen, d.h. es können ein Telefon und zwei Nebenstellen angeschlossen werden.

Tag

Tag bedeutet soviel wie Etikett und meint eine Art von Kennzeichen, das

Bild 2: Über die Tabulatortaste auf der Tastatur kann ein Tabulator eingegeben werden

den Zustand von Daten oder einer Datei angibt. Solche Tags werden oft als Flags realisiert und ermöglichen eine enorm knappe und sehr einfach abfragbare Kennzeichnung. Solche Tags werden auch bei den Tag-RAMs eingesetzt, um den Zustand der einzelnen Cache-Bereiche zu markieren. Um nicht alle eingelesenen Daten wieder schreiben zu müssen, wenn diese aus dem Cache entfernt werden, werden alle veränderten Daten mit einem solchen Tag versehen und können daher einwandfrei identifiziert und gesichert werden. Die für den Second-Level-Cache benötigten Tags werden in den speziell dafür vorgesehenen Tag-RAMs gespeichert.

Bei der Erstellung von Webseiten mit der Programmiersprache HTML bezeichnen die Tags die Steuerzeichen, die normalen Text von den Befehlen unterscheiden. Jeder Befehl muß mit dem Tag <Befehl> eingeleitet und mit <Befehl/> abgeschlossen werden, wie beispielsweise <BODY> und </BODY>.

➠ *Siehe HTML, Second-Level-Cache, Tag-RAM*

Tag-RAM

Die Tag-RAMs speichern das Zusammenspiel zwischen Second-Level-Cache und Prozessor. Da die durch das Tag-RAM erzielte Leistung nicht übermäßig groß ist, wäre eine Erwähnung gar nicht unbedingt notwendig, wenn die Tag-RAMs nicht die Größe des cachebaren Arbeitsspeichers bestimmen. Aus Kostengründen verwenden manche Computerhersteller auf ihren Motherboards zu kleine Tag-RAMs, so daß nur 64 Mbyte Hauptspeicher durch das Cache-Management beschleunigt werden können. Besitzen sie dann mehr als diese 64 Mbyte, ist der Speicher hinter den 64 Mbyte extrem langsam und die Rechenleistung dadurch viel geringer. Die Tag-RAMs können aber nachgerüstet oder der Second-Level-Cache durch bestimmte Coast-Module ersetzt werden, die integrierte Tag-RAMs besitzen, und damit diesen Makel beheben.

➠ *Siehe COAST, Second-Level-Cache*

Tagged Image File Format
➠ *Siehe TIFF*

Taggen

Das Markieren von Dateien, die zum Download von einer Mailbox vorgesehen sind, nennt man Taggen.

➡ *Siehe BBS, Download*

Takt

Die meisten Systeme innerhalb eines Computers besitzen eine Einheit, welche alle Operationen durch einen zeitlich gleichmäßigen Takt steuert (clock). Diese Einheit ist normalerweise ein quarzgesteuerter Taktgeber. Die Anzahl der Takte pro Sekunde wird als Taktfrequenz angegeben und in Megahertz gemessen. Die allgemein bekannte Taktfrequenz ist die des Prozessors, die ja auch einen immensen Einfluß auf die Rechenleistung hat.

➡ *Siehe Prozessor*

TAN

TAN ist das Kürzel von Trans-Aktion-Nummer. Diese Nummern werden beim Homebanking eingesetzt, um die Aktionen besonders zu schützen. Man bekommt eine Liste von TANs und muß bei jeder kritischen Aktion (z.B. Überweisungen) eine neue TAN angeben.

➡ *Siehe Homebanking*

Tape

Englisch für Band. Bezeichnung für das Speichermedium eines Streamers.

➡ *Siehe Streamer*

Tape Drive

➡ *Siehe Streamer*

Target

Englisch für Ziel. Bei Datenübertragungen wird das Ziel der Übertragung auch Target und die Quelle Source genannt.

➡ *Siehe Datenübertragung, Source*

Tarnkappenvirus

Ein Computervirus, der sich vor Virenscannern schützen will, bringt die infizierten Programme beim Öffnen wieder in ihre ursprüngliche Verfassung zurück und spielt so einem Virenscanner vor, daß die Dateien nicht infiziert sind. Dieses Tarnkappenkonzept (Stealth) ist Gott sei Dank nicht allzu verbreitet.

➡ *Siehe Computervirus*

Task

Die Ausführung eines Programms, das Drucken von Dokumenten und alle anderen Aufgaben, die ein Computer durchführen kann, nennt man Tasks. Eine Bedeutung erhält diese Bezeichnung vor allem bei Multitasking-Systemen, also Systemen, die mehrere solche Aufgaben parallel bearbeiten können. Bei OS/2 und Windows werden solche Tasks als Threads abgearbeitet.

→ *Siehe Multitasking, Prozeß, Thread*

Task Switching

Im Gegensatz zum Multitasking wird beim Task Switching immer nur ein Prozeß abgearbeitet, während alle anderen Prozesse quasi schlafen und darauf warten, bearbeitet zu werden.

→ *Siehe Multitasking, Prozeß*

Taskleiste

Die Taskleiste ist das zentrale Bedienungsfeld der Oberfläche von Windows 95 und NT. Sie ist in drei Teile eingeteilt:

- Ganz links ist das Startmenü, das den Zugriff auf die installierten Programme und die Konfigurationsmöglichkeiten des Betriebssystems ermöglicht.

- Ganz rechts befindet sich der sogenannte System-Tray, in dem viele speicherresidente Programme Icons ablegen und man so auf diese zugreifen kann. Dort wird ständig die Zeit angezeigt, Grafik- und Soundkarten lassen sich dort konfigurieren und auch der Systemdienst befindet sich da.

- Dazwischen wird jedes gerade ausgeführte Programm, wie bei einem Taskmanager, als Symbol angezeigt. Das Symbol des sich gerade im Vordergrund befindlichen Programms wird dabei als eingedrückt dargestellt. Je mehr Programme gerade laufen, desto kleiner werden die Symbole. Sind Ihnen diese zu klein, so können Sie die Taskleiste durch Hinaufziehen des oberen Taskleistenrands auf zwei Zeilen vergrößern. Sehr praktisch ist es auch, im Kontextmenü der Taskleiste, wie immer über die rechte Maustaste erreichbar, die Option »Automatisch im Hintergrund« anzuwählen. Dadurch verschwindet die Taskleiste bei Nichtbenutzung nach unten, praktisch aus dem Bildschirm, wodurch der Sichtbereich größer wird. Fahren Sie dann mit der Maus an den unteren Bildschirmrand, so wird die Taskleiste wieder eingeblendet.

→ *Siehe Windows 95*

Bild 3: Die Taskleiste mit ein paar Programmen und der aktuellen Uhrzeit

Tastatur

Die Tastatur, auch Keyboard genannt, ist das primäre Eingabegerät eines Computers. Normale Tastaturen beinhalten eine alphanumerische Tastatur, wie eine Schreibmaschine sie hat, eine numerische Tastatur, die nur aus einem Zahlenblock besteht, die Tasten für die Cursorsteuerung und die für den PC üblichen 12 Funktionstasten. Moderne Tastaturen haben oft ergonomische Aspekte und bieten Polster oder andere Designs, um Vielschreibern ihre Aufgabe zu erleichtern.

➡ *Siehe I/O*

Bild 4: Eine Standard-Tastatur, wie sie mit den meisten PCs ausgeliefert wird

Tastenkombination

Tastenkombinationen werden für die Ausführung bestimmter Kommandos genutzt. Da ja alle Tasten direkt belegt sind, verwendet man Kombinationen, um zusätzliche Funktionen erzielen zu können. Die Kombination [Strg], [Alt] und [Entf] löst z.B. einen Reset aus bzw. ruft unter Windows den Taskmanager aus. Dafür müssen die erforderlichen Tasten gedrückt gehalten werden, bis die Funktion aktiv ist.

➡ *Siehe Hotkey*

Tbx

Der Mailboxendienst der Telekom wird Telebox genannt, kurz Tbx. Geboten werden Benutzergruppen und die Verbreitung von Nachrichten.

➡ *Siehe BBS*

TC

TC ist die Abkürzung von Transmitter Signal Element Clock. Die TC ist eine der Taktleitungen der seriellen Schnittstelle im synchronen Betrieb. Da bei PCs die synchrone Übertragung unüblich ist, wird dieser Modus von den Standardschnittstellen nicht unterstützt.

➡ *Siehe Serielle Schnittstelle*

TCO-Norm

Die Weiterentwicklung der MPR-Normen sind die TCO-Normen. Mit den TCO-Normen, die nach dem Jahr ihrer Einführung klassifiziert werden, beispielsweise TCO 89, 91, 92, 95, werden sehr strenge Grenzwerte für strahlungsarme Bildschirme beschrieben. Sie setzen die Grenzwerte fest, die ein Monitor in 30 cm Abstand an elektromagnetischen Feldern erzeugen darf. In die TCO 92-Norm wurden zusätzliche Stromsparfunktionen aufgenommen. Bei TCO 95 wurde dies auf den ganzen Computer ausgeweitet und setzt noch strengere Auflagen für Energieverbrauch und Umweltschutz. In Deutschland müssen die Hersteller ihre Geräte vom TÜV prüfen lassen, um die Plaketten, die die Einhaltung dieser Grenzwerte garantieren, zu erhalten. Obwohl der Prozeß recht aufwendig ist, nehmen ihn die meisten Hersteller auf sich, da diese Plaketten die Marktchancen ihrer Produkte steigern.

→ *Siehe MPR-Norm, SSI*

TCP

TCP ist die Abkürzung von Transmission Control Protocol und ist ein wesentlicher Bestandteil des TCP/IP-Protokolls. TCP basiert auf der vierten Ebene des OSI-Schichtenmodells und arbeitet im Vollduplex-Betrieb. Es ist verbindungsorientiert und verlangt eine Empfangsbestätigung für jedes abgeschickte Datenpaket.

→ *Siehe TCP/IP*

TCP/IP

TCP/IP steht für Transmission Control Protocol/Internet Protocol. Das Internet war zuerst ein vom US-Verteidigungsministerium erdachtes Netzwerk, um Computer so miteinander zu verbinden, daß Ausfälle von Teilen des Netzes nicht die Integrität des gesamten Netzes in Frage stellen. Aus diesem Netz entwickelte sich das Internet, dessen Basis immer noch TCP/IP ist. TCP kümmert sich dabei um die Zustellung der Datenpakete (4. Schicht OSI-Schichtenmodell), während IP den Transport übernimmt (3. Schicht). Zu TCP/IP gehört auch das TCP sehr ähnliche UDP-Protokoll, das allerdings keine Bestätigung der Pakete verlangt. Auf TCP/IP setzen die meisten höheren Internet-Dienste, wie FTP, Telnet und SMTP, auf. Diese befinden sich auf der siebten Ebene des OSI-Modells.

→ *Siehe ARPAnet, DoD, FTP, Internet, OSI-Schichtenmodell, SMTP, Telnet*

Tearing

Störungen des Bildaufbaus, welche beim Page-Flipping auftreten.

→ *Siehe Page-Flipping*

TechnoMaker

Dieses Programm bietet die Möglichkeit, vorhandene Sounds und Soundeffekte neu zusammenzustellen und so Techno-Lieder schnell und einfach zu komponieren.

→ *Siehe Soundkarte*

Telefax

→ *Siehe Fax*

Telefonanlage

Mit Telefonanlagen kann man viele Endgeräte sehr gezielt miteinander verschalten und so ein eigenes Telefonnetz aufbauen. Für private Haushalte sind solche Lösungen oft überdimensioniert, aber in großen Häusern oder Firmen sind sie wohl eine Selbstverständlichkeit. Speziell die Möglichkeit, innerhalb der Telefonanlage kostenlos telefonieren zu können, ist gerade für Firmen sehr interessant. Für das ISDN-Netz benötigen Sie entweder spezielle Endgeräte oder eine Telefonanlage, die dann auch analoge Signale für normale Faxgeräte, Modems und Telefone bereitstellen. Für den Betrieb von Faxgeräten oder Modems ist zu beachten:

- Übertragungsgeschwindigkeiten von mehr als 28,8 Kbit (V.34 Modems) werden nicht unbedingt von jeder Anlage unterstützt.

- Wenn die automatische Amtsholung nicht eingeschaltet ist, muß immer zuerst eine bestimmte Ziffer (meist 0 oder 9) gewählt werden, um ein Freizeichen zu erhalten.

- Bei Modems oder Faxprogrammen sollte der AT-Befehl X3 in die Initialisierungsstrings aufgenommen werden, da dieser die Freizeichenerkennung deaktiviert.

→ *Siehe ISDN, Modem, Telefax*

Telekommunikation

Die Telekommunikation ermöglicht den Austausch von Informationen, Daten, Sprache etc. über weite Strecken hinweg. Alle modernen Kom-

Bild 5: ISDN-Telefonanlagen, wie diese, haben inzwischen durch die starke ISDN-Nachfrage eine weite Verbreitung gefunden

munikationseinrichtungen wie Btx, Datenübertragungen, das Internet, Mailboxen, Telefone und Videotext entwickeln sich stetig weiter und machen jedem eine schier nicht zu bewältigende Fülle von Informationen zugänglich und helfen damit auch Völker immer mehr verbinden, da es kein Problem mehr ist, mit Menschen am anderen Ende der Welt frei zu kommunizieren.

→ *Siehe Datenübertragung, Internet, Online-Dienst*

Telekommunikations-Anschluß-Einheit

→ *Siehe TAE*

Telespielkonsole
→ *Siehe Atari, Konsole, Nintendo*

Teletex
Teletex ist der digitale Nachfolger des Fernschreibers Telex. Wegen der starken Konkurrenz durch Euro-File-Transfers, Fax, Internet und Mailboxen ist diese Technik allerdings fast bedeutungslos geworden.

→ *Siehe Fernschreiber, Telex-Netz*

Teletype
→ *Siehe Fernschreiber*

Telex-Netz
Telex steht für Teleprinter Exchange (Fernschreiberaustausch). Das Telex-Netz ist in den 20er Jahren gegründet worden und ermöglicht einen weltweiten Austausch von Informationen. Das Zielland muß dazu ein nationales Telex-Netz besitzen.

→ *Siehe Fernschreiber*

Telnet
Mit Telnet kann man sich an beliebigen Hosts im Internet einloggen, sofern man dafür eine Berechtigung hat, und dort praktisch wie am heimischen Rechner arbeiten. Allerdings bietet Telnet hierfür lediglich eine textorientierte Oberfläche. Für viele Probleme gibt es aber keine andere Lösung und daher wird Telnet auch heute noch viel genutzt.

→ *Siehe Host, Internet*

Temporäre Auslagerungsdatei
Eine Auslagerungsdatei, die je nach Bedarf an Speicherplatz neu angelegt wird.

→ *Siehe Auslagerungsdatei, Permanente Auslagerungsdatei*

Temporäre Dateien
Um soviel Arbeitsspeicher wie möglich zur Verfügung zu haben, lagern sowohl das Betriebssystem wie auch viele Programme gerade nicht benötigte Daten auf Festplatte aus. Viele Programme, z.B. Textverarbeitungen wie WinWord, legen zusätzliche Sicherheitskopien des gerade bearbeiteten Dokuments an. Diese Kopien erlauben die Wiederherstellung des Dokuments, falls dies notwendig sein sollte. Derartige Dateien werden auch als temporäre Dateien bezeichnet. Das Problem temporärer Dateien ist, daß sie zwar bei normaler Beendigung eines Programms oder dem Herunterfahren eines Betriebssystems gelöscht werden. Kommt es aber zu einem Absturz, bleiben sie zurück und können mit der Zeit eine Menge Speicherplatz belegen. Deshalb sollten Sie hin und wieder Ihre Festplatte nach solchen Dateien durchsuchen, v.a. in den diversen TMP- oder TEMP-Verzeichnissen. Temporäre Dateien besitzen meistens die Endung .tmp oder beginnen mit einem »XXXXXXXXX«.

Term

Ein Term ist ein mathematischer Ausdruck, der eine Reihe von Funktionen (z.B. eine Addition) enthält und diese auf arithmetische oder logische Art miteinander verknüpft.

Terminal

Terminals waren ursprünglich lediglich Ein-/Ausgabegeräte, mit deren Hilfe Daten mit einem Mainframe (Großrechner) ausgetauscht werden konnten. Früher bestanden sie daher nur aus einer Tastatur und eventuell auch einem Bildschirm. Mit der Zeit wurde die Ausstattung immer wieder erweitert. Die ersten kompletten PCs wurden oft noch als Terminals genutzt, obwohl sie bereits eine eigenständige Einheit bildeten. Dazu emulierten sie die Funktionen eines Terminals mit einer Software, die meistens auf den Emulationsarten ANSI, TTY (= TeleTYpe, Fernschreiber) und VT100 basierten. Heute wird der Begriff Terminal noch benutzt, um einen Computer zu beschreiben, mit dem Anwender mittels Datenfernübertragung Daten von einem Host oder Server beziehen. Moderne Terminalprogramme beherrschen aber eine deutlich größere Anzahl an Funktionen als das bei früheren Terminals üblich war.

➭ *Siehe Großrechner, TTY*

Terminalprogramm

Ein Terminalprogramm ist ein spezielles Programm zur Herstellung einer Verbindung mit einem anderen Computersystem, wie z.B. einer Mailbox oder einem Server. Das Programm simuliert gegenüber dem anderen Computer einen Terminal. Voraussetzung hierfür ist die Verfügbarkeit eines Modems oder einer ISDN-Karte und des entsprechenden Gegenstücks auf der Gegenseite. Nach dem Anmelden kann dann auf dem anderen System wie mit einem lokalen Terminal gearbeitet werden – Sie können mit der Tastatur Texte an den Server senden oder Dateien übertragen (Download, Upload). Neben dem einfachen Terminalprogramm Hyperterminal, das sich im Lieferumfang von Windows 95 befindet, sind frei verfügbare Programme wie Telix oder das sehr gute ZOC zu empfehlen.

➭ *Siehe BBS, Datenübertragung, Download, Terminal, Upload*

Terminate und Stay Resident

➭ *Siehe TSR-Programm*

Terminator

Ein Terminator ist ein Widerstand, der zum Abschluß einer Übertragungsstrecke dient. Alle Bus-Systeme, die mit hohen Datenübertragungsraten arbeiten, benötigen Terminatoren an beiden Enden des Busses, um die Sicherheit der Daten zu sichern. Diese Widerstandstecker verhindern Reflexionen an den Enden und damit das Problem mehrfach auftauchender Datenpakete. Gerade beim SCSI-Bus verursachen falsche Terminierungen die meisten Fehler.

➡ *Siehe Bus, SCSI, SCSI-Terminierung*

TeX

TeX ist ein von Donald Knuth entwickeltes Textsatzsystem, das frei verfügbar ist. Im Gegensatz zur von Textverarbeitungsprogrammen gewohnten WYSIWYG-Darstellung muß sich der Anwender über die Formatierung des Textes keine Sorgen machen, denn TeX erledigt dies automatisch. TeX wird »tech« ausgesprochen und bildet die Grundlage des Makropakets LaTeX, das die Anwendung der recht komplizierten TeX-Syntax vereinfacht.

➡ *Siehe Textsatzsystem*

Texas Instruments

http://www.ti.com

Texas Instruments ist eine amerikanische Firma (kurz TI) und einer der größten Halbleiterproduzenten der Welt. Texas Instruments bietet Handhelds, Laserdrucker und Notebooks und viel Peripherie rund um den PC.

Texel

Abkürzung für Texture Element, Textur-Element. Bei der Darstellung von Texturen unterscheidet man zwischen den von der Grafikkarte erzeugten Bildpunkten (Pixeln) und den eigentlichen Bildpunkten der Textur (Texel). Der Grund dafür ist, daß Grafikkarten Texturen als rechteckige Anordung von mehreren Bildpunkten speichern.

➡ *Siehe 3D-Funktionen, 3D-Grafikkarte, Textur, Textur-Cache, Texture-Mapping*

Textformatierung

Alle Einstellungen bei einem Text, die sein Aussehen festlegen, sind die Textformatierung. Das fängt bei der Schriftformatierung mittels Festlegung der Schriftart, -größe und -schnitt an. Absätze werden durch Blocksatz, Einrückungen, Links- und Rechtsbündigkeit und Zeilenabstand festgelegt. Das Seitenlayout besteht aus den Einstellungen zu den Seitenrändern, der Plazierung von Fußnoten und Verwendung von Fuß- und Kopfzeilen. Zusätzlich gibt es natürlich noch eine ganze Menge von besonderen Formatierungen.

➡ *Siehe Dokumentvorlage, Textsatzsystem, Textverarbeitung*

Textmodus

Jede PC-Grafikkarte beherrscht zwei grundsätzlich verschiedene Arten der Darstellung, nämlich den Text- und den Grafikmodus. Am Anfang der PC-Entwicklung war aufgrund der geringen Rechenleistung an eine Grafikdarstellung nicht zu denken. Der textorientierte Modus dominierte sogar das Betriebssystem. MS-DOS war komplett textorientiert. Nur sehr wenige Programme boten eine Art grafische Oberfläche, die aus Textzeichen bestand, wie das beim Norton Commander der Fall ist. Nach und nach kamen dann richtige Grafikoberflächen wie GEM und Windows auf, die meist nur noch die Möglichkeit bieten, eine textorientierte Shell zu starten, wenn Bedarf besteht.

➡ *Siehe Textorientierte Oberfläche*

Textorientierte Oberfläche

Eine textorientierte Oberfläche ist eine Bedienoberfläche, die auf dem Textmodus basiert. Ein Beispiel ist die Oberfläche von MS-DOS und dem dazugehörigen Kommando-Interpreter Command.com oder auch Cmd.exe unter OS/2.

➡ *Siehe User-Interface*

Textsatzsystem

Wenn Sie einen längeren Text verfassen, müssen Sie normalerweise viel Arbeit aufwenden, um ihn gut zu strukturieren. Die ganzen Formatierungen, die vorgenommen werden müssen, sind manchmal fast so arbeitsreich wie das Erstellen des Textes an sich. Textsatzsysteme nehmen Ihnen diese Arbeit ab. Gerade bei vielen wissenschaftlichen Arbeiten werden solche Systeme verwendet. Das bekannteste System ist TeX.

➡ *Siehe TeX*

Textur

Generell eine Bitmap (eine Grafik), die auf ein 3D-Objekt projiziert wird. Die Grafik kann dabei das Objekt wie eine Tapete vollständig bedecken oder auch kachelartig wiederholt werden. Diverse Mapping-Verfahren garantieren eine korrekte Wiedergabe der Textur auf unterschiedlichen 3D-Objekten.

➡ *Siehe Bitmap-Grafik, Texel, Textur-Cache, Texture-Mapping*

Textur-Cache

Der Textur-Cache ist ein im Grafikchip integrierter Cache von 4 bis 8 Kbyte Größe. Er dient als Puffer für die vom Bildspeicher eingehenden Daten. Da Bildspeicherzugriffe 64 Bit breit oder in mehreren Bursts (Serien) erfolgen, kann der Chip nicht alle ankommenden Daten sofort verarbeiten. Im Prinzip hat der Textur-Cache beim Grafikchip dieselbe Funktion wie der (ebenfalls integrierte) L1-Cache (Level-1-Cache) bei der CPU.

→ *Siehe First-Level-Cache, Textur, Texture-Mapping*

Texture-Mapping

Texturen (Maps) werden auf 3D-Objekte »gemapt« (projiziert), um diesen ein realistisches Aussehen zu geben (z.B. ist es möglich, das Bild einer Hausfassade auf einen simplen Quader zu projizieren, so daß der Eindruck eines Gebäudes entsteht). Je nach Form des 3D-Körpers wird ein anderes Mapping-Verfahren zur Wiedergabe der Texture-Map auf dem Objekt verwendet, da ansonsten unerwünschte Verzerrungen der Grafik auf dem Körper entstehen. 3D-Softwarepakete (z.B. 3D Studio MAX von Kinetix oder Lightwave von NewTek) verfügen meist über folgende Mapping-Verfahren: planares Mapping, kugelförmiges Mapping, zylindrisches Mapping, Box-Mapping und Shrink-Wrap-Mapping. Die ersten drei Verfahren sprechen für sich (kugelförmiges Mapping für ein kugelförmiges Objekt usw.). Beim Box-Mapping wird die Textur auf alle sechs Seiten eines Objekts projiziert (z.B. auf einen Würfel), während beim Shrink-Wrap-Verfahren die Textur wie eine Haut über das Objekt gezogen wird. Weiterhin bieten 3D-Softwarepakete die Möglichkeit, Texturen auf den Objekten zu wiederholen, zu drehen, zu kippen und mit zahlreichen Effekten zu verändern. Texture-Mapping wird auch von den neuen 3D-Grafikprozessoren unterstützt (z.B. für Spiele).

→ *Siehe 3D-Funktionen, Texel, Textur*

Textverarbeitung

Eine Textverarbeitung hilft beim Erstellen von Texten. Mit einem enormen Funktionsumfang, etwa Suchen innerhalb des Textes, wird versucht, die Arbeit so einfach wie möglich zu gestalten. Eine Textverarbeitung nimmt normalerweise die Eingaben per Maus und Tastatur entgegen, seit neuestem sind aber auch Eingaben mittels einer Sprachsteuerung möglich. Ausgegeben werden können Texte per Drucker oder mit einem Modem oder einer ISDN-Karte direkt als Fax oder E-Mail. Eine Textverarbeitung kennt auch eine große Palette von Funktionen zur Textformatierung. Viele Programme wie StarWriter, WinWord und WordPerfect bieten auf praktisch allen verfügbaren Plattformen inzwischen eine Funktionalität, wie man sie sonst von DTP-Software her kennt.

→ *Siehe StarWriter, WinWord, Word Pro*

TFT-Display

TFT ist die Abkürzung von Thin Film Transistor. Diese Transistoren steu-

Thermische Kalibrierung

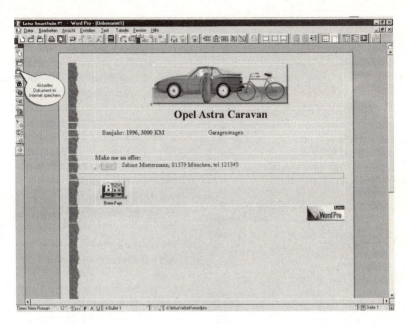

Bild 6: WordPro von Lotus ist eine typische Textverarbeitung der neuesten Generation mit integrierten Internet-Features

ern bei einem TFT-Display die aufgedampften und transparenten horizontalen und vertikalen Leiterbahnen, aus denen die einzelnen Bildpunkte aufgebaut sind. Die erzeugten elektrischen Felder polarisieren die Flüssigkristalle und erzeugen dadurch die notwendigen Farben. Die TFT-Displays sind momentan die Königsklasse der Bildschirme bei Laptops und Notebooks. Sie sind deutlich besser als DSTN-Displays, aber auch deutlich teurer.

→ *Siehe DSTN-Display, Laptop, LCD, Notebook*

Thermische Kalibrierung

Die Schreib-Lese-Köpfe vieler Festplatten benötigen in regelmäßigen Abständen eine Kalibrierung (Neu-Positionierung) durch die Laufwerkelektronik, um Fehler auszuschließen. Dies ist notwendig, um auf Veränderungen der Temperatur zu reagieren, wodurch sich die Platten in der Festplatte zusammenziehen bzw. ausdehnen. Die Kalibrierung macht sich durch einen Abfall der Übertragungsrate für einen kurzen Zeitraum bemerkbar.

➡ *Siehe Festplatte*

Thermodrucker

Mit Thermodrucker bezeichnet man alle Arten von Druckern, die ihre Bilder mit Hitze erzeugen. Man unterscheidet v.a. drei unterschiedliche Verfahren:

- Beim Thermo-Matrixdrucker besitzt der Druckkopf eine Menge Nadeln, die hier allerdings erhitzt werden und dadurch das Thermopapier verfärben. Dieses Verfahren erlaubt den Bau sehr billiger Drucker, da das Thermopapier aber licht- und wärmeempfindlich ist, verblassen die Ausdrucke mit der Zeit.

- Thermosublimationsdrucker erzeugen die besten Ausdrucke, da sie als einzige wirklich echte Mischfarben hervorbringen. Die Farbpartikel werden erhitzt, bis sie gasförmig werden, und schlagen sich dann auf dem Papier nieder. Der Name kommt von der Bezeichnung des Übergangs vom einem Feststoff in die Gasform, denn dieser heißt Sublimation. Da die verschiedenen Farben sich in der Gasform perfekt vermischen, kann man mit diesem Verfahren 256 Farbnuancen pro Druckfarbe erzeugen. Bei vier Druckfarben ergeben sich daher 16,7 Millionen Farben. Mit speziellem Papier lassen sich so fotorealistische Bilder erzeugen, was gerade bei Verwendung einer digitalen Kamera diese Drucker optimal ausnützt. Die hohen Kosten der Drucker und des Papiers machen diese für private Anwender uninteressant. Allerdings gibt es inzwischen günstige Sublimationsdrucker um DM 1000,–.

- Bei Thermotransferdruckern werden aus einer hitzeempfindlichen Folie die Farbpartikel, meistens ein Wachs, auf das Papier aufgedampft. Dieses Verfahren ist qualitativ sehr hochwertig und außerdem recht leise und schnell. Pro Druckseite wird allerdings unabhängig von der tatsächlich gebrauchten Farbmenge immer eine gleich große Fläche der Folie benötigt. Dadurch ist der Verbrauch natürlich sehr hoch und damit auch die Kosten.

Thermotransferdrucker

➡ *Siehe Thermodrucker*

Thesaurus

Eine moderne Textverarbeitung bietet zumeist auch einen Thesaurus.

Dieser kann zu den meisten Wörtern ein Synonym aus einer Wörter-Datenbank heraussuchen.

➭ *Siehe Textverarbeitung*

Thicknet Coaxial Cable

Bezeichnung für ein im Ethernet-LAN verwendetes Koaxialkabel.

➭ *Siehe Ethernet, Koaxialkabel*

Thin Film Transistor

➭ *Siehe TFT-Display*

Thinnet Coaxial Cable

Bezeichnung für ein im Ethernet-LAN verwendetes Koaxialkabel.

➭ *Siehe Ethernet, Koaxialkabel*

Thread

Thread ist der englische Begriff für Faden. Der Faden, von dem hier die Rede ist, legt fest, wie ein Programm durch einen Prozessor ausgeführt wird. Jedes Programm besteht aus einem Prozeß und dieser wiederum aus mindestens einem Steuerfluß, also einem Thread. Jeder Thread besitzt einen eigenen Zustand mit Programmzähler, Registerinhalten und Stapelspeicher. Solche Threads realisieren das Multitasking unter OS/2, Windows 95 und Windows NT.

➭ *Siehe Multitasking, Multithreading*

Three-Pass

Auch Multi-Pass. Betriebsmodus eines Scanners, bei dem die Scanleiste mehrmals über die Vorlage scannen muß, um sie zu erfassen.

➭ *Siehe Farb-Scanner, Scanner*

TIFF

Das Dateiformat TIFF ist ein Standard für Pixelgrafiken auf dem Macintosh und auf dem PC. TIFF steht für Tagged Image File Format. Dieser Standard wurde von Aldus, Hewlett Packard und Microsoft als Ausgabeformat von Scannern ins Leben gerufen. Die aktuelle Version 5.0 bietet 24-Bit-Farbtiefe und eine ordentliche und verlustfreie Datenkompression. Da die Dateien unter DOS und Windows ja nur drei Buchstaben als Erweiterung besitzen durften, ist sowohl die Endung .tif als .tiff gültig. Die meisten Grafikprogramme, die mit Pixelgrafiken umgehen können, unterstützen dieses Format.

Tilde

Das Sonderzeichen ~ heißt Tilde. In mathematischen Ausdrücken bezeichnet man damit ungefähr gleich oder proportional. Im Internet benutzt man die Tilde, um nach einer URL zwischen den Homepages der verschiedenen Anwender zu unterscheiden. Das sieht dann etwa so aus: `http://www.quarkserver.com/~Sampleuser`.

➭ *Siehe URL*

Time Slice

➭ *Siehe Zeitscheibe*

Time-Sharing

Mit Time-Sharing bezeichnet man die abwechselnde Zuweisung von Rechenzeit an Prozesse oder verschiedene Benutzer eines Mehrplatzsystems.

Timeout

Als Timeout wird ganz allgemein ein Fehler durch Überschreiten einer vorgegebenen Zeitspanne bezeichnet, innerhalb der eine bestimmte Aktion erfolgen muß. Bei fast allen Datenübertragungen oder Datenfernübertragungen wird z.B. vom Empfänger eine Empfangsbestätigung erwartet. Erfolgt diese nicht innerhalb eines bestimmten Zeitintervalls, tritt ein Timeout auf. Der Transfer wird dadurch mit einem Fehler abgebrochen.

➩ *Siehe Übertragungsprotokoll*

Tintenstrahldrucker

Tintenstrahldrucker (siehe Bild 7) basieren auf dem Prinzip der Matrixdrucker, da sie die Grafiken aus einzelnen Pixeln aufbauen. Dazu spritzen sie die Tinte aus den Düsen des Druckkopfs auf das Papier. Schwarzweißdrucker besitzen nur schwarze Tinte, farbige meistens die drei Grundfarben Cyan, Gelb und Magenta. Bessere Drucker besitzen zusätzlich noch schwarze Tinte, um diese nicht mischen zu müssen, was einen satteren Schwarzton bringt und Kosten spart, da farbige Tinte teurer als schwarze ist. Inzwischen gibt es sogar Drucker, die sechs Grundfarben verwenden, was hauptsächlich bei Farbübergängen, Haut- und Pastelltönen Vorteile bringt. Die beiden verschiedenen Druckverfahren Bubble-Jet und Piezo-Drucker sind sich mittlerweile von der Qualität ebenbürtig und liefern eine Auflösung zwischen 300 und 720 dpi. Die inzwischen sehr gute Qualität und der niedrige Preis zwischen DM 500,- und DM 1000,- und die geringen Verbrauchskosten sowie die Fähigkeit, auch auf normalem Papier recht ordentliche Resultate zu erzeugen, hat Tintenstrahldrucker sehr beliebt gemacht. Probleme treten allerdings bei vielen Papiersorten auf, bei denen die Tinte oft sehr stark verschmiert, und die Tatsache, daß die Tinte i.a. oft lichtempfindlich, wasserlöslich und nicht wischfest ist, zeigt, daß auch diese Drucker noch nicht perfekt sind. Die bekanntesten Drucker dieser Art werden von Canon mit der BJ-Serie, von Epson mit der Stylus-Serie und von Hewlett Packard mit der Deskjet-Serie produziert.

Tischscanner

➩ *Siehe Flachbett-Scanner*

Bild 7: Der Deskjet von Hewlett-Packard ist ein typischer Tintenstrahldrukker

TK-Anlage

TK-Anlage ist das Kürzel für Telefonanlage.

→ *Siehe Telefonanlage*

Token

In einem Token-Ring-Netzwerk wird ein Token, ein spezielles Datenpaket, von Station zu Station weitergegeben. Nur die Station, die gerade das Token innehat, darf ihre Nachrichten an das Netz abgeben. Dadurch wird das Senden von mehreren Nachrichten zur gleichen Zeit, und damit Kollisionen, verhindert. Neben dem genormten Token-Ring-Netzwerk gibt es Token auch in anderen Verfahren, wie beispielsweise beim ARCnet.

→ *Siehe ARCnet, Token-Ring*

Token-Ring

Das 1985 erstmals von IBM vorgestellte Token-Ring-Netzwerk benutzt eine ganz andere Technologie als beispielsweise das Ethernet, um Kollisionen im Netzwerk zu verhindern. Es verwendet, wie etwa auch das ARCnet, Token. Es wurde inzwischen von der IEEE unter IEEE 802.5 standardisiert. Die Technologie von IBM bietet aber entweder 4 oder 16 Mbit/s anstatt 1 oder 4 Mbit/s wie die standardisierten Verfahren. IBM schreibt außerdem fest Twisted-Pair-Kabel vor, wohingegen dies von den standardisierten Verfahren nicht festgelegt worden ist. Token-Ring übernimmt die Aufgaben der beiden unteren Schichten des OSI-Schichtenmodells. Die Knoten werden dabei in einem Ring angeordnet und dann alle Knoten sternförmig mit einem zentralen Server, auch MAU genannt (MSAU = Multistation Access Unit, entspricht Server), verbunden. Bei größeren Token-Ring-Netzwerken werden die MAU der einzelnen Token-Ring-Netze verbunden und meist noch ein zusätzlicher Sicherheitsring aufgebaut.

→ *Siehe MAU, OSI-Schichtenmodell, Twisted-Pair-Kabel*

Toner

Als Toner werden Farbteilchen bezeichnet, die bei Kopierern und Laserdruckern zum Drucken verwendet werden.

→ *Siehe Laserdrucker*

Tonwahl-Verfahren

Das Tonwahl-Verfahren hat das Impulswahl-Verfahren abgelöst. Bei der

Tonwahl, auch Mehrfrequenzwahl-Verfahren genannt, hat jede Zahl eine andere Tonfrequenz. Damit kann extrem schnell gewählt werden und es erlaubt eine sehr große Anzahl von Steuersequenzen. Der Code, den Anrufbeantworter benutzen, um den Anrufer bei einer Fernabfrage zu verifizieren, basiert auf dem Tonwahl-Verfahren.

Bei Modems muß mit ATDT statt ATDP gewählt werden, wenn diese an eine Leitung mit Tonwahl angeschlossen sind. Das Tonwahl-Verfahren sollte inzwischen in ganz Deutschland verfügbar sein, da die Voraussetzung einer digitalen Vermittlungsstelle eigentlich überall erfüllt sein sollte.

➡ *Siehe Impulswahlverfahren, Modem*

Tool

Tool ist der englische Begriff für ein Werkzeug und bezeichnet üblicherweise ein Hilfsprogramm, das eine ganz bestimmte Funktion erfüllt und die Arbeit erleichtern soll. Eine Sammlung solcher Programme nennt man Toolbox. Gerade bei der Software-Entwicklung sind solche Programme sehr verbreitet.

➡ *Siehe Programmierumgebung*

Toolbook

Das Toolbook ist ein Produkt der Firma Asymetrix. Es ist ein Autorensystem, das die Erstellung von Multimedia-Anwendungen für Windows so einfach wie möglich machen soll. Toolbook bietet hierfür eine Menge von visuellen Objekten und Funktionen, um diese zu verknüpfen. Eigentlich ist Toolbook ein Programmiersystem, aber die Gestaltung der Elemente läßt auch Personen ohne umfangreiche Programmierkenntnisse sehr einfach zu Resultaten kommen. Auf verschiedenen Seiten werden die Objekte wie Grafiken, Schaltflächen und Texte erst angeordnet und dann miteinander verknüpft. Fertige Seiten werden als Buch gespeichert und können dann mit einem mitgelieferten Runtime-Modul als eigenständig ablaufende Software verwendet und sogar frei vertrieben werden. Mit der objektorientierten Sprache OpenScript lassen sich auch komplexe Zusammenhänge realisieren, ohne daß man sich in die Programmierung der internen Windows-Funktionen einarbeiten müßte. Toolbook-Anwendungen sind hauptsächlich im Bereich der Hypertext-Anwendungen, der Lernsoftware, anderer Multimedia-Anwendungen und der visuellen Datenbanken vertreten. Die ziemlich teuren Versionen Multimedia Toolbook und Multimedia Toolbook CBT verfügen noch über eine weit größere Anzahl von Funktionen, wie etwa die Einbindungen von Animationen und Videosequenzen. Die CBT-Version (CBT = Computer Based Training) dient v.a. der Erstellung von aufwendigeren Lernsoftware-Projekten und liefert eine Vielzahl von vordefinierten Seitenlayouts mit. Der größte Konkurrent ist momentan der Macromedia Director. Mit ihnen werden die meisten der verfügbaren CDROM-Applikationen angefertigt.

➡ *Siehe Multimedia*

Toolbox

Als Toolbox bezeichnet man eine Sammlung von Tools, die bestimmte Aufgaben oft sehr effizient und komfortabel bewältigen oder eine Sammlung von Bibliotheken und/oder Routinen, die grundsätzliche Probleme bei der Programmerstellung lösen und so das Erstellen von größeren Applikationen deutlich beschleunigen. Diese bei der Programmierung verwendeten Routinen werden entweder als Quelldateien oder als Quellmodule eingebunden.

Toolkit Without An Important Name

➡ *Siehe TWAIN*

Tortendiagramm

Dreidimensionale Darstellung eines Kreisdiagramms. Auch als Kuchendiagramm bezeichnet.

➡ *Siehe Diagramme, Kreisdiagramm*

TOS

TOS steht für The Operating System und ist der Name des Betriebssystems der Computer der Firma Atari. Es verfügte bereits in der ersten Version über eine grafische Benutzeroberfläche, die man als GEM bezeichnete.

➡ *Siehe Atari*

Toshiba

http://www.toshiba.com

Toshiba (siehe Bild 8) ist ein großer japanischer Konzern, der im Computerbereich v.a. für seine CD-ROM-Laufwerke und Notebooks bekannt ist, bei letzteren ist er seit geraumer Zeit Marktführer.

Tower

Ein Tower (siehe Bild 9) ist ein Gehäusetyp für einen PC. Es gibt Mini-, Midi- und Bigtower. Ein Minitower braucht nicht viel Platz, kann aber nur eine geringe Zahl an Diskettenlaufwerken, Festplatten und ähnlichem Zubehör aufnehmen. Midi- und Bigtower bieten mehr Platz und auch entsprechend leistungsfähigere Netzteile.

➡ *Siehe Netzteil*

tpi

Tpi ist das Kürzel von tracks per inch und gibt die Zahl der Sektoren an, die eine Spur eines Datenträgers enthält.

Tracer

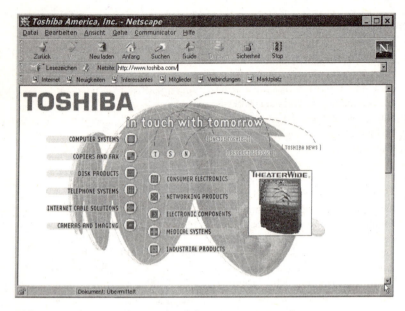

Bild 8: Die Homepage des Notebook-Bauers

Je größer diese Zahl ist, desto mehr Daten kann so ein Datenträger aufnehmen.

➠ *Siehe Spur*

Tracer

Mit einem Tracer kann man das Zusammenspiel der Module eines Programms überwachen. Es ist damit eine Form eines Debuggers.

➠ *Siehe Debugger*

Track(s)

➠ *Siehe Spur*

Track-at-once

Track-at-once ist eine Art, wie CD-Writer Tracks auf einer CD ablegen. Bei so einer selbstgebrannten CD werden die Tracks Track für Track geschrieben und haben immer eine zwei Sekunden lange Pause zwischen ihnen eingefügt.

➠ *Siehe CD-Writer*

Trackball

Ein Trackball ist im Prinzip eine umgedrehte Maus. Auf der Oberseite des Tracksballs befindet sich eine Kugel, mit der man den Mauszeiger

Bild 9: Ein Towergehäuse, dessen Einschübe alle verwendet werden, um Geräte in das System zu integrieren

auf dem Bildschirm steuern kann und zwei oder drei Taster (Button), mit denen man dann Aktionen, genau wie bei einer Maus, auslösen kann. Ein Trackball ist aber nicht so komfortabel wie eine Maus zu benutzen, v.a. bei einer langen Arbeitsdauer. Daher findet er hauptsächlich im Bereich der Laptops und Notebooks Verwendung, da er sehr platzsparend in die Tastatur integriert werden kann. Manchmal wird er aber auch als externes Peripheriegerät mitgeliefert.

➡ *Siehe Maus*

Tracks per inch

➡ *Siehe tpi*

Trailer

Als Trailer bezeichnet man das hintere Ende einer Datenstruktur. In den Trailern von Datenpaketen sind oft eine CRC-Kennung oder andere Struktur- oder Organisationsdaten enthalten.

➡ *Siehe Datenpaket, Header*

Traktor

Bei einem Drucker benötigt man einen Traktor, um Endlospapier und Formulare einziehen zu können. Dabei handelt es sich um eine mechanische Vorrichtung zum Transport des Papiers in den Drucker. Ein Schubtraktor schiebt das Papier in den Drucker, wohingegen ein Zugtraktor das Papier zieht.

Transaktion

Unter einer Transaktion versteht man einen kompletten Zyklus einer Datenverarbeitung. Dies reicht von der Eingabe der Daten und Befehle über die Bearbeitung der Daten mittels der Verknüpfung mit den Befehlen bis zur Ausgabe der Ergebnisse. Sucht man in einer Datenbank irgendwelche Daten, verknüpft diese dann neu und speichert sie zurück, so wäre dieser ganze Prozeß eine Transaktion. Werden Transaktionen aus irgendwelchen Gründen, etwa einem Absturz, nicht vollständig durchgeführt, so müssen diese auf alle Fälle entweder nachträglich abgeschlossen oder total annulliert werden. Ansonsten wäre die Konsistenz der verwendeten Daten kompromittiert. Bei einer Überweisung ist beispielsweise die Transaktion erst beendet, wenn das Geld den Empfänger erreicht hat und dem Absender abgebucht worden ist.

➡ *Siehe Datenbank*

Transferprotokoll
➡ *Siehe Übertragungsprotokoll*

Transferrate
➡ *Siehe Datentransferrate*

Transferzeit
➡ *Siehe Übertragungszeit*

Transistor

Der Transistor ist das Kernstück aller modernen Elektronikbausteine. Er hat entweder die Funktion eines Schalters oder eines Verstärkers. Er löste die Elektronenröhren ab, die wesentlich größer waren. Transistoren sind sehr robust, schnell und kommen mit sehr geringen Spannungen und Strömen aus. Die Tran-

sistoren werden immer mehr verkleinert. Moderne Prozessoren enthalten schon einige Millionen Transistoren und diese Zahl wächst mit jeder neuen Generation stark an.

Transistor Transistor Logic
➡ *Siehe TTL*

Transmission Control Protocol
➡ *Siehe TCP*

Transmission Control Protocol/Internet Protocol
➡ *Siehe TCP/IP*

Transmitter Signal Element Clock
➡ *Siehe TC*

Transparent

1. Grafische Elemente heißen transparent, wenn man den Hintergrund durch sie hindurchsehen kann. Bei Grafikprogramm kann man Transparenz als Eigenschaft von Objekten definieren. Bei Windows 95 werden Icons transparent, wenn man sie verschiebt. Dies wird durch eine wechselweise Überlagerung der Pixel realisiert.

2. Transparente Funktionen in einem Anwendungsprogramm oder einem Betriebssystem sind für den Anwender vollständig erfaßbar. Bei Im- und Exportfunktionen vieler Grafik- und Textver-

arbeitungsprogramme kann man Grafiken und Texte anderer Programme einlesen, als wären sie im Format des aktuell verwendeten Programms vorhanden. Diese Funktionen nennt man transparent.

3. Eine Datenübertragung heißt transparent, wenn dabei die Art der Daten nicht berücksichtigt wird. Das heißt die Daten werden rein binär übertragen. Bildlich gesprochen kommt auf der Empfängerseite genau das raus (Bit für Bit), was auf der Senderseite reingesteckt wurde.

➡ *Siehe Datenübertragung, Grafikprogramme*

Transparente Gifs

Normale Gif-Bilder sind rechteckige Bitmaps. Sie enthalten ein oder mehrere Objekte und der Rest ist mit einer gewissen Farbe gefüllt. Positioniert man ein Gif-Bild nun auf einer Webseite, so läßt die Füllfarbe das Bild meistens ziemlich häßlich aussehen. Da Bilder auf Vektorbasis von sich aus transparent sind, d.h., man sieht den Hintergrund durch sie hindurch, wären sie die logische Wahl für so eine Aufgabe. Um trotzdem Gifs verwenden zu können, wurden die transparenten Gifs angeführt. Bei ihnen ist die Hintergrundfarbe auf transparent gestellt und so sieht man nur die Objekte des Bilds, wenn man dieses einfügt.

➡ *Siehe Bitmap-Grafik, GIF*

Transport Layer

4. Schicht des OSI-Schichtenmodells.

➡ *Siehe OSI-Schichtenmodell*

Transportation Layer

Transportschicht. 4. Schicht des OSI-Schichtenmodells.

➡ *Siehe OSI-Schichtenmodell*

Transportschicht

4. Schicht des OSI-Schichtenmodells.

➡ *Siehe OSI-Schichtenmodell*

Travan

Die Travan-Generation ist der Nachfolger der QIC-Streamer. Die von den inzwischen veralteten QIC-Streamern verwendeten QIC-Tapes lassen sich mit den Travan-Streamern weiterhin verwenden, so daß ein Umsteigen von QIC auf Travan kein Problem darstellt. Um die Kompatibilität möglich zu machen, haben Travan-Tapes im vorderen Bereich die gleichen Maße wie die QIC-Tapes. Im hinteren Bereich sind sie allerdings breiter und höher, um so mehr Platz für das Magnetband zu schaffen. Travan-Tapes können daher deutlich mehr Daten aufnehmen – bis zu über einem Gbyte. Normal sind 420 bis 800 Mbyte. Die Travan-Streamer können wie die QIC-Streamer intern an den Floppy-Bus angesteckt werden, was sie etwas langsamer macht, oder an eine eigene Schnittstellenkarte angeschlossen werden, was die Streamer schneller macht, aber die Streamer-Software muß die Karte unterstützen und diese benötigt einen IRQ und einen DMA-Kanal. Iomega ist eine der Firmen, die solche Streamer herstellt.

➡ *Siehe Iomega, Streamer*

Tree
➡ *Siehe Baumstruktur*

Treiber
➡ *Siehe Gerätetreiber*

Trennhilfe

In den meisten modernen Textverarbeitungssystemen existiert eine Silbentrennungsfunktion. Man kann zwischen einer automatischen Silbentrennung, die ohne Eingriffsmöglichkeit des Anwenders abläuft, und einer halbautomatischen wählen, die Interaktion des Benutzers zuläßt.

➡ *Siehe Textverarbeitung*

Trennzeichen

Sind in einer Datenbank die Datensätze nicht gleich lang, so werden Trennzeichen verwendet, um die Datensätze voneinander zu trennen. Zwischen dem Ende des einen und dem Anfang des jeweils nächsten Datensatzes befindet sich je ein Trennzeichen.

➡ *Siehe Datenbank, Datensatz*

Treppeneffekt
➡ *Siehe Aliasing*

Trial & Error

Trial & Error bedeutet soviel wie Versuch und Irrtum. Es bezeichnet eine Art, wie man Fehler in einer Software und Probleme mit einer Hardware beheben kann. Dabei wird das Problem durch Probieren immer weiter eingeschränkt, bis man es konkret eingekreist hat. Bei Hardwareproblemen wäre dies etwa das Austauschen aller möglichen Komponenten, bis man die fehlerhafte gefunden hat. Die Trial & Error-Methode spielt auch beim Backtracking eine wichtige Rolle.

➡ *Siehe Backtracking*

Trickle-Server

Ein Trickle-Server ist ein Server im Internet, bei dem man PD-Software herunterladen kann.

➡ *Siehe Internet, PD-Software*

Trilineares MIP-Mapping
➡ *Siehe 3D-Funktionen, MIP-Mapping*

Trimmen

Trimmen nennt man die Funktion, mit der man Teile eines Bildes herausschneiden kann. Dafür wird der gewünschte Bereich markiert. Die überstehenden Ränder werden gelöscht. Der englische Begriff für diese Funktion ist crop.

Triple-DES

Auf DES basierendes Verschlüsselungsverfahren, das statt einem drei Schlüssel verwendet.

➡ *Siehe DES*

Trojanisches Pferd

Ein Trojanisches Pferd ist ein Programm, das hinter der Vorspiegelung von irgendeiner nach außen sichtbaren Funktionalität ganz etwas anderes im Sinn hat. Solche Programme werden oft als neue Version eines beliebten Programms offeriert und leiten dann im Hintergrund ohne Wissen des Benutzers üblicherweise schädigende Wirkungen ein. Solche Programme können Computerviren enthalten oder Berechtigungen sammeln und zum Programmierer weiterleiten.

➡ *Siehe Computervirus*

Trommelplotter

Die Funktionsweise eines Trommelplotters oder Walzenplotters entspricht der eines Stiftplotters. Das Medium wird beim Trommelplotter mit Hilfe einer Trommel weiterbewegt. Beim Flachbettplotter liegt das Medium flach fixiert auf dem Plotter.

➡ *Siehe Plotter*

Trommelscanner

Trommelscanner werden im Bereich der professionellen Bildbearbeitung eingesetzt. Sie erreichen die größtmögliche Auflösung aller bekannten Scanner von mehr als 1000 dpi. Die Vorlage wird dabei auf eine Trommel gespannt. Diese rotiert während des Scannens mit hoher Geschwindigkeit.

➡ *Siehe Scanner*

Troubleshooting

Troubleshooting ist der englische Begriff für Fehlerbehandlung und bezeichnet damit die Suche und Behebung von Fehlern allerart, also sowohl Hardware als auch Software. Funktioniert beispielsweise eine Grafikkarte nicht richtig, so wäre eine mögliche Art des Troubleshootings das Austauschen der Grafikkartentreiber.

➡ *Siehe Soft Error*

TrueColor

TrueColor nennt man die Farbtiefe mit 24 Bit, was einer Farbenzahl von 16,7 Millionen entspricht und damit auch der menschlichen Farbwahrnehmung. Bilder in TrueColor sehen daher sehr wirklichkeitsgetreu aus. Scanner erfassen inzwischen alle Bilder standardmäßig in TrueColor, aber da Bilder in TrueColor schnell recht groß werden, ist die Darstellung und Bearbeitung dieser sehr rechenintensiv und Systeme, die dafür ausgelegt sind, recht teuer. Grafikkarten, die mit 2 Mbyte Speicher ausgestattet sind, können TrueColor bis in

Auflösungen von 800x600 darstellen, für 1024x768 oder mehr werden 4 oder mehr Mbyte Speicher benötigt. Da die Darstellung auch extreme Ansprüche an die Grafikkarte stellt, ist die Beschränkung auf HighColor oft sehr sinnvoll. HighColor hat 16 Bit Farbtiefe und kann damit 65.536 Farben gleichzeitig darstellen. Für die meisten Anwendungen ist HighColor ausreichend. Auch die Bearbeitung von TrueColor-Bildern in HighColor ist solange kein Problem, bis Einschränkungen bei der Farbpalette gemacht werden müssen. Zum Ausdrucken von TrueColor-Bildern sind Thermosublimationsdrucker ideal. Denn nur solche Drucker sind in der Lage, die Mischfarben richtig herzustellen. Farblaser- und Tintenstrahldrucker haben zwar auch TrueColor-Fähigkeiten, können aber keine ausreichende Rasterung der Grundfarben herstellen.

➡ *Siehe Grafikkarte, HiColor, Thermodrucker*

TrueColor-Grafikkarte

Eine TrueColor-Grafikkarte unterstützt die Videomodi, die notwendig sind, um TrueColor darstellen zu können.

➡ *Siehe Grafikkarte, TrueColor*

TrueType

TrueType ist ein von Apple und Microsoft definierter Standard für Vektorschriften. Im Vergleich zu Bitmapschriften, die Pixel für Pixel aufgebaut sind, werden bei Vektorschriften die Konturen durch Vektoren gebildet. Dadurch lassen sie sich ohne Qualitätsverlust vergrößern bzw. verkleinern. Bei Bitmapschriften hingegen tritt hierbei sehr oft der sogenannte Treppeneffekt auf. Unter Windows kann die Verwendung von TrueType-Schriften (TTFs) in der Systemsteuerung aktiviert oder deaktiviert werden. Im Handel ist eine große Anzahl von CD-ROMs zu erstehen, die solche Schriften enthalten. Im professionellen Bereich werden TrueType-Schriften wegen ihrer nicht optimalen Qualität dagegen oft durch höherwertige Verfahren ersetzt. Der Adobe Type Manager etwa verwendet skalierbare PostScript-Schriften für die Bildschirmdarstellung und die Druckausgabe.

➡ *Siehe Adobe Type Manager, Schriften*

TSR-Programm

TSR steht für Terminate and Stay Resident. Ein typisches TSR-Programm ist z.B. ein Maustreiber. Starten Sie so einen Treiber, beendet sich das Programm (= Terminate) mit einem bestimmten Befehl, der dazu führt, daß nicht der ganze Speicher des Programms wieder freigegeben wird. Im nicht freigegebenen Speicher bleibt ein Teil des Treibers erhalten (= Resident), man nennt diesen Teil auch Memory Resident. Die Kontrolle wird zwar an den Aufrufer zurückgereicht, aber so ein TSR-Programm verbiegt zumeist einen oder mehrere Interrupts, um eine weiterreichende Funktionalität zu bewahren. Auf dieser Grundlage kann man sehr starke Einflüsse auf das Betriebssystem erhalten, da viele Funktionen des Betriebssystems über Interrupts gesteuert werden und diese daher über das Verbiegen von TSR-Programmen mit eigenen Funktionen ersetzt werden können. TSR-Programme kann man meistens auch wieder ganz aus dem Speicher entfernen, allerdings nur solange noch kein weiteres TSR-Programm geladen wurde, das einen identischen Interrupt noch einmal verbiegt. Um diese trotzdem zu entfernen, müssen Sie alle TSR-Programme in der umgekehrten Reihenfolge entfernen, in der Sie sie geladen haben. Manche Programme bieten auch noch einen Zugang, wenn sie schon resident sind. Dazu müssen Sie einen Hotkey betätigen, worauf das Programm seine Funktionen auf dem Bildschirm anzeigt.

➡ *Siehe Hotkey*

TTL

TTL ist die Abkürzung von Transistor Transistor Logic. TTL war eine Standardtechnik, um digitale Schaltkreise aufzubauen. Die Funktionsblöcke wurden dabei mit NAND- und NOR-Gattern auf Basis von Bipolar-Transistoren miteinander verschaltet. Die Spannung, mit der TTL-Bausteine arbeiten, beträgt 5 Volt.

TTL-Monitor

Ein TTL-Monitor ist ein monochromer Bildschirm, mit dem man den Zustand von TTL-Bausteinen oder -baugruppen analysieren kann. Er besitzt einen digitalen Eingang mit einem Pegel von 5 Volt, um solche Tests durchzuführen.

➡ *Siehe TTL*

TTY

Abkürzung für Teletype, englisch für Fernschreiber.

➡ *Siehe Fernschreiber*

Tulip

http://www.de.tulip.com

Tulip ist ein Computerhersteller, der 1979 gegründet worden ist. Er ging 1984 an die Börse und weitete danach seinen Absatzmarkt auf Europa aus. Tulip stattet seine Rechner mit eigenen Motherboards aus und bietet über 5000 Vertriebspartner eine umfassende Palette von verschiedenen Computermodellen an.

Tuning

Um eine möglichst optimale Leistung Ihres Computers zu erreichen, müssen alle Komponenten, sowohl Hard- als auch Software, aufeinander abgestimmt werden. Diese Abstimmung der Konfiguration eines Computers nennt man Tuning.

Turbo C

Die Firma Borland hat diesen Dialekt der Programmiersprache C entwickelt und auf den Markt gebracht. Ein sehr interessantes Detail von Turbo C ist die integrierte Entwicklungsumgebung. Diese faßt alle Programme unter einer Oberfläche zusammen und erleichtert somit den Zugriff auf diese. Inzwischen heißt Turbo C Borland C++.

➠ *Siehe Borland, C*

Turbo Pascal

Turbo Pascal ist der von der Firma Borland entwickelte Dialekt der Programmiersprache Pascal, der auch wie Turbo C mit einer integrierten Entwicklungsumgebung ausgestattet ist. Seit der Version 6.0 beinhaltet Turbo Pascal auch Methoden der objektorientierten Programmierung. Turbo Pascal 7.0 ist die letzte Version für DOS, genau wie Turbo Pascal für Windows 1.5. Die aktuelle Version nennt sich jetzt Delphi für Windows.

➠ *Siehe Borland, Delphi, Pascal*

Turbo-Taste

Die alten Gehäuse hatten meistens eine Turbo-Taste, mit der man die Geschwindigkeit des Computers herabsetzen konnte. Diese Funktion wurde bis zur Prozessorgeneration der 80486er unterstützt und gewährleistete eine Abwärtskompatibilität für Programme, die mit den schnellen Prozessoren nicht zurechtkamen. Da moderne Prozessoren diese Funktion nicht mehr anbieten, da keine solchen Programme mehr existieren, verschwinden diese Tasten immer öfter von den Gehäuse-Frontseiten.

TWAIN

TWAIN ist das Kürzel von Toolkit Without An Important Name, was soviel wie Werkzeugsammlung ohne wichtigen Namen bedeutet. TWAIN stellt einen Treiberstandard dar, der es ermöglicht, alle zu TWAIN kompatiblen Scanner aus Programmen, die auf TWAIN basieren, anzusteuern. In der Praxis hat sich leider gezeigt, daß die Hoffnung auf eine problemlose Zusammenarbeit sich nicht erfüllt hat.

➠ *Siehe Scanner*

Twisted-Pair-Kabel

Mit einem Twisted-Pair-Kabel vernetzt man Computer zu einem Netzwerk. Es besteht aus zwei Kupferdrähten, die miteinander verdrillt sind, um die Einkopplung von Störungssignalen zu minimieren. Mit Twisted-Pair-Kabeln lassen sich höhere Datentransferraten erreichen als mit Koaxialkabeln und es lassen sich an ein bestehendes Twisted-Pair-Netz weitere Rechner anhängen, ohne es unterbrechen zu müssen. Man unterscheidet drei verschiedene Arten von Twisted-Pair-Kabeln:

- UTP steht für Unshielded Twisted Pair und bezeichnet das einfachste und nicht besonders abgeschirmte Kabel.

- STP steht für Shielded Twisted Pair. Bei STP hat jeder der beiden Kupferdrähte eine eigene metallische Abschirmung.

- Bei S-UTP hat nur das verdrillte Leiterpaar eine Abschirmung rund um sich herum.

Aufgrund der Vorteile von Twisted-Pair-Kabeln ist damit zu rechnen, daß diese die bis jetzt verbreiteteren Koaxial-Kabel mit der Zeit vollständig verdrängen werden.

→ *Siehe Netzwerk*

Txt

Txt ist die Erweiterung, die normalerweise besagt, daß die entsprechende Datei eine ASCII-Textdatei ist.

→ *Siehe ASCII-Datei*

Typenraddrucker

Ein Typenraddrucker basiert auf dem Prinzip alter Schreibmaschinen. Für jedes zu druckende Zeichen muß eine eigene Type mit dem Symbol des Zeichens vorhanden sein. Bei solchen Druckern rotiert eine Scheibe, die alle Typen enthält, vor dem Druckmedium, und in dem Moment, in dem die gesuchte Type am richtigen Platz ist, schlägt ein kleines Hämmerchen die Type auf das Farbband, welches wiederum das Zeichen auf das Papier druckt. Bevor die Laserdrucker mit extrem guter Textwiedergabequalität sich durchgesetzt hatten, spielten solche Schönschreibdrucker für wichtige Textausdrucke eine große Rolle.

→ *Siehe Drucker*

Typographie

Die Typographie bezeichnet die ästhetische Gestaltung eines Textes oder einer Grafik. Darunter fällt die Auswahl der Schriften, Plazierung der einzelnen Elemente etc. Man unterscheidet zwischen Mikro- und Makrotypographie.

→ *Siehe Makrotypographie, Mikrotypographie*

U.S. Robotics

http://www.3com.com

U.S. Robotics (siehe Bild 1) ist ein international bekannter Hersteller von Modems. Außerdem ist der PalmPilot eine Entwicklung aus diesem Hause. Der amerikanische Konzern entwickelte 1996 den X2-Standard (V.56-Standard), mit dem Daten mit 56 Kbit/s von einem Online-Dienst oder Internet-Provider empfangen werden können. Der Modemhersteller Rockwell hat einen vergleichbaren Standard (K56plus-Standard, V.56-Standard) entwickelt. Es bleibt zu hoffen, daß beide Firmen sich auf eine Vereinheitlichung der Standards einigen können. U.S. Robotics wurde inzwischen von der amerikanischen Firma 3Com übernommen.

➥ *Siehe PalmPilot III*

UART

UART ist die Abkürzung für Universal Asynchronous Receiver/Transmitter. Der Chip dient der Steuerung einer asynchronen seriellen Schnittstelle. Es existieren verschiedene Typen dieses Bausteins, im PC werden normalerweise die Typen NS 8250, 16450 oder 16550 eingesetzt. Der 16550 besitzt einen FIFO-Puffer, der speziell bei höheren Geschwindigkeiten die Datensicherheit gewährleisten soll.

➥ *Siehe Serielle Schnittstelle*

UDP

UDP steht für User Datagram Protocol und stellt ein Übertragungsprotokoll dar. Es kann statt dem bekannten TCP der TCP/IP-Protokollfamilie eingesetzt werden. UDP wartet nicht auf eine Bestätigung der übertragenen Daten und ist nicht verbindungsorientiert.

UI

➥ *Siehe User-Interface*

ULSI

ULSI bedeutet Ultra Large Scale Integration und stellt eine wesentliche Etappe bei der Integrationsdichte von ICs dar.

Ultra Large Scale Integration

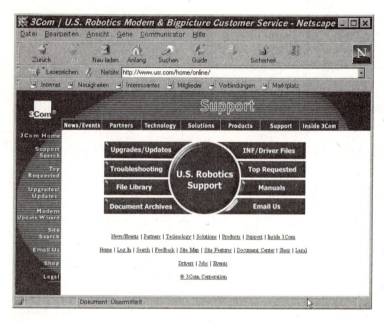

Bild 1: Die Homepage von U.S.-Robotics

Abhängig von der Integrationsdichte existieren:

- LSI (Large Scale Integration): 1000 bis 10.000 Transistoren pro Chip
- VLSI (Very Large Scale Integration): 10.000 bis 1.000.000 Transistoren
- ULSI (Ultra Large Scale Integration): 1.000.000 bis 100.000.000 Transistoren
- GLSI (Giant Large Scale Integration): mehr als 100.000.000 Transistoren

Ultra Large Scale Integration
➡ *Siehe ULSI*

Ultra-SCSI

Weiterentwicklung des alten Fast-SCSI-Standards. Auf Basis der bewährten 50poligen SCSI2-Anschlüsse (8 Bit Datenbreite) ermöglicht Ultra-SCSI eine Übertragungsrate von bis zu 20 Mbyte/s.

➡ *Siehe SCSI*

UMA

Der Begriff UMA (Upper Memory Area) stammt aus der MS-DOS-Welt und kennzeichnet einen speziellen Speicherbereich, der durch Adressen vom BIOS und von Hardwarekomponenten zum Teil belegt ist. Der UMA besitzt eine Größe von 384 Kbyte und liegt genau hinter dem 640 Kbyte großen konventionellen Speicher. Sogenannte Speichermanager können in den nicht belegten Bereichen des UMA Treiber und TSR-Programme auslagern.

➠ *Siehe MS-DOS, Speicher-Manager*

UMB

Die von Speichermanagern zur Verfügung gestellten Bereiche des UMA (oberer Speicher) werden UMB (Upper Memory Block) genannt. Dort können Treiber und TSR-Programme gespeichert werden.

➠ *Siehe Speicher-Manager*

Umbruch

➠ *Siehe Seitenumbruch, Zeilenumbruch*

Umdrehungsgeschwindigkeit

Die Umdrehungsgeschwindigkeit ist ein Maß für die Anzahl der Umdrehungen pro Zeiteinheit eines Körpers. Bei einem CD-ROM-Laufwerk sagt dies z. B. aus, wie schnell sich die CD-ROM dreht.

Umschalt-Taste

Die deutsche Bezeichnung für die SHIFT-Taste. Mit der Umschalt-Taste können spezielle Funktionen ausgelöst werden, beispielsweise das Umschalten auf Großschreibung. Auf einer PC-Tastatur befinden sich die Umschalt-Tasten links und rechts direkt über den STRG-Tasten. Sie sind mit einem nach oben weisenden Pfeil gekennzeichnet.

Bild 2: Die Shift- bzw. Umschalt-Taste auf einer Windows 95-Tastatur

UND-Verknüpfung

Die deutsche Bezeichnung für die logische AND-Verknüpfung.

➠ *Siehe AND-Verknüpfung*

Undelete

Unter bestimmten Umständen können unter DOS gelöschte Dateien wiederhergestellt werden. Dies ist möglich, da die Daten nicht wirklich gelöscht, also überschrieben werden, sondern lediglich die entsprechenden Cluster in der FAT als frei markiert werden. Wurden die Cluster nicht zwischenzeitlich anderweitig belegt, kann die Datei normalerweise zurückgeholt werden. Dazu dient das mit MS-DOS mitgelieferte Programm Undelete. Es existieren noch andere Programme dieser Art.

➡ *Siehe FAT, MS-DOS*

Underlined

Englische Bezeichnung für das Schriftbildformat Unterstrichen.

Undo-Funktion

Viele moderne Programme sind mit einer sogenannten Undo-Funktion ausgerüstet, die normalerweise die zuletzt ausgeführte Aktion rückgängig macht (undo = ungeschehen machen). Speziell in Textverarbeitungs- oder Zeichenprogrammen können mit dieser nützlichen Funktion versehentlich gelöschte Texte oder Bilder wieder zurückgeholt werden. Einige Programme bieten eine sehr komfortable Undo-Funktion, mit der mehrere Aktionen rückgängig gemacht werden können. Meist wird auch eine Redo-Funktion angeboten, mit der versehentlich rückgängig gemachte Aktionen wieder ausgeführt werden können.

Unformatiert

Bevor magnetische Datenträger unter einem Betriebssystem benutzt werden können, müssen sie für die Speicherung von Daten vorbereitet, also formatiert werden. Andernfalls sind sie unformatiert.

Im Zusammenhang mit Texten spricht man von unformatiert. Ein reiner ASCII-Text ohne Absätze und Zeilenumbrüche gilt als unformatiert.

➡ *Siehe ASCII-Datei, Formatierung, Magnetspeicher*

Ungerade Parität
➡ *Siehe Odd Parity*

Unicode

Unicode ist ein derzeit nur von Windows NT unterstützter Zeichensatz. Er arbeitet im Gegensatz zum verbreiteten ASCII oder ANSI-Code mit 16 Bit und erlaubt die Darstellung von 65.536 Zeichen (2 hoch 16 = 65.536). Im Unicode sind alle Zeichensätze der Welt sowie einige wichtige asiatische Schriftzeichen enthalten. Das Umschalten zwischen Codepages und Fonts entfällt. Leider wird Unicode derzeit von kaum einem Anwendungsprogramm unterstützt.

➡ *Siehe ANSI-Code, ASCII*

Uniform Resource Loader
➡ *Siehe URL*

Uninstaller

Uninstaller sind das Gegenstück zu Installationsprogrammen. Diese auch Deinstallationsprogramme genannten Routinen entfernen von Installationsprogrammen hinzugefügte .dll-Dateien aus dem Windows-Verzeichnis und löschen die entsprechenden Zeilen aus den .ini-Dateien. Manche Programme verfügen über ein Installations- und ein Deinstallationsprogramm. Es existieren auch komplexe Uninstaller, die jede Installation protokollieren und auf Wunsch rückgängig machen. Wenn jedoch kein Protokoll vorliegt und das Programm über keinen eigenen Uninstaller verfügt, ist eine Deinstallation mit erheblichem Aufwand verbunden.

➠ *Siehe Installation*

Uninterruptible Power Supply
➠ *Siehe UPS*

Unit
Eine speziell in Turbo Pascal verwendete Bezeichnung für Bibliotheken.

➠ *Siehe Pascal*

Unitainment
Unitainment ist die Bezeichnung für Kommunikationseinrichtungen, Dienstleistungen sowie Hard- und Softwarebasis für Multimedia-Anwendungen. Das Wort setzt sich zusammen aus Units (= Komponenten) und Entertainment (= Unterhaltung).

➠ *Siehe Multimedia*

UNIVAC
Der von P. Eckert und W. Mauchley entwickelte UNIVAC war der erste in Serie produzierte Computer. Er kam 1951 auf den Markt und konnte für 1 Million Dollar erworben werden. UNIVAC bedeutet Universal Automatic Computer.

Universal Asynchronous Receiver/Transmitter
➠ *Siehe UART*

Universal Automatic Computer
➠ *Siehe UNIVAC*

Universal Serial Bus
➠ *Siehe USB*

Unix
Unix ist ein Betriebssystem aus den 60er Jahren. Ursprünglich von den Bell Laboratories entwickelt, ging es 1993 von AT&T an Novell über.

Unix ist ein leistungsfähiges Multiuser- und Multitaskingsystem mit enger Verbindung zur Programmiersprache C. Unix ist in Kernel, Dateisystem und Shell (Benutzeroberfläche) gegliedert. Es existieren zahlreiche Unix-Varianten für Großrechner, Workstations und Intel-PCs. Später wurden auch grafische Benutzeroberflächen entwickelt, insbesondere Solaris und X-Windows. Bekannt und beliebt ist das für PCs erhältliche Linux

➠ *Siehe AT&T, Bell Laboratories*

Unix to Unix Copy Protocol
→ *Siehe UUCP*

Unscharfe Logik
→ *Siehe Fuzzy-Logik*

Unterbrechungsanforderung
→ *Siehe Interrupt Request*

Unterbrechungsfreie Stromversorgung
→ *Siehe UPS*

Unterer Speicher
Die Bezeichnung für den unteren Teil des Speichers eines IBM-kompatiblen PCs. Der untere Speicher ist 640 Kbyte groß und wird von Systemdateien, Treibern und dem Betriebssystem selbst benutzt. Mittlerweile erlaubt MS-DOS die Speicherung von Teilen des Systems in anderen Speicherbereichen, um Platz für Anwendungsprogramme zu schaffen.

Unterverzeichnis
Ein Verzeichnis in einer tieferen Hierarchie-Ebene als ein anderes Verzeichnis nennt man Unterverzeichnis.

→ *Siehe Verzeichnis*

Update
Von existierenden Programmen werden üblicherweise regelmäßig neue Versionen veröffentlicht. Diese werden als Updates bezeichnet und enthalten normalerweise einige Verbesserungen, mehr Funktionen und weniger Fehler. Updates sind oft kostengünstiger als die Vollversion zu haben und erfordern zur Installation eine ältere Version des Programms.

Upload
Ein Begriff aus der Datenfernübertragung. Damit ist das Laden von Daten auf einen anderen Rechner gemeint.

→ *Siehe BBS, FTP*

Upper Memory Area
→ *Siehe UMB*

Upper Memory Block
→ *Siehe UMB*

UPS
UPS (Uninterruptible Power Supply) ist die englische Bezeichnung für eine USV (Unterbrechungsfreie Stromversorgung). Sie enthält einen Akku und schützt den PC, indem sie ihn bei Stromausfall innerhalb von Sekundenbruchteilen mit Strom versorgt. Eine UPS schaltet schnell genug, um einen Absturz und damit Datenverlust zu verhindern. UPS gibt es in verschiedenen Größen und Ausführungen. Auch für PCs sind kleinere Geräte erhältlich. Sie kosten nur einige hundert Mark und versorgen den PC wenige Minuten mit Strom. Die Zeit ist ausreichend, um ein sicheres Abspeichern und Runterfahren zu ermöglichen.

Urheberschutz

Software und anderes geistiges Eigentum steht unter dem Schutz des Urheberrechtsgesetzes. Bei Verstößen gegen dieses Gesetz drohen empfindliche Strafen. Eine illegale Kopie eines Programms bezeichnet man als Raubkopie. Organisationen wie die GEMA überwachen das Urheberrecht.

➡ *Siehe Raubkopie*

URL

URL ist die Abkürzung für Uniform Resource Loader und bezeichnet die genormte Adressierung für Multimedia-Dokumente im WWW oder auf dem eigenen Rechner. Ein Web-Browser muß die URL einer Homepage kennen, um auf sie zugreifen zu können. Sollen aus einem HTML-Dokument andere Dokumente aufgerufen werden, so müssen eingebettete Links mit deren URL enthalten sein.

Eine URL ist wie folgt aufgebaut:

Protokoll://Server/Verzeichnis/Dokument

➡ *Siehe Internet, WWW*

Urlader

Der Urlader befindet sich auf dem Boot-Sektor eines bootfähigen Datenträgers, der selbstverständlich unter dem zu ladenden Betriebssystem formatiert sein muß. Er wird vom BIOS aus gestartet und sucht nach weiteren Komponenten des Betriebssystems, um diese zu laden und zu starten. Der Urlader gibt eine Fehlermeldung aus, wenn er in der betreffenden Partition oder auf der Diskette das Betriebssystem nicht gefunden hat.

➡ *Siehe Betriebssystem, Boot-Sektor*

US-ASCII

Eine früher verwendete Bezeichnung des ASCII-Codes. US-ASCII bedeutet USA Standard Code for Information Interchange.

➡ *Siehe ASCII*

USA Standard Code for Information Interchange

➡ *Siehe ASCII, US-ASCII*

Usability

Eine Applikation oder generell eine Software sollte, wenn möglich, auf Benutzerfreundlichkeit ausgelegt sein; d.h. sowohl grafische Benutzeroberfläche und Menüführung als auch die programminterne »Intelligenz« sollte den Anwender intuitiv in seiner Arbeit unterstützen, und so mögliche Bedienungsfehler vermeiden helfen.

➡ *Siehe Grafische Benutzeroberfläche, UI*

USB

USB (Universal Serial Bus) wurde bereits 1995 von Intel entwickelt und soll die bekannten Schnittstellen am PC ablösen. Der USB soll Tastatur, Maus und alle Geräte, die bisher an der seriellen oder parallelen Schnittstelle angeschlossen wurden, verwalten können.

Motherboards mit USB-Unterstützung existieren bereits, Besitzer älterer PCs ohne den THX- oder TVX-Chipsatz müssen eine Erweiterungskarte einbauen.

USB ermöglicht den Anschluß von bis zu 127 Geräten, die frei miteinander verbunden werden können. Die Datenübertragungsrate beträgt bis zu 1 Mbyte/s, was den Anschluß von schnellen Scannern und Druckern problemlos ermöglicht.

USB-Geräte können während des Betriebs angeschlossen und wieder entfernt werden. Windows 95 erkennt sie automatisch und installiert die entsprechenden Treiber.

Über 50 Hersteller entwickeln bereits Peripheriegeräte für den USB.

Apple besitzt ein derartiges System bereits seit den 80er Jahren. Allerdings ist der Apple-Desktop-Bus weniger leistungsfähig.

Ein ähnliches System stellt der IEEE-1394-Standard dar, der eine wesentlich höhere Datenübertragungsrate besitzt und beispielsweise den Anschluß von DVD-Recordern erlaubt. Der 1394-Standard wird auch Fire-Wire genannt.

Natürlich können ältere Peripheriegeräte weiterhin genutzt werden. PCs werden auch weiterhin zusätzlich mit den herkömmlichen Schnittstellen ausgerüstet sein.

➠ *Siehe Plug&Play*

Usenet

Das Usenet ist ein Forum im Internet. Es dient dem Informationsaustausch und ist in mehr als 10.000 Newsgroups gegliedert. Man benötigt einen Newsreader, um an den Diskussionen in den Newsgroups teilnehmen zu können. Jeder Internet-Provider bietet Zugang zu einigen oder allen Newsgroups über einen News-Server. Einige Web-Browser stellen Newsreader-Funktionen zur Verfügung, mit denen man Nachrichten lesen und eigene schreiben kann.

➠ *Siehe Internet, Newsgroup*

User

Den Benutzer eines Computers nennt man User. Der Begriff User wird auch für die Benutzer von Netzwerken etc. verwendet.

User Datagram Protocol

Ein Übertragungsprotokoll im Internet. UDP stellt eine Alternative zum bekannten TCP/IP dar.

➥ *Siehe Internet, Protokoll, TCP/IP*

User-ID

➥ *Siehe ID*

User-Interface

Das User-Interface (UI) bezeichnet die Benutzerschnittstelle, über die der User mit dem Computer kommuniziert. Moderne Betriebssysteme wie Windows besitzen ein User-Interface, das über eine grafische Benutzeroberfläche bedient wird, während sich ältere Systeme wie MS-DOS auf reine Texteingabe beschränken.

➥ *Siehe Grafische Benutzeroberfläche*

USV

Abkürzung für Unterbrechungsfreie Stromversorgung.

➥ *Siehe UPS*

Utility

Utilities sind Programme, die den Umgang mit dem Rechner erleichtern sollen. Diese auch Tools genannten Hilfsprogramme unterstützen den Benutzer bei grundlegenden Aufgaben, beispielsweise beim Kopieren von Dateien. Recht bekannte Utilities enthalten die Programmsammlungen PC-TOOLS oder die Norton Utilities.

UTP

➥ *Siehe Twisted-Pair-Kabel*

UUCP

UUCP steht für Unix to Unix Copy Protocol. Seinem Namen gemäß wurde dieses Protokoll ursprünglich zum Datenaustausch zwischen Unix-Rechnern entwickelt. Heute gibt es UUCP für beinahe alle Betriebssysteme. E-Mails werden mittels UUCP ausgetauscht. Für das direkte Arbeiten im WWW existieren heutzutage Protokolle wie SLIP und PPP.

➥ *Siehe Protokoll, Unix*

UUDecode

Standard zur Dekodierung von mit UUEncode codierten E-Mails. Gleichzeitig auch Name des dazu verwendeten Programms.

➥ *Siehe E-Mail*

UUEncode

Standard zur Codierung von E-Mails. Auch Name des dazu verwendeten Programms.

➥ *Siehe E-Mail*

V.110

CCITT V.110 ist ein veraltetes asynchrones Protokoll für den B-Kanal eines ISDN-Anschlusses. V.110 arbeitet mit Transferraten von 9600 bis 19.200 Bit/s, teilweise bis 38.400 Bit/s. Die volle Kapazität von ISDN wird dadurch nicht ausgenützt, allerdings kommen auch langsame Endgeräte mit V.110 zurecht. V.110 reduziert die Transferrate gezielt durch Einfügen von Füllbits.

Die volle Kapazität von ISDN nutzt das synchrone Protokoll X.75.

➡ *Siehe ISDN-Übertragungsstandards*

V.120-Standard

Der amerikanische Standard im ISDN.

➡ *Siehe ISDN-Übertragungsstandards, V.110*

V.17

V.17 ist ein Protokoll für analoge Faxübertragung, beispielsweise mit einem Faxmodem. V.17 arbeitet im Halbduplex-Verfahren mit 14.400 Bit/s.

V.21

Die V.21-Norm regelt die Datenfernübertragung via Modem. Sie ist heutzutage völlig veraltet und arbeitet mit 300 Bit/s im Vollduplex-Verfahren.

V.24

Die V.24-Norm des ITV-T wird häufig mit der Norm RS232C gleichgesetzt, der sie weitgehend entspricht. V.24 regelt die serielle Datenübertragung zwischen einer Datenendeinrichtung DTE und einer Datenübertragungseinrichtung DCE, also insbesondere den Datenaustausch zwischen Rechner und Modem.

V.29

Ein Halbduplex-Verfahren für die Datenübertragung. V.29 arbeitet mit 9600 Bit/s und wird für die Faxübertragung eingesetzt, beispielsweise mit einem Faxmodem.

V.32

V.32 ist ein Protokoll des ITV-T für die analoge Datenfernübertragung. Es arbeitet im Vollduplex-Verfahren mit 9600 Bit/s. Heutzutage gilt es als veraltet.

V.32bis

Ein heutzutage noch eingesetztes Protokoll für die Datenfernübertragung via analogem Modem. Es arbeitet im Vollduplex-Verfahren mit 14.400 Bit/s.

V.32terbo

Dieses Protokoll war ein Zwischenschritt bei der Entwicklung des V.34. Es können mittels Vollduplex-Verfahren Daten mit 19.200 Bit/s übertragen werden.

V.34

Dieses Protokoll arbeitet im Vollduplex-Verfahren mit 28.800 Bit/s. V.34 ist heutzutage noch sehr weit verbreitet und dient der analogen Datenfernübertragung via Modem.

V.34plus

V.34plus wurde 1996 festgelegt und stellt eine Erweiterung des Standards V.34 dar. Die Datentransferrate wurde auf 33.600 Bit/s erhöht.

Vom V.34plus-Standard ist eigentlich nur abzuraten, da sich die Mehrkosten bei dem eher geringen Geschwindigkeitsvorteil kaum lohnen. Außerdem unterstützen nur die wenigsten Online-Dienste V.34plus.

Es ist eher zu V.56 oder den neuen ADSL-Modems zu raten.

V.42

Dieses Protokoll dient der Fehlerkontrolle bei der Datenübertragung. Das vergleichbare MNP4-Verfahren bietet ähnliche Leistungen, ist jedoch nicht kompatibel. Moderne Modems unterstützen V.42 und MNP4.

V.42 ist nicht mit V.42bis zu verwechseln.

V.42bis

Ein Verfahren zur Datenkomprimierung bei der Datenfernübertragung. Inkompatibel zum MNP5-Standard, bietet es jedoch vergleichbare Leistungen. Moderne Modems unterstützen V.42bis und MNP5.

V.42bis ist nicht mit V.42 zu verwechseln.

V.56-Standard

V.56 ist ein neuer Standard für die analoge Datenübertragung. Es existieren verschiedene Verfahren, die alle unter dem Oberbegriff V.56 zusammengefaßt wurden und Datenübertragungsraten von 56 Kbit/s ermöglichen. Zur Zeit gibt es zwei große Standards, das X2-Verfahren vom Modemhersteller U.S. Robotics und das K56plus-Verfahren von Rockwell. Der Vorteil des X2-Verfahrens liegt in der Möglichkeit der softwaremäßigen Aufrüstung bestehender V.34-Modems von U.S. Robotics.

Beide Verfahren sind sich sehr ähnlich. Sie arbeiten nur in einer Richtung mit 56 Kbit/s, es handelt sich also um unidirektionale Übertragungsstandards. Daten können nur dann mit der maximalen Geschwindigkeit empfangen werden, wenn ein Hostrechner, meist ein Internet-Provider, über ein entsprechendes Gerät verfügt, das die Daten ins digitale Telefonnetz einspeist. Allein die nur wenige Kilometer lange Verbindung zwischen digitaler Vermittlungsstelle (DIVO) und Empfänger basiert auf analoger Übertragung. Ist der Empfänger noch an eine analoge Vermittlungsstelle angeschlossen, funktioniert der schnelle Datenempfang nicht. Die umgekehrte Richtung, also das Senden von Daten an den Host, funktioniert in jedem Fall nur mit einer langsameren Übertragungsrate, normalerweise nach dem V.34- oder V.34plus-Verfahren.

Welches der beiden Verfahren, X2 oder K56plus, sich durchsetzen wird, ist derzeit unklar. Rockwell kann davon ausgehen, daß viele Modemhersteller ihre neuen Modelle mit K56plus-Unterstützung ausrüsten werden. Dagegen hat U.S. Robotics das günstigere Verfahren mit Upgrade-Möglichkeit. Außerdem kann U.S. Robotics darauf vertrauen, daß viele Internet-Provider X2 unterstützen werden, da U.S.-Robotics-Modems dort schon lange als Standard gelten.

Übrigens werden V.56-Modems aus den USA in Europa nicht funktionieren (und umgekehrt). Das liegt an den Unterschieden im digitalen Telefonnetz.

Motorola entwickelt derzeit das ADSL-Verfahren, das noch wesentlich höhere Übertragungsraten ermöglicht. Es könnte zur ernsthaften Konkurrenz für V.56 werden.

V.fast
Eine andere Bezeichnung für den V.34-Standard.

➡ *Siehe V.34*

Value Added Network
➡ *Siehe VAN*

VAN
Ganz allgemein wird der Begriff VAN (Value Added Network) für Netzwerke mit zusätzlichen Funktionen verwendet. Jeder Besitzer eines normalen Telefonanschlusses kann neben seinem Telefon auch ein Faxgerät oder ein Modem anschließen. Diese heutzutage selbstverständliche Möglichkeit ist auf den VAN-Dienst der Telekom zurückzuführen.

Vapoware
Software, die angekündigt, aber nie ausgeliefert wurde.

Variable
Jede höhere Programmiersprache benutzt Variablen. Variablen können

Werte oder alphanumerische Zeichen zugewiesen werden. Außerdem können sie in verschiedenen Operationen, also beispielsweise arithmetischen Berechnungen, verwendet werden.

Vor ihrer Verwendung müssen Variablen deklariert werden. Dabei wird ihnen ein Name, ein Datentyp und ein Speicherbereich zugewiesen. Erst dann können sie mit Werten belegt werden, die dann entsprechend dem Datentyp im zugewiesenen Speicherbereich abgelegt werden.

Es gibt globale Variablen, die im gesamten Programm Gültigkeit besitzen, und lokale Variablen, deren Gültigkeitsbereich auf einige Module beschränkt ist.

VAX

VAX (Virtual Address eXtension) heißen sehr leistungsfähige Rechner der Firma DEC, die allesamt unter dem Multiuser- und Multitasking-Betriebssystem VMS betrieben werden. Heutzutage sind VAX-Workstations nicht größer als normale PCs und werden als MicroVAX bezeichnet.

→ *Siehe DEC*

VB

Abkürzung für Visual Basic.

→ *Siehe Visual Basic*

VBA

Abkürzung für Visual Basic für Applikationen. VBA ist eine Programmiersprache, die auf Basic basiert und von Microsoft in die verschiedensten Anwendungsprogramme (Excel, Word etc.) integriert wird, um diese Applikationen zu programmieren und an eigene Bedürfnisse anzupassen. VBA ersetzt damit die einzelnen Makrosprachen der jeweiligen Programme durch eine Sprache, die in allen Programmen gleichermaßen verwendet werden kann. Die Programmierumgebung entspricht zu einem großen Teil der von Visual Basic.

→ *Siehe Basic, Visual Basic*

VBScript

VBScript ist eine Skriptsprache, die von VBA (Visual Basic for Applications) und damit von Visual Basic abgeleitet wurde. VBScript ist eine Sprache, die nicht ausführbare Programme liefert, sondern Programme, die von einem Interpreter ausgeführt werden. Dieser Interpreter befindet sich im Fall von VBScript im Internet Explorer. Mit dieser Sprache ist es möglich, Programme zu schreiben, die in einer Webseite ausgeführt werden und diese gewissermaßen »lebendig« machen. Darüber hinaus kann man mit einer solchen Sprache auch eine Webseite steuern. Skriptsprachen bieten die meisten Möglichkeiten, die »normale« Programmiersprachen bieten. Zusätzlich kann man mit VBScript Benutzerschnittstellen in Webseiten integrieren und ActiveX-Controls verwenden. Der Unterschied zu z.B. Java ist nun, daß Skripten im Quelltext im Gegensatz zum kompilierten Bytecode von Applets übertragen werden und so die Datenmenge geringer ist. Erkauft wird dies mit einer wesentlich geringeren Ausführungsgeschwindigkeit und der Tatsache, daß jeder den Quellcode ansehen, verändern und übernehmen kann.

Über den Einsatz in Webseiten hinaus läßt sich VBScript auch in Applikationen als Script-Sprache implementieren. Dort dient es als Makrosprache, um dem Benutzer die Möglichkeit zu geben, die Applikation an seine Bedürfnisse anzupassen bzw. Abläufe zu automatisieren.

➡ *Siehe Internet, Visual Basic, Webseite*

Vektorgrafik

In Vektorgrafiken werden im Gegensatz zu Bitmaps nicht die einzelnen Bits des Bildes gespeichert, sondern eine mathematische Beschreibung der Objekte. Beispielsweise werden für eine Linie Anfangs- und Endpunkt gespeichert, für einen Kreis Mittelpunkt und Radius. Vektorgrafiken können ohne Qualitätsverluste vergrößert und verkleinert werden. Vektorformate sind nur für Zeichnungen und nicht für Fotos geeignet.

Ventura Publisher

Ventura Publisher ist ein bekanntes DTP-Programm von Corel. Es ist zwar nicht so verbreitet wie beispielsweise Quark XPress, bietet jedoch eine wesentlich bessere Datenbankanbindung als andere Programme dieser Art.

➡ *Siehe Corel*

Verarbeitungsgeschwindigkeit

➡ *Siehe Rechengeschwindigkeit*

Verbindungsaufbauzeit

Die Verbindungsaufbauzeit bezieht sich auf das Telefonnetz und gibt an, wie lange es dauert, eine Verbindung zwischen zwei Teilnehmern aufzubauen. Diese Zeit ist nicht konstant, sondern hängt u.a. von der Zahl der beteiligten Vermittlungsstellen ab.

Verbindungsschicht

Die Verbindungsschicht ist die zweite Schicht des OSI-Schichtenmodells. Sie wird auch als Sicherungsschicht bezeichnet und übergibt der tiefer liegenden physikalischen Schicht die Informationen der oberen Schichten. Sie enthält im wesentlichen Kontrolldaten und physische Adressen von Sender und Empfänger.

➡ *Siehe OSI-Schichtenmodell*

Verbundnetz

Werden mehrere Netze zusammengeschaltet, spricht man von einem Verbundnetz. Die Zusammenschaltung geschieht normalerweise über Router, Bridges oder Gateways.

➡ *Siehe Bridge, Gateway, Netzwerk, Router, WAN*

VeriSign

http://www.verisign.com

Amerikanische Firma, die sich auf die Vergabe von Zertifikaten und die Bildung eines Vertrauensnetzes im Internet spezialisiert hat.

➡ *Siehe Certification Authority, Zertifikat*

Verkettung

Damit ist normalerweise eine Zugriffsart auf die Datenfelder einer Datei gemeint. Ein Eintrag enthält neben den eigentlichen Daten die Adresse des nächsten Datensatzes.

Verklemmung

Verklemmungen oder Deadlocks entstehen, wenn parallel ablaufende Prozesse zuviele Ressourcen anfordern. Obwohl die Betriebsmittel für jeden einzelnen Prozeß ausreichen, entstehen gegenseitige Blockaden.

➡ *Siehe Multitasking, Prozeß*

Verknüpfung

Eine Verknüpfung ist eine Verbindung zu Dateien. Sie ermöglicht ein schnelleres und bequemeres Aufrufen der Datei. Verknüpfungen sind vor allem durch Windows 95 bekannt geworden, aber auch OS/2 verwendet sie.

Verknüpfungen können als Ersatz der Originale angesprochen werden. Löscht man sie, so hat das keinen Einfluß auf die Bezugsdatei.

Windows 95 legt für jede definierte Verknüpfung eine .lnk-Datei an. Sie enthält den Pfad der Bezugsdatei und einige Befehle oder Kommandozeilenparameter. Wird das Original verschoben, so aktualisiert Windows 95 im Gegensatz zu OS/2 bestehende Verknüpfungen nicht.

➡ *Siehe OS/2, Windows 95*

Vermittlungsstelle

Vermittlungsstellen stellen im Telefonnetz die Verbindung zwischen den Gesprächsteilnehmern her. Alte Vermittlungsstellen schalteten die Kontakte auf elektromechanischem Weg über Relais. Moderne Vermittlungsstellen stellen die Verbindung elektronisch her.

Vernetzung

Einen Computer mit einem Netzwerk zu verbinden wird als Vernetzung bezeichnet.

➡ *Siehe Netzwerk, Netzwerkkarte*

Veronica

Veronica gehört zum Gopher-Protokoll und bedeutet Very Easy Rodent-Oriented Net-wide Index to Computerized Archives. Veronica ist eine Suchhilfe zum Auffinden von Dateien auf einem Gopher-Server.

➡ *Siehe Gopher*

Verschlüsselung

Als Verschlüsselung wird die Codierung von Daten zum Schutz vor unbefugten Zugriffen bezeichnet. Verschlüsselung spielt in vielen Bereichen der Computertechnik eine wesentliche Rolle. Beispiele sind die sichere Übertragung von Zahlungsinformationen über das Internet, der Schutz wichtiger Daten auf Datenträgern oder auch der Geheimhaltung der Daten auf einer Euroscheckkarte.

Vertex

Ein Vertex ist der Scheitelpunkt zweier sich treffender oder kreuzender Linien. Der Begriff bezeichnet im 3D-Grafikbereich die Punkte, aus denen die Grundelemente jedes 3D-Objekts aufgebaut sind – Polygone (Dreiecke). Somit hat jedes Polygon drei Scheitelpunkte.

➡ *Siehe 3D-Grafik, Polygon*

Vertikalfrequenz

➡ *Siehe Bildwiederholfrequenz*

Very Easy Rodent-Oriented Net-wide Index to Computerized Archives

➡ *Siehe Veronica*

Very Large Scale Integration

➡ *Siehe VLSI*

Verzeichnis

Verzeichnisse stammen aus Unix und werden heutzutage von allen Betriebssystemen verwendet. Sie dienen der Verwaltung von Dateien. Normalerweise existiert eine Verzeichnishierarchie von Verzeichnissen und Unterverzeichnissen. Auf diese Weise entsteht eine Baumstruktur, der sogenannte Verzeichnisbaum. Ein Verzeichnis kann man sich wie einen Aktenordner vorstellen, in dem zusammengehörige Dateien logisch gruppiert werden.

➡ *Siehe Unterverzeichnis*

Verzeichnisbaum

Auf einem Datenträger existiert normalerweise ein Hauptverzeichnis mit Unterverzeichnissen, die ihrerseits Unterverzeichnisse enthalten. Es entsteht eine Baumstruktur, die man als Verzeichnisbaum bezeichnet. Dateien stellen die Blätter dieses Baums dar.

➡ *Siehe Verzeichnis*

Verzeichnisstruktur

Darunter versteht man die Anordnung der Dateien auf einem Datenträger. Normalerweise sind die Daten in einem Verzeichnisbaum organisiert.

➥ *Siehe Verzeichnis*

Verzerrung

Verzerrung ist ein Begriff aus der Nachrichtentechnik und bezeichnet die unerwünschte Änderung der Amplitude oder Frequenz eines Signals. Verzerrungen können sich als sehr störend bei der Datenfernübertragung erweisen. Es gibt zahlreiche physikalische Ursachen für Verzerrungen.

➥ *Siehe Datenübertragung*

Verzweigung

➥ *Siehe if*

VESA

Abkürzung für Video Electronics Standard Association. Ein internationales Gremium, welches sich mit der Schaffung und Spezifikation von Videostandards beschäftigt.

VESA Local Bus

Der VESA Local Bus (abgekürzt VL-Bus oder schlicht VLB) stellt einen Ersatz des inzwischen veralteten ISA-Bus dar. Er wurde von der VESA (Video Electronics Standard Association) entwickelt und soll die Verbindung zwischen CPU und Peripherie beschleunigen. Vor allem Grafikkarten sollen von dem 32 Bit breiten und bis zu 40 MHz schnellen VESA Local Bus profitieren.

Mittlerweile wurde der VLB durch den PCI-Bus abgelöst. Auf älteren 486er-Motherboards waren meist ein bis drei VLB-Slots zu finden, die einfach eine Verlängerung der ISA-Slots darstellten und mit der Grafikkarte und ein oder zwei Festplattencontrollern bestückt wurden.

➥ *Siehe VESA*

VFAT

VFAT ist eine Erweiterung des Dateisystems FAT und bedeutet Virtual File Allocation Table. VFAT wurde mit Windows 95 eingeführt und unterstützt lange Dateinamen. Dies ist möglich durch Nutzung mehrerer FAT-Verzeichniseinträge.

VGA

VGA steht für Video Graphics Array und ist ein Grafikstandard, der mit dem IBM-PC/AT eingeführt wurde. VGA erlaubt eine Auflösung bis maximal 640 x 480 Pixel mit 16 gleichzeitig darstellbaren Farben aus einer Palette mit 262.144 Farben. Die modernen Standards bauen auf VGA auf. Heutzutage beherrschen alle Grafikkarten zumindest einen gemeinsamen Modus: den Standard-VGA-Modus.

VGA-Karte

Eine VGA-Karte ist eine Grafikkarte, die VGA unterstützt. Alle modernen Grafikkarten sind VGA-Karten, können aber wesentlich mehr. Die Auflösungen und Farbtiefen des ursprünglichen VGA-Standards sind inzwischen technisch überholt.

➠ *Siehe Grafikkarte, VGA*

Video 1 Compressor

Video 1 Compressor stellt ein Verfahren zur Komprimierung von Video- und Audiodaten dar. Es ermöglicht eine maximale Farbtiefe von 16 Bit. TrueColour wird nicht unterstützt.

Video Electronics Standard Association

➠ *Siehe VESA*

Video for Windows

Video for Windows wurde von Microsoft entwickelt und ist ein Programm zum Erstellen und Abspielen von Videosequenzen. Die Vollversion ermöglicht die Bearbeitung und Komprimierung von Videos. Eine frei kopierbare und kostenlos erhältliche Version dient zum Abspielen der Sequenzen. Video for Windows wurde ursprünglich für Windows 3.x entwickelt und unter Windows 95 durch das Abspielmodul ActiveMovie ersetzt. Eine weiterentwickelte Vollversion zur Video-Bearbeitung unter Windows 95 hat Microsoft bisher nicht herausgebracht.

➠ *Siehe Avi, Indeo*

Video Graphics Array

➠ *Siehe VGA*

Video-CD

Das Format für Video-CDs wurde 1993 festgelegt. Entsprechend dem CD-ROM/XA-Form 2 (White Book)-Format enthält es MPEG-Video- und Audiodaten.

Video-Grabbing

Die Digitalisierung von Videobildern nennt man Video-Grabbing. Es können Standbilder oder bewegte Bilder in Echtzeit digitalisiert werden. Dazu wird eine entsprechende Videokarte oder Framegrabber-Karte benötigt.

➠ *Siehe Videokarte*

Video-Overlay-Karte

➠ *Siehe Overlay-Karte*

Video-RAM

➠ *Siehe VRAM*

Videobandbreite

Die Videobandbreite kennzeichnet denjenigen Bereich von der niedrigsten zur höchsten Signalfrequenz bei den Videoeingängen eines Monitors, der von der Monitorelektronik noch mit -3 dB Signaldämpfung verarbeitet werden kann. Wenn eine Bildzeile zwischen der Darstellung eines weißen und eines schwarzen Pixels hin- und herschaltet, ist dafür idealerweise ein Rechtecksignal, welches mit der halben Frequenz des Pixeltakts wechselt, erforderlich. Damit dieses recht extreme Signal bei der höchstmöglichen Bildwiederholfrequenz einigermaßen verstärkt werden kann, sollte die Monitorelektronik mindestens eine 1,5- bis 2fach höhere Videobandbreite aufweisen.

Videobearbeitung

Unter Videobearbeitung versteht man die Bearbeitung von Videoaufnahmen am Computer. Die einfachste Möglichkeit ist der analoge Schnitt, bei dem der PC lediglich zwei an den seriellen Schnittstellen angeschlossene Videogeräte (beispielsweise einen Camcorder und einen Videorecorder) steuert. Dazu ist lediglich eine Schnittsoftware nötig, zusätzliche Hardware muß nicht eingebaut werden.

Eine Videokarte wird benötigt, wenn die Videos mit Effekten oder Titeleinblendungen ausgestattet werden sollen. Eine Videokarte besitzt ein oder zwei Videoeingänge und ermöglicht in vielen Fällen auch die Digitalisierung der Videosequenzen, die dann meistens im M-JPEG-Format auf der Festplatte abgespeichert werden. Eine 10-Minuten-Sequenz in hoher Qualität benötigt ungefähr 2 Gbyte Speicherplatz. Ein schneller Rechner mit großzügig ausgestattetem Festplatten- und Arbeitsspeicher ist also zur Videobearbeitung dringend zu empfehlen.

Viele Videokarten ermöglichen die synchrone Digitalisierung von Video- und Tonspur. Zur professionellen Bearbeitung wird noch eine entsprechende Effekt-Software benötigt.

Videobearbeitungseffekte

Bei der Videobearbeitung werden häufig Spezialeffekte eingesetzt. Ein Beispiel ist die Einblendung von Titeln oder das weiche Überblenden zwischen Bildern. Aber auch fliegende oder sich aufbauende Bilder sind möglich. Mit einer guten Effekt-Software sind der Phantasie keine Grenzen gesetzt.

➡ *Siehe Videobearbeitung*

Videokamera

Videokameras dienen zum Aufzeichnen von Bild und Ton auf eine Videokassette. Mit einem Videorecorder können die Kassetten dann abgespielt werden. Meist will man die Sequenzen noch bearbeiten. Dazu benötigt man eine Videokarte. 1996 hat Sony das digitale Videoformat DV entwickelt, das professionelle Videobearbeitung am PC noch einfacher macht.

Videokarte

Der Begriff Videokarte wird häufig für eine Grafikkarte verwendet. Das ist aber nicht korrekt, Videokarten dienen der Bearbeitung von Videosequenzen am Computer.

Mittels Overlay-Technik blenden Videokarten das Videobild in das Computerbild ein. Viele Karten besitzen einen integrierten Framegrabber zur Digitalisierung von Videosequenzen.

Bekannte Videokarten sind:

- FAST Movie-Machine 2: Karte mit eingebautem TV-Tuner und Overlay-Funktion. Leider nur für den ISA-Bus erhältlich. Zur Digitalisierung werden Hardwarezusätze benötigt.
- MIRO DC 30: Schnelle PCI-Karte mit eingebautem Framegrabber.
- FAST DV-Master: Neue PCI-Karte mit DV-Unterstützung.

➡ *Siehe Nichtlinearer Schnitt, Overlay-Karte, Videobearbeitung*

Videokonferenz

Als Videokonferenz wird eine Fernkonferenz mit Bild- und Tonübertragung bezeichnet. Die Informationen werden meist über ISDN übertragen. Jeder Teilnehmer benötigt außer seinem PC folgende Ausrüstung:

- Mikrofon und Kopfhörer
- Kamera
- ISDN-Karte
- Codec-Karte zur Aufzeichnung der Bild- und Toninformationen
- Software

Der H.320-Standard dient der korrekten Übertragung von Bild und Ton. Leider unterstützt der H.320-Standard keine Übertragung von Dateien oder das gemeinsame Arbeiten an Dokumenten (Document Sharing) bzw. mit Anwendungssoftware (Application Sharing). Dazu existiert aber mittlerweile der T.120-Standard.

Videorecorder

Ein Gerät zur Aufzeichnung von Bild- und Toninformationen auf einen magnetischen Datenträger. Die heute gängigen Systeme, vor allem VHS (Video Home System), aber auch S-VHS und Hi8 verwenden ein analoges Aufzeichnungsverfahren. Seit 1996 existiert auch ein digitales Verfahren, das von Sony entwickelte DV.

Videoschnittgerät

Ein Videoschnittgerät dient der Bearbeitung von Videoaufnahmen. Einfache Effekte, beispielsweise das Einblenden von Titeln, sind möglich. Moderne Geräte verfügen über Anschlußmöglichkeiten an einen PC.

➡ *Siehe Nichtlinearer Schnitt, Videobearbeitung*

Videotakt

➡ *Siehe Pixeltakt*

Videotext

Deutsche Bezeichnung für den Informationsdienst Teletext. In der Austastlücke des Fernsehsignals werden aktuelle Nachrichten, Programmhinweise und vieles mehr übertragen. Jeder moderne Fernseher besitzt einen eingebauten Videotext-Decoder, um die Texte anzuzeigen.

Auch digitale Daten können in der Austastlücke übertragen werden. Siehe dazu Channel Videodat.

Videotext ist nicht zu verwechseln mit Videotex, der internationalen Bezeichnung für Btx.

Vierfarbdruck

Das gängige Druckverfahren, um mittels subtraktiver Farbmischung fotorealistische Farbbilder auf einem Drucker auszugeben. Die drei Grundfarben der subtraktiven Farbmischung sind Türkis, Gelb und Pink. Als vierte Farbe wird Schwarz verwendet, um einen besseren Kontrast bei schwarzem Druck zu realisieren. Die vier Farben werden schrittweise nacheinander gedruckt. Die feine Rasterung und hohe Auflösung der heutigen Drucker läßt die gedruckte Fläche für das menschliche Auge in einer von 16,7 Millionen Farben erscheinen.

Computerbilder liegen normalerweise im RGB-Format vor. RGB steht für Rot, Grün und Blau gemäß den Grundfarben der additiven Farbmischung. Diese müssen in den Farbraum der subtraktiven Farbmischung (CMYK = Cyan, Magenta, Yellow, Black) umgerechnet werden. Dies nennt man Farbseparation. Alle modernen Grafikprogramme beherrschen diese Umrechnung und führen sie automatisch durch.

➠ *Siehe CMYK-Farbsystem, Farbmodell*

Vines

Vines ist ein Netzwerkbetriebssystem (Virtual Network Services) und basiert auf V, einer Unix-Variante von AT&T. Vines unterstützt LAN(Local Area Network)- und WAN(Wide Area Network)-Netzwerke beliebiger Größe und mit einer beliebigen Anzahl von Servern. Das Kennzeichen von Vines ist die Virtualisierung sämtlicher Netzwerkdienste mittels des globalen Adressierungssystems Streettalk. Novell NetWare beherrscht eine vergleichbare Virtualisierung erst seit der Version 4.0 von NDS (NetWare Directory Services).

➠ *Siehe Netzwerkbetriebssystem*

VIP-Board

Mit der Verdrängung des VESA Local Bus durch den PCI-Bus wurden einige Motherboards entwickelt, die alle drei bekannten Bussysteme vereinigen, also den VESA Local Bus, den ISA-Bus und den PCI-Bus. Bei der Aufrüstung auf einen neuen PC konnte man seine alte VLB-Grafikkarte weiterverwenden und mußte keine teure

PCI-Karte kaufen. Gleichzeitig konnten zwei oder drei PCI-Steckkarten eingebaut werden.

Die PCI-Steckplätze bieten bei diesen Systemen meist nur die schlechtere Performance des VESA Local Bus, wodurch die vermeintlichen Vorteile solcher Systeme in Frage gestellt werden.

→ *Siehe ISA, Motherboard, PCI, VESA Local Bus*

Virenscanner

Ein Virenscanner ist ein Programm zum Aufspüren von Computerviren.

→ *Siehe Computervirus*

Virtual Address eXtension
→ *Siehe VAX*

Virtual File Allocation Table
→ *Siehe VFAT*

Virtual Humans

Engl. Bezeichnung für virtuelle Menschen, auch Synthespian genannt. Vor allem die amerikanische Filmindustrie hat sich die Entwicklung virtueller Akteure zum Ziel gesetzt. Bisherige Techniken beschränken sich auf die Veränderung menschlicher Schauspieler »per Hand« (d.h. die digitale Bildnachbearbeitung) bzw. eine halbautomatische Computeranimation mittels des Motion-Capture-Verfahrens. Diverse Firmen forschen zur Zeit an der Erzeugung digitaler DNA, die letztendlich zur Entwicklung autonomer, digitaler Charaktere führen soll. Neuartige Animationssoftware soll dafür sorgen, daß sich digitale Muskeln, Haare, Knochen und Gewebe real verhalten. Erste Erfolge beschränken sich auf die Simulation eines blinzelnden Auges, bei dem Gesichtsmuskeln und Haut wie im wirklichen Leben reagieren, und auf den neuen japanischen Superstar Kyoko Date, ein künstlicher Pop-Star. Die angeblich 16 Jahre alte Kyoko Date hat bereits einige Hits produziert, wirkt aber leider aufgrund der niedrigen Polygonanzahl (40.000 Polygone) noch recht steif und künstlich. Neben der Filmindustrie interessiert sich vor allem auch die Wissenschaft für die Erzeugung virtueller Menschen. Im Bereich der Medizin, der künstlichen Intelligenz, Virtual Reality, Augmented Reality und der Expertensysteme wären virtuelle Menschen ideale Forschungsobjekte.

→ *Siehe Animation, Expertensystem, Motion-Capture, Polygon, Synthespian, Virtuelle Realität*

Virtual Private Network
→ *Siehe VPN*

Virtual Reality
→ *Siehe Virtuelle Realität*

Virtual Reality Modelling Language
➡ *Siehe VRML*

Virtuelle Adresse
Mit einer virtuellen Adresse wird virtueller Speicher addressiert.

Virtuelle Maschine
Englisch auch Virtual Machine. Bezeichnung für einen Prozessor, der nicht real vorhanden ist, sondern nur virtuell durch Software oder Hardware simuliert wird. Intel CPUs verfügen z.B. ab dem 386er über einen speziellen Modus, der mehrere virtuelle 8086-Pozessoren simuliert. Große Bedeutung hat ein solcher virtueller Prozessor auch im Zusammenhang mit Java. Hier sorgt die sogenannte Java Virtual Machine für die Plattformunabhängigkeit der Sprache.

➡ *Siehe Java, Java Virtual Machine*

Virtuelle Menschen
➡ *Siehe Synthespian, Virtual Humans*

Virtuelle Realität
Virtuelle Realität oder Virtual Reality ist ein moderner Begriff und bezeichnet die dreidimensionale Simulation von realen Objekten und Landschaften durch den Computer. Im Computer erzeugte, künstliche Welten werden häufig unter dem Begriff Cyberspace zusammengefaßt. Die Entwicklung der virtuellen Realität steht erst am Anfang. Mit schnellen Prozessoren und speziellen Datenanzügen, Helmen und Handschuhen können auch heute schon einfache virtuelle Welten erzeugt werden, in denen sich der Benutzer frei bewegen und interaktiv agieren kann.

Das Hauptanwendungsgebiet sind heutzutage die Flugsimulatoren. Aber auch in der Medizin, der Architektur und bei Computerspielen wird diese Technik immer beliebter.

Virtueller Speicher
Das Verfahren des virtuellen Speichers wird in der PC-Welt erst seit dem 386er-Prozessor verwendet, ist aber schon wesentlich älter. Großrechnerbetriebssysteme verwenden schon sehr lange virtuellen Speicher. Bei diesem Verfahren wird der Arbeitsspeicher virtuell vergrößert, indem Teile der Daten auf einen Massenspeicher, üblicherweise der Festplatte, ausgelagert werden. Wird der Arbeitsspeicher knapp, so schreibt das Betriebssystem lange nicht benötigte Programmteile in eine Auslagerungsdatei und holt sie bei Bedarf wieder in den Speicher. Dieser Vorgang wird als Swapping bezeichnet. Es können Anwendungen verwendet werden, die mehr Speicher benötigen, als real zur Verfügung steht. Allerdings sinkt die Systemperformance drastisch.

Windows und OS/2 unterstützen virtuellen Speicher und erzeugen eine permanente oder temporäre Auslagerungsdatei. Die Größe der Auslagerungsdatei ist frei wählbar. Üblicherweise ist sie dreimal so groß wie der zur Verfügung stehende Arbeitsspeicher.

Virtuelles Laufwerk

Ein virtuelles Laufwerk ist ein Laufwerk, das nicht physikalisch existiert, sondern nur virtuell vorhanden ist. Trotzdem kann es aber wie ein physikalisches Laufwerk angesprochen werden. Das virtuelle Laufwerk existiert im Arbeitsspeicher des Computers als sog. RAM-Disk. Da dem Laufwerk der Arbeitsspeicher zugrundeliegt, erfolgt der Datentransfer und der Zugriff wesentlich schneller als auf eine Festplatte. In gewissem Sinne stellt ein virtuelles Laufwerk das Gegenteil von virtuellem Speicher dar. Allerdings gehen diese Daten beim Abschalten des PC verloren.

→ *Siehe Laufwerk, RAM-Disk*

Virtuelles Prototyping

Bauteile von Fahrzeugen und Flugzeugen werden heute unabhängig voneinander entwickelt und gefertigt. Um die Zusammenarbeit der oft von verschiedenen Herstellern stammenden Teile zu überprüfen, werden sie mit einem CAD-System virtuell zusammengebaut. Dieses Verfahren wird als virtuelles Prototyping bezeichnet.

Virus

Ein Programm, das sich selbst verbreitet und oft auch eine bestimmte Wirkung, meistens bösartige Sabotage, beabsichtigt, wird als Virus bezeichnet.

→ *Siehe Computervirus*

Visual Basic

Visual Basic ist eine objektorientierte Programmiersprache der Firma Microsoft und baut auf dem alten Basic auf. Visual Basic kam 1991 auf den Markt und diente ursprünglich der Programmentwicklung unter Windows 3.x. Mittlerweile liegt Visual Basic in der Version 6.0 vor.

Dialogorientierte Programme lassen sich unter Visual Basic mittels eines Maskengenerators und vorgegebenen Bibliotheken sehr einfach erzeugen. Die vorgegebenen Programmelemente werden zu einem ablauffähigen Programm zusammengesetzt.

Visual Basic wird in Form der Visual Basic for Applications als Makrosprache der bekannten Microsoft-Applikationen verwendet. VBScript ist ein weiterer Ableger von Visual Basic und als Skriptsprache für Applikationen und Internet-Anwendungen vorgesehen.

Visual Basic für Applikationen

→ *Siehe VBA*

Visual Basic Script
➡ *Siehe VBScript*

VL-Bus
➡ *Siehe VESA Local Bus*

VLB
➡ *Siehe VESA Local Bus*

VLSI
VLSI bedeutet Very Large Scale Integration und stellt eine wesentliche Etappe bei der Integrationsdichte von ICs dar.

Abhängig von der Integrationsdichte existieren:

- LSI (Large Scale Integration): 1000 bis 10.000 Transistoren pro Chip
- VLSI (Very Large Scale Integration): 10.000 bis 1.000.000 Transistoren
- ULSI (Ultra Large Scale Integration): 1.000.000 bis 100.000.000 Transistoren
- GLSI (Giant Large Scale Integration): mehr als 100.000.000 Transistoren

VM
Abkürzung für Virtual Machine.

➡ *Siehe Java Virtual Machine*

Vobis
http://www.vobis.de

Vobis ist der größte deutsche Computerhändler. Seine PCs der Marke Highscreen stellt Vobis überwiegend selbst her. Neben PCs sind auch Peripheriegeräte und Computer anderer Hersteller erhältlich. Vobis ist auch im Ausland vertreten. Die Produkte von Vobis gelten in erster Linie als preisgünstig.

Voice Mail
Eine Datei mit Audiodaten, die über E-Mail verschickt wird, heißt Voice Mail. So lassen sich mündliche Nachrichten auch über E-Mail senden.

➡ *Siehe E-Mail*

Voice-Modus
Manche Modems lassen sich in den Voice-Modus schalten. Mit einem PC, Lautsprecher und Mikrofon können sie als Anrufbeantworter (Voice-Mailbox) verwendet werden.

➡ *Siehe Modem*

VoiceType
Spracherkennungssoftware von IBM; Bestandteil von OS/2 Warp 4. Mit VoiceType lassen sich (mit Einschränkung) Programme über Spracheingabe steuern oder auch Diktate in ein Textverarbeitungsprogramm eingeben. Bevor man die Sprachfunktionen benutzen kann, muß das Programm erst die Ausspra-

Volladdierer

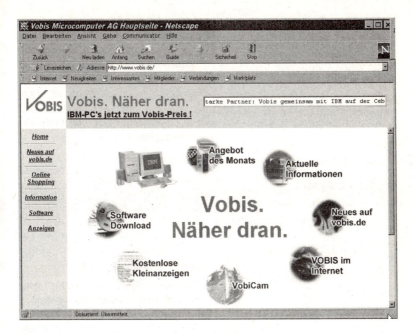

Bild 1: Vobis im Internet – die Homepage mit »Ideen«

che des Anwenders zu erkennen lernen. Dazu spricht er über das Mikrofon (Head-Set) bis zu 256 vorgefertigte Sätze.

➠ *Siehe IBM, OS/2 Warp 4, Sprachsteuerung*

Volladdierer

Ein Volladdierer ist eine logische Schaltung, die zwei einstellige binäre Zahlen unter Berücksichtigung des Übertrags addiert. Das Ergebnis besitzt zwei Stellen. Man benötigt Volladdierer und Halbaddierer, um ein Addierwerk aufzubauen.

Vollbild

Eine Darstellungsart bei grafischen Benutzeroberflächen. Der Inhalt eines Fensters wird unter Ausnutzung des gesamten Platzes auf dem Bildschirm dargestellt.

➠ *Siehe Grafische Benutzeroberfläche*

Vollduplex-Betrieb

Von Duplex-Betrieb spricht man, wenn bei einer Datenübertragung Daten in beide Richtungen verschickt, also gesendet und empfangen werden können. Bei Vollduplex-Betrieb ist das gleichzeitig möglich, bei Halbduplex-Betrieb nur in einer Richtung zur gleichen Zeit.

➡ *Siehe Datenübertragung*

Volltestanalyse

Eine Volltestanalyse dient der Ermittlung der Blöcke eines Programmtextes.

Volltext-Datenbank

Eine Datenbank, die in ihren Feldern unstrukturierte Texte beliebiger Länge aufnehmen kann, wird als Volltext-Datenbank bezeichnet.

➡ *Siehe Datenbank*

Volltondrucker

Auch Dye-Diffusion-Drucker. Beim Grafikdruck werden weiche, fließende Farb- und Graustufenübergänge durch die Mischung der Grundfarben – bei Tintenstrahldruckern meist aus 4 Tintentanks (Cyan, Magenta, Gelb und Schwarz) – nahezu übergangslos erzeugt.

Volume Label

Jeder Datenträger erhält vom Betriebssystem einen Namen. Dieser Name heißt Datenträgerbezeichnung bzw. auf englisch Volume Label. Nicht nur physikalische Datenträger wie Festplatten oder Disketten erhalten Namen, sondern auch logische Laufwerke.

➡ *Siehe Betriebssystem, Diskette, Festplatte*

von-Neumann-Rechner

Ein von-Neumann-Rechner entspricht einer 1964 von John von Neumann festgelegten Definition eines Computers. Die heutigen Rechner entsprechen normalerweise dieser Definition:

- Unterteilung in Steuereinheit, Recheneinheit, internen Speicher und periphere Einheiten
- Einteilung des internen Speichers in Informationseinheiten (Speicherzellen)
- Fortlaufende Adressierung der Speicherzellen
- Verwendung des Dualsystems
- Befehle und Daten im selben Speicher
- Sequentielle Abarbeitung von Befehlen
- Unterbrechung der sequentiellen Abarbeitung durch unbedingte oder bedingte Sprünge

Vorformatieren

➡ *Siehe Low-Level-Formatierung*

Vorlagen

Vorlagen sind Schablonen für Texte und enthalten Formatierungsinformationen und Text. Ein Briefkopf mit Absender ist beispielsweise eine Vorlage. Auf diese Weise müssen die immer gleichen Teile nicht jedesmal neu eingegeben werden. Vorlagen stellen ein einheitliches Format sicher.

➡ *Siehe Dokumentvorlage*

Vorwärtskettung

➡ *Siehe Kettung*

Vorzeichen

In der Mathematik sind Zahlen entweder positiv oder negativ. Die meisten Zahlendarstellungen im Computer berücksichtigen das Vorzeichen.

VPN

Abkürzung für Virtuelles Privates Netzwerk. Bei einem VPN werden lokale Netzwerke über ein öffentliches Netzwerk wie dem Internet miteinander gekoppelt. Über geeignete Protokolle wird ein sog. Tunnel geschaffen, in dem die Daten zwischen den beteiligten lokalen Netzwerken übertragen werden können. Über eine Verschlüsselung der Daten wird versucht die Daten zu sichern. VPNs bieten gegenüber konventionellen Techniken zur LAN-Koppelung drastische Kostenvorteile. Da die Technologie noch relativ jung ist, existieren noch keine verbindlichen Industriestandards. Die vorhandenen Lösungen basieren auf proprietären Software- oder auch integrierten Hardwareprodukten. Große Skepsis herrscht in bezug auf die Sicherheit, Zuverlässigkeit und die Geschwindigkeit, die eine solche Verbindung dauerhaft garantieren kann.

➡ *Siehe Internet, LAN*

VR

➡ *Siehe Virtuelle Realität*

VRAM

Dieser Speichertyp wurde von Texas Instruments entwickelt. Video-RAM (oder dual-ported RAM). Dieser Speicherbaustein kann seinen Inhalt direkt über einen zweiten seriellen Port an den RAMDAC ausgeben. Dabei wird ein Teil des Speicherinhalts zyklisch in Schieberegister umgeladen, was aber nur einen Taktzyklus erfordert. Die Daten in diesen Schieberegistern werden bitweise angezeigt. Die CPU kann dabei ungehindert während so vieler Taktzyklen auf den Bildspeicher zugreifen, bis die Schieberegister aktualisiert werden müssen. Durch diese Technik steigt die Bandbreite gegenüber herkömmlichen Speicherbausteinen an. Eine Weiterentwicklung des VRAM ist das WRAM.

VRML

Abkürzung für Virtual Reality Modeling Language. Eine Programmiersprache zum Erstellen von 3D-interaktiven Web-Grafiken. Benutzer können mit Objekten agieren und sich »in einer Grafik bewegen«. VRML wurde 1994 von Mark Pesce und Tony Parisi entwickelt und ist ein Teilbereich des Inventor File Format (ASCII) von Silicon Graphics. VRML-Dateien können in einem einfachen Texteditor erstellt werden, in der Regel werden sie aber in CAD-Anwendungen sowie Modell- und Animationsprogrammen und VRML-Autoren-Software erstellt. Verknüpfungen zu diesen Dateien können entweder in HTML-Dokumente eingebettet sein, oder man kann auch direkt auf VRML-Dateien zugreifen. Ein VRML-fähiger Browser – z.B. WebSpace von Silicon Graphics oder ein VRML-Plug-in für Internet Explorer oder Netscape Navigator – ist zum Anzeigen von VRML-Web-Seiten erforderlich.

➠ *Siehe 3D-Grafik, Browser, Programmiersprache*

W3

Eine andere Bezeichnung für das WWW.

→ *Siehe WWW*

W3C

Abkürzung für World Wide Web Consortium. Ein Konsortium internationaler Unternehmen zur Entwicklung bzw. Weiterentwicklung offener Standards für das Internet und das WWW (z.B. HTML, HTTP). Das W3C wurde 1994 von dem Erfinder des WWW, Tim Berners-Lee, gegründet. Die Hauptzielsetzung ist es eine Richtung vorzugeben, in die sich das Web entwickelt und so eine Zersplitterung zu verhindern.

→ *Siehe HTML, HTTP, WWW*

Wafer

Wafer sind runde Scheiben aus vordotiertem Halbleitermaterial, meistens aus Silizium. Mittels komplizierter Verfahren werden auf der Oberfläche die Strukturen von mehreren gleichen Chips erzeugt. Die Chips werden anschließend ausgeschnitten. Wafer besitzen heutzutage einen Durchmesser von 200 bis 300 mm. Früher waren sie wesentlich kleiner.

Wahlfreier Zugriff

Wahlfreier Zugriff oder Random Access erlaubt wahlweise Schreib- oder Lesezugriff auf die Einheiten eines Speichers mittels direkter Adressierung. Die Arbeitsspeicher und magnetischen Massenspeicher eines Computersystems erlauben wahlfreien Zugriff.

Wählleitung

Eine Wählleitung baut eine Verbindung nur zeitweise durch Wählen der Nummer einer Gegenstelle auf. Die Verbindung einer Standleitung dagegen besteht permanent.

→ *Siehe Standleitung*

Wahlsperre

Eine Wahlsperre verhindert das ständige Wählen einer Nummer ohne Pause. Alle postzugelassenen Geräte, insbesondere Modems, müssen eine Wahlsperre enthalten. Auf diese Weise wird eine Überlastung des Telefonnetzes verhindert.

→ *Siehe Modem*

Wahrheitswerttabelle

Eine Wahrheitswerttabelle oder einfach Wahrheitstabelle enthält alle möglichen Kombinationen von binären Eingangs- und Ausgangsvariablen, die sich aus einer logischen Funktion ergeben.

→ *Siehe Boolesche Operatoren, Logische Verknüpfung*

WAIS

WAIS ist ein Volltext-Suchsystem für das Internet. WAIS bedeutet Wide Area Information System.

Waitstate

Ein schneller Prozessor muß regelmäßig Wartezyklen, also Waitstates, einlegen, damit langsame Komponenten mithalten können. Ansonsten droht Datenverlust.

Wake on LAN

Der Computer kann über das Netzwerk hochgefahren werden. Dies kann z.B. über das Versenden eines Magic Packet an die MAC-Adresse des PC geschehen. Das Motherboard muß diese Option durch Stromversorgung der Netzwerkkarte bei ausgeschaltetem Computer unterstützen (sog. soft-off-status).

→ *Siehe MAC-Adresse, Magic Packet, Motherboard, Netzwerkkarte*

Wallpaper

So heißt der Bildschirmhintergrund unter Windows. Als Hintergrund können verschiedene Farben oder auch Bilder und Muster gewählt werden. Diese werden in der Systemsteuerung von Windows festgelegt.

Walzenplotter

Die Funktionsweise eines Walzenplotters oder Trommelplotters entspricht der eines Stiftplotters. Das Medium wird beim Walzenplotter mit Hilfe einer Walze weiterbewegt. Beim Flachbettplotter liegt das Medium flach fixiert auf dem Plotter.

→ *Siehe Plotter*

WAN

WAN steht für Wide Area Network und bezeichnet ein großes Netzwerk mit unter Umständen weltweiter Ausdehnung. WANs verbinden meist LANs über Telefonleitungen. Gateways und Router sorgen für die Verbindung von LANs mit unterschiedlicher Technologie.

→ *Siehe Netzwerk*

Wandler

Ein Wandler ist ein Gerät, das eine Signalform in eine andere umwandelt. Beispielsweise wandelt ein A/D-Wandler analoge Signale in digitale um.

→ *Siehe Analog/Digital-Wandler*

Warmstart

Beim Einschalten führt der PC einen Kaltstart durch. Läuft der Rechner bereits, kann er durch die Tastenkombination [STRG]+[ALT]+[ENTF] neu gestartet werden. Er führt dann einen Warmstart durch. Das BIOS läßt wesentliche Testroutinen aus und bootet sofort das Betriebssystem.

➡ *Siehe Reset*

Wartemusik

Telefonanlagen spielen oft eine eingespeicherte Wartemusik ab, während der Anrufer weiterverbunden wird.

➡ *Siehe Telefonanlage*

Warteschlange

Warteschlangen puffern Daten nach dem FIFO-Verfahren. Eine bekannte Warteschlange ist die Druckerwarteschlange. Der Computer schickt die Daten wesentlich schneller, als der Drucker sie verarbeiten kann. Deshalb reiht das Betriebssystem die Aufträge in einer Warteschlange ein.

➡ *Siehe FIFO*

Wav

Das unter Windows übliche Dateiformat für Audiodateien trägt die Endung .wav. Wav steht für wave (= Welle). Alle Soundrecorder, Samplingprogramme und Mediaplayer für Windows verstehen das wav-Format. Wav unterstützt keine Datenkomprimierung, weshalb Audiodateien in hoher Qualität sehr viel Speicher brauchen.

Wavetable

Die Klangwiedergabe mit Wavetable-Unterstützung ist ein Verfahren, bei dem Musik nicht mittels FM-Synthese erzeugt, sondern aus abgespeicherten Klängen echter Instrumente zusammengesetzt wird. Die Instrumentenklänge sind als Samples auf Speicherbausteinen abgespeichert und werden von einem Chip zur Klangerzeugung benutzt. Moderne Soundkarten besitzen einen Wavetable, bei älteren Geräten kann er oft nachgerüstet werden. Die meisten modernen Computerspiele unterstützen das Wavetable-Verfahren, da es naturgetreuere Klänge erlaubt als die herkömmliche Synthese.

➡ *Siehe FM-Synthese, Soundkarte*

WBEM

Abkürzung für Web Based Enterprise Management. Vorschlag für Protokolle zum Systemmanagement und -verwaltung über WWW-Interfaces.

➡ *Siehe Protokoll, WWW*

Web-Browser

Ein Web-Browser (siehe Bild 1) erlaubt den Zugriff auf das Internet, insbesondere zur Darstellung der Seiten des WWW wird er benötigt. Der Browser greift über die Zieladresse URL auf ein HTML-Dokument zu. Web-Browser enthalten normalerweise zahlreiche eingebaute Zusatzprogramme, die beispielsweise Grafik- oder Audioformate unterstützen.

Die bekanntesten Browser sind der Netscape Communicator und der Microsoft Internet Explorer. Viele kommerzielle Provider, wie beispielsweise CompuServe, AOL oder T-Online besitzen ihre eigenen Browser, die sie den Kunden zur Verfügung stellen.

➡ *Siehe WWW*

Web-Spoofing

Web-Spoofing bezeichnet eine Art von Computerkriminalität im Internet. Eine beliebige Webseite enthält eine URL, die auf einen sogenannten Fang-Server umgeleitet wurde. Wurde diese URL einmal angewählt, läuft von diesem Moment an der gesamte HTTP-Verkehr über den Fang-Server des Hackers. Der ahnungslose Anwender bekommt nicht mit, daß der Server des Hackers seine eigene IP-Adresse allen angefragten Adressen voranstellt.

Der Hacker kann alle übertragenen Daten des Anwenders speichern und mitlesen, insbesondere Paßwörter und Kreditkartennummern.

Wählt der Anwender sich später erneut ein und benutzt eine abgespeicherte Adresse (Bookmark), so wird er wieder mit dem Server des Hackers verbunden, ohne daß er es merkt.

Über die Statuszeile des Browsers ist zwar normalerweise die umgeleitete Adresse zu erkennen, diese Angabe kann aber mittels spezieller Java-Scripten abgefangen werden. Um ganz sicherzugehen, ist eine Überprüfung der Quellangaben in den übertragenen Dokumenten unumgänglich.

Der Begriff Web-Spoofing wurde 1996 von einer Arbeitsgruppe der Princeton-University geprägt. Spoofing heißt auf deutsch soviel wie veräppeln oder vortäuschen.

Web-Zähler

Ein Web-Zähler zeigt die Anzahl der Zugriffe auf eine Webseite. Wird die entsprechende Homepage angewählt, so wird der Zähler um eine Nummer heraufgesetzt. Einige Internet-Provider bieten die Möglichkeit, die eigene Homepage mit einem Web-Zähler auszurüsten. Die Angaben des Web-Zählers sind nicht immer zuverlässig. Manchmal wird der Zähler schon zu Beginn auf einen hohen Wert gesetzt, um eine große Resonanz vorzutäuschen.

➡ *Siehe Webseite*

Bild 1: Die Intuit-Homepage im Natscape Navigator – dem weitverbreitetsten Browser

Webcam

Spezielle Kamera, die an einen Web-Server angeschlossen ist. Die Video- oder Standbilder können über das Internet von dem Web-Server abgerufen werden, so daß der Benutzer über das Internet an einen »beliebig« weit entfernten Ort schauen kann. Die Qualität der übertragenen Bilder ist aufgrund der eingeschränkten Übertragungsgeschwindigkeit meistens niedrig und bei bewegten Bildern sind häufig die Bewegungen stark zerhackt.

➡ *Siehe Internet*

Webseite

Eine Webseite ist eine mit HTML gestaltete Internet-Seite. Ein Beispiel wäre die Homepage.

WebSite

WebSite ist die Gesamtheit aller HTML-Seiten, die unter einer bestimmten Internet-Adresse zu finden sind. Dabei müssen die HTML-Seiten nicht unbedingt auf einem einzigen Computer gespeichert sein.

➡ *Siehe WWW*

Wechselplatte

Eine Wechselplatte ist eine Festplatte, die in einen speziellen Wechselrahmen eingebaut wird. Dadurch ist sie leicht zu entfernen und durch eine andere zu ersetzen, ähnlich einem Wechselmedium, wie beispielsweise Disketten.

➡ *Siehe Festplatte*

Wechselplattenlaufwerke

Wechselplattenlaufwerke sind nicht zu verwechseln mit Wechselplatten. Der Begriff Wechselplattenlaufwerk bezeichnet alle Arten von austauschbaren Medien, die deutlich leistungsfähiger sind als Disketten, aber nach demselben Prinzip arbeiten. Die Datenträger von Wechselplattenlaufwerken sind beliebig oft beschreibbar. CD-ROM und CD-Writer-Laufwerke sind keine Wechselplattenlaufwerke.

Es existieren zahlreiche Verfahren, eine grobe Übersicht bietet die Einteilung in JAZ-Laufwerke, MO-Laufwerke, ZIP-Laufwerke und PD-Laufwerke. Sie alle bieten Kapazitäten zwischen 100 Mbyte und einigen Gbyte. Die Geschwindigkeit reicht nicht an die moderner Festplatten heran und liegt üblicherweise zwischen 0,2 und 2 Mbyte/s. Sehr unterschiedlich sind die Preise. ZIP-Drives kosten ungefähr DM 200,-, MO-Laufwerke einige tausend DM. Noch wichtiger ist der Preis eines Mediums, natürlich bezogen auf seine Kapazität.

Wechselplattenlaufwerke sind sehr beliebt als Backup-Medium, da sie im Gegensatz zu Streamern schnellen, wahlfreien Zugriff ermöglichen.

➡ *Siehe JAZ-Laufwerk, MO-Laufwerk, ZIP-Laufwerk*

Weißscher Bezirk
➡ *Siehe Magnetische Domäne*

WELL

Eine amerikanische Mailbox mit Kultcharakter. WELL bedeutet Whole Earth Electronic Link.

Werbe-E-Mail
➡ *Siehe Spam-Mail*

Werkzeug
➡ *Siehe Tool*

Westernstecker

Der kleine, vierpolige Westernstecker (RJ-11) wird in USA als Telefon-Verbindungsstecker eingesetzt. Auch in Deutschland verdrängt der Westernstecker allmählich den TAE-Stecker, da er kleiner und billiger ist. ISDN verwendet ein ähnliches Patent, den 8poligen RJ-45. Auch in lokalen Netzwerken (LAN) ist der RJ-45 gebräuchlich (10BaseT).

What You See Is What You Get

➥ *Siehe WYSIWYG*

Whetstone

Ein Benchmarktest für mathematische Coprozessoren ermittelt den Whetstonewert. Er basiert auf Rechenaufgaben, die möglichst oft ausgerechnet werden sollen.

while

Anweisung einer höheren Programmiersprache zur Erzeugung einer Schleife. Diese Schleife wiederholt einen betimmten Programmteil solange, bis die Abbruchbedingung erfüllt ist. Diese Bedingung kann entweder am Ende oder am Anfang des Schleifenrumpfes geprüft werden. Wird die Abbruchbedingung erst am Ende des Rumpfes geprüft, wird die Schleife mindestens einmal durchlaufen.

White Pages

So werden in Amerika die Telefonbücher genannt, die anders als hierzulande auf weißem Papier gedruckt werden. Das Branchenverzeichnis wird übrigens auch in den USA Yellow Pages genannt, entsprechend der Farbe des Papiers.

➥ *Siehe Yellow Pages*

WHOIS

Ein Telefonbuch im Internet. Es enthält E-Mail-Adressen, Postadressen und Telefonnummern von Internet-Teilnehmern.

➥ *Siehe Internet*

Whole Earth Electronic Link

➥ *Siehe WELL*

Wicked Blue Box

John Draper alias »Captain Crunch«, einer der ersten Hacker, entwickelte in den 60er Jahren ein Gerät, das den charakteristischen Ton von fallenden Münzen simulierte. So war es Draper möglich, umsonst an Münzsprechautomaten zu telefonieren. Die Bezeichnung Blue Box geht auf das blaue Gehäuse zurück, in dem die entsprechende Schaltung eingebaut war.

➥ *Siehe Blueboxing, Captain Crunch, Hacker*

Wide Area Information System
→ Siehe WAIS

Wide Area Network
→ Siehe WAN

Wide-SCSI
→ Siehe SCSI

wiederprogrammierbare Logik

Bezeichnet einen integrierten Schaltkreis mit einem Array logischer Schaltkreise, der erst nach der Herstellung programmiert wird. Erst dadurch werden Verbindungen zwischen den einzelnen Schaltkreisen, also die logischen Funktionen des Array, festgelegt. Dies erfolgt in der Regel zum Zeitpunkt der Installation und kann lediglich einmal ausgeführt werden. Die Programmierung erfolgt, indem ein stärkerer Strom durch sog. fusible links auf dem Chip geleitet wird.

Wildcard

Wildcard ist die Bezeichnung für ein Platzhalter-Zeichen, welches insbesondere bei Suchabfragen verwendet wird. Typische Beispiele sind * und ?. Siehe dazu auch Platzhalterzeichen.

→ Siehe Platzhalterzeichen

WIN

WIN ist ein nichtöffentliches Netz für Wissenschaftseinrichtungen in Deutschland.

Win.ini

Wie die System.ini ist auch die Win.ini eine Initialisierungsdatei für Windows. Die Win.ini enthält in erster Linie Software-relevante Informationen, die Hardware wird in der System.ini konfiguriert. Diese beiden Dateien sind typisch für Windows 3.x. Auch Windows 95 enthält sie, allerdings nur aus Kompatibilitätsgründen. Neuere Programme für Windows 95 verwenden die Registry.

Die für die Konfiguration von Windows nötigen Informationen werden beim Hochfahren von Windows aus den beiden .ini-Dateien ausgelesen. Installierte Programme verwenden ebenfalls die Win.ini und lesen die notwendigen Informationen beim Programmstart aus.

Die Geheimnisse der .ini-Dateien wurden im Laufe der Zeit entschlüsselt und sind mittlerweile vielen Anwendern bekannt.

Winchester

Eine Bezeichnung für Festplatten. Der Name hat sich eingebürgert, weil die Bezeichnung der ersten Festplatten mit weiterer Verbreitung IBM 3030 war. Ein bekanntes Gewehr des

Herstellers Winchester trägt den Namen Winchester 3030. Die Namensgleichheit ist rein zufällig.

➡ *Siehe Festplatte*

WinCIM

Die Windows-Version der CompuServe-Zugangssoftware CIM heißt WinCIM.

➡ *Siehe CIM, CompuServe*

Window

➡ *Siehe Fenster*

Windows

Windows ist die Bezeichnung für eine ganze Reihe von bekannten Betriebssystemen von Microsoft. Während das ältere Windows 3.1 und die Netzwerkvariante Windows for Workgroups nur eine Erweiterung von MS-DOS darstellen, sind Windows 95 und Windows NT eigenständige Betriebssysteme. Das Kennzeichen von Windows ist die grafische Benutzeroberfläche im Gegensatz zur manuellen Eingabe unter MS-DOS. Der Datenaustausch zwischen Programmen ist in Windows im Gegensatz zu vergleichbaren Betriebssystemen sehr einfach. Die Standards DDE und OLE wurden mit Windows eingeführt.

Windows 95

Windows 95 (siehe Bild 2) ist der offizielle Nachfolger von Windows 3.x. Windows 95 ist ein 32-Bit-Betriebssystem mit zahlreichen Verbesserungen gegenüber seinem Vorgänger. Hier ist vor allem das bessere Multitasking und die Unterstützung langer Dateinamen zu nennen. Windows 95 ist kompatibel zu Windows 3.x und wurde nicht zuletzt aufgrund einer gigantischen Werbekampagne von Microsoft weltweit bekannt. Offizielles Erscheinungsdatum war im August 1995.

Die vollkommen neu gestaltete Oberfläche erfreute sich großer Beliebtheit, so daß sie später auch in Windows NT übernommen wurde. Ein Vorteil von Windows 95 ist die Plug&Play-Unterstützung, die es für den Heimbereich besonders interessant macht. Die Netzwerkunterstützung von Windows 95 ist nicht annähernd so leistungsfähig wie die von Windows NT. 1996 wurde Windows 95B eingeführt, das allerdings nur als OEM-Version erhältlich ist. Es bietet neben anderen Neuerungen das Dateisystem FAT 32.

Mit Windows 95 wurde auch der bekannte Web-Browser Internet Explorer eingeführt. Die aktuelle Version des Betriebssystems ist Windows 98.

➡ *Siehe Microsoft, Windows, Windows 98, Windows NT*

Windows 98

Die neueste Version des PC-Betriebssystems von Microsoft. Windows 98

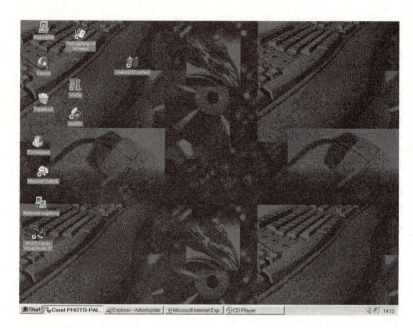

Bild 2: Der Windows 95-Desktop in voller Pracht

unterstützt FAT32, AGP, USB und den FireWire (IEEE 1394). Die Hardwareerkennung wurde verbessert, und die Oberfläche neu gestaltet. Ganz auf Internet getrimmt zeigt sich Windows 98 im Active-Desktop-Gewand, einer browserähnlichen Oberfläche, bei der doppelte Mausklicks passé sind, und man auf seinem Desktop »surft«.

➠ *Siehe Chromeffects, FireWire, Microsoft, Windows, Windows 95, Windows NT*

Windows CE

Windows CE ist ein Betriebssystem für Handheld-PCs. Die Oberfläche ist an Windows 95 angelehnt. Die Windows CE-PCs gibt es seit 1996, seit 1997 sind sie auch in Deutschland erhältlich. Sie besitzen weder Diskettenlaufwerk noch Festplatte und sind mit 2 bis 4 Mbyte RAM ausgestattet. Die Eingabe erfolgt über eine Tastatur und ein berührungsempfindliches Display.

Windows CE wird mit umfangreicher Software ausgeliefert: Microsoft Excel, Winword, MS-Mail und der Internet Explorer gehören zum Standardpaket.

Die Windows-CE-Computer lassen sich über ein serielles Kabel oder eine Infrarot-Schnittstelle mit einem richtigen PC verbinden. Die kleinen Rechner zeigen noch Probleme bei der Speicherverwaltung und die Übertragung zu großen PCs funktioniert noch nicht richtig.

Windows for Workgroups

Windows for Workgroups ist eine Netzwerkversion des bekannten Windows 3.1. Es erlaubt den Aufbau kleiner Peer-to-Peer-Netzwerke und die Anbindung an Windows-NT-Domänen.

Windows for Workgroups unterstützt NetBEUI, IPX, TCP/IP und viele andere Protokolle.

➡ *Siehe Windows*

Windows Management Interface

➡ *Siehe WMI*

Windows Messaging

Windows Messaging heißt der E-Mail-Client von Windows NT 4.0, der bis auf einige Kleinigkeiten mit dem bekannten Exchange von Windows 95 identisch ist. Die beiden E-Mail-Programme sind als Nachfolger von MS Mail zu sehen. Mittlerweile wurde auch das bekannte Exchange in Outlook umbenannt.

➡ *Siehe E-Mail, Exchange, Windows 95*

Windows NT

Windows NT ist ein professionelles 32-Bit-Betriebssystem und wurde bereits 1993 eingeführt. Lange Zeit wurde Windows NT kaum beachtet. Dies hat sich mit der Einführung von Windows 95 schlagartig geändert. Mittlerweile ist Windows NT in der Version 4.0 erhältlich. Bis auf die an Windows 95 angelehnte Oberfläche hat sich gegenüber der Version 3.51 wenig verändert.

Windows NT ist ein Netzwerkbetriebssystem mit einem ausgereiften Sicherheitskonzept und stellt relativ hohe Anforderungen an die Hardware. Speziell für Windows NT entwickelte Software nützt die Fähigkeiten moderner PCs erst richtig aus. Ältere Programme für MS-DOS und Windows 3.x sowie Windows 95 sind mit Einschränkungen ablauffähig. Direkte Hardwarezugriffe sind unter NT strikt verboten. Aus diesem Grund laufen viele Computerspiele nicht.

Windows NT gibt es auch für den PowerPC und andere Prozessoren. Es sind zwei Versionen des Betriebssystems erhältlich, NT Server und NT

Workstation. Die Workstation-Version wurde gegenüber der teureren Server-Version um einige Funktionen beschränkt. Sie eignet sich zum Aufbau kleinerer Netzwerke sowie als Arbeitsplatzrechner großer Netzwerke. Windows NT Server ist, wie der Name schon sagt, die Version für Server in großen Netzwerken. In einer Windows-NT-Domäne wird mindestens ein Server zum Überprüfen der Benutzerrechte benötigt. Windows NT Workstation eignet sich nur zum Aufbau von Peer-to-Peer-Netzwerken auf der Basis von Arbeitsgruppen.

Im Gegensatz zu Windows 95 unterstützt Windows NT kein Plug&Play. Die Hardwareinstallation ist wesentlich umständlicher, für viele Geräte sind keine Treiber erhältlich. Deshalb ist Windows 95 für den Heimbereich besser geeignet. 1999 soll Windows NT in der Version 5.0 folgen.

➡ *Siehe Microsoft, Windows, Windows 95, Windows 98*

Windows-95-Tastatur

Die Windows-95-Tastatur wurde von Microsoft mit Windows 95 eingeführt. Sie besitzt gegenüber einer normalen MF2-Tastatur drei zusätzliche Tasten zur Aktivierung des Start- und des Kontextmenüs von Windows 95. Die drei neuen Tasten befinden sich zwischen den Alt- bzw. AltGr- und den Strg-Tasten. Die Leertaste wurde wesentlich verkleinert, was bei der Nutzung des 10-Finger-Systems Probleme bereitet. Die Windows 95-Tastatur ist nicht unumstritten. Wenn man über den Sinn der drei Tasten auch geteilter Meinung sein kann, so sollte man vor der Anschaffung einer solchen Tastatur diese ausgiebig testen. Zur Bedienung von Windows 95 ist sie nicht notwendig.

WinTel

Bezeichnung für einen PC mit Microsoft-Windows-Betriebssystem und Intel-Prozessor.

➡ *Siehe Intel, Windows*

Winword

Der Marktführer im Bereich Textverarbeitungen ist Word für Windows, kurz Winword, von Microsoft. Es ist als Nachfolger von Word für MS-DOS anzusehen und kam 1990 auf den Markt. Erfolgreich wurde es mit der Version 2.0 und vor allem 6.0. Winword wird selten alleine, sondern meist als Office-Paket zusammen mit anderen Programmen verkauft. Mittlerweile ist Office 97 mit Winword 8.0 erhältlich.

Winword zeichnet sich durch seine einfache Bedienbarkeit aus. Die Version 8.0 wurde mit umfangreichen Internet-Funktionen erweitert, die sogar die Erstellung eigener Homepages erlauben.

➡ *Siehe Microsoft, Textverarbeitung*

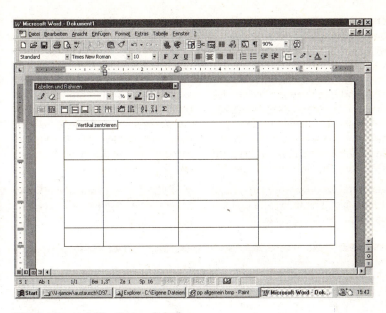

Bild 3: Winword 97 mit einer Tabelle

Wireframe

Anstatt 3D-Objekte als solide Körper darzustellen, wird die Objektgeometrie im Wireframe-Modus (Drahtgitter) auf ihre Kanten reduziert. Da hierbei nur Linien dargestellt werden müssen, wird der Bildaufbau stark beschleunigt. In 3D-Softwarepaketen ist der Wireframe-Modus der Standard für die Darstellung von 3D-Körpern.

➠ *Siehe 3D-Grafik, Raytracing*

Wirth, Nikolaus

Nikolaus Wirth ist der Entwickler der bekannten Hochsprache Pascal und MODULA2.

➠ *Siehe MODULA2, Pascal*

Wizard

➠ *Siehe Assistent*

WMI

Abkürzung für Windows Management Interface. Erweiterungen zur Verwaltung von Hard- und Software für Windows 98 und NT5.0.

➠ *Siehe Windows 98, Windows NT*

Word

Word heißt ein Textverarbeitungsprogramm für MS-DOS von Microsoft. Word erschien 1983 und war in Deutschland sehr erfolgreich. Mit der Einführung von Winword 2.0 ließ das Interesse an dem DOS-Programm stark nach. Die letzte Version von Word war die Version 6.0. Word-Texte können mit kleinen Einschränkungen in Winword übernommen werden.

Ein Datenwort oder Word ist eine Informationseinheit in< einem Computersystem. Je nach Prozessor kann ein Word 8, 16, 32 oder sogar 64 Bit breit sein.

➠ *Siehe Microsoft, Textverarbeitung*

Word Pro

So heißt ein Textverarbeitungsprogramm (siehe Bild 4) der Firma Lotus. Das Programm wird mit dem Softwarepaket Lotus SmartSuite mitgeliefert und ist der Nachfolger des bekannten Ami Pro.

➠ *Siehe Lotus, Lotus SmartSuite, Textverarbeitung*

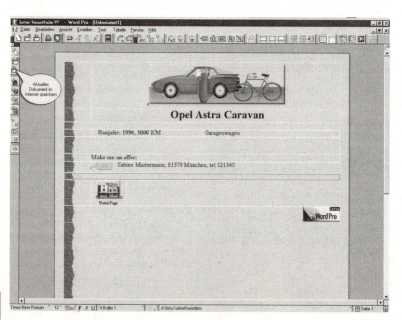

Bild 4: WordPro bei der Arbeit an einem HTML-Dokument

WordPerfect

WordPerfect ist eine Textverarbeitung von der gleichnamigen Firma WordPerfect. Vor dem großen Erfolg von Winword war WordPerfect lange Zeit der Marktführer im Bereich Textverarbeitung. WordPerfect bietet mehr Funktionen als Winword. Speziell seine Fähigkeiten im Bereich DTP sind interessant. WordPerfect gilt als umständlich und mühselig zu bedienen.

Die Firma WordPerfect wurde 1990 von Novell übernommen. Novell veröffentlichte mit mäßigem Erfolg das Programmpaket PerfectOffice. 1996 kaufte die Firma Corel die Rechte an PerfectOffice, ein halbes Jahr später kam die 32-Bit-Version WordPerfect-Suite heraus.

➡ *Siehe Corel, Novell*

WordPerfect-Suite

Ein Programmpaket der Firma Corel, das Mitte 1996 auf den Markt kam. Hauptbestandteil ist das Textverarbeitungsprogramm WordPerfect. Corel kaufte Anfang 1996 die Rechte an WordPerfect von der Firma Novell. WordPerfect-Suite enthält auch noch die Tabellenkalkulation Quattro Pro und das Präsentationsprogramm Presentations. WordPerfect-Suite wird auch im Paket mit der Datenbank Paradox angeboten. Dieses Programmpaket wird unter dem Namen PerfectOffice Professional verkauft.

➡ *Siehe Corel, Perfect Office*

Workbench

Bezeichnung für die grafische Benutzeroberfläche (und oft auch für das Betriebssystem AmigaOS) des Amiga-Computers.

Workgroup

➡ *Siehe Arbeitsgruppe*

Workgroup Computing

Computerarbeit in Arbeitsgruppen.

➡ *Siehe Arbeitsgruppe*

Works

Works heißt ein Programmpaket von Microsoft zur Textverarbeitung, Tabellenkalkulation, Datenverwaltung und DFÜ.

➡ *Siehe Integrierte Pakete*

Workstation

Workstations sind extrem leistungsfähige Computer, meist auf Basis eines RISC-Prozessors. Bekannte Hersteller von Workstations sind Silicon Graphics, Sun und DEC. Workstations werden für rechenintensive Grafikanwendungen verwendet, für die normale PCs zu langsam sind. Das Standard-Betriebssystem für Workstations ist UNIX.

World Wide Information Network on Standards

➡ *Siehe ISONET*

World Wide Web

Das World Wide Web, abgekürzt WWW, ist ein Informationssystem im Internet.

➡ *Siehe WWW*

World Wide Web Consortium

➡ *Siehe W3C*

World Wide Web Worm

http://wwwwcs.colorado.edu/home/mcbryan/WWWW.html

So heißt ein Suchsystem im Internet, ähnlich LEO, Lycos oder Yahoo.

➡ *Siehe Suchmaschine, WWW*

WorldsAway

WorldsAway ist ein Online-Adventure des Onlinedienstes CompuServe. Beliebig viele Spieler können sich dabei in der Stadt Phantasus bewegen, sich unterhalten und Gegenstände manipulieren.

➡ *Siehe CompuServe*

WORM-Platte

Eine WORM-Platte ist ein optisches Medium, welches einmal beschrieben werden kann. WORM bedeutet Write Once Read Multiple und benötigt ein spezielles Laufwerk. Sogenannte CD-WORMs sind mit einem herkömmlichen CD-ROM-Laufwerk lesbar.

WRAM

Abkürzung für Windows Random Access Memory. WRAM ist eine spezielle Speichertechnologie für Bildspeicher auf Grafikkarten. WRAM ist eine Weiterentwicklung von VRAM und enthält Funktionen zur grafischen Bildtransformation.

➡ *Siehe VRAM*

Write

Write ist ein einfaches Programm zum Schreiben und Editieren von Texten. Write wurde mit Windows 3.x mitgeliefert. Unter Windows 95 wurde es von WordPad abgelöst. WordPad kann im Gegensatz zu Write auch eingeschränkt Winword-Dokumente (Winword) einlesen.

➡ *Siehe Windows*

Write Once Read Multiple

➡ *Siehe WORM-Platte*

Write Protection

➡ *Siehe Schreibschutz*

Wurm

Würmer sind spezielle Computerviren, die in großen Netzwerken ihr Unwesen treiben. Sie werden meist als Quellcode verbreitet und im Zielsystem kompiliert.

➡ *Siehe Computervirus*

Wurzel-Verzeichnis

Eine andere Bezeichnung für Hauptverzeichnis.

➡ *Siehe Hauptverzeichnis*

WWW

Das WWW (World Wide Web) ist ein multimediales Informationssystem im Internet. Das Prinzip des WWW wurde 1990 im Kernforschungszentrum Genf von Tim Berners-Lee entwickelt. Ausgangspunkt ist immer eine Homepage, die sogenannte Links auf weitere HTML-Dokumente enthält, die sich auch auf anderen Servern befinden können. Durch einfaches Anklicken kann man sich durch riesige Informationsmengen blättern. WWW benutzt die bekannten Werkzeuge FTP, Telnet, Archie, Gopher und VERONICA.

Das WWW ist ausgesprochen beliebt, da es kinderleicht zu bedienen ist, und anders als die herkömmlichen Werkzeuge die direkte Darstellung von Bildern und Videosequenzen erlaubt.

➡ *Siehe HTML, Internet, Link, URL*

WWW-Browser

Andere Bezeichnung für Web-Browser.

➡ *Siehe Web-Browser*

WWWW

Abkürzung für World Wide Web Worm.

➡ *Siehe World Wide Web Worm*

WYSIWYG

WYSIWYG steht für What You See Is What You Get, was soviel bedeutet wie: »was du siehst, bekommst du«. WYSIWYG bezeichnet die Fähigkeit moderner Programme, den Bildschirm an die spätere Ausgabe auf dem Drucker anzupassen. Speziell bei Textverarbeitungen bedeutet dies, daß die Dokumente auf dem Bildschirm exakt so aussehen, wie sie ausgedruckt werden. Im PC-Bereich ist eine vernünftige WYSIWYG-Darstellung erst seit der Einführung von Windows möglich. Auf anderen Systemen wie Macintosh war WYSIWYG schon früher Standard.

X.21

X.21 ist ein Protokoll und definiert eine Schnittstelle in der physikalischen Schicht. Diese Schnittstelle wird für den Aufbau von X.25-Netzen verwendet.

➻ *Siehe Übertragungsprotokoll, X.25*

X.25

X.25 ist ein Übertragungsprotokoll zur paketorientierten Übertragung von Daten. Es überträgt die Datenpakete unabhängig voneinander zu Vermittlungsknoten, wo sie zwischengespeichert werden. Datex-P baut auf X.25 auf.

➻ *Siehe Datex-P, Übertragungsprotokoll*

X.75

ITV-T X.75 regelt den Datentransfer im ISDN-B-Kanal. Das synchrone, paketorientierte Protokoll gehört wie HDLC zur SDLC-Familie und nützt die volle Übertragungsrate eines B-Kanals von 64 Kbit/s.

➻ *Siehe B-Kanal, HDLC, ISDN, Übertragungsprotokoll*

X2-Standard

Ein moderner Modemstandard von U.S. Robotics.

➻ *Siehe Modem*

XENIX

Ein Betriebssystem von Microsoft für PCs. XENIX ist ein Unix-Ableger und voll Unix-kompatibel.

➻ *Siehe Microsoft, Unix*

Xeon

Der Intel Xeon stellt eine neue CPU-Generation dar, die speziell für den Mehrprozessor-Betrieb ausgelegt ist. Im Gegensatz zum Intel Deschutes (dem aktuellen Pentium II-Prozessorkern) verfügt der Xeon über 1MB L2-Cache, das außerdem noch doppelt so schnell getaktet ist (400 MHz). Eine weitere Besonderheit beim Xeon ist die neue Speicherbauart, die in seinem L2-Cache verwendet wird: CS-

RAM statt dem beim Deschutes üblichen PBRAM (Pipeline-Burst-RAM).

➨ *Siehe CSRAM, L2-Cache, Pentium II, Pipelined-Burst-Cache*

Xerox

Die amerikanische Firma Xerox entwickelte in ihrem Forschungszentrum PARC (Palo Alto Research Center) die Ethernet-Technik. Der erste Computer mit grafischer Benutzeroberfläche, Mausbedienung, Laserdrucker und Ethernet-Schnittstelle war der Star 8010 von Xerox.

➨ *Siehe Ethernet, PARC*

XGA

Ein Grafikstandard mit einer Auflösung von 1024x768 Pixeln bei 256 Farben. XGA bedeutet eXtended Graphics Adapter und wurde 1991 von IBM veröffentlicht.

XML

Abkürzung für Extensible Markup Language. Ein vom W3C entwickelte Spezifikation für die Definition von Sprachen zur Formatierung von Dokumenten. XML stellt eine abgespeckte Variante von SGML dar, das auf Grund seiner Komplexität im World Wide Web nie Fuß fassen konnte. XML erweitert die Möglichkeiten von HTML dahingehend, daß man sich eine eigene Sprache für die Erstellung der Inhalte defnieren kann und nicht einer vorgegebenen Menge von Sprachelementen unterordnen muß wie das bei HTML der Fall ist. Ein weiterer Vorteil ist die strikte Trennung zwischen Struktur und Layout der Dokumente. Die Struktur wird über die mit XML definierte Sprache erstellt und das Layout z.B. mit CSS festgelegt. Die nächsten Versionen des Communicator und des Internet Explorers werden XML voll unterstützen.

➨ *Siehe CSS, HTML, SGML*

Xmodem

Xmodem ist ein Übertragungsprotokoll. Xmodem teilt die zu übertragende Datei in 128 Byte große Blöcke und ist relativ langsam. Dateiname und Größe werden nicht übertragen.

➨ *Siehe Übertragungsprotokoll, YModem, ZModem*

Xmodem 1K

Xmodem 1K ist ein Übertragungsprotokoll auf der Basis von Xmodem mit 1 Kbyte großen Blöcken.

➨ *Siehe Xmodem*

XMS

XMS (Extended Memory Specification) ist ein von Microsoft, Intel, Lotus und AST entwickelter Standard für die Verwaltung von Arbeitsspeicher oberhalb 1 Mbyte. Ab dem 286er-Prozessor kann XMS-Speicher verwendet werden.

➨ *Siehe EMS*

XOn/XOff

XOn/XOff ist ein softwaremäßiges Verfahren zur Flußsteuerung bei serieller Datenübertragung. Der Empfänger schickt an den Sender die Steuerzeichen XOn bzw. XOff, je nachdem, ob er empfangsbereit ist oder nicht.

➡ *Siehe Flußsteuerung*

XOR-Verknüpfung

XOR ist eine logische Verknüpfung von zwei Variablen der booleschen Algebra. XOR wird auch als Antivalenz bezeichnet und ergibt den Wert 0, wenn beide Operanden entweder 0 oder 1 sind.

➡ *Siehe Boolesche Operatoren*

XT

1983 stellte IBM den PC/XT (eXtended Technology) vor. Der XT war eine Weiterentwicklung des IBM-PC. Der Prozessor i8088 wurde weiterhin eingesetzt, dennoch wies der XT zahlreiche Verbesserungen auf. Der Arbeitsspeicher wurde vergrößert und mehr Steckplätze waren enthalten. Außerdem gab es neue Diskettenlaufwerke und die Möglichkeit, eine 10-Mbyte-Festplatte anzuschließen. Ein IBM-PC/XT kostete 1983 mehr als 5000 Dollar.

➡ *Siehe PC*

Y

Y wird als Abkürzung für YModem verwendet.

➞ *Siehe YModem*

Yahoo!

http://www.yahoo.com

Yahoo! (siehe Bild 1) ist der weltweit am meisten benutzte Suchdienst im Internet. Yahoo! beschränkt sich auf das WWW.

➞ *Siehe Internet, Suchmaschine*

YCC

YCC ist ein Farbsystem, das von Kodak für die Photo-CD entwickelt wurde. YCC teilt die 24-Farb-Bits in 8 Bit für die Helligkeit (Luminanz) und 16 Bit für die Farbkomponenten (Chrominanz).

➞ *Siehe Photo-CD*

Yellow Book

Das Yellow Book stellt die Grundlage für die CD-ROM-Norm der ISO dar. Das Yellow Book wurde 1985 von Sony und Philips definiert.

➞ *Siehe CD-ROM*

Yellow Cable

Das Yellow Cable ist ein gelbes Koaxialkabel für das Ethernet.

➞ *Siehe Ethernet, Koaxialkabel*

Yellow Pages

So heißt das Branchenverzeichnis in den USA, entsprechend den deutschen Gelben Seiten. Die Bezeichnung Gelbe Seiten ist in Deutschland geschützt und darf nicht für andere ähnliche Verzeichnisse verwendet werden.

YModem

YModem ist ein Übertragungsprotokoll und erlaubt die Übertragung von mehreren Dateien mit Dateinamen. YModem ist eine Weiterentwicklung von XModem und arbeitet mit 1 Kbyte großen Blöcken.

➞ *Siehe Übertragungsprotokoll, Xmodem, ZModem*

YUV

Das Fernsehsignal wird in Helligkeitsinformationen (Y oder Luminance) und Farbinformationen (U und V, Chrominance) aufgeteilt. Bei YUV erhält die Luminance eine höhere Band-

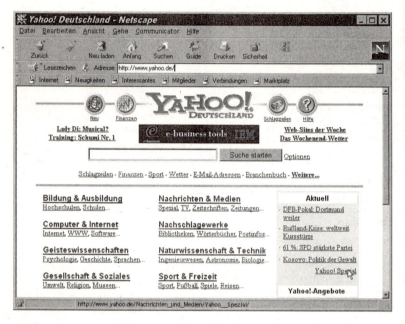

Bild 1: Yahoo! wartet mit dieser Maske auf Ihre Eingaben, um das Web zu durchsuchen

breite als die Chrominance. Der Grund dafür liegt in der menschlichen Wahrnehmung. Für das menschliche Auge sind Helligkeitsinformationen wichtiger für einen korrekten Bildeindruck als Farbinformationen.

Z

Z ist die Abkürzung für das Übertragungsprotokoll ZModem.

→ *Siehe ZModem*

Z-Buffer

3D-Grafikkarten speichern die Information über die Position eines Objekts auf der Z-Achse in einem Bildspeicher, dem sog. Z-Buffer. Die Tiefeninformation für jeden Bildpunkt wird meist mit 16 Bit aufgelöst. Die Karte vergleicht nun die letzte Information mit der eben gespeicherten und kann daraus die Position des Bildpunkts auf der Z-Achse errechnen. Dadurch ist es möglich, zu entscheiden, ob ein Objektpunkt für den Betrachter sichtbar ist oder ob er durch ein anderes Objekt verdeckt wird. Auf Low-Cost-Karten wird normalerweise ein Bereich des Grafikspeichers für diese Funktion zur Verfügung gestellt. High-end-Grafikkarten verfügen jedoch über einen physikalisch separaten Speicher mit eigenem Speicherbus (Local Buffer). Wenn möglich, sollte der Grafik-Chip bei komplexen Objekten Z-Werte mit 24 oder gar 32 Bit verarbeiten, um so Darstellungsfehler zu vermeiden. DirectX z.B. arbeitet lediglich mit 16 Bit.

→ *Siehe 3D-Funktionen*

Z3

Die erste programmierbare Rechenanlage hieß Z3. Sie wurde von 1934 bis 1941 von Konrad Zuse entwickelt.

→ *Siehe Zuse, Konrad*

Z80

Der Z80 ist ein alter 8-Bit-Prozessor der Firma Zilog. Er kam 1976 auf den Markt und war kompatibel zum 8080 von Intel.

Zahlensystem

Ein Zahlensystem wird zur Darstellung von Zahlen mit Hilfe von Ziffern verwendet. Das bekannteste Zahlensystem ist das Dezimalsystem mit den Ziffern 0 bis 9. Alle Computer verwenden das Dualsystem mit den binären Ziffern 0 und 1. Gebräuchlich ist auch noch das Hexadezimalsystem mit den Ziffern 0 bis 9 und A bis F.

Zehnerblock/-tastatur

Der Zehnerblock ist ein abgesetzter Tastenblock auf Standardtastaturen. Er ermöglicht die schnelle Zahleneingabe.

Bild 1: Der Zehnerblock einer normalen Tastatur

Zehnerkomplement

Unter dem Komplement einer Zahl versteht man die Ergänzung zur nächsthöheren Potenz des Zahlensystems. Das Zehnerkomplement dient der Darstellung komplementärer Dezimalzahlen. Beispielsweise ist 205 = $2*10^2+5*10^0$. Die nächsthöhere Potenz ist 1000 = 10^3. Das Zehnerkomplement von 205 beträgt somit 1000 − 205 = 795.

➭ *Siehe Komplement, Zweierkomplement*

Zeichen pro Sekunde

➭ *Siehe cps*

Zeichengenerator

Ein Zeichengenerator setzt Zeichencodes für die Darstellung auf dem Bildschirm oder auf dem Drucker um. Die Bildschirmsteuerung bzw. der Druckertreiber enthält einen Zeichengenerator.

➭ *Siehe Bildschirm, Drucker*

Zeichensatz

Bei einem Zeichensatz handelt es sich um eine Tabelle, die Zeichen einer Position bzw. einer Zahl zuordnet. Es gibt verschiedene Möglichkeiten, einen Zeichensatz zu speichern: direkt in einem Font (Schrift), in einer eigenen Datei oder im Drucker- bzw. Rechner-ROM. Allerdings sagt der Zeichensatz nichts über das Erscheinungsbild der Zeichen aus. Hierfür ist die Schrift bzw. Font zuständig. Der Zeichensatz sorgt dafür, daß die Zeichencodes, die aus den Tastaturanschlägen erzeugt werden, in konkrete Zeichen umgesetzt werden, die dann unter Verwendung einer Schrift dargestellt werden. Bekannte Zeichensätze sind z.B. der ASCII-Zeichensatz oder unter Windows der ANSI-Zeichensatz. Eine wichtige Rolle spielen Zeichensätze im Zusammenhang mit der Anpassung an verschiedene Länder. So kann z.B. durch einen Wechsel des Zeichensatzes das Betriebssystem auf eine amerikanische Tastatur korrekt reagieren und die richtigen Zeichen am Bildschirm darstellen.

Zeichenvorrat

Zeichenvorrat heißt die Menge aller Zeichen, die zur Darstellung von Informationen verwendet werden können.

Zeichnungsebene

➠ *Siehe Layer*

Zeiger

Ein Zeiger ist ein Datentyp, der die Adresse von Variablen aufnimmt. Mit Hilfe dieser Adresse kann auf die Variable zugegriffen werden.

Zeilen pro Zoll

➠ *Siehe lpi*

Zeilenfrequenz

Synonym für Horizontalfrequenz.

➠ *Siehe Horizontalfrequenz*

Zeilenrücklauf

Beim Aufbau eines Monitorbilds muß der Kathodenstrahl jedesmal neu am jeweils nächsten Zeilenanfang ausgerichtet werden. Diesen Vorgang nennt man Zeilenrücklauf. Ein Röhrenmonitor benötigt dafür und für die Erkennung des Synchronisationssignals eine Dunkelpause und somit zusätzliche Synchronisationspixel im Videosignal.

Zeilensprung

➠ *Siehe Interlace*

Zeilenumbruch

Ein Zeilenumbruch markiert das Ende einer Zeile und den Beginn der nächsten. Bei allen modernen Textverarbeitungen erfolgt der Zeilenumbruch automatisch.

➠ *Siehe Textverarbeitung*

Zeilenvorschub

Ein Zeilenvorschub läßt die Ausgabe in der nächsten Zeile fortfahren. Bei einem Drucker, der das Steuerzeichen LF (Line Feed) empfängt, wird das Papier um eine Zeile weitertransportiert. Auf dem Bildschirm springt der Cursor einfach in die nächste Zeile.

Zeitbombe

Eine Zeitbombe ist ein Computervirus, der seine Aktivierung von einem bestimmten Datum oder einer Uhrzeit abhängig macht. Bei Erreichen dieser Zeit beginnt der Virus mit seinem zerstörerischen Werk.

➠ *Siehe Computervirus*

Zeitmultiplex-Verfahren

Das Zeitmultiplex-Verfahren ermöglicht die Übertragung von Daten mehrerer Quellen über ein einziges Übertragungsmedium, z.B. eine serielle Leitung. Jeder Quelle wird durch Sender- und Empfänger-seitige Multiplexer ein Zeitfenster zugeordnet. Das Zeitmultiplex-Verfahren ermöglicht im Gegensatz zum Frequenzmultiplex-Verfahren eine digitale Datenübertragung.

➡ *Siehe Frequenzmultiplex-Verfahren*

Zeitscheibe

Bei einem Multitasking-Betriebssystem laufen die einzelnen Tasks nicht wirklich parallel zueinander, sondern bekommen vom Betriebssystem kleine Zeiteinheiten, genannt Zeitscheiben, zugeordnet. Der Scheduler eines Betriebssystems bewältigt diese Aufgabe und berücksichtigt auch noch verschiedene Prioritäten einzelner Tasks.

➡ *Siehe Betriebssystem, Multitasking, Multithreading*

Zelladressierung

Jede Zelle in einem Tabellenkalkulationsprogramm muß eindeutig adressierbar sein. Dazu existieren verschiedene Verfahren. Üblich ist es beispielsweise, die Spalten mit Buchstaben und die Zeilen mit Zahlen durchzunumerieren. Beim sogenannten Z1S1-System wird die Adresse berechnet, indem Z + Zeilennummer bzw. S + Spaltennummer gebildet wird.

➡ *Siehe Tabellenkalkulation, Zelle*

Zelle

Zellen sind die Schnittpunkte der Zeilen und Spalten in einem Tabellenkalkulationsprogramm.

➡ *Siehe Tabellenkalkulation*

Zenerdiode

Zenerdioden sind Dioden, die im Gegensatz zu einfachen Dioden in Sperrrichtung betrieben werden. Sobald die anliegende Spannung eine bestimmte Höhe – die sog. Durchbruchspannung – überschreitet, wird die Diode leitend. Der Übergang zwischen nichtleitend und leitend ist sehr scharf. Zenerdioden werden beispielsweise zur Spannungsstabilisierung verwendet.

Zentralamt für Zulassungen des Fernmeldewesens

➡ *Siehe ZZF*

Zentraleinheit

Der Begriff Zentraleinheit ist nicht genau definiert. Die CPU wird als Zentraleinheit bezeichnet. Andererseits heißt auch der eigentliche Computer ohne externe Peripherie Zentraleinheit.

➡ *Siehe Computer, CPU*

Zentralprozessor

→ *Siehe CPU*

Zerberus-Netz

Das Zerberus-Netz ist ein Deutschland-weites Netzwerk, das hauptsächlich Diskussionsforen zur Verfügung stellt. Die meisten BBS (Bulletin Board System) des Z-Netzes benutzen die Software des Herstellers Zerberus, daher der Name des Netzwerks.

→ *Siehe BBS*

Zero Insertion Force

→ *Siehe ZIF-Sockel*

Zero Page

Bei 8-Bit-Prozessoren, die ihren adressierbaren Speicherbereich meist in 256 Byte große Seiten einteilen, hat die erste Speicherseite, genannt Zero Page, eine besondere Bedeutung. Auf die Zero Page kann meist schneller zugegriffen werden als auf den Rest des Speichers.

Zertifikat

Ein Zertifikat verbindet einen kryptographischen Schlüssel – eine digitale Unterschrift – mit einer Person oder Organisation zum Zwecke der Echtheitsbestätigung.

→ *Siehe Certification Authority, Kryptographie, VeriSign*

Zielwertsuche

Die Zielwertsuche benutzt einen vorgegebenen Wert, um einen anderen gesuchten Wert mittels der Veränderung von Parametern zu berechnen.

Beispielsweise könnten eine angelegte Geldsumme und ein Endwert vorgegeben werden. Die Zielwertsuche berechnet die erforderliche Zeit bei vorgegebener Verzinsung oder die erforderliche Verzinsung bei vorgegebener Zeit.

ZIF-Sockel

ZIF bedeutet Zero Insertion Force. Ein ZIF-Sockel (siehe Bild 2) wird üblicherweise für Prozessoren eingesetzt und ermöglicht den Austausch des Bauteils ohne Kraftaufwendung einfach durch Umlegen eines Hebels.

→ *Siehe Prozessorsockel*

ZIP-Laufwerk

ZIP-Laufwerke sind Wechselplattenlaufwerke, die im Vergleich zu anderen Systemen sehr preisgünstig sind. ZIP-Laufwerke wurden von der Firma Iomega 1995 auf den Markt gebracht. Ein Medium faßt nur 100 Mbyte. ZIP-Laufwerke sind ideal zum Datenaustausch oder als Backup-Medium. Ende 1996 hatte die Firma Iomega mit den ZIP-Laufwerken einen Marktanteil von 80 % bei den Wechselplattenlaufwerken.

→ *Siehe Iomega*

Bild 2: Der ZIF-Sockel (hier für einen Pentium) garantiert leichten Tausch der CPU

ZModem

ZModem ist ein Übertragungsprotokoll und eine Weiterentwicklung von XModem und YModem. ZModem benutzt im Gegensatz zu seinen Vorgängern keine konstanten Übertragungsblöcke, sondern paßt die Blockgröße dynamisch den Leistungsverhältnissen an. Außerdem ermöglicht ZModem eine sichere Fehlererkennung. ZModem überträgt Namen und Größe von Dateien und kann bei einem Abbruch der Übertragung später den Rest der Datei holen.

➡ *Siehe Übertragungsprotokoll, Xmodem, YModem*

Zoll

Das Zoll (inch) ist eine amerikanische Längenmaßeinheit und entspricht 25,4 mm. Es wird in Deutschland für die Angabe von Bildschirmdiagonale oder Diskettengröße benutzt. Da das Zoll nicht dem SI-Einheitensystem entspricht, ist seine Verwendung seit 1996 verboten. Obwohl die Angabe in cm vorgeschrieben ist, sind die alten Bezeichnungen anscheinend nicht zu verdrängen.

Zoom

Zoom bedeutet die Vergrößerung eines Bildschirmausschnitts. Diese Funktion wird von vielen Anwendungsprogrammen, vor allem Grafik- und DTP-Programmen, geboten. Es gibt aber auch Utilities, die es ermöglichen, einen Bildschirmausschnitt unabhängig von einem bestimmten Programm zu vergrößern. Oftmals liegen Grafikkarten solche Tools bei.

Zufallszahlengenerator

Ein Zufallsgenerator kann scheinbar zufällige Zahlen erzeugen. Die Zahlen sind keine echten Zufallszahlen, sondern werden anhand von Ausgangswerten nach bestimmten Verfahren berechnet. Fast alle Programmiersprachen enthalten Funktionen zur Erzeugung dieser Pseudozufallszahlen.

Zugriff

Alle Operationen, die auf Daten in einem Speicher angewandt werden, haben einen Zugriff als Grundlage. Es gibt Lese- und Schreibzugriffe. Manche Datenträger erlauben nur Lesezugriff. Spezielle Arten von Speichern erlauben wahlfreien Zugriff, andere nur sequentiellen Zugriff.

➡ *Siehe Sequentieller Zugriff, Wahlfreier Zugriff*

Zugriffskonflikt

Versuchen mehrere Prozesse oder gar mehrere Computer, auf dieselben Daten im gleichen Speicherbereich zuzugreifen, so kommt es zu einem Zugriffskonflikt. Das Betriebssystem verhindert Zugriffskonflikte.

➡ *Siehe Betriebssystem, Prozeß*

Zugriffsrechte

Die Zugriffsrechte in einem Netzwerk definieren, welcher Benutzer auf welche Daten in welcher Weise zugreifen darf. Sensible Daten sollen nur von autorisierten Personen gelesen werden können.

Netzwerkbetriebssysteme regeln die Zugriffsrechte. Vollen Zugriff auf alle Datenbestände hat in der Regel nur der Systemadministrator.

Zuse, Konrad

Konrad Zuse wurde 1910 geboren und ist 1996 gestorben. Er war ein Pionier des Computerzeitalters. Er entwickelte die erste programmierbare Rechenmaschine Z1, die aufgrund mechanischer Ungenauigkeiten nicht funktionierte. Daher konstruierte er bis 1941 seine elektromechanische Rechenmaschine Z3 mit 2000 Relais. Z3 funktionierte hervorragend. Dieser erste programmierbare Rechner verwendet bereits das Dualsystem und die Gleitkommadarstellung.

Zuverlässigkeit, Verfügbarkeit, Sicherheit

➡ *Siehe RAS*

Zweierkomplement

Unter dem Komplement einer Zahl versteht man die Ergänzung zur nächsthöheren Potenz des Zahlensystems. Das Zweierkomplement dient der Darstellung komplementärer Dualzahlen.

➡ *Siehe Komplement*

Zwischenablage

Die Zwischenablage ist ein reservierter Speicherbereich unter Windows und OS/2. In der Zwischenablage können Daten, also beispielsweise Bilder oder Texte, abgelegt und später wieder ausgelesen werden. Auch der Datenaustausch zwischen verschiedenen Programmen ist möglich. Alle größeren Windows-Programme unterstützen die Zwischenablage.

Beim Austausch von Daten zwischen Programmen wird automatisch eine Formatanpassung vorgenommen, die aber von den Programmen gesteuert werden kann. Manchmal kommt es zu Fehlern, wenn ein Programm nicht alle gängigen Formate unterstützt. In Texten gehen dann beispielsweise Formatierungsinformationen verloren.

Zylinder

Bei Festplatten oder anderen Magnetspeichern mit mehreren Platten werden alle übereinanderliegenden Spuren zu einem Zylinder zusammengefaßt.

→ *Siehe Festplatte*

ZyXEL

http://www.zyxel.com

ZyXEL (siehe Bild 3) ist ein Hersteller hochwertiger Modems. Früher galten ZyXEL-Modems als besonders leistungsfähig. Heutzutage sind viele Modems anderer Hersteller wie U.S. Robotics mit ähnlichen Leistungsmerkmalen ausgestattet.

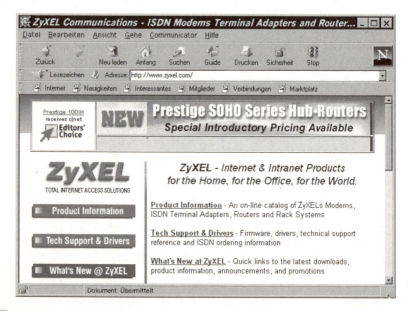

Bild 3: Zyxel im Internet

ZZF

Bis 1992 war die ZZF (Zentralamt für Zulassungen des Fernmeldewesens) für alle Neuzulassungen im Fernmeldebereich zuständig. Heute übernimmt das Bundesamt für Zulassungen in der Telekommunikation BZT diese Aufgabe.

➡ *Siehe BZT*

Wörterbuch Englisch – Deutsch

Englisch	Deutsch
Abend	Anormaler Programmabbruch
abort	Abbruch
absolute address	absolute Adresse
absolute addressing	absolute Adressierung
abstraction	Abstraktion
AC (Alternating Current)	Wechselstrom
acceptance test	Abnahmeprüfung
access bits	Zugriffsbits
access time	Zugriffszeit
access	Zugriff
accounting	buchführen, berechnen
accumulator	Akkumulator
accuracy	Richtigkeit
acknowledge	Quittierung
acoustic input	akustische Eingabe
acoustic coupler	Akustikkoppler
acronym	Abkürzung
actual value	Ist-Wert
adder	Addierer

Wörterbuch Englisch – Deutsch

Englisch	Deutsch
add-on kit	Nachrüstsatz
address space	Adreßraum
address translation	Adressenübersetzung
address	Adresse, adressieren
addressable point	adressierbarer Punkt
address bus	Adreßbus
addressing modes	Adressierungsarten
addressing system	Adressierungssystem
adventure game	Abenteuerspiel
Aiken-Code	Aiken-Code
algorithm	Algorithmus
allocate	zuordnen
Alternating Current (AC)	Wechselstrom
analog computer	Analogrechner
analog digital converter	Analog-Digital-Wandler
AND-gate	UND-Gatter
arificial intelligence	Künstliche Intelligenz (KI)
answer tone	Antwortton
anti-aliasing	Anti-Aliasing
apparent storage	Scheinspeicher
application	Anwendungsprogramm
application package	Anwendungspaket
application system	Anwendungssystem
arcade game	Videospiel
architecture	Architektur

Wörterbuch Englisch – Deutsch

Englisch	Deutsch
Arithmetic Logic Unit (ALU)	Rechenwerk
array processor	Array-Prozessor, Feldrechner
array variable	Feldvariable, Array
array	Array, Feld
assemble	assemblieren
assembler	Assembler
assembly language	Assemblersprache
assign	zuweisen
assignment	Zuweisung
associative storage	Assoziativspeicher
attribute	Attribut
audio output	Audio-Ausgang
audit program	Prüfprogramm
audit	Prüfen
author language	Autorensprache
automatic calling	automatisches Rufen
automation	Automatisierung
auxiliary routine	Hilfsprogramm
auxiliary storage	Hilfsspeicher
backcoupling	Rückkopplung
background	Hintergrund
background processing	Hintergrundverarbeitung
background programm	Hintergrundprogramm
backing storage	Zusatzspeicher
backspace	Rückschritt

Wörterbuch Englisch – Deutsch

Englisch	Deutsch
backup	Sicherung
backup copy	Sicherheitskopie
backup file	Sicherheitsdatei
backup system	Bereitschaftssystem
bank	Bank
bank-switching	Bankumschaltung
bar code	Strichcode
bar diagram	Balkendiagramm
base address	Basisadresse
base register	Basisregister
Basic Disk Operating System	BDOS
Basic Input/Output System	BIOS
batch file	Stapeldatei
batch processing	Batch-Verarbeitung
BCD-arithmetik	BCD-Arithmetik
benchmark test	Benchmark-Test
binary code	Binärcode
binary data	Binärdaten
binary digit	Binärzeichen
binary number	Binärzahl
binary search	Binärsuche
binary system	Zweiersystem
binary tree	binärer Baum
bit	Bit
bit density	Bitdichte

Wörterbuch Englisch – Deutsch

Englisch	Deutsch
bit frequency	Bitfrequenz
bit mask	Bitmaske
bit parallel	bitparallel
bit pattern	Bitmuster
bit rate	Bitrate
bit serial	bitseriell
bit vector	Bitkette
bits per inch (bpi)	Bits pro Zoll
bits per second	Bits pro Sekunde
blank	Blank, Leerzeichen
block	Block
block device	blockorientiertes Gerät
block diagram	Blockdiagramm
block length	Blocklänge
block movement	Blockverschiebung
blockstatement	Anweisungsblock
board	Platine
boot	booten
bootstrap loader	Urlader
borrow, carry	Übertrag
branch	Verzweigung
breakpoint	Haltepunkt
brittle	Anfälligkeit
B-tree	B-Baum
bubble memory	Magnetblasen-Speicher

Wörterbuch Englisch – Deutsch

Englisch	Deutsch
bubble sort	Bubblesort
buffer	Puffer
buffer storage	Pufferspeicher
bug	Bug, Fehler, Programmfehler
bulk data	Massendaten
burnin	Burn in
bus	Bus, Datenleitung
bus driver	Bustreiber
bus system	Bussystem
business graphics	Geschäftsgrafik
byte	Byte
cache memory	Cache-Speicher
calculator chip	Rechnerbaustein
calculator	Rechenmaschine
calibration	Eichung
call	Aufruf
cancel character	Löschzeichen
capacity	Kapazität
card reader	Kartenleser
card	Karte, Platine
carriage return	Wagenrücklauf
carrier frequency	Trägerfrequenz
carrier	Träger
carry	Übertrag
cartridge	Magnetbandkassette

Wörterbuch Englisch – Deutsch

Englisch	Deutsch
cartridgetape drive	Kassettenlaufwerk
cassette	Kassette
cassette recorder	Kassettenrecorder
cathode ray tube	Bildröhre
cell	Speicherzelle, Tabellenzelle
Central Processing Unit (CPU)	Prozessor
centronics port	Centronics-Schnittstelle
certification	Zertifizierung
chain	Kette
channel	Kanal
channel capacity	Kanalkapazität
character	Zeichen
character density	Zeichendichte
character generator	Zeichengenerator
character parity	Zeichenparität
character reader	Klarschriftleser
character recognition	Zeichenerkennung
character screen	Zeichenbildschirm
character set	Zeichensatz
character string	Zeichenfolge
character printer	Zeichendrucker
characters per inch (cpi)	Zeichen pro Zoll (cpi)
characters per second (cps)	Zeichen pro Sekunde (cps)
check	Test
check bit	Kontrollbit, Prüfbit

Wörterbuch Englisch – Deutsch

Englisch	Deutsch
checkcharacter/checkdigit	Prüfzeichen
checking routine	Prüfprogramm
checkout	austesten
checkpoint	Fixpunkt, Prüfpunkt
checksum	Prüfsumme
circuit parameter	Schaltungsparameter
circuit testing	Schaltungsprüfung
clear	löschen
clear text	Klartext
clipping	Clipping
clock	Takt, Taktimpuls, Taktgenerator
clock	Uhr
clock cycle	Taktzyklus
clock frequency	Takfrequenz
clock generator	Taktgenerator
clock pulse	Taktimpuls
code (to)	kodieren
code generation	Codegenerierung
code transparent	Codetransparent
code converter	Codeumwandler
coded	verschlüsselt
cold boot	Kaltstart
collating order	Sortierreihenfolge
collating sequence	Sortierreihenfolge
collision	Kollision

Wörterbuch Englisch – Deutsch

Englisch	Deutsch
colour graphics	Farbgrafik
colour monitor	Farbbildschirm
colour printer	Farbdrucker
command	Befehl, Kommando
command menu	Befehlsmenü
comment	Kommentar
compact	komprimiert
compaction	Komprimierung
compatibility	Kompatibilität
compatible	kompatibel
compile	kompilieren
compile time	Kompilierzeit
compiler	Compiler, Übersetzer
compiler language	Compilersprache
complement	Komplement
component	Bauelement, Baugruppe
compress	komprimieren
computer	Computer, Rechner
Computer Aided Design (CAD)	CAD
Computer Aided Learning (CAL)	CAL
computer code	Computercode
computer family	Rechnerfamilie
computer generation	Computer-Generation
computer graphics	Computergrafik
computer network	Rechnernetz

Wörterbuch Englisch – Deutsch

Englisch	Deutsch
computer science	Informatik
computer simulation	Computersimulation
concatenated	verkettet
concurrency	Parallellauf
concurrent access	gleichzeitiger Zugriff
conditional jump	bedingter Sprung
conductor	Leiter
configuration	Konfiguration
connector	Steckverbinder
console	Konsole
console operator	Konsolenbediener
constant	Konstante
continuation address	Folgeadresse
continuation line	Folgezeile
control	Steuerung, Kontrolle
control bit pattern	Kontrollbitmuster
control block	Steuerblock
control bus	Kontrollbus, Steuerbus
control character	Steuerzeichen
control counter	Befehlszähler
control cycle	Steuerzyklus
control field	Kontrollfeld
control instruction	Steueranweisung
control memory	Steuerspeicher
control register	Befehlsregister

Wörterbuch Englisch – Deutsch

Englisch	Deutsch
control station	Leitstation
control unit	Steuerwerk, Steuereinheit
control value	Kontrollwert
control variable	Steuervariable
controller	Controller, Kontrolleinheit
conversational language	Dialogsprache
conversational mode	Dialogbetrieb
convert	konvertieren, umwandeln
converter	Wandler
coprocessor	Koprozessor
core memory	Magnetkernspeicher
core	Kern
core dump	Dump des Kernspeichers
counter	Zähler
CPU architecture	CPU-Architektur
crash	Absturz
cross assembler	Cross-Assembler
cross compiler	Cross-Compiler
cross hairs	Fadenkreuz
cross talk	Übersprechen
cursor	Cursor, Schreibmarke
customize	anpassen
cybernetics	Kybernetik
cycle	Zyklus, Folge, Periode
cycle time	Zykluszeit

Wörterbuch Englisch – Deutsch

Englisch	Deutsch
Cyclic Redundancy Check (CRC)	CRC-Prüfung
cylinder	Zylinder
daisy wheel printer	Typenraddrucker
daisy chain	Verkettung
data	Daten
data station	Datenstation
data acquisition	Datenerfassung
data administration	Datenverwaltung
data base key	Datenbankschlüssel
data base system	Datenbanksystem
data base	Datenbank
data block	Datenblock
data buffer	Datenpuffer
data bus	Datenbus
data capture	Datenerfassung
data carrier	Datenträger
data cartridge	Datenkassette
data chain	Datenkette
data channel	Datenkanal
data communication	Datenübertragung
data compaction	Datenverdichtung
data compression	Datenkompression
data control word	Datenkontrollwort
data description	Datenbeschreibung
data directory	Datenadreßverzeichnis

Wörterbuch Englisch – Deutsch

Englisch	Deutsch
data element	Datenelement
data exchange	Datenaustausch
data field	Datenfeld
data file	Datei
data format	Datenformat
data input	Dateneingabe
data library	Datenbibliothek
data link	Datenverbindung
data management	Datenverwaltung
data module	Datenmodul
data medium	Datenträger
data module drive	Datenmodullaufwerk
data network	Datennetzwerk
data output	Datenausgabe
data path	Datenpfad
data processing	Datenverarbeitung
data protection	Datenschutz
data recording	Datenerfassung
data security	Datensicherung
data structure	Datenstruktur
data transmission	Datenübertragung
data type	Datentyp
data unit	Dateneinheit
data word	Datenwort
data sink	Datensenke

Wörterbuch Englisch – Deutsch

Englisch	Deutsch
data source	Datenquelle
deactivate	deaktivieren
deadlock	Deadlock
debug program	Fehlersuchprogramm
debugging aids	Fehlersuchhilfen
debugging	Fehlerbeseitigung
decimal point	Dezimalpunkt
decimal system	Dezimalsystem, Zehnersystem
decimal-to-binary-conversion	Dezimal-Binär-Umwandlung
decision table	Entscheidungstabelle
declaration	Deklaration
decoder	Dekodierer
decrement	dekrementieren, vermindern
dedicated	fest zugeordnet
default	Standardwert/Voreinstellung
default value	Standardwert
density	Schreibdichte
destructive read	zerstörendes Lesen
detach	lösen, freigeben
development system	Entwicklungssystem
development time	Entwicklungszeit
deviation	Abweichung
device driver	Gerätetreiber
diagnostic routine	Fehlersuchroutine
dial pulse	Wählimpuls

Wörterbuch Englisch – Deutsch

Englisch	Deutsch
dialect	Dialekt
dialogue	Dialog
differential analyser	Differentialrechner
digit	Ziffer
digital	digital
digital cassette	Digitalkassette
digital computer	Digitalrechner
digital data	Digitaldaten
digital loop test	Digital-Schleifentest
digitization	Digitalisierung
digitize	digitalisieren
digitizer	A/D-Wandler
direct access memory	Speicher mit direktem Zugriff
direct access method	Direktzugriffsmethode
direct addressing	direkte Adressierung
Direct Current (DC)	Gleichstrom
direct drive	Direktantrieb
Direct MemoryAccess (DMA)	Direkter Speicherzugriff
directory	Dateiverzeichnis, Inhaltsverzeichnis
disabled	gesperrt, deaktiviert
disk	Scheibe, Platte
disk directory	Platten-, Diskettenverzeichnis
disk drive	Diskettenlaufwerk/Plattenlaufwerk
disk file	Datei
disk(ette)	Diskette (Disk), Platte

Wörterbuch Englisch – Deutsch

Englisch	Deutsch
disk storage	Plattenspeicher
display device	Sichtgerät
display driver	Grafiktreiber
display	Anzeige
DMA channel	DMA-Kanal
DMA controller	DMA-Controller
document	Dokument
documentation	Dokumentation
dot matrix printer	Punktmatrixdrucker
double density	doppelte Dichte
double-sided	zweiseitig
drive	Laufwerk
driver	Treiber
dump	Dump
duplex	Duplex
duplex operation	Duplexbetrieb
dynamic memory	dynamischer Speicher
dynamic RAM	dynamisches RAM
echo	Echo
edit	bearbeiten, editieren
editor	Editor
electric schematic diagram	Schaltplan
electroluminiscence	Elektrolumineszenz
electromechanics	Elektromechanik
electron beam	Elektronenstrahl

Wörterbuch Englisch – Deutsch

Englisch	Deutsch
electronic device	elektronisches Bauteil
electronic mail	elektronische Post
electronic musics	elektronische Musik
emergency power supply	Notstromversorgung
emulation	Emulation
emulator	Emulator
enabled	freigegeben, aktiviert
encode	codieren, verschlüsseln
encryption	Verschlüsselung
end of file mark	Dateiendemarke
End-Of-File (EOF)	Dateiende
End-Of-Tape (EOT)	Bandende
End-of-TeXt (ETX)	Textende
environment	Umgebung
equality sign	Gleichheitszeichen
erasable storage	löschbarer Speicher
error	Fehler
error burst	Fehlerhäufung
error control	Fehlerkontrolle
error detecting code	Fehlersuchcode
error detection	Fehlererkennung
error list	Fehlerliste
error rate	Fehlerverhältnis
error recovery	Fehlerkorrektur
escape sequenz	Escape-Sequenz

Wörterbuch Englisch – Deutsch

Englisch	Deutsch
escape symbol	Escape-Zeichen
evaluation module	Entwicklungsmodul
exchangeable disk	Wechselplatte
executable	ausführbar
execution cycle	Ausführungszyklus
execution time	Ausführungszeit
exit	Ausgabebefehl, Ausgang
expert system	Expertensystem
exponent	Exponent
Extended Binary Coded	EBCDI
extension	Namenszusatz
extension register	Zusatzregister
external sort	externes Sortieren
external storage	externer Speicher
fail safe system	störungssicheres System
fan-fold paper	Endlospapier
FastAccess Memory	Schnellzugriffsspeicher
fault	Defekt, Fehler, Störung
fault-tolerance	Fehlertoleranz
FAX (FAXimile, facsimile)	Fax
fetch	Abruf
fetch cycle	Holzyklus
fiberoptics	Glasfaserkabel
file	Datei
file management	Dateiverwaltung

Wörterbuch Englisch – Deutsch

Englisch	Deutsch
file name	Dateiname
file protection	Dateischutz
file server	Datei-Server
file transfer	Dateiübertragung
filter	Filter
filter program	Filterprogramm
firmware	Firmware
fixed disk	Festplatte
fixed point number	Festpunktzahl
flag	Flag
flat bed plotter	Flachplotter
flicker	Flimmern
flipflop	Flipflop
floppy disk	Floppy-Disk
flowchart	Programmablaufplan
flow control	Flußkontrolle
format	Format
formatting	Formatieren
form feed	Seitenvorschub
frame buffer	Bildwiederholspeicher
frame connector	Steckerleiste
frequency	Frequenz
friction feed	Reibungsvorschub
full adder	Volladdierer
full duplex	Vollduplex

Wörterbuch Englisch – Deutsch

Englisch	Deutsch
function	Funktion
function character	Funktionszeichen
function key	Funktionstaste
fuse	Sicherung
gap	Spalt, Lücke
garbage	unsinniges Ergebnis
garbage collection	Speicherbereinigung
gate	Gatter
gate, AND	UND-Gatter
gate, NAND	NAND-Gatter
gate, NOR	NOR-Gatter
gate, OR	ODER-Gatter
gateway	Gateway
general register	Mehrzweckregister
generate	generieren, erzeugen
generation	Generation
generator	Generator
global variable	globale Variable
graphic display	Grafikanzeige
graphis board	Grafikkarte
graphic instruction	Grafikbefehl
graphic package	Grafikpaket
graphic printer	Grafikdrucker
graphic screen	Grafikbildschirm
graphic software	Grafik-Software

Wörterbuch Englisch – Deutsch

Englisch	Deutsch
graphic symbol	grafisches Symbol
graphic tablet	Zeichentablett
graphics	Grafik
graycode	Gray-Code
grid	Gitter, Matrix, Raster
ground	Masse, Erde
guru	Guru
hacker	Hacker
half adder	Halbaddierer
half duplex	Halbduplex
hamming-code	Hamming-Code
handheld scanner	Handscanner
handheld computer	Aktentaschencomputer
hard copy	Hardcopy, Kopie, Bildschirmausdruck
hard disk	Festplatte
hardware address	Hardwareadresse
hardware check	Hardwareprüfung
hardware	Hardware
hardwired	festverdrahtet
hashing	Hash-Vefahren
head	Schreib-/Lesekopf
head-to-tape contact	Bandkontakt mit dem Schreib-/Lese-Kopf
hertz	Hertz
hexadecimal	hexadezimal

Wörterbuch Englisch – Deutsch

Englisch	Deutsch
High Level Data Link Control	HDLC-Prozedur
high level language	Hochsprache
highlight	hervorheben
home computer	Heimcomputer
horizontal scroll	horizontales Rollen
host	Host
human engineering	Ergonomie
hybrid computer	Hybridrechner
I/O (input/output)	Ein-/Ausgabe
I/O area	Ein-/Ausgabebereich
I/O channel	Ein-/Ausgabekanal
I/O unit	Ein-/Ausgabewerk
IC (integrated Circuit)	Integrierte Schaltung
icon	Bildschirmsymbol, Icon
identity	Identität
IEC-bus	IEC-Bus
illegal character	unzulässiges Zeichen
illegal instruction	unzulässiger Befehl
image processing	Bildverarbeitung
image sensor, CCD	CCD-Bildsensor
immediate access	direkter Speicherzugriff
immediate addressing	direkte Adressierung
impact printer	mechanische Drucker
implement	implementieren
implementation	Implementation

Wörterbuch Englisch – Deutsch

Englisch	Deutsch
increment	erhöhen/Inkrement
increment size	Inkrementgröße
index	Index
index hole	Indexloch
index register	Indexregister
index value	Indexwert
index variable	Laufvariable
indexed file	indizierte Datei
indexing	Indizierung
indirect addressing	indirekte Adressierung
inference engine	Inferenzmaschine
information	Information
inhibit pulse	Sperrimpuls
initialize	initialisieren
initializing	Initialisierung
ink-jet-printer	Tintenstrahldrucker
ink-spray-plotter	Tintenplotter
input	Eingabe, eingeben, Eingang
input area	Eingabebereich
input channel	Eingabekanal
input data	Eingabedaten
input device	Eingabegerät
input instruction	Eingabebefehl
input port	Eingabeport
input program	Eingabeprogramm

Wörterbuch Englisch – Deutsch

Englisch	Deutsch
input unit	Eingabewerk
input/output	Ein-/Ausgabe
input/output bus	Ein-/Ausgabe-Bus
input/output port	Ein-/Ausgabe-Port
insertion sort	Einfügesortierung, Insertion Sort
install	installieren
instruction	Befehl, Instruktion
instruction code	Befehlscode
instruction cycle	Befehlszyklus, Operationszeit
instruction format	Befehlsformat
instruction length	Befehlslänge
instruction list	Befehlsliste
instruction mix	Befehlsmix
instruction register	Befehlsregister
instruction set	Befehlssatz, Befehlsvorrat
instruction time	Befehlszeit
instruction word	Befehlswort
inteface types	Schnittstellentypen
integer	Ganzzahl
integer arithmetic	Integerarithmetik
integer variable	Integervariable
integration	Integration
intelligent	intelligent
interactive mode	Dialogbetrieb
interface	Interface, Schnittstelle

Wörterbuch Englisch – Deutsch

Englisch	Deutsch
internal sort	internes Sortieren
interpolation	Interpolation
interpreter	Interpreter
interrupt	Programmunterbrechung
interrupt request	Unterbrechungsanforderung
inverter	Inverter
macro assembler	Makroassembler
macro instruction	Makrobefehl
macro library	Makrobibliothek
magnetic bubble memory	Magnetblasenspeicher
magnetic core	Magnetkern
magnetic core storage	Kernspeicher
magnetic disk	Magnetplattenspeicher
magnetic head	Magnetkopf
magnetic tape device	Bandlaufwerk
magnetic tape reader	Magnetbandloser
magnetic tape	Magnetband
magnetic track	Magnetspur
magnetic card	Magnetkarte
mailbox	elektronischer Briefkasten Mailbox
main menu	Hauptmenü
main program	Hauptprogramm
main storage	Hauptspeicher
main task	Hauptaufgabe
mainframe	Großrechner, Mainframe

Wörterbuch Englisch – Deutsch

Englisch	Deutsch
maintainability	Wartbarkeit
maintenance	Wartung
malfunction	Störung
mantissa	Mantisse
manual	Dokumentation, Handbuch
manual control	manuelle Steuerung
manual input	manuelle Eingabe
mask	Maske
mass storage	Massenspeicher
master	Master
masterdisk	Masterdisk
matching	Anpassung, Übereinstimmung
matrix	Matrix
matrix character	Matrixzeichen
matrix printer	Matrixdrucker
matrix printing	Matrixdruck
MByte (Mb)	Megabyte
mean value	Mittelwert
memory	Speicherplatz
memory address	Speicheradresse
memory bus	Speicherbus
memory capacity	Speicherkapazität
memory data register	Speicherregister
memory management	Speicherverwaltung
memory protection	Speicherschutz

Wörterbuch Englisch – Deutsch

Englisch	Deutsch
memory resident	speicherresident
memory word	Speicherwort
memory cycle	Speicherzyklus
memory cycletime	Zykluszeit
memory dump	Speicherauszug
menu	Menü
merge	mischen
message	Nachricht, Meldung
meta language	Metasprache
metaphor	Metapher
micro disk	Mikrodiskette
micro instruction	Mikrobefehl
micro program	Mikroprogramm
microchip	Mikrochip
microcode	Mikrocode
microcomputer	Kleincomputer, Mikrocomputer
microprocessor	Mikroprozessor
minicartridge	Minikassette
minicomputer	Minicomputer
mnemonic	Mnemonik, mnemonisch
mode	Betriebsart, Modus
model	Modell, Muster
MODEM (MOdulator/DEModulator)	Modem
modular	modular
modulation	Modulation

Wörterbuch Englisch – Deutsch

Englisch	Deutsch
module	Modul
monitor	Monitor
monochrome display	monochromer Bildschirm
motherboard	Hauptplatine
mouse	Maus
multi tasking	Multitasking
multilayerpcboard	Mehrlagenplatine
multiplex channel	Multiplexkanal
multiplexer	Multiplexer
multiplexing	multiplexen
multiplex mode	Multiplexbetrieb
multiuser system	Mehrplatzsystem
NAND-gate	NAND-Verknüpfung
negation	Negation
negative logic	negative Logik
network layer	Netzwerkschicht
network	Netzwerk
new start	Neustart
nibble	Halbbyte, Nibble
node	Knoten
non impact printer	anschlagfreier Drucker
NOR-gate	NOR-Verknüpfung
null operation	Nulloperation
null statement	Leerbefehl
number system	Zahlensystem

Wörterbuch Englisch – Deutsch

Englisch	Deutsch
numeric	numerisch
numeric keypad	Zehnerblock
object code	Objektcode
object program	Objektprogramm
OCRcode	OCR-Schrift
octal number system	Oktalsystem
offline operation	offline, Offline-Betrieb
offset	Adressenversatz
online	online, Online-Betrieb
opcode	Opcode
operand	Operand
operation	Operation
operation code	Operationscode
operator	Operator
optical disk	optische Diskette
optical reader	Optischer Leser
OR-gate	ODER-Verknüpfung
output	Ausgabe
output area	Ausgabebereich
output channel	Ausgabekanal
output data	Ausgabedaten
output device	Ausgabegerät
output format	Ausgabeformat
output port	Ausgabeport
output statement	Ausgabebefehl

Wörterbuch Englisch – Deutsch

Englisch	Deutsch
output unit	Ausgabewerk
overflow	Überlauf
overlay	Überlagerung
overwrite	überschreiben
pack	verdichten
package, packet	Paket
page	Seite
paperfeed	Papiervorschub
parallel port	parallele Schnittstelle
parameter	Parameter
parity	Parität
parity bit	Paritätsbit
parity check	Paritätskontrolle
parser	Parser
password	Kennwort
patch	anpassen
patching	FE-Methode
path name	Pfadname
peripheral	peripher
peripheral device	Peripherie-Gerät
peripheral mix	Peripherie-Mix
peripheral server	Peripherie-Server
peripheral unit	Anschlußgerät
peripherals	Peripherie
personal computer	Arbeitsplatzcomputer

Wörterbuch Englisch – Deutsch

Englisch	Deutsch
physikal	physikalisch
picture resolution	Bildauflösung
pie chart	Kuchendiagramm
pipeline	Pipeline
pixel	Bildpunkt, Pixel
pixel processor	Grafikprozessor
plasma screen	Plasmabildschirm
plotter	Plotter, Zeichengerät
plug-in board	Steckkarte
plug-in card	Einschubkarte
point of sale	Verkaufsstelle
pointer	Zeiger
polish notation	polnische Notation
polling	Abfragetechnik
port	Anschluß, Port
portability	Portabilität
positioning	Positionierung
positive logic	positive Logik
precision	Genauigkeit
preprocessor	Preprozessor
print command	Druckbefehl
print head	Druckkopf
print mask	Druckmaske
print server	Druckserver
printed circuit	gedruckte Schaltung

Wörterbuch Englisch – Deutsch

Englisch	Deutsch
printer	Drucker
priority	Priorität, Vorrang
procedure	Prozedur
process	Prozeß
process control	Prozeßsteuerung
processor	Prozessor
production rule	Ersetzungsregel
program	Programm
program abort	Programmabbruch
program cartridge	Steckmodul
program control	Ablaufsteuerung
program counter	Programmzähler
program editor	Editor
program listing	Quellcode, Listing
program modul	Programmodul
program run	Programmlauf
program statement	Anweisung
programmer	Programmiergerät
programming language	Programmiersprache
prompt	Bereitschaftszeichen
protocol	Protokoll
pseudo random number	Pseudo-Zufallszahl
pseudo instruction	Pseudo-Befehl
punched card	Lochkarte
punched tape	Lochstreifen

Wörterbuch Englisch – Deutsch

Englisch	Deutsch
quartz crystal	Quarzkristall
query	Abfrage
query language	Abfragesprache
queue	Schlange
quicksort	Quicksort
radix	Basiszahl
RAM disk	RAM-Floppy
random access	wahlfreier Zugriff
raster graphic	Rastergrafik
raster screen	Rasterbildschirm
ray tracing	Strahlverfolgung
read	lesen
read error	Lesefehler
read instruction	Lesebefehl
read only memory	Nur-Lese-Speicher
read/write head	Lese-Schreib-Kopf
reader, scanner	Lesegerät
real time language	Echtzeitsprache
real time operation	Echtzeitbetrieb
real time processing	Echtzeitverarbeitung
recall	Widerruf
record	Datensatz
recording head	Schreibkopf
recursion	Rekursion
redundancy	Redundanz

Wörterbuch Englisch – Deutsch

Englisch	Deutsch
refresh	Auffrischoperation
refresh rate	Bildwiederholfrequenz
register	Register
relative addressing	relative Adressierung
release	Programmfreigabe
reliability	Zuverlässigkeit
remark	Anmerkung
remote	abgelegen, rechnerfern
reorganize	reorganisieren
replace	ersetzen
report	Report, Bericht
reserved words	reservierte Worte
reset	Reset, zurücksetzen
resident	resident
resolution	Auflösung
response time	Antwortzeit
retrieval	Retrieval
return address	Rückkehradresse
return instructions	Return-Anweisung
root	Wurzel
rotate	rotieren, drehen
round off	Rundung
routing	verbinden
run time	Ausführungszeit
scaling	Skalieren

Wörterbuch Englisch – Deutsch

Englisch	Deutsch
scan	abtasten
scan rate	Abtastzeit
scanner	Bildabtaster, Scanner
scheduling	Zuteilung
scope	Gültigkeitsbereich
screen	Bildschirm
screen editor	Bildschirm-Editor
screen mask	Bildschirmmaske
scroll	rollen
search and replace	Suchen und Ersetzen
search	suchen
sector	Sektor
segment	Segment
selection	Selektion
selection sort	Auswahlsortierung
selector channel	Selektorkanal
semantics	Semantik
semiconductor	Halbleiter
sensor screen	Sensorbildschirm
separater	Trennzeichen
sequential access	sequentieller Zugriff
sequential file	sequentielle Datei
serial port	serielle Schnittstelle
serial transmission	serielle Übertragung
server	Server

Wörterbuch Englisch – Deutsch

Englisch	Deutsch
service	Wartung
session	Sitzung
shake sort	Shakersort
sheet feeder	Einzelblatt-Einzug
shell	Shell
shell sort	Shellsort
shift	verschieben
shift operation	Verschiebebefehl
shuttle sort	Shuttlesort
simulation	Simulation
single density	einfache Dichte
single precision	einfache Genauigkeit
single step mode	Single-Step-Betrieb
single user system	Einplatzsystem
soft-sectored	softsektoriert
software	Software
software house	Softwarehaus
software package	Programmpaket
sort	sortieren
sort program	Sortierprogramm
sorting method	Sortierverfahren
sound synthesis	Klangerzeugung, Klangsynthese
source	Quelle
source code	Quellcode
source document	Quelldokument

Wörterbuch Englisch – Deutsch

Englisch	Deutsch
source language	Quellsprache
source program	Quellprogramm
space	Zwischenraum
spaghetti code	Spaghetti-Code
special character	Sonderzeichen
speech processing	Sprachverarbeitung
split screen	geteilter Bildschirm
spooler	Spooler
spread sheet	Tabellenkalkulation
sprite	Sprite
stack	Stapel, Kellerspeicher, Stack
stackpointer	Stapelzeiger
start address	Stadadresse
start bit	Startbit
statement	Statement
static RAM	statisches RAM
status register	Statusregister
stepping rate	Schrittgeschwindigkeit
stop bit	Stopbit
storage density	Speicherdichte
streamer	Streamer
string	Zeichenkette
sub-directory	Teilverzeichnis
surface model	Flächenmodell
swapping	Prozeß-Ein-/Auslagerung

Wörterbuch Englisch – Deutsch

Englisch	Deutsch
switch	Schalter
syntax	Syntax
syntax error	Syntaxfehler
system clock	Taktgeber
system documentation	Systemdokumentation
system program	Systemprogramm
table	Tabelle
talker	Sprecher
tape	Band
tape error	Bandfehler
tape reader	Lochstreifenleser
target	Ziel
target language	Zielsprache
task	Task
teletype	Fernschreiber
television set	Fernsehgerät
temporary storage	Zwischenspeicher
terminal	Datensichtgerät, Terminal
test data	Testdaten
thermal printer	Thermodrucker
thrashing	Überlast
throughput	Durchsatz
time sharing	Teilnehmerbetrieb
time slice	Zeitscheibe
timer	Zeitgeber

Wörterbuch Englisch – Deutsch

Englisch	Deutsch
token	Token
tokenize	tokenisieren
tool	Tool
trace	Ablaufverfolgung
tracer	Tracer
track	Spur
track ball	Rollkugel zur Mauszeigersteuerung
track density	Spurdichte
track width	Spurbreite
tracking symbol	Nachführsymbol
tractor	Traktor
transfer rate	Übertragungsgeschwindigkeit
transparent	transparent
transputer	Transputer
trouble shooting	Fehlersuche
unbundling	Entbündelung
underflow	Unterlauf
unformatted	unformatiert
unjustified text	Flattersatz
unpack	entpacken
update	aktualisieren
upward compatible	aufwärtskompatibel
user interface	Benutzerschnittstelle
user program	Anwendungsprogramm
utility	Hilfsprogramm

Wörterbuch Englisch – Deutsch

Englisch	Deutsch
V.24-interface	V.24-Schnittstelle
variable data	variable Daten
variable	Variable
vector	Vektor
vector graphics	Vektorgrafik
vector screen	Vektorbildschirm
version	Version
version number	Versionsnummer
vertical scroll	vertikales Rollen
video connector	Video-Ausgang
volatile storage	flüchtiger Speicher
wafer	Siliziumscheibe zur Chip-Herstellung
warm boot	Warmstart
winchester disk	Winchester-Platte
windowing	Fenstertechnik
wire printer	Nadeldrucker
word	Wort
word length	Wortlänge
word-processing	Textverarbeitung
word-processor	Textprogramm
working storage	Arbeitsspeicher
write instruction	Speicherbefehl
write protection	Schreibschutz; Schreibsperre
write	schreiben
XOR-gate	XOR-Verknüpfung

Wörterbuch Englisch – Deutsch

Englisch	Deutsch
zero	Nullsetzen
zero page	Zero-Page
zeroflag	Zero-Flag
zerosuppression	Nullunterdrückung

Abkürzungsverzeichnis

3WC	3-Way Calling
AAD	Analog Alignment Diskette
ABC	Atanasoff-Berry Computer
ABE	Agent Building Environment
ABIOS	Advanced Basic Input / Output System
AC	Alternating Current
ACF	Advanced Communications Function
ACK	Acknowledgement
ACL	Access Control List
ACPI	Advanced Configuration and Power Interface
ACS	Automatic Class Selection
ADC	Analog Digital Converter
ADCCP	Advanced Data Communications Control Procedures
ADP	Automated Data Processing
ADPCM	Adoptive Differential Pulse Code Modulation
ADSC	Adobe Document Structuring Conventions
ADSI	Active Directory Services Interface
ADSL	Asymmetric Digital Subscriber Line
AF	Auxillary-carry Flag
AFC	Automatic Frequency Control

Abkürzungsverzeichnis

AFP	AppleTalk File Protocol
AGC	Automatic Gain Control
AGIS	Apex Global Information Services
AGP	Accellerated Graphics Port
AI	Artificial Intelligence
AIN	Advanced Intelligent Network
AIX	Advanced Interactive Executive
AKM	Apogee Kick Motor
ALI	Acer Laboratories, Inc.
ALIVE	Artificial Life Interactive Video Environment
AMD	Advanced Micro Devices
AMI	Alternative Mark Inversion
AMI	American Megatrends, Inc.
AMS	Access Method Services
ANA	Automatic Number Announcement
ANI	Automatic Number Identification
ANSI	American National Standards Institute
AOL	America Online
APA	All Points Addressable
APC	American Power Conversion
API	Application Program Interface
APM	Advanced Power Management
APPC	Advanced Program-to-Program Communications
ARC	Attached Resources Computing
ARLL	Advanced Run Length Limited
ARP	Address Resolution Protocol
ARPA	Advanced Research Projects Agency

Abkürzungsverzeichnis

ARPANET	Advanced Research Projects Agency Network
ARQ	Automatic Repeat Request
AS	Autonamous System
ASAP	Any Service / Any Port
ASCII	American Standard Code for Information Interchange
ASG	Advanced Systems Group
ASIC	Application Specific Integrated Circuit
ASME	American Society of Mechanical Engineers
ASP	Association of Shareware Professionals
ASPI	Advanced SCSI Programming Interface
ASR	Automatic Send / Recieve
AST	Asynchronous System Trap
AT	Advanced Technology
AT	Attention
AT&T	American Telephone & Telegraph Company
ATA	AT Attachment
ATAPI	AT Attachment Packet Interface
ATM	Adobe Type Manager
ATM	Asynchronous Transfer Mode
AUI	Attachment Unit Interface
AVI	Audio/Video Interleaved
AVN	Ameritech Virtual Network
AWB	Aglets Workbench
AXP	Almost Exactly Prism
B8ZS	Binary 8-Zero Substitution
BALUN	Balanced/Unbalanced
BANCS	Bell Application Network Control System

Abkürzungsverzeichnis

BANM	Bell Atlantic Nynex Mobil
BARRNET	Bay Area Research Network
BASIC	Beginners All-Purpose Symbolic Instruction Code
BBS	Bulletin Board System
BCC	Blind Carbon Copy
BCD	Binary Coded Decimal
B-CDMA	Broadband Code Division Multiple Access
BDC	Backup Domain Controller
BECN	Backward Explicit Congestion Notation
BellCoRe	Bell Communications Research
BEZS	Bandwidth Efficent Zero Suppression
BFT	Binary File Transfer
BGA	Ball Grid Array
BGP	Border Gateway Patrol
BIL	Band Interleaved by Line
BIOS	Basic Input Output System
BIP	Band Interleaved by Pixel
bitBLT	BitBlock Transfer
BITNET	Because It's Time Network
BIU	Bus Interface Unit
BL	Blue Lightning (Chip)
BMP	Bitmap
BNC	British National Connector
BOOTP	Boot Protocol
BPB	BIOS Parameter Block
BPF	Berkeley Packet Filter
BPS	Bits Per Second

Abkürzungsverzeichnis

BRB	Be Right Back
BRI	Basic Rate Interface
BSC	Bi-Synchronous Communication
BSD	Berkeley Software Distribution
BSP	Bell Systems Practice
BSQ	Band Sequential
BT	British Telecom
BTB	Branch Target Buffer
BTS	Base Transciever Station
C	Country
CACP	Central Arbitration Control Point
CAD	Computer Aided Design
CAM	Common Access Method
CAM	Computer Aided Machining
CAN	Campus Area Network
CAP	Communications Alternative Provider
CAS	Column-Address Select
CASE	Computer Aided Software Engineering
CATANET	Concatanated Network
CATV	Cable Television
CAV	Constant Angular Velocity
CB	Citizens Band
CB	Component Broker
CBT	Computer Based Training
CC	Carbon Copy
CCB	Command Control Block

Abkürzungsverzeichnis

CCITT	Comité Consultatif International Téléphonique et Télégraphique
CCS	Common Channel Signaling
CCS	Common Command Set
CCTV	Closed Circuit Television
CD	Carrier Detect
CD	Compact Disc
CDC	Control Data Corporation
CD-DA	Compact Disc – Digital Audio
CDDI	Copper Distributed Data Interface
CDFS	CD-ROM File System
CDI	Compact Disc Interactive
CDIA	Certified Document Imaging Architect
CDMA	Code Division Multiple Access
CDPD	Cellular Digital Packet Data
CD-R	Compact Disc – Recordable
CD-ROM	Compact Disc – Read Only Memory
CD-RW	Compact Disc – Re-Writable
CE	Consumer Electronics
CERFNET	California Educational Research Network
CERT	Computer Emergency Response Team
CF	Carry Flag
CFP	Computers, Freedom and Privacy
CGA	Color Graphics Adapter
CGI	Common Gateway Interface
CGM	Computer Graphics MetaFile
CHAP	Challenge-Handshake Authentication Protocol

Abkürzungsverzeichnis

CHS	Cylinders / Heads / Sectors
CICS	Customer Information Control System
CIDR	Classless Inter-Domain Routing
CIM	Common Information Model
CIO	Chief Information Officer
CIS	CompuServe Information Services
CISC	Complex Instruction Set Computing
CLE	Customer Located Equipment
CLEC	Competetive Local Exchange Carrier
CLV	Constant Linear Velocity
CMI	Cable Microcell Integrator
CMI/HIC	Cable Microcell Integrator / Headend Interface Converter
CMIP	Common Management Information Protocol
CMOS	Complimentary Metal Oxide Semiconductor
CMP	Communications Plenum Cable
CMR	Communications Riser Cable
CMS	Code Management System
CMYK	Cyan, Magenta, Yellow, Black
CN	Common Name
CNA	Certified Network Administrator
CNC	Computer Numeric Control
CNE	Certified Network Engineer
CNS	Certified Novell Salesperson
CO	Central Office
COA	Certificate Of Authenticity
COAST	Cache On A Stick
COBOL	Common Business Oriented Language

Abkürzungsverzeichnis

CODEC	Coder/Decoder
CODEC	Compression/Decompression
COMDEX	Communications Development Exposition
COPS	Concept Oriented Programming System
CORBA	Common Object Request Broker Architecture
COS	Class Of Service
COSMOS	Computer System for Mainframe Operations
CoSysOp	Co-Systems Operator
COW	Charachter-Oriented Windows
CP/M	Control Program/Microcomputer
CPE	Customer Premises Equipment
CPS	Charachters Per Second
CPU	Central Processing Unit
CR	Carriage Return
CRC	Cyclical Redundancy Checking
CRN	Computer Reseller News
CRT	Cathode Ray Tube
C-SCANS	Client-Systems Computer Access Networks
CSD	Corrective Service Diskettes
CSID	Calling Station Identification
CSLIP	Compressed Serial Line Internet Protocol
CSMA	Carrier Sense Multiple Access
CSMA/CD	Carrier Sense Multiple Access – Collision Detection
CSNET	Computer Science Network
CSP	CompuCom Speed Protocol
CSS	Cascading Style Sheets
CSU	Channel Service Unit

Abkürzungsverzeichnis

CTI	Computer-Telephony Integration
CTS	Clear To Send Signal
CTTC	Copper To The Curb
CTTH	Copper To The Home
CTTY	Console Teletype
CUI	Centre Universitaire d'Informatique
CUT	Control Unit Terminal
CVF	Compressed Volume File
CW	Continuous Wave
CWT	Call Waiting
CYBORG	Cybernetic Organism
D2T2	Dye Diffusion Thermal Transfer
DAC	Digital to Analog Converter
DAMA	Demand Assigned Multiple Access
DARPA	Defense Advanced Research Projects Agency
DASD	Direct Access Storage Device
DAT	Digital Audio Tape
DATU	Direct Access Testing Unit
DAVID	Digital Audio/Video Interactive Decoder
dB	Decibels
dBm	Decibels per Milliwatt
DBMS	DataBase Management System
DBR	DOS Boot Record
DBS	Demand Broadcast System
DBS	Direct Broadcast Satellite
DC	Direct Current
DCB	Data Control Block

Abkürzungsverzeichnis

DCC	Direct Cable Connection
DCE	Data Communications Equipment
DCE	Distributed Computing Environment
DCS	Digital Communication Services
DD	Data Definition
DD	Definition Description (HTML)
DD	Double Density
DDCMP	Digital Data Communications Message Protocol
DDD	Digital Diagnostic Diskette
DDD	Direct Distance Dial
DDE	Dynamic Data Exchange
DDial	Diversi-Dial
DDN	Defense Department Network
DDT	Don't Do That
DDT	Dynamic Debugging Tool
DEC	Digital Equipment Corp.
DECNET	Digital Equipment Corporation Network
DES	Defense Encryption Standard
DFDSS	Data Facility Dataset Services
DFHSM	Data Facility Hierarchical Storage Manager
DFSMS	Data Facility Storage Management Subsystem
DG-UX	Data General Unix
DHCP	Dynamic Host Configuration Protocol
DI	Destination Index
DIIG	Digital Information Infrastructure Guide
DIMM	Dual In-Line Memory Module
DIN	Deutsche Industrie Norm

Abkürzungsverzeichnis

DIP	Dual In-Line Package
DIS	Dynamic Impedence Stabilization
DISOSS	Distributed Office Support System
DL	Definition List
DLC	Digital Loop Carrier
DLCI	Data Link Connection Identifier
DLL	Dynamic Link Library
DLSw	Data Link Switching
DLT	Digital Linear Tape
DLVA	Detector Logarithmic Video Amplifier
DMA	Direct Memory Access
DMF	Distribution Media Floppy
DMI	Desktop Management Interface
DMM	Digital Multi-Meter
DMS	Digital Multiplex Switch
DMS	Digital Multiplex System
DMT	Discrete Multi-Tone
DMTF	Desktop Management Task Force
DN	Domain Name
DNA	DEC Network Architecture
DNIS	Dialed Number Identification Service
DNR	Digital Number Recorder
DNS	Domain Name System
DOS	Disk Operating System
DOW	Direct Over-Write
DPI	Dot Pitch Integer
DPMS	Display Power Management Signaling

Abkürzungsverzeichnis

DPMS	DOS Protected Mode Services
DPT	Distributed Processing Technology
DQDB	Distributed Queue Dial Bus
DRAM	Dynamic Random Access Memory
DSA	Distributed Systems Architecture
DSI	Digital Speech Interpolation
DSL	Digital Subscriber Line
DSLAM	Digital Subscriber Line Access Multiplexer
DSP	Digital Signal Processor
DSR	Date Set Ready
DT	Definition Term
DTA	Disk Transfer Area
DTE	Data Terminal Equipment
DTMF	Dual Tone Modulated Frequency
DTP	Desktop Publishing
DTR	Data Terminal Ready
DTV	Desktop Video
DUN	Dial-Up Networking
DV	Digital Video
DVB	Digital Video Broadcasting
DVC	Digital Video Conference
DVD	Digital Video Disc
DVI	Digital Video Interactive
DYLAN	Dynamic Language
EBCDIC	Extended Binary Coded Decimal Interchange Code
EBR	Extended-Partition Boot Record
ECC	Error Correction Code

Abkürzungsverzeichnis

ECD	Electronic Cash Disbursements
ECM	Error Correction Mode
ECMA	European Computer Manufacturers Association
ECP	Extended Capabilities Port
ED	Extra-High Density
EDI	Electronic Data Interchange
EDO	Extended Data-Out
EDP	Electronic Data Processing
EEPROM	Electronic Erasable Programmable Read-Only Memory
EEST	Enhanced Ethernet Serial Transciever
EFF	Electronic Frontier Foundation
EGA	Enhanced Graphics Adapter
EGP	Exterior Gateway Protocol
EIA	Electronic Industries Association
EIDE	Enhanced Integrated Drive Electronics
EIRP	Effective Isotropic Radiated Power
EISA	Enhanced/Extended Industry Standard Architecture
ELF	Extremely Low Frequency
EMA	Electronic Messaging Association
EMA	Enterprise Management Architecture
EMF	Electro Motive Force
EMF	Enhanced Metafile Format
EMM	Extended Memory Manager
EMR	Electromagnetic Radiation
EMS	Expanded Memory Specification
ENIAC	Electronic Numerical Integrator And Calculator
EOF	End Of File

Abkürzungsverzeichnis

EOT	End Of Transfer
EPIC	Electronic Privacy Information Center
EPP	Enhanced Parallel Port
EPROM	Erasable Programmable Read-Only Memory
EPS	Encapsulated Post-Script
ERU	Emergency Recovery Utility
ESA	Enterprise Systems Architecture
ESC	Engineering Service Circuit
ESD	Electronic Software Distribution
ESD	Electro-Static Discharge
ESDI	Enhanced Small Device Interface
ESN	Electronic Serial Number
ESO	Entry Server Offering
ESP	Enhanced Serial Port
ESP	Enhanced Service Provider
ESRI	Environmental Systems Research Institute
ETO	Electronic Trading Opportunity
EULA	End-User Licensing Agreement
FAQ	Frequently Asked Question
FAT	File Allocation Table
FAX	Facsimile
FCB	File Control Block
FCC	Federal Communications Commission
FCS	First Customer Release
FDC	Floppy Disk Controller
FDDI	Fiber Distributed Data Interface
FDMA	Frequency Division Multiple Access

Abkürzungsverzeichnis

FEC	Foreign Exchange Carrier
FEC	Forward Error Correction
FECN	Forward Explicit Congestion Notification
FEP	Front End Processor
FIFO	First In/First Out
FITS	Flexible Image Transport System
FM	Frequenz Modulation
FOIM	Field Office Information Management
FORTRAN	Formula Translator
FPS	Floating Point System
FPS	Frames Per Second
FPT	Forced Perfect Termination
FPU	Floating Point Unit
FQDN	Fully Qualified Domain Name
FRAD	Frame Relay Access Device
FSK	Frequency Shift Keying
FSN	Full Service Network
FTAM	File Transfer Access Management
FTC	Federal Trade Commission
FTP	File Transfer Protocol
FTPD	File Transfer Protocol Daemon
FTS	Federal Telecommunications System
FTTC	Fiber To The Curb
FTTH	Fiber To The Home
FVIPS	First Virtual Internet Payment System
FYI	For Your Information
G	Giga

Abkürzungsverzeichnis

Gb	Gigabit
GB	Gigabyte
Gbps	Gigabits Per Second
GDG	Generation Data Group
GDS	Generation Dataset
GEIS	General Electric Information Systems
GGP	Gateway-to-Gateway Protocol
GIF	Graphical Interchange Format
GIG	Gigabyte
GIS	Geographic Information System
GOES	Geosynchronous Orbital Earth Satellite
GOSIP	Government Open Systems Interconnection Profile
GPF	General Protection Fault
GPS	Global Positioning System
GSO	Geostationary Orbit
GTPNet	Global Trade Point Network
GUI	Graphical User Interface
HAM	Home Amature Mechanic
HBA	Host Bus Adapter
HCL	Hardware Compatability List
HCSS	High-Capacity Storage System
HD	Hard Drive
HD	High Density
HDA	Head Disk Assembly
HDLC	High-Level Data Link Control
HDSL	High-bit-rate Digital Subscriber Line
HDT	Host Digital Terminal

Abkürzungsverzeichnis

HDTV	High-Definition Television
HEPNET	High Energy Physics Network
HFC	Hybrid Fiber-Coaxial
HGC	Hercules Graphics Card
HIC	Headend Interface Converter
HLF	High-Level Formatting
HLLAPI	High-Level-Language Application Program Interface
HMA	High Memory Area
HMMP	HyperMedia Management Protocol
HMMS	HyperMedia Management Schema
HMP	Host Monitoring Protocol
HP	Hewlett-Packard
HPC	Hand-held Personal Computer
HPFS	High Performance File System
HPT	High-Pressure Tin
HR	Horizontal Rule
HRD	High Resolution Diagnostic
HRSC	High Resolution Stereo Camera
HST	High-Speed Technology
HTML	Hypertext Markup Language
HTTP	Hypertext Transfer Protocol
HW	HRSC / WAOSS
Hz	Hertz
I/O	Input/Output
IA	Intel Architecture
IAB	Internet Activities Board
IAD	Integrated Access Device

Abkürzungsverzeichnis

IBM	International Business Machines
IBS	IntelSat Business Service
IC	Integrated Circuit
ICE	Intrusion Countermeasure Electronics
ICMP	Internet Control Message Protocol
ICR	Intelligent Character Recognition
ICRIS	Integrated Customer Record Information System
IDE	Integrated Drive Electronics
IDSL	ISDN Digital Subscriber Line
IEEE	Institute Of Electronic and Electrical Engineers
IEN	Integrated Enterprise Network
IESG	Internet Engineering Steering Group
IETF	Internet Engineering Task Force
IFM	Intelligent Flow Management
IGMP	Internet Group Multicast Protocol
IGP	Internet Gateway Protocol
IIOP	Internet Inter-ORB Protocol
IIS	Internet Information Services
IMAP	Internet Messaging Access Protocol
IMC	Initial Microcode Load
IMP	Interface Message Processor
IN	Intelligent Network
INTELSAT	International Telecommunications Satellite Organization
InterNIC	Internet Network Information Center
INWG	International Network Working Group
IOS	Inter-Network Operating System
IP	Internet Protocol

Abkürzungsverzeichnis

IPC	Internet Proxy Cache
IPL	Initial Program Load
IPMI	Internet Provider Multicast Initiative
IPN	Internet Protocol Number
IPNG	Internet Protocol – Next Generation
IPX	Internetwork Packet Exchange
IRC	Internet Relay Chat
IRF	Inherited Rights Filter
IRL	In Real Life
IRQ	Interrupt – Request Line
IRTF	Internet Research Task Force
IRTOS	I2O Real-Time Operating System
ISA	Industry Standard Architecture
ISA	Interactive Services Association
ISDN	Integrated Services Digital Network
ISIS	Internally Switched Interface System
ISIS	Investigative Support Information System
ISM	Internet Service Manager
ISMF	Interactive Storage Management Facility
ISO	International Standards Organization
ISP	Internet Service Provider
ISPA	Inverted Socket Process Architecture
ISPF/PDF	Interactive System Productivity Facility / Program Development Facility
IT	Information Technology
ITS	Internet Telephony Server
ITT	International Telephone & Telegraph

Abkürzungsverzeichnis

ITTA	Information Technology Training Association
ITU	International Telecommunications Union
ITV	Interactive Television
IWM	Integrated Woz Machine
IXC	InterExchange Carrier
JCL	Job Control Language
JDBC	Java DataBase Connectivity
JDK	Java Developers Kit
JEDEC	Joint Electron Devices Engineering Council
JES	Job Entry Subsystem
JIT	Just In Time
JMAPI	Java Management Application Interface
JNDI	Java Naming Directory Interface
JNET	Japanese Network
JOVIAL	Jule's Own Version of the International Algorithmic Language
JPEG	Joint Photographic Experts Group
JTS	Java Transaction Services
K	Kilobyte
kb	Kilobit
kB	Kilobyte
kbps	Kilobits Per Second
kHz	KiloHertz
KIF	Knowledge Interchange Format
KnU	Knowledge Utility
LAN	Local Area Network
LAP-B	Link Access Procedure – Balanced
LAPM	Link Access Procedure – Modems

Abkürzungsverzeichnis

LAT	Local Area Transport
LATA	Local Access and Transport Area
LAV	Load Average
LBA	Logical Block Addressing
LCC	Leadless Chip Carrier
LCD	Liquid Crystal Display
LDAP	Lightweight Directory Access Protocol
LD-CELP	Low-Delay Code Excited Linear Prediction
LEC	Local Exchange Carriers
LED	Light Emitting Diode
LEN	Line Equipment Number
LF	Line Feed
LHB	Line History Block
LI	List Item
LibOp	Libraries Operator
LIF	Low Insertion Force
LIFO	Last In/First Out
LILO	Linux Loader
LIM	Lotus-Intel-Microsoft
LIS	Lithium Ion Storage
LISP	List Processing
LLF	Low-Level Formatting
LMDS	Local Multipoint Distribution Service
LNA	Low Noise Amplifier
LNB	Low Noise Block Deconverter
LoD	Legion of Doom
LOD	Level Of Detail

Abkürzungsverzeichnis

LPC	Local Procedure Call
LPT	Local Printer Terminal
LT	Line Termination
LU	Logical Unit
LUN	Logical Unit Number
LZW	Lempel-Ziv-Walsh (Compression)
M	Megabyte
MAC	Macintosh
MAC	Media Access Control
MAN	Metropolitan Area Network
MAP	Manufacturing Automation Protocol
MAPI	Messaging Application Programming Interface
MATV	Master Antenna Television
MAU	Medium Attachment Unit
MAU	Multi-Station Access Unit
Mb	Megabit
MB	Megabyte
MBS	Master Boot Sector
MC	Mini-Cartridge
MCA	MicroChannel Architecture
MCGA	MultiColor Graphics Array
MCI	Media Control Interface
MCI	Microwave Communications, Inc.
MDA	Monochrome Display Adapter
MDC	McAfee Development Center
MDI	Multiple Document Interface
MDRAM	Multibank Dynamic Random Access Memory

MEG	Megabyte
MF	Modulated Frequency
MFM	Modified Frequency Modulation
MFTP	Multi-Cast File Transfer Protocol
MGA	Monochrome Graphics Adapter
MHS	Message Handling Service
MHz	Megahertz
MI	Mode Indicate
MIC	Microsoft Internet Chat
MIC	Mode Indicate – Common
MICA	Modem ISDN Channel Aggregation
MICROTEL	Microsoft / Intel
MIDI	Musical Instrument Digital Interface
MIDR	Mosaicked Image Data Record
MIG	Metal-In-Gap
MILES	Merisel's Information and Logistical Efficency System
MILNET	Military Network
MIME	Multipurpose Internet Mail Extension
MIN	Mobile Identification Number
MIPL	Multimission Image Processing Laboratory
MIPS	Millions of Instructions Per Second
MIPS	Multimission Image Processing Subsystem
MMDS	Multipoint Multichannel Distribution Service
MMX	Multimedia Extension
MNP	Microcom Networking Protocol
MO	Magneto-Optical
MOCA	Merisel Open Computing Alliance

Abkürzungsverzeichnis

MoD	Masters of Deception
MODEM	Modulator / Demodulator
MOL	Microsoft Open License
MOM	Microsoft Office Manager
MOS	Metal Oxide Semiconductor
MPC	Multimedia Personal Computer
MPD	Mini Port Driver
MPEG	Motion Picture Experts Group
MPOA	Multi-Protocol Over ATM
MPS	Multi-Processor Specification
MR	Magneto-Resistive
MS	Microsoft System(s)
MSD	Microsoft Diagnostic
MS-DOS	Microsoft Disk Operating System
MSN	Microsoft Network
MSO	Multiple System Operators
MSTP	Multimission Software Transmission Project
MTA	Mail Transfer Agent
MTA	Major Trading Area
MTA	Message Transfer Agent
MTBF	Mean Time Before Failure
MTTR	Mean Time To Repair
MUA	Mail User Agent
MUD	Multi-User Dungeon
MULTICS	Multiplexed Information and Computing Service
MVP	Modular Voice Processor
MVS	Multiple Virtual Storage

Abkürzungsverzeichnis

MVS/ESA	Multiple Virtual Storage / Enterprise Systems Architecture
MVS/SP	Multiple Virtual Storage / System Product
MVS/TSO	Multiple Virtual Storage / Time Sharing Option
MVS/XA	Multiple Virtual Storage / Extended Architecture
MWI	Message Waiting Indicator
MWN	Message Waiting Notification
NACK	Negative Acknowledgement
NAP	Network Access Point
NAU	Network Addressable Unit
NBB	Number of Bytes of Binary
NC	Network Computer
NCA	Network Computing Architecture
NCC	Network Control Center
NCF	Netware Command File
NCIC	National Crime Information Computer
NCM	Node Controller Module
NCP	Network Control Program
NCP	Network Core Protocol
NCPS	Netware Cross-Platform Services
NCSA	National Center for Supercomputing Applications
NCSA	National Computer Security Association
NCSC	National Computer Security Center
NDIAG	Norton Diagnostics
NDIS	Network Driver Interface Specification
NDMP	Network Data Management Protocol
NDS	Novell Directory Service
NEARNET	New England Academic and Research Network

Abkürzungsverzeichnis

NEAT	Novell Easy Administration Tool
NetBEUI	NetBIOS Extended User Interface
NetBIOS	Network Basic Input/Output System
NEWS	Novell Electronic Webcasting Service
NFS	Network File System
NIC	Network Information Center
NIC	Network Interface Card
NiCD	Nickel Cadmium
NII	National Information Infrastructure
NiMH	Nickel Metal Hydride
NIMS	Near Infrared Mapping Spectrometer
NIS	Network Information Service
NLB	Number of Lines of Binary
NLM	NetWare Loadable Module
NLP	Natural Language Processing
NLS	Online System
NMI	Non-Maskable Interrupt
NNI	Network-to-Network Interface
NNTP	Network News Transport Protocol
NOC	Network Operations Center
NOF	Not On File
NORAD	North American Defense Command
NOS	Network Operating System
NPA	Numbering Plan Area
NPN	Notes Public Network
NPR	Network Process Engineering
NRN	Novell Remote Network

Abkürzungsverzeichnis

NSA	National Security Agency
NSFNET	National Science Foundation Network
NSI	Network Solutions, Inc.
NSM	Network/Systems Managment
NT	New Technology
NTFS	NT File System
NTP	Network Time Protocol
NTSC	National Television Standards Commitee
NTT	Numbered Test Trunk
NUI	Network User Identification
NUMA	Non-Uniform Memory Access
NVRAM	Non-Volatile Random Access Memory
NWG	Network Working Group
NYNEX	New York – New England Exchange
NYSERNET	New York State Education Research Network
O	Organization
OA&M	Operations Administration & Maintainance
OAG	Open Applications Group
OCE	Open Collaboration Environment
OCIS	Organized Crime Information Systems
OCR	Optical Charachter Recognition
ODBC	Open Database Connectivity
ODI	Open Data-Link Interface
ODN	OutDial Notification
ODSI	Open Directory Service Interface
OEM	Original Equipment Manufacturer
OFDM	Orthogonal Frequency Division Multiplexing

Abkürzungsverzeichnis

OL	Ordered List
OLAP	Online Analytical Processing
OLE	Object Linking and Embedding
OMR	Optical Mark Recognition
ONE	Open Network Environment
ONMS	Open Network Management System
ONU	Optical Networking Unit
OPC	Organic Photoconducting Cartridge
OPT	Open Protocol Technology
ORMS	Operating Resource Management System
OS	Operating System
OS/2	Operating System 2
OSF	Open Software Foundation
OSI	Open Standards Interconnection
OSI	Open Systems Interconnection
OSPF	Open Shortest Path First
OSR	OEM System Release
OT	Open Transport
OU	Organizational Unit
OURS	Open User-Recommended Solutions
PABX	Private Automatic Branch Exchange
PAD	Packet Assembler / Disassembler
PAL	Phase Alteration Standard
PAL	Phase Alternating Line
PAL	Programmable Array Logic
PAM	Peachtree Accounting – Macintosh
PAP	Password Authentication Protocol

Abkürzungsverzeichnis

PARC	Palo Alto Research Center – (Xerox PARC)
PAW	Peachtree Accounting for Windows
PAX	Private Automatic Exchange
PBIS	Peachtree Business Internet Suite
PBMS	Pacific Bell Mobile Services
PBS	Portable Base Station
PBX	Private Branch Exchange
PC	Personal Computer
PCA	Peachtree Complete Accounting
PCA	Performance and Coverage Analyzer
PCDOS	Personal Computer Disk Operating System
PCI	Personal Computer Interconnect
PCM	Pulse Code Modulation
PCMCIA	Personal Computer Memory Card International Association
PCS	Personal Communication System
PCS	Proxy Cache Server
PD	Phase-Change – Dual
PDA	Personal Digital Assistant
PDC	Primary Domain Controller
PDN	Public Data Network
PDP	Program Data Processor
PDQ	Peachtree Data Query
PDS	Partitioned Dataset
PDS	Planetary Data System
PDS	Premise Distribution System
PEM	Product Error Message
PF	Program Function

Abkürzungsverzeichnis

PFA	Peachtree First Accounting
PGA	Pin-Grid Array
PGA	Professional Graphics Adapter
PGP	Pretty Good Privacy
PIC	Preferred InterExchange Carrier
PIC	Primary InterExchange Carrier
PIC	Programmable Interrupt Controller
PIF	Program Information File
PIG	Product Information Guide
PIM	Personal Information Manager
PIN	Personal Identification Number
PING	Packet Internet Groper
PIO	Programmed Input/Output
PIXEL	Picture Element
PLCC	Plastic Leaded-Chip Carrier
PLE	Public Local Exchange
PLL	Phase Locked Loop
PLP	Packet Level Procedure
PMS	Pantone Matching System
PnP	Plug and Play
POA	Power Open Association
POH	Power On Hours
POP	Point Of Presence
POP	Post Office Protocol
POS	Programmable Option Select
POST	Power On – Self Test
POTS	Plain Old Telephone Service

Abkürzungsverzeichnis

PPD	Post-Script Printer Description
PPI	Programmable Peripheral Interface
PPN	Project-Programmer Number
PPP	Point-To-Point Protocol
PPS	Pulses Per Second
PQFP	Plastic Quad Flat Pack
PRI	Primary Rate Interface
PRIMOS	Prime Operating System
PRML	Partial Response – Maximum Likelihood
PROFS	Professional Office System
PROM	Programmable Read-Only Memory
PS	Physical Sequential
PS	Programmed Symbols
PS/2	Personal System/2
PSC	Peachtree Support Center
PSDN	Packet Switched Data Network
PSTN	Public Switched Telephone Network
PU	Physical Unit
PUN	Physical Unit Number
PUP	PARC Universal Packet
PVC	Permanent Virtual Circuit
PWS	Peer Web Services
QAM	Quadrature Amplitude Modulation
QBE	Query By Example
QBP	QuickBooks Pro
QDN	Query Direct Number
QEMM	Quarterdeck Extended Memory Manager

Abkürzungsverzeichnis

QIC	Quarter Inch Cartridge
QIC	Quarter Inch Committee
QIO	Queue Input/Output
QoS	Quality of Service
QPSK	Quadrative Phase Shift Keying
QTW	Quick-Time for Windows
RAD	Rapid Application Development
RAD	Remote Antenna Driver
RAD/RASP	Remote Antenna Driver/Remote Antenna Signal Processor
RADAR	Radio Detection And Ranging
RAID	Redundant Array of Inexpensive Drives
RAM	Random Access Memory
RAM	Remote Access Modem
RARP	Reverse Address Resolution Protocol
RAS	Remote Access Server
RASP	Remote Antenna Signal Processor
RBOC	Regional Bell Operating Companies
RCF	Remote Call Forwarding
RDF	Radio Direction Finding
RDM	Report Display Manager
RDN	Relative Distinguished Name
RDP	Reliable Datagram Protocol
RECS	Reseller Electronic Communication System
REMOB	Remote Observation
REXEC	Remote Executable
REXX	Restructured Extended Executor
RF	Radio Frequency

Abkürzungsverzeichnis

RFC	Request For Comments
RFI	Radio Frequency Interface
RFNM	Request For Next Message
RFS	Remote File Service
RFS	Remote File System
RGB	Red-Green-Blue
RIP	Routing Information Protocol
RISC	Reduced Instruction Set Computing
RJE	Remote Job Entry
RLE	Run Length Encoding
RLL	Run Length Limited
RLOGIN	Remote Login
RMA	Return Merchandise Authorization
RMS	Record Management Services
RO	Receive Only
ROM	Read Only Memory
RPC	Remote Procedure Call
RPG	Role Playing Game
RPM	Revolutions Per Minute
RSA	Rivest, Shamir and Adleman (Encryption)
RSEXEC	Resource Sharing Executive
RSH	Remote Shell
RSH	Restricted Shell
RSVP	Resource Reservation Protocol
RTC	Real-Time Clock
RTCP	Real-Time Transport Control Protocol
RTF	Rich Text Format

Abkürzungsverzeichnis

RTFM	Read The F***ing Manual
RTL	Run-Time Library
RTP	Real-Time Transport Protocol
RTS	Request To Send
RTSP	Real-Time Streaming Protocol
RTTY	Radio TeleType
RU	Request Unit
RU	Response Unit
RVD	Remote Virtual Disk
SAA	Systems Application Architecture
SAFE	Security And Freedom through Encryption
SAP	Service Advertising Protocol
SARC	Symantec Antivirus Research Center
SASI	Shugart Associates System Interface
SATAN	Security Administrator Tool for Analyzing Networks
SATNET	Satellite Network
SCC	Switching Control Center
SCCS	Switching Control Center System
SCE	Service Creation Environment
SCLM	Software Configuration and Library Manager
SCO	Santa Cruz Operation
SCP	Service Control Point
SCPC	Single-Channel Per Carrier
SCSI	Small Computer System Interface
SDL	Shielded Data Link
SDLC	Synchronous Data Link Control
SDSC	San Diego Supercomputer Center

Abkürzungsverzeichnis

SDSF	System (Spool) Display and Search Facility
SEAL	Secure Electronic Authorization Laboratory
SECAM	Sequential And Memory
SEM	System Error Message
SET	Secure Electronic Transactions
SFA	Sales Force Automation
SFT	System Fault Tolerance
SGI	Silicon Graphics, Inc.
SGML	Standardized General Markup Language
S-HDSL	Single-Line – High-bit-rate Digital Subscriber Line
SI	Source Index
SIF	Standard Input Format
SIG	Special Interest Group
SIM	Subscriber Identity Module
SIMM	Single In-Line Memory Module
SIP	Single In-Line Package
SIPP	Single In-Line Pin Package
SKIP	Simple Key Management for Internet Protocol
SLED	Single Large Expensive Disk
SLIP	Serial Line Internet Protocol
SLMR	Silly Little Mail Reader
SMB	Server Message Block
SMCC	Sun Microsystems Computer Company
SMI	System Management Interrupt
SMM	System Management Mode
SMP	Symmetrical Multi-Processing
SMPTE	Society of Motion Picture and Television Engineers

Abkürzungsverzeichnis

SMS	Service Management Systems
SMS	Short Message Service
SMS	Storage Management Subsystem
SMTP	Simple Mail Transfer Protocol
SNA	Systems Network Architecture
SNADS	Systems Network Architecture Distribution Services
SNMP	Simple Network Management Protocol
SOHO	Small Office / Home Office
SO-J	Small Outline J-lead
SONET	Synchronous Optical Network
SP	Stack Pointer
SPARC	Scalable Processor Architecture
SPID	Service Profile Identification
SPP	Standard Parallel Port
SPS	Standby Power Supply
SPX	Sequenced Packet Exchange
SQL	Structured Query Language
SRAM	Static Random Access Memory
SS6	Signaling System 6
SS7	Signaling System 7
SSA	Serial Storage Architecture
SSB	Single Side Band
SSD	Solid State Disk
SSFD	Solid State Floppy Disk
SSPA	Solid State Power Amplifier
STA	Spanning Tree Algorithm
STD	Standard

Abkürzungsverzeichnis

STP	Shielded Twisted Pair
STP	Signal Transfer Protocol
SUBLIB	Subroutine Library
SUE	Stupid User Error
SUN	Stanford University Networks
SVC	Switched Virtual Circuit
SVGA	Super Video Graphics Array
SWIM	Super Woz Integrated Machine
SysOp	Systems Operator
T	Terabyte
TA	Terminal Adaptor
TAE	Transportable Applications Environment
TAP	Technological Assistance Program
TAPI	Telephony Applications Program Interface
TAR	Tape Archive
Tb	Terabit
TB	Terabyte
TBD	To Be Determined
Tbps	Terabits Per Second
TCAM	Telecommunications Access Method
TCG	Teleport Communications Group
TCL	TAE Command Language
TCM	Trellis Coded Modulation
TCP	Tape Carrier Packaging
TCP	Transmission Control Protocol
TCP/IP	Transmission Control Protocol / Internet Protocol
TCQAM	Trellis Coded Quadrature Amplitude Modulation

Abkürzungsverzeichnis

TD	Table Data
TDM	Time-Division Multiplexing
TDMA	Time Division Multiple Access
TDR	Time Domain Reflectometry
TelOp	Teleconference Operator
TEMPEST	Transient Electromagnetic Emanations Standard
TFT	Thin Film Transistor
TFTP	Trivial File Transfer Protocol
TG	Technical Guide
TGID	Trunk Group Identification Number
TH	Table Header
THD	Total Harmonic Distortion
THENET	Texas Higher Education Network
TIA	The Internet Adapter
TIC	Token-Ring Interface Coupler
TIFF	Tagged Image File Format
TIGA	Texas Instruments Graphics Architecture
TIP	Terminal IMP
TLA	Three Letter Acronym
TLB	Translation Lookaside Buffer
TLD	Top Level Domain
TMN	Time Management Networking
TOP	Technical & Office Protocol
TP	Twisted Pair
TP-4	Transport Protocol 4
TPA	Third Party Application
TPD	Third Party Developer

Abkürzungsverzeichnis

TPI	Tracks Per Inch
TPPD	Twisted Pair – Physical-Media Dependent
TR	Table Row
TRPC	Transaction Remote Procedure Call
TRS	Tandy Radio Shack
TSAPI	Telephony Services Applications Program Interface
TSO	Time Sharing Option
TSO/E	Time Sharing Option/Extensions
TSPS	Traffic Service Position System
TSR	Terminate – Stay Resident
TSU	Time Sharing User
TTF	True-Type Font
TTL	Time To Live
TTL	Transistor-to-Transistor Logic
TTS	Transaction Tracking System
TTT	Trunk-to-Trunk Transfer
TTY	Teletype
TV	Television
TVRO	Television – Receive Only
TWAIN	Technology Without An Interesting Name
TWTA	Traveling Wave Tube Amplifier
UAE	Unrecoverable Application Error
UART	Universal Asynchronous Receiver-Transmitter
UCM	Universal Cable Module
UDF	Universal Disk Format
UDP	User Datagram Protocol
UIC	User Identification Code

Abkürzungsverzeichnis

UL	Underwriters Laboratories
UL	Unordered List
UMA	Upper Memory Area
UMB	Upper Memory Block
UNC	Universal Naming Convention
UNI	User-To-Network Interface
UNIVAC	Universal Automatic Computer
UNMA	Unified Network Management Architecture
UPC	Universal Product Code
UPS	Uninterruptable Power Supply
URL	Uniform Resource Locator
USB	Universal Serial Bus
USENET	User Network
USL	Unix System Laboratory
USR	U.S. Robotics
UTP	Unshielded Twisted Pair
UUCP	Unix-to-Unix Copy Program
VAC	Volts – A/C Current
VAN	Value-Added Network
VAP	Value-Added Process
VAR	Value-Added Reseller
VAX	Virtual Address Extension
VB	Visual Basic
VBI	Vertical Blanking Interface
VC	Virtual Circuit
VCR	Video Cassette Recorder
VCRI	Virtual Control Program Interface

Abkürzungsverzeichnis

VDC	Volts – Direct Current
VDSL	Very-high-bit-rate Digital Subscriber Line
VDT	Video Dial Tone
VDU	Video Display Unit
VERONICA	Very Easy Rodent-Oriented Networkwide Index to Computerized Archives
VESA	Video Electronics Standard Asociation
VFAT	Virtual File Allocation Table
VFC	Vector Function Chainer
VFC	Video Feature Connector
VFW	Video For Windows
VGA	Video Graphics Array
VICAR	Video Image Communication And Retrieval
VIDS	VICAR Interactive Display Subsystem
VINES	Virtual Networking Software
VL	VESA Local
VLA	Volume Licensing Agreement
VLAN	Virtual Local Area Network
VLB	VESA Local Bus
VLF	Very Low Frequency
VLM	Virtual Loadable Module
VLSI	Very Large Scale Integration
VM	Virtual Machine
VMB	Voice Mail Box
VMC	VESA Media Channel
VMM	Virtual Memory Manager
VMS	Virtual Memory System

Abkürzungsverzeichnis

VPN	Virtual Private Network
VQ	Vector Quantication
VR	Virtual Reality
VRAM	Video Random Access Memory
VRDI	Virtual Raster Display Interface
VRML	Virtual Reality Modeling Language
VSAM	Virtual Storage Access Method
VSAT	Very Small Aperture Terminal
VSWR	Voltage Standing Wave Radio
VTAM	Virtual Telecommunications Access Method
VxD	Virtual Device Driver
W3C	World Wide Web Consortium
W4WG	Windows For Workgroups
WAIS	Wide Area Information Search
WAITS	Wide Area Information Transfer Systems
WAN	Wide Area Network
WAOSS	Wide Angle Optoelectronic Stereo Scanner
WATS	Website Activity Tracking Statistics
WATS	Wide Area Telephone Service
WCS	Wireless Communication Service(s)
WDM	Wave Division Multiplexing
WELL	Whole Earth eLectronic Link
WFW	Windows For Workgroups
WinHEC	Windows Hardware Engineering Conference
WINS	Windows Internet Name Service
WINSOCK	Windows Socket
WINTEL	Windows/Intel

Abkürzungsverzeichnis

WMF	Windows MetaFile
WORM	Write Once – Read Many
WTOR	Write To Operator with Reply
WWAN	Wireless Wide Area Network
WWW	World Wide Web
WYSIWYG	What You See Is What You Get
XGA	Extended Graphics Array
XMM	Extended Memory Manager
XMS	Extended Memory Specification
XNS	Xerox Network Services
XT	Extended
YAHOO	Yet Another Hierarchical Officious Oracle
YMS	Young Micro Systems
YP	Yellow Pages
ZAI	Zero Administrative Initiative
ZD	Ziff-Davis
ZF	Zero Flag
ZIF	Zero Insertion Force
ZIP	Zig-Zag In-Line Package

Visuelle Streifzüge durch neue Technologien

ONLINE FOCUS

So funktioniert das World Wide Web
C. Shipley/M. Fish
192 Seiten · ISBN 3-8272-5250-4

So funktionieren Intranets
Preston Gralla
220 Seiten · ISBN 3-8272-5278-4

So funktioniert Windows 98
Günter Born
ca. 160 Seiten · ISBN 3-8272-5385-3

So funktionieren Computer
Aktualisierte Neuauflage/Ron White
240 Seiten · ISBN 3-8272-5381-0

So funktioniert das Internet
Aktualisierte Neuauflage/Preston Gralla
192 Seiten · ISBN 3-8272-5380-2

Je DM 29,95

So funktioniert E-Mail
G. Damaschke/B. Jansen
176 Seiten · ISBN 3-8272-5291-1

Die Markt&Technik-Buchreihe »So funktioniert ...« vermittelt Ihnen komplexe technische Sachverhalte bildlich. Die anschaulichen durchgehend vierfarbigen Illustrationen erfahrener technischer Zeichner werden von informativen und fundierten Texten begleitet.

Markt&Technik-Produkte erhalten Sie im Buchhandel · Fachhandel und Warenhaus.
Markt&Technik Buch- und Software-Verlag GmbH · Hans-Pinsel-Str. 9b · 85540 Haar · Tel (0 89) 4 60 03-222 · Fax (0 89) 4 60 03-100 · Internet: http://www.mut.com